巴山蜀水

三线建设

BASHANSHUSHUI SANXIANJIANSHE

艾新全　陈晓林◎总主编

中国文史出版社

巴山蜀水

三线建设

BASHANSHUSHUI SANXIANJIANSHE

第一辑

文墨绘山河

川渝地区三线建设卷

吴学辉 秦邦佑◎编

中国文史出版社

图书在版编目（CIP）数据

巴山蜀水三线建设 . 第一辑 . 川渝地区三线建设卷：文墨绘山河 / 艾新全，陈晓林总主编；吴学辉，秦邦佑编 . —— 北京：中国文史出版社，2022.10

ISBN 978-7-5205-3831-2

Ⅰ . ①巴… Ⅱ . ①艾… ②陈… ③吴… ④秦… Ⅲ . ①国防工业—经济建设—经济史—重庆 Ⅳ . ① F426.48

中国版本图书馆 CIP 数据核字（2022）第 188454 号

责任编辑：梁 洁

装帧设计：向加明

出版发行：中国文史出版社

社　　址：北京市海淀区西八里庄路 69 号　邮编：100142

电　　话：010-81136606 81136602 81136603（发行部）

传　　真：010-81136677 81136655

印　　装：廊坊市海涛印刷有限公司

经　　销：全国新华书店

开　　本：787mm × 1092mm　1/12

印　　张：27.25

字　　数：471 千字

版　　次：2023 年 4 月北京第 1 版

印　　次：2023 年 4 月第 1 次印刷

定　　价：198.00 元 (全三卷)

重庆市中共党史学会三线建设研究分会

重庆市工程师协会三线建设工业文化专业委员会

《巴山蜀水三线建设》编辑委员会

总主编：艾新全　陈晓林

顾　问：王春才　陈东林　马述林　陈福正
　　　　张再坤　王兆泉　邱　斌

委　员：（以姓氏笔画为序）
　　　　李　强　李治贤　吴学辉　周明长　秦邦佑　诸晓南

总结三线建设历史经验 弘扬传承三线文化

重庆市中共党史学会三线建设研究分会、重庆市工程师协会三线建设工业文化专业委员会（简称"重庆三线两会"）为向中国共产党 100 周年诞辰献礼，编辑出版《巴山蜀水三线建设》（简称"丛书"），编委会特别邀请我为丛书写一篇总序。正不知如何下笔的时候，我又收到"重庆三线两会"的报告，说他们正在组织相关力量，到 2024 年时，将完成 4 辑共计 28 册的宏大计划。我真是喜出望外，提笔写下了下列文字。

序一

一

习近平总书记 2018 年 2 月考察四川时指出，三线建设，使一大批当时属于顶尖的军工企业、国有企业、科研院所来到西部，这些都是我们发展的宝贵财富。

20 世纪 60 年代，我国面临严峻的国际形势，战争的危险迫在眉睫。就是在这样的时代背景下，党中央高瞻远瞩，从战备需要和国家安全与长远发展相结合，作出了以改变我国工业分布不合理状态，推动我国中西部地区经济、科技、能源、交通等国民经济全要素大开发为目的的战略性重大决策。1964 年，在"备战备荒为人民"号召下，一场史诗般波澜壮阔的"三线建设"在我国中西部全面展开。

"三线建设"极大地改变了我国生产力布局严重不均衡的状况，在我国中西部地区建立了独立的、比较完整的工业体系和国民经济体系，深刻地改变了我国中西部的落后面貌，为我国走向全面现代化、实现民族复兴的百年梦想奠定了坚实的基础。

"三线建设"从发端到调整结束，历时 40 年，为国民经济的发展和国防现代化建设作出了重要贡献，是党史、新中国史、改革开放史及社会主义发展史上的重要事件和宏伟篇章，是我们后继者弘扬三线建设精神，学习党史、国史的宝贵资源和素材。

二

多年以来，重庆地区的"三线建设"研究已经取得较好的成绩。2020 年 5 月 1 日，重庆市工程师协会三线建设文化专业委员会成立后，即与重庆中共党史学会三线建设研究分会联合开展三线建设调研活动。一年多来，重庆"三线两会"经过艰苦的调研工作，成绩斐然，取得了令人瞩目的丰硕成果。

这些成果的取得，既得益于重庆"三线两会"的亲密团结、携手奋斗，更得力于中华人民共和国国史学会三线建设研究分会（简称"国史三研会"）常务理事、重庆市工程师协会副理事长兼三线建设工业文化专业委员会会长、高级工程师陈晓林的坚持和执着。

说到陈晓林，以前我并不认识，2021 年 4 月，他和他的团队骨干来看望我时，才和他接触。最初他给我的印象是真诚、健谈、认真、执着。后来接触多了，对他践行三线建设精神非常敬佩。他在三线建设调研中从实际出发，后来居上；他重视实地考察、掌握第一手资料。到目前为止，他自出费用、交通工具，和中国"国史三研会"副会长、重庆"国史三研会"副会长艾新全及马述林、陈福正、王兆泉等同志，带领团队走访、考察、调研三线企业、科研机构、大专院校以及能源、交通等单位近 400 家，写出调研专著十余本，300 余万字。陈晓林白天进行走访、调研，凌晨 3 点起床查资料、整理调研笔记、写文章。为了出版调研成果，他拿出多年积蓄 100 万元作为出版基金。

由于陈晓林在三线建设调研工作中积极践行初心，使"重庆三线两会"调研工作生气勃勃，成果累累。

有人问陈晓林：为什么对三线建设研究情有独钟？他的回答很简单："我父亲是抗美援朝的二等功臣，我是三线建设参与者。如果我放弃，几十年后还能有谁说得清三线建设是怎么回事？"他还说："当年毛主席和党中央部署三线建设，使落后的西部地区加快了工业建设步伐，使西部地区整整进步了 50 年，为中国西部地区提供了难得的发展机遇，为西部大开发奠定了坚实的基础。"他每周只在自己的公司上半天班，其余时间全部安排在对三线建设的调研和写作中，为三线建设的研究工作真正做到了呕心沥血。陈晓林不仅是三线建设的研究者，他还是三线精神的践行者、弘扬者、传播者和继承者。

三

"重庆三线两会"编辑出版的《巴山蜀水三线建设》第一辑共计 3 册，是一套图文并茂、反映三线建设历史画卷的优秀史料著作。

第一册《文墨绘山河——川渝地区三线建设卷》，由吴学辉、秦邦佑编纂。全书共收录 61 篇文章，分为"探索与研究""历史的回眸""调整搬迁 续写辉煌""保护 开发 利用""三线未了情"等 5 个篇章，较为全面地反映了川渝地区众多三线建设研究者的研究成果。

第二册《深山激情岁月——国营红卫机械厂卷》，由李治贤、诸晓南、钟昶文编纂。该书作者钟昶文，用多年时间精心搜集整理资料，以 10 个篇章展现了国营红卫机械厂的艰苦创业历程，好人好马上"三线"、职工队伍建设、抓革命促生产、企业文化建设、党团建设、人才培养、职工生活与人际关系、搬迁撤离等鲜活场景，使我们从一个三线厂的建设、发展过程中看到"三线人"的工作、生活和成长过程，是传承三线精神的重要史料。

第三册《红岩车辙——四川汽车制造厂卷》，由周明长、李强、黄仁超、葛帮宁编纂。全书由建设生产篇、口述实录篇、往事情怀篇、理论探索篇等组成。该书从多视角反映了我国汽车发展的历史，见证了三线建设的辉煌和取得的重大成果。

本套丛书的编辑出版，充实了三线建设研究的文化、史料及理论宝库，积累了三线建设时期各企事业单位的发展史料；用图文并茂的形式，生动地描述了当年波澜壮阔、气势恢宏的新中国建设者战天斗地、舍生忘死、不怕牺牲、艰苦创业的英雄壮举；展现了为准备打仗、加强国防建设、改变西部地区落后面貌、为国家富强、人民幸福所付出的血和汗，迎来国家和平发展的几十年的建设成果；呈现了该地区三线建设为国民经济的恢复和各项建设的展开做出了突出贡献的现场情景。

由此，我对这套丛书有以下几点认识：

一、本套丛书的编辑出版，是"重庆三线两会"贯彻落实习近平总书记关于学习"四史"的讲话精神，在"我们应该大力弘扬和平、发展、公平、正义、民主、自由的全人类共同价值，共同为建设一个更加美好的世界提供正确理念指引"精神的指导下，"重庆三线两会"发扬精诚合作的团队精神，携手协作、不怕困难、共同奋斗的结果，为总结我国三线建设的历史经验，弘扬、传承三线文化，

用三线建设精神教育青少年一代提供了丰富而宝贵的精神食粮，为中国共产党成立 100 周年献上了一份厚礼！

二、本套丛书的出版是"重庆三线两会"遵循习近平总书记关于"准确把握保护和发展关系"重要讲话精神，在各级党委、政府的支持下，密切联系群众，开展大量细致的考察调研工作，及时向文史、文物部门反馈和协调解决调研中发现的问题；多次召开座谈会，征求文化管理部门的指导意见和企事业单位的访谈及支持意见，做活了"三线两会"的调研、考察工作，完成了川渝地区三线建设历史资料的收集、整理和编纂、出版工作。

三、"重庆三线两会"在三线建设研究中的做法和经验值得其他地区甚至全国效仿。我相信在重庆做法的引领下，全国三线建设研究一定会出现欣欣向荣的繁荣景象；弘扬、传承"艰苦创业、无私奉献、团结协作、勇于创新"的三线建设精神定会取得丰硕成果。

今天我们要将三线建设的宝贵财富应用于"成渝地区双城经济圈建设"中，使之发扬光大，把三线建设精神永远传承下去，在保护、开发、利用三线建设工业遗存、遗址和文化遗产中，变资源优势为经济发展优势，为建设富强民主文明和谐美丽的社会主义现代化强国而努力奋斗，为完成第二个百年奋斗目标而再创辉煌！

长风破浪会有时，直挂云帆济沧海。祝"重庆三线两会"的同志们再创辉煌！

王春才

2021 年 6 月 28 日于成都

王春才：中共党员，高级建筑工程师。中国作协会员、四川省作协会员、中国报告文学学会会员。毕业于扬州工专（扬州大学前身）建筑专业。1955年入川投身大西南建设。先后担任成都锦江电机厂基建科科长、中共中央西南局国防工办、四川省国防工办基建规划处处长、国务院三线建设调整改造规划办公室规划二局局长、国家计委三线建设调整办公室主任等职。中国三线建设研究会原副会长。

筚路蓝缕鉴初心　百年党庆献厚礼

序二

时值伟大的中国共产党成立 100 周年之际，由重庆市中共党史学会三线建设研究分会与重庆市工程师协会三线建设工业文化专委会（以下简称"重庆三线两会"）联合编纂的《巴山蜀水三线建设》出版了。

这是"重庆三线两会"献给中国共产党成立 100 周年、献给人民兵工成立 90 周年、献给川渝地区乃至全国的三线人的一份厚重礼物！

2018 年 2 月，习近平总书记考察四川时，对三线建设的历史功绩作出重要评价：三线建设，使一大批当时属于顶尖的军工企业、国有企业、科研院所来到西部，这些都是我们发展的宝贵财富[①]。

2021 年 2 月 20 日，习近平总书记在党史学习教育动员大会上的重要讲话中指出：中国古人说："度之往事，验之来事，参之平素，可则决之。"在全党开展党史学习教育，就是要教育引导全党以史为镜、以史明志，了解党团结带领人民为中华民族做出的伟大贡献和根本成就，认清当代中国所处的历史方位，增强历史自觉，把苦难辉煌的过去、日新月异的现在、光明宏大的未来贯通起来，在乱云飞渡中把牢正确方向，在风险挑战面前砥砺胆识，激发为实现中华民族伟大复兴而奋斗的信心和动力，风雨无阻，坚毅前行，开创属于我们这一代人的历史伟业。

三线建设，是党中央在 1964 年作出的以备战和改变西部落后面貌为中心、在中西部地区开展的重大战略决策。到 1983 年三线建设基本结束以后，又按照国家部署，进行了三线企业调整改造战略，到 2006 年基本

---

① 当代中国研究所著：《新中国 70 年》，当代中国出版社 2019 年 12 月版，第 105 页。

完成。三线建设和调整改造，前后长达 40 年，是党史、新中国史、改革开放史、社会主义发展史上的重要事件，也是我们今天学习"四史"的重要素材和营养剂。

重庆，是三线建设的重中之重，给我们留下了宝贵财富，她也是中国三线建设研究会学习、宣传和研究的重要对象。当年三线建设的领导人宋平、钱敏等老同志，都曾关切四川和重庆的三线建设历史文化和精神传承。

本书辑录的文章和图片，真实地反映了三线建设在川渝地区从决策、规划到实施的基本情况以及调整改造的全过程，生动具体地描述了波澜壮阔、气势恢宏的川渝三线建设及"三线人"战天斗地、艰苦创业的风云壮举。

翻开此书，欣赏和阅读各类文章及那些印证历史的新老照片，犹如打开了一扇厚重的历史之窗，给我们展现出一幅五彩缤纷的历史画卷，仿佛滚滚长江仍在哼唱悠远绵长、高亢激昂的历史咏叹调，至今还在巴山蜀水间萦绕！

这部文集，有巴蜀地区三线建设与调整搬迁亲历者的回忆和口述史；有记者采访三线建设亲历者的报道；有经济学者、历史学者和其他专家对三线建设的研究、总结与思考；有三线建设遗产的保护、开发、利用实例和方案的介绍。

这套丛书的编撰出版，离不开中国三线建设研究会副会长、中共重庆市委党史研究室原副厅级巡视员艾新全和中国三线建设研究会常务理事、重庆市工程师协会三线建设工业文化专委会主任委员陈晓林的精心组织带领，他们团结重庆地区一群热心三线、乐于奉献、不怕吃苦、不计报酬的三线建设研究的热心人，大家忘我地工作，把主要精力投放在三线建设企业的实地考察调研中，收集整理了大量翔实的历史资料和现场实景图片。特别是陈晓林在 2020 年 5 月以来自费考察了十几家三线企业基础上，10 月"重庆三线两会"携手后，联合发出了"川渝携手，打造'巴蜀三线文旅走廊'倡议书"，随即组织人马迅速走访考察了四川成都大邑雾山的原中科院 6569 工程遗址和"6569 三线记忆展览馆"、彭州的锦江油泵油嘴老厂、中和机械厂旧址、晋林工业公司（原重庆南川搬迁企业晋林机械厂）、华庆机械公司（原四川宜宾搬迁企业长庆机械厂）、遂宁射洪原解放军总后 3536 厂和 7449 厂遗址等。迄今，他们已考察调研了 200 余家三线企事业单位，为摸清川渝地区三线建设底子，唤醒三线工业遗产的灵魂与魅力做了大量工作，收集了很多第一手资料。

当我翻阅欣赏这厚厚的书稿时，无不为之感动而感慨："重庆三线两会"的同志们为传承三线精神、弘扬三线文化，在很短的时间内编撰了这部《巴山蜀水三线建设》，为记录和保存共和国特殊时期这段激情燃烧、可歌可泣的光辉历史作出了很大的贡献。

抚今追昔，有多少天南地北的三线建设者为开发建设祖国的大西南，奔赴川渝地区，汗洒丰腴的巴蜀大地，为国家的安全和强盛，用青春和热血把"艰苦创业、无私奉献、团结协作、勇于创新"的三线精神镌刻在人民共和国的旗帜上。

光阴荏苒，岁月如梭。三线建设的风雨历程在时代的潮流下已成过去，但三线建设在川渝地区留下了大量独具特色和潜在价值的物质与文化遗产，成为川渝地区建设"巴蜀三线文旅走廊"的宝贵资源，也是我们今天实施"成渝地区双城经济圈建设"国家战略的宝贵的精神与物质财富。

我们要保护、开发、利用好三线工业与文化遗产，变资源优势为经济优势，为建设富强民主文明和谐美丽的社会主义现代化强国增辉添彩！

赞曰：

巴山蜀水谱史志，三线赤子展新姿。

筚路蓝缕鉴初心，百年党庆献厚礼！

敬撰此文，是为序。

陈东林

2021 年 6 月 8 日于北京

陈东林：中共党员。中国社会科学院陈云与当代中国研究中心副主任，中华人民共和国国史学会三线建设研究分会副会长。

文墨绘山河——川渝地区三线建设卷

总目录

深山激情岁月 ——国营红卫机械厂卷

红岩车辙——四川汽车制造厂卷

燃烧的岁月

　　20 世纪 60 年代,面对波谲云诡的国际形势,党中央和毛主席高瞻远瞩,从中华民族长远利益出发,作出了三线建设的战略决策,展开了一场战天斗地、气壮山河的工业大转移。在长达十几年、横贯 3 个五年计划的时间里,400 万工人、干部、知识分子、解放军官兵和成千上万的民工投身到三线建设中,经过艰苦卓绝的奋斗,在工业基础薄弱的祖国西部,建成了一套完整的工业体系,开辟了一片新的天地。

　　四川(包括重庆)是全国三线建设的重点地区,在"备战备荒为人民""好人好马上三线"的时代号召下,新建了 400 多个三线企业。上百万科技工作者和技术工人从东北、华北、华东等发达地区,来到落后的巴山蜀水,肩负起三线建设的重任。攀枝花的钢花飞溅,成昆铁路、川黔铁路和襄渝铁路机车轰鸣,九院、梓潼、816 厂的"正义之剑",重庆造船厂、川东造船厂的"海中蛟龙",双溪机械厂、晋林机械厂的"战争之神",西铝、成都峨眉机械厂的"空中雄鹰",等等,它们为共和国筑起一道新的长城。

前言

　　川渝人民豪情满怀。三线建设对重庆的工业经济、城市建设和道路交通等产生重大影响:

　　一是建立了门类较齐备的以常规兵器制造为主,电子、造船、航天、核工业等相结合的国防工业体系。

　　二是改善了交通状况,奠定了重庆城市现代立体交通网络的基础。川黔铁路、襄渝铁路的修建,打开了重庆与外界交流的大门;嘉陵江大桥、合川涪江大桥和石板坡长江大桥的修建,改写了重庆无公路桥的历史;重庆港的扩建和长江、嘉陵江十几个码头的建设,以及白市驿机场的改扩建,大大增强了重庆航运业和航空业的吞吐能力。

三是带动了沿线经济和小城镇的发展。以北碚为中心的仪器仪表工业基地，以长寿为中心的化工基地，以綦江为中心的冶金、采掘工业基地，促进了北碚、长寿和綦江城镇的发展；西彭的西南有色金属加工基地，双桥的重型汽车制造基地，使西彭、双桥由农村变成了小城镇。

四是大量移民内迁，引进了各种人才，增强了科技实力，促进了文化的融合。

在中国经济比较困难、自然条件极端恶劣的情况下，三线建设者用汗水和生命谱写出无数动人篇章，孕育了"艰苦创业、无私奉献、团结协作、勇于创新"的三线精神。三线精神与井冈山精神、长征精神、两弹一星精神等一脉相承，是中华民族优秀传统文化中吃苦耐劳、顽强拼搏、自强不息等的发扬光大，是三线建设者留给后人宝贵的精神财富。

三线建设是共和国工业史上一段不可磨灭的记忆。重温那段峥嵘岁月，弘扬三线精神，将激励一代代人不懈奋斗，不断续写光荣篇章。

艾新全

艾新全：中共党员，大学文化。原中共重庆市委党史研究室二处处长、副厅级巡视员。现为中华人民共和国国史学会三线建设研究分会副会长、重庆市中共党史学会三线建设研究分会副会长。

巴山蜀水

三线建设

BASHANSHUSHUI　SANXIANJIANSHE

第01章 探索与研究

重庆三线企业遗址的有关问题和对策

艾新全　田姝

重庆是全国三线建设的重点地区。资料显示，20 世纪 60 年代中期至 70 年代末期，在把重庆打造成为"常规兵器、船舶工业基地，祖国战略大后方"规划指导下，在当今重庆市境内，共新建、扩建了 118 个企业和研究所，主要涉及兵器、船舶、航天、电子、核工业等国防企业和与之配套的机械、仪器仪表、冶金、橡胶、化工等民用企业。这批三线项目的建成投产，为重庆地区国民经济发展提供了巨大的生产能力，极大地提高了重庆作为西南地区经济中心的实力。

一、三线企业遗址的由来

由于特定的历史背景，三线建设在国家急于备战的情况下仓促上马，规划投资综合平衡不够，配套建设跟不上，布局过于分散，盲目追求高速度，轻重工业比例失调等问题不同程度存在，加之 20 世纪 70 年代末 80 年代初国际局势趋于缓和，军品需求量大大下降，致使一大批三线企业出现生存条件差、产品无出路、经济效益低等严重问题。

为解决这些问题，1983 年，国务院决定对三线企业进行调整改造，使其更好地发挥作用。

1984 年 3 月，重庆市成立三线建设调整改造规划办公室。随后，规划办公室组织力量对三线企业进行了调查摸底。根据摸底情况，规划办公室进一步提出企业调整方案，对厂址存在严重问题，产品至今无方向，生产无法维持下去，没有前途的企业，按照经济合理原则，根据不同情况分别关、停、并、转、迁。因各种原因关停并转迁之后，一些三线企业的厂房、办公楼、宿舍、礼堂、学校、医院等建筑物遗存下来，形成了三线企业遗址。

二、三线企业遗址的现状

2020 年 3 月至 7 月，我们对重庆境内的三线企业遗址进行了一次普查。普查资料显示，目前三线企业遗址共 53 个。其中，被列为省级文物保护单位 1 个（涪陵 816 地下核工程遗址），县级文物保护单位 2 个（万州国营永平机械厂、永川半导体集成电路研究所）。主要涉及电子、兵器和船舶工业，除了生产企业外，有研究所 7 个、医院 1 个、学校 1 个、仓库 4 个、科研基地 1 个。已知 42 家企业共占地约 1.29 万亩，39 家企业构筑物建筑面积约 313.8 万平方米。由于受所处地理位置、产权归属情况等因素影响，各遗址被保护开发利用甚至荒废闲置的现状有所不同。

（一）荒芜废弃型

原有企业搬迁到其他地方以后，留下不能搬的厂房、办公楼、宿舍楼、学校、医院、食堂、礼堂等建筑，基本上无人居住和使用。虽然个别遗址有人一般性地看管，但管理很松散，导致多数楼房铁、木材料被盗，门窗荡然无存，部分楼房风化腐朽甚至有垮塌危险。如长寿的卫东机械厂，万州的国营武江机械厂，武隆的国营前进机械厂、国营红阳机械厂、国营永进机械厂，綦江的国营双溪机械厂，等等。

（二）简单利用型

1. 维护翻新

此类型遗址多保存较为完整，原有房屋稍加维护或部分翻新后加以使用。如合川的国营华川机械厂搬迁后，其厂区转让给西南大学育才学院（现为重庆人文科技学院）办学使用；长寿的重庆川染化工总厂部分厂房由重庆化医集团旗下企业用作厂房。

2. 改建重建

此类型遗址多根据现在使用需要，将原建筑物改建或拆除重新修建，虽然遗址原貌几乎不存在，但原企业所占土地得到利用。如永川的 26 研究所改建为重庆渝西监狱、44 研究所改建为重庆科创职业学院，长寿的陵江机械厂在原址上重建商业住宅楼，万州的 6802 医院改建为万州区交通安全教育培训中心、船舶自动化研究所改建为三牧集团的养殖场、计量研究所开发为住宅小区，万盛的重庆钢

球厂、国营平山机械厂、59507 仓库均被划为工业园区。

3. 零散使用

此类型遗址使用情况比较复杂，部分厂房为民营企业使用，部分处置给附近居民用于居住或出租，部分因年久失修而损毁。如合川的国营陵川机械厂就是一个典型。该厂是 1965 年由南京晨光机器厂部分军品项目内迁建成，是中国兵器装备集团公司直属大型二类国有企业。当年投资 5000 多万元人民币，新建厂房和住宅、自来水站、天然气管道、医院、子弟校、商店、露天游泳池等，并实现了当年设计、当年施工、当年搬迁、当年建成、当年投产的建厂目标，受到国务院的通报表彰，打响了重庆兵器工业基地建设的第一炮。2000 年，该厂迁往成都龙泉驿，留下 24 万平方米的房屋建筑，现在归私人所有，部分厂房被润发玻璃厂、重庆山城蚊香制品有限公司、重庆代发铸造有限公司等民营企业用于工农业生产，小部分用于附近居民居住，还有小部分由于自然风化已完全损毁。此外，万盛的国营晋林机械厂搬迁后，部分房屋被当地居民占用，大部分未硬化的空地被附近居民用于耕种。江津的国营晋江机械厂搬迁后由正州养殖公司进行生猪饲养，但养殖公司对该遗址的有效使用面积不足 1/3，大量建筑物闲置，处于无人维护的自然状态，很大部分被人为破坏，加上自然力的销蚀风化，一些建筑物年久失修，破败逐年加剧。

（三）保护开发型

有些自然条件较为优越、保存较为完善的遗址被保护开发利用，拉动了当地经济社会的发展。如位于南川金佛山西坡的国营天兴仪表厂遗址，风景秀丽、气候宜人。2008 年，为加大金佛山旅游开发力度，南川区政府将位于金佛山脚下的天兴仪表厂所属土地和房屋，全部出让给重

庆交旅集团进行旅游开发。为提速开发进度，合理利用资源，交旅集团将天兴仪表厂原部分厂房加固装修成"金佛山喀斯特展示中心"，布展面积850平方米，含4D动感影院、金佛山地质演化史体验馆等，向游客开放。同时还将以前的职工宿舍改建成"三线酒店"客房用于接待游客，整体形象保留了原来三线建筑的风格。目前，整个天兴仪表厂遗址已被打造成集休闲、娱乐、观光为一体的天星旅游小镇。再如涪陵的816地下核工程遗址，20世纪80年代搬迁后，经过重庆有关部门的努力争取，2010年遗址开放为国防教育旅游基地。2020年9月，该遗址提档升级一期工程完工，国庆长假接待游客6000余人。

三、存在的主要问题

三线企业遗址保护与利用方面存在的主要问题有：

一是地理区位差，对新企业入驻缺乏吸引力。因特定的历史背景，三线企业大多采取"靠山、分散、隐蔽"的方针建设，形成"山、散、洞"布局特点，绝大部分离中心城镇较远，建设用地呈零星点状、带状分布，有的还与当地集体土地有部分插花地、飞地，基础设施配套和区域成熟度低，调迁后很难吸引新企业对其进行再利用。如武隆的国营前进机械厂、国营红阳机械厂、国营永进机械厂等，地处相对贫瘠的渝东南地区，在乌江河畔白马山的峡谷中。当时建厂时也十分不利，深山峡谷恶劣的地理条件，一场暴雨，乌江水陡涨，位于深山峡谷凝聚数百名建设者智慧和一年多时间辛勤汗水建设起来的厂房设备和基建材料瞬间被冲得无影无踪，一切都付诸东流，留下满目泥浆和乱石。

二是再利用成本高，政府及企业均缺乏动力。站在地方政府的角度，三线调迁单位原址保值、增值难度大，政府难以平衡投入产出。如重庆北碚区红岩内燃机有限公司，

离城镇较近，可纳入城镇用地范围进行再开发利用，但因该厂区内部分土地用于生活区建设，拆迁费用较高，政府一直未进行处置。而对企业来说，对三线调迁单位原厂房、生产设施、基础设施进行改造的投入大，再考虑地价因素，成本风险较高。

三是调迁单位原址现状发生变化，存在权属争议。一些三线企业调迁前为缓解亏损，将厂区内学校、医院、电影院、运动馆等服务用房出让给其他单位或个人，中间权属经过多次变更，加上档案资料缺失，调迁后确权难度大。如万盛经开区2007年收回晋林机械厂搬迁后留下的国有划拨地建设用地，因该厂属军工保密单位，为提供用地资料，2014年底双方正式签订整体移交协议，但移交资料上登记的用地范围与国土管理部门掌握的情况存在较大误差，面积相差100亩。有的三线企业搬迁后，原用地被当地村民复垦、耕种，二调时按现状地类调查为耕地，甚至被划入基本农田保护范围，对土地的盘活利用造成困难。

四、保护利用三线企业遗址的建议

三线建设作为特定时代的产物，它不仅承载了共和国一段辉煌的建设史，而且还造就了艰苦创业、勇于创新、团结协作、无私奉献的三线精神。三线企业遗址正是这段历史和这种精神留给我们的宝贵文化遗产。当前，在新时代，保护利用三线遗址，保留三线建设遗产的物质形态，弘扬三线建设的文化精神，既能为后世留下曾经承载经济发展、社会成就和工程科技的历史形象记录，也能为城市工业未来发展带来许多思考和启迪，更能成为提升城市品位、拉动经济发展的重要力量。

从普查情况看，重庆三线企业遗址有的已为其他企事业单位所用，有的临时租借给民营企业，或被当地居民占

用，形成规模产业开发利用的屈指可数，荒废的仍不在少数。不少军工企业经过多年建设，遗存建筑规模较大、质量较高，占地面积也不小，厂房和生活区内交通、电力、供水、土地平整等"三通一平"状况较好，在偏僻贫困山区仍属生产力资源。为了盘活这些闲置国有资产，发挥三线企业遗址的当代价值作用，促进地区扶贫开发，特提出如下工作建议：

一是设立三线遗址纪念标识。根据其规模和重要性纳入相应的文物保护范围，重要的纳入《重庆市历史文化保护规划》。如涪陵816地下核工程，是已知世界最大的人工洞体，总建筑面积10.4万平方米，大型洞室18个，道路、导洞、支洞、隧道及竖井等130条，所有洞体的轴向线长叠加达20余千米，完全有资格申报全国重点文物保护单位。又如綦江双溪机械厂和万盛经开区晋林机械厂，前者抗战时期是国民政府第四十兵工厂，三线建设时期扩建为国产60式122毫米加农炮总装厂，该厂生产车间设在两个岩洞中；后者抗战时期是国民政府航空委员会第二飞机制造厂，三线建设时期扩建为国产54-1式122毫米榴弹炮厂，该厂生产车间设在一个上下两层的洞穴中。这两个厂的生产车间，历史文化厚重，完全有资格申报重庆市重点文物保护单位。

二是开展总体规划，及时出台遗址开发利用的控制性详规。针对三线企业遗址相对偏僻、分散、工业利用难度较大的特点，为减少人为的破坏和无序开发，建议全市三线企业遗址结合当地的经济社会发展实际，作出总体利用规划，并对开发利用实行严格管控。

三是认定确权，及时处理影响开发利用的遗留问题。开展三线调迁单位原址土地的确权工作，明晰土地及相关建筑物、构筑物的权属。由调迁单位配合地方政府对原址土地边界、单位调迁后原址土地的利用变化情况等进行清理。在此基础上，将遗址交地方政府统一规划处置。

四是开展利用性保护，实行遗址保护与促进区域脱贫协调推进。根据遗址开发利用整体规划和当地产业发展情况实行分类开发。如江津区夏坝镇晋江机械厂和青江机械厂遗址，遗留下20世纪六七十年代风格的厂房20余栋，工作用房近百处、生活用房与商业建筑90余幢；各类文化、教育设施和建筑物保存较好，更有可容纳近3000人的俱乐部，成为重庆市乃至西南地区保存最完整的三线企业遗址之一。依据夏坝镇交通便利条件和周边自然、人文环境，可在遗址区域打造重庆兵器工业展览基地或兵器国防教育基地，促进旅游业发展。对暂时不具备开发利用条件的，要通过地方政府、业主单位以及国家财政补助等方式实行原样保护。

附：重庆三线企业遗址一览表

序号	企业名称	产权情况		面积	工厂占地构筑物建筑面积	区县
		归属单位	隶属部门			
1	川东医院	万州区交通安全教育培训中心	万州区交通委员会	27.3亩	10770平方米	万州
2	船舶导航研究所	重庆市机关事务管理局		240亩	78000平方米	万州
3	船舶自动化研究所	重庆三峡牧业集团有限公司		229.5亩	70000平方米	万州

序号	企业名称	产权情况		面积	工厂占地构筑物建筑面积	区县
		归属单位	隶属部门			
4	计量研究所	重庆市黑龙房地产开发有限公司		14.76 亩		万州
5	国营江云机械厂	重庆市机关事务管理局		139.5 亩	70000 平方米	万州
6	国营武江机械厂	重庆华渝电气仪表总厂		130.5 亩	50000 平方米	万州
7	国营永平机械厂	重庆长平机械厂（托管）		139.5 亩	70000 平方米	万州
8	816 厂	重庆建峰工业集团有限公司	重庆交旅集团	156 亩		涪陵
9	虎溪电机厂		中国兵器装备集团有限公司	795 亩	13 万平方米	沙坪坝
10	四川仪表二厂	重庆川仪股份有限公司	重庆市国资委	19.5 亩	5000 余平方米	北碚
11	四川仪表七厂	重庆川仪总厂有限公司	重庆四联集团公司			北碚
12	四川仪表三厂	重庆川仪股份有限公司	重庆市国资委	37.842 亩	8546 平方米	北碚
13	重庆煤矿安全仪器厂			130.4655 亩		北碚
14	第八机械工业部第三设计院	中国机械工业集团有限公司	国务院国资委	336.6 亩	40000 平方米	北碚
15	四川灯具厂	北碚区工业办公室	北碚区国资委	55.5024 亩	9771 平方米	北碚
16	重庆红岩机器厂			495 亩	17.04 万平方米	北碚
17	重庆水文仪器厂	新华水利控股集团公司	国家水利部	85.5 亩	33000 平方米	北碚
18	第一机械工业部工业自动化仪表研究所重庆所	重庆市科委	重庆市国资委	77.271 亩	38350 平方米	北碚
19	重庆浦陵机器厂					北碚
20	长虹机械厂	重庆化医集团公司	重庆市国资委			长寿
21	四川染料厂	重庆化医集团公司	重庆市国资委		28 万平方米	长寿
22	国营陵江机械厂					长寿
23	国营卫东机械厂	重庆轻纺集团	重庆市国资委			长寿
24	总后江津仓库	重庆锦橙实业有限公司		106.005 亩	11640 平方米	江津
25	国营晋江机械厂	重庆市江津正州养殖有限责任公司	重庆市农垦控股（集团）有限公司	825 亩	15 万平方米	江津
26	国营青江机械厂	重庆渝兴鞋业有限责任公司、重庆飞洋活性炭制造有限公司、重庆钰峻机械有限公司		378.201 亩	57305 平方米	江津
27	国营华川机械厂	重庆人文科技学院	合川区教委	1623 亩	64285 平方米	合川

序号	企业名称	产权情况		面积	工厂占地构筑物建筑面积	区县
		归属单位	隶属部门			
28	国营陵川机械厂	私人			24 万平方米	合川
29	四川矿业学院	重庆市千牛建设工程有限公司、重庆中环建设有限公司	重庆巨能建设（集团）有限公司	45 亩		合川
30	重庆光电技术研究所	重庆科创职业学院	重庆市教委	81.2538 亩	23225 平方米	永川
31	四川压电与声光技术研究所	重庆渝西监狱	重庆市监狱管理局	331.149 亩	52710 平方米	永川
32	四川固体电路研究所	重庆大学城市科技学院	重庆市教委	652.002 亩	86122 平方米	永川
33	船用柴油机研究所	南川安坪工业园	南川区人民政府	299.7 亩	90000 平方米	南川
34	国营红山铸造厂	神龙峡旅游开发有限公司	重庆交旅集团	333 亩	94400 平方米	南川
35	国营红泉仪表厂	重庆博赛集团	南川区人民政府	240 亩	104600 平方米	南川
36	国营宁江机械厂	南川监狱	重庆市司法局	1065 亩	500000 平方米	南川
37	国营庆岩机械厂	南川庆岩工业园	南川区人民政府	360 亩	98100 平方米	南川
38	国营天兴仪表厂	重庆市山水都市旅游开发公司	重庆交旅集团	510 亩	150000 平方米	南川
39	国营庆江机械厂	重庆川江针纺有限公司（民营）等企业和王朝龙等个人		459 亩	10.2 万平方米	綦江
40	国营双溪机械厂	重庆大江工业（集团）有限公司		784.602 亩		綦江
41	221 工程	中国人民解放军某部队	中国人民解放军西部战区			铜梁
42	国营前进机械厂	武隆县国资委	武隆县财政局	1.5 亩	1000 平方米	武隆
43	国营红卫机械厂	武隆县移民局	武隆县政府	570 亩	101000 平方米	武隆
44	国营红阳机械厂	武隆县国资委	武隆县财政局	41.7 亩	3151.45 平方米	武隆
45	国营新兴机械厂	武隆县国资委	武隆县财政局	48.86 亩		武隆
46	重庆船舶公司物资库	武隆县国资委	武隆县财政局		9250 平方米	武隆
47	国营永进机械厂			43.892 亩		武隆
48	重庆钢球厂	建设村村民委员会	万东镇政府	78.948 亩	27076 平方米	万盛
49	国营平山机械制造厂	平山工业园区	万盛经开区管委会			万盛
50	国营兴无机械厂	兴隆煤田	南桐矿区有限公司	22 万平方米	27103 平方米	万盛
51	西南兵工局物资仓库	榜上村村民委员会	万东镇政府		5960 平方米	万盛
52	国营晋林机械厂	万盛经开区建设投资集团有限公司	万盛经开区开发投资集团有限公司	568.2 亩	75171 平方米	万盛

【作者简介】田妹：女，中共党员，大学文化。中共重庆市委党史研究室政研二处处长。

重庆地区的三线建设与军民融合发展

马述林

一、重庆地区的三线建设

（一）重庆是三线建设重点地区

重庆成为三线建设重点地区的原因：一是重庆的兵器工业有一定基础。重庆兵器工业七大厂（望江、长安、建设、空压、嘉陵、长江、江陵）在全国占有重要地位。1956年引进消化了苏联的制式武器，并进行了改造扩建，实力更加雄厚。二是重庆是一个综合性的老工业基地，工业综合配套能力很强。原材料工业有一定的基础，重钢的钢材品种比较齐全，号称"小鞍钢"。重庆特钢生产的军工用材在国内居于前列，业内称"北有抚顺、南有重特"。重庆的机械工业和化学工业也有较好的基础。三是重庆交通能源条件好。长江通过境内，发展大工业不会产生缺水问题。依靠黄金水道，方便工业产品输出。已有成渝铁路、川黔铁路（1965年7月建成），公路直通周边各省，陆上交通方便。重庆有丰富的煤炭资源，抗战时期就开始开采南桐、天府煤矿。重庆发电厂是"一五"时期156项重点项目之一，20世纪60年代又开始新建4×5万千瓦机组，是当时西南最大的火电厂。

在三线建设酝酿和决策阶段，重庆一直是中共中央关注的地区。1964年中央北戴河工作会议结束的当天下午，毛泽东主席即在住地接见了重庆市委书记（当时设有第一

书记）鲁大东，他说：中央决定要搞三线建设，你们重庆是一个重点，有什么困难？大东同志说：我们坚决拥护中央的这个战略决策，重庆的工业有点基础，但交通有点问题，运力不足。主席幽默地说，运输有问题，把我的车开去吧。主席还问大东同志重庆工业和军工生产情况，大东同志一一作了回答。[①]中央工作会议以后，毛主席的重要讲话和中央战略决策很快得到贯彻落实，三线建设迅速展开。

1964年11月，中共中央政治局委员李富春、薄一波等一行32人来重庆视察，研究部署有关三线建设的问题。

1965年4月16日，来渝视察的中央政治局委员、国家副主席董必武，中央政治局委员、国务院副总理贺龙，国务院副总理兼国防科工委主任聂荣臻，以及中共中央西南局负责人李井泉、程子华，在重庆潘家坪招待所听取了第五机械工业部副部长朱光关于以重庆为中心的常规兵器基地建设和战备增产工作的汇报。中央领导同志作了重要指示。

1965年9月24日，周恩来总理飞抵重庆陪同西哈努克访问，专门抽出时间部署白市驿机场扩建有关问题。9月25日在陪外宾乘船去武汉的途中，特地安排鲁大东随船汇报重庆地区三线建设情况，作了重要指示。

1965年11月中旬，中共中央总书记邓小平在薄一波、

---

① 高群、刘祖光：《回忆鲁大东同志领导重庆地区三线建设的历程》。

李井泉等陪同下，到重庆视察了军工企业，先后参观了建设、重钢、长安等厂，并在住所召集了5次会议，主要听取有关三线工作的汇报。就重庆南线（长江以南）的高炮生产基地、北线（长江以北）的光学仪器以及核工业基地、长江沿线的造船基地及配套的研究所等重大问题进行了论证。

（二）重庆地区三线建设主要布局

重庆常规兵器基地建设。重庆常规兵器基地建设的主要内容：一是增加大口径火炮及炮弹生产，主要是用于地面压制的榴弹炮、加农炮、加榴炮、迫击炮，还有大口径高射炮以及相应炮弹，新建生产厂点；二是增加新型武器品种生产，如各种战术导弹的战斗部；三是对重庆主城老厂生产能力的填平补齐和改造，加强防空能力；四是疏散重庆主城老厂一部分生产能力。新建兵工企业一律不布置在重庆主城，主要布置在重庆周边山地丘陵。

重庆地区船舶工业建设。在重庆地区，上起永川、江津，下至万县的沿江地带，按照靠山、近水、扎大营的建设思路和船、机、仪三大系统，分片布置了船舶工业主机厂及其配套企业。在沿江地带布局了生产潜艇和中型水面舰艇的造船厂，在永川、江津布局船舶动力机器及配套设备制造厂，在万县地区布局了船用仪器仪表制造基地。此外，还布置了重型铸锻、水中兵器制造以及一些研究院所。重庆成为我国重要船舶工业基地。

重庆地区核工业建设。1966年9月，中央军委批准定点在涪陵白涛镇建设原子能反应堆及化学后处理工程（代号816工程）。同年底开始施工，历时10余年。1984年6月，经国务院、中央军委批准，停止工程建设。原厂址改建转向民用，为以生产化肥为主的中国核工业建峰化工总厂。2008年2月，被重庆建峰化工股份有限公司收购。

重庆地区航天工业建设。当时有两个基地布置在重庆以北地区，地面控制设备生产厂巴山仪器厂布置在重庆。

重庆地区军事电子工业建设。在永川建设了研究开发微电子特种器件的三大研究所，同时改扩建了重庆无线电厂、重庆微电机厂。新建华伟通信设备厂，扩建重庆通信设备厂。

重庆地区机械工业建设。机械工业是除国防军工以外重点发展的工业部门。1964年9月，国家计划会议提出："以重庆为中心逐步建立西南的机床、汽车、仪表和直接为国防服务的动力机械工业。"重型汽车制造基地和四川仪表总厂是机械工业三线建设两大重点项目。重庆地方工业先后承担军工配套产品的企业有22个，其中重庆水轮机厂、重庆通用机器厂、重庆水泵厂、重庆特种电机厂、重庆蓄电池厂、重庆轴承厂等6个厂由国家投资建设了封闭型军工产品车间。

重庆地区冶金工业建设。为了给兵器工业配套，钢铁工业方面把鞍钢中板厂完整地搬到了大渡口刘家坝建成重钢五厂，在綦江三江新建了重钢四厂，主要生产国内急缺的硅钢片和薄板。有色冶金工业，重点新建西南铝加工厂，为三线航空航天企业配套。一机部组织全国机械工业大会战，为西南铝加工厂生产出3万吨立式水压机、1.25万吨卧式挤压机、二米八冷轧机和二米八热轧机，这些特大型设备堪称"国宝"。按照国家安排，重庆市新建16个地方冶金项目为军工配套。主要有重庆铜管厂、重庆铝厂、重庆钢丝厂、重庆有色金属材料厂等。

重庆地区化工行业建设。新建西南合成制药厂，是当时西南最大的合成原料药生产基地。新建四川染料厂，生产扩散性染料，是全国第二大染料厂。还新建了长风化工厂、川庆化工厂、长江橡胶厂等企业，改扩建了天原化工厂、长寿化工厂、中南橡胶厂、重庆轮胎厂等企业，特别是新建了利用天然气为原料的特大型企业四川维尼纶厂。重庆成为生产各种化工原料材料和化学制品的综合化工基地。

能源交通等基础设施建设。煤炭工业建设的重点是松藻矿区和天府矿区，新增设计生产能力 400 万吨。重庆有丰富的天然气资源，在重庆东部钻获了相国寺、卧龙河、双龙等 8 个含气构造。1978 年发现石炭系气藏，重庆东部地区天然气进入大规模开采时期，卧龙河气田成为全国最大的天然气田。电力工业重点在电源点和送出工程。完成重庆电厂扩建，总装机容量达到 29.6 万千瓦。川渝电网实现 220 千伏输电线路联网，川西水电开始输送重庆。交通得到快速发展。1965 年 10 月，新建川黔铁路正式通车，重庆有了南向出口。1970 年 2 月襄渝铁路开工，1978 年 5 月全线正式通车，重庆北出口打通。九龙坡港区货运通过能力大幅度提高，重件码头增设起重能力 180 吨的作业线。新建了李家沱、猫儿沱等一批机械化码头。白市驿机场扩建为二级机场。

三线建设期间，重庆地区还陆续迁建和新建了许多研究所。如兵器 54 所、62 所，一机部第三设计院、重庆自动化仪表研究所、重庆仪表材料研究所、重庆重型汽车研究所，交通部重庆公路科学研究所，石油部重庆润滑油研究所，中国科学技术情报所重庆分所，中国煤炭科学研究总院重庆分院等。重庆现在有影响的科研院所基本上都是那时奠定的基础。冶金部重庆钢铁设计院（1958 年从鞍钢设计院搬来），以及煤炭部重庆煤炭设计院，在三线建设时期也进行了扩充。

（三）三线建设对重庆经济发展的重大意义

极大地增强了重庆老工业基地的经济实力。大批三线建设项目投产，使重庆形成了以机械、冶金、化工为主体，轻、重工业并举，门类较齐全的工业生产体系，极大地增强了重庆经济实力。可以说，没有三线建设，就没有重庆工业在全国的地位。到 20 世纪 80 年代初期，重庆工业固定资产、工业产值一举跃升为全国城市排行的第 5 位和第 7 位，成为全国有重要影响的老工业基地。

极大地增强了重庆科技实力。三线建设期间从沿海经济发达地区调进几十万职工，这里面包含各种类型的科学技术人才、管理干部和熟练工人，提升了重庆产业大军水平。同时，还从北京、上海等地迁来一批科研院所，许多院所具有全国一流水平，拥有高素质的科研人员队伍。经过三线建设，重庆的科技实力上了一个新台阶，在有的领域也有了"国家队"或重要的话语权。

奠定了重庆现代立体交通网络的基础。三线建设时期，陆续修建的一大批交通设施改变了重庆交通闭塞落后的状况，一定程度上打开了重庆与外界交流的大门，奠定了重庆现代立体交通网络的基本格局。

促进了重庆城市现代化进程。三线建设特别是不少大型工业企业的新建，对重庆城市化进程产生了深远的影响。四川仪表总厂的建设，加快了北碚城镇发展。四川染料厂、四川维尼纶厂的建设，促成了长寿晏家镇的兴起。西南铝加工的兴建，使巴县西彭变成了经济繁荣的小城镇。四川汽车制造厂的新建，促成了远郊工业新区双桥的诞生。这些工业城镇的出现，改善了重庆城市格局，促进了重庆市城市现代化的进程。

二、重庆地区的三线调整改造

（一）重庆地区三线调整改造的主要任务

1984 年 3 月，重庆市人民政府决定成立市人民政府三线建设调整改造规划办公室（简称"三线办"）。其主要任务是：在市委、市政府领导和国务院三线建设调整改造规划办公室指导下，从国民经济发展的全局出发，根据重庆地区的实际情况，为合理配置生产力布局，促进专业化协作，促进部门、地区、企业之间相互联合，结合经济体制综合改革，组织调查研究，提出全市三线企业的调整和技术改造规划，及时研究解决调整工作中的重大问题。在规划批准后，认真组织实施和检查督促。

根据三线建设企业的实际情况，分为三种类型进行调整改造。

一是对布局合理，产品有方向、有发展前途，经济效益好的企业，大力支持其进行技术改造，提高企业素质，做大做强。

二是对布局基本合理，但由于交通、能源、设备、管理水平等问题制约，生产能力未能充分发挥，经济效益处于平过或略有亏损的企业，着力进行产品结构调整，加强技术改造，切实解决交通、能源等问题，提高管理水平，增强其发展潜力。

三是对布局严重不合理，建设不成功、未建成或产品无方向、企业发展无前途、有隐患险情的部分三线企事业单位进行重点调整。特别是将散布在偏远山区的国防工业企业和研究所先后迁入人口密集的重庆市区和近郊区县，采取关、停、并、转、迁等措施，改变这些企业的生存条件，进行资产存量的整合和生产力布局的再调整，为三线企业步入社会主义市场经济创造条件。

同时提出要以企业调整、产品调整和技术调整为主要内容，着重抓 SC2030 重型汽车、SC110 微型汽车、C62A 铁路货车车皮，以及各类摩托车、民用船舶、电子计算机、煤炭综采设备、石油机械等八种重点产品的发展。

1985 年 4 月 11 日，市政府召开三线调整项目定点规划专题会议，确定对国务院有关部门批准在渝开设的窗口（不含生产部分）办公、展销、咨询服务等项目可部署在母城核心地带；对科技信息研究机构、知识密集技术密集的新兴产业，用地量不多又无污染的项目可部署在母城边缘的近郊开发区内（如南坪、石桥铺、观音桥）；对其他工业项目，视其生产性质及规模，分别部署在母城外围的区县城镇地带。

（二）重庆地区三线调整改造的基本情况

在长达 3 个五年计划的调迁过程中，针对不同情况采取了不同的调整方式：

一是把性质相同、工艺相近的厂所合并调迁。如兵器 59 所由兵器 54 所和 62 所合并迁建。将处于南部山区的 9 户大中型兵工企业，集中调迁至巴南区渔洞镇，成立了重庆大江工业有限责任公司。

二是将调迁与技术改造、引进外资和技术相结合。据市三线办统计，重庆市"七五""八五""九五"期间，43 户调迁企业中，实施较大的技改项目 50 个，投入技改资金 12 亿元，开发新产品 423 件，引进外资 9760 万元，办合资企业 20 多个。生产技术水平和经济效益与调整前相比明显好转。

三是老厂不动，将科研机构和民品生产调迁。如红宇机械厂，地处西泉山沟，军品生产线不动，将民品生产调迁至璧山县城，既减少了投资，又使军品民品生产达到了较快发展。如一坪化工厂，原是厂所合一的单位，通过调整把研究所迁入石桥铺，同时又新建了一个年产5万吨的高级润滑油生产企业。

四是就地调整改造。如建峰化工总厂（816厂），原是国家重点投资的核工业企业，地处乌江河谷，企业规模很大。经鲁大东与国家有关部委和省市多次协商研究，运用三线企业调迁政策，就地新建了电厂和引进一条大化肥生产线（30万吨合成氨、48万吨尿素），并在重庆开设企业窗口，从而使企业摆脱了困境，稳定了职工队伍，并为新的发展创造了条件。

五是企业调整与三峡库区淹没企业搬迁相结合。如重庆合成制药厂，既属三线企业，又属三峡库区被淹没企业，在调整中运用两个方面的政策和资金渠道，在江北寸滩建设了比原来规模更大的新厂，形成了既生产原料药又进行深加工的新局面。

原散布在偏远山区的40多家国防工业企业和科研院所先后迁入重庆市区和近郊区县，在重庆市区和郊区逐渐形成各具特色的四大片工业片区。

一是南岸区南坪电子仪器仪表工业区（三厂三所调迁于此）；

二是巴南区渔洞汽车及重型机械加工工业区（南线布点的9个兵工厂调迁于此）；

三是江北区冉家坝精密机械电气仪表工业区（万县的船舶工业6个厂调迁于此）；

四是九龙坡区石桥铺科研区（西南技术工程研究所、航天机电设计院、机械部第三设计院、中石化润滑油研究院、重型汽车研究所、515厂、航天科技集团九院等调迁于此）。

这些企事业单位的调整迁建，不但促进了一批工业新区和企业群体的兴起，更重要的是为20世纪90年代重庆经济技术开发区、重庆高新技术产业开发区两个国家级开发区，以及21世纪初重庆北部新区的建立和发展奠定了坚实的物质技术基础。

重庆市列入国家计划的三线调整项目共45个，批准投资49亿元，到2002年实际完成投资54亿元，完成了国家批准的调迁任务。重庆市三线调迁项目大约占同期全国三线调迁项目的1/5，完成投资占1/4。重庆市调迁项目及完成投资，在三线建设调整改造各省区市中居于前列。

（三）重庆三线建设调整改造中的军民结合

重庆的三线调整改造按照"保军转民、军民结合、平战结合、以民养军"的方针，积极探索发展转型的路子，大致经历了三个时期。

1. "军转民"初期

党的十一届三中全会后，各军工企业生产任务大幅减少，纷纷走上了转产民用产品的道路。但是，初期没有经验，许多企业转向日用轻纺产品生产，例如生产闹钟、自行车、电风扇、收录机、洗衣机、缝纫机等，由于未能扬长避短，这些产品大都成本高，技术含量低，缺乏市场竞争力，不少产品上得快，下得也快，无法形成支柱民品。

2. 支柱产品培育期

20世纪80年代中期，三线调整改造揭开序幕，重庆军工企业按照中央关于"国防科技工业要由过去单纯为国防建设服务，转变到为整个社会主义建设服务"的战略决策，凭借其雄厚的技术、装备和人才优势，将军用技术转为民用，并引进国外先进技术，开发国民经济急需的装备，重点是交通能源装备，大力培育支柱产品。同时，结合企业调整、改造、搬迁、合并，在不太长的时期内，培育起了摩托车、微型汽车、重型汽车、火车车皮、民用船舶、煤炭综采设备等一批支柱产品，基本实现了"军转民"的转变。

3. 军民结合成熟期

20 世纪 90 年代后，随着三线企业调整改造的深入推进，重庆进入了"军民结合"的成熟期。长安集团、中船重工重庆公司等一批军民结合的大型企业集团强势崛起。汽车、风电设备生产跃居全国前列，军事电子、自动控制、计算机技术迅速向民用转移，加快了重庆传统工业的更新换代。重庆军工企业在调整改造中实现了"军民结合"，"军民两用技术"扩散初显成效，"民为军用"取得进展，民口配套企业和军口溢出企业已成为我国国防工业的一支新生力量。重庆正朝着"军民融合"的更高阶段发展。截至2015 年底，重庆现有军工企事业单位 42 户，当年实现工业总产值 3000 多亿元，实现利润 239 亿元，军民融合产业总量在全国各省区市中名列前茅。

（四）重庆三线建设调整改造的效果

1. 布局调整使三线企业生产生活环境得到改善

三线企事业单位的调整改造，从根本上改善了三线调整单位的生产经营及生活环境，使三线建设已经形成的生产力能够得到合理发挥。全市先后有 38 个三线调整单位分别从重庆的綦江、万盛、江津、永川、万县、南川等山区和四川省青川、隆昌、华蓥整体或部分搬迁到重庆市区或近郊相对集中建设。其中，兵器系统 13 个、船舶系统 8个、军工电子 5 个。这些企事业单位迁离交通闭塞、信息不通的山区，生存发展环境得到极大改善，为企事业单位调整产品结构、融入市场和发展外向型经济、吸引外资创

造了良好的条件。三线企事业单位调迁后，稳住了职工队伍，缓解了三线企业科技队伍后继乏人的问题，为企业的持续发展奠定了人力资源基础。

2. 调整改造促进了三线企业改革创新

三线企业的搬迁不仅仅是搬个位置，而是把调整改造与资产重组、企业改革和技术改造相结合，克服了过去企业"小而全""大而全"的弊端，形成了社会化协作的生产体系和新的生产力，从而使三线建设的巨大潜能得到充分发挥。企业加快了转机建制和建立现代企业制度。企业在调整改造中，实现了军品和民品分离，生产经营系统和后勤服务系统分离，使生产企业轻装上阵。民品生产按照现代企业制度要求，成为自主经营、自负盈亏的法人单位，并积极进行公司制、股份制改造。

3. 三线企业产品结构调整收到明显成效

三线调整把企业的搬迁建设与技术改造、产品结构调整结合起来，并注重引进国外先进技术，不少企业发展融入了重庆市支柱产业发展进程中。"七五""八五"时期实施的三线调整企事业单位中，有 15 个单位直接参与了重庆市汽车、摩托车生产及配套零部件生产，促进了重庆汽车、摩托车的崛起。伴随三线企事业单位调整，重庆以汽车、摩托车为主体的机械工业、以天然气和医药为重点的化学工业、以优质钢材和铝材为代表的冶金等三大支柱产业迅速形成。从总体上说，三线企业产品结构调整收到了明显成效，民品生产取得突破性进展，企业的经济效益得到很大提高。

三、重庆军民融合发展的历史与成就

（一）重庆军民融合发展的历史

重庆是我国重要的工业基地。回顾百余年的发展历史，

可以说，重庆工业经历了四次跳跃式发展。第一、第二次都与战争相联系，与国家安危有关。第一次跳跃是在抗日战争时期，沿海工业大迁移，中国工业血脉在重庆得以延续。第二次跳跃是三线建设时期，国家在重庆布局形成了以常规兵器为重点，包括电子、船舶、核工业、航天在内的国防工业体系，并配套扩建机械、冶金、化工等基础工业，重庆一举跃升成为我国重要的工业基地。但是，重庆工业基地形成的独特路径也带有缺陷：一是按打仗要求组织经济建设，仓促上阵、简易投产，生产生活设施简陋，基础设施滞后，这些都成为工业经济正常运转的障碍；二是重庆重要工业企业都是按照国家临战部署建设起来的，按照国家指令性订货运转，一旦面向市场经济，体制性、机制性矛盾格外突出；三是战时经济形成的分散的生产力布局，妨碍社会化分工，也妨碍城市化进程。正因为存在这些问题，重庆工业才迫切需要进行改革与改造。

重庆工业的第三、第四次跳跃，是改革开放的成果。第三次跳跃是在计划单列时期。1983 年开始的计划单列时期，使重庆拥有了与大区域性经济中心城市相适应的地位和省级经济管理权限。在国家的扶持下，重庆老工业基地改造取得进展，通过三线调整改造，初步走出了军民结合的路子。在促进军工企业改造为军民结合型企业，在军工企业和民用工业企业之间建立协作配套的基础上，崛起了汽车、摩托车工业。调整三线工业企业布局，根本改善了一批重要企业外部生存条件，也为内陆首批建立的重庆经济技术开发区、高新技术开发区创造了条件。到 1990 年，全国城市按国内生产总值排序，重庆位列第 5 位，仅次于上海、北京、广州、天津。

重庆工业的第四次跳跃是在重庆直辖市成立以后。直辖市成立为重庆老工业基地振兴创造了体制条件和发展机遇。1997 年重庆直辖恰逢亚洲金融危机，全球经济衰退，重庆工业经历了一段痛苦的调整时期，包括"壮士断腕"式关停并转，终于凤凰涅槃、浴火重生。2002 年重庆工业整体扭亏为盈，其后实现了持续快速增长。特别是近年来，规模以上工业增加值增长速度跃居全国前列。汽车、摩托车产业"一枝独秀"的局面得以改观，以电子信息产业为主体的高技术制造业成为另一增长驱动轮。2016 年，重庆地区生产总值达到 17559 亿元，在全国城市中居于第 6 位，仅次于上海、北京、天津、广州、深圳。重庆经济进入了以科学发展为主题、以转型升级为主线的新时期。

回顾重庆工业的发展壮大历史，一直与国家的国防军事大业密切相关，但是真正实现崛起，还是在改革开放新时期。重庆认真贯彻执行了"军民结合"指导方针，实行军民融合式发展，使经济潜力得以发挥。

（二）重庆军民融合发展的主要成就

1. 军民融合培育出重庆最大支柱产业

重庆汽车、摩托车制造是重庆第一大支柱产业。20 世纪 80 年代初，嘉陵、建设两大军工厂率先组建军民联合体生产摩托车。随后成长起来的力帆、隆鑫、宗申三大民营摩托车厂，实际上得益于前述两厂的"溢出效应"。长安、空压两大工厂，联合系统内外企业进入汽车生产行业。经过 30 多年的军地联合协作与融合，集聚了大批国有企业、民营企业以及外资企业，形成了完整的产业链。2016 年重庆生产汽车 315.6 万辆，产量居全国各省区市之首；生产摩托车 787.7 万辆，产量占全国的 40%。在全市工业总产值中，汽摩产业约占 1/4，是最大的支柱产业。

2. 军民融合造就了一批骨干企业

重庆军工企业多为大中型企业,分属六大军工集团。这些企业具有较强科研研发实力和先进制造能力。它们是军民融合发展的积极推动者,在确保军品科研生产任务的同时,积极参与市场竞争,开发生产高价值民品和高端技术装备,目前重庆国防军工行业民品产值已经占到工业总产值的95%以上,远远高于全国军工行业水平。从中崛起了一批军民融合型企业,其中产值超过2000亿元的特大型企业有1家,超过100亿元的大型企业有5家,50亿元以上的有5家,10亿元以上的有15家。

3. 军民融合催生重庆工业高端技术装备制造能力

军工企业拥有雄厚的物质技术基础。在军民融合体制下,完全有能力在高端制造领域取得突破。重庆军工企业在市政府支持下,立足自身优势,进军高端设备制造领域,已经在风力发电设备、特种船舶、海工装备、铁路车辆、大型齿轮箱、增压器、成套仪器仪表等方面形成一定市场竞争优势。重庆市十大战略性新兴产业规划也整合进了这批军民融合企业的发展规划。

4. "民参军"取得新进展

在三线建设中,国家安排了其他工业部门承担为国防军工配套的任务。除了能源和原材料工业,主要是地方机械工业承担军工配套产品。但是,民营企业参与国防工业生产历来面临着较多体制障碍。"民参军"一直是军民融合发展中的薄弱环节。近年来,这种情况已经有所突破。现在,重庆市已有数十家民营企业获得相应资质,已经参与武器装备研制生产。

5. 军民融合优化了重庆生产力布局

在20世纪90年代,通过三线企业布局调整,在主城区重点发展了南岸、石桥铺、冉家坝、渔洞等组团。在此基础上成立了国家级经济技术开发区和高新技术开发区。进入21世纪以后,重庆继续调整优化产业空间布局。形成了以两江新区为龙头,2个保税区为核心,4个国家级开发区为中坚,以及几十个市级特色工业园区为支撑的开发区体系。不少军民融合型企业成为各种类型开发区的种子企业。例如2013年初,国家工信部确定璧山工业园为国家级军民结合领域新型工业化产业示范基地。该园集中了数家国防军工企业,在其周围聚焦了300余家上下游配套企业,设立了两个国家级企业技术中心,17个省级企业技术中心,产生出9家高新技术企业。对全市来说,璧山工业园具有军民融合发展和军民融合协同创新的示范意义,提供了一种新的工业园区模式。

马述林:中共党员,原重庆市政府参事,重庆市政协特聘委员、重庆市发展和改革学会会长。现为重庆市中共党史学会三线建设研究分会副会长。

改革开放以来重庆固定资产投资工作述略

马述林

一

固定资产投资是社会扩大再生产的重要方面，也是任何一个社会，特别是发展中国家向现代化国家转变的重要环节里经济成长的主要推力。

近30多年来我国以经济建设为中心，国家经济发展非常快。就重庆来说，我粗略归纳了一下，这一时期，整个重庆的投资完成了5万多亿元，其中最主要的是2000年以来的十多年，"十五""十一五"时期完成了3万亿，"十二五"头两年（2011—2012年）已经完成了1.6万亿元，加起来就是4.6万亿元了。

这之前的20年，1980—2000年完成了3000亿元左右。而从1950年算起到1979年的30年，全社会固定资产投资完成不到100亿元，现在一年完成投资额相当于过去几十年。"六五"期间全国固定资产投资才完成2000多亿元，而过去一年重庆完成了9000亿元的固定资产投资，就是说现在重庆一年的投资数额相当于全国过去的几倍了。

但是这些数字不能简单地对比，要用历史唯物主义的眼光来看。解放以后的前30年重庆仅完成90亿元的投资，但那时是计划经济时代，计划经济条件下很多生产要素没有市场化、没有货币化。比如那个时候土地都是国家划拨，在基本建设投资额中没有体现出来。举例来说，20世纪70年代修建四川维尼纶厂时，占用了大量良田好土，只按400块钱一亩补偿，还不是给农民，而是给村社组织的补助。

现在工业用地20万元一亩都拿不下来。川维、西铝这些大型企业都占地上千亩。再举例，襄渝铁路全长890千米，投资花多少钱呢？才34个亿，现在来修的话，340个亿都修不下来，680个亿也修不下来。为什么呢？过去修铁路修公路，土地是不算钱的，国家只需要减免人民公社的公粮。整个襄渝铁路，几万亩土地都没有给钱。

当时四川和湖北组织了几十万民工去修襄渝线，那时候各地组织民兵师参建，都是象征性地给民工一点钱。这些项目实际上有大量劳动积累在里面。过去在毛泽东时代，修一个中型水库只用几百万元就行了。现在，没有10个亿修不下来，原因明摆着，一是征地要钱，二是用劳动力要付工资。以前只要县委一声令下，各个公社摊派劳动力，农民就自带工具、干粮参加劳动。

那时候，工人的工资也很低，每月只有30—40元，高级技工也只有60—70元。工人创造的价值都形成了国家积累，形成了惠及后人的社会财富。那时候修建的大量基础设施，以及建成的基本完整的现代化工业体系，都是全国人民节衣缩食干出来的。价值量粗一看没有多少，如果按市场化的方法来重新核算，核算成现价，那个价值量就不得了。

所以习近平总书记讲到一个观点，不能用现在的眼光来衡量过去的事情，那是没有历史唯物主义观点的。我们的父辈祖辈，为我们今天打下了相当可观的宝贵的物质基础，我们经济建设能够有今天的成就，实际上是站在前人肩膀上的。重庆这么大一个城市，以前几十年搞了很多建设，算起来好像没有多少，而现在每年完成固定资产投资动辄数千亿元。对这样的反差，要有一个正确的估量、认识。要客观认识改革开放以前的经济建设成就，不能轻易否定历史。

过去几十年来，固定资产投资规模越来越大，这个现象是否正常。重庆计划单列前后，整个"六五"时期完成投资不到 100 亿元；"七五"期间（1986—1990 年），完成了 270 亿元；"八五"时期（1991—1995 年），完成了 820 亿元，"九五"时期（1996—2000 年），完成了 2408 亿元，"十五"时期（2001—2005 年）完成了 6695 亿元，"十一五"时期（2006—2010 年）完成了 21911 亿元。进入"十二五"时期，2011 年完成了 7688 亿元，2012 年完成了 9380 亿元。

投资完成量越来越大。分析这个现象要考虑三个因素，一是自身投资能力，二是资金流进流出状况，三是生产要素市场化以及投资价格指数变化的影响。前面已经对要素市场化问题做了一点分析，我再分析一下固定资产投资价格因素。从 1993 年起，重庆市统计局对固定资产投资价格指数有完整统计。如果以 1993 年固定资产投资价格为 100，2011 年固定资产投资指数为 1993 年的 178，上涨近 1 倍，也就是说完成同样的投资额，现在形成的实物工作量比以前要少得多。

再说投资能力，经济发展使得投资额越来越多，呈现滚雪球方式的发展。固定资产投资的资金来源主要是两个方面，一个是国民收入里面 M 的一部分，就是剩余劳动用于积累的部分；二是国民生产总值里面折旧部分（C1）。经济总量越大，投资能力就越强，社会财富积累就越多。

但是跟以前几十年比，跟前几年比，我们国家我们重庆的投资能力，毫无疑问是大大增强了。过去搞市政建设，

20 世纪 80 年代，五年可以建一座长江、嘉陵江大桥，90 年代五年可以修两座大桥，现在一年可以同时修 3—4 座大桥。简单地看，重庆市近几年固定资产投资率的确越来越高。

投资率是固定资产投资完成数与当年 GDP 的比率。重庆市在"六五"初期投资率只有 10% 左右，到"七五""八五"就越来越高。在几个重要年份，1980 年只有 11.4%，1992 年达到 20%，1998 年达到 31%，2000 年达到 36.6%。2003 年飙升到 49.7%，近几年越来越高，2010 年达到 87.6%，为历史最高值，2011 年回落到 76.8%，2012 年又升高到 81%。所以有些懂点经济常识的人就会觉得是不是积累太高了，用于投资的太多了，用于个人消费的太少了。

我认为不能简单地这样下结论。重庆过去投资率在"六五"时期以前很低，那是因为当时作为四川省辖市，重庆是一个资金净流出的地区，是对四川省做贡献的地区。那时重庆财政收入占全川 1/3，但是支出只占全川的 1/10，加上本来发展的程度低，能用于自身建设的资金就很少。

后来投资率提高了一些，那是因为计划单列后与省"分灶吃饭"，自己能够当家作主，加上改革以后在财政收入大幅增加的同时，各种预算外资金也增多，除了上缴中央和省的部分以外，剩下都是重庆自己的，能用于建设的资金就多了。

成立直辖市以后，生产高速增长，社会财富日益增加，用于投资的财力相应增加。与此同时，重庆得到中央大力支持，投资环境大大改善，国内外投资者纷至沓来，使得市外投资资金大量涌入，这是投资高速增长、投资率增高

的主要原因。

在一些会议上，有个别专家慷慨激昂地谈到，重庆的投资率太高了，要尽快压下来。他们还引证陈云"一要吃饭二要建设"的话，用来证明重庆用于建设的钱太多，用于吃饭的钱太少，比例失调了。

这个看法是值得商榷的。因为重庆作为地区，国民经济平衡状况不能按国家模式来衡量，国家是封闭的系统，地区是开放的系统。地区国民经济核算最难处理的问题就是资金流入流出的问题，这是统计学上和统计工作实践中都没有很好解决的问题。

简单地看数字，重庆的投资率确实太高了。但是重庆现在的情况和以前不一样，重庆优质的投资环境使得外部资金流入大大增加。中央企业、外地企业和国外企业都有大量投资涌入，实际上资金是一个净流入的过程，这些流入资金都没有纳入重庆的 GDP 核算。另外，现在重庆市全社会固定资产投资资金来源中，财政预算内资金所占的比例是很小的，2010 年为 7.6%，2011 年为 6.2%。所以，不能武断地评价重庆的固定资产投资率偏高。

还有人在报纸上写文章批评重庆，说什么重庆财政2010 年收入 2900 亿元，支出 3900 亿元，赤字有 1000 亿元，还轰轰烈烈搞建设，所以重庆的发展是靠借债刺激起来的。这种说法是完全错误的外行话。

因为按现行的财政体制，增值税等主体税种实行中央地方分成，中央分成占 75%，地方分成占 25%，然后中央会通过转移支付、专项补贴等方式返还地方一部分。而且，还有一定量的上年滚存结余。所以当年实际收入应当是当年地方收入加上上年滚存结余加上中央转移支付及专项补贴以后的调整数字。这个调整以后的财政收入与支出是平衡的，地方财政不允许打"赤字"。各省的收支算账都是这样做的。

重庆历来在全国属于财政上缴地区，就是说大多数年份里面重庆上缴中央财政的要多于中央向重庆的拨付。当然，随着经济的发展，中央财力增加，对各地特别是西部地区的补助会越来越多，特别是在教育、文化、卫生等方面。可以肯定地说，重庆从来不存在靠高额财政赤字或政府借款来刺激经济、大搞基本建设的问题。

二

回顾 30 年，可以发现几个特点。第一个现象是固定资产投资增长与经济快速增长正相关。在整个 20 世纪 80 年代国家与重庆财力比较弱的时候，每年的固定资产投资只能完成 10 多亿元。有几个重要的节点，超过 50 亿元是 1987 年，超过 100 亿元是 1992 年，1992 年当年完成 106 亿元，到 500 亿元是 1998 年，到 1000 亿元是 2002 年，2004 年达到 1500 亿元，2005 年达到 2000 亿元，2007 年达到 3000 亿元，以后就像滚雪球一样越滚越快，每年都大约增加 1000 亿元，2012 年超过 9000 亿元。

从大的历史时期来看，投资快速增长时期同时也是经济快速增长时期，同时经济增长高涨现象与体制改革也是紧密相连的。这 30 年来重庆重大的事件有 1983 年的综合体制改革及计划单列，还有 1997 年的重庆直辖，然后就是 2007 年的城乡统筹，这三件事对经济的增长都起了加速的作用。

第二个现象就是在这一段时间，存在最重要的、投资最多最快的两个时期，这两个阶段不仅增长很快，还延伸影响到其后的时期。一是"七五"时期（1986—1990 年），固定资产投资的政策和布局影响了其后的十年。二是重庆直辖后1998年国家实施积极的财政政策时期，影响了后面十年。这两个时期都是非常重要的机遇，重庆都抓住了。

"七五"计划是各方面下功夫比较多，综合平衡做得比较好，制订得比较完善的计划。

从国家五年计划来看，"一五"计划比较好，"二五"计划赶上了"大跃进"，"三五"计划遇到"文革"，"四五"基本没有计划，"五五"没有形成计划，"六五"计划做得不错，但是遇到治理整顿，计划形成太晚。

"六五"计划时我在市计委综合处工作，看不到国家计划，四川省只把涉及重庆的几页复印给我们，重庆不知道全国的通盘情况。重庆的计划必须纳入四川省全省盘子平衡，包含在四川省计划草案中上报，不能单独上报或单列出来。重庆项目往往在省内平衡时就给"毙了"。因此，重庆市没有制订出完整的五年计划。计划单列以后，抓紧制订出了经济发展和技术改造三年计划，没有再去制订五年计划。

"七五"计划是第一个按进度要求、按程序通过的计划，准备充分。重庆在计划单列后第一次参加全国五年计划座谈会，各个部门的积极性很高，在精神状态上有一种解放了的感觉。在市计委牵头下，市级各个部门准备得充分、周到，都主动积极到国家各部门进行汇报沟通。1986年1月16日至2月4日，在北京京西宾馆，国家计委召开了"七五"计划座谈会。这个会既务虚也务实，一直开到春节前几天才散会。

当时常务副市长孙同川带队参加，市计委副主任白和金和我驻会，我当时任综合处处长，也是会议的重庆联络员。全委各处处长和市级主要委局的负责人，几乎都到了北京，住在重庆驻京办事处。当时驻京办设在垂杨柳一个简易的小宾馆。当时还没有咨询公司评估项目这道程序，国家计委负责人组织专业司局和国务院主管部门、相关部门一起听汇报，叫作"三堂会审"，审评各个项目的基础条件、建设方案、资金筹措等情况，往往同一个项目很多个省区市来争。

不到20天，涉及项目安排的投资计划本子重印了三次。本子有一寸多厚。一般项目投资额3000万元以上，能源项目5000万元以上，如果列不进国家项目，那么这五年就没有建设希望了。当时重庆是全国第一个综合改革试点大城市，中央专门发了文件，国务院各部门都以实际行动支持重庆改革试点，所以在项目安排上也关照重庆。

项目计划初稿一发下来，重庆代表团一片欢腾。因为我们上本本的项目有20多个，在全国都是比较多的，也比四川省多。会上四川和重庆的代表住在一层楼，在"分灶吃饭"的情况下，大家各自都在暗地里较劲。经过反复协商，最后项目有增有减。但总的来说，重庆市从来没有这样多的大中型建设项目进国家五年计划。与各省区市相比，显得十分突出。

列入"七五"计划的项目，实际上情况各不一样。多数项目按计划要求开工并完成了，有的则往后推迟了若干年，还有的完全停止建设直至在国家计划中销号。比如珞璜电厂本来是准备2000年以后再建的，当时抓住了机遇，提前了好多年。

20世纪70年代末80年代初，国际石油价格飙升，国家把一批以石油为燃料的电厂改为烧煤，把石油调换出来出口，用赚来的钱建立了煤代油基金。国家以这笔钱为资本金组建了华能公司。时任国务院副总理针对全国各地电力需求增长很猛，而新增电力严重不足的情况，提出"多家办电"的方针。重庆计划单列以后，手里也有了能源交通基金分成资金，每年有几千万元，可以用一部分钱来办电。于是，重庆与华能公司谈判后，达成了珞璜电厂的项目协议，项目也装进了全国"七五"计划，一下子提前了15年。

交通方面赶上了机会的有江北机场、成渝铁路、川黔铁路电气化改造，成渝公路改造（后调整为新建高速公路）、九龙坡港口改扩建、长江上游航道整治等。原材料工业方面，有重钢、特钢改扩建、西南铝改扩建、重庆水泥厂改造、长寿化工厂乙炔及氯丁橡胶项目改造、长风化工厂改造、四川卫生陶瓷厂（新建）、重庆平板玻璃厂（新建）、渝州纸浆厂（新建）、西南合成制药厂改扩建、重庆氮肥厂纯碱项目等。经过努力争取，重庆炼油厂（250万吨）项目上了本子。以后，国家批准了重庆炼油厂项目建议书，我们抓紧完成上报了可行性研究报告，但最终因为油源平衡出现问题，国家没有批准可研报告，在20世纪90年代中期注销了这个项目。

重庆平板玻璃厂、渝州纸浆厂两大项目后来也被撤销。机械电子方面也有不少企业，长安微车、五十铃汽车、庆铃汽车都列进了计划。三线建设调迁的很多项目也是这个时候定的。三线调整大的格局是"七五"期间确定的，以后基本上没有增加多少项目。"七五"计划确定的大中型基本建设项目和限额以上技术改造项目，大多数都没有在五年内完成，延伸到了"八五"时期，甚至一部分延伸到了"九五"时期。"八五""九五"期间新决策上马的项目不多。可以说国家"七五"计划的项目安排决定了后来很长一段时间重庆的建设规模。

重庆直辖后，国家实行积极的财政政策。这里有个背景，从1988年开始，国家的地区发展战略有了改变。国家提出了沿海发展战略，让沿海地区率先发展起来，政策和资源全部向沿海地区倾斜。我们认为这对内地的老工业基地城市很不公道，以前老工业基地被认为是共和国的长子，在计划经济时代为国家作出了重大贡献，为国家贡献了利润，甚至连资产折旧都上缴给国家，要维持简单再生产都很难。但是到了搞市场经济，却要大家自寻出路。

沿海工业特别是广东、福建一带的工业企业相对来说比较年轻，历史包袱少，却享有特殊政策。内地老工业基地的国有企业背着沉重的历史包袱走向市场，与沿海企业竞争，处于很不利的地位。重庆是西部唯一的省级财政上缴单位。与四川"分灶吃饭"的时候，2/3的财政收入得分别上缴给中央和四川省。

20世纪80年代中期，重庆一年上缴的收入顶3个山东，或相当于山东和广东的总和。

但是，重庆服从国家大局负重前行，没有让老工业城市成为地球上的"锈带"。1992年邓小平视察南方后，国家经济发展很快。1994年6月后，中央实行局部紧缩，控制通货膨胀，使经济软着陆，这对内地的影响特别大。这几年重庆基本没有新开的建设项目，市计委仍然在积极筹备推进。党的十五大过后，朱镕基担任总理后继续贯彻压缩固定资产投资的方针，坚决要把经济过热压下来，决心三年不开大中型建设项目。

整个"八五"期间以至"九五"前期，是重庆最困难的阶段，转机出现在重庆直辖。直辖后，重庆得到国家在政策上和资金上的额外照顾。直辖前夕吴邦国副总理两次到重庆来研究老工业基地改造，中央各部门负责人都随同来渝。全市上下人心振奋，都以为重庆马上可以进入快速发展的新时期了。

谁知1997年6月直辖市挂牌后，次月，亚洲金融危机突然爆发，亚洲经济发生动荡，并影响到世界经济。于是从1998年开始，国家实行积极的扩张性财政政策。朱镕基总理采取一系列重大措施，下决心通过扩大基本建设投资来拉动经济。

这些年来重庆已经做了很多准备，储备了大量项目。我们抓住了这次重大历史性机遇。很多项目前期准备很充分，我们在研究直辖市发展战略时，对基础设施布局做了很多研究。如渝怀铁路、遂渝铁路、达万铁路、渝万高速公路，比如轨道交通1、2、3号线，通县通乡公路，农村电网改造，还有彭水电站，江口电站，白鹤电厂，都把前期工作搞得很扎实，很多项目都按基本建设项目管理程序超前做了工作。

例如，渝怀铁路、彭水电站、白鹤电厂等项目，工作深度早已超过预可研、可研阶段要求；渝怀铁路甚至由市安排经费委托铁二院完成了重庆至涪陵段的初步设计。对彭水电站的前期工作，还在直辖以前，市计委就给了高度关注和支持。当时彭水电站项目属黔江地区管，我们就出函承诺全部接受所发电力、资助前期工作经费以及参与投资。直辖市成立后市计委立即接过彭水电站筹建工作，安排了充足的工作经费。彭水电站2004年8月获国家正式批准，2008年底5台35万千瓦机组全部建成投产。总投资达120亿元的特大型项目仅用了5年多时间就建成，创造了水电工程建设史上的奇迹。这很大程度上得益于长期扎实的前期工作。

社会事业方面，平常的调查研究已经积累了大量资料，规划有需要发展的目标和项目。如农村中小学危房改造，县医院，乡村卫生服务站等。1998年7、8月国家计委连续开会布置，几乎天天电话传真催办，要求各地快报项目，简直是"十万火急"，并要求按可行性研究报告审批的要求上报资料，而且要附上规划、环保等方面审批文件。这相当于在一两个月的时间里面，要完成几乎几年的工作量。哪里有这么容易呢？但是国家计委这样要求，也只能按此去办。

好在我们平常工作有积累资料和准备项目库。我们在1个多月里办理了几百个项目的上报文件，需要争取国家投入资金几百亿元。里面很多是打捆的口袋项目，如农村电网改造、农村公路建设等，一个口袋就是几十亿元，涉及几十个区县，但具体项目得一项一项单列，工作非常烦琐。那个时候农村电网特别落后，我们趁此机会争取资金进行改造，但是有的县领导干部对此不理解，怕还不了钱，不愿意用国债项目资金。我们强行给他安排了几千万元，他还上门要求减少。后来发现这个事情是好事情，又倒回来找我们要追加资金。那段时间因为修改调整上报公文时间很紧张，连重庆市计委公章都调到北京去，以备随时用章。

这一批项目里面重庆一下赢得了国家的大量投入。当年投资完成达到498亿元，比上年增长55.6%。到2002年，当年重庆市完成投资995.7亿元，说大数就是1000亿元了，相当于1997年投资的2.7倍。2001年国家宣布实行西部大开发，公布西部大开发十大建设项目。重庆市一共有6项，有渝怀铁路、轻轨较新线、江北机场等单项，还有农村电网、公路以及生态环境建设等口袋项目，重庆是西部项目最多的省区市。

三

这几十年来，得益于三大历史性机遇——计划单列、直辖、城乡统筹试点，重庆总体上跟上了全国的发展水平。整体发展速度不低，老工业基地改造，城乡基础设施，社会事业发展等，都取得了很大的成就，这些成就都跟固定资产投资密切相关，投资的推动作用无论如何不能低估。回顾这些年工作，有几点体会。

体会之一：历届市委、市政府对固定资产投资工作高度重视

20世纪80年代萧秧和孙同川重视投资工作，到北京去跑项目的时间很多。萧秧在北京有很多关系，有人脉。孙同川是三届候补中央委员，很多时候他亲自出面。有时候上面有些干部提出的问题奇怪得不得了，有人在重庆上报重庆长江二桥项目的文件上批示，"重庆市要修好多长江大桥？"刘志忠对计委的工作非常支持，拨给较充足的前期工作经费。那时候国家计委三里河招待所没有饭吃，没洗澡的地方，我们晚上有时就随便吃点烧饼应付过去。财务制度管得很紧，经费特别紧张。那时候光是靠财政的经费，差旅费不够，跑一年下来得自己贴一个洗衣机的钱。

刘志忠自己去跑过项目，知道其中的难处，就每年增拨2000万元经费。我们有了钱，很多事情可以安排提前做。比如渝怀铁路，前期勘测选线定线，确定桥隧位置，设计院一次出动上百人，还要出动设备钻探，就要花几百万元。有了经费，我们的大量前期工作就可以做到前面了。成立直辖市前后，张德邻直接抓三峡大变压器项目的立项与建设工作，推动江口电站建设。蒲海清也很支持我们的工作。刚到市工作时，他认为渝怀铁路难度很大，听取我们汇报后，他就说，既然我们有信心，他就有信心，他全心全意支持我们。当铁道部副部长孙永福来渝与市政府商议渝怀铁路开工事宜时，蒲海清非常高兴。他说，他以前认为这个事情很难很难，现在终于敲定了，就像从长长的隧道里走出来了，终于看到了光明。应该重奖市计委。

我们提早完成了渝怀铁路初测初设，甚至完成了一部分路段的工程设计，这至少抢得了三年的时间。这条路用了200亿元，涉及几个省。初期工作经费，铁道部并没有拨钱，基本是我们出的钱。当时的涪陵市也出了100多万元。那时王鸿举市长还在涪陵工作，他是有远见卓识的领导。到了市里工作后，他对重点建设十分重视，一直兼任市铁路建设领导小组组长。几任市领导对重大投资项目一贯重视，对市计委抓项目策划、推进前期工作都很支持。而且，很多事情是他们亲自抓。

贺国强、包叙定牵头，与贵州、湖南两省的书记、省长联名写信给朱镕基总理，请求早日批准渝怀铁路开工。"八小时重庆"是贺国强提出来的目标，而且亲自推动。中央先后安排包叙定、黄镇东到重庆来工作，也是为了提升重庆基础设施的水准。包叙定在国家计委是管能源交通基础设施和工业的。黄镇东是交通部部长，全国公路、港口建设都归交通部。现在重庆往东走的高速公路有两条，南边由垫江经忠县、恩施到宜昌，北边由万州经三峡到宜昌。两条往东去往上海的高速公路都进了国家规划，而且开了工，这与黄镇东分不开。黄镇东到了重庆以后，提出讨论渝湘高速公路项目，开始我们不清楚黄镇东的意图。当时刚花了40多亿元修通了涪陵到秀山的二级路，大家都认为再修高速的可能性不大。

市计委、交委一致提出全线规划，分期建设。市交委提出全线拉通，分成两条二级路，先修半幅，以后再完成

全幅。市计委提出先修两头以后再接通中间的设想，先干重庆到武隆、秀山到酉阳两段，中间武隆经彭水、黔江到酉阳地段利用现有的二级路，以后有钱再来修这段高速使全线贯通。黄镇东说，你们的思路跟我的不一样，我主张全线动工，一次拉通建成。其后不久交通部部长张春贤来了，带着部里司局同志到渝东南走了一段，在潘家坪与黄镇东书记交换意见，全部答应了重庆提出的要求。而且，对高速公路建设按最高的标准给予补助。

体会之二：要抢抓机遇

机遇稍纵即逝，如果在某一关键时刻没有列入规划，以后就很难。1986年初，制订全国"七五"计划；1998年实施积极财政政策，国家安排基础设施项目，这两个非常重要的关键节点，我们都抓住了。特别是1998年以后几年，我们每一年都从国家计委拿了40亿—50亿元国债资金，加上信贷资金配套，投资一下就上去了。

体会之三：锲而不舍，持之以恒

很多重大项目不是一天两天就能做起来的，往往要经过10多年、20年的努力。彭水电站的前期工作1958年就开始了，直到2005年9月主体工程才正式开工。王鸿举市长参加了开工典礼，他当时离开讲稿讲了一段很动感情的话。他说，他1968年刚从大学毕业就到彭水县工作，就知道长江委来了许多人，要在乌江上建水电站，这项工作断断续续将近40年。当年风华正茂的青年如今都已鬓发花白，许多同志已经退休了，为彭水电站献出了一生最美好的时光，向他们致以崇高的敬意！

再如三峡大变压器的项目定点，李鹏总理亲自推动，张德邻协调各方面具体落实，这里面有许多艰辛曲折的故事。机电部已经作了决定由沈阳变压器上这个项目，在宜昌建分厂，后来还是被重庆争得了这个项目。现在，重庆ABB变压电厂是全球水平最高、规模最大的电力变压器制造厂。有个市领导曾说过，做事要持之以恒，中国的事情没有好办的，但也没有办不成的。

体会之四：要解放思想，敢于承担责任

很多事情完全按部就班就做不成了。20世纪90年代初，当时国家明确规定，除了已定的"三大三小"外，其他地方都不准搞轿车。业内俗称"三只大狗，三只小狗，一群野狗"。"大狗"是长春一汽奥迪、东风雪铁龙、上海大众；"小狗"是天津夏利、广州标致、北京切诺基；其他各地搞的都属"野狗"之列。1992年重庆市计委打了个擦边球，批了1.9亿美元中外合资奥拓汽车项目。

因为按国家有关规定，省级（含计划单列市）计委可以批准不超过2亿美元的利用外资项目。为此重庆市受到国务院文件点名批评。不料一过年，到1993年形势大变，发生海湾战争，国防工业如何寓军于民、做大做强问题受到高层重视。春节期间，国务院三个副总理召集会议研究如何扶持重庆奥拓轿车上马的问题，重庆奥拓轿车项目立项就合法了。

江口电站30万千瓦项目是很好的一个水电点，这么大的项目投资至少要20多亿元，直辖以前县里已经给了私营公司，无法筹钱，动不了工。张德邻让把项目收回来，叫重庆电力公司当业主。

当时国家冻结电力项目，一个都不批，也是我们市计委承担责任，越权审批了项目。2002年底建成，正好是全市以至全国大缺电的时候。电站都建成了但是还没有"准生证"。我们有意识地把国家计委负责人请到那里去看。那位负责人看了工程进展，没有一句话批评市计委违规审

批。随后批文下来，我们赶快组织验收、蓄水、发电。至少抢了4年时间。

开县白鹤电站的情况也差不多，重庆接手的时候正值电力短期过剩，国家不审批建设新的电力项目。但是我们预测重庆到2003年会出现缺电，就顶着风险上马白鹤电厂，而且把2×20万千瓦改成2×30万千瓦，安排工期2003年一定要投产。项目业主九龙公司要求市计委正式批准文件，使项目有合法性。于是，市计委承担责任，越权审批了项目，但要求这个几十亿元的大项目低调开工，不请市领导，不上电视，不登报。终于抢在2003年大范围缺电之时，投产了大机组，救了燃眉之急。

结语：回忆往事，感慨万千

以前计划经济时候，大中型基本建设项目和限额以上技术改造项目审批权限集中在国家计委。地方重大项目主要依靠当地政府推动，前期工作经费主要由政府安排，建设资金主要依靠政府筹集。1993年实行资本金制度以后，很多项目资本金仍然靠政府筹集，也要争取中央支持，即所谓"跑部钱进"。这些工作都主要依靠地方计委，争取上级审批项目，叫作"跑项目"。

随着社会主义市场经济在我国基本确立，政府职能转变特别是大幅减少行政审批事项，现在情况已经发生了根本性变化。资源配置主要由市场机制起作用。需要国家审批的投资范围大幅度减少，地方政府投资审批权力大大增加，市发改委工作重点更多地转向中长期规划、创造企业发展的外部环境，竞争性项目资源配置由市场机制决定、企业决策。

2003年以后，重庆市政府陆续筹建了负责城市建设、高速公路、水务投资、轨道交通等方面投资业务的八大投资公司，作为政府建设投资主体。黄奇帆市长指导"八大投"在投融资方面做了创造性的探索，被世界银行称赞为发展中国家基础设施建设投融资的楷模。现在重庆一年投资完成近万亿元，城乡面貌日新月异。我们这些在投资战线上奋斗多年的老同志倍感欣慰。"江山代有才人出。"我们过去的一些工作方法已经不适用了。回忆旧事，希望起到一些存史作用。

本文根据马述林先生2013年口述回忆整理，原载《重庆党史研究资料》2013年第3期，中共重庆市委党史研究室

三线建设时期重庆地区的国防工业布局
及应对未来战争的冷思考

陈晓林

一、重庆地区的国防工业发展概述

重庆地区的国防工业发展经历了两个阶段：

一是抗日战争全面爆发前，几乎民国时期全国的国防工业集中到了陪都重庆。这个时期，重庆肩负着全民族甚至全世界渴望和平的人民大众的重托，日本出动9000多架次的飞机，投下了11500多枚炸弹，都没有把重庆人民、

重庆的国防工业炸垮。

二是1964—1980年的三线建设时期，面对严峻复杂的国际形势，国家不惜一切代价投入2052亿元，从事着上下一心、众志成城的三线建设。其中包括重庆在内的四川省占了1/4。这样推算下来，重庆占四川的一半，约为250亿元。三线建设使重庆建成了中国最重要的可以抵御外敌入侵的常规兵器工业基地和与之匹配的较完整的包括船舶、机械、冶金、化工、轻纺、交通、能源等成建制的工业体系。

二、抗日战争时期重庆地区的国防工业布局回望

因为抗日战争的爆发，国民政府才先后在重庆綦江、长寿、涪陵、万县等地新建和迁建了14家兵工企业。以后经过调整、合并、撤销、迁移、转向，到1949年还存续有10家兵工企业。如长安机器厂、建设机床厂、望江机器厂、江陵机器厂、嘉陵机器厂、长江电工厂、泸州化工厂、长寿化工厂（26兵工厂）、重庆钢铁厂（29兵工厂）、重庆特殊钢厂（24兵工厂）。

重庆地区在抗日战争时期能生产的主要产品有：7.9毫米步枪；7.9毫米中正式步枪；轻、重机关枪及枪弹；20毫米、25毫米、37毫米枪械和枪弹；37毫米战车防御炮等；82毫米、100毫米迫击炮及炮弹；手榴弹；无烟炸药、黑色发射药以及枪、炮弹等火工产品。这些产品为抗日战争提供了大量武器装备，对我国抗日战争的胜利作出了巨大的不可替代的贡献。

抗日战争期间，重庆兵器工业靠自己和同盟国的支持，业已形成了较强的生产能力。抗日战争胜利前夕，国民政府兵工署后方生产能力的2/3以上由重庆提供。如各式步枪占后方生产能力的89%，重机枪占98%，各种枪弹

占100%。60毫米、120毫米、150毫米迫击炮以及三种迫击炮弹都是重庆造。

当年兵工署32家兵工企业，重庆虽然只有14家，占总数的不到44%；32家兵工企业的机器设备总数为22191台（套），重庆占14532台（套），为总数的65%；32家兵工企业员工总数87670人，重庆14家兵工企业员工59805人，占兵工署员工总数的68%。可见重庆的国防工业布局，从当时的历史条件来看，在全国都是举足轻重的。

三、三线建设时期重庆地区的国防工业布局情况

三线建设时期是重庆国防工业大发展的时期。按照党中央建设强大的战略纵深的伟大部署，从1964年开始，我国开展了以西南地区，尤其以重庆为重点之一的空前规模的三线建设，重庆国防工业进入了第二次大建设大发展时期。

1965年，五机部、六机部、国防科委、总参谋部、七机部、二机部等分别在重庆规划布局了国防工业，并开始了大规模的全面建设。其项目建设的布局情况如下：

（一）五机部

1. 在重庆綦江县、南川县、江津县和南桐矿区等地布局了100毫米等重炮总装厂及配套企业共12个，并形成了一个完整的重炮生产工业系统。其分工是：

（1）国营庆江机器厂（綦江），是100毫米高射炮总装厂；

（2）国营平山机械厂（綦江），生产100毫米等重炮机身和炮尾；

（3）国营渝州齿轮厂（綦江），生产100毫米等重炮引信自动侧合机；

（4）国营双溪机械厂（綦江），生产152毫米加榴炮

和 130 毫米加能炮；

（5）国营庆岩机械厂（南川），生产 100 毫米等重炮车生产厂；

（6）国营红泉仪器厂（南川），生产 100 毫米等重炮液压传动及电控系统；

（7）国营红山铸造厂（南川），生产有色冶金压铸件；

（8）国营宁江机械厂（南川），生产 100 毫米等重炮零部件；

（9）国营晋江机械厂（江津），生产 100 毫米等重炮大型铸造件；

（10）国营青江机械厂（江津），生产 100 毫米等重炮铸造件；

（11）国营天兴仪表厂（江津），生产 100 毫米等重炮仪表及军械配件；

（12）国营晋林机械厂（南桐矿区），生产 122 毫米榴弹炮。

2. 在荣昌县分别布局了 2 个大口径炮弹厂。

（1）国营益民机械厂，主要生产 100 毫米炮弹；

（2）国营华江机械厂，主要生产 57 毫米炮弹。

3. 在合川布局 2 个工厂。

（1）国营陵川机械厂，是我国生产各种口径迫击炮的专业厂；

（2）国营华川机械厂，主要是生产综合引信、火工产品。

4. 在广安地区布局了 6 个军用光学仪器仪表厂。

（1）国营明光仪器厂；

（2）国营华光仪器厂；

（3）国营金光仪器厂；

（4）国营永光仪器厂；

（5）国营红光仪器厂；

（6）国营兴光仪器厂。

5. 在铜梁虎溪区布局了国营红宇机械厂，生产各种弹类武器。

6. 在巴县陈家桥布局了国营虎溪电机厂，主要生产微特电机。

7. 在九龙坡杨家坪布局了国营七一仪表厂，主要生产高炮电传动系统。

8. 长安机器厂承包建设了 3 个项目：

（1）在南溪建设了国营长庆机械厂，生产 12.7 毫米高射机枪；

（2）在江津包建了国营长风机械厂，生产 7.62 毫米机枪；

（3）在璧山建设了国营青山机械厂，主要负责精密设备维修。

（二）六机部

1. 在重庆长江南岸明月沱建设重庆造船厂，主要生产从苏联引进的 33 型猎潜艇；

2. 在涪陵地区建设川东船厂，主要生产 1500 吨级轻型常规动力潜艇；

3. 在永川地区布局了永江、红江、跃进 3 个生产厂，主要产品为柴油机液压件、油嘴油泵、轴承、调速器及易损件；

4. 在江津地区布局建设了 4 个厂，即前进厂、新兴厂、永进厂、红阳厂，主要生产柴油机、柴油机增压器、柴油机齿轮箱、减速器、联节器、减振器、工装设计制造等；

5. 在万州地区布局了江云厂、永平厂、清平厂、江陵厂、长平厂、衡山厂、武江厂和长江厂，主要生产鱼雷、舰炮、

指挥仪、航迹仪、方位水平仪、潜水装具、输弹机、减摇鳍、小模数齿轮、平台罗经和电罗经等舰船仪表;

6. 在万州地区布局了船舶自动化研究所、船舶导航研究所、计量研究所,在南川布局了船用柴油机研究所;

7. 在重庆大渡口伏牛溪布局了长征厂,生产柴油机大型铸锻件;

8. 前卫厂在江北大石坝改扩建成后,形成新的更大的产能,生产水雷仪器和计时装置;

9. 在江北区布局建设了船舶工业西南物资供应站(公司);

10. 在重庆九龙坡区石坪桥、南桐矿区布局建设了两个物资仓库;

11. 此外,还有未建成的长寿 3 个厂:卫东机械厂(计划生产快艇)、长虹厂和陵江厂。

(三)国防科委

在永川地区布局了 3 个微电子技术研究所,1980 年交给电子工业部,1986 年搬迁到了南岸区:

四川固体电路研究所,主要研制生产各种型号规格的大规模集成电路;

四川压电与声光技术研究所,主要研制生产微电材料、各种晶体、声光器件;

重庆光电技术研究所,主要研制生产光电器件和光电仪器设备。

当时 3 个研究所投产后的职工达 4000 多人,其中工程技术人员占 50% 以上。

(四)总参谋部

在北碚地区布局 2 个项目:

1. 迁入北碚的解放军华伟,主要生产双功电台等通信设备和小型汽油发电机组;

2. 五十一研究所,主要研制编码软件及设备。

(五)七机部

1. 在重庆沙坪坝改扩建了巴山仪器厂,主要生产无线遥测地面站设备和弹上、星上的设备等;

2. 在重庆江北区大石坝改扩建了航天职工大学,主要为航天工业培训职工;

3. 在重庆江北区布局了零六二基地、零六四基地办事处和重庆市第九公安局,主要负责两个基地迁建转运物资、人员接送、职工户籍迁移管理等。

(六)二机部

在涪陵白涛地区布局了八一六厂,主要生产核燃料,建设投资 7 亿多元,因工艺落后停建。

四、三线建设及三线建设调整阶段给重庆地区的国防工业留下来的一些问题

1965—1980 年重庆地区展开的三线建设建成了以常规兵器及与之配套的船舶、机械、冶金、化医、轻纺、交通、能源等较为完整的工业体系。同时在整个建设过程中也存在着一些问题,比如说布局的分散造成的生产成本过高和经营环境较差的问题;仓促上马在规建上的不完善和欠科学的问题;嵌入式运行模式与现代经济有些脱节等问题。改革开放之后,军工产品订单锐减,军工企业面临的生存和发展问题更为突出。从这个角度来看,1980—1997 年的三线建设调整是必要的,也是必须的。但同时又有一些新的问题出现。

五、关于重庆地区的国防工业如何应对未来可能发生战争的冷思考

新中国成立以后我们的抗美援朝、两弹一星、三线建设是共和国能够立国的钢铁脊梁。20 世纪 60 年代中期开展的三线建设，我们几乎停掉了一、二线地区的全部基础设施建设投入，三线建设是全国人民勒紧裤腰带挺过来的。从某种角度我们可以说，如果没有三线建设就没有我们的改革开放和平发展的 40 年黄金时间；如果没有三线建设，就没有重庆工业今天的体量和经济建设的后发之优势。

（一）我们要像 20 世纪 60 年代抓三线建设那样重塑重庆国防工业的雄风

重庆最有特质的文化是以国防工业为主体的抗战文化和三线文化。

重庆作为内陆城市，发展一般性经济的先机是不够突出的。重庆有抗日战争和三线建设时期留下来的金贵的国防工业家底，在国家建设第四个经济增长极的成渝双城经济中，把国防工业置入其中，并像抓三线建设那样去抓重庆的国防工业升级换代且成系列地排列组合，这样才有可能突出和形成自己的优势，才有可能面对未来战争，才有可能肩负起历史的重托和期望。

（二）军民融合发展是重庆经济的立足之本

如果重庆把国防工业体系作为支柱当中的支柱来发展和提升，把重庆的国防工业体系上升为国家战略的高度来推进；通过努力能汇聚全中国甚至全世界最先进的军事工业技术，而再次形成强大的产能且与民品有机地结合起来，我们再奋斗若干年之后，重庆出几个洛克希德·马丁公司、

波音公司、格鲁斯公司、雷神公司、通用动力等龙头企业应该是有可能的。

（三）在军民融合发展过程中，把社会主义新农村建设融入其中

抗战时期，重庆的主城过于集中的"老七家"兵工厂，遭到日本飞机的一次又一次的血洗，留下来的教训是惨痛的。三线建设时期，根据"靠山、隐蔽、疏散、进洞"的原则，我们很多三线企业都放在了农村，有力地促进了工农结合和乡村经济的建设。我们从长计划，利用现今发达的交通和能源，辅之以拉动"三农"发展的强烈愿望，多抽一些钱出来建设"军工小镇""美丽乡村"，建设社会主义新农村且让一、二、三产业融合发展，建设有三线建设基因的、融教科文及适当的工业体系于一体的社会主义新农村。这样让我们的重庆国防工业更强、更现代化、更有前瞻性，真的应该是有充分和必要条件的。

2021 年 2 月 18 日于龙湖南苑

陈晓林：中共党员，大学文化。重庆市花卉协会、园林协会、工程师协会副会长；重庆市三线建设工业文化专业委员会主任委员；中华人民共和国国史学会三线建设研究分会常务理事。

三线建设与四川省城镇体系演变

周明长

中央于 1964—1980 年举全国之力在内地 11 个省区进行了一场以备战为目标、以国防科技工业为核心、以重工业为重点的三线建设。这场建设是中国国防工业和经济建设布局的一次重大战略调整，显著增强了中国的国防能力，并推进了内地经济社会的现代化进程。同时，三线建设也是中国城市发展布局、结构与功能的一次全局性重塑。作为全国三线建设核心的四川省，借此成为中国内地工业化和省域城镇体系发展的先导，提升了其在全国工业体系和城镇体系中的地位，并为其持续发展建构出全新基础。

一、"两基一线"：四川省三线建设的空间布局

1964 年 9 月，中央出台备战指向型的"三线建设总体规划"，决定"在纵深地区，即在西南和西北地区（包括湘西、鄂西、豫西）建立一个比较完整的后方工业体系"。初步设想"用三年或者更多一点时间，把重庆地区，包括从綦江到鄂西的长江上中游地区，以重钢为原料基地，建设成能够制造常规武器和某些重要机械设备的基地……用七年到八年时间，依靠攀枝花这个原材料基地，初步建立起一个比较完全的包括冶金、机械、化工、燃料等主要工业部门的基地"。[①] 其中，"所谓后方，一个是西南，一个是西北，现在最靠得住的还是西南。基本的一点，就是搞四川这个第三线"。[②] 为此，在机械工业方面"以重庆为中心，逐步建立西南的机床、汽车、仪表和直接为国防服务的动力机械工业"[③]；在军事工业方面建设"以成都为中心的航空工业基地、以长江上游重庆至万县为中心的造船工业基地"。[④]

与此同时，出于对项目安全、应对现代化大规模战争和三线地区长远发展的多重考虑，中央要求一切新建项目"都应贯彻执行分散、靠山、隐蔽的方针，不得集中在某几个城市或点"[⑤]；国防工业要坚决执行"靠山、分散、隐蔽"，有的国防尖端要"进洞"，内迁项目要"大分散、

---

① 杨超主编：《当代中国的四川》（上），中国社会科学出版社 1990 年版，第 135 页。

② 李富春：《关于计划安排的几点意见》、刘少奇：《继续控制基本建设，着手搞西南三线》，《党的文献》1996 年第 3 期。

③ 杨超主编：《当代中国的四川》（上），中国社会科学出版社 1990 年版，第 135 页。

④ 薄一波：《若干重大决策与事件的回顾》（下），中共中央党校出版社 1993 年版，第 1203 页。

⑤ 李富春、薄一波、罗瑞卿：《关于国家经济建设如何防备敌人突然袭击的报告》（1964 年 8 月 19 日），《党的文献》1995 年第 3 期。

小集中"①；"不建集中的城市"②，"搞点小城镇，还是搞小城市的方针"③ 的三线建设原则。

在上述方针原则指导下，1964年下半年，中央和西南局作出了四川省三线建设"两基一线"的整体部署，决定"用三年时间，完成以重庆为中心的常规兵器工业基地的建设；同时，一面建设攀枝花钢铁工业基地，一面修筑成昆铁路"。具体而言，"以重庆为中心的常规兵器工业基地的建设，包括国防工业内部配套项目以及为兵器工业服务的基础工业和机械工业配套项目的建设，按照1965年中共中央正式批准的计划纲要，主要包括五机部新建和迁建的56个项目，扩大重庆钢铁公司的生产能力，加强重庆第二钢厂的技术改造，新建长城钢厂等，以及一机部安排的项目，还包括为重庆常规兵器工业基地配套所需的国防化学工业项目的建设。以上几个方面，共安排建设项目84个，投资14.1亿元。在这些项目中，除少数是老厂改造外，绝大多数都是新建和迁建项目。""9月，中央在重庆成立攀枝花钢铁工业基地规划工作组。西南三线建设筹备小组邀请国务院有关部副部长及计划、基建、设计等

部门和地方有关人员，对攀枝花地区进行全面考察，共同制定基地和城市的综合规划。"而成昆铁路修建的"直接原因是建设攀钢的需要，更重要的是修建一条贯通云、贵、川三省的战略铁路干线。"④

围绕"两基一线"，从1964年秋起，四川三线建设大部分项目主要沿成渝、宝成、川黔、成昆等铁路干线和长江、嘉陵江、渠江两岸展开布点。⑤同时，四川省又根据地形地貌条件和全省经济建设规划，采取了"预选厂址"即"由省城市规划设计院于1965年，对宜宾、达县、南充等地区沿铁路干线、公路、主要江河两侧20公里范围内选择厂址。派工作组到现场踏勘，调查建设条件有关资料，选定可供建设大中项目的200多个点"，⑥并将这些预备方案提交中央各部门作为三线项目布点的参考。在此背景下，三线建设除在重庆、成都、自贡、渡口4个省辖市建设了各具特点、各有侧重的工业基地外，还在全省的11个地区、3个自治州、70个县、106个点布局了工矿企业。⑦其中，一部分三线工业依托省内原"一五""二五"时期已规划建设的城市工业区布点；一部分工业通过联合选厂，根据

---

① 中国社会科学院、中央档案馆编：《1958—1965年中华人民共和国经济档案资料选编》（固定资产投资与建筑业卷），中国财政经济出版社2011年版，第509—510页。

② 曹洪涛、储传亨主编：《当代中国的城市建设》，中国社会科学出版社1990年版，第88页。

③ 顾龙生主编：《毛泽东经济年谱》，中共中央党校出版社1993年版，第628页。

④ 杨超主编：《当代中国的四川》（上），中国社会科学出版社1990年版，第140—143页。

⑤ 杨超主编：《当代中国的四川》（上），中国社会科学出版社1990年版，第149—150页。

⑥ 四川省地方志编纂委员会编：《四川省志·城建环保志》，四川科学技术出版社1999年版，第21页。

⑦ 辛文：《对三线建设的一些认识》，《计划经济研究》1982年第8期。

地域、城市分工和生产协作进行较为集中的成组布局，以建成不同类型的综合配套性工业区；一部分布点于无城市城镇依托的项目，则是通过规划建设新城市城镇进行相对集中的建设。

据统计，1965—1980年国家累计向四川省三线建设投资达414.03亿元，分别占全国三线建设总投资2052.68亿元、全国同期基本建设总投资5261.76亿元的20.17%和7.87%。[①]四川省由此成为全国三线和经济建设的第一重点省。在此建设中，全省以老城市和新城市为依托，兴建了四大工业区——由成都、绵阳、德阳、广元、乐山等城市组成的以机械、核、航空、电子工业等为主的川西（成都）工业区，以钢铁、常规兵器、造船等为主的重庆工业区，由自贡、内江、宜宾、泸州等城市组成的煤炭、天然气、化工、机械为主的川南工业区，由渡口、西昌等城市组成的以钢铁及有色金属为主的攀西工业区。[②]可见，"两基一线"的三线建设空间布局从总体上调整了以前全省工业主要依托重庆、成都的空间指向，实现了省域内相对均衡的工业布局，并为各地区及其主要城市奠定了新的发展基础。

二、四川省三线城市发展的突进

三线建设期间，尽管中国城市发展在整体上遭受空前挫折，但三线建设在四川省的全面推进，促进了全省城市发展的性质、规模和方向的剧变，各主要城市城镇发展获得了突进，彻底完成了由消费城市向工业城市的总体转型，更从全国城市体系的"边缘"跃迁为全国城市发展的一大"新主体"。

在"工农结合、城乡结合，城市要为生产建设服务"的城建方针指导下，围绕三线重点项目布局及其配套建设附属工业、服务设施，国家在山区投入巨资新建了全国最大三线新城渡口市。据统计，攀枝花钢铁工业基地是全国最大的三线建设项目，国家1964—1985年共投资35.27亿元，形成固定资产原值24.92亿元。该钢铁基地建设推动了渡口城市发展的飞跃式突进，1978年渡口由1964年的大山区发展为33.4万人的全国三线最大的新建城市。[③]与之同时，为保证依托既有城市城镇布点的项目尽快投产，国家还对项目布点较多的城市城镇做了一定改扩建，既促进着重庆、成都两个大型中心城市的快速发展，又基本建成10余个新兴工业城市和60余个新兴工业城镇（见表1）。

表1 1964—1980年四川省城市建设成就

		数量	城市名	发展模式	全国三线
新建城市		1	渡口	山区新建	4
扩建城市	中心城市	2	重庆、成都	依托老城扩建	12
	新兴工业城市	20	德阳、绵阳、江油、广元、遂宁、广汉、都江堰、乐山、峨眉、雅安、西昌、内江、自贡、宜宾、泸州、南充、华蓥、达县、涪陵、万县	依托老城扩建	约100
新兴工业城镇		60余	三堆、汉旺、崇仁等	主要依托老场镇扩建	约300

[①] 国务院三线建设调整改造规划办公室编：《三线建设》，1991年，第32页。

[②] 本书编委会编：《中国城市建设年鉴（1986—1987）》，中国建筑工业出版社1989年版，第376页。

[③] 国务院三线建设调整改造规划办公室编：《三线建设》，1991年，第214—215页。

三线建设对于重庆、成都两大综合性工业城市的形成具有决定性作用。经过十余年建设，到 20 世纪 70 年代后期，"重庆已经形成了冶金、机械、化工、纺织、食品五大支柱产业和门类齐全的现代工业体系。其中，国防工业、机械工业及工业合理布局都获得突破性进展。1978 年，重庆市的工业总产值达 62.16 亿元，占四川全省的 28%"。同时，三线建设还从根本上改变了成都的性质和发展方向，1956 年国务院规划成都为精密仪器、机械制造及轻工业城市，迅速发展成以机械、冶金、电子、化工、纺织、食品为主导产业的重工业占主体的综合性的全国重要科学文化中心城市。"成都市 1978 年工业总产值增长至 41.19 亿元，已经占到全省的 18.3%。"① 到 1982 年，重庆市在工业企业数、工业职工数、工业总产值方面，分别占西南三省合计的 12.4%、19.9% 和 20.4%；在全国各大城市中，1983 年重庆市工业固定资产占第 5 位，工业总产值占第 7 位。1983 年，成都市在工业企业数、工业职工数、工业固定资产、工业总产值方面，分别占西南三省合计的 10%—20%，仅次于重庆，居全省第 2 位；工业固定资产和工业总产值均居全国各大城市中第 9 位。与此同时，成都市及与之相邻 100~200 千米的德阳、绵阳两市和简阳、资阳、眉山、江油等县，共同组成了一个密集的工业城市群。②

在核心城市迅速发展之际，三线建设还强力推动其他城市城镇的较快发展。1965—1980 年，四川省新设渡口、绵阳、乐山、西昌、达县 5 个建制市，约占全国同期共新设 56 个建制市的 9%。此外，德阳、江油、广元、遂宁、广汉、都江堰、峨眉、雅安、华蓥、涪陵等 10 个三线建设重点镇，虽然分别于 1983—1988 年才建市，但在 1980 年前后已初步达到建市的基本条件。仅因历史条件的限制，其建市工作推迟到 1988 年才得以完成。在三线项目"大分散"建设的推动下，四川省近百个农业城镇或集镇获得较快发展，1964—1974 年，上百个大中型三线项目在全省形成 32 个沟片，一批小工矿城镇由之而生，随着该批工业企业投产，全省新形成和扩大了 70 多个城镇。③ 到 1982 年底，四川省建制镇达 343 个，发展为全国建制镇最多的省，其中 147 个为县城所在镇，196 个是县城以外的镇。而且，四川省城镇平均密度高于全国，成都平原已成为全国五大城镇集聚群之一。④

综上，三线建设各工业门类在四川省各地区的综合性或专业化配置，培育出重庆、成都两个处于核心位置的特大型综合性工业城市和一大批专业化配套的重要工业城市城镇，通过这些城市城镇之间的分工协作、相互联系和共同发展，形塑出一个规模庞大的新兴工业城市群体。

① 杨超主编：《当代中国的四川》（下），中国社会科学出版社 1990 年版，第 22—36、60—62 页；谭力主编：《当代成都简史》，四川人民出版社 1999 年版，第 242 页。
② 刘清泉、高宇天主编：《四川省经济地理》，四川科技出版社 1985 年版，第 377、379 页（说明：此处的各类城市工业发展数据均包括市辖县）。
③ 刘清泉、高宇天主编：《四川省经济地理》，四川科技出版社 1985 年版，第 754、758 页。
④ 杨超主编：《当代中国的四川》（下），中国社会科学出版社 1990 年版，第 152 页。

三、四川省城镇体系崛起

因三线建设而兴的四川省新工业区及其新工业城市，有力推动着四川省城市城镇的"群体化"突进，为全省工业化与城镇化的继续发展构造出新动力源，既促进了四川省城镇体系的发育、扩展和更新，又推动着"以成都重庆为龙头"的四川省"双中心"城镇体系的迅速崛起。

（一）职能结构拓展

由于三线建设的重点高度集中于国防科技、能源原材料、机械电子、化工等重工业领域，国家在四川省重点建设了一批以重工业为主的各类型工业城市，其中，综合性工业城市2个（重庆、成都），国防科技工业城市12个（重庆、成都、绵阳、广元、乐山、雅安、西昌、宜宾、华蓥、达县、涪陵、万县），煤矿城市3个（渡口、华蓥、宜宾），电力工业城市4个（江油、乐山、内江、宜宾），石油天然气工业城市4个（南充、遂宁、自贡、泸州），冶金工业城市5个（渡口、乐山、峨眉、江油、达县），化学工业城市4个（内江、自贡、宜宾、泸州），建材工业城市3个（江油、峨眉、渡口），机械电子工业城市12个（德阳、绵阳、江油、广元、遂宁、南充、乐山、西昌、自贡、内江、泸州、宜宾），纺织工业城市4个（南充、遂宁、达县、内江），轻工业城市7个（自贡、内江、宜宾、乐山、南充、涪陵、万县）。此外，全省还建成了不同类型的新兴工业城镇60余个。这些城市城镇都是依托大中型三线项目而崛起的。而且，在这个大型三线新兴城镇群体中，作为首位城市的成都、重庆和作为专业化城市的渡口、乐山、德阳、绵阳、广元、内江、自贡、宜宾、泸州等，都快速发展为四川省和大西南乃至全国极为重要的特大型综合性中心城市以及国防科技、能源原材料、机械电子、轻纺等工业重镇；同时还发展成了国家工业体系、经济体系和城市体系中不可替代的重要组成部分，并担负着保障国家国防安全和战时国民经济体系运行的特殊职能。由此可见，三线建设推动了以工业城市尤其是以重工业城市为主要发展方向的四川省城镇体系职能结构的全面调整和深度拓展，完成了四川省城镇体系职能结构的整体性更新。

（二）地域结构均衡

1964年，四川省共有建制市8个：川西地区仅有成都，城市数量和城市人口占全省建制市和建制市镇非农业人口总数的比重分别为12.5%和17%；川东地区重庆、万县，城市数量和城市人口所占全省比重分别为25%和26.6%；川南川北地区自贡、泸州、宜宾、内江、南充，城市数量和城市人口所占全省比重分别为62.5%和11.7%。

到1980年，全省共有建制市13个：川西地区成都、绵阳、乐山，城市数量和城市人口所占全省设市城市和建制市镇非农业人口总数的比重分别为23%和18.7%；川东地区重庆、万县、达县，城市数量和城市人口所占全省比重分别为23%和22.6%；川南川北地区仍为原5市，城市数量和城市人口所占全省比重分别为38.6%和12.2%；川西南地区新增渡口、西昌2市，城市数量和城市人口所占全省比重分别为15.4%和5.0%。[1]数据变化表明，三线建设推进了四川省城镇体系地域结构向均衡方向发展。

---

① 四川省地方志编纂委员会编：《四川省志·城建环保志》，四川科学技术出版社1999年版，第626—628页。

（三）规模结构扩张

三线建设中大型项目主要依托重庆、成都、绵阳、乐山、内江、自贡、宜宾、泸州等城市的既有工业和基础设施进行相对"小集中"建设，这些城市工业经济的高速发展、城市新功能的生成以及城市本身多种服务功能的继续拓展，必然会吸引大量人口聚集并推动城市人口规模在短期内快速增长。例如，据乐山地区支援国家重点建设办公室统计，"仅1964—1966年，全国50多个城市的200多个厂矿、科研单位和施工队伍3万多人迁入乐山地区，使乐山城镇人口增势迅猛，1964年乐山城区人口仅5万多人，1975年发展到9.6万多人，增长90%。全地区城镇人口由1964年30万左右，增长到1975年44万多人。"[①]就此可见，侧重布点"中小城市城镇以及农村"的三线建设，强力推动着四川省城镇体系规模结构呈现出中小城市城镇优先发展的态势，从而加速了全省城镇体系规模结构向"中小型化"的扩张。

（四）城镇体系沿铁路线方向演进

由于四面环山的特殊地理条件所限，四川省处于"蜀道难于上青天"的交通困境，严重制约着经济和城市的发展，也使四川省城市形成了以水运为主的交通运输形式，各城市之间大都以长江干支流水运为联系纽带。至于与省外的资源流动更是高度依赖长江干流航运进行。因此，四川省绝大多数城市都靠近长江干支流，沿江筑城的布局特点明显，逐步形成了一个沿长江干支流的"准扇形"省域城镇体系雏形。三线建设期间，基于建设全国战略大后方

和发展四川省经济的需要，国家重点建设了川黔、成昆、襄渝三条铁路并彻底整治了长江航运，使四川省拥有5条与全国联系的大动脉（宝成、成昆、襄渝、川黔铁路和长江），经济和城市持续发展的交通条件获得根本改善。

与此同时，主要三线项目沿铁路线的"大分散"建设，则强力推动着全省城市发展重心由重庆、成都地区扩展至全省10余个地区，即以5条铁路线为发展轴，以成都、重庆为中心，包括德阳、绵阳、江油、广元，眉山、夹江、乐山、峨眉、金口河、西昌、渡口、简阳、资阳、内江、隆昌、华蓥、达县、万源，綦江等数十个中小工业城市城镇组成的四川省"H形"城镇带。

这个"H形"城镇带，既是以成都、昆明、贵阳、重庆为中心沿铁路干线所建成的西南大三线"准四边形"工业城镇聚集区的核心所在，又是中国内地规模最大、国防功能和经济功能最强的城镇群。同时还驱动着四川省城市发展由沿长江干支流"准扇形"低度聚集全面转向于沿"H形"铁路线高度聚集。到1985年，四川省以宝成、成昆、成渝3条铁路线为主轴，总体上建成了成渝城镇聚集区。这一聚集区聚集了成都、重庆、德阳、绵阳、乐山、自贡、内江、宜宾、泸州9市、227镇，成为我国内地城镇分布密度最高的地区。[②]特别重要的是，作为全省经济社会现代化之精华的"成渝工业经济带"的建成和发展，从根本上扭转了四川省在中国现代化进程中的"落后"地位。

四、四川省城镇体系的重要地位

三线建设必须"面向打仗、面向全国、面向基本建设"

---

① 政协乐山市委员会编：《乐山三线记忆》，天地出版社2018年版，第43页。

② 顾朝林：《中国城镇体系——历史·现状·展望》，商务印书馆1992年版，第200页。

的主要目的，催生出四川省各城市的基本功能即外向功能极为突出的新特点，再加之各城市兴建的不同工业部门均配置有国内最先进的人才、技术、设备等资源，而成为同期全国城镇体系发展的示范。从而使四川省城镇体系在新中国现代化建设中具有不可替代的重要地位。

（一）具有保障国家安全的举足轻重地位

三线建设期间，中央将国防科技工业总投资的 1/4 投入四川省，新建成一系列适度依托城市城镇的国防科技工业基地。主要有以重庆为中心的常规兵器工业基地，以成都、绵阳、广元、重庆为中心的军事电子工业基地，以绵阳、乐山、宜宾为中心的核工业基地，以成都、雅安、绵阳、西昌、达县、万源为中心的航空航天工业基地，以重庆、江津、涪陵、万县为中心的长江上游船舶工业科研生产基地。[②]到 1980 年，四川省已发展为全国实力最雄厚，核、航天、航空、兵器、船舶和各国防工业部门配套最完整、规模最大的国防工业战略后方基地，无论是固定资产、职工人数和生产能力，四川省均占全国的 1/4 左右。其中，重庆是最重要的国防工业后方战略重镇，成都是军事电子工业城市，其与绵阳、广元、重庆共同构成了重要的军事电子工业城市群，绵阳和安县建成了空气动力研究与发展中心，绵阳与乐山成为核工业基地，西昌拥有先进的卫星发射中心。[②]毋庸置疑，四川省这一系列国防科技工业城市具有保障国家安全的举足轻重的地位。

（二）具有国家推进工业化动力之源的新地位

三线建设期间，因全国工业建设总投资的 1/8 注入四川省，迅速将四川省培育成中国内地最重要的新兴工业基地。从工业门类看，全国 38 个主要工业部门四川省均完整配套建设，全国主要工业行业约有 160 个，四川省有 95%。到 1976 年底，全省全民所有制工业企业的固定资产原值已达 211.08 亿元，仅次于辽宁，居全国第 2 位。全省工业生产能力获得飞跃式增长，1979 年与 1964 年相比，钢产量由占全国总产量的 4.7% 上升到 8.5%，成品钢材产量由 5.3% 上升到 7.6%，原煤由 4.7% 上升到 6%，发电量由 4.1% 上升到 5.5%，天然气和化肥产量居全国第 1。四川省已成为全国著名的三大电站成套设备及冶金、建材生产基地之一、四大航空与电子工业及化学工业基地之一和五大航天、钢铁及船舶制造基地之一。1980 年，四川省地区生产总值达到 322 亿元，名列全国第 1。[③]由此可见，三线建设推动四川省已经成长为国家工业化的强劲动力之源和内地经济社会持续发展的主要支点之一。

当然，三线建设毕竟是以备战为首要目标，并主要在"文革"特殊环境中进行的，深受国际国内复杂局势的制约，存在着较大的偏差与失误。与之伴生的四川省城市在其突进发展过程中，甚至存在着较三线建设本身更大的偏差与失误，特别是倾向于"山、散、洞"与非城镇化工业布局以及重工业单向突进的产业结构畸形化等问题，既限制了

① 国务院三线建设调整改造规划办公室编：《三线建设》，1991 年，第 142—163 页。
② 林凌、李树桂主编：《中国三线生产布局问题研究》，四川科学技术出版社 1992 年版，第 100—102 页。
③ 杨超主编：《当代中国的四川》（上），中国社会科学出版社 1990 年版，第 165—168 页；王春才主编：《三线建设铸丰碑》，四川人民出版社 1999 年版，第 77—79 页。

中心城市的全方位进步和中小城市城镇的深度发展，也阻碍了四川省城镇体系的正常发展。

改革开放以后，国家又进行了20余年"后三线建设"调整改造，四川省城镇体系以此为契机获得了更广领域和更深层次的大发展。

周明长：博士，宜宾学院文学与音乐艺术学部教授，主要研究方向为中国近现代城市史、三线建设。中华人民共和国国史学会三线建设研究分会常务理事、宣传联络部副部长。

论三线建设历史遗存的现实意义
曹贵民

一、三线建设历史遗存的学术定义

三线建设历史遗存，是指在冷战时期投入建设，在冷战结束后，因各种原因终止建设或者异地迁移而全部或者部分遗留下来的原址、原物。其中包括原始厂房建设过程中的各类原始图文资料、音像制品及当时产生的各种相关物品。

二、三线建设历史遗存的原因分析

1. 项目已经建成投产，但是因为各种原因导致停产而形成的历史遗存。

2. 项目已经建成投产，但是因为各种原因导致生产线迁移而形成的历史遗存。

3. 项目建设进行中，但是因为各种原因导致项目中途下马，无法继续使用的历史遗存。

4. 项目建设途中改变功能性使用要求后，形成的历史遗存。

无论上述哪一种原因，导致形成的历史遗存，其深层次的原因，都是因为国际形势的宏观变化和国内形势的现实需要。

从国际形势来说，进入20世纪80年代后，国际地缘政治的较量，已经从单纯军事实力的对抗，转为综合实力的对抗。从各种政治军事同盟间的联合，转而向多触角全方位一体化外交格局的综合利益统筹评估。从主要以资源占有和打通资源运输通道为目的的能源战略思路，转而向以新型能源及网络全覆盖的新型智能化总体战略为主的转变。

以上所述的这些变化，充分说明了时代的变迁从速度到质量都是突飞猛进的。而经历了数十年自我封闭和冷战思维的我们国家，新一代领导集体高瞻远瞩，痛定思痛，适时地、果断地抛弃了冷战思维，转而融入全球经济一体化浪潮中，从而为国民经济的腾飞争取到了一个最好的时间窗。这样，由于冷战思维而布置的三线建设项目也就自然而然地逐步减退热度，渐渐销声匿迹。

从国内来说，百废待兴的国民经济，急需大力发展与国民经济支柱性产业及民生相关的各种项目。而三线建设大多数是与御敌备战相关的项目，而且花费不菲。要么将这些项目继续进行下去，并继续投入巨大的资金、人力、物力，使之完善和投产；要么壮士断腕，果断地停建缓建这些已经不再具有战略优势和战术优势的落后项目。就此，高层进行了激烈的争论和深入的研究，最后，形成了一致的意见。以较为中性的表述，对此作出了决定，即调整，改造，充实，提高。并为此成立了三线建设调整改造办公室。统一负责全国的三线建设项目的调整和改造工作。

回首当初，导致三线建设工程项目大批下马的应该还有一个重要的因素。那就是前沿科技，尤其是智能化、信息化科技的发展，已经将人类的目光移向了外太空，而伴随而来的空间技术和网络技术、基因技术的快速发展，已经让未来的战争状态成了虚拟形态。即掌握了这些最新技术的国家，完全可以不依靠任何常规武器和人海战术，也同样可以决胜千万里之外。而我们的三线建设项目，大多数还是已经落后于西方国家的常规防御手段的战术武器级。即使是当时高精尖的个别战略性进攻型项目，很多核心技术和器件，也都还受制于其他国家。那么，与其劳民伤财、劳而无功地继续加大投入，不如偃旗息鼓，韬光养晦，虚心学习，厉兵秣马，另图良策。

以上所述，应该就是当时众多三线建设项目纷纷停建、缓建、改建，从而形成现在三线建设历史遗存的重要原因。

三、三线建设历史遗存的品种分类

三线建设历史遗存的品种，按其不同的特质，应该会有许多分类的方法。本文旨在探讨如何能够从学术的角度进行科学的分类，以达到今后用这样一个分类，达到对研究三线建设历史的专家学者，尤其是年青一代，起到一定的引导和借鉴意义。

（一）硬件类

包括但不限于：1.厂房；2.厂房掩护工程；3.厂房附属配套工程（生活设施，专用道路，桥梁，机场，码头，医院，宿舍，影院，商店，学校等各种专属基础配套设施）；

4.生产型机器设备；5.产品实物。

（二）软件类

包括但不限于：1.文件；2.图纸；3.照片；4.音像；5.其他纸制品；6.其他介质的相关物品。

（三）特殊类

包括但不限于：1.商标；2.代号；3.邮箱；4.密码；5.专用。

四、三线建设历史遗存的现实状况

综观现在的三线建设历史遗存，从保护措施来看，分为主动性保护和被动型保护两种。主动型保护，是指虽然这些历史遗存已经被废弃了，但是有人主动地将它们从毁灭的边缘，抢救性地保护了起来，如成都锦江电机厂退管站。被动型保护，是指三线建设历史遗存被改变了使用功能，用作了其他用途，客观上对这些历史遗存起到了一定的保护作用。

但是，如果从真正的科学的保护措施来说，相对于散布在全国各地数以千计的三线建设历史遗存来说，无论是主动型还是被动型的保护，都还远远达不到分门别类、有针对性科学保护的要求。

对于这些历史遗存的保护措施，其实是一个非常重要的课题。因为，要做到使我们的后人能够更加直观地了解三线建设的历史，最好的办法就是让他们能够零距离地接触和感受到这些历史的遗存。但是令人感到遗憾的是，现在对于三线建设历史遗存进行了科学、理性、完整、有序保护的，仅仅是一些重大国防科研项目。硬件类的如：甘肃酒泉嘉峪关中国核城404遗址，青海海晏核武器试验场遗址，绵阳梓潼903所核物理试验场遗址，四川西南物理研究院所高通量原子反应堆加速器遗址，重庆涪陵白涛

816核工程。软件类的如四川攀枝花中国三线建设博物馆，四川广安三线建设博物馆，贵州六盘水三线建设博物馆，贵州都匀三线建设博物馆等。还有一些小型的单位和个人的资料馆、纪念馆、资料馆。如四川建川航空三线博物馆、四川成都锦江电机厂三线建设资料馆、四川大邑雾山农场三线建设纪念馆、重庆明泉三线建设资料馆等。

从以上情况可以看出，以政府资金大体量建设的专业博物馆，是保护和宣传三线建设历史遗存的主力。而单位和个人建设的各类场馆，是对专业博物馆有益的补充。其实，还有一类，那就是个人因为种种原因收集了许多三线建设的历史遗存，但是并没有建馆，而是个人收藏。这一类也不在少数，同时也收藏有很精致和珍贵的历史遗存。

综上所述，三线建设历史遗存的现状，还是令人担忧的，绝大多数的历史遗存中的硬件部分，已经接近或者超过了服役年限，在商业大潮中被逐步遗弃，日趋破败、损毁。而更多的软件类遗存，更是随着原有单位的变迁，大量的遗存被当作废品处理掉了。因此，重视和正视这一问题，也是三线建设历史遗存研究的一个重要课题。

五、三线建设历史遗存的利用价值

三线建设历史遗存到底有无利用价值？有多大的利用价值？应该怎样利用？

应该承认，并不是所有的三线建设历史遗存都具有利用价值。首先，大部分历史遗存，尤其是硬件部分的历史遗存，都已经超过了多年设计的使用年限，安全上存在着极大的隐患。其次，维修和养护这样的遗存，将会耗费巨大的资财，未免得不偿失。所以，在评估和论证三线建设历史遗存的开发价值时，应该遵循科学、求实的原则。但是，也有一种虽然已经破败，但是由于在三线建设历史上具有重大象征意义的遗存，也要利用现有的手段，尽可能地对这些遗存进行保护、开发和利用。如：利用钢结构构件和新型材料制品，对原有危房进行加固，利用大幅玻璃制品，对原有遗存进行通透式的封闭型展示。甚至可以在非拆迁不可的情况下，实行切割式局部异地转移的异地展示利用。

在可移动三线建设历史遗存的保护利用方面，也要遵循能够很好地利用这些遗存进行展览展示，同时也要对这些历史遗存进行妥善的保护。否则，就是竭泽而渔。随着保护措施的滞后，将会给一些珍品、孤品带来毁灭性的破坏。后果不堪设想。

在利用三线建设历史遗存过程中，要注意利用现有的科技手段，对能够电子化、智能化、信息化的，尽量形成电子的、全息的、智能的永久性备份。这样做，可以使得这些珍贵的历史遗存，得以更好地利用和对接资源。也会给国家留下宝贵的国家级电子档案。

六、三线建设历史遗存的前景展望

在大环境影响下，各地都已经认识到了三线建设历史遗存的重要性和现实意义。尤其是在利用三线建设历史遗存，打造当地城市品牌，带动地方红色旅游，拉动当地文化建设方面，都有了积极的共识。

随着我们对于三线建设历史遗存的研究更加深入，尤其是随着主题文化旅游和工业遗址旅游的兴起，使得这部分历史遗存的价值凸显。以四川大邑雾山原中科院光电研究6569三线遗址为例。该所自从整体搬迁后，遗址隐在深山，日趋破败。大邑县一个民营企业，看中了这块绿水青山、云雾缭绕的风水宝地，出资在此兴建了健康养老度假休闲基地，同时，又将6569研究所三线建设的文化脉络，延展到了大三线整体建设的历史背景方面，从而将其打造成了一个爱国主义和红色文化的党团及青少年教育基地。这样，以旅游促进文化，以文化拉动旅游，使二者相辅相成，互为因果。其中的经验，值得三线研究者们深入思考和总结。

综上所述，三线建设的历史遗存，是客观历史的一种存在。其基本属性是国家民族历史记忆的遗存。同时，又是特定政治军事科技发展历史的遗存。将其系统地、科学地纳入国家社会科学研究的范畴，不断加大这方面的研究力度，拓展研究的深度和广度，已经迫在眉睫、刻不容缓。我们欣喜地看到，在这方面，许多专家学者和三线建设的从业者，已经率先开始了这方面的研究，并形成了一定的学术规模。如上海大学的小三线研究；四川大学的大三线

研究；贵州大学的大三线研究；等等。但是，纵观当年波澜壮阔的三线建设和浩如烟海的三线建设历史遗存，还远远不能达到要求。尤其是参与三线研究的青年学者还是不多，能够接续和传承的青年学生仍然很少。所以，三线研究，任重道远。需要我们从思想认识上、理论体系上、研究路径上、指导方针上，做更加细致周到和艰苦的工作。

曹贵民：中共党员，大专文化。现为中华人民共和国国史学会三线建设研究分会常务理事、资料部副部长；四川省三线建设研究会筹备组组长，四川省三线建设博物馆（筹）馆长。

三线建设移民的内迁、去留与身份认同
——以重庆地区移民为重点

张　勇

近 30 多年来，学术界对三线建设及其相关问题展开了多方面的研究，取得了较为丰硕的成果。[①]不过对于三线建设中的移民问题，目前仅有为数不多的几篇论文进行了研究。其中，陈熙、徐有威从人口迁徙过程的角度，对上海皖南小三线移民的动员、迁入、安置、回城等问题进

行了探讨，认为上海小三线移民尽管在皖南落地 20 余载，却始终未能在当地生根。[②]王毅以重庆为例，主要依据档案资料，从工资、物价、劳动福利、生活物资供应等方面探讨三线内迁职工面临的社会生活问题，以及相关部门针对这些问题的解决措施。[③]董志凯从宏观层面对三线企业

---

① 关于三线建设的研究成果及现状，可参见段娟：《近 20 年来三线建设及其相关问题研究述评》，《当代中国史研究》2012 年第 6 期；张勇：《社会史视野中的三线建设研究》，《甘肃社会科学》2014 年第 6 期；徐有威：《近五年来三线建设研究述评》，《开放时代》2018 年第 2 期；张勇：《历史书写与公众参与——以三线建设为中心的考察》，《东南学术》2018 年第 2 期。

② 陈熙、徐有威：《落地不生根：上海皖南小三线人口迁徙研究》，《史学月刊》2016 年第 2 期。

③ 王毅、钟谟智：《三线企业的搬迁对内迁职工生活的影响——以重庆的工资、物价为例》，《中共党史研究》2016 年第 4 期；王毅：《三线建设时期重庆地区内迁职工社会生活问题探析》，《当代中国史研究》2019 年第 1 期。

搬迁的总体部署、项目实施以及经验教训进行了论述，但并未研究搬迁中的移民问题。[1]因此，对于三线移民涉及的诸多问题，有待学界作进一步的探讨。

在三线建设期间，三线移民的迁出地和迁入地为内迁进行了哪些方面的准备？三线内迁职工及其家属经历了怎样的迁移过程？在改革开放和调整改造后，三线移民又面临着怎样的去留抉择？当今的三线移民有着什么样的身份认同？要想解答这些问题，研究者必须选择一个重点区域，在收集各类资料和从事田野调查、口述访谈的基础上展开深入研究。重庆是三线建设的重点地区，伴随着大量企事业单位的内迁，重庆涌现了数十万的三线建设移民。因此，本文拟以重庆地区的三线移民为研究重点，兼及其他地区的三线移民，对他们的内迁准备与过程、去留抉择、身份认同等问题进行探讨，以促进三线建设及三线移民研究的进一步深入。

一、内迁准备与过程

（一）内迁准备

在企业及人员内迁之前，从中央到地方，从一线到三线，从主管部门到搬迁企业，都做了大量的准备工作。1964年8月，毛泽东强调要从新的战略方针出发重新布局工业，明确提出：一线要搬家，二线、三线要加强。[2]1964年8月到10月，李富春、薄一波、罗瑞卿多次就迁建问题向中共中央写出书面报告，要求加快沿海企业内迁的进度，加强对迁建工作的领导，并提出了迁建的设想和实施意见、指导思想和步骤安排。[3]国务院各部委也分别提出了初步的迁厂方案。[4]1964年12月，国家计委、国家经委发布《关于搬迁工作分工管理问题的通知》，通知指出，各部和各省、市、自治区都在积极地进行选厂、迁厂的各项工作，要求搬迁工作必须按照统一计划、统一行动的原则进行，并就各系统搬迁计划的组织执行进行了分工。[5]同时，国务院所属的10多个部、委、办（包括国家计委、建委、国防工办和一机、八机、铁道、冶金、煤炭、石油、化工、水电、建工、建材等部），都分别由负责干部带领有专家参加的工作组到西南实地踏勘，进行搬迁和新建项目的选址工作。[6]

各地方政府也在为企业搬迁进行组织和准备。例如，作为企业搬迁的重点地区，上海市对三线建设搬迁工作做了严密的组织安排。上海在市委领导下成立了支援内地建设工作领导小组和办公室，对上海三线建设的整个搬迁工作进行统筹规划；各有关工业局也建立了搬迁办公室，组织工作队到批准内迁的企业指导工作，负责检查督促，研

① 董志凯：《三线建设中企业搬迁的经验与教训》，《江西社会科学》2015年第10期。
② 陈夕主编：《中国共产党与三线建设》，中共党史出版社2014年版，第73页。
③ 详见方大浩主编：《长江上游经济中心重庆》，当代中国出版社1994年版，第181页；陈东林：《三线建设：备战时期的西部大开发》，中央党校出版社2003年版，第142—144页。
④ 董志凯：《三线建设中企业搬迁的经验与教训》，《江西社会科学》2015年第10期。
⑤ 本书编辑部：《甘肃三线建设》，兰州大学出版社1993年版，第376页。
⑥ 方大浩主编：《长江上游经济中心重庆》，当代中国出版社1994年版，第181页。

究政策，解决矛盾。①

虽然时间紧迫，但内迁企业自身仍为搬迁做了细致的准备工作，包括制订搬迁方案、进行搬迁动员、确定内迁人员以及前期实地调研、随迁家属安置、各方协调等。

重庆作为三线建设的重点地区，早在1964年10月便初步编制了关于重庆地区的三线建设规划。该规划根据国家计委已定的项目和重庆现有工业需要配套的状况，提出以重庆为中心迁建、新建200多个大三线项目。当时计划从上海地区迁入122个，从华北地区迁入43个，从东北地区迁入27个，从广州、南京等城市迁入20个到重庆。其中，有分属兵器、船舶、电子、航天、核工业等部的90个国防企事业、科研单位，还有与之配套的机械、冶金、化工、仪器仪表、橡胶、交通等行业的企事业单位。②同时，三线建设期间还对重庆原有的一批企业进行了改建和扩建。不论迁建、新建还是改扩建项目，都必然带来相关企事业单位及大量人员的内迁。下面以杭州汽车发动机厂内迁重庆新建机械厂为例，说明搬迁前有关企业所做的准备工作。

1964年，一机部决定将杭州汽车发动机厂（简称杭发厂）一分为二，将部分设备和职工搬迁到重庆新建机械厂（简称新建厂）。杭发厂在接到中央主管部门的内迁任

务后，按照上级部门的安排，于1965年9月13日制定了《关于一分为二支援内地建设的工作计划》，确定了内迁的工作步骤、方法和旅途的组织工作等内容。在思想动员方面，采取层层发动，反复动员，先党内、后党外，先干部、后群众的方法，对全厂职工进行动员教育，并从经济和物质上给予困难职工帮助。在内迁人员的选定上，先通过摸底排队，由杭发厂人事部门根据生产技术配套的原则提出内定名单，再经由四川省公安厅指派政治部门干部逐个政审，最后由杭发厂党委研究决定，先后两次张榜公布。③对于中层干部的选择，还专门召开了联席会议，机械工业部汽车局、南京汽车分公司、重庆汽车分公司、杭州汽车发动机厂、重庆新建机械厂等各方都派代表参加了此次会议，并进行了名单的审核确定。④

在此期间，杭州汽车发动机厂还多次与重庆新建机械厂联系，并派人前往重庆进行实地调查。1965年3月，杭发厂派厂长黄家琪带队，到重庆的新建厂做企业状况调查。⑤同年10月，再由副厂长蒋正栋带队，共7人前往重庆，分三个组开展调研工作。一个组"搞工艺"，安排车间的工艺流程、设备安装、生产准备工作；第二个组了解重庆地区的生活情况；还有一个组安排内迁。同时，调查小组对内迁职工配偶的工作预先进行了安排：

① 详见李浩：《上海三线建设搬迁动员工作研究》，华东师范大学2010年硕士学位论文，第12页。

② 方大浩主编：《长江上游经济中心重庆》，当代中国出版社1994年版，第177—178页。后来实际迁建的项目与规划有一定出入。

③ 傅时华主编：《重庆康明斯发动机有限公司志·重庆新建机械厂篇》（内部资料），2005年，第109—113页。

④ 孙叶潮口述、张勇等采访整理：《歌乐山下支内的杭州人》，载张勇主编：《多维视角中的三线建设亲历者》，上海大学出版社2019年版，第64页。

⑤ 孙叶潮口述、张勇等采访整理：《歌乐山下支内的杭州人》，载张勇主编：《多维视角中的三线建设亲历者》，上海大学出版社2019年版，第65页。

内迁当中有厂外的家属，有的是棉纺厂的，有的是丝纺厂的，有的是造纸厂的。这些外单位的职工，来了以后你不给他安排工作，怎么办呢？所以有丝纺厂来的直接安排到丝纺厂，有一部分安排在小龙坎棉纺厂，最远的在化龙桥对面，河边有个造纸厂，像这种大概有三十几个人。[1]

另外，迁入地重庆的新建厂，也为接纳杭发厂的内迁职工做了安排。工厂制定了《关于接待安排内迁职工的工作计划》；成立以党委书记负责的接待工作领导小组；对原厂职工进行动员教育，要求热情接待，搞好团结；并提前安排好内迁职工的工作和生活等多方面事宜，例如专门为内迁职工修建了甲、乙两栋新家属宿舍（俗称"杭州大楼"）。[2]重庆新建机械厂是三线改扩建企业，而其他在重庆新建的三线企业则没有如此条件，必须"边设计，边施工""先生产，后生活"。

（二）内迁过程

经过中央主管部门的规划安排，以及地方和企业的组织准备后，一线地区迅速开展了搬迁工作。1964年就有少数企业开始内迁到重庆，如重庆浦陵机器厂就是1964年从上海迁建到重庆北碚的。据时任华东局经委副主任兼国防工办副主任钱敏回忆：

重庆的浦陵机器厂，是从上海浦江机械厂搬过去的。一半人留在上海，一半人去重庆，从厂长、副厂长到科室干部、技术人员到工人，都是如此。搬去的设备有四百多台……上海厂里谁调到重庆去开这部机器，谁就跟着这部机器一起走。一点不乱，也不会窝工。效率非常之高。在上海拆卸包装只用了一个星期，运到重庆，也只用了一个多星期就开始生产。[3]

浦陵机器厂从1964年10月29日确定搬迁之后，仅用40天，就全部完成了土建工程。从迁建到投产总共只用了两个月时间，效率很高。因而被西南三线建设筹备小组确定为内迁企业的成功典范，向整个西南三线内迁企业推广，以做好搬迁工作。[4]

沿海企业大规模内迁是从1965年开始的。搬迁以部分内迁或一分为二为主，也有少数是整厂搬迁的。其中，重庆红岩机器厂是由无锡动力机厂全迁而成的。当时国家部委决定将无锡动力机厂军民两用的250系列柴油机生产，迁至重庆北碚歇马场原北碚钢铁厂旧址上新建红岩机器厂。1965年从无锡搬迁设备440台，新增357台，内迁职工1494人。另外还从洛阳拖拉机配件厂迁来339人。该厂在迁建时建立了中共现场委员会和现场指挥部，统一领导搬迁工程现场施工，效果良好。因此，红岩机器厂的迁建被确定为继浦陵机器厂之后，整个西南三线建设中迁建工程的又一个典型，向三线内迁企业推广其经验。[5]

① 韩阿泉口述，张勇等采访整理：《他乡是故乡》，载张勇主编：《多维视角中的三线建设亲历者》，上海大学出版社2019年版，第72页。
② 傅时华主编：《重庆康明斯发动机有限公司志·重庆新建机械厂篇》（内部资料），2005年，第111、113页。
③ 钱敏口述，程中原、夏杏珍访问整理：《西南三线建设》，载朱元石主编：《共和国要事口述史》，湖南人民出版社1999年版，第323—324页。
④ 方大浩主编：《长江上游经济中心重庆》，当代中国出版社1994年版，第182页。
⑤ 方大浩主编：《长江上游经济中心重庆》，当代中国出版社1994年版，第183页。

杭州汽车发动机厂则是部分内迁到重庆的。据该厂职工回忆，内迁人员确定后，在启程之前要先通过火车托运行李。

内迁之前，就要把每一个家庭的家具、行李都打包好。然后厂里面要派汽车装，每一个家庭都要帮忙装车。装完车以后，要送到一个集结点，一个铁路的货运站，那个时候有很多货运车厢。现场都有人管在那边的，不能把内迁职工家的家具损坏了，东西搞丢了，那不行的，工作做得非常细致。①

行李托运完后，杭发厂内迁职工就正式启程。他们于1965年11月23日从杭州乘火车到上海，24日傍晚再包船乘坐"丹阳"号客轮离开上海驶往重庆。中途在南京、武汉、万县共停靠了三次。到达重庆后，他们受到了当地组织的热情接待。

12月7日中午，当内迁职工到达朝天门码头后，市委工交政治部、市总工会、市团委、市妇联、市机械局党委、省公安厅劳改局、重庆汽车分公司等单位的领导以及厂领导和其他干部共计120多人前往迎接。当天晚上，市委举行了欢迎晚会，由市委工交政治部李主任代表市委致欢迎词，会后观看电影。②

第二天上午，杭发厂内迁职工到达了新建机械厂，住进了为其修建的两栋家属宿舍"杭州大楼"。针对刚到的内迁职工，作为迁入厂的新建厂做了一系列工作，如组织参观生产区、生活区，作关于内地建设意义、汽车工业建设远景报告等。

内迁初期，多数职工思想情绪基本稳定，但仍有部分职工的思想波动较大，产生了各种消极的想法，比如认为重庆的地形、气候条件不好，生活条件艰苦等。③通过工厂不断做思想工作，并经历了最初几年的磨合适应期之后，内迁的职工才逐渐适应三线企业的社会、工作与生活。④

二、内迁单位及人员

经过几年的搬迁，三线地区迁入了一大批企事业单位，出现了数量可观的一类政府主导型移民——三线建设移民。以重庆地区为例，据不完全统计，仅从1964年到1966年，涉及中央15个部的企事业单位从上海、北京、南京、辽宁、广东等地的12个省市内迁到重庆地区，内迁职工就达4万多人。⑤该时期内迁到重庆的具体企事业单位及其职工人数见下表：

---

① 孙叶潮口述，张勇等采访整理：《歌乐山下支内的杭州人》，载张勇主编：《多维视角中的三线建设亲历者》，上海大学出版社2019年版，第66页。

② 傅时华主编：《重庆康明斯发动机有限公司志 · 重庆新建机械厂篇》（内部资料），2005年，第111—112页。

③ 傅时华主编：《重庆康明斯发动机有限公司志 · 重庆新建机械厂篇》（内部资料），2005年，第112页。

④ 对于三线移民内迁后的社会文化适应问题，笔者有另文探讨。参见张勇：《区隔与融合：三线建设内迁移民的文化适应及变迁》（待刊）。

⑤ 方大浩主编：《长江上游经济中心重庆》，当代中国出版社1994年版，第184页。

1964—1966 年内迁重庆的企事业单位及职工统计表

所属工业部门	企事业单位名称	单位数量	职工人数
冶金部	重钢四厂、第一冶金建设公司、第六冶金建设公司	3	8387
煤炭部	煤炭工业科学院重庆研究所、中梁山煤炭洗选厂	2	535
一机部	四川汽车发动机厂、重型机械厂、华中机器厂、重庆仪表厂、杨家坪机器厂、江北机器厂、汽车工业公司、北碚仪表公司、四川汽车制造厂、花石仪表材料研究所	10	2517
五机部	陵川机器厂、平山机器厂、双溪机器厂、晋林机械厂、明光仪表厂、华光仪器厂、金光仪器厂、红光仪表厂、益民仪器厂、宁江机器厂、川南工业学校	11	3994
六机部	新乐机械厂、清平机械厂、江云机械厂、长平机械厂、永平机械厂、武江机械厂	6	1523
八机部	红岩机器厂、浦陵机器厂、海陵配件一厂、海陵配件二厂、第三设计院	5	3287
石油部	一坪化工厂	1	331
化工部	长江橡胶厂、西南制药二厂、重庆油漆厂、四川染料厂、西南合成制药厂	5	613
地质部	地质仪器厂、探矿机械厂、第二地质勘探大队	3	1146
交通部	交通科学院重庆分院、第二服务工程处	2	420
纺织工业部	阆中绸厂、重庆合成纤维厂	2	219
建材部	嘉陵玻璃厂	1	76
建工部	土石方公司、江苏三公司、华北直属处、第一工业设备安装公司、中南三公司、渤海工程局	6	20566
铁道部	第一大桥工程处	1	2480
邮电部	上海邮电器材厂	1	100
合计		59	46194

需要指出的是，这仅仅是 1964—1966 年内迁重庆的部分企事业单位和职工，三线建设给重庆带来的外地移民远远不止此人数。一是除了上述沿海地区内迁的企事业单位外，1964 年下半年至 1967 年国家还在重庆地区安排了 59 个大的骨干项目和配套项目的新建和改扩建。[1]三线建设时期重庆地区实际安排有 118 个三线工厂企业及科研单

① 方大浩主编：《长江上游经济中心重庆》，当代中国出版社 1994 年版，第 185 页。

位，分布于市属 8 个区和 10 个县。①这些新建和改扩建的项目同样需要迁入很多外地的技术工人和领导干部。例如，位于歌乐山脚下的新建机械厂，三线建设时从长春第一汽车制造厂、杭州汽车发动机厂抽调管理干部和技术工人，仅杭发厂就内迁了职工及家属 534 人。②二是此表仅仅统计的是 1964 年至 1966 年的内迁职工人数，1966 年之后内迁的三线职工，以及分配来的大中专毕业生和转业军人并未统计在内。三是除了内迁职工之外，还有大量的职工家属也陆续搬迁到三线地区，和家人共同居住生活。据估算，三线建设期间由外地迁入重庆地区的职工人数在 10 万左右，再加上随迁家属，全部迁入人口当在 30 万左右。③

在三线建设过程中，作为老工业基地的重庆也向其他地区如攀枝花、泸州、成都、自贡、绵阳等地输送了不少技术力量与熟练工人。④他们迁移到这些地区，负责包建或支援当地的三线企业。如自贡空压机厂由重庆水轮机厂空压机车间的设备及人员搬迁并负责包建，资中矿山机械厂由重庆通用机械厂负责包建，乐山通用机械厂由重庆二机校、重庆电机厂支援，先锋机床附件厂由重庆二机校支援。⑤这些厂都有因三线建设而前来工作的重庆移民。当然，相比于迁入本地的三线移民，重庆外迁的移民数量则要少很多。

三、三线移民的去留抉择

在改革开放与调整改造之后，三线移民及其后代面临着离去、留守以及返回家乡等多种选择。进入 20 世纪 80 年代后，我国的国内外形势发生了很大的变化。中国实行改革开放，经历了一个由计划经济向有计划的商品经济，再向市场经济转变的过程。国家根据一部分地区先富起来带动全国共同富裕的大政策，重点实施了开发东部沿海地区的战略，东西部经济发展水平更加悬殊。一些三线企业亏损严重，职工生活困难。另外，三线企业因为军工任务不足，资源闲置，导致许多三线企业科技人员感到无用武之地。再加上国家改革人事制度，实行人才流动，于是三线企业技术人才大量流向东部沿海和大城市，出现了"一江春水向东流""孔雀东南飞"的潮流。不仅科研技术骨干"孔雀东南飞"，一般技术人员也纷纷"向东流"。此外，还有不少职工要求返回迁出地。因此，三线企业职工的流失率一度居高不下。据调查，当时三线企业人才流失比例达 30%—50%，个别严重的甚至高达 80%。例如，贵阳车辆厂是铁道部所属从事货车修理的大型企业，由于地处山沟，产品单一，80 年代初期连年亏损。到 1985 年，5000多名职工有 1/3 要求调离，400 多名技术人员走得只剩下100 多人。⑥四川锦江油泵油嘴厂 80 年代"申请调离工厂

① 重庆市城乡建设委员会、重庆市建筑管理局编：《重庆建筑志》，重庆大学出版社 1997 年版，第 19 页。
② 傅时华主编：《重庆康明斯发动机有限公司志·重庆新建机械厂篇》（内部资料），2005 年，第 113 页。
③ 重庆市生产力发展中心编：《重庆三线建设遗址调查与保护利用研究》（内部资料），2016 年，第 53 页。
④ 何瑛、邓晓：《重庆三峡库区"三线建设"时期的移民及文化研究》，《三峡大学学报（人文社会科学版）》2012 年第 3 期。
⑤ 本书编纂领导小组：《重庆市机械工业志》，成都科技大学出版社 1993 年版，第 302 页。
⑥ 陈东林：《三线建设：备战时期的西部大开发》，中央党校出版社 2003 年版，第 386—387 页。

的人员越来越多，以至于形成一种趋势、一种潮流"。到1984年4月，该厂调离的职工达582人，其中技术干部81人，具有工程师职称的51人。仅在1986年4月的一次人事劳资会议上提出研究的调离申请就有146人，涉及该厂的15个车间、科室。①

重庆地区的三线企业同样面临着人才大量外流和职工返回迁出地的问题。尽管国家出台了对企业调整改造和解决三线职工困难的一系列政策，工厂也制定了种种规定，但并未产生预期效果。例如，重庆晋江机械厂在给上级部门的报告中说："三线养不住人。建厂20多年来，工厂在山沟里，生产、生活条件差，许多实际问题难以解决，导致职工都不安心工厂建设。"这就造成"职工队伍不稳定，部分职工对工厂前途忧心忡忡，缺乏信心，工作、生活缺乏动力，人心涣散，专业技术骨干流失严重"。②据调离该厂的一位职工回忆："想从山沟到城里边来，这可能是当时大部分从三线企业跑出来的人重点考虑的一个原因。很多人都想从山沟到城市，在我之前已经走了不少，包括调到广州的，调回上海的，还有安徽的、太原的老职工调回去的也不少。"③

"三线人"离开三线企业主要有两类情形：一类是上述情况，即三线职工尤其是技术人员流向东部沿海和大城市。改革开放之后，这些地区的经济率先发展起来，并兴起了许多"三资企业"和乡镇企业，急需技术人才，"这对内迁职工是一个很好的机会"④，因而很多人纷纷选择前去工作。另一类则是内迁职工返回自己的家乡。进入20世纪90年代后，身在他乡的"支内"职工们大多已退休或无奈"内退"，加之对家乡的思念之情与日俱增，于是最终踏上了返乡之路。例如，当年从杭州汽车发动机厂内迁重庆的职工，"回去的占了多数"。⑤一位从上海到川渝地区参加三线建设的支内职工，讲述了20世纪90年代后他们返回故乡的缘由：

随着国有企业改革的深入发展，进入90年代以后，原本就缺乏地理、资源、市场的大多数三线企业效益急剧下滑，工厂停产或半停产，职工大批下岗，支内职工也在劫难逃。当年来内地的小青年，如今一个个都已年过半百。企业为了实现所谓的减员增效，女40岁、男50岁的基本实行了"一刀切"。于是，多数人只能走"内部退养"或"提前退休"的无奈之路了。退休退养了，身在他乡的支内职工，就开始思念生养自己的故乡……在这种情况下，不少上海当年的支内职工打起了回家的主意。⑥

① 于学文：《关于锦江厂兴衰的思考》，载倪同正主编：《三线风云》，四川人民出版社2013年版，第249、250页。

② 陈志强、明德才主编：《晋江风采》，团结出版社2016年版，第174、197页。

③ 李治贤口述，张勇等采访整理：《从军代表、三线职工到大学教授》，载张勇主编：《多维视角中的三线建设亲历者》，上海大学出版社2019年版，第35页。

④ 孙叶潮口述，张勇等采访整理：《歌乐山下支内的杭州人》，载张勇主编：《多维视角中的三线建设亲历者》，上海大学出版社2019年版，第68页。

⑤ 韩阿泉口述，张勇等采访整理：《他乡是故乡》，载张勇主编：《多维视角中的三线建设亲历者》，上海大学出版社2019年版，第76页。

⑥ 马兴勇：《故乡的云——一个上海支内职工的回家之路》，载倪同正主编：《三线风云》，四川人民出版社2013年版，第260页。

可见，在社会发生巨大变迁的情况下，很多当年的三线建设内迁移民在退休之后选择了返回家乡。不过，即使返回迁出地后，曾经的"三线人"也面临着户口、住房、养老、医疗、子女就业和社会再融入等诸多方面的问题。①

此外，由于收入有限、子女留居以及身体条件等种种原因，仍有一部分三线内迁移民选择留在当地，继续他们的晚年生活。如有一位当年从杭州内迁重庆的退休职工谈道：

在工作期间或者退休后有大部分人都想回杭州，但是我是不想了，为什么呢？我的娃儿全部都来了，全家都来了，在杭州只有姐姐；也没房子了，住的地方也没有了，就不想回去了。我在重庆待了有 50 年了，我现在 84 岁，只在杭州待了三十几年，回去也没意思了。②

而作为三线内迁职工的子女，除一部分留守在三线企业或定居在重庆外，大部分都不愿意继续待在三线企业里，一些随父母返回家乡，另一些则散落到海内外各地。

三线移民及其后代选择离去、留守或返回家乡的原因不尽相同，总体而言受到地区发展水平、企业及个人经济状况、个体发展、家庭及子女、生活习惯、故乡感情等多种因素的影响，也与他们的身份认同有一定关系。

四、三线移民的身份认同

身份认同是指主体对自身的一种认知和描述，是人们对"我是谁"的追问。从三线建设之初至今，三线移民都面临着身份认同的问题。他们的身份认同主要包括地域身份认同和群体身份认同。

（一）地域身份认同

地域身份认同是主体对"我是哪里人"的回答与认知。由于三线移民都是从外地迁到三线企业所在地的，家乡与居住地不一致，他们对于"我是哪里人"的问题往往有着不同的答案。三线移民的地域身份认同大体可分为三类情况：③

第一类，认同自己是迁出地（即故乡）人。中国人有着浓厚的故土情结，有的三线移民尽管已内迁并居住在重庆几十年，但依旧对家乡怀有很深的感情，加之亲戚朋友大多也在家乡，因此他们年老或退休后，仍然想返回故乡。例如，有从天津内迁重庆的三线职工谈道：

我退休以后就和我老伴返回天津了。那时候我妈妈身体一直不是很好，我就想一退休马上就买火车票回去，还能多陪我妈妈一些日子。我老伴也是天津人，我俩就是要回家乡。我孩子都在重庆市，我小儿子顶替我去工厂上班了，我大女儿也在该厂上班。我把我的子孙献给了祖国三线建设，我和老伴也完成了任务。我们想回家乡看看，我大儿子在天津工作，回去也有个照应。④

一部分内迁重庆的天津人"总认为自己不属于这里"，认为他们"是天津人，最终要回到故乡"。尽管这些三线

---

① 详见唐宁：《娘家行，未了情》，载倪同正主编：《三线风云》，四川人民出版社 2013 年版，第 501—504 页；傅晓莲：《落叶归根：返沪"三线人"生活状况调查》，载张勇主编：《多维视角中的三线建设亲历者》，上海大学出版社 2019 年版，第 294—303 页。

② 韩阿泉口述，张勇等采访整理：《他乡是故乡》，载张勇主编：《多维视角中的三线建设亲历者》，上海大学出版社 2019 年版，第 76 页。

③ 关于这三类情况，可参见林楠、张勇：《三线建设移民二代地域身份认同研究》，《地方文化研究》2018 年第 2 期。

④ 王玥：《第一代"三线人"身份认同研究——以 C 市 Q 厂为例》，长春工业大学 2016 年硕士学位论文，第 33 页。

移民认为自己是迁出地（即故乡）人，但他们毕竟在三线地区居住了很长时间，因而对迁入地重庆有了很深的感情，将其视为"第二故乡"。

第二类，认同自己是迁入地（即重庆）人。一些三线移民由于在迁入地工作、生活了几十年，对当地的社会与文化已有了较好的适应，并在重庆安居乐业，因此对迁入地重庆的认同感很强，认为自己现在就是重庆人。如有的天津内迁职工及子女返津后，却仍然认同自己是重庆人：

我老伴在天津税务局，没跟我去支援三线。我刚回来的时候也是找不到地方，变化太快了。我这天津话也不太流利了，在重庆市待久了，反而是那边的话说得溜一些。我家大儿子跟我回来以后也不愿意说自己是天津人，总说自己是重庆人。这不，现在又回重庆市了吧。①

第三类，既认同是故乡人又认同是重庆人。这部分人多是三线移民二代，他们受到童年记忆和父辈的影响，对故乡有较强的认同感。同时从孩提时开始，他们便同重庆孩子一起学习、玩耍，且人际关系圈多以本地人为主，因而对重庆亦有归属感。有些杭州内迁重庆的职工子女认为，"如果我回杭州，就是杭州人；如果我留重庆，就是重庆人"。他们既习惯吃杭州菜，又能吃重庆菜；既会讲杭州话，又会说重庆话。不管回到故乡，还是留在重庆，他们都能够较好地适应当地生活。笔者在四川等地调查时，也发现有

的三线移民及后代存在双地认同的情况，如四川锦江油嘴油泵厂的上海移民二代，便将其自身称为"川沪人"。②

三线移民及子女的地域身份认同，存在较大的代际差异。三线移民一代大多更认同自己是故乡人；而移民二代、三代中认同自己是重庆人或两地人的比例则比一代更高。正如有的杭州内迁职工所言："我们第一代过来的觉得自己是杭州人，我们脑海里面都会是杭州的影子。他们（二代）已经无所谓了，他们对杭州没什么感觉了，让他们回杭州住，他们还住不习惯。"③

此外，对于"我是哪里人"这个问题，有的三线移民认识则较为模糊。例如，重庆晋江厂的支内职工陈志强谈道：

很多人问过我觉得自己是哪里人。首先我是在天津待了18年的天津人，其次我又是在北京待了5年的北京人，然后我也是在太原待了两年的山西人，最后我是在重庆待了50多年的重庆人。你说我算哪里人，连我自己也不知道。④

由于居住过多个地方，他对自己归属于哪里人没有明确的答案，有些模棱两可。这种情况不限于少数三线移民，有的人甚至对此深感困惑。例如，一位从山东内迁贵州的三线移民二代写道：

身份，这个问题多年困扰着我们这批三线二代。我相

---

① 王玥：《第一代"三线人"身份认同研究——以 C 市 Q 厂为例》，长春工业大学 2016 年硕士学位论文，第 41 页。

② 王晓华口述资料，2014 年 7 月 26 日。

③ 孙叶潮口述，张勇等采访整理：《歌乐山下支内的杭州人》，载张勇主编：《多维视角中的三线建设亲历者》，上海大学出版社 2019 年版，第 68 页。

④ 陈志强口述资料，2019 年 4 月 14 日。

信我和我厂里的大多数朋友一样，被这个问题困扰多年，每每填写表格资料的时候，面对祖籍一项总会感到茫然。我是上大学后才清楚了我的几个亲姑姑分别是几姑，才知道我原来还有那么多表兄弟姐妹、堂兄弟姐妹。山东，对我似乎失去了意义。但久居的广州也会因为自己一口普通话将我拒绝，就算你在这里度过了漫漫的十几年。在贵州，拒绝我的原因也是一样的，因为一口流利的普通话，也因为不懂说方言，将我划分为外地，全然不曾有过归属，似乎只有对"折耳根"能找到些许共同点。我们这些三线子女就像泰戈尔所说："就像那永恒的异乡人，追逐这无家的潮水。"①

在这位三线移民二代心中，故乡山东对她"似乎失去了意义"，而迁入地贵州又因为语言的原因将她划分为"外地人"，"不曾有过归属"，现在居住的广州也同样将她拒绝。可见，他们对故乡认识模糊，对迁入地也无法拥有归属感，觉得自身的地域身份认同处于比较尴尬的境地。

（二）群体身份认同

虽然三线移民对地域身份的认同存在多种情况，但对群体身份认同则较为一致，基本都认同"三线人"的身份。如前面提及的晋江厂支内职工陈志强认为："大家都喜欢称呼我们这些人为'三线人'，其实我也觉得我算'三线人'，因为我的一辈子都奉献给了三线建设。"②参加过三线建设或在三线企业工作过多年的人，大多对"三线人"这一群体身份认同感较强。

已有研究表明，"三线人"的群体身份认同经历了一个变化和构建的过程。③三线建设时期国家通过制度的形式对移民进行了强制性安排，因而在建设初期三线移民是"一种机械地、依借外力地对个体身份的消除和对群体身份的建构，群体的集体身份认同尚处于萌芽状态"。④在迁入地居住、生活了较长时间后，"三线人"集体身份的社会定义与个体认同之间逐渐随着时代的转变，从存在差异性转向产生某种契合点。但由于20世纪七八十年代三线建设并未完全解密，加之单位制仍具有深远的控制力和影响力，因此这一时期三线移民更多认同自己是某某厂人，如认为是"晋江（厂）人""天兴（厂）人"，以示和当地人相区别，但还没有明确提出"三线人"这一群体身份认同概念。

进入20世纪90年代，随着改革开放的进一步深入，单位制社会开始消解，同时第一代三线移民已迈入老年时期，退休、下岗或返回故乡，他们开始追忆过往，更面临着自我认同的拷问。在与当地人、故乡人的交往、互动中，他们逐渐形成了"三线人"这个群体身份认同概念。笔者在许多场合，包括网络媒体、会议活动、实地访谈中都观察到许多三线建设者使用并认同"三线人"这一概念。

---

① 闫菲：《我自豪，我是三线二代》，载《沧桑记忆——〈三线人家〉集萃》（内部资料），2016年，第105页。
② 陈志强口述资料，2019年4月14日。
③ 参见施文：《"三线人"身份认同与建构的个案研究——以陕西省汉中市回沪"三线人"为例》，华东师范大学2009年硕士学位论文；余姣：《单位制变迁背景下"三线人"身份认同的转变与重构——以贵州军工国企S家属社区为例》，四川省社会科学院2015年硕士学位论文。
④ 施文：《"三线人"身份认同与建构的个案研究——以陕西省汉中市回沪"三线人"为例》，华东师范大学2009年硕士学位论文，第16页。

三线移民还通过聚会活动、撰写回忆文集等方式来强化"三线人"的群体身份认同。返回故乡的三线移民，会时常举行定期聚会，他们通过彼此互相倾诉、寻求身份归属感的重要方式，强化其"三线人"这一群体身份的印记，同时对这一群体身份有了新的感知与重构，让"三线人"这一特殊的身份认同群体能在个体化与多元化的时代语境中继续得以维系。[1]不论返回家乡的上海人、天津人，还是杭州人，都采用这种方式来维系"三线人"这一群体身份。例如，当年从杭州内迁到重庆发动机厂的三线移民，在返回杭州后，每年这些三线"杭一代""杭二代"都会举行"岁月留下两代情"的主题聚会，"聊聊近来各自的状况，回忆当年在重庆的往事"。[2]2015年11月28日，在重庆的歌乐山上举行了"杭发厂支内来渝五十周年庆典"聚会，共有200多人参加，其中从杭州赶来参加聚会的"杭一代""杭二代"就有50多人。

除了聚会外，"三线人"还撰写了大量的回忆录、文学作品，在贴吧、QQ群、微信群等网络平台传播，甚至结集出版。全国其他地方，已有三线建设者编撰了诸如《锦江岁月》《卫东记忆》《三线风云》《三线岁月》等回忆文集。重庆也有许多"三线人"编撰了本厂的厂史文集，如晋江厂的几位退休老职工共同发起、编撰了《晋江记忆》《晋江风采》等文集丛书。如今，一些"三线人"还与地方政府、媒体和学者合作，拍摄影像作品，保护和开发三线工业遗产。[3]三线移民以各种形式和活动，来缅怀他们的青春与记忆，书写自己的历史，强化三线移民和"三线人"的群体身份认同。

五、结语

尽管三线建设移民数量庞大，涉及地域较广，但作为一种政府主导型移民，其搬迁速度较快，在短短数年间就已基本完成迁移。这与中央和地方、主管部门和企业、迁出地和迁入地的动员、组织以及前期准备有密切的关系。三线移民在内迁之初对环境、工作与生活多有不适，经历了几年的磨合适应期之后，内迁的职工逐渐适应了三线企业的社会、工作与生活。但在改革开放与调整改造之后，三线移民及其后代又面临着离去、留守以及返回家乡等多种选择，其抉择受到地区发展、经济状况、个体发展、家庭及子女、生活习惯、故乡感情等多种因素的影响。虽然三线移民对自身的地域身份认同仍存在差异，但他们对群体身份认同却较为一致，基本都认同"三线人"的身份，并通过一些活动与形式来强化三线移民和"三线人"的群体身份认同。

（本文原载于《贵州社会科学》2019年第12期）

张勇：四川外国语大学国际法学与社会学院教授，主要研究方向为社会史、中国当代史、历史社会学。三线建设与社会发展研究所所长；中华人民共和国国史学会三线建设研究分会常务理事。

---

① 施文：《"三线人"身份认同与建构的个案研究——以陕西省汉中市回沪"三线人"为例》，华东师范大学2009年硕士学位论文，第36—38页；王玥：《第一代"三线人"身份认同研究——以C市Q厂为例》，长春工业大学2016年硕士学位论文，第42—43页。
② 江飞波、冉文：《歌乐山"杭州大楼"的光辉岁月》，重庆晨报上游新闻，2017年10月31日。
③ 详情参见张勇：《历史书写与公众参与——以三线建设为中心的考察》，《东南学术》2018年第2期。

浅谈三线文旅走廊与成渝地区双城经济圈建设
有机融合的必要性

吴学辉

一、高度认识成渝地区双城经济圈建设的国策性战略意义

2020 年 10 月 16 日，由习近平总书记主持的中共中央政治局审议的《成渝地区双城经济圈建设规划纲要》（以下简称《纲要》）是党和国家在全面建成小康社会，实现第一个百年奋斗目标之后，为全面建设社会主义现代化国家，向第二个百年奋斗目标进军所作出的又一项重大战略性决策。

党中央这项国策性战略部署，是国家面临国内国际环境发生深刻复杂变化形势下，为构建以国内大循环为主体，国内国际双循环相互促进，和平共建"一带一路"的新发展格局的一项重大举措。这项国策性战略部署要实现的目标，是"突出重庆、成都两个中心城市的协同带动，注重体现区域优势和特色，使成渝地区成为具有全国影响力的重要经济中心、科技创新中心、改革开放新高地、高品质生活宜居地，打造带动全国高质量发展的重要增长极和新的动力源"。

《纲要》中强调要"注重体现区域优势和特色"，对于历史文化悠久厚重的成渝地区在迈向第二个百年奋斗目标进军具有重大的指导意义。

由此，我们可以清晰地认识到：新中国成立以来，成渝地区的现代化建设发展，离不开国家对成渝地区的一系列重大投入，特别突出的就是大量的国防军工和三线建设

项目的实施，为今天成渝地区的现代化水平打下了坚实的基础。所以，川渝地区重要的国民经济构建，即使发展到今天，也蕴含着三线建设的时代特色。

重庆、成都作为我国内陆腹地两个中心城市，既是三线建设时期西南地区的指挥中心，也是新时期国民经济建设在川渝地区两个成效显著的中心城市。以重庆、成都为核心的川渝地区，因其特殊的地理位置和较强的经济实力，在全国经济建设中长期发挥着带动周边、内引外联、辐射全国的作用和功能，具有特殊的区域性优势。

我认为《纲要》作为国策性的战略性远景目标规划，必然依据成渝双城区域优势和川渝地区经济特色来考量和规划部署。

分析解读《纲要》，对于我们加强对《纲要》的认识和理解，根据"注重体现区域优势和特色"的要求，从川渝各地的实际状况和具有的潜质条件，让三线文化有侧重地、前瞻性地、实事求是地、因地制宜地从点、线、面上予以考量规划，使其有机地融入成渝地区双城经济圈建设中，具有重要的启示性指导作用。

这就有利于三线文化在唱好"双城戏"，建设"经济圈"中得到进一步的弘扬和传承。

二、三线文旅走廊在成渝双城经济圈建设中的特殊意义和作用

20 世纪 60 年代举全国之力开展的三线建设，是党中

央、毛主席在国家面临多重困难和危险的情况下，为防御敌对势力对我国发动侵略战争的威胁，从备战需要出发，高瞻远瞩，将国家的长远发展与工业布局调整相结合，向我国中西部地区进行的一场国民经济大布局、大转移、大调整。由此也从政治、经济、文化上对中西部地区实现了一场大融合，得到了大发展。其高度的战略前瞻性，具有深远的历史意义。

三线建设实施的显著成果，奠定了我国三线地区科技和工业发展的坚实基础；促进和改善了我国三线地区科技经济结构和布局；缩小了三线地区与东部沿海地区在科技经济和文化上的差异。经过三线建设调整，又进一步改善并促进了三线地区社会经济发展，社会文明和文化进步进入一个更高的阶段。

这一时期，影响面广、受益最多，成效显著的就是川渝地区。

三线时期大规模的建设投入，在川渝地区建起了400多个国防大中型企业，全国38个重要工业部门，在川渝地区样样俱全。全地区的经济与文化在质与量上发生了根本性的转变，使川渝地区成为我国可靠的战略后方，也为川渝地区经济起飞奠定了坚实基础。

历时20余年的三线建设调整改造，进一步促成了川渝地区工业结构和布局向高科技、高水平的现代工业化方向前进，也成为川渝地区城市集群建设高质量、集约化、现代化进程的催化剂。

时代前进的浪潮在对川渝地区经济建设扬弃整合过程中，促进了川渝地区的现代化进程，为我们留下了一大笔宝贵的物质与精神财富。

这笔宝贵的物质财富，就是川渝地区一些三线企业"凤凰涅槃"，在国民经济建设新时期发挥着更大的作用；而一些遗留各地的三线工业遗址遗产，既是我国一个时代的特殊实物载体和历史印证，也是一种不可多得的、潜质巨大、极具开发价值的宝贵的物质资源。

这笔宝贵的精神财富，就是三线建设者用信仰和血汗凝聚而成的"艰苦奋斗，无私奉献，团结协作，勇于创新"的"三线精神"。"三线精神"的文化内涵，是三线人顾全大局、不怕牺牲、忠勇爱国、红色基因的凝结。它与延安精神、抗战精神、两弹一星精神一脉相承，深深地融入社会主义核心价值观中，是全国人民为实现"两个百年中国梦"道路上需要传承和弘扬的精神力量。

习近平总书记在党的十九大报告中指出："文化是一个国家、一个民族的灵魂。文化兴国运兴，文化强民族强。没有高度的文化自信，没有文化的繁荣兴盛，就没有中华民族伟大复兴。要坚持中国特色社会主义文化发展道路，激发全民族文化创新创造活力，建设社会主义文化强国。"

我们要"不断铸就中华文化新辉煌"，"让中华文化展现出永久魅力和时代风采"，"当代中国共产党人和中国人民应该而且一定能够担负起新的文化使命，在实践创造中进行文化创造，在历史进步中实现文化进步"！

2020年10月29日，党的十九届五中全会在《中共中央关于制定国民经济和社会发展第十四个五年规划和二〇三五年远景目标的建议》（以下简称《建议》）中提出：

"十四五"时期是我国全面建成小康社会、实现第一个百年奋斗目标之后，乘势而上开启全面建设社会主义现代化国家新征程、向第二个百年奋斗目标进军的第一个五年。

要"建成文化强国、以满足人民日益增长的美好生活需要为根本目的，实现经济行稳致远、社会安定和谐，为全面建设社会主义现代化国家开好局、起好步。"

《建议》在第九条"繁荣发展文化事业和文化产业，提高国家文化软实力"专述：

"加强党史、新中国史、改革开放史、社会主义发展史教育，加强爱国主义、集体主义、社会主义教育，弘扬党和人民在各个历史时期奋斗中形成的伟大精神，推进公民道德建设，实施文明创建工程，拓展新时代文明实践中心建设。"

要"健全现代文化产业体系。坚持把社会效益放在首位、社会效益和经济效益相统一，深化文化体制改革，完善文化产业规划和政策，加强文化市场体系建设，扩大优质文化产品供给。"

以"三线精神"为核心的三线文化在成渝地区双城经济圈建设中，应当也必然因应和落实习近平总书记的讲话和党的十九届五中全会《建议》精神。

当代川渝地区大量和重要的国民经济构成，都源于三线建设和调整改造成果的延续与嬗变，这是川渝地区当代国民经济结构中突出的特点。三线建设为川渝地区积淀下雄厚的工农业科技基础实力的同时，也融汇和凝聚起以"三线精神"为特色和精髓的三线文化。"三线精神"既丰富了中华民族优秀文化的内涵，也是成渝地区双城经济圈建设中，通过新中国工业与城市化建设在川渝地区最具区域优势和特色的"三线文化"搭台，旅游唱戏，是践行党中央和习近平总书记"文化强国"思想，进一步提高川渝地区文化软实力，促进经济效益与社会效益相统一最切合实际的路径。

成渝地区处于"黄金水道"长江流域的中上游地带，便利迅捷的现代化立体交通四通八达，具有国内全域性的辐射功能。成渝双城处于连接亚太、中南印半岛、中东和西北亚、非洲、欧陆等全宇性的重要节点地区，其区位优势在我国引领共建"一带一路"中起着十分重要的作用。三线文化作为中华优秀文化的组成部分之一，一旦融入成渝地区双城经济圈建设后，将具有更广的传播度、更大的影响力。因此具有重要的现实意义和时代的必要性。

三、多层面开发利用"三线文旅"项目建设很有必要

四川、重庆同根同源，巴蜀自古一家亲。两地有深厚的历史渊源和文化根脉，经济关系上已有千年的互补互益、难以分割的联系。

成都是四川省首府，历史底蕴深厚。作为"天府之国"的核心城市，是西南地区三线建设和国家三线调整改造时期的指挥中心所在地，也是三线建设和调整改造受益最大、成果最显著的核心城市。

重庆是1891年我国最早对外开埠的内陆通商口岸，西南地区最大的工业城市，工业基础雄厚。三线建设时期，又是"两基一线"战略部署中重要的基地建设所在地，是四川乃至西南地区国防三线建设的前线指挥中心。三线调整改造期间，重庆又是对外支持最多、贡献最大的城市。

历时半个多世纪的三线建设和三线调整改造期间，成都、重庆共同发挥着相当重要的中心作用，也成为容纳大量移民和融入天南地北多文化元素的中心地区。在成渝双城经济圈建设中，具有相同、相通、紧密的同质文化基因，这就为川渝地区唱好"双城记"、建设"经济圈"提供了优势的天时、地利、人和条件。

三线建设时期，国家在川渝地区总计投入建设资金达421.47亿元人民币，先后建成600多家军用、民用企事业

单位和院校院所。

三线建设调整改造期间，许多军用、民用企事业单位和院所院校在"关、停、并、转、迁"中离开了三线时期的原址，遗留下大量实物和文化遗产。

面对这些特质突出的历史遗留、时代馈赠，如何让它在成渝双城经济圈建设中浴火再生，发挥作用，使社会效益与经济效益统一起来，续写更大的辉煌。这是多年以来各政府部门、有关单位、三线问题研究专家学者、有关学术研究机构、投资开发商都在思考、探索、实践的课题。

当前，我国发展的国内国际环境继续发生深刻复杂变化，为加快川渝地区的经济建设和现代化发展，基于成都、重庆两个大型中心城市在川渝地区的重要地位和作用，两地已从高层次上携起手来，统筹规划、综合布局，提出了把成渝地区建设成为具有全国影响力的重要经济中心、科技创新中心、改革开放新高地、高品质生活宜居地，打造带动全国高质量发展的重要增长极和新的动力源的"成渝双城经济圈"一体化建设的战略性规划蓝图。作为一项重要的国家战略，它的实施，就是着眼于两地在经济建设上的优势互补、拓展市场空间、优化和稳定产业结构，构建以国内大循环为主体、国内国际双循环相互促进的新发展格局。

因此，两地携手合作，多层面开发利用"三线文旅"建设，切合川渝地区的实际，对唱好"双城戏"很有必要。

四、携手合作，统一思想，统筹规划、综合布局

如何让"三线文旅"建设融入成渝双城经济圈建设中呢？

1. 树立一盘棋思想和一体化发展理念，健全合作机制

川渝地区丰厚的三线物质与文化遗产，吸引了许多产业、人才、房产大批涌入。为优化资源配置，以因应和融入成渝双城经济圈建设，就要改变单打独斗、各吹各号，各唱各调的状况。根据"1+1＞2"的协同效应原理，保障"集中力量办大事"，发挥效能优势。笔者建议：

重庆市党史学会三线建设研究分会与四川三线建设研究会（筹）及攀枝花中国三线建设博物馆三家牵头，川渝地区其他各三线建设研究社团、科研院所机构；已建成的各三线特色小镇、园区、馆舍等参与进来，协商组成"巴蜀三线文旅走廊建设"策划咨询专委会，拟定章程条例、组织机构和相关工作计划、管理制度、分工职责等，按照国家有关政策法规登记备案，开展工作活动。

成立一个统一的主持指挥与策划咨询民间机构，其目的和作用就是把三线遗产开发利用纳入地方社会经济发展总体规划、统筹布局实施，作为一个整体品牌，使之融入成渝双城经济圈建设，与其合拍同步，一体化发展。让川渝地区三线建设时期曾经的荣光，在全国人民向第二个百年目标的伟大进军中，再现辉煌。

2. 依靠政府支持，依靠政策保障，依法依规办事

依靠政府支持，首先是"巴蜀三线文旅走廊建设"策划咨询专委会挂靠单位的落实。

鉴于目前成渝地区已有政府相关部门成立了"川渝通办"，策划咨询专委会筹备期间，有关牵头负责人向"川渝通办"汇报情况，直接挂靠或咨询其他挂靠单位或机构。

"巴蜀三线文旅走廊建设"实施过程中，一是要紧贴成渝双城经济圈建设已批项目，随时与所在政府部门汇报情况，争取政府的有力支持；二是根据区域优势与特色提出的建设项目，要做好与政府的汇报交流和咨询工作；三是随时向有关政府部门或决策机构提供相关建议方案，发

挥咨议与参谋策划作用。

3. 拟制方案，力争纳入成渝双城建设"十四五"计划

三线建设留存的物质与文化遗产，是我们川渝地区建设"经济圈"，唱好"双城戏"最具特色、不可多得、能资利用的宝贵财富资源。

"巴蜀三线文旅走廊建设"策划咨询专委会成立后的首要工作，是统一思想，协商拟订一个川渝三线文旅走廊建设的总体布局策划方案，并对其各点、面、线上的具体项目建设与实施提供咨询指导和帮助支持。

既要争取把川渝三线文旅走廊建设总体策划方案细化为可实施计划，纳入成渝双城经济圈建设计划中，也要直接或协助有关点、线、面上的项目纳入所在地方国民经济发展"十四五"计划中。

4. 联手打造更多具有区域特色的三线文旅样板

目前，川渝地区东有重庆涪陵白涛 816 核军工洞、西有四川攀枝花中国三线建设博物馆为代表的三线文旅样板。同时还有广安三线建设博物馆、乐山金口河铁道兵博物馆、大邑雾山三线记忆小镇、射洪 3536 三线军工小镇、德阳的三线重工业装备基地；重庆南川宁江三线文化校园、江津 2383 三线文创火热园区等。这些已建成的三线文旅样板，都从社会效益与经济效益上取得了较好成绩，并得到中华人民共和国国史学会三线建设研究分会的授牌认可。"巴蜀三线文旅走廊建设"策划咨询专委会在给予关注和宣传的同时，也为它们需要提档升级的时候，提供支持和帮助。

川渝两地除有上述文旅项目已落地并逐步完善外，四川目前还有绵阳市松花岭航空研究院三线旧址改造项目、彭州市的三线工业遗址保护利用方案、华蓥山常规兵器工业遗址基地建设等项目在筹划中或实施中。重庆则有重庆市三线建设博物馆、大足重型汽车城、重庆大江科创城、夏坝三线历史文化小镇、渝北三线建设（临时）展览馆、万盛晋林军工遗址等项目已分别在开发启动及筹划中。

这些各具特色的三线文旅项目根据各三线遗址的基本历史遗存、区位优势、地理环境、自然风光等特色因素，因地制宜，实事求是，注重了精神文化与经济建设的紧密结合，注重了时代精神和优秀文化传统的延续性和传承性相结合，注重了规划布局上系统性与特殊性的结合，深度融合进成渝双城经济圈建设一体化运行模式来统筹协调，必然进一步丰富成渝地区双城经济圈建设的内容和文化档次，相得益彰、互促发展，直接或间接地促进成渝双城经济圈建设由外延扩展向内涵提升转变，有效拉动所在地的经济发展，发挥其巨大的潜在价值，达到社会效益与经济效益得到统一。

五、结语：变资源优势为经济优势

习近平总书记指出：历史是最好的教科书。学习党史、国史，是坚持和发展中国特色社会主义、把党和国家各项事业继续推向前进的必修课。

在成渝双城经济圈建设中，通过"巴蜀三线文旅走廊建设"的打造，保护、开发、利用好三线工业与文化遗产，变资源优势为经济优势，在我国的"一带一路"建设中，在建设富强民主文明和谐美丽的社会主义现代化强国，向第二个百年奋斗目标进军的征程上写下浓墨重彩的一笔。

重组川渝两地三线文化的路径与思考

刘凡君

三线建设是中国工业史上一次规模空前的迁徙工程。不仅创造了新中国工业建设史上的奇迹，改变了工业化进程和城市格局。而且孕育了"艰苦奋斗，勇于创新，团结奋斗，无私奉献"的三线精神。三线建设作为特殊时代的产物，在创造了巨大的工业经济成就的同时，也给我们留下了丰富的工业遗产和宝贵的精神财富，这是中国社会主义制度"集中力量办大事"的成功实践。

一、川渝两地三线文化的形成及三线精神内涵

三线建设，是指我国1964年至1980年期间在中国中西部地区13个省、自治区所进行的一场以战备为指导思想的旷日持久、规模宏大的国防、科技、工业和交通基本设施建设。三线建设是中国经济史上一次极大规模的工业迁移过程，发生背景是中苏交恶以及美国在中国东南沿海的攻势。20世纪60年代初国家根据当时形势，将在受到外部进犯时最易成为攻击目标的沿海一带工业及经济较发达地区划为一线地区，如北京、天津、上海等沿海城市及周边地区；三线地区是指长城以南，京广线以西的地区，包括云、贵、川、陕、甘、宁、青、新以及豫西、鄂西、湘西、粤西、桂西北、冀西北地区；将一线地区的重要国防力量转移到三线建立后方基地保存有生力量。

三线建设是我国在特殊的历史背景下，以战备为目的，以能源交通和国防工业为核心的一次伟大实践，具有鲜明的时代印记，三线建设也为中国中西部地区工业化做出了极大贡献，也留下了丰厚的文化遗产，川渝两地是三线建设的重镇，在三线建设中谱写了壮丽篇章。

三线精神产生于20世纪六七十年代轰轰烈烈的三线建设时期，是民族精神、奋斗精神以及中国精神的重要组成部分。

1993年4月9日，时任中共中央总书记江泽民为大三线报告文学丛书题词："让三线建设的历史功绩和艰苦创业精神在新时期发扬光大。"强调了新时期发扬三线精神的重要性。

2014年3月23日，由中国社科院当代研究所和攀枝花市共同发起，中华人民共和国国史学会三线建设研究分会在北京成立。大会通过的《章程》第一章"总则"的第二条中，明确提出了"艰苦创业、无私奉献、团结协作、勇于创新"的三线精神。

2018年10月，中宣部将"三线精神"与"两弹一星"精神、载人航天精神、抗洪救灾精神等一起，列为新时代大力弘扬的民族精神、奋斗精神。

在三线建设的历史长河中，"三献"精神、三线精神、三线文化、三线建设，这些具有特殊含义的句子，从不同的视角再现了共和国重大历史事件，展现了一代人的风貌和心路历程。因三线建设而形成的"献了青春献终身，献了终身献子孙"的"三献"精神，融入三线精神"艰苦创业、无私奉献、团结协作、勇于创新"之中；形成固化了的三线文化，又融入三线建设的始终。三线精神是三线人的精神支柱，是灵魂，是核心价值观。

当年，建设者们从四面八方汇集到大三线的千百条沉睡的山沟里。他们按照钻山、分散、挖洞的要求，依山傍水扎大营。住的是茅棚，喝的是泥浆水，一日三餐，常常是干馒头、老咸菜；材料设备运不进来，他们用肩扛、背背、手拉、膀推；工程款不足，他们用无偿的劳动加以弥补，甚至不惜牺牲宝贵的生命。在绝壁上修路，往山肚里打洞，哪里的骨头最硬，就到哪里去啃。

在军转民历史转折的十字路口，具有军工优良传统作风的三线人没有被困难吓倒，正是这次阵痛，三线人找到了从计划经济向市场经济进军的入海口；正是这次转折，三线人开发的主导民品，为提高经济运行质量打下了良好的基础。在坎坷曲折的第二次创业路上，三线人开始了不懈的探索和艰难的起步。

就是在这样的艰苦恶劣的环境下，他们响应"当年施工、当年建厂、当年投产、当年出产品"的号召，开展了一场又一场有工人、农民、解放军参加的"工农兵"大会战！

为了国防三线建设，有的三线建设者献出了宝贵的生命，他们与大山为伴，永远长眠在了三线的土地。三线人不愧为国防建设的开拓者，三线精神是压不垮的民族精神！

三线建设是一座丰碑，无论是军工企业和现代工业沿着"难于上青天"的蜀道崛起于巴蜀，还是"天无三日晴，地无三尺平"的贵州高原，从原始走向文明，这一切的背后，都矗立着一个又一个的英雄群体。那是一个时代的缩影。

三线建设是革命的摇篮，她为共和国培养了一大批干部，以此为起点，走上了中国的政治、经济舞台。李岚清、王兆国曾在湖北十堰中国第二汽车厂工作过。温家宝曾在甘肃酒泉工作了14年，胡锦涛曾在甘肃刘家峡工地工作了13年。岁月的血脉流进了三线建设者的胸怀，"党和人民的利益高于一切！""好男儿志在四方，干革命以苦为荣！""让毛主席他老人家睡好觉。"这种对党对人民的满腔热忱、一片忠心，对国防事业的执着追求和义无反顾，产生了巨大的凝聚力，激发着建设者们无私地奉献出自己的青春年华和聪明才智。

二、重组川渝两地三线文化的紧迫性和必要性

改革开放后，国际国内形势发生了深刻变化，以军品生产为主的三线企业普遍面临生产任务锐减、经济效益下降、企业严重亏损、职工队伍不稳等问题。为了帮助三线企业走出困境，20世纪80年代中期开始，国务院提出对三线企业进行"调整改造、发挥作用"重大决策，专门成立了国务院三线建设调整改造规划办公室，负责调迁规划的制定以及规划批准后对调迁工程项目建设情况的督促检查。

川渝两地的三线企业，在推动大批军工企业搬迁改造的同时，开始重新调整产业布局和产业结构，推动企业逐步进行改制、转产、升级，逐渐搬出了大山，分别成为重庆、成都市的市民，而他们原来的企业通过兼并重组或政策性破产，大都已经不复存在。企业员工退休后，离开企业就由企业人转变为社会人。按照国家有关政策规定，2020年底前，企业退休人员的档案也要全部移交给地方。昔日"三线建设者"的称谓，也将逐渐淡出江湖。如此这样，几代三线人用血和汗打造的"三线精神"谁来传承？传承给谁？

原国家计委三线建设调整办公室主任王春才去北京出差，听人介绍身份为"三线办主任"，以为是管后勤的。这是笑话，也是我们的悲哀。因为保密的原因，社会上没有公开宣传，全国的三线建设者隐姓埋名地工作。三线企业改革发展情况以及"三线人"的生存状况等，知道者不多。

根据调查，目前关注、重视、研究三线建设，并投资新建三线建设博物馆的有三类人：

第一类是地方政府，投资新建三线建设博物馆，比如，攀枝花市、贵州六盘水、重庆、广安等地。

攀枝花市是全国唯一一座以花命名的城市，是一座因三线建设而诞生的城市，是公认的三线建设明珠城市。波澜壮阔、激情燃烧的三线建设，给攀枝花打上了无比深刻而光荣的时代烙印，留下了非常丰富而珍贵的文化遗产。

攀枝花中国三线建设博物馆位于四川省攀枝花市仁和区，占地面积59亩，建设总面积24023平方米，主要展示全国13个省区三线建设的发生、发展过程，以全局的角度、历史的厚度、时代的高度，展现三线建设的历史意义和时代价值。

贵州三线建设博物馆已经逐渐成为六盘水市重要的人文景观和红色旅游观光点，成为党的群众路线教育实践活动的主战场、道德讲堂总堂，"三线人"重温历史的首选地，成为六盘水市城市文化地标、城市名片。

重庆原打算建一座重庆三线建设博物馆，地点选在南川金佛山西坡脚下，这里有一个空荡荡的工厂区，旧厂房、旧宿舍保存完好，但早已人去楼空。据介绍，博物馆占地面积约25亩，建筑成本预计3000万元，其原址是三线兵工企业重庆天兴仪表厂，距离南川市区20千米。2000年天兴仪表厂搬迁到龙泉驿后，原厂房和住宅全部废弃，如今剩下5栋20世纪70年代的职工宿舍楼和一个露天电影院。而重庆三线建设博物馆在完整地保留民宅和电影院的同时，还将在原天兴仪表厂职工医院所在地，修建一座崭新的主馆，用于陈列三线建设时期的各种物品。后来因重庆要修建重庆工业博物馆，地点选在大渡口原重庆钢铁厂。

2019年9月23日，重庆工业博物馆开馆后，把重庆三线建设浓缩在1/7的一个板块中。

2011年，广安市建成了全国第一家三线工业遗产陈列馆，于2012年成功将保存相对完好的华光仪器厂、永光仪器厂旧址申报为省级文物保护单位。近日，中央电视台军事频道《军迷淘天下》栏目还分两集播出了《华蓥山上的军工大本营》纪录片，充分展示了华蓥山三线建设的历史和广安三线工业遗产陈列馆的珍贵文物。

第二类是媒体，尤其是电视媒体。20世纪90年代初，中央电视台录制了纪录片《热血丰碑》，首次全景式反映了重庆作为兵器基地布局，为国防三线建设作出的贡献。特别报道了重庆双溪机械厂员工上班乘缆车进洞的镜头。

2015年4月10日，为挖掘三线军工历史、讲好军工故事、传承三线军工精神，由国防科工局和中央电视台共同出品，有关军工集团联合拍摄《军工记忆——三线建设五十年》系列电视纪录片。

2011年10月20日李幼斌主演的《爱在苍茫大地》很值得一看，仿佛把大家带回了那个虽然艰苦但不浮躁的年代。

2019年7月1日，电视剧《大三线》，记录了三线建设者们可歌可泣的英雄壮举，值得我们永远怀念和敬仰；历久弥新的"三线精神"值得我们永远传承和弘扬。

中央电视台十集大型纪录片《大三线》以三线建设为历史大背景，运用现代媒介传播技术，将镜头对准普通的三线建设者群体，通过亲历者口述和普通人的故事反映大时代的变迁，有意识地构建一个含有丰厚意味的文化精神空间，该片忠实记录了三线建设者对祖国忠诚奉献的高尚情怀和艰苦奋斗，勇于创新的三线精神，沟通了群体与个人，历史与现实之间的联系，对凝聚共识，试图引导，调整和规范人的现实行为实践，修复日益陷入危机的民族文化认同具有重要意义。

第三类是民间组织或社会人士。有高校教授、企业员工、三线职工后代等。这些人对三线感兴趣，既有怀旧、猎奇的思想，更多的是敬畏"三线人"。目前学术界对三线建设进行了多方面的研究，有的借鉴和运用社会学以及社会史的理论与方法来深化三线建设研究，借用社会学的理论和方法拓展三线建设的研究内容与研究视角。有的是文史的，有的是学术研究的，有的是文学的。他们想通过对三线文化的解读，找到它改变和影响了千百万参与者的命运的密码，找到在一代或几代人的公共或私人记忆中，究竟铭刻了什么样的烙印。

以上三类人所做的工作，都是在宣传、抢救三线建设工业遗产。

三、重组川渝两地三线文化，共建文化新高地，让三线文化走得更远

坚持不忘初心，铸就了伟大的三线建设，在为两地建设奠定重要的物质基础的同时，也留下了宝贵的精神财富，为川渝推动产业发展提供了精神动力。从地域讲，成都、重庆所在的企业处于战略的中心，战争年代是这样，和平年代也是这样，如果重庆或成都任何一座城市独立承担，都完成不了这历史的任务，必须联手行动。这是时代赋予的职责和使命。

通过分析研究，本文提出整合川渝两地文化资源，成立中国三线建设研究院，纳入体制管理，市场运作与划拨资金结合，对全国的三线建设博物馆，赋予研究、指导、协调、监督的职能。重组三线文化，共建文化高地。让三线文化走得更远！

重组三线文化的路径：

其一，管理模式从一般管理向文化管理转变。三线文化的价值观就是为追求愿景、实现使命而促就并实践，指导人们上下形成共同行为的精神元素。这就是三线精神的内核。

其二，从军工产业向文化与旅游产业转变。中国三线建设博物馆设在成都，开辟一条"工业遗产"旅游专线。游攀枝花，经成都龙泉驿，观重庆大江，行涪陵816工业遗产，至广安。有了载体，就有了传承人。三线精神就会发扬光大。

其三，从传统的运行机制向市场机制转变。整合后的三线文化是重组前文化的扬弃，因而确定未来三线文化发展的理想模式，必然是基于对三线历史文化状况的科学认识和判断。建议：成立中国三线建设文化研究院，设立：三线建设文化资源库；三线建设传承地；三线文化遗产研究中心。将"一库、一传承地、一中心"建设成为三线建设者的精神家园。

三线精神的价值观是实践的总结和结晶，是继承与弘扬的革新，是站在新的起点，迎接新挑战的姿态。三线精神的价值观深深根植于人们的心中，引领人们认识价值观是一切目标为之奋斗的基础。三线精神的价值观是建设者把实现梦想的故事，融入了当代中国翻天覆地的变化之中，谱写出了中国历史上最富于时代色彩的诗篇，他们在奋斗中创造出令同代或不同代人赞颂的功勋，又在漫长久远的历史上写下了值得纪念的回忆。

实施川渝两地文化建设、文化重组，是可信的，可行的。

2018 年 2 月，习近平总书记到四川视察时说，新中国成立后，国家在四川布局了一大批重要产业和企业，特别是三线建设，使一大批当时属于顶尖的军工企业、国有企业、科研院所来到四川，这些都是四川发展的宝贵财富。

习近平总书记的重要讲话，给重组两地三线文化指明方向。过去的成绩值得骄傲，但如何做好盘活"宝贵财富"工作，真正发挥资源的作用，是摆在三线文化研究工作中一个重大的课题。

这些"宝贵财富"就有"三线精神"三线建设者，这几个普通的字里，包含着巨大的正能量。为保护和传承三线文化遗产，弘扬三线建设精神，客观、真实地记录与纪念那一段特殊的历史，是我们的天职。

三线是有感情的三线。2008 年 5 月 12 日，汶川大地震。成都一个早已破产的企业，一个改制后员工散居在全国各地的离退休人员、甚至有早的已调出这个企业的、为什么在短短的时间里还能热情自凑捐款、捐物？他们始终以"我是三线建设者为荣"，对工厂有一种依依不舍的情结。

三线是有家国情怀的三线。成都、重庆两地国防军工企业都有相同的经历，有一样的家国情怀，有"国家利益高于一切"忠诚的思想。具有相同的管控机制，有军队一样的员工队伍。所以，将他们召集在"弘扬三线精神"的旗帜下，他们没有理由说"不"。

三线是新时代的三线，是移民的三线。据当时不完全统计，三线移民有来自北京、天津、上海等地约 50 万人。从宏观上来看，移民为重庆经济发展带来了巨大的推动力。当时流传着"精兵强将上三线""好人好马上三线"的说法，各地来的主要是优秀的熟练技工、科技人员增强了重庆地区的科技实力。此外，大量移民的涌入对重庆的城市文化和人们的生存状态也产生了巨大影响。

三线是有责任的三线。三线精神永远是中华民族的脊梁，是我们今天推动产业发展不竭的精神动力，我们要大力宣传好三线建设，唱响时代主旋律；要加强重要三线工业遗址的挖掘和保护，使之成为重要的爱国主义教育基地；要结合"不忘初心、牢记使命"主题教育活动，在推动产业发展中，传承和弘扬伟大的三线精神，主动担当，敢为善成，以永不懈怠的精神状态、一往无前的奋斗姿态，推动川渝现代产业发展，高质量建设全面体现新发展理念的国家中心城市。

刘凡君：本名刘凡军。重庆电视艺术家协会会员、重庆作家协会会员，第二、三、四届全委会委员。巴南区第二、三、四届作协主席。

弘扬三线建设精神　打造川渝红色旅游走廊

李 崎

三线建设，是那个时代的人们思考和奋斗的特殊产物，我们应该肯定它在军事上的成就。对成都、重庆而言，三线建设无疑是对这两座西部特大城市的一次重要的工业和经济的输血。

一、三线遗址的点状分布与保护开发

三线建设是对西南各省的工业、科研、教育、能源、动力、交通、通信系统进行的中国历史上规模最大的、最全面、最深刻的改造。三线建设对川渝地区工业体系的建设和一批工业城市的兴起，具有开创基业和鼎定大局的作用。

据统计，1964—1980 年，四川省新设渡口、绵阳、乐山、西昌、达县 5 个建制市，全国同期新设 56 个建制市，四川省约占全国的 9%。此外，德阳、江油、广元、峨眉、雅安、遂宁、华蓥、涪陵等 8 个城市分别在 20 世纪 80 年代先后建市。到 1986 年末，四川省建制镇达 687 个，其中人口 5 万以上的镇 30 余个，城镇平均密度高于全国，成都平原已成为全国五大城镇集聚群之一。可见，三线建设对作为四川省城市发展基础的工业城镇完成了一次再造。

重庆作为三线建设最大的中心城市，在建设和调整改造中受益匪浅，可以说，三线建设是自重庆开埠以来的第三次（重庆开埠、抗战时期、三线建设）大的发展机遇。三线军工企业遍布现今的重庆主城区及万县、永川、长寿、江津、涪陵、南川、綦江、万盛等区域，使重庆形成了兵器工业、船舶工业、化工工业、电子工业、核工业和冶金工业六大行业。三线建设，对重庆的工业经济、城市建设、道路交通等方面产生了巨大影响，在较大程度上加快了重庆的现代化进程。

目前，川渝两地利用三线遗址开发旅游产业的单位已有 10 余家，有显著开发成就的有重庆涪陵 816、攀枝花三线博物馆、梓潼县"两弹城"、重庆南川三线博物馆、大邑县雾山三线记忆小镇等项目。各地利用三线军工遗址开发旅游活动的有 50 多家，多数已取得成效。但是，独具特色、品位突出、影响力大、跻身国家 4A、5A 级的旅游小镇（景区）却寥寥无几。

据考察，目前川渝两地三线遗址的开发与保护，除了绵阳梓潼县"两弹城"外，比较成功的案例还有 7 个：

案例 1：四川省攀枝花市依托三线遗址建设文旅融合载体

四川省攀枝花市依托渡口吊桥、攀钢 1 号高炉、503 地下战备电厂、"工业梯田"兰尖铁矿等 100 余处三线建设时期工业遗址遗存，通过串联打造精品旅游线路、深挖三线红色文化资源等方式，不断推动资源枯竭矿区转型发展为工业旅游景区和省市科普教育基地。2018 年累计接待游客数突破 3000 万人次，实现旅游收入 420 亿元。

案例 2：四川省广元市利州区打造三堆镇三线建设红色旅游特色小镇

广元市利州区三堆镇依托"三线记忆"特色文化品牌，着力打造集文化创意、休闲旅游、艺术创作于一体的三堆 821 文化创意产业园，2019 年 7 月成功申报为四川省"三线记忆"特色小镇。

案例 3：四川省乐山市金口河区推进"三线建设"保护开发

金口河区位于小凉山彝区腹地，有特大型军工企业红华公司、成昆线旧址、关村坝洞中火车站等大量三线建设时期文化遗址。自红华公司外迁后，该区按照"资源资产化、厂区景区化、文化品牌化"思路，金口河区加快推进三线建设遗产保护开发，让濒临废弃的三线建设遗产重新焕发生机。

案例 4：四川省射洪市瞿河镇打造红色旅游小镇

2018 年底，射洪市瞿河镇成功引进四川彩皇农业科技有限公司发展香菊产业。该公司进驻 3536 厂后，依托原 3536 三线军工厂旧址遗存的厂房建筑，结合厂区周边的实际情况，以三线文化旅游为主题，打造集三线红色文化展示、军事拓展训练、红色文化研学、特色休闲购物、康养度假、餐饮住宿、商务接待等业态和功能为一体，并拥有"一心一谷六区"的三线红色文化旅游小镇。

案例5：四川省大邑县雾山农场打造三线记忆小镇

成都大邑县农民企业家周健投资买下6569光电所遗址的破旧建筑，花费了若干年的心血，建起了三线记忆展览馆和三线休闲度假村。通过打造"三线记忆小镇"，延伸出与三线建设的文化产品也在日益增多。成为一个颇具规模并广泛融入三线文化红色基因，兼具"食、住、娱、游、养、医"多功能的森林康养、休闲度假的综合性的"三线记忆小镇"。

案例6：重庆市涪陵区山沟里建三线军工小镇旅游区

816地下核工程遗址是我国重要的三线建设遗产，是重庆市涪陵区一笔宝贵的物质和精神财富，更是1100多个三线建设大中型项目中的一个缩影。2002年4月8日，国防科工委正式批文同意对816工程解密。至此，开放旅游的设想被提了出来。涪陵区以遗址保护利用为核心，引进投资，进行深度旅游开发，促使816洞体旅游变为现实。景区本着"认知历史、寄寓情怀、激励精神、铸就品质"的原则，把核军工洞的宏伟壮观、烈士陵园的庄严肃穆、816人大战取水口的激情豪迈等元素融为一体，让816景区成为难得的爱国主义"教科书"。

目前，建峰集团正在将816地下核工程遗址申请为国家重点文物保护单位。根据规划，以地下核工程遗址为核心，与周边的资源融合，以旅游度假、医养结合、观光休闲、文化创意四大平台为载体，将打造出一个三线军工小镇旅游区。

案例7：四川省乐山市让三线军工文化遗产"活"起来

乐山是国家"三线建设"军工企业、科研院所布局的重点区域之一，留下了多处工业遗产。乐山市通过保护利用、深度挖掘、旅游开发，让其"活"起来，以"工业＋旅游"的方式为"旅游兴市、产业强市"注入新血液。东风电机厂先后投入资金近2000万元，对永利川厂旧址进行修缮保护；对发展历史进行系统研究和整理，对爱国主义内涵进行挖掘提炼，将其融入企业文化当中，并采用遗址、雕塑、实物、模型、图文、音频等多种手段，打造独具特色的爱国主义教育基地。

二、三线精神的深刻内涵与现实意义

（一）三线精神的深刻内涵

三线建设是国家现代化建设史上的辉煌一幕，是中国特色社会主义道路伟大实践的重要组成部分，留下了宝贵的"三线精神"。在当时极端困难的经济和自然环境条件下，三线建设者们发扬一不怕苦、二不怕死的革命精神，战胜了种种难以想象的困难，创造性开展工作，用自己的汗水和生命谱写出无数动人的爱国主义篇章，孕育出了"艰苦创业、无私奉献、团结协作、勇于创新"的"三线精神"。

"三线精神"不仅与红船精神、井冈山精神、长征精神、延安精神、西柏坡精神的红色基因一脉相承，也是在新的历史条件下的转化与生成，精神内涵高度契合。"三线精神"承继了红船精神的"开天辟地、敢为人先"，内嵌了井冈山精神的"胸怀理想、坚定信念"，融渗了长征精神的"乐于吃苦、不畏艰难"，糅合了延安精神的"解放思想、实事求是"，根植了西柏坡精神的"敢于斗争、敢于胜利"，这些精神都以坚定的共产主义理想信念为基础，都是共产主义理想信念同发展变化了的革命形势与任务相结合的产物。

"三线精神"是民族的优秀文化遗产,党的精神财富的重要组成部分,也是我们永远值得珍惜的精神财富,是党的事业不断取得胜利的原动力。

(二)三线精神的时代意义

"三线精神"展示着中国精神,灌注着中国力量,绽放着中国自信。

总结回顾三线建设思想、三线建设历程、三线建设成就及其孕育形成的三线建设精神,我们能够得出下面一些启示:

1. 新时代,我们要传承和弘扬三线建设形成的艰苦奋斗、无私奉献的爱国主义精神

三线建设是在国民经济调整刚刚完成的时候进行的,国家的物质条件还很不丰富,在三线建设的过程中,又经历了十年"文化大革命",这些都给三线建设带来了前所未有的困难。但是"三线人"面对这些磨难,经受住了考验。他们放弃了比较好的城市条件,在"天当罗帐地当床""两块石头一口锅"的艰苦条件下,毫无怨言地来到祖国的大西南。没有汽车和公路、铁路,靠人拉肩扛,把机器运进深山峡谷。没有住房,风餐露宿,建立起干打垒式的简陋棚屋。

更为宝贵的是,他们长期扎根这里,"献了青春献终身,献了终身献子孙"。他们用自己宝贵的年华浇灌出的奉献精神,在今天,仍然是我们中华民族精神的脊梁。正是当年的艰苦奋斗、无私奉献,为我们今天良好的物质生活打下了基础。习近平总书记常讲,"幸福是奋斗出来的""奋斗本身就是一种幸福""新时代是奋斗者的时代"。我们永远不要忘记他们,不要忘记这种奉献精神。

2. 新时代,我们要提倡三线建设中形成的大局意识和讲纪律、讲规矩的作风

三线建设是在党的领导下,各行各业行动一致进行的大协作,体现了我国社会主义制度集中力量办大事的优势。这种协作的基础,是社会主义国家认识的统一,是全国人民的大团结,是三线人"不想爹,不想妈,不出铁不回家""革命战士是块砖,哪里需要哪里搬"的大局意识与奉献精神。

三线建设的一个重要原则,是沿海经济比较发达地区支援内地落后地区。以攀枝花钢铁基地为例,参加建设的有冶金部、铁道部、煤炭部、化工部等13个部委,直接涉及四川、重庆、云南、贵州等几个省市,有关省市给予了大力支援,需要什么就支援什么。各行各业发扬协作精神,只要是三线建设需要的,一声令下,都千方百计地予以满足。这就是集中力量办大事的社会主义优越性的体现。回首新中国奋斗历程,每当遇到风险挑战,三线建设的协作精神和纪律观念,是值得学习的。

3. 新时代,我们要坚持党的领导,发挥党组织的战斗堡垒作用

三线建设的决策、组织发动和推进,无一不是在党的统一领导下进行的。党是三线建设的核心领导力量,党组织在三线建设中发挥了政治领导、思想引领、群众组织、社会号召等巨大作用,共产党员发挥了先锋模范作用,涌现出许许多多英雄人物和先进集体。

三线建设是一部可歌可泣的创业奋斗史,在当时艰难的生产生活条件下,广大三线建设者战天斗地,发扬了特别能吃苦、特别能战斗的精神,创造了一个又一个人间奇迹。当年,在那么艰苦的条件下,广大三线建设者不怕苦、不怕累、不怕流血牺牲,斗志昂扬、拼搏奋战,最重要的

一条就是党员发挥了先锋模范作用。毋庸置疑，党的领导是"三线精神"的灵魂，是我国社会主义制度集中力量办大事优势的政治保证。由广大建设者们浇筑而成的"三线精神"，是国家和民族面临严峻考验时的又一次艰苦卓绝的奋斗传奇。

当前，我们面临更加复杂的国际国内形势和严峻的挑战，要实现伟大的民族复兴中国梦，任重道远。习近平总书记告诫全党，当今世界正处于百年未有之大变局，"两个一百年"奋斗目标，中华民族的伟大复兴，也绝不是轻轻松松就能实现的。要实现伟大梦想，必须进行伟大斗争，才能在各种重大风险和挑战考验中做到行稳致远。要解决现实的众多矛盾，必须把党建设好，把干部队伍建设好，开展强有力的思想教育、政治动员工作。

4. 新时代，我们要继承优良传统，保持优良作风

三线建设时期广大党员干部冲锋在前，与群众职工同出工同劳动，不讲待遇，不计回报，不图名利，用无私的奉献树立了清正、廉洁、务实的形象，凝聚起了党心民心，营造出风清气正的社会风气。

中国特色社会主义进入新时代，社会主要矛盾和问题发生了深刻变化，国际国内环境发生了深刻变化。船到中流浪更急，人到半山路更陡。当前，迫切需要广大党员干部敢于担当、善于担当，牢固树立"功成不必在我"的精神境界，担起"功成必定有我"的历史责任，在决战决胜全面建成小康社会、实现"两个一百年"奋斗目标中，勇于作为，善作善成，不断展现新作为。

我们要坚守和弘扬"三线精神"，始终坚持全心全意为人民服务的宗旨，与人民群众保持血肉联系，以优良的作风和清正廉洁的形象，赢得广大人民群众对党所领导的革命、建设和改革事业的支持和拥护。

5. 新时代，我们要坚持自力更生，保持开拓创新

三线建设是自力更生的开拓创新，这种创新既体现在科学科技上的不断突破，如突破"地质禁区"建成成昆铁路，用普通高炉将"呆矿"变"宝藏"等，也体现在体制机制上的敢为人先。正是依靠创新，广大三线建设者克服了超出当时我国经济能力和技术能力的许多困难，取得了一个又一个胜利。

三线建设是党中央在新中国特殊时期的一项重大战略部署。在原材料和技术相对缺乏的三线地区，各地前来支援的精干工人战士团结协作、因地制宜、开拓创新，不断攻克一个个技术难题。世纪之交实施西部大开发战略以来，特别是 2013 年起，习近平总书记提出"丝绸之路经济带"和"21 世纪海上丝绸之路"的"一带一路"倡议。在此基础上，川渝两地开辟了蓉欧、渝新欧两个国际货运班列——陆上丝绸之路，并建设了经云南、广西通往南亚、东南亚的对外通道——海上丝绸之路。

在中央实施西部大开发和"一带一路"的经济发展战略中，川渝两地三线地区要弥补在创新意识和某些领域的短板，以经济体制改革为主导的全面深化改革提供突破点，以成渝双城经济圈建设为契机，继续发扬当年艰苦创业、勇于创新的精神，不断推进理论创新、制度创新、科技创新、文化创新，做对外开拓的先锋。只有这样，方能闯过前进道路上无数的激流险滩。

三、三线遗址资源开发与红色旅游区域合作

三线建设遗产体现着全党决心与国家意志，凝聚着全体建设者的理想信念与思想感情，知识智慧与技术艺术，牺牲贡献与鲜血汗水。在新的历史条件下，保护好、利用

好这份遗产资源，对增强我们的国家意识、危机意识和自强自省意识，实现中华民族伟大复兴的中国梦，具有巨大的现实意义和深远的历史意义。

笔者在寻访三线军工遗址时深切感受到，对三线建设的研究和三线遗址的开发保护，必须通过呼吁和宣传，让社会公众深刻认识三线建设这一历史所带来的巨大的社会变化和丰硕成果，从而推动地方政府和社会开发保护的行动和热情。

三线遗址的保护和开发，有着许多亟待认识和研究的新课题、新情况。作为当代人，我们有责任和义务保护好三线遗址，为其献言献策，把这项彪炳史册的任务完成好，为保护广大三线建设者曾经的家园贡献一份力量。

（一）摸清家底，对三线建设文化资源进行再普查、再梳理、再评估

既要加强对文化遗产的遗址、实物、文献、记事、照片、图片、作品等各种物质遗产和非物质遗产的收集、整理和保护，也要对三线建设历史脉络、演进过程、基本情况、个性特征、典型业绩、价值意义、精神风貌等进行深入的梳理和研究，挖掘三线建设文化遗产的主线、内核、驱动力及其核心引爆点，形成相应的遗产知识和研究成果体系。如有必要，川渝两地可以联合出台有关地方法规保护这一珍贵的文化遗产、工业遗产。

（二）保护资源，做好三线遗址开发规划

合理利用，适度开发，和周边的旅游资源相结合，利用现有的房屋改造三线军工博物馆。征集老照片、老物件，建三线人物纪念馆，在厂区建设军工遗址公园，建立爱国主义教育基地，包装、策划红色旅游项目，逐步建立一批文创小镇或文旅综合体。这样，三线军工遗址既能得到有效保护，又可开发红色旅游资源。

（三）深挖内涵，讲好三线建设故事

三线建设过程中留下了丰富的工业遗产，创造了不朽的工业奇迹，孕育了伟大的"三线精神"。"三线精神"是中国精神的重要组成部分，是中国力量的重要体现，是中国自信的有力绽放，昭示着中国共产党人的初心使命。因此，既要注重有形遗产的保护开发，更要注重精神内涵的提炼升华。

要重视突出红色旅游的内涵式发展，一方面既要积极培育以文物保护单位、博物馆、非物质文化遗产保护利用设施为支撑的实践活动物质实体；另一方面也要在党校系统、教育系统等部门设立相应的教育基地，加大研究力度，强化内涵挖掘，推动互动交流，讲好三线建设故事。这样，才能有效构建既有实物实体的游乐体验感受，又有知识学习的理性认识提升，形成全域红色文化旅游生态链，达成"学"与"游"深度结合，从根本上提升红色旅游目的地的吸引力和影响力。

建议依托川渝两地三线建设所在地市州、县（区）党校、高等院校、科研院所的师资力量和科研力量成立三线建设干部学院，举办理论研讨会，开展三线建设文化研究；与影视集团合作，建立影视基地，拍摄一批影视作品，丰富三线文化内涵，扩大三线文化知名度和覆盖面。这方面，四川省乐山市金口河区做出了有益的尝试与实践。金口河组建了铁道兵博物馆和三线建设精神研究中心，打造"党校＋基地"特色办学品牌，同时还完成了铁道兵博物馆和红华生产区生活区现场教学点改造提升，推出了"一炮轰出火车站""成昆线一里一忠魂"等30余项爱国主义特色课程，先后承接中宣部、中央党校等各类培训班和现场教

学50余期（次）。

（四）综合规划，打造川渝红色旅游带

全域旅游是应对全面小康社会大众旅游规模化需求的新理念、新模式和新战略。在打造全域旅游布局上，要根据铁路交通所拥有的特点和优势，把铁路交通视为全域旅游的重要抓手；在红色旅游服务提升工程方面，要推出"交通＋旅游"项目，开行红色旅游专列，激活沿途乡村旅游资源，拓展脱贫富民功能。

具体而言，就是规划设计好以下几条精品红色旅游线路——

一是成昆铁路（成昆复线）沿线，规划、设计成都—眉山—乐山—凉山—攀枝花红色旅游带，其间串联起乐山大佛、峨眉山、瓦屋山、大瓦山、螺髻山、邛海、金口河铁道兵博物馆、攀枝花三线博物馆等著名旅游景区。

二是成达万（成遂渝高铁）铁路沿线，规划设计成都—遂宁—南充—广安—达州—重庆—南川—万州—涪陵红色旅游带，其间串联起都江堰、青城山、银厂沟、西岭雪山、缙云山、伟人故里、将帅故里、观音故里、阆中古城、丝绸之都、中国气都、重庆抗战遗址、南川三线建设博物馆、涪陵816等。

三是西成高铁（宝成铁路）沿线，规划设计成都—德阳—绵阳—江油—广元红色旅游带，其间串联起梓潼两弹城、绵阳科技城、窦团山、七曲山、剑门关、江油红军古镇、旺苍红军城等著名景区。

规划设计精品红色旅游线路，要积极开展与成都铁路局联手合作，争取红色旅游专列的项目立项，利用铁路运输资源，采取"串点连线式"的开发方式，以旅游为载体来传承和弘扬三线精神，共同打造川渝两地铁路旅游带，

形成红色文化与藏羌彝文化、茶马古道文化、三国文化、巴渝文化、大熊猫文化、康养文化等有机融合的慢游精品线路。

（五）区域合作，构建三线建设文化资源链条

当前，红色文化的旅游价值功能日益凸显。三线建设所形成的红色建设文化遗产是红色文化重要组成部分，也是川渝两地发展红色旅游重要资源。因此，在大力发展川渝两地红色旅游的规划和布局上，应该将红色革命文化与红色建设文化进行对接融合，把三线建设文化资源纳入红色文化资源的保护开发系统和主题规划范畴，切实加强遗址遗迹和相关文物的保护和开发。

为此，需要花力气、下功夫，从无到有地构建三线建设文化资源链条。尤其是需要与云南昆明市、贵州遵义市、贵州六盘水市、陕西汉中市、湖北恩施州等周边省市深化旅游合作，构建大西南三线建设红色旅游环线，不断扩大成渝双城经济圈西部中心城市名片的影响力、辐射力，带动成渝地区一批区域中心城市的三线建设红色旅游发展，提升红色旅游目的地影响力。

（六）整合资源，依托大数据、新技术，充分运用好互联网各种先进传媒平台

一方面，在川渝两地三线建设文化资源进行普查梳理过程中，要发挥影像资料的特点和优势，重视影像资料的拍摄和收集，通过影像载体把分散的遗址遗迹、烈士陵园及其相联系的景点景观等资源链入网络。

另一方面，要积极运用新媒体，开展多种形式宣传教育，全方位扩大影响范围，大力推广红色旅游＋互联网，建立相关文化网站、网上展馆，推行智能导游、电子讲解、在线预订、信息推送全覆盖，提升知名度和美誉度，实现

从"有限现实空间"进入"无限网络空间"的跨越时空交互式互动展示，为川渝两地特别是"成渝双城经济圈"中心城市的红色旅游发展插上信息化的翅膀。

李崎：中国红色文化研究会会员、四川省红色文化协会会员、川陕革命根据地历史研究会会员、四川省李冰研究会会员、成都市历史学会会员、都江堰市长征历史文化研究会会长、都江堰市长征书院院长。

巴山蜀水

三线建设

BASHANSHUSHUI SANXIANJIANSHE

巴山蜀水

三线建设

BASHANSHUSHUI SANXIANJIANSHE

第02章 历史的回眸

"建设强大的海军"
——重庆船舶工业的兴起
陈福正

重庆地处长江上游,具有发展船舶工业的产业基础和航道条件。重庆解放前,规模较大的船厂仅有现在的东风船厂,其前身是民生轮船公司独资经营的民生机器厂,主要从事船舶修造业务,生产各类型铁、木轮船及锅炉蒸汽主机和辅机,解放后收归国有。

20世纪60年代中期,随着国际局势的日趋紧张,为了防备帝国主义和国际敌对势力对我国发动突然的战争威胁,中共中央展开了以备战为目的的三线建设。

重庆的三线建设是整个西南三线建设的一部分。当时的重点放在建立常规兵器基地和以重庆到万县长江沿线的船舶工业基地上。

大西南的三线建设涉及机械、冶金、航天、航空、船舶、核、兵器、电子等工业,其中,电子主要布局在四川成都、绵阳,重庆只有永川的24所、26所;航天主要布局在四川达县、万源一带,重庆只有巴山仪器厂;航空主要布局

在四川成都一带;核工业主要布局在四川,重庆只有涪陵816厂,但建成后没有投入生产;兵器主要布局在重庆及周边地区;船舶布局在当时的万县到重庆主城区长江一线(现在刚好全部划归重庆市管辖),由第六机械工业部西南三线建设指挥部指挥,第六机械工业部副部长刘星负责。

1965年,六机部三线建设项目正式启动,经六机部勘察设计院勘察,六机部第九建筑设计院设计,由工程兵部队、当地征用的民工和支援三线建设职工组成建设大军开山筑路,挖洞建桥。根据毛主席关于"为了反对帝国主义侵略,我们必须建设强大的海军"的指示,重庆船舶工业从1965年开始,从万县到重庆的长江沿线大规模兴起。

"靠山近水扎大营"——五大布局显成效

当时按照"靠山近水扎大营"的建设思路,船舶三线建设具体布局主要分五块:

一是布局在涪陵至重庆沿江地带的3家船厂:现在的

川东造船厂建造的常规动力潜艇（资料图）

涪陵川东造船厂，生产水下潜艇；长寿的卫东造船厂，生产快艇；巴县的重庆造船厂，生产水面潜艇。当时的想法是，如果第三次世界大战爆发，一线、二线打光了，三线还可以生产舰船支撑战争。

二是布局在涪陵、武隆地区的舰船动力及配套厂，后因地质、交通原因搬迁至江津、永川地区的柴油机及配套厂。柴油机厂建了两家，一家是在江津的重庆柴油机厂，生产中、高速船用柴油机；一家是在武隆白马镇的红卫机械厂，后搬迁到宜昌，生产低速船用柴油机。为这两家柴油机厂配套的企业有永川地区的红江机械厂，生产柴油机燃油系统和调速器；跃进机械厂，生产柴油机轴瓦、气阀、泵；液压件厂，生产液压元器件。江津地区的江津增压器厂，生产增压器；永进机械厂（今重庆齿轮箱有限责任公司，简称重齿公司），生产齿轮箱；红阳机械厂，现已破产被重齿公司兼并收购。

三是布局在万县地区的船用仪表厂。主要企业有永平机械厂，生产方位水平仪；江陵仪器厂，生产指挥仪；长平机械厂，生产平台罗经和电罗经；江云机械厂，生产深弹指挥仪和航迹仪；清平机械厂，生产精密仪表小模数齿轮；衡山机械厂，生产有色金属铸件和螺旋桨；武江机械厂，生产深水呼吸器和输弹机、减摇鳍；长江机械厂，生产包装箱等产品。当时的口号是要建成全国最大的船用仪表基地，号称要做到亚洲第一。20世纪70—80年代万县的船用仪表基地对于海军建设贡献很大，南极科学考察船上的平台罗经、海上洲际导弹发射的导航定位系统首台都是在万县企业生产出来的，受到国务院、中央军委多次嘉奖。

四是还有一些企事业单位布局在主城区。长征机械厂最早布局在涪陵，再是永川，最后省里决定建在大渡口区，生产重型铸锻件；前卫仪表厂在江北区，生产水中兵器；船舶西南物资供应处建在江北区；第六机械工业局建在江北区；第七研究院重庆转运站也建在江北区。

五是布局了4家研究所。船舶自动化研究所建在万县，现在搬迁到江苏连云港；船用柴油机研究所建在南川，没有建成就回上海了；船舶导航研究所建在万县，后来回天津了；计量研究所建在万县，现在合并到四川省技术监督局。

自20世纪70年代起，重庆船舶工业三线企业陆续建成投产，形成了比较完整的船舶、船用柴油机、船用仪器仪表、水中兵器科研生产体系，铸就了"艰苦奋斗，默默奉献"的三线船舶军工精神。

重庆船舶三线企业创造了许多"第一"。第一台平台罗经、第一台指挥仪、第一台减摇鳍、第一只精密小模数齿轮等产品都是重庆造出来的。虽然当时国家耗费了大量人力、物力和财力搞三线建设，但三线建设也极大地推动了内地工业经济的发展，整个西南地区的工业基础也因此上升了一个台阶。

"军民结合"——调整改造中焕发新春

由于特定的历史背景，三线建设在国家急于备战的情况下仓促上马，并且受到"文革"动乱的冲击和"左"的指导思想影响，致使一大批企业先天不足，留下了比较严重的后遗症。加上20世纪70年代末80年代初国际局势发生了转折性变化，世界逐步从对抗走向对话，原来为防备战争突然爆发而建立起来的包括船舶工业在内的以军品为主的三线企业，面临着军品任务锐减、生产线闲置、经济效益下降、企业亏损严重等诸多困难，于是，国务院作出决定，按照"调整改造、发挥作用"的方针，全面开展三线建设的调整改造工作。

1982年，六机部撤销，原六机部所属企事业单位与交通部沿海船舶企业合并，组建中国船舶工业总公司（正部级）。1983年5月，经国家经贸委批准，四川省六机局改为重庆船舶工业公司。此后，重庆船舶工业公司认真贯彻中央三线企业调整、改造、搬迁指示，主动开发民品，积极推行企业改革重组，走军民结合之路。

改革开放初期，重庆船舶工业的发展也曾出现过困难与曲折，凭着顽强的意志生存了下来，在"军民结合，以民养军"的道路上，曾开发了五洲牌自行车、电冰箱，开发了航海牌洗衣机、变压器，开发了电视机，开发了铁路车辆，开发了大型齿轮箱、涂装设备、蓄电池成套设备、燃气表等一大批民品，后来又开发成功了不锈钢化学品船、风力发电成套设备、轻轨交通成套设备等一

重庆船舶工业建造的猎潜舰

批高科技民品。

新世纪，新起点。重庆船舶工业通过结构调整增实力、科技创新强内力，逐步步入良性发展的轨道，正朝着过百亿、超千亿元的目标大踏步前进，为重庆市经济建设做出更大贡献。

（本文图片资料由作者提供）

陈福正：中共党员。原重庆船舶工业公司党委书记、副总经理。现为重庆市造船工程学会常务副理事长兼秘书长，重庆党史学会三线建设研究分会副会长。

艰难的起步
——重庆大江车辆总厂 9 厂迁建工作纪实
罗继科

国家计划在"七五"期间搬迁 121 家三线企业，其中有 7 家企业"关停并转"，因此实际上只有 114 家企业搬迁，总投资 20 亿元。

重庆大江车辆总厂（以下简称"总厂"）的搬迁是"国三办"（全称为国务院三线建设调整改造规划办公室）安排的"七五"项目中 121 家之内的 5 家，也是"七五"期间全国最大的脱险搬迁项目。前期准备工作从 1984 年 10 月开始，到 1989 年 10 月基本就绪，长达 5 年之久。程序之繁，周期之长，返工之多，困难之大，前所未有。

合并搬迁可以发挥总体优势，避免重复建设，节省投资，加快进度。但合并搬迁规模大，造成审批程序多，审批级别高，耽误周期长。合并搬迁人员多、扯皮多、意见多、埋怨多、告状多；同时合并搬迁涉及婆婆多、关心多、支持多，但框框多、干预多。

三线脱险搬迁不同于一般的建厂，它需要工厂拿出大量的自筹资金。而这几个厂当时连吃饭都困难，攒钱搬迁谈何容易？这就更需要切实可行的政策，充分挖掘潜力，调动各方面的积极性。

项目建议书

"七五"脱险合并搬迁是双溪机械厂（简称"双溪厂"）、红山铸造厂（简称"红山厂"）、庆岩机器厂（简称"庆岩厂"）、红泉仪表厂（简称"红泉厂"）、渝州齿轮厂（简称"渝齿厂"）5 家三线建设内迁厂。由于内迁时没有严格按照基本建设程序办事，更没有工程地质和水文地质的资料。采取的是边设计、边施工、边生产的办法，所以遗留的地质环境、饮水、煤层采空等问题很多。

鉴于此，当国家决定在"七五"期间将部分三线企业实行调整搬迁后，前述 5 厂被列入三线搬迁计划，简称"七五"项目。

1984 年 9 月，兵器工业部以"兵工计字 1244 号文"明确：双溪厂迁到平山机械厂（简称"平山厂"）后面；庆岩厂迁到晋江机械厂旁边（简称"晋江厂"）；红山厂和渝齿厂迁到望江厂；红泉厂迁到陈家桥虎溪电机厂。

北方设计研究院（简称"北方设计院"），隶属中国兵器工业集团公司）认为这个方案不妥，工厂更是认为此方案是从屎窝挪到尿窝，根本没有解决实质问题。在完全没有可行性的情况下，各厂都在考虑重新选址。

几经周折，北方设计院等相关单位经过分析比较，大家选定靠近重庆巴县县城（现巴南区鱼洞镇），有小城镇为依托，毗邻长江，水源丰富，取水方便，投资少，使用成本低。长江水量大，自然稀释能力强，排水方便，易于处理。厂区位置好，距重庆直线距离20千米，水、陆交通便利，距南线配套厂近、方便。符合重庆市和巴县的总体规划。

由于厂址北靠长江，紧邻鱼洞镇。各厂在总图上布局的原则是：厂区上班远的，生活区就靠近县城；厂区上班近的，生活区就离县城远点。

1985年3月，兵器工业部下发兵工计字225号文：双溪厂、红山厂、庆岩厂、红泉厂、渝齿厂合并为一个总厂；新厂址：重庆市巴县鱼洞镇。以后计划司（指兵器工业部所属的计划司）又建议分开，主要为便于调动各厂集资积极性，划小核算单位而未批此方案。

1986年7月，北方设计院编完项目建议书报兵器工业部。部里根据重庆市委副书记周春山和四川兵工局的上报意见决定合成一个总厂。1986年10月，部计划司以(1986)计综便字09号文，函定5厂搬迁合为一个总厂上报。

1986年10月14日，四川兵工局与5厂领导座谈讨论，充分研究和考虑重庆市三线办及市委副书记周春山的意见，决定南线5厂搬迁的初步方案：以现行"七五"规划中的产品对象为龙头，专业化大协作为基本特色，把搬迁调整和改造提高相结合，探索经济体制改革与三线调整改造规划的新路子。企业集团实行集中规划，统一建设。

基本模式：总厂下设铸造毛坯冲压、焊接机加、热表处理、非标和模具等若干分厂和产品、研发、教育培训、生活服务等中心，实行总厂统一领导，两级经济核算制。

调整搬迁改造后的目标：在统一规划集中建设后，建成一个自然组合起来的，具有较强的自我发展和竞争能力的新企业集团。产品以各类车辆为主体，并能适应战时生产压制兵器（大口径火炮）动员生产能力的综合配套生产能力。

北方设计院于1986年11月完成了最后一次项目建议书报兵器工业部。

1987年1月14日，国家计委以计国字(1987)79号文批复了项目建议书。

设计任务书

国家计委计资(1984)1684号《关于简化基本建设项目审批程序的通知》中明确规定：需要国家审批的基本建设大中型项目原为五道手续，即：一、项目建议书；二、可行性研究评估报告；三、设计任务书；四、初步设计；五、开工报告。

根据简政放权的要求简化为：项目建议书、设计任务书两道手续。我们的项目建议书经过两年多的反复和调研已经完成，并以计国(1987)79号文批复了项目建议书。当时摆在我们面前的，也是需要国家计委审批的唯一一道手续——设计任务书。

当时"七五"计划已经过去了两年多，建材物价每年以20%—30%的速度在上涨。怎么样才能简化程序，加快步伐是摆在筹备组面前急需解决的问题。筹备组决定在春节后，领导成员12日报到，其余人员20日前到齐。

11日晚上，我突发肾结石，痛得在医院待了半夜。早上感觉不怎么痛了，拒绝医生的劝告和挽留，立即返回南坪招待所。

可行性评估报告虽不要求专走一道审批程序，但设计任务书前的评估内容缺一不可。如何简化评估程序和内容是当前需要解决的首要任务。15日，我和姚云生、张振义、江银舟一起到了北京和石家庄协调这方面工作。首先拜会了国家计委国防局张家麟局长、梁处长和金鑫，说明来意后，张局长非常同情我们、理解我们、支持我们。立即表示：评估变通一下，尽量简化，准备组织机械委、科工委、总参、计委，咨询公司到现场评估，用一周左右时间把问题解决。同时提出几点要求：

一、厂址选择一定要搞好，吸取过去三线建设教训，勘测要跟上，数据要准确。

二、专业化一定要坚持，这是符合发展方向的。

三、资金一定要落实。

四、效益（专业化）要对比，先搞一个东西。我们先消化研究一下。

五、评估要搞，程序要走，内容可简化。

北方设计院王院长和胡昌明总设计师说："机械委签发的设计任务书通知对我们是支持、信任，但我们对此方案有顾虑，应该说是困难多，顾虑多，但态度是积极的……"

2月28日，先来的一部分人，由胡、韩两位总设计师负责。同时提出两点要求：

一是模式要慎重研究，拿出方案，有利于调动两个积极性。

二是勘测设计院要尽快配合。要搞好可行性报告的素材和效益对比资料。公用设施及涉及的地方要尽快搞好协议。评估最好简化或最好同步。

北方勘测设计院领导很重视，积极性很高，表示立即配合，和北方设计院同时来现场，并表示随叫随到，需要什么做什么。

国际工程咨询公司加工工业项目部蒋主任表示：到现场评估，尽量简化程序。设计任务书是项目决策的依据，应按规定的深度做到一定的准确性，要达到技术上可行、经济上合理、资金上可靠、环境影响可行性。投资估算和初步设计的概算出入不得大于10%，否则将对项目重新进行决策。

为使工作扎实可靠，防止中途反复，西南兵工局特派赵国华、王学义、姚小兴等领导常驻北京，汇报情况，了解要求，及时通气。

1987年5月14日，兵工局、武器局、基建局、北方设计院张局长、梁处长汇报设计任务书概算：

1. 生产建设项目（略），总投资5441.55万元。

2. 动力公用设施（略），总投资848.12万元。

3. 土石方道路、管所（略），总投资2023.77万元。

4. 生活福利设施（略），总投资4763.7万元。

5. 厂外工程（略），总投资1223.09万元。

6. 其他工程和费用，总投资4338.77万元。

总计18639万元－159万元＝18480万元。

（其中159万元为渝齿厂已批的技改费用）

计划外等项目其投资额度为5491万元。

计委张局长指示：要有改革精神，不能照搬。新工艺、新设备，无钱先考虑厂房大跨度、连跨，不要像老厂那样自成体系；生活区要与地方联合搞；职工医院、小学校与地方混在一起，投资让人家去办；商店也别自己搞。这个厂搞起来后要成为样板。

矿藏地质条件要有正式勘测报告书，要取得证明。要有正式批准的环保评价书。供电、通信要有正式协议。

土地征集费一次到位，不要以后再要钱。总图最好要有两个方案。军品保留纲领，民品由机械委定。总投资要实事求是，不管什么笼子，18480 万元以外还有 5400 万元，总加起来就是两亿多元，都要写上。不要担心，国务院批就叫国务院批。

职工总数，离退休人员要考虑上，也要包括宿舍。

老厂处理意见要写上去，不能利用的设备列出来，如何处理由机械委定，不能自己随便处理。

占地太多、太贵，是否一定要在那里，有没有其他地方。土石方量大，迁民多，又无铁路。厂址不怎么好，其他地方也可以建，缩小征地面积。

每亩 5000 元征地费，包括哪些内容要写上，有必要下去再下去。

1987 年 5 月 16 日，王宇组织张正南、北方设计院和赵国华、王学义碰头，结果是：

第一方案价差全不考虑，征地费、建管费取消，原则不超过两个亿，不到国务院审批。

第二方案考虑全部价差，压缩 10% 的投资，该要的证明、文件全齐备，5 厂合并坚决不动摇。6 月 15 日正式上报材料。

经过多次的通气、协调和工作，1987 年 7 月 8 日，江银舟把设计任务书送计委。国防局张局长讲了"国三办"的 3 条意见：一是占地多、迁民多，提意见后没什么大的变化；二是民品销路不好，效益不好；三是投资太大。

我和国防科工办商量，金鑫也讲了"国三办"这 3 条意见。

7 月 9 日晚上，重庆市三线办来电话，告五四所、六二所和我们准备向"国三办"王春才组长汇报以下主要内容：

现在工作进展情况；下半年工作如何打算；1988 年如何安排。

会上，我们把 3 个内容方面的工作和计划汇报后，"国三办"的郭处长首先说：这些情况是他们没有想到的，规模小了，计划落实了，资金也要落实。

王春才组长说，占地是否还可以再压缩一些，同时他再催促计委、机械委列入明年计划。基本建设建议计划：1988 年完成 25%；1989 年完成 30%—40%；1990 年完成 30%。这样，1988 年要考虑 4700 万元才够。向四川省三线办汇报一下：工厂效益情况、前期准备情况、明年打算、政策落实及要求。

1987 年 7 月 24 日，计委张局长、梁处长、张处长与国际咨询评估公司 4 人、国防科工委 2 人、机械委 4 人、六院 3 人及重庆市三线办等相关单位 30 多人先后查看了红山厂、庆岩厂、红泉厂、渝齿厂和双溪厂，听了各专业厂的汇报，最后一起看了鱼洞新厂址，并在四川兵工局听了筹备组和重庆市相关部门的汇报，通过各专家的充分讨论评议，最后张局长讲了 3 条意见：一、咨询公司要拿出意见，具体问题和机械委再商量，优惠政策，包干使用；二、合并建厂，总平面怎么更经济合理，总投资不能突破，超概算要报国务院，不搞"大而全""小而全"；三、这次采用现场办公，现场审批，有些问题再协调一下，回去行文。

投资规模

1984 年，国家计委按 2 万元／人核定搬迁费，未考虑设备大小和生产条件。对电子、轻工还可以，对兵器工业部特别是重兵器差距就大了。要实现全部搬迁必须另辟蹊径。

由于兵器工业部项目启动迟缓，实际到 1986 年搞项目建议书时，由于两年多来人员增加、搬迁费人均就只有1.8万元了。加上物价上涨过快，水泥上涨了50—60元／吨，钢材已涨到1200元／吨左右，无形中压缩了搬迁规模。

各厂正处于军转民困难时期，除双溪厂有军品效益好点外，其余各厂还在为吃饭、发工资发愁，更谈不上攒钱搬迁。

以前建厂全部是国家拨款，用多少拨多少。这次搬迁时国家负责笼子内的40%、部里负责30%、企业自筹30%。由于情况变化，国家40%改为拨改贷，部里的30%也因项目拖后，预留资金也让空压厂（指国营重庆空气压缩机厂）齿轮箱技改项目挪用了。到我们用时兵器工业部里没钱了，全部改成贷款了。

18480万元的总规模不能突破，即国家的7392万元不能突破，要保证搬迁规模，只能加大自筹力度来解决。实际当时搬迁需要3万元／人，总的投资额3个亿差不多。

向上级要优惠政策，上级规定返还增值税、所得税、印花税和能源交通建设基金。由于我们项目拖后到1992年建完，我们要求：该优惠政策对总厂延续2—3年。

子项承包，节省管理费用。过去施工，为便于管理和协调，都是一个工程包给一个施工队伍，不能引入更多的队伍来竞争，这样就要花很多的管理费。为了加快步伐，所以我们恨不得一个钱当成两个钱花，坚决执行子项承包的施工办法。

土石方施工我考虑其技术含量低和附加值较大的情况，结合我们总厂是穷搬迁，我大胆提出了特殊的招标办法（下不保底）。经多次向重庆市委副书记周春山、市三线办、重点办、招标站汇报要求，最后选4个队：省一机司、市一、二机司和长江航道处。把土石方根据挖方填方平衡

的原则分成4个地块，由4家分别向每块投标。

我在投标会上说："大家都是国有企业，目前都有困难。我们是挣钱吃饭都困难，还要攒钱搬家，因为是脱险搬迁，不搬不行。要做到大家都有稀饭吃，所以这次投标不执行标底上浮3%、下浮5%的办法，而执行上浮3%、下不保底的办法。你们只要把费用能走脱就行，谁低我用谁。最后没有中标的，愿意干，可协商分一块，但其价格也得按最低的投标价格。请大家理解支持。"

结果7.08元／立方米的预算价格，一下降为5.04元／立方米。440万立方米的土石方一下就节约880万元。

为节约租房费用，同时为全面开工准备充足条件，在没拿到地的情况下，以900元／亩，租地15亩先开建立足地。既节省了租金，又避免了涨价时3栋宿舍增加的费用。

垫资建设，验收付款。为了融通资金，节省投资，调动各方的积极性加快建设进度，我们不执行预付款、进度款的办法，采用了建设单位垫资，建成验收交房一次付款。四组团托儿所就是典型，且获得总厂第一个优质工程。它为融通资金，保证投资计划完成提供了经验。

当时有的厂很困难，银行贷款还不上。外面回来的货款银行就先扣了。当时征地急需费用，为筹集征地费用，我们采用了用户直接划款。庆岩厂就是把舟桥车的预付款300万元从北京直接汇到总厂账上，加上双溪厂前面划过来的资金，保证了首期征地费的来源。

自建队伍组织施工。为了节省费用曾设想组建土建和水电施工队，把各厂的力量组织起来，既可调动积极性、又可节省投资。土建先从修路做起，因为总厂有几十千米的道路和管网要做。当时派红山厂的梁国臣去湖南订了推土机、挖掘机和压路机，后因干预而退货，并损失

了一些定金。

加上土石方招标时，堡坎子项招标为省机司推土方，他们不是平行方向推方，而是垂直向堡坎方向推土，堡坎修起后，又没有及时回填，赶上连续多天的下雨，形成了一个大水凼，结果就像泥石流一样致使堡坎产生位移。这本是施工方法原因，却有些人直接跑到四川兵工局里"告状"。结果自建土建、水电施工队想法全部夭折。

其实，红山厂承包建设宿舍时，水电施工和运费全是自己解决的。两栋宿舍就省了好几十万元。

规划布局

巴县鱼洞镇适合我们兵工企业安营扎寨，当时主要考虑有这么几个条件：

第一，地盘比较大，能够满足我们合并搬迁的需要，能摆得下，这是前提。

第二，水源充足。巴县依托长江，给水、排水都很方便。

第三，交通非常便利，公路四通八达。还规划有铁路、码头。同时，鱼洞离市区很近，信息比较灵。

总厂搬到鱼洞，地方政府的态度非常积极，千方百计支持我们，从组织上、人力上都采取了措施，给了很多优惠政策。最后，由建设局桂司长拍板，总厂厂址定点在巴县鱼洞。

1987年开始成立筹备组。原来搞的是联合牵头办公室。由双溪厂总工程师王学义负责。"国三办"要求我们早搬、快搬、全搬。只有早搬、快搬才能省钱，才能省投资。

立项报告审批后，要在极短时间把前期的事完成。前期有哪些事呢？

第一步要搞设计任务书；第二步对设计任务书作出合理的可行性评估，并由国家计委组织相关单位评估认可；第三步作初步设计；第四步开工报告。

在设计任务书的总体考虑上，我们用战略的眼光思考布局，力求起点高，一定要把合并搬迁的规划布局好。为了丰富职工业余文化生活，我们还规划了重庆军工企业独一无二的标准足球场、篮球场、50米泳道的标准游泳池和俱乐部。没有钱，我们可以分步实施，但在规划和征地上一定要一步到位。不要因为总体规划设计的失误给企业发展、给后人造成新的困难。

"国三办"多次提出总厂的项目投资太大，征地太多，效益太差。关于征地太多我是认真地反复地思考过，且个别请教了北方设计院胡总师和负责总图的李庆元工程师，李庆元工程师说："征地太多，国家标准具体数据是多少？""对重型机械工业（我们是重型火炮）建筑系数我们符合要求。我们是百分之十七点多，但是下限。"

当时本意也想多征点地。因为此次征地一是手续简便，二是价格低廉，特别牵扯总体规划布局和场地平整，尽管资金非常困难，但考虑到企业生存和发展的需要，在符合国家技术要求的前提下，还是坚持了总体的规划设计。

关于投资太大的问题。我们除了征地3150万元外，再一个用钱多的地方就是场地平整。原预算440万平方米×7.08元／平方米，也是3000多万元的投资。这里地形破碎，是由3个平台和两个冲沟连接而成。李庆元工程师曾经和我探讨过场地平整问题：场地不平，顺山就势，像山沟那样可省钱。但现在建大厂房就难，也不利于工厂建设的发展，将来想搞，更是难上加难，给工厂留下永远的遗憾……再困难这个钱也必须得花，且必须一次花到位。但考虑到今后企业生存发展的需要，在符合国家技术要求的前提下，我们坚持了总体的思路和设计规划。

开源节流

前期工作，从本质上讲就是 4 个程序。最基础的就是征地、拆迁、三通一平，这些到位了才能开工。因时间紧、规模大、程序多，审批规格高，面临的问题也比较多。

首先是机构。成立指挥部，要有个法人，总厂必须挂牌，否则就贷不到款。领导不到位，协调工作就很难。其次，过去搞军品，像一根链条把大家联在一起，现在几个厂搬到一起，没有一个很好的产品把大家紧紧联合一起就有问题。再次，当时各厂生产经营困难大，有很多厂饭都吃不起，哪来钱搬迁？

资金筹措是最难的一件事。

直接用钱的量非常大。征地就要付 3000 多万元，再加上土石方平整的 3000 多万元，总共 6000 多万元。这全是自筹资金。为了解决这个问题，当时研究定下一个原则，就四个字"开源节流"。

"开源"怎么开呢？

其一，多方面争取贷款。拨款没有了，我们搞晚了。部里给我们的那些部筹资金已被用了。所以，1991 年向农业银行争取了 2 个亿的贷款额度，但因为当时施工方法不对，咱们也没用多少，后面政策收紧了，咱们也用不成了。

其二，争取免税和减税优惠政策。

其三，采取工程项目先由施工单位垫资，验收后付款的办法。比如，四组团托儿所就是典型的案例，并且被评为了总厂项目中最早的一个优质工程。

其四，工厂多创收、多集资。

"节流"主要采取了几项措施：

首先，确定咱们的工程不搞总承包，只搞子项承包。比如，过去建厂时，施工单位把所有的项目全包下来，由某某公司承建。实质上，全包下来后，他把子项目发包给别人。这里面有很大一部分管理费被承包商吃掉了。

因为我们没有钱，穷搬迁，所以，我们就只搞子项承包。施工单位你包一个厂房，他包一栋宿舍，这中间的协调工作由咱们来做。后来所有的工程全是这么做。为此节省了很大一笔管理费。

其次，就是不搞"暂设"。"暂设"就是暂时的设施，到一定的时候都要拆掉。但建起来时是要花钱的，拆了就没用了。所以当时就没有这么做，目的也是省钱。

我们提了一个口号：加强"立足地"建设。老三栋宿舍，就是指挥部的立足地。

那时，初步设计没有批下来，拿不到地，房子不能马上建。但是，在鱼洞租房一个月就是 12000 元的房租，我去政府协商，要地开建宿舍，初步设计没有批下来，要用地可以租。一亩地 900 元，就是一年的庄稼收入。我说租 15 亩，15 亩地才 13500 元。租了地以后，就按规划图搞了 3 栋宿舍施工图，于 1988 年 7 月 20 日开工，把 3 栋宿舍开建起来。11 月拿到地以后，又陆续开建了 4 栋宿舍。1989 年 9 月末所建宿舍投入使用。之后，员工到总厂就有了吃、住、办公的地方，既为开展全面大会战提供了后勤保障，又节省了大量的资金。

再次，就是子项目标力争搞到最低。如征地，原来地方的态度很好，欢迎你到鱼洞，但你搬进来后，他再给你提条件。最后一次，我们从晚上 7 点 30，谈判到凌晨两点，才定下来。为的是少花钱，多拿地。

因为一下拿不出那么多钱，就采取分期付款方式。土地一下不可能用那么多，就分 4 期付。第一期 4 月 28 日付 500 万元，第二期 9 月 30 日前付 1000 万元，年底付

1000万元，剩余的钱，第二年一季度以前全部付清。

最后几百万实在拿不出来了，怎么办？3月末，我和姚云生跑到巴县找牟启源副县长商量，采取变通方式，差的征地费就算巴县借给总厂，总厂付利息，地钱完了，所有的地也全部拿到了。

变通行事

总厂这个项目比较大，规格比较高，涉及的程序比较多，许多事需要变通。有三件事记忆比较深。

第一，就是总投资19980万元。如果是2亿元以上的总投资就要国务院审批，那规格高了，时间更长。而19980万元投资，就由国家计委批了，所以，这就节约了很多的时间。

第二，关于土地。按国家规定，3000亩地要批，也要到国务院那一级。最后通过鲁老（鲁大东）多方面协调，化整为零。按原来专业厂报批，各个厂都不超过1000亩，重庆市就可以批了，这样，既节省了时间，又省了很多费用。

第三，关于可行性报告的评估。按正常要求，咱们要先报材料给评估公司，他们再到现场考察完以后，才进行评审，时间太长。经过变通，简化为现场评估。这样节省了很多环节，节约了很多时间，为加快建设提供了保证。

鲁老（鲁大东）对总厂的工作一直是很支持的，他认为要快，越快越省。所以，前期工作基本上一步到位，开工报告一批，建设就全面铺开，前期工作就算开始了。

重庆大江车辆总厂名的由来

1987年，筹备小组筹备设计任务书之时，首先考虑的就是总厂的名称：

工厂厂名：对内用的厂名也叫第一厂名，即重庆大口径火炮厂，对此大家没有异议。对社会上用的厂名通常称

第二厂名，它应涵盖两个内容：工厂所在地、产品特点。

为了把厂名征集好，我们当时以筹备组技术处牵头，由筹备组各单位提方案，并征求了各厂领导的意见。考虑以车为主，靠车发展的特点，当时集中有两个厂名，暂定为重庆专用车制造厂、重庆特种车辆制造厂（火炮是四轮行走的特种车）。

后来，筹备组开会考虑起重机、高空作业车是特种用途的车，火炮也是4个轮子特种用途车，又考虑5厂合并规模宏伟。最后，我建议用重庆特种车辆总厂，大家一致同意这个为第二厂名。

1992年，上级要求厂名规范为涵盖3个内容：工厂所在地、工厂名称或字号、产品特点。

在总厂厂务会议上，经过热烈讨论，周奇灿厂长说："别人叫望江厂、长江厂，我们就叫大江车辆总厂。"当年这个全国最大的军工搬迁项目"重庆大江车辆总厂"企业名称由此诞生了。

5厂合并搬迁后，总厂所属各搬迁厂按专业厂设置。开始大伙儿还觉得"重庆大江车辆总厂"有些土，实际叫惯了也还不错。

巴县很给力

巴县领导对总厂迁巴县是满腔热情的欢迎，全力以赴的支持。总厂迁巴县占地将近3000亩、迁民4000多；征地、拆迁、赔偿和安置不但资金包干，这些工作县里全部包揽。我们只对政府，不对生产队，更不对农民。600多个劳动力的安置工作，我们不解决一个；巴县各系统都落实了安置指标。当时的"二毛厂"安排任务就是150个，谈何容易？

巴县政府为了支援总厂建设，专门成立了穆禾荣县长为指挥长，牟启源、马明武、梁志铭等为副指挥长，政府

相关部门领导参加的 17 人指挥部，专门负责协调处理总厂建设和巴县地方相关的问题。

总厂立足地的 3 栋宿舍开建，因为施工用电，包工头彭万贵就和农民打得头破血流。我跑到县里通报情况，当时正开办公会议，穆禾荣县长马上叫戚万林（时任县委副书记）到现场处理，同时递给我一张纸条是："罗指挥，这是我家的电话，今后有什么问题可随时找我。"

架设 10 千伏施工用电线路，农民要求农转非，阻挠施工，3 根电线杆长达数月就是立不起。因为你一干活，农民就来干扰，老老少少都围起，有的骑在电线杆上，有的站在坑内，就是不让施工。县里各部门反复做工作，最后痛下决心，动用公、检、法 200 多人，当天早上 6 点钟就用石灰划出警戒线，通过武装保卫施工才完成了。

土石方施工过程中，莲花二队也是多次的干扰、扯皮，挖断道路，造成施工人员上下班受阻，施工设备因缺柴油而停摆。多次做工作，多次反复，最后还是采取了强有力措施，才根本解决了问题。

水厂施工同样是干扰不断。不过，由于政府态度坚决，手段得力，处理及时，还是保证了正常的施工。

组织机构

1987 年 1 月 8 日上午，四川兵工局副局长刘述民找我谈话："南线" 5 厂合并搬迁，上级马上就要批了，要抽调强有力的干部，组建班子，加强领导。局里研究准备让你来担这个担子，担子是很重的。考虑 5 厂合并关系复杂，矛盾重重和万事开头难，决定暂时由周汝煦副局长兼筹备组组长，你当副组长，先带你们一段。另外，还配备了得力的成员，你到干部处让他们给你介绍一下，你看行不行？

干部处郑松苓和徐显文等给我介绍了情况，特别介绍了赵国华和杨必孝，说他们是总厂总工程师和总经济师人选。

1987 年 1 月 14 日，在双溪厂南坪招待所召开了筹备小组成立大会。与会人员：

双溪厂：罗继科书记、吴安仁厂长、王学义总工程师

红山厂：杨善勤厂长、杨必孝副总经济师

庆岩厂：关占林书记、周奇灿厂长

红泉厂：李巨才书记、楼锡斋厂长

渝齿厂：唐天贵书记、郑英才副厂长

四川兵工局参加会议的领导：陈定华处长、白玉中处长、王成基处长、徐总、田工等。

兵工局副局长周汝照主持了会议。他说：兵工局 1987 年 1 月 6 日下午，召开了第 76 次办公会议，为使 5 厂搬迁计划有领导地进行，决定成立 5 厂搬迁筹备领导小组：

组长：周汝煦，兵工局副局长（兼）

副组长：罗继科，双溪厂党委书记，主持日常领导小组工作

成员：赵国华，庆岩厂总工程师，负责设计技术工作；李巨才，红泉厂党委书记，负责政治、人事、劳资、保卫；郑英才，渝齿厂副厂长，负责工程质量、材料供应；杨必孝，红山厂副总经济师，负责财务、经营、后勤。

开会当天，正好接到姚云生从北京来的电话：国家计委以计国 (1987)79 号文批准 5 厂合并搬迁的项目建议书，筹备小组也以 "79" 而得名。

筹备小组办公地设在庆岩厂南坪招待所三楼，首批人员 32 人（含 5 名司机）2 月 22 日前全部到齐，正式办公。领导小组成员于 2 月 21 日报到。

1988 年 3 月 1 日，国家机械工业委员会四川兵器工业

管理局下发机委 (1988) 川兵劳字 085 号文，决定成立总厂建设指挥部（即重庆特种车辆总厂建设指挥部），由指挥长代理总指挥长，指挥部暂时履行总厂职责。

重庆特种车辆总厂建设指挥部成员为：

指挥长：罗继科，代理厂长。副指挥长李巨才、陈国学、李明智。临时党委书记罗继科、副书记李巨才，成员陈国学、李明智。

1988 年 3 月 25 日，在巴县鱼洞镇召开了总厂暨建设指挥部成立大会。重庆市委副书记周春山及西南兵工局（原四川兵工局改制而成）的领导向总厂授予了"重庆特种车辆总厂"及"重庆特种车辆总厂建设指挥部"牌匾。

会后，兵工局副书记吴绍昌又找我说："准备调重庆某厂的基建处长来指挥部当副指挥长，这个人不错，我很了解。"我说可以。

有一天，重庆某厂的基建处长来到南坪庆岩厂招待所，我们见了面。他谈的一个核心问题是，贵阳有一个孩子将来想回重庆，叫我答应给一套房子。

我说：你调来按规定可带一个未婚子女或一对已婚子女，调来享受总厂职工分房政策。

他说，他就想要一套房子，答应他就来，否则他不来。我说，这是 5 厂职工利益的事，并且是破例的事，我不敢答应。结果他就没有来。

1988 年 12 月 9 日，叶仲敏调来指挥部任副指挥长，免去渝齿厂副厂长职务。

1989 年 3 月 7 日，周副局长来巴县房管局召开指挥部办公会，会上宣布了指挥长的分工调整，周局长兼指挥长（未行文），我主持常务，主管办公室。会后周副局长和我个别交换了意见。

本来加强领导是鲁大东关心总厂项目并多次要求的，同时还要重庆市派人参加指挥部的工作，这是为了加快进度，也是我们求之不得的举措。当时周副局长说了句"老罗，你什么都好，就是不爱听话"。我一听感到非常委屈，内心一激动，泪水夺眶而出。我说："周局长，你们委任我当指挥长，就要相信我，出问题我负责，坐牢我也心甘情愿。现在下面一有不同意见就向你们告状，你们一旦有想法就来干预，特别是一些连我都没有认识到它是正确的事，却要我执行，还要对其错误负责，我做不到……"

指挥部成立前，吴绍昌副书记找我谈干部配备，想派一个总会计师。我说："总会计师不用外派，双溪厂的李明智论能力和资历都可以，调来就行，凡是 5 厂内部能解决的就不要外派。因为派一个人就增加搬迁费用 6 万元（因为本人和子女要各占一套宿舍），工厂太困难了，能不增加就尽量不增加。"吴书记最后同意了我的意见。

征地付款

1988 年 4 月 28 日，签了征地协议，并说好先付 500 万元，交地 100—130 亩，供建设立足地用。

巴县以初步设计未批为由未予拨地，逼得我以 900 元/亩租了 15 亩，1988 年 7 月 22 日破土动工，开建了 3 栋住宅。

9 月，初步设计计划审批下来了，征地手续也由重庆市批下来了。9 月 30 日，按协议还应该付征地费 1000 万元。正在这关键时刻，经济过热，压缩基本建设规模的冷风劲吹，我们不敢付款，兵工局领导也多次打招呼："钱可别付噢！万一付了，开工报告不批可就泡汤了！"

巴县领导三天两头催我们付款，我们也以各种借口推拖，这时我们像热锅上的蚂蚁焦急万分。指挥部多次开会分析研究、比较利弊关系和可能产生的后果：

现在拆迁工作不能停，人心不能散。当时核心问题就是交钱—拆迁—交地，若付款拖下去，巴县拆迁工作一停，地不交，我们失去主动权，我们好交差也没有多大的责任，因为领导有话，但愧对5厂父老乡亲。

钱若付了，巴县拆迁搞完我们拿到土地，围墙搞起取得主动权，那么搬迁就有保证。最坏的结果是出现搬迁时间上差异，搬迁是肯定的，但这要承担很大的风险。

我们是脱险搬迁项目，不搬迁是脱不了险的，最多缓搬，绝对不可能撤销。

综合以上情况分析，我们倾向付款，先把土地拿到，不能自己吓唬自己主动放弃。

我们4个指挥长先后两次到西南兵工局向周副局长作了汇报，周副局长听了感到有道理。表示理解，但也没有表态是付款，还是不付款。

1988年10月14日，我和李巨才在空压厂参加西南地区部企事业领导干部会时，陈国学副指挥长打来电话："县里又来催征地款了，再不付款，他们就把工作人员全撤了，拆迁工作全停了。和李总研究了，请示你怎么办？"

我说："实在不能再拖，那就付吧！"事后，会计唐琳对我说："这一生第一次签1000万元大支票，手都在发抖。"

晚上吃饭时和吴书记一桌，吴书记又说："那钱可千万别付噢！"我说："已经付了，拖不了啦！"

我当时作为总厂临时党委书记、代厂长，又是总厂建设指挥部指挥长，为了三线建设的5厂父老乡亲，我不出来承担风险谁来承担。

付款后，实际上我的压力更大了，急得我两个月嗓子一直说不出话。

我们又多次开会研究决定：下定决心，加大拆迁力度，加快迁拆步伐，并确定了"力争大上，确保小上，避免缓上"的12字方针，具体工作做法是：

对内人心不散，加快步伐；农民搬迁停不得，工厂脱险拖不得。为此巴县召开农民拆迁动员大会，并给出了奖励政策："谁在10月份搬完将获得2000元补助款奖励，否则不但拿不到奖还要受罚。"造成一个土地征了、房屋拆了、耕牛卖了、树木和青苗全挖了的局面。

赓即，巴县副县长牟启源和总厂副指挥长李巨才一行，前往成都向国务院三线办、四川省委省府等部门汇报脱险搬迁的必要性和紧迫性，万万拖不得。有些农民为支持拆迁，在公路和地头用塑料布搭帐篷暂居，腾出土地。我和戚万林到现场检查时，看到此场面真是感慨万千。

指挥部由陈国学副指挥长和计划处姚云生处长一行去北京，向国务院、国家计委、国工委和机械委汇报脱险报迁的紧迫性，绝对缓不得，更停不得。

由于大家共同努力，结果一切进展顺利：巴县提前完成了拆迁和交地任务；机械化公司于10月28日提前3天进场平整场地，搬迁工作迈出关键的可喜一步。

巴县为了争取我们迁往鱼洞，开始提出5000元一亩土地，还是账面亩。账面是上交公粮的亩数，实际亩数比账面亩要大得多。定点后，经过多次艰苦的谈判，最后原则是1万元一亩。考虑坡地太多，坡度太大，为确保总厂的征地亩数，我提出用投影亩计征。因为投影亩不受地形影响，它是唯一最小的且运作方便的办法。当时按投影亩计算，我们应付征地费2943万元。市政府罗秘书长说，这个数不好记，干脆3000万元吧。我说可以，但是要包死。征地费、拆迁费、赔偿费和安置费全部包干，且不能再随意增加。过了两个星期后，县里又写了报告，因物价上涨太快，要求增加征地费 150 万元，反复商榷，6 月，鲁大东乘火车来重庆时住在渝州宾馆（潘家坪招待所），召见牟启源副县长、马明武主任、周汝煦副局长、王成基处长、姚云生处长和我。最后商量，考虑农民问题不处理好也不好办，敲定再增加征地费 150 万元，总共 3150 万元。

开工报告

开工报告是由副总理邹家华签"拟同意"，姚依林副总理签"同意"，1989 年 8 月才由李鹏总理最后画圈签发的，距征地付款迟了 10 个多月。可想而知，当时不付款是什么后果，简直不敢去想。

实际上，即使要开工也是在"三通一平"全部到位，施工图基本完成，才符合开工报告要求的。

关于总厂于 1990 年建成问题：1988 年 6 月 18 日，在巴县会议室我以指挥部的名义，向鲁大东主任汇报了总厂工作进展情况以及下一步打算后，鲁老提出："你们要在 1990 年建成！"我说："鲁老，1990 年建成不现实，不可能。国家计委批 1992 年建成，我保证 1992 年建成。"鲁老生气地说："你们没魄力，指挥部不得力！"看到鲁老生气，我说："好，我们马上回去，按 1990 年建成倒排计划，全面行动。"回去后，我们立即召开各级干部会议，层层动员，一切计划和工作按 1990 年建成安排。

当时鲁老确实是好心，加快建设，他认为我们是"七五"项目，要拖到 1992 年建成可能还要结转计划，另外，当时物价上涨特快，提前建成就是节省投资。

为了实现这一目标，鲁老一年曾先后 4 次来总厂指导工作，协调处理难题：土地征购、降低审批规格、简化审批程序。原 5 个法人征地分而治之的办法，就是鲁老亲自协调的。

无奈，总厂工程规模太大，审批规格太高，准备工作量太大，尽管全力以赴，千方百计，结果还是没有办法如愿。

1991 年 1 月 8 日，鲁老再来总厂检查指导工作时说现在"八五"项目的口号是"迎亚运，创三新企业"，他重新要求我们 1992 年建成，1993 年搬迁完。

由于建设方针的一错再错和合资的"临时动议"，结果，搬迁拖到了 1998 年。

1989 年 9 月 30 日，3 栋宿舍正式竣工，指挥部正式搬入 3 栋新建宿舍办公，立足地建设任务完成。三通一平也基本到位，全面具备开工条件。

意见分歧

1989 年 12 月 20 日，总厂筹备组成立，周汝煦任筹备组组长；席德华、周奇灿任副组长；罗继科、吴安仁、徐永祥、杨必孝、江银舟、李明智为筹备组成员。

1989 年 11 月，兵工局周副局长向我透露："准备把你调走。"我说："我不走，前期工作全部到位了，正可以甩开膀子干了，为什么把我调走？"

周副局长说："调个搞基建的来当总指挥。"我说："我对这里情况最了解，我不相信别人比我强，我对南线父老有感情，我愿意为他们献终身……"

席德华来后对我说，部里找他来这里，开始他并没有直接答应。他说："我到现场看后再定。"

席德华到现场后，一看规模宏伟，二看准备工作全部就绪，完全可以放手展开干，他才给北京部里回电话，可以下调令。

我说："老席，总厂和你们河南的厂可不一样，你那里是想怎么搞就这么搞，花多少钱，部里给多少钱，资金部里保证，可总厂是合并搬迁，相当大的一部分要自筹资金，这5厂又是脱险搬迁，周期要短，建设要快，必须充分调动他们的积极性才行……"

席德华说："那我来就没有什么用了。"我说："不管用什么方法去建，只要快、省钱，功劳首先是你指挥长的……"

关于总厂建设方针，意见分歧由来已久，争论激烈也前所未有。

周副局长在总厂筹备组全体会议上明确：总厂建设方针以统建为主（据我过去对他的了解，这不是他的本意），采取两条腿走路的办法，建议红山厂和红泉厂试行宿舍建设切块包干。

我通过对总厂前期工作的实践总结，加上三线建设经交流会的学习和一些领导谈话精神的理解，我认为总厂正确的建设方针是：统一规划，统一设计，集中建设，地块包干。前面12个字解决统一问题，后面4个字解决微观放开，充分调动方方面面的积极性。

在建设方针上，鲁老不但特别关心，而且多次有指示。并且在1990年2月，派"国三办"副主任周长胜到总厂和各专业厂走访、宣讲。以交换意见的方式，强调加快建设步伐和充分调动各厂积极性的重要；同西南兵工局领导和重庆市里领导充分交换意见，强调调动两个积极性的重要性；并在总厂指挥部全体职工大会上作了报告。在游说无果的情况下，无奈，鲁老在1990年3月31日，用电话通过市三线办主任陈宏逵转达他的电话指示精神："你们要调动两个积极性。我的意见就是总厂抓总厂公用部分，各厂的厂房和宿舍由各厂去搞，你们要懂得两个积极性比一个积极性好的道理。"

当时我们正参加由周汝煦筹备组长主持召开的筹备小组会议，曹培林在总机室接电话后回来在会议上念了电话全文。可见建设方针对总厂当时来说何等的重要，总厂错失1990年建设的大好时机。正如周汝煦副局长说："县官不如现管！"

领导变更

席德华为什么匆匆离开总厂呢，其原因有两个：

一是工作安排问题。成立总厂，根据他55岁的年龄和一生搞基建的阅历，安排他只能担任总厂的党委书记。

二是子女调动问题。席德华有3个子女，想一起调来总厂，总厂还专门为其写了报告。我专门多次跑西南兵工局干部处，干部处的回答是："可随调一个未婚子女或一对已婚子女。"这是政策规定，只能按政策办。结果没办法，席就匆匆又回河南五一二三厂了。

1990年12月，周奇灿任总厂厂长兼党委书记，周汝煦副局长离任；兵工局基建处副处长汪珑任基建副厂长，相继撤掉了红山厂建设指挥部和各专业厂的建设筹备处。

周副局长主持总厂筹备组工作期间，指导思想以总厂统一组织建设为主，除红山厂承包宿舍建设外，还要求各厂积极筹资建宿舍。谁交的钱早、就开工早；谁交的钱多，给谁建的就多。这也符合来金烈部长的"统一规划、统一设计，谁拿出钱多，谁就搬得快"的思路。

总厂成立后，以总厂统一组织建设为主的指导思想没执行了，总厂大包大揽甚至多交钱也不能给你多开建宿舍。

周奇灿忠实地执行有关"指示"，确实是个好同志，勤勤恳恳，兢兢业业，公道正派，努力工作。但无奈建设方针失误，无法打开局面，最后还是不明不白地被调动了工作岗位。

1991年末，蔡如铨由晋林机械厂调来总厂任副厂长。

1992年，陈文珍以工作组副组长的身份来总厂工作后，担任总厂临时党委书记。1993年初，周奇灿离任，陈文珍又代理总厂厂长。

陈文珍很勤奋敬业，也很认真努力，也注意到充分调动两个积极性的重要性。尽管他提出"早搬、快搬、全搬、搬好"的口号，无奈基本建设已经失去1990年、1991年的大好时机。当时资金环境还比较宽松，农业银行主动向我们提供1个亿的贷款额度，由于我们建设方法失误，没有充分调动两个积极性，结果项目上不去，资金花不出。后来收紧信贷，额度还没用完，物价又飞快地上涨。所谓的"八年抗战"已实际落空。

1993年初召开的一次厂务会上，当时忽略了小决策失误的严重后果，作出了一个非常失误的决策：停止铁马车总装生产，因此也失去了生产铁马（2030）的许可证。

由于生产铁马投入多，周期长，产出慢，不同于部件厂那样投入少，周期短，产出快。我当时也参加了会议，也同意了多数人的意见。我也有不可推卸的责任。如果周奇灿在位，肯定不会召开这个会议，更不可能作出这个决定。因为铁马（2030）重型车生产许可证是南线各厂自制测绘，特别是庆岩厂多年艰苦创业才争取来的。

铃木合资

1993年初，摆在总厂面前有三大任务：其一是继续完成基本建设任务；其二是商定合资事宜；其三就是组织局部搬迁。

合资之事经过反复谈判最后确定：合资不占已建好的厂房，自己建简易钢结构工房。在这个前提下，代厂长陈文珍和徐永祥就召集双溪厂厂长和搬迁办同志来研究落实具体的搬迁的办法。

双溪厂厂长回去全面动员安排搬迁工作。合资工作也按计划顺利进行，并在1993年6月8日召开了合资企业开工奠基仪式。会后，西南兵工郭棣华局长陪同铃木修查看场地时，临时动议决定铃木修他们占用双溪厂建成的101工房和102工房。

总厂感到突然，很着急，马上通知双溪厂。在宿舍还未建成，厂房又被合资占了的情况下，双溪厂感到搬迁无望，在极个别人偏激情绪的煽动下，实施了强行搬迁。并于1993年6月21日堵塞了渝黔公路。

事发当天中午，市政府罗文会副秘书长和国防工办方主任，到总厂现场和总厂研究如何做好安抚稳定工作，决定下午就去双溪厂。第二天西南兵工局里也派人去了双溪厂。

事后，兵工局在局里开干部大会，兵总（指中国兵器工业总公司）也派人参加了会议。会上，陈文珍把事后群众意见和谈话及总厂领导研究的精神向兵工局里作了全面汇报。接着，郭棣华局长点名要坐在左边的徐永祥表态，徐永祥推辞没发言，这时郭棣华又点到我，"老罗，你说！"我首先说："强行搬迁肯定是错误的。当然，我们总厂工作没有做到家，也有责任。但我们要冷静思考一下，理解职工的心情。八年了，搬迁不成，望眼欲穿，厂房刚建成又被合资占了，职工感到搬迁无望。"

接着杨必孝发言，观点雷同，但语言更尖锐一点。接下来李巨才发言，内容基本差不多。这时郭局长站起来，给大家讲了很多合资的好处……徐永祥接着作了表态发言。陈文珍也说：刚才是代表党委班子的发言，现在我个人再表个态。

事实证明，合资没有错，它根据当时合资的要求和搬迁的处境，结合总厂发展的方向，统筹兼顾，合理安排是十分恰当的，关键是未及时通气协商。从与铃木合资近18年的效益看，长安铃木的发展，的确为总厂带来了生机与活力。

在国家计委、国务院三线办和重庆市委的精心组织和关照下，在兵总和四川兵器工业管理局的具体领导下，在巴县政府和北方设计院等兄弟单位的大力协同配合支持下，在三线企业广大干部和职工共同努力下，历经十多年艰苦奋战，大江车辆总厂初具规模。

总厂为此又欢迎并协助已列入国家"八五"计划的南线原配套的三线脱险企业搬迁到大江总厂。随后，庆江机械厂、晋江机械厂、青江机械厂、平山机械厂4厂几经周折，也先后全部脱险并迁到大江车辆总厂，实现了"九九归一"，为这个全国最大的军工搬迁项目画上了句号。

从此，9个专业厂携手完成了企业第二次创业的任务，解决了"三线职工献了终身献子孙"的后顾之忧，为企业创造了参与市场竞争的良好条件。

在长达16年的筹备和建设中，有艰辛和喜悦，也有失误和遗憾；有很多的领导为其出谋献策；也有很多的干部和职工为其出力奉献。

三线职工永远不会忘记为我们脱险搬迁做出过贡献的领导和同志们。

回首过去，一切皆在笑谈中。正是：

滚滚长江东逝水，浪花淘尽英雄。是非功过转头空，青山依旧在，几度夕阳红……

这，就是历史！

罗继科：中共党员。原国营重庆双溪机械厂厂长。三线调迁时任重庆大江车辆总厂建设指挥部首任指挥长、代理厂长；中共重庆大江车辆总厂临时委员会首任党委书记。

父亲的三线情怀

魏 强

父亲（右二）离开我国最大的火炮基地的珍贵照片

记得还是我在内蒙古包头上子弟小学三年级的时候，那是在1965年初一天的晚上，听到楼下一台吉普车马达骤停，传来刺耳的刹车声。父亲匆匆回家，告诉妈妈说，"组织上安排我去四川接受新的任务，马上给我准备一下，车还在楼下等着呢。"那时都是上级组织直接安排工作，军工厂都有严格的保密制度，母亲也是党员中干，在内蒙古二机厂任女工部部长，就没多问，急急忙忙准备一下简单的行装。听父母对话说要进深山，那里潮湿。记得最清楚的就是把我和我哥经常钻进去睡觉的、缴获的美国睡袋和

父亲在部队兵工厂与同事合影

在延安奖励的刻有父亲名字的派克钢笔

印有五星的军用毛毯带走了。我和哥哥相互瞪小眼：今后再也玩不成"抓特务"的游戏了。

1. 参加革命投身国防

我父亲是1936年在山东参加革命的老干部。1941年

被山东党组织派往延安，并带着山东党组织为党中央带去的经费——黄金。父亲一路经过千辛万苦，几乎是徒步去延安的。其中因自带路费不足，曾在路途中要过饭，也丝毫未动党的经费。到达延安将经费如数转交给上级机关，受到上级首长的表扬和嘉奖。

在延安学习期满后被组织上分配到军工局所属的兵工厂。

东北解放后，父亲复员调哈尔滨松江电机厂任副厂长。因工作需要，于1963年3月调到包头内蒙古第二机械厂任副厂长，负责人事和基本建设规划。

2. 挺进西南艰苦创业筹划三线建设

1964年，当时我国经济刚刚从三年困难时期复苏，帝国主义亡我之心不死，要对我国发动侵略战争和核打击。党中央、毛主席高瞻远瞩，从大局出发，要准备打仗。为巩固扩大国防、保护工业等各个行业实力，在我们大后方开展宏伟的三线建设，提出"备战备荒为人民""好人好马上三线"，把我们沿海及靠近边界国防工厂整体迁移或再建新厂。并提出详细建厂原则，即要偏离城市、靠山隐蔽、近水能生存、进山洞，防止核打击。

1965年初，父亲由五机部派往大西南的重庆筹建三线

父亲在1946年从部队转业国防厂的证明书及纪念章

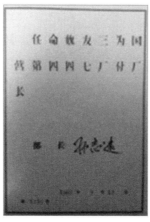

父亲的部分从事国防工作的任命书

厂，同年4月被任命为国营平山机械厂（简称"平山厂"）首任厂长。当时建设工程指挥部选址在綦江蒲河、南桐矿区沙坡和一个叫天星的生产队区域。刚来条件极其艰苦，没有办公室，都分散借住在农民家中低矮的茅草棚和土坯房里，晚上没有电灯，都用汽灯和油灯。那时，老红军、党委书记王友全和父亲全面负责筹建工作。在群山环抱荒芜贫瘠偏僻的山区，本着"先生产，后生活"的原则，他们同建设大军及先行工程技术人员、部队官兵、民兵、民工同吃住在工地工棚，有的分散居住在农民家中的茅草房内。农房有的没有窗子，当时是冬季，没有床板，都打地铺，在地上铺些稻草，把床单铺在稻草上。那时老鼠成群，还有蛇时常出没在被窝中。其中一位从重庆来的姑娘，耳朵被老鼠当点心咬得鲜血直流。还有一位从包头来的，晚上睡觉蛇钻进被窝，吓得一跳老高。那时吃水也都从河沟取，烧开的水浑浊，看不清壶底。出行都是山坡小路，坡陡路滑，一下雨更是

举步维艰。

父亲在抓筹建的同时，为稳定军心，用革命乐观主义理念经常给身边的人讲在山东抗日战争的故事。他用亲身经历教育大家，讲述1936年我大伯、村党支部书记被叛徒出卖，日军把他抓去，让他供出组织秘密。大伯面对日军，始终没吐出一个字，宁死不屈，最后被日军扔入枯井用石头砸死，壮烈牺牲。父亲并没就此被吓倒，反而参加抗日游击队报仇雪恨。他还回忆投身革命，到延安投入国防建设的故事，鼓励大家为了三线建设，战胜面前的一切艰难险阻，告诫大家我们都是经过组织严格挑选出来的好干部好工人，没有困难要我们来干什么？为了下一代有个和平环境，我们吃点亏吃点苦受点累，比起十四年抗战、三年

父亲（前左三）为建设三线准备出征大西南

解放战争、抗美援朝又算得了什么？人非草木，他们听到这些老一辈革命先烈为了新中国流血牺牲，看到厂长、书记都和大家一样为了三线建设同甘共苦，为早日建设好大三线，与大家同甘共苦，更加坚定了扎根三线干革命的信心。

父亲经常白天到工地指导检查，晚上开会研究下一步方案。因为主要车间都在山洞里，每天都要在厂区建设工地工作和办公室工作十几个小时。当时天气条件十分差，从干燥的北方来到潮湿闷热的南方，又在不见阳光的大山洞里工作，很多人都不适应，经常腹泻和发烧，全身起水疱；夏季天气闷热，加上蚊虫叮咬，相当艰苦。

父亲作为领导深感责任重大，为早日建好三线工厂，他不顾身体长期处于疲惫状态，深入各个工地询问进度，现场调查研究，组织现场会提高效率降低工期；他和工人农民打成一片，兢兢业业、任劳任怨；发扬"一不怕苦、二不怕死"的革命精神，一心扑在建设平山厂基本建设上。当时三线开拓者在仙女洞石壁上写下这样一首诗："沾一肩北国冰花，披一身塞外风沙，打点行装下西南，我为革命走天下。"体现了三线人的扎根三线决心和不畏艰辛的浪漫主义情怀，这就是平山厂的第一批开拓人和奠基者的共同心愿。

平山厂主要车间在仙女洞中。该洞前后两大出口相隔300多米，地势复杂，无处落脚。洞里还有大量钟乳石，有的地方高不可测，洞中阴河有的地段深，无法测量。民国时期，国民党开发两年，准备建军用仓库，结果因为难度太大只好放弃了，而平山厂三线建设的开拓者们根据上级指示要在一年内把仙女洞建成生产厂房，并要在年内投入生产，其时间紧迫，困难很大。可这对三线建设者们来说就是机遇和挑战。父亲相信群众，组织开会动员，发挥

父亲在重庆勘探平山厂仙女洞

父亲与工程设计人员在仙女洞中勘探地下阴河

筹备建设平山厂时现场指挥部原址

大家的聪明才智，集中众人智慧。为赶工期三班干，在没有照明设备条件下就用烧煤油打气的那种灯，提前做好准备，进入洞中点燃照明。为测量洞高，一名职工提出把氢气球拴绳在需要测试点放飞。同理，大家提出再对阴河分段投放拴重物绳索，再丈量放出绳子，不但安全有效地解决了高度、深度难以测量的实际问题，而且这种土法测量的推行，成本大大降低，效率大大提高，为在洞中建厂房车间提供了切实有效的经验。这就是发挥大家积极性、创

建厂初期父亲（下排左二）在茅草棚现场指挥部

原平山厂党委书记接受采访时简述父亲当年三线创业事宜

造性、先进性和聪明才智的最好结果。正因为平山厂有像老红军党委书记王友全（当时级别与重庆市长任白戈同级）和我父亲等领导班子及广大工人干部知识分子团结一心，无私的奉献，才使工期进度纪录不断刷新，工期提前和超额完成。

苦尽甘来。仅在一年时间就使平山厂实现了边设计、边建设、边生产，当年就完成 100 毫米高炮产品试制生产的能力。样品的成功验收合格，得到老厂的认可；参加打靶评审的军代表和部队领导都竖起大拇指，赞扬重庆平山厂的高炮生产周期短、质量高。当时父亲被称为三线建设与大家同吃同住同劳动的"三同"好干部。

3. 肩负重任，抗战老址建新厂

1965 年 12 月，父亲被五机部调往南川附近的国营晋林机械厂（简称"晋林厂"）任厂长，全面负责晋林厂的基建工作，母亲和我们还留在平山厂。晋林厂当时位于南桐矿区丛林沟海孔村境内，属于海拔落差巨大的典型喀斯特地貌，山地多耕田少，沟壑交错，当时交通不便，出行艰难，采矿历史悠久。海孔洞同平山厂仙女洞相似，曾经被国民党利用，抗战时期在此山洞中曾建过"第二飞机制造厂"，完全符合靠山隐蔽原则，更是建设三线厂理想之地。父亲把余生投入规划建设这个三线工厂的蓝图中。

晋林厂的主要厂房建筑在海孔洞里，洞中阴暗潮湿，父亲每天往返办公室到工地洞子几次。山区早晚温差大，特别冬季潮湿阴冷，阴雨不断，几乎没有取暖设备和煤炉，建设中的晋林厂，道路泥泞，往返途中经常一身泥一身汗。后听原晋林厂办公室韩晓芳介绍讲，父亲那时晚上在办公室实在冻得难受，就用打火机点一张废纸烤烤，继续工作。

吃饭也不要照顾，自己去大食堂与职工一样排队打饭，经常因开会去工地回来迟，错过开饭时间，就吃剩饭凉汤，从无怨言，起到领导干部共产党员吃苦在前享受在后的模范带头作用……

正因为晋林厂有着像父亲这样的三线一代创业者们为国为家为国防无私奉献精神，废寝忘食夜以继日劳作，换得各项土建工程进展迅速，工期不断提前。由于地势险要道路曲折，特别是大型设备运输只能人拉肩扛，靠滚杠一点一点、一寸一寸迁移。当时物多人少，父亲也和工友们一起搬运物资和设备。在父亲的简陋办公室里看到，一顶草帽、一个垫肩、一把铁锹、一副沾满泥土和汗水的手套。父亲手上同三线创业者一样有着厚厚的老茧。在那个激情燃烧的岁月里，你根本分不出谁是干部谁是工人。本着先生产后生活的原则，很快进入各种设备进厂安装调试试车阶段。看到厂房陆续建成，父亲感到非常欣慰。那时大家只有一个心愿：早日把工厂建成，向毛主席、党中央、五机部、重庆兵办（即后来西南兵工局）献礼。

随着时间的推移，家属区、幼儿园、学校、商店、书店、邮电所、粮店、煤场各项配套设施逐步建起来交付使用，大批来自山西太原的职工家属及计划内调拨招工人员入驻，整个厂区有了生气，热闹起来了。每天从早到晚都能听到附近农民卖肉卖菜及各种物品食品叫卖声和吆喝声；听到幼儿园小朋友愉快的歌声、学生琅琅读书声。山区各个路上人流不断，使这个偏僻的小村晋林厂变得充满生机和活力。看到这些变化，父亲脸上时常露出开心的笑容。

军品计划下达后，父亲的任务更重。面对还没建设完工的厂房，没到和未安装调试的设备，使他彻夜难眠，过度的操劳使父亲经常感到体力不支。在延安时，父亲曾得

晋林厂山洞建在隐蔽的深山密林中

过肝病，后被组织请专家医生治好。长期革命生涯中积劳成疾留下的旧病，在三线艰苦条件和操劳下复发，但迫于形势压力和工期的紧迫，他把自己的病情隐瞒下来，谁也没有告诉，自己忍着肝部剧痛坚持工作，实在疼得难受，就用硬物顶在肝部继续工作。

海孔洞里的厂房建设是最为艰难的一项工程。洞中阴暗潮湿，地势险要，施工难度大，父亲总是亲临现场指挥，经常教导大家时刻注重安全，警钟长鸣。遇到危险，他总是冲锋在前。夜深人静不断总结研究方案，不知疲倦忘我地工作。他不怕苦，不怕累，相信群众，依靠群众，理论与实际相结合，与工程技术管理人员、同事、工人师傅们

打成一片，汲取大家的智慧，鼓励大家发扬主人翁精神，明确方向，土洋结合，采取人拉肩扛，保质保量及时在海

勘探海孔洞

原晋林厂海孔洞主洞口

海孔洞成为抗战时期重点保护地

孔洞中建起了三层楼的厂房，并将设备设施安装到位，使基建工程如期完工。这种为三线建设不计个人得失的精神，就是那个时代三线军工人的奉献精神的具体体现。

4. 言传身教谆谆教诲，深刻体现父爱伟大

父亲对我们要求十分严格，公私分明。部里为方便工作生活专门给父亲配备一辆华沙轿车，父亲很少使用，把此车交到办公室厂办作为公车使用，不搞特殊。清楚地记得一年冬天，我们放寒假，我随父亲去晋林厂，当时看到父亲在一间干打垒小平房内办公，居所是在办公柜后面隔离而成的。处于丛林沟山上的晋林厂，冬天相当寒冷，但父亲这儿却没有取暖的炉子。

父亲从小教育我要做一个正直的人，听党的话跟党走。父亲小时受孔孟思想教育影响颇深，要我在学校听老师的话好好学习，学用结合。尊重老师和长辈；要我正义勇敢去做暴风雨中的松柏，不当温室中的花朵；要向雷锋、王杰、草原英雄小姐妹、向秀丽革命英雄学习；讲革命英雄人物的故事、讲他身边工作同事和下属为建设三线忘我工作的感人事迹；还给我买各种故事书。当时我家小人书有整整一箱子，同学们非常羡慕，每天都有好多同学和小伙伴来我家共同分享着快乐。父亲教育我从小不能养成坏生活习惯和毛病，要少说多做，多帮助人，不能轻易求人依靠他人。因父母都是干部，不能正点下班，在小学3—4年级父亲就让我和哥哥每天一个负责买菜，一个负责做饭，一个星期一换，既解决父母后顾之忧，又锻炼独立生活的能力。三线的孩子早当家啊，同学之间基本都是这样。因此，三线子弟自我生活能力很强，是城市孩子无法相比的。

每次父亲回家，我们家就特别热闹。晚饭后全家聚集在饭桌前开家庭会，大家轮流组织，讲究民主，每个人都

要发言，父亲要我珍惜现在的好日子，不要因为家庭条件好就看不起人，要注意与身边人和睦相处，比学赶帮，多向革命英雄人物和雷锋、欧阳海、王杰学习，多做好事帮助他人，做无名英雄不求回报。母亲长期做思想工作，担任过万人工厂的女工部部长，在平山厂任总务科长，掌管后勤保障，总讲一些柴米油盐与生产生活息息相关的故事。哥哥为人老实正直，事事带头，讲做老实人，说实话办实事，这是多么朴实的话语，使我牢记在心，给我留下不可磨灭的烙印。父亲十分简朴，平常总穿工装，虽然解放前上过高中但还是农民出身，他从不浪费粮食，掉在桌上的米粒都要捡到碗里吃掉。他经常教育我要做一个正直的人，不能骗人说假话。现在回想起来，就是要从小养成讲真话做实事的品德和行动指南。他的言传身教为我的成长和发展起到至关重要的作用。

5. 非常时期更显三线老兵工的博大胸怀

非常年代，"文革"烽火吹到晋林厂，父亲为该厂主要领导，不可避免地受到冲击。由于父亲为人正派，办事公正，原则性强，主要主持工厂三线规划实施和工厂基本建设，并没在此运动中受到直接冲击靠边站和被打倒。在这个特殊时期，他为了工厂建设和生产一直没有离开过晋林厂一步。

1969年运动后期实行大联合，为响应"抓革命，促生产"号召，混乱的时期结束。一切仿佛又恢复往日的正常。我问父亲为什么在当时那种情况下不害怕，他回答我，他是掖着脑袋出来闹革命的，经历过抗日战争、解放战争、抗美援朝洗礼，这点算不上个啥。这是父亲最朴素也是令我最折服的留言。父亲为革命出生入死不惧怕，为三线呕心沥血报国家。父亲把一生交给党安排，这就是一个三线

山区工厂的体育场

小时候和爸爸妈妈与哥哥合影

老兵的博大胸怀和为三线建设始终不渝、坚强意志的体现。父亲用实际行动演绎着对国防事业忠贞不渝、无比热爱的三线情怀。

6. 鞠躬尽瘁为三线建设献终身

父亲1971年春节后回平山厂探家期间，母亲发现父亲身体急剧消瘦、四肢无力，因腹部剧痛经常头上掉下豆大的汗，母亲强迫他到平山厂医院检查（当时母亲担任平

当时在洞中生产军品现场

59 式 100 毫米高炮

山机械厂职工医院院长），经查为肝病复发。

组织得知后十分重视，1971 年 3 月末，经当时平山厂军管会主任庞司令员亲自介绍到西南陆军总医院（重庆大坪）治疗。由于工作繁忙耽误了最佳治疗时期，在住院期间，得到党组织和部里及西南兵工局（在重庆大坪，当时叫"兵办"）领导无微不至的关心和照顾。

当他得知自己的病情后，忍着剧痛向前来看望的各级领导和同事汇报和交代工作，说不要为我操心耽误工作。他最后还在为自己未完成的三线建设工程操心着，觉得对不起上级领导的信任和期盼。我目睹了看望人员怀着悲痛心情离开时的感人场面。

由于病情恶化，父亲于 1971 年 6 月 9 日在医院逝世，终年 53 岁。父亲的一生是革命的一生，是为军工事业和三线建设奉献的一生。

父亲逝世后，晋林机械厂隆重召开了全厂职工和家属上千人参加的追悼大会，主席台两边布满了花圈挽联，上千名职工家属佩戴白花列队站在广场上，泪流满面，泣不成声，深深怀念为三线建设鞠躬尽瘁的好厂长，这种场面在那个年代是少有的。

父亲为了国防事业三线建设永远离开了我们。组织上给予我父亲极高的评价，被誉为"焦裕禄式的好干部"，为父亲的革命生涯三线春秋画上了一个圆满的句号。

50 多年过去了，当年三线建设者们响应毛主席、党中央号召，如同我父亲一样为我国的国防事业作出巨大的贡献和牺牲，在军工三线这个大家庭中，这样的事情和经历屡见不鲜。三线建设老前辈谁都能写出一篇壮丽的三线史诗。他们长期扎根在那里，"献了青春献终身，献了终身献子孙"；他们用自己宝贵的年华甚至生命凝结成的奉献

1970 年我们全家合影

2019 年重返父亲工作过的晋林厂，后面为办公楼

精神永存史册。

三线精神激励着我们军工二代、三代、四代，要继承前辈意志，为祖国建设和国防事业作出新的奉献。

（本文图片资料由作者提供）

魏强：1963 年随父母从国营松江机械厂至国营包头第

二机器厂，1966 年再到国营重庆平山机械厂。1971 年于平山机械厂参加工作。1972 年 9 月调河南济源兴华机械厂。1980 年 10 月—1992 年，在洛阳北方企业集团公司工作。2011 年退休。

怀念我的父亲云华

云利珍

我的父亲云华，1925 年 10 月出生，1942 年参加工作，历任山西省太原重型机器厂副主任；内蒙古自治区包头市

第二机械厂二分厂厂长；重庆青江机械厂指挥长、厂长；晋江机械厂厂长、总工程师。是新中国第一批劳动模范之

云华在三线企业——晋江机械厂时的
留影

一；苏联援建中国 156 个项目的参与者之一；重庆三线建设的开拓者之一，获"献身国防科技事业荣誉证章、证书"。1986 年退休，1994 年去世。

我记事起，父亲已赴重庆三线建设。那是 1966 年，父亲只身一人离开内蒙古包头的家，前往重庆大山里开山辟地。

父亲曾给我讲过两件事，让我记忆尤深。一件是他带人勘测厂址。一次，他带了几个人，雇了当地船工一起沿河勘测厂址，途中掉入了漩涡中。当时大家很着急，几乎无计可施。此时，父亲是领头人，他跟我说，如果大家都慌作一团，后果可想而知！结果，他冷静地指挥船工沿着漩流的方向慢慢地划出了漩涡，大家脱离了危险、转危为安。

再一件事是：我们家窗户望出去的对面山上，有一个我们称为"馒头山"的山，前几年我陪着哥姐一块回厂忆旧去过。父亲常拿着望远镜望那个山头。有一次，父亲兴之所至（父亲话很少），告诉我：建厂之初，他曾带着人上那个山上竖电杆，不知怎么绳子断了，一队人都倒了，他是最后那个人，倒地时头撞在一块石头上昏了过去……当时，山上是无医无药无人家！在大家焦急、无奈、期盼

中，时间一分一秒地过去了，也不知过了多久，父亲终于醒了过来！

我们全家团聚是在 1968 年。在"文化大革命"的风雨飘摇中，父亲回内蒙古包头接我们全家来到青江机械厂。

当时，兵工三线建设的方针是：先建厂，后安家；先生产，后生活。

所以，我们家刚来时，没有宿舍，一家人就住在一个仓库里。我记得，我经常半夜醒来，看着床前地上老鼠打架。后来，搬到了新房子，墙上还挂着水珠。我还跟着母亲去看过整天在山洞里生产的叔叔伯伯们，据说很多人生了风湿病。

听父亲讲，重庆这十几个厂，按照工业生产规律，应该是一个大企业或大公司，但由于备战需要，把它们分散在十几个地方。在我的记忆中，父亲整天坐着吉普车奔波于崇山峻岭中，母亲为此很担心。

过了几年，我们家又搬到了晋江机械厂。

1979 年我高考上了大学，离开了我度过童年、少年时期的三线厂。这段经历，深深地烙印在我心中。因此，当人们问起我的经历时，我会告诉别人：我生在内蒙古、长在重庆、工作在广东。

正是在广东工作，让我有机会思考和比较上海、成都、哈尔滨不同地域的三线厂（因我参加广东三期核电站可行性调研，有幸去过这些厂，属原国家四机部）在改革开放的大潮中同处于衰落期；军工生产具有不可或缺但不可能长盛不衰的历史地位和价值；而广东乘改革开放的潮流，外企、合资企业、"三来一补"企业以至后来的民营经济蓬勃发展，无论是技术还是管理急需人才……

因为所见、所思，我几次回家力劝父亲来广东民企担

20世纪50年代，云华（左三）与苏联儿童在一起

1968年，云华全家从内蒙古迁往重庆途经北京时留影

任个管生产技术的厂长或顾问什么的，但父亲始终不应，问急了，父亲一句：党委有决定，班子成员不能外出打工。这样的坚守，让我无言以对。当时不理解，现在想来，一代人有一代人的坚守！

搬不动父亲，我开始搬哥哥姐姐。但是，父亲没有等到这一天就去世了！这成为我痛心的遗憾！

父亲追悼会那天，面对远处青山依旧、兀自耸立的馒头山，近处疮痍满目的厂区、家属楼，眼前白发苍苍、衣衫陈旧的父亲曾经的同事，我悲怆地喊出：父亲这代人，是共产党的脊梁！

（本文图片资料由作者提供）

云利珍：女，大学本科毕业于四川师范大学政治系。先后在原四川省重庆市永川教育学院、原中山医科大学社会科学部任教；现在广东省高级人民法院工作。

将军此行欲何往

舒德骑

这里，是长江流域的一个驿站。

这里，几十年前曾流传着这样一个并非笑话的笑话：抗战时期，一艘破败不堪的国民党军舰，飘着一面青天白日的旗帜，自渝溯江而上，呆滞缓慢地驶过这里。两岸乡人稀奇，争先恐后扶老携幼前往观之，居然见那江中行驶的军舰船舷上悬挂着一块木牌，上面堂而皇之写道："此系军舰，过往木船，不得碰坏！"

乡人唏嘘，扼腕长叹：此等军舰，如何能抵挡日寇的坚船利炮；用如此低劣的装备同侵略者作战，不知多少热血男儿会倒在敌人的枪林弹雨和炮火之下！

星移斗转，时过境迁。如今，在当年那老牛拉破车似的军舰驶过的地方，又是如何一番景象呢？

非常的使命

这是 1990 年仲秋的一个月色姣好的夜晚。

一列墨绿色的特别快车由北向南，进入蜀境之后，穿过雄奇的剑门，越过广袤的川西平原，一直向东南方向疾驰而去。时值午夜，朦胧的月色下，映入人们眼帘的已是连绵起伏的山峦了。

"在这重重叠叠的峰峦之间，能寻求到想寻求的东西吗？"

车厢里的灯光早就熄灭了，同行的同志们已在单调沉闷的车轮声响中睡去。唯有窗口边一位头发花白、身着将军服的军人却无论如何睡不着。他坐在车窗前，深邃的目光凝望着窗外掠过的朦胧山光水色，陷入了久久的沉思。

这是国防科工委副主任谢光中将。与谢光同行的还有海军副司令员张序三中将、国防科工委科技部部长王统业少将、海军装备技术部部长郑明少将等 30 余人——这个庞大的考察团，他们将到一个陌生的地方去考察，并由此决定一项代号为 ××× 的国防重大装备项目的投资方向。

这个重大的科研生产项目，是由党中央、国务院决定，关系到中国海军建设和国防现代化建设的重点工程，它有着非同小可的战略意义。中央军委领导对此极为重视，将军们对此项目的投向更是慎之又慎，不敢有半点的疏忽。

说实话，要说工业基础，首屈一指的当是东北和华北；要说科研生产能力，独占鳌头的要数京沪和沿海——可为什么将军们偏偏舍近求远，要千里迢迢地奔赴这巴蜀的山野之地呢？

运筹帷幄的将军们自有独到的见解：在春天里，伸出墙头的红杏自然美丽动人，而那些掩映在墙内的枝头上，难道就没有比墙外更好的花朵和果实吗？一项重大的决策，当然来源于深入细致的调查研究。知己知彼，方能百战不殆。在战争中如此，在经济建设特别是国防建设上，又何尝不是如此呢？

将军们要的是投资省、研制速度快、质量精良，能在未来战争中经受残酷无情的战火考验的军事装备！

难哪！这项用于远洋海军新型舰艇上的装备，其中最大的齿轮直径就达 2.5 米，同时要求它必须超高精度、超硬齿面、质量优异，能抵挡大海中狂风巨浪的考验。这样高的质量技术要求，国际上也只有少数几个发达国家才能达到，国内能达到这种要求的更是凤毛麟角。

但再难，我们必须依靠自己的力量研究并制造它！我国海域广阔，海岸线长达 18000 千米，沿海岛屿有 6500 多个，没有航速高、航程长、吨位大、火控强的舰艇，那是无论如何也不行的！在南海，我们的海岛，有的还被别的国家侵占；个别不友好国家，每年在我们南海海域中偷采的石油就达上亿吨——我们一定要改变有海无防的现状！将军们此行肩负着非常的使命。

可在西南的山沟里，能有这样的研制单位吗？

夜已经很深了，将军还没有丝毫的睡意。他打开一丝窗缝，一股微凉的风扑面而来，卷起的窗帘一角，从他脸上拂拭而过。他沉思着点燃一支烟，火光在夜色中明明灭灭。

列车朝着既定的目标，义无反顾地向前行进、行进——哦，天快亮了吗？黎明时，列车随着刺耳的刹车声缓缓停了下来。

醒来的土地

这个地方叫江津。

它是聂荣臻元帅的家乡。

烟波浩渺的长江穿宜宾，过泸州，坦坦荡荡地流到了这里，却猛地打了一个漩——好一个回头大湾！把长江扭成了一个"几"字，江津城就在这"几"字中央。所以此地又有"几江城"之称。

千百年来，它虽以富庶的土地、丰饶的物产、众多的人口、辽阔的幅员驰名蜀中。但毕竟它还是一个日出而耕、日落而息、男耕女织的农业大县——即使偶尔有地方冒出一两缕青烟，响几点锤声，也无非是些近乎作坊的小工厂，这和"近代化""现代化"这些字眼是风马牛不相及的。

这是一片沉寂的土地。

可有一天，这片土地上却骤然热闹起来！

刚开始，是一架又一架的"安—2"型飞机在这里的天空中盘旋；继而，又有直升机在这里流连忘返；后来，又有那肩扛水平仪测量尺的人来这里跋山涉水；再后来，居然有那消息灵通的人士在茶房酒肆中喜形于色地传言：沿海有无数个大型军工厂将迁来江津！

人们将信将疑。

但笃信者显然占了上风，他们一说起理由来便口沫飞溅振振有词：按照毛主席"三线建设要抓紧"的指示，沿海的军工企业肯定要内迁。迁往哪里呢？当然是要"靠山、钻洞、隐蔽"。而江津这个地方，正好是以山地为主。较为有名的大山就有10余处，如四面山、玄武山、骆崃山、临峰山之类。同时又有成渝铁路、长江等运输线贯穿全县——要山有山，要水有水，要粮有粮，要人有人，要路有路，三线建设选点，非它莫属！

事实终于印证了人们的推断。

从1965年起，那开山放炮的声音便在全县东南西北响了起来！不久，那上海的、大连的、武汉的、太原的、北京的、西安的……操着各种各样口音的人，便从五湖四海陆续会聚到了这里。这成千上万的人刚来的时候，住的是草棚，吃的是粗粮，喝的是浑水，他们一身水一身泥，摔打在工地上。解放军部队也多次派人派车帮助这些工厂修桥铺路、挖山填沟——这些建设者们，当时都怀着一个共同美好的心愿：为了让伟大领袖睡好觉，愿为三线建设献出自己的一切！

隆隆的炮声连绵不绝，各种各样的车辆川流不息；工地上，白天到处是人头攒动，夜晚遍地是机器轰鸣——江津这块沉寂了千百年的土地，好像一天早晨猛地从睡梦中醒来，揉了揉它的双眼，欣喜地注视着眼前发生的一切。

江津这个地方，历史悠久，民风淳朴。这里的人民自古以来以豪爽、好客、仗义名传千里川江。加之他们千百年来饱受官僚、军阀的欺压，饱尝兵荒马乱流离失所的煎熬，所以他们由衷地拥护新生的人民政权，深沉地热爱人民的军队。

军工厂！这是多么具有吸引力和诱惑力的称谓！它不是为加强我们的军队建设，为军队提供优良装备的工厂吗！人们喜上眉梢，奔走相告。他们在军工企业建设时期，表现出来的那种无私的精神境界和豪爽仗义的行径，可歌可泣，永志难忘。

建厂需要土地，他们无私地献出祖辈传下的山林、田地，甚至屋基；至今有的厂占村组，人均只剩有二分地。建厂需要劳力，上万的民工起早贪黑披星戴月地开山放炮、移山填沟、修房造屋；他们任劳任怨，流血流汗，有的甚至付出了自己的生命！建厂需要材料，他们竭尽当地的资源，运河砂、筛石子、烧石灰、制水泥。面对骤然增加的上万名建设者，地方政府在十分困难的境况下，勒紧裤带，首先保证这些军工单位的粮食和肉类、蔬菜的供应——地方政府和江津人民把支援军工建设，看作是拥军最直接的行动。

"是啊，江津人民对军工的深情厚谊，如果能单独编一本报告文学集，肯定有着不可低估的现实和历史意义。"一位头发斑白、当年从渤海之滨入川的老军工如是说。

就这样，经过几年艰苦卓绝的建设，在昔日野鸡出没野兔蹦跶的山沟里，一条条水泥公路向前延伸，一排排铁塔横空出世，一幢幢高楼拔地而起，一座座厂房巍然屹立，一片又一片新兴工矿区在江津这块土地上矗立起来；一座座具有现代化水平的船舶、兵器、军研、后勤……的军工厂在那山水之间平地崛起！

经过三线建设的江津，在现代大工业、高科技激烈的市场竞争中，它已不再是一块默默无闻的土地！

矫健的羽翼

如果说，这些20世纪60年代在江津建起来的军工企业，当年还是一只只羽翼未丰的雏鸟的话，那么，在经过多年的风雨洗礼之后，如今在改革开放的春光里，已成长为雄心勃勃搏击长空的雄鹰！它们张开矫健的羽翼，自由自在地翱翔在祖国蓝色的天空。

请看笔者摄下的几组镜头：

镜头一：

1970年12月26日。蓝天、白云、茫茫大海。没有礼炮，没有欢呼，没有广播。一条雄奇无比的钢铁巨鲸，拖着水滴形的身躯，从造船厂滑道上徐徐下到海里。这个历史性的画面，犹如原始先民披着秀发从湛蓝的大海上岸时的情景。

它，身披坚铠利甲，是一尊核时代克敌制胜的战神。

当那枚乳白色的运载火箭，从大海深处这个流动发射基地——核潜艇上呼啸而出，飞上蓝天，遨游太空，然后准确地落在预定海域时，新华社受命向整个世界庄严宣告：继美、苏、法、英之后，中国已成为世界上第五个拥有核潜艇水下发射运载火箭能力的国家！中国是爱好和平的国家，中国人民是热爱和平的人民，我们无意做超级大国，也无意进行核军备竞赛，我们所做的一切，完全是为了历史的悲剧不再在我们领土上重演，完全是为了自己的国家和人民进行和平的建设，和平的劳动。

这个和平使者——导弹核潜艇的肚子里，有江津某军工厂为它提供的关键设备。

镜头二：

新华社1990年7月16日电：今天，大凉山月亮城神秘的绿色峡谷里，突然成为举世瞩目的地方。仲夏的凉山，蓝天如洗，骄阳普照，白云缭绕。今天，西昌卫星发射中心的巨龙驾手们，要在中心新落成的大型发射场，发射我国新研制的大型捆绑式火箭。新建的发射塔由活动塔和固定塔组成，塔体全部用铝钢镶装，看上去好似用玻璃砌成的摩天大厦。两座塔体犹如一对恋人，把新型火箭紧紧拥抱在怀中。

长征二号E火箭犹如擎天大柱，高高矗立在发射台上，4枚捆绑在火箭主体的助推火箭，像4个坚强的武士，牢牢扶持着擎天大柱。它的顶端，喷有中国和巴基斯坦两国国旗，以及"中国航天"4个红色大字。火箭顶部的整流罩内，托着两颗卫星，一颗是澳大利亚"澳星"，一颗是巴基斯坦"古兰经"。

随着一串短促有力的指令，火箭喷出8条火龙，在惊天动地的呼啸声中拔地而起，直刺万里苍穹，在蓝天上留下长长白色的烟带，犹如仙女舒展广袖，当空飞舞。

火箭发射成功后，国务院、中央军委致电祝贺。新闻界称这次发射"掀开了中国航天史上新的一页"。丁衡高将军、林宗棠部长和美国、澳大利亚、巴基斯坦等国的官员们，在西昌观看了发射实况。消息传到北京，90余岁的聂荣臻元帅欣喜地专门打电话表示祝贺。

可谁承想，托起和移动总重量为数千吨、高近百米的双塔底部全部8台齿轮传动装置，为江津偏僻山沟的某工厂研制！

镜头三：

一艘艘满载着货物的轮船，随着一声声高亢的汽笛鸣叫，缓缓地驶离江津码头。上面满载着部队的装备和军用物资。

几十年来，从江津码头开出的轮船中，从火车站发出的列车里，不知运载过多少江津10多个军工企业的产品。这些产品，让部队最大限度地减少了伤亡，增强了部队战斗力，壮大了人民军队的军威。

从海军舰队首次编队出访南亚三国，到援越扫雷援柬排雷；从西沙自卫反击海战，到老山前线自卫反击攻坚——处处都有这里的军工企业为部队提供的产品，直接支持着军队在前线同侵略者作战。

如今他们生产的产品，已广泛用于航空、航天、船舶、兵器、机车、交通、后勤……他们的产品，装备着陆军、空军、海军、武警，乃至公安、保卫、检察、法庭、海关……

江津人民可以自豪地宣称：抗战时期所目击的在江面行驶的破烂军舰的景象，已经一去不复返了！

镜头四：

1990年5月15日，这是一个和风丽日的早晨。3辆豪华的轿车从重庆宾馆开出，向江津一个僻静的山沟驶去。第一辆车上，坐着一对黄头发、蓝眼珠的老年男女——这就是美国AGMA齿轮制造者协会主席、美国船用齿轮公司总裁亨利和他的夫人。

亨利夫妇一行不远万里，远涉重洋，风尘仆仆专程来到江津的一个山沟里，要对这里一家工厂进行考察，并在考察的基础上和这个厂签订合作生产欧美市场畅销的船用齿轮箱的协议。

宾主间的洽谈是愉快并成功的。

当改革开放的鸟儿衔着春天的信息，飞到巴山蜀水之后，地处山沟的军工企业也同沿海一样，立即不失时机地打开窗户，张开双臂，迎接着这春天使者的到来。

这些军工企业，充分利用他们在技术、信息、装备上的优势，大力开发民用产品。短短几年，他们开发的民品就有汽车发动机、各类船用齿轮箱、废气涡轮增压器、机车弹性阻尼联轴节，乃至电冰箱压缩机、轻便自行车、全自动印刷机、全自动烘干机，民用电材铸铁件、羽绒被、毛皮鞋、劳保鞋、广柑水、橘子水、天府可乐……多得不胜枚举。

船舶永进机械厂开发的新一代水泥磨减速机，已形成系列投放市场，专家们评价为"国内首创，填补了国家空白，打破了我国长期依赖进口的局面，接近世界先进水平"，被国家列为替代进口产品，每年累计将为国家节约外汇上亿美元。

船舶新兴机械厂生产的废气涡轮增压器，不但创国家银质奖，而且还远销10余个国家和地区，每年为国家赚回外汇上千万美元。这些厂的产品，先后有GW系列齿轮箱、弹性阻尼联轴节、涡轮增压器等创省部级优质产品奖和国家银质奖；2个单位创国家一级企业，数个单位为省优企业。至于"文明单位""园林式企业""军工百家明星企业""职工思想政治工作优秀企业"等，便是无法进行确切的统计了。

随着改革开放，这些年来，先后有美国、德国、法国、日本、瑞士、英国、奥地利、意大利、新加坡及我国港、澳、台等几十个国家和地区的客商，来江津的这些企业考察参观、洽谈贸易。

是的，当年还是一只只稚嫩的雏鹰，如今羽翼已经丰满，到了展开双翅自由翱翔、搏击长空的时候了！

将军不虚此行

他点燃一支褐色的雪茄烟。

淡淡的烟雾袅袅地从他指缝间弥漫开来。透过烟雾，与会者看见的是一张严肃得近乎严峻的脸，他那犀利的目光环视了会场一遍，静静地注视着与会者。和将军并排坐在一起的是张序三副司令员和王统业、郑明两位部长。

"开会吧！下面由厂长介绍工厂情况。"

没有一句闲话，没有一句客套，将军说话干净利索、开门见山。

整个会场寂静无声，与会者个个神情肃然，只有红色的金丝绒窗帘在微风的吹拂下轻轻摆动，只有会场中央的几盆盛开的米兰散发出浓郁的芬芳。

早晨，当天边刚露出一缕晨光时，载着将军们的特别快车抵达了江津车站。当接站的车队穿过黎明的雾霭，沿着一条蜿蜒起伏的公路，到达一座山麓边的厂区时，天刚放亮。

举眼望去——嗬，好一座威风凛凛的大山！山上云雾缭绕，草木葱茏。几只晨醒的野鸽，正盘旋在那峰峦之间。

山下，是一片新兴的工业区，这里，高楼林立，道路平坦。偌大的厂区，掩映在茂密的树丛和花草之中。上班时间还没到，整个厂区显得十分幽静。将军们下了车，深深吸了一口这山中早晨清新的空气，仿佛立即驱散了长途旅行的劳困——好个三线建设的世外桃源！

立即洗漱吃饭，立即投入工作——军人的作风历来是雷厉风行。吃饭是15分钟，完毕起身就走，留下还在送早点的服务员站在那里发呆。

视察工厂、查看资料、听取汇报……每一项工作，他们都细致入微、一丝不苟。正如他们先前从资料上了解到的一样，这里，技术先进、设备精良，特别难能可贵的是这里的职工素质很高，生产、工作秩序井然。

"我厂自投产以来，为国防建设和经济建设研制过数十种先进的产品。先后通过了质量整顿验收、军工质保体系检查验收，多次受到国务院、中央军委和省、部、市的表彰。1986年，我厂为海军提供了舰艇最大功率的传动装置；1989年，舰艇远航美国夏威夷珍珠港，途中经历了12级狂风巨浪的考验，运转正常，保证了远航顺利完成……"

厂长简要地介绍了工厂概况。

接着，总工程师进行技术论证。与会的专家们从各个不同的角度进行了可行性分析。最后，谢光将军用异常简洁的语言，作了会议总结：

"你们厂好、人好！特别是工厂的文明生产，企业文化建设，给我留下了极深的印象！工厂的效益也挺不错，不愧是军工系统的佼佼者——对于052产品，我们决定，在你们这个厂定点生产！"

会场响起热烈的掌声。

最后，几个将军为这个厂题词。

谢光将军的题词是："圣火接力，振奋全国，动力传动，犹如发动机接力圣火，愿齿轮厂为海军做出更大贡献！"

张序三将军的题词是："团结、奋进、求实、创新。"

郑明将军的题词是："机桨离合，军民结合，引研相促，勇攀高峰。"

又是一个晴朗的夜晚。

一轮山月，从远处的峰巅上姗姗升起，皎洁的月光，洒向延绵的群山。浩瀚的夜空中，银汉璀璨。将军久久地立在窗前，望着深邃高远的夜空。凉爽的山风吹来，拂起了他的头发，撩起了他的衣衫——哦，这蜀中的一个个三线建设的工厂，不就是那群星闪烁的夜空中一颗颗耀眼的新星吗？

舒德骑：中国作家协会会员、中国报告文学学会会员。曾任重庆市江津作协主席。著有《大国起航》《苏联飞虎队》《鹰击长空》等 10 余部文学作品。

一帘仙女洞：永不泯灭的三线记忆

吴 鹏

一日三线人，一生军工情。

1992 年，笔者从大学毕业到重庆平山机械厂（简称"平山厂"）宣传部工作，而后离开该厂辗转多企多岗，但都隶属中国兵器行业单位，直至就职于中国兵器报社。

这将近 30 年的三线军工单位职场生涯，是我一生引以为豪的珍贵经历！而最让我难以忘怀的，则是依山凿洞、因洞建厂，我在那里工作过 4 年时间的平山厂仙女洞洞子车间。据说，人们之所以称其为仙女洞，是因为当初洞口雏形酷似仙女楚楚玉立，抑或所在地形如仙女静卧，总之，人们对她寄予了诸多美好的愿望。而在我看来，仙女洞之所以成为生命中不泯的三线记忆，则是因为她所承载的缱绻往事。

仙女洞盛事：产出多型火炮强国防

20 世纪 60 年代，为了粉碎美、苏两国强加于我国的战争威胁，党中央、毛主席提出了建设三线的英明决策，从此一场史无前例的大三线建设高潮在全国范围内轰轰烈烈地开展起来。平山厂建设的先驱者们同全国各条战线的职工一样，带着党中央、毛主席的英明决策，远离亲人，远离大城市，来到祖国西南腹地的深山峻岭，在条件十分艰苦的环境下，肩负起加强国防建设的艰巨任务，进行着艰苦卓绝的建厂工作。

1965 年，平山厂从内蒙古包头市迁建四川省重庆市万盛区南桐镇峡口村仙女洞，直属五机部领导，1988 年后隶属中国兵器装备集团公司。

1965 年 12 月中旬，平山厂基本建成。该厂建筑面积 14.1 万平方米，职工数千人。主要厂房建于仙女洞内，仙女洞地处山崖山腰处，地势险要，只有一条小路进出。

1975 年 11 月，仙女洞洞内改造工程动工。历经 4 年扩建，新增设备 138 台。

1980 年以前，平山厂是专一的军品和军备生产厂。该厂生产的主要军品有 152 毫米加榴炮、59 式 100 毫米高射炮、122 毫米榴弹炮、59 式 100 坦身管、69 式 2 型 100 坦

当年的平山厂大门

身管、44 式 100 加农炮身管、WZ551 轮式步兵战车三桥及传动轴等。

1978 年 12 月，党的十一届三中全会以后，中央对军事工业提出了"军民结合、平战结合、军品优先、以民养军"的十六字发展方针，在保证完成军品任务的前提下，大力开发民用产品。20 世纪 80 年代初，企业军转民后，主要生产的民品有空气锤、正弦波刃铣刀、电容式吊扇、双色印刷机、Z512-2 型台式钻床、PSM90 型摩托车、SC2030 载重汽车三桥及传动轴等。至 1985 年底，全厂有职工 2178 人，建筑面积 14.1 万平方米，固定资产 5606.3 万元，各类设备 2632 台。

"八五"期间，重庆平山机械厂被列入三线调整企业规划，1999 年该厂迁往重庆市巴南区鱼洞镇，与綦江的庆江机器厂、江津的青江机械厂以及重庆铸钢厂等获准并到重庆大江工业有限责任公司。

仙女洞祭事：那隐匿在大山的墓碑

1969 年 8 月 6 日，这一天是历代平山人都不会忘记的日子。

"出事啦！洞子施工塌方啦！"为打通洞子车间又一个关键工程，0091 部队 63 分队的两名解放军同志在爆破后清理现场时塌方受伤了。当人们听到这个不幸的消息时，就像晴空里响起了一声炸雷，都给震惊了。一时间，救护车的鸣叫声，人们的奔跑声，以及互相的喊叫声响成一片……然而，当参加抢救的医务人员沉痛地告诉大家"我们的战士将永远不会醒来了"时，所有在场的人都流下了悲痛的眼泪，发出一片抽泣声。他们走得太早了，他们还年轻啊！他们虽然没有牺牲在硝烟弥漫的战场上，没有倒在敌人的枪口下，而是为了祖国的三线建设献出了他们年轻的生命！但他们的精神同样光彩照人，他们的功绩同样永存……

大地为他们叹息！天空为他们哭泣！人民的子弟兵，魏跃忠、陈国华同志，为建设平山厂献出了年轻的生命。

依旧是这座山，依旧是这块土地，52 年的蹉跎岁月，伴着历史的烟云过去了，就在祖国西南深山脚下的原重庆平山机械厂旧址，在那片杂草丛生的半山腰上，有两座用水泥筑起的战士安息的宿营地，自打烈士们魂归三线建设这片热土以来，每当一代又一代平山人从这里走过，心情久久都不能平静。望着这隐匿在大山里的墓碑，他们常常被思念所折磨，被两烈士勇敢的献身精神所打动；在人生的旅途里，在他们深感迷惘的时刻，他们又不止一次地念想着光荣献身的烈士，汲取拼搏向上的力量源泉，寻找他们生命中的炽热和勇气。

烈士们的精神是不朽的，企业的精神是永存的，如今以重庆平山机械厂为前身的重庆大江车辆人正树立起一座座新的里程碑，沿着先烈的足迹，接续奋斗砥砺追寻灿烂明天和恢宏未来！

仙女洞趣事：猫怕硕鼠成新闻

重庆平山机械厂仙女洞洞子车间分为上下两层，下层为一车间，上层为二车间。笔者1995年至1998年间任二车间党支部书记兼副主任，因工作之余爱好写作，于是乎写了一篇仙女洞的趣闻《猫怕硕鼠》，刊在了1998年4月30日的《中国兵器报》二版。那时谁会想到，这篇只有300多字的"豆腐块"所产生的激励作用，足以改变一个人的命运——这篇报道的作者吴鹏，4年后成了这家兵器行业报的一名记者。一时间，"仙女洞"在兵器行业也为众人所知。

重温23年前这篇题为《猫怕硕鼠》的"豆腐块"文章，迄今所表达的三线情结仍历历在目，令人悚动——

"重庆平山机械厂二车间是1965年建于山洞之中的机加车间，洞长480米，宽约50米，迄今已有30多年的历史。近来，洞中硕鼠猖獗，且已鼠满为患。"

平山厂忙碌的生产车间（上）和摩托车装配线（下）

"据该车间老职工白光红介绍，大约在1984至1985年间，工厂曾组织了一次集体灭鼠活动，数日后，发现洞子两边排水沟里尽是老鼠骨架。他估计，现在洞子里有数千只老鼠。"

"从捕捉到的几十只老鼠看，大概都在一斤半至两斤左右，大的有四五斤，鼠龄应该近20年了。它们主要以车间油料为食，如黄油、机油、蓖麻油等，还啃食车间辅料，咬坏塑料件、电线、工具箱、木质盛具，搬动、藏匿成品小件等，给车间库房管理添乱，使工厂财产受损。"

"有好事者将家猫带来与捕捉到的鼠斗，尽管此猫体格健壮，也只有怒目远视，惶惶然不敢靠近老鼠。少顷，猫逃遁。无奈，车间只好堵塞鼠洞，并做了几只捕鼠笼。一年多来，每每都有老鼠自投罗网，处理之后，埋于远离人群的偏僻之地，因它太油腻，腐烂之后其臭难闻。"

近日，笔者前往平山厂旧址，但见仙女洞内及洞口的厂房依然保存较好。因仙女洞良好的气候条件，当地村民已在洞内培植蘑菇，承载军工记忆的洞子车间仍旧不失自己的历史风范和现实价值。

掩卷静思，洞子车间，典藏了中国军工发展太多的历史印记。把车间建在洞子里，本意是利于防范空袭的无奈之举，是旧中国积贫积弱、强敌入侵的痛苦抉择，是新中国军民在一穷二白基础上自力更生、改天换地的必经阶段；如今它的"昭然若揭"，传递出的则是军工央企为建成世界一流军队提供一流装备的自信气度、铿锵步履和豪迈身影！

（本文图片资料由作者提供）

吴鹏：中共党员。先后履职企业宣传部部长、办公室主任、车间支部书记，报社记者，秘书，企业经理等。现任中国兵器报社总编辑、中华人民共和国国史学会三线建设研究分会常务理事。

记忆·我的三线往事

李治贤

三线建设，是20世纪60年代开始的一项重大国家战略，是毛泽东主席和党中央对国家工业布局的重大调整。中央把建设重点放在大西南，特别是川渝是大三线建设的重点。我的一生与三线建设紧密相连，生命中的时间记忆，一刻也没有脱离过三线建设。

一、军队是革命大熔炉

我出生在四川江津的农家里，当年那里与城镇相比也算十分偏僻了，到县城要步行两天，后来成渝铁路通车，从家里出发到火车站也有8千米的路程，交通闭塞，记忆中就是一个穷字。我在读初中以前看到父辈们搬运农副产品和生活用品都是人拉肩扛。读书期间我也参加劳动。1959年8月江津文教局安排我在学校当了教师。1961年春，我从学校参军入伍，加入了中国人民解放军部队。

军营是个大熔炉，能把废铁炼成钢，把钢炼成特殊钢材。我从最初的步兵起步，当过炮兵侦察兵，经历了重重磨炼，参加过五大技术、山地作战、长途（七天七夜）野营拉练训练和团级干部作战指挥培训，步枪射击考核被命名为神枪手、炮兵射击考核为神炮手，年年被评为五好战士，但失掉了1962年参加中印边境反击战的机会。1964年10月在9440部队三连加入了中国共产党，1965年5月团政委杨国岭在四川广安县华蓥山猴儿沟一营召开的军人大会上宣布提升我为二连火炮排排长，少尉军衔。就这样离开了三连，到广安代市镇二连驻地生活了。7月，师部组织全师军事骨干参加的团干部军事集训，师长张进组织并亲自任教。在集训队里学习了团级干部对部队的行政管理、军事技术、战术等课程，其中技术方面有识图用图、军用地图指挥标注、沙盘制作和应用、武器配备、实战指挥等；战术上有山地进攻与防御、地形地物利用等。从集训队回连队后，师里又组织了在南充飞机坝的连排干部五大技术培训，我被指定担任集训队指导员，又担任连配60迫击炮操作、指挥技法的军事教员。1966年夏天军里组织在梁平飞机场（已停用）里集训全军40火箭筒射手轮训，1964年全军推行"郭兴福教学法"，指定我担任教员。因为培训任务重，我几乎没有在连队生活。

由于三线建设部署，我们团接到命令，从广安县的华蓥山区搬到潼南县的双江镇。1967年2月从部队的全训转到"三支两军"，我们一营负责万县地区的"三支两军"工作，营部驻万县港务局，营长王清担任军管会主任，我们二连驻进万县市财贸学校，我负责带一个宣传队到万县电池厂、四川省万县地区运输公司宣传。

1968年8月调防到云南省保山地区潞西县（芒市），11月又把我抽出同副营长赵敬忠、副连长肖世春组成昆明400号信箱（国营云南仪表厂）军管会，赵敬忠担任军管会主任、厂党的核心领导小组组长、革委会主任；肖世春担任军管会副主任、党的核心领导小组成员、革委会副主任；我担任驻厂军代表、党的核心领导小组成员、革委会委员、政工组组长，负责整党和抓革命促生产的工作。我们按分工安排好工作后，首先按省、市的部署开展了整党整风和工厂秩序整顿，恢复了生产。把干部职工积极性调动和发挥出来，仅一个多月时间，收到了明显的效果。1969年1月生产计划工业总产值28万元，实际完成29.11万元，是1968年11月生产总值2.59万元的十倍，大大鼓舞了全厂职工的生产激情，受到省市肯定和发简报表扬。2月15日，军政委、云南省革委会副主任兰亦农视察了云南仪表厂并和职工座谈，向全省推广云南仪表厂抓整党、促生产，调动职工积极性的经验。

1969年4月1日至24日，党的第九次全国代表大会在北京召开后，5月9日云南省在昆明市云南饭店召开了云南省、昆明军区县团级以上干部会议。我代表工厂党的

兰亦农政委视察国营云南仪表厂

核心领导小组出席了会议。会议由昆明军区第一政委、省革委会主任谭辅仁作党的九大精神的长篇传达报告。会议开了五天。会后回厂由我分层次传达贯彻党的九大、九届一中全会精神和云南省、昆明军区县团级以上干部会议精神，在工厂掀起了抓革命、促生产，以优异成绩向党的九大、九届一中全会和中国共产党诞生48周年献礼的热潮。部里当年下达的生产计划总产值为710万元，商品产值为582万元。此计划为工厂最高历史水平的136%，到5月底就完成生产任务近50%，成为云南省抓革命、促生产的先进典型。

二、三线是学习大课堂

社会环境也许是我们无法用肉眼看见的，但我们却能时时感受到。它可能是一种制度、一种规范、一种机制、一种人与人之间形成的氛围。我们常说，人是社会的人，人是不能脱离社会环境而独立存在的，社会环境规范着人的一言一行。人与社会环境的关系就像树木与土壤的关系。每一个人的成长都与社会环境息息相关。人的成长，离不开社会环境的滋养和哺育。环境就是造就人才的土壤。环境的转换，是人生的新的课堂。三线企业是一个大课堂，是有生以来第一次参加学习。

1969年7月，我从云南仪表厂军代表岗位上转业回乡，后被安置在国家第五机械工业部国营晋江机械厂人保组工作。

8月28日，这天是我一生难忘的日子。早上起了个早，母亲为我准备丰盛的早餐，父亲把我送出两三里地，在我再三要求下他才停下来，目送我离开，在我消失在视野中才返回家中。我从家里步行七八千米山路，到达金刚沱火车站，乘火车到小南海车站，换乘到夏坝站的火车。夏坝

下车后，在当地老乡的指引下，抄小路爬坡过坎又走了几里路，快到中午才到达厂里。说是工厂，只见到几幢在建的房子，没有看到正式的公路和车间厂房，只有铺有石子可以行车的便道。当走到后来建工矿贸易商店席棚子的地方，见到一个穿警服的人，我便上前询问厂部办公室去处，他告诉我，他是厂里职工，便带我到当时已修好的第三幢"干打垒"房二楼第一间，这栋楼里是革委会办事组、人保组办公兼卧室的地方，我放下背包，他们给我介绍说，这间房是人保组办公和睡觉的地方。分别介绍了人保组组长侯拴喜，是山西机床厂保卫处管经保的副科长；刚才接我的叫王贵全，是消防队员，现在担任人保组副组长；另一位叫郭增信，消防队员，负责消防工作。我就这样到工厂并住了下来，下午才去组织组报到，是杨保宪接待的我，可能与保卫工作有缘，首先见到接我的人是人保组的，后来就干上了经保工作。

接下来几天都没有安排具体工作，让我到处走走、看看，了解和熟悉情况。我是工厂第一批接收的转业军人，工厂需要很多人，陆续来了20多名转业、退伍军人，并做了分配。我没有具体工作，后来宣传组组长郑永江安装了一台宣传车，安排我和另外两位职工（其中一位是办事组打字员高桂珍，一位是医院护士蒲玉清）一起到附近公社、农村去宣传党的九大、九届一中全会精神，宣传中央抓革命、促生产文件和厂社联合建工厂等内容。

9月中旬，军管会副主任付开道、军代表李荣勤、李国恩召集我们转业、退伍军人开座谈会，征求工作分配问题。大家都要求当工人。会后革委会研究，分别定了工种，我被定为钳工。我们都有一份新的工作，但还得从头学起，当时工厂只建起一车间工房和三幢"干打垒"宿舍，其他

还在施工建设中,我们来厂的第一批新职工就参加在其中。

10月开始,我除继续做好宣传工作外,还参加干部学习,和工人谈心,接触到很多实际问题。例如住房问题,当时没有办公场地和生活设施,按照"先生产后生活"的安排,工厂建设指挥部先住在山坡上搭建的席棚子里,有的办公室安排在农舍里,军代表的住房也在农民家里。当时大家都是喝稻田水,建设中很多地方都是人拉肩扛,生活工作十分艰苦。因我刚从部队下来,又参加了县团级以上干部会议,大家想听我对工厂的建设意见。我刚到厂不了解情况,不好说什么,只好找来中央文件、省部文件等来和大家一起学习。这时部队、各建设工程队陆续进厂,我又协助做些后勤工作。

根据毛主席1969年3月20日批示:"为了加强西南三线防空武器的建设,决定工程部队三一四团归成都军区建制,担任重庆地区高炮基地的施工任务。有关具体事宜,由成都军区和国防工办商定",部队从4月开始陆续进厂施工,先后有314团、0375部队206、207、208部队进入施工现场。部队的优良传统和雷厉风行团结奋斗不怕苦不怕累的精神也带到了施工现场,加快了施工进度。厂区工程67项,1968年只完成了3项。自部队进厂以来,到11月厂区土建工程开工36项,完成24项。到1970年1月,厂区土建工程完48.6%,4月底完成87%,7月底厂房主体结构工程基本完成。部队在毛泽东思想的指引下,发扬吃大苦耐大劳的精神,鼓舞和激励着全厂职工。在生活区的建设中,学习别人的经验,从1967年开始建设,职工自己建泥坯"干打垒"房没有经验,下雨就塌,后来在农民的指导下,到1969年底建起了8栋"干打垒"石头家属宿舍。进厂职工逐渐增多,住进了"干打垒"家属宿舍。

职工食堂(席棚子)就在后来建医院的山坡上安了家,职工下班吃饭基本没有坐的地方,就端着碗自己找地方蹲着吃,但大家发扬艰苦奋斗精神,没有怨言。大家表示:干社会主义,毛主席号召建三线,就是战天斗地,争取时间完成任务,让毛主席放心!

在11月末的一天晚上,我们在厂干部和工人听到广播后都到库房卸车。当时耐火砖库房在二号门,我们集中搬运刚从外面运回来的耐火砖入库,防止下雨淋湿。这是我进厂后第一次参加体力劳动。当晚人很多,排成长龙,用接龙的方式传递也很快。经过这次劳动我觉得工厂劳动也很有趣,和部队生活差不多,一声号令大家都来了,有一股雷厉风行的劲,使我领会毛主席说的"工人阶级是领导阶级"的含义。就这样,20世纪60年代在工厂建设的忙碌中过去了,70年代走入了我们的视线。

1970年2月,工厂召开了第一届学习毛主席著作积极分子表彰大会,我又首次被评为毛主席著作学习积极分子,受到工厂的第一次表彰。从此以后,就经常受到表彰,多次被评为劳动竞赛先进个人、宣传工作先进个人、教育工作先进个人等。我所在的部门也被评为先进集体。

我们虽在山沟里生活艰苦,完成任务不分时间,在工作中不知苦和累,在办案中忘我地工作至半夜,有时甚至通宵不眠,但工作舒心、顺心。特别是侯拴喜科长放手让我工作。

三、企业重视素质培养

我在晋江机械厂干了25年,学习了25年,奋力拼搏了25年。在这25年里,党委、行政、处(科)领导都非常重视职工教育和素质提高。工厂从20世纪70年代初就开抓小学教育,开始学生在席棚里上课,逐步发展建起幼儿园、小学校，后又办起了中学部。学校教育很有特色，高中毕业生升学遍布全国重点高校，在兵器系统办学质量数一数二，地方重点中学都来考察学习，很受职工欢迎，而且解决了职工后顾之忧。

我在厂感受到党政和各部门的重视和培养。工厂为了职工学习和提高，先后办有职工夜校、七二一大学、职工大学、电视大学，还有技工学校、党校等，真是应有尽有。为了适应教育需求，工厂还专门修建了教育中心大楼。对于我个人，领导也非常重视培养，将我多次送培，在实际

从左至右：前排郭增信、侯拴喜、黄远平；后排白富元、吴元贵、李治贤

工作中锻炼，为我铺平了人生道路。我在保卫科工作期间，侯拴喜科长经常帮助我学习经济保卫工作业务，为了我能独当一面，1979年8月派我到江津地区公安处刑侦业务培训班学习，经过整整20天的学习，使我掌握了刑事摄影、痕迹提取、物证收集、刑侦取证及证物鉴定等基本知识和技术，为我厂保卫工作带来了活力。

江津县公安局根据我掌握的刑侦技术和破案情况，任命我为江津县公安局刑事侦查员。以江津县公安局"工作大员"的身份参加县公安局刑事案件的侦破工作，又是一种学习和锻炼。为此，我在江津县办案及工厂的保卫工作、案件侦破中都发挥了积极作用，受到好评和奖励。

1984年工厂任命我为消防队队长兼指导员。这项工作我从来没有做过，怎么办呢？我作为共产党员，应该像颗螺丝钉，拧在哪里都起作用。我下决心向队员们学习，同时又抓好冬练三九、夏练三伏的艰苦训练，注重单兵训练和配合协同作战训练，扭转了我厂消防工作落后的局面，在1995年夏天全川兵工企业消防比赛中夺得第7名的好成绩，同时工厂被评为重庆市消防工作先进单位。

后来，我被调到纪律检查办公室任副处级纪检员。为了加强职务犯罪案件查办力度，最高人民检察院在全国试行驻厂检察室工作制度，江津县人民检察院在我厂试点，我又被党委推荐参加江津县人民检察院的工作，任命我为助理检察员，在驻厂检察室工作。在检察工作中得到新体验，学到了常人不知的技术知识，先后两次被评为检察院先进工作者。

江津县公证处了解到我懂法律知识，工作认真，又聘我为江津县公证处联络员，我协助公证处办了3个公证案件，为社会做了好事，受到公证处的肯定和社会好评。

全国第一次普法活动铺开后，西南兵工局组织兵工系统普法教员培训班，工厂党委又推荐我参加培训。经过半月培训回厂后，我和党办主任陈元桂在普法办公室的安排下，担任普法教员，在我俩的分工和配合下，胜利完成全厂普法教育任务，经统一出题，分车间科室组织考试，实现全员成绩合格，由普法办公室向职工颁发了合格证书。

1988年，党办主任陈元桂又安排我担任厂长法律顾问，推荐我加入了四川省企事业法律顾问研究会。其间，我运用法律武器办理了质差价高的苹果案，为厂挽回了一定经济损失；为轧钢分厂办理购买轧辊产品质量超标案件，为厂挽回了重大经济损失，使轧钢生产顺利完成了任务，为厂增添了经济效益。

工厂期间，在完成本职工作的同时，党委及宣传部还推荐我加入了兵器西南兵工局政研会、对外宣传通讯员，我把大部的业余时间都放在学习新闻、论文写作上了，成为《军工报》《西南兵工报》《重庆机械报》《现代工人报》《华商报》《重庆消防报》《东方文化艺术报》《开发区信息导报》《重庆日报》《重庆晚报》《四川法制报》《四川日报》及《机械政工》《兵工政研》《重庆人事》《兵器企业管理》《重庆保险》《供销员》等多家报刊的通讯员、特约记者和专栏作者，每年都被报、刊评为优秀通讯员、作者和优秀论文一、二、三等奖。

改革开放后，军品减少，到后来"找米下锅"，工厂开发各种民品，为了增加轧钢产量，轧钢工房搬迁到马赛克车间，马赛克停止生产，上轧钢生产。轧钢分厂（为适应市场需求，车间都改为分厂；厂名也由国营晋江机械厂改为重庆铸钢厂）。为了加强分厂的管理，1989年11月党委任命我为轧钢分厂的党支部书记，我服从组织决定去了

车间。运用所学知识和工作方法，到车间后采用走访谈心、疏通思想，达成共识，把车间职工团结在一起，发扬团结奋战、艰苦创业的精神，职工们战高温、夺高产，在支部一班人的支持和配合下，职工队伍稳定，超额完当年任务，为工厂发展做出了贡献。

四、无愧于党教育培养

1993年8月因企业调整搬迁，我思想发生变化，本已

二车间普法考试现场

普法办公室王同富和李治贤在普法考试后阅卷

第12章 历史的回眸

在山沟里生活20多年，熟悉了生活环境，熟悉了生活方式和周围的人群，不想搬走。我曾和领导交心不想搬迁，可党委已定搬迁，我无法抗拒。根据我的实际情况，我觉得离开工厂也是可以生存的，按有的人说的"翅膀长硬了"。因此，我们夫妻俩商量调动工作，便向党委提出申请调出，没想到在厂工作20多年，走时还把我们中层干部免职。党委决定我们无法更改，只有默默承受。但我们没有辜负工厂党组织的培养教育，到新单位后，我们从头开始，经过一定的努力，我们各自又被提升为处长，评为正高级职称。我们二人多次获得教育部、省市、教委的奖励，例如获得"重庆市文明市民"、"感动中国文化人物"、国际艺术家杂志社首届"国际文化艺术金鹿奖－教育成就奖"、重庆关心下一代工作委员会和重庆市精神文明办"关心下一代工作先进个人"、重庆市"老干部工作先进个人"、市教委"关心下一代工作先进个人"、优秀教育工作者、优秀教师、九龙坡区"十佳百姓学习之星"等称号；在单位多次获优秀党务工作者、优秀共产党员、优秀教育工作者等称号。自著、主编有高校"135"规划教材《教育学基础》《摄影理论与实践》《摄影·瞬间的艺术》《初级摄影教程》《追忆录》《高校关心下一代工作理论与实践》《新时期高校关心下一代工作理论与实践》等10余部书；主编画册《学员习作集》《"太阳石"的故事》《晋江影迹》等4部；在《渝州大学学报》（社科版）、《重庆商学院学报》、《重庆工商大学学报》（社科版）、《企业文明》、《大观》、《教育科学》、《老年教育》、《上海老年教育研究》、《广州老年教育研究》、《武汉老年教育研究》等发表论文数十篇；参加全国各类征文（论文）获奖十余篇，其中中共中央组织部《弘扬孝文化与关爱老干部心理健康初探》被评为"做好新形势下的老干部工作"征文二等奖、《开展家长学生两地书系列活动，进一步推进和谐大学校园建设》论文获教育部"家庭教育"征文一等奖、全国各学会、协会论文一、二等奖十余篇；《国际文艺月刊（中文版）》杂志采访并发表《镜前、镜后都是人生——访重庆市摄影家协会高级会员、重庆工商大学教授李治贤先生》的文章，同时该刊还发表本人教学讲课照片为封面人物；《国际艺术家》杂志、《国际文艺月刊（中文版）》、香港《人体摄影》、《旅游春秋》等杂志多次发表本人摄影作品。

我热爱艺术，喜欢摄影，作品《峡谷浮桥》《幽山秀帘》入选人民画报社、《中国巨变·当代中国书画摄影作品集》（中国画报出版社）并在中国博物馆展出；作品《艳》入选《老年教育》杂志社编辑大型画册《金秋之韵》等画册3部，并获中国首届"中国文艺杰出成就贡献奖——摄影艺术金奖"等。

退休后，被英国皇家艺术研究院聘为荣誉院士、客座教授；被重庆轻工职业学院聘为摄影学教授、图文信息处理专业学科带头人；被重庆青年职业学院蓝齐分院聘为教务主任等；中国管理科学研究院终身研究员；重庆市老年教育理论研究中心研究员等。现仍担任重庆工商大学关心下一代工作理论研究中心副主任、经济学院关心下一代工作委员会副主任和该院"三线建设研究小组"指导老师。

我觉得我的一生不可能十全十美，但我努力过了，入党57年来没有辜负党的培养，对党对人民问心无愧，迄今为止，我的人生基本画上了一个完满的句号。

（本文图片资料由作者提供）

李治贤：中共党员。重庆工商大学文学与新闻学院教授，重庆工商大学关心下一代理论研究中心副主任。研究方向为青少年素质教育及中国三线建设史料收集、整理等。中华人民共和国国史学会三线建设研究分会理事；重庆市工程师协会三线建设工业文化专业委员会副主任、重庆红岩精神研究会常务理事等。

从延安、大庆到华蓥山，
三线建设中的"干打垒精神"是如何诞生的

杨晓虹

一、为何要对"干打垒精神"追根溯源

说起"干打垒"，最早可追溯到很久以前的中国广大农村。那时不论北方和南方，都有当地农民用黏土加草木石头等搭建土坯房的习惯，一代一代延续至今。

在铁人王进喜纪念馆里，至今仍陈列着一座仿制的"干打垒"模型，从大庆走出的"干打垒精神"深深地影响到后来的三线人。当年大庆的"干打垒精神"，是大庆艰苦创业的"六个传家宝"之一，它在1960年的石油大会战中诞生的。

从"艰苦奋斗，勤俭节约，自己动手，丰衣足食"的延安南泥湾精神，到"爱国、创业、求实、奉献"的大庆精神，再到"无私奉献、艰苦创业、团结协作、开拓创新"的三线精神，可谓是一脉相承。

从大庆"干打垒"到诞生于三线建设初期的"干打垒精神"，同样也是一脉相承，周总理也曾经说过，三线时期的"干打垒精神"是延安精神、大庆精神的传承和延续。

如今，回顾那段激情燃烧的岁月，挖掘三线建设时期的历史往事，既是作为一名三线建设继承者和研究者义不容辞的责任，也是为了传承三线建设精神、打造军工文化、保护利用和开发三线工业遗产的需要。

那么，三线建设时期的第一座"干打垒"是如何诞生的呢？

二、谁最先提出修建"干打垒"

为了弄清楚当年三线建设初期第一座"干打垒"修建的全过程，我一年前就开始着手搜集当年国营华光仪器厂（以下简称"华光厂"）在华蓥山上修建"干打垒"的有关原始资料和依据。

从华光厂留存的部分资料中我了解到：1964年12月，第五机械工业部（简称"五机部"）西南地区选厂工作组将华光厂厂址选在了四川省广安县华蓥山脚下的天池湖畔。1965年3月22日，原五机部副部长朱光在重庆潘家坪招待所审阅并批准了华光厂的选址报告，与华蓥山片区的明光厂、红光厂、永光厂、金光厂等几家部属企业相邻，构成了川北地区生产光学备配件的协作区。

1965年4月，华光厂开始筹建并成立了建设指挥部，指挥长是周万松，副指挥长是广安县代县长石永寿，随后便开始建厂前期的准备工作。

当时支援三线建设的各路人马已分批前来报到，加入新厂建设的行列，但人员抵达现场后没有地方住，只能分散住在农家院子和破旧的临时工棚里，人员住宿成了当时

三线建设者们正在修建"干打垒"

周万松在建设指挥部开会研究方案

亟待解决的大问题。

在采访原广安市委政策研究室主任傅琳老师时，我了解到：1965年上半年，朱光曾前往广安天池华光厂建设现场考察工作。一日晚饭后，朱光与华光厂建设指挥长周万松等人在天池老街后的小路上散步，看到路边山坡上一座土砌的碉楼历经几十年风雨屹立不倒，感到很受启发，于是朱光便结合大庆油田初期建设"干打垒"的例子，与周万松商量并建议：三线建设中能否将职工住房建成"干打垒"，既节约资金又经久耐用。

于是，周万松便在建设指挥部开会时，根据朱光的意见，提出在中央建设工程部抽不出力量修建住房的特殊情况下，不等不靠，自己动手建造"干打垒"，为国家分忧解难的方案，随后开会通过了这一方案并付诸实施。

所以，原五机部副部长朱光就是第一个提出修建华光厂"干打垒"的人。

三、修建"干打垒"的过程

当年参加华蓥山三线建设的职工，响应党中央的号召，远离家乡和亲人，从成都、昆明、西安等23个单位抽调的老厂和院校职工从繁华的城市来到了华蓥山沟。由于来之前大家都有了一些思想准备，认识到山沟沟的生活无法与城市相比，所以也没什么怨言，只是希望工厂的福利设施能搞得好些。对建厂初期设计的每平方米60元的砖木结构宿舍，认为内进空不高，要求提高造价标准。然而，当他们听到要降低建造标准，把工厂的福利设施全部搞成"干打垒"化时，很多同志思想一时转不过弯，感到无法接受，怨言也较多，有部分职工存在"四怕"：一怕地面潮湿得关节炎；二怕没有顶棚风大灰多；三怕不装纱窗蚊子咬；四怕家属有意见不愿来。

工厂领导认识到党的传统教育和战备教育的重要性，建厂必须先建人，便及时深入群众，促膝谈心，亮出自己也有不想建"干打垒"的思想，结合国家财政困难、资金紧缺的现实，再用后来的思想转变过程启发教育引导职工顾全大局，艰苦奋斗，勤俭建国；加强战备，巩固国防。通过思想政治工作，使大家消除了埋怨和畏难情绪，精神饱满地投入建设新厂的热潮中。

与当年大庆修建的"干打垒"相比，华光厂修建的"干打垒"主要依靠当地建设农房的经验，因地制宜，自己动手，一切从节约出发，早日建好工厂。

1965年7月，华光厂第一座"干打垒"开始建造，施工人员由中南第三建筑公司、本地民工和新厂职工组成。大家就地取材，有石用石，有土用土，有竹用竹，土竹结合建造"干打垒"。为了解决施工力量不足的问题，干部们身先士卒，坚持半天工作，半天劳动，上山砍竹木，亲自烧石灰，工地上干得热火朝天。施工人员采用华蓥山的黏土、竹子和石子做筋，与石灰水搅拌后，夯实筑成土墙，再用木料和瓦片封顶，墙面用石灰粉刷，地面用三合土，很快建好了第一座"干打垒"。

职工们敲锣打鼓庆祝第一栋"干打垒"建成

建好的第二栋"干打垒"

1965年8月，华光厂第一栋"干打垒"建成并验收合格，随后一批"干打垒"也陆续建成完工。据不完全统计，从1965年至1970年初，华光厂共新建宿舍7731平方米，全部"干打垒"化，每平方米造价才25元。仅住房一项，就为国家节约资金30.67万元。

1965年12月24日，五机部以（1965）五基字第2833号文，通知部属三线企业，表扬华光厂为贯彻大庆精神，采取措施，节约建设投资，收到良好的效果。华光厂职工顾大局，识大体，为国分忧，为工厂争荣誉，共为国家节省投资128万元，以占节约投资15.2%的成绩，在重庆市召开的工业学大庆的大会上展示了这一文件。中共重庆市委、市人委还授予华光厂"大庆式企业"的光荣称号，并授予奖状和锦旗。（引自华光厂厂史资料）

四、入住"干打垒"的感受及现状

华光厂建造的"干打垒"有如下特点：

一是就地取材，利用华蓥山上的石灰、泥土、石头、竹篾、木头等材料，造价低廉，冬暖夏凉，经济实用，建造工期短，成本低，节约了建厂投资。

二是按照"先生产，后生活"的原则设计建造。所设计的"干打垒"规制均为平房，户型有：二间半（一间半）带厨房（住4—6人）；单间带厨房（住2—3人）；母子宿舍、单工宿舍等。每栋房共用两个自来水龙头，几栋房共用一个公共厕所。

三是在前期修建"干打垒"平房的基础上，又设计建造了5栋"干打垒"二层宿舍楼，基本满足了建厂初期职工家属的住房需求。

新建的第三栋"干打垒"

后来新建的"干打垒"二层楼

远眺华光厂风景（摄于20世纪70年代后期）

最先住进"干打垒"的住户都是1965年下半年先期到达华光厂支援三线建设的干部、科研人员和技术骨干（家属及子女同期到达）。他们都按照工厂当年分房的规定，分批住进了"干打垒"，虽然住房条件很艰苦，但职工家属都能克服困难，服从大局，积极乐观。

我们全家六口是1966年8月跟随父亲离开昆明，举家来到四川广安的，当时也分配到一间半带厨房的"干打垒"，一住就是8年。

记得当时住进"干打垒"的感觉确实是冬暖夏凉，但由于那些"干打垒"住房大都建在山坡上，夏天湿气重，家里的衣服、食品容易发霉或变质。遇到下大雨或暴雨时，屋顶还会漏雨。华蓥山的冬天也很冷，必须烧炭取暖才行。但正是这样艰苦的生活环境，从小就磨炼了我们顽强的意志，也让我们时刻铭记自己是三线军工人的后代。

当年华光厂修建的"干打垒"住房，伴随着我们在华蓥山大山沟里生活了整整25年。直到1990年底，工厂整体搬迁到重庆北碚后，当年修建的那些"干打垒"才逐渐淡出了我们的视野，但内心深处的记忆永远不会忘却。

现在原华光厂家属区包括整个厂区，早已全部隶属华蓥市，归天池镇华光社区居委会管辖。据不完全统计，华光厂旧址的"干打垒"住房目前只剩下20栋左右，除本地居民居住外，还有不少外来人口在此买房居住。

五、"干打垒精神"的经验与推广

1.三部委召开现场会向全国介绍"干打垒"经验

1965年9月18日至24日，中共中央西南局、五机部、重庆常规兵器配套建设指挥部在广安县大礼堂召开明光建厂现场会。参加会议的有：中共中央西南局书记处书记、西南三线建委第二副主任阎秀峰、五机部副部长朱光、重庆市委书记鲁大东等领导和中央各部、全国各省市 85 个单位共 388 人。

华光厂建设指挥长周万松、明光厂建设指挥长李镜海分别在会上介绍了"建设干打垒""工农结合、厂社结合"的经验。会议期间，来自全国各地的三线建设领导和专家还驱车前往华光厂现场参观"干打垒"，学习取经。在总结会上，阎秀峰在会议总结时发出号召：各地要认真向华光厂、明光厂学习，向广安学习，加快三线建设步伐！（以上引自明光厂厂史资料）

2. 西南局领导高度评价"干打垒精神"

1965 年 10 月 28 日，中共中央西南局第一书记、西南三线建委主任李井泉赴华光厂视察工作时，对建造"干打垒"给予了高度评价，他说："搞'干打垒'从历史上讲是我们的光荣传统；从今天讲是适应战备的战略需要；从长远讲是为了实现共产主义。"（选自华光厂厂史资料）

3. 彭德怀称赞"干打垒"投资小、见效快、质量好

1965 年 12 月 14 日，时任西南三线建委第三副主任的彭德怀在五机部副部长朱光和西南三线建委副秘书长杨沛

的陪同下，也到华光厂进行了视察，并参观了新建的几栋"干打垒"。

彭德怀站在高处看到排列整齐的"干打垒"房子没有占用良田沃土，称赞道："就地取材造价便宜，就地雇工修起来快，能体现投资小，见效快搞建设的精神。"并夸奖华光厂建设快，"干打垒"质量好。（引自王春才所著《巴山蜀水三线情》）

4. 李井泉："干打垒精神"就是三线人的革命精神

1966 年 3 月，西南三线建委在成都锦江饭店召开了西南三线建设工作会议，明光厂建设指挥长李镜海、华光厂建设指挥长周万松、广安县代县长兼华光厂副指挥长石永寿分别在会上介绍了经验。

中共中央西南局第一书记、西南三线建委主任李井泉在会议总结时说：广安的"干打垒精神""厂社结合、工农结合"精神，就是全国三线人的革命精神！

5. 周总理："干打垒"经验是延安、大庆精神的总和

1966 年 1 月，五机部副部长朱光在明光厂视察工作时说：周恩来总理在一次国务会议上，表扬华光厂和明光厂

各地领导和专家前来学习参观"干打垒"时的情景

创造的"干打垒""厂社结合、工农结合"经验，是延安、大庆精神的总和，叫大家都去看看。由此，全国各地到华光厂和明光厂参观学习的人络绎不绝，"干打垒经验"成为三线建设的第一面旗帜，与"厂社结合、工农结合"经验一起，开始在全国三线建设企业中推广，掀起了学习和赶超"明光厂、华光厂"的新高潮。（引自《四川工业遗产保护》第三期）

六、"干打垒精神"对于三线建设的历史和现实意义

源于20世纪60年代、三线建设初期的"干打垒精神"，在华蓥山三线建设者的辛勤汗水中诞生，受到了当年中央各级领导的肯定与赞赏，并进行了总结推广，为全国三线建设的后续发展起到了很好的引领作用，这是值得我们几代三线人骄傲的一段历史。

周总理说过，三线时期的"干打垒精神"是延安精神、大庆精神的传承和延续，这更是对"无私奉献、艰苦创业、团结协作、开拓创新"的三线精神的高度肯定，在今天，它仍是一笔宝贵的精神财富和历史文化遗产。

通过对三线建设中第一座"干打垒"的追根溯源，回顾"干打垒精神"的诞生和发展，将更加激励我们进一步贯彻落实党的十九大精神，弘扬社会主义核心价值观，践行习近平新时代中国特色社会主义思想，在以习近平同志为核心的党中央坚强领导下，为实现"两个一百年"奋斗目标和中华民族伟大复兴的中国梦，做出我们三线人应有的贡献。

（本文图片资料由作者提供）

杨晚虹：女，中共党员，1966年8月随父母由云南光学仪器厂迁往四川广安华蓥山下的华光仪器厂。进厂工作后，任党委宣传部宣传干事兼播音员。2003年7月退休。现为中华人民共和国国史学会三线建设研究分会会员、四川省博物馆学会工业遗产专业委员会会员。

在三线企业的工作经历

斯顺泉

1968年12月，我大学毕业分配到涪陵4060信箱，是原第六机械工业部下属单位。因为家在重庆，分配到涪陵，感觉离家较近，觉得很幸运。毕业后，我们先在山东莱阳县的部队农场劳动锻炼。1970年1月，劳动锻炼结束，回重庆休息一月有余，3月，便前往涪陵4060信箱报到。记得是1970年3月2日，一大早在重庆朝天门码头上船，8点开船，一路顺流而下，下午4点才到涪陵。接着在工厂招待所歇息。听招待所的人员讲，4060信箱在武隆县白马镇，便又买好去白马的船票。第二天清早，坐从涪陵开往彭水的小火轮，6点开船，逆乌江而上，两岸尽是悬崖绝壁，少有人烟，水急滩险，快到白马时，还必须绞滩。一路折腾，8时左右，方到白马。

这样，开启了我的工作经历，来到曾经的一个国家保密企业——国营红卫机械厂（以下简称"红卫厂"），一个地地道道的三线老厂。

按照毛主席提出的三线建设方针，1964年5月16日

至 6 月 17 日，中共中央在北京举行中央工作会议，其中一个内容是讨论第三个五年计划（1966—1970 年）。会议期间，毛泽东主席从"存在新的世界战争的严重危险估计"出发，指出在原子弹时期，没有后方不行。他提出了把全国划分为一、二、三线的战略布局，要下决心搞"三线建设"。

根据中央的指示，原国家第六机械工业部决定筹建红卫厂。

红卫厂的选址，是在原涪陵地区武隆县白马镇长坝公社铁佛寺生产队。这样的选址，充分考虑了靠山隐蔽的原则。20 世纪 60 年代，涪陵地区本来就比较落后，没有什么公路，只是靠长江的水运。再加上，还要从涪陵沿乌江逆水上行至武隆白马。在三峡大坝未修前，乌江是水急滩多，行船十分困难。白马镇的铁佛寺更是偏僻，四周环绕大山，更显得十分隐蔽。

该厂的技术人员，管理干部和生产工人，先期由上海新中动力机械厂和上海求新造船厂派遣，后来又从涪陵地区招收了一批学徒，送上海培训学习，再结合从上海交通大学，华中工学院（现华中科技大学），华南工学院（现华南理工大学）等院校招来一批大学生，以及一些部队的复员转业军人，构成了红卫厂的生产力量。

1965 年春天，六机部三线厂涪陵筹建处主任率领十多人，同北京的第九设计院工作组来到乌江西岸的武隆白马铁佛寺，安营扎寨，会聚建筑工程队和当地的农民工近千人，在工地现场打响了一场攻坚大会战。当年八九月，应届大中专毕业生和一批海军复员军人数十人，陆续来到此地参加建设。

大半年过后，十大车间及办公楼在铁佛寺崛起，家属楼、单身宿舍、职工食堂在厂前区连片竣工。

在 1966 年春夏之交，上海新中动力机械厂和上海求新造船厂两厂调拨的"支内物资生产设备"以及逾千名"支内职工"分十几次乘船进川，连同就地招工数百名，达到近 2000 人的中型厂矿规模，按预期目标于 1966 年 7 月 1 日正式投产。

与所有三线厂基本相同，红卫厂的职工住房也十分简陋，基本上都是"干打垒"结构。所谓"干打垒"即是把山间的乱石用黏性泥土混合，垒成墙面，上面再加上房梁，瓦片，便构成房间。由于"干打垒"墙面比一般的砖墙要厚实一些，所以这样的房屋真还有冬暖夏凉的感觉。

我们当年去的学生，八九个人分在一个学校底楼的大房间。夏天的傍晚，白马还是很闷热，山间的蚊虫又多，我们坐在楼前的大坝，一边用蒲扇驱赶蚊虫，一边喝水聊天。看着流淌的长坝河，看着漫天的星星，心里感触很多。

首批建厂人员 1965 年 1 月 19 日在乌江白马码头合影

红卫机械厂五七干校第一期学员结业留念

这里离家很远，生活条件又艰苦，再加上三线建设的厂矿，基本上多不能调进调出。大家都想，也许我们要在这里待上一辈子。

过去的三线厂，作为一个独立的单位，身处大山，无疑是一个小社会。工厂要管职工的生老病死。从婴儿的出生，到老人的病故，工厂都要进行管理。

红卫厂在白马建厂后，当地相应建立了工矿商店、银行、邮政局、肉店、粮站。工厂也有相应的托儿所、小学、中学，以及后来还有"7·21"工人大学。工厂也办过"五七"干校。

工厂有职工食堂，单身职工基本在食堂就餐。20世纪70年代初，物资供应还不太丰富，每次打饭菜，都希望食堂师傅的勺子不要抖得太厉害，能多打一点。因为是上海包建的工厂，江浙风味的饮食成为主流。最难忘的是每周一次的红烧狮子头，即小拳头大的肉丸，至今难以忘怀。还有，在1976年后的每年12月26日，是毛主席的诞辰，

食堂都要准备一份厚厚的大刀肉，以示对伟大领袖的怀念。

当时的三线厂，市场上没有超市，只是上午八九点钟有农民菜卖，所以必须这时去把菜买好，否则家中没有菜吃。有家庭的阿姨们，也有少许男士，在上班时间出来买菜。领导也都知道，却也默认。这也是三线工厂的一道风景线。

后来我们这些学生也陆续安了家，分了"干打垒"的住房。一大早便早早起床，做好早餐，匆匆吃了，便赶到工厂上班。中午12点下班，又急急忙忙回家做饭，吃了饭基本快到上班时间了。

当时，武隆县还没有天然气可用，生火做饭用的是煤球。所以一到每周休息一次的星期天，便是买煤球的时间。熟人便相互帮助，先是帮你家抬一筐，后又帮我家抬一筐，忙完都接近中午时间。只有在星期天的下午，才能稍事休息一下。

初到工厂，我们基本上都没有安排对口的专业工作。我是学机械设计的，却在钣金车间当钣金工。有西安交通大学内燃机的，安排做木模工。有西安交大制冷专业的，被安排在机修车间做机修工。有重庆大学冲压专业的，被安排做物资采购，等等。

后来随着国家政策的落实，逐步实行了专业对口。我在1974年调到工具车间做工艺技术员。上海毕竟是老工业基地，工业基础雄厚，技术人员和工人师傅的技术素质都比较高。我到工具车间，基本上都是老的工程技术人员手把手地教。另外，那些工人师傅，很多是中专或技工学校毕业的，理论和实际都有一套。从他们那里也学了不少。那时，我们比较年轻，晚上经常到办公室学习，所以很快对自己的工作能得心应手。

虽然地处三线，但红卫厂的干部职工都积极努力，为

第二批内迁职工及家属受到涪陵地委领导的接见

了造出更多的军工产品而日夜奋战。

1977年，工厂试制成功钇基稀土球墨铸铁曲轴。过去的柴油机曲轴，是通过锻造成型的，采用钇基稀土球墨铸铁制造曲轴，在工艺上是很大的改进。所以在1978年1月，工厂召开了"钇基稀土球墨铸铁曲轴"鉴定会。来自大连工学院、华中工学院、北京有色金属研究所、沈阳铸造研究所、六机部科技处、四川省六机局等单位的专家学者参加了鉴定，对这一成果给予了高度评介。

工厂在原有的6301六缸柴油机之后，又研制了6303的一种新型号柴油机。这是一款为潜水艇动力机而研发的尖端产品，填补了当时我国军事工程的技术空白，受到海军和国防科委的好评。

红卫厂自建厂以来，为海军提供了300台套的柴油机，用于各类舰艇的动力。从1973年11月参加四川重点企业汇报会以来，抓革命促生产形势出现新转折，全厂的产量产值等各项指标持续稳步上升，在1980年达到最好水平；

当年生产四种型号（8301、8350、6350、6303）柴油机共48台，铸铁件1000吨。受到了上级单位的嘉奖。

红卫厂是当时第六机械工业部在涪陵地区成功的三线企业典范。在1965年到1966年期间，在当地拟建的工厂还有红江厂、跃进厂、新兴厂、永进厂、红阳厂等。后因自然条件等原因，都陆续迁往四川的江津、永川等地。而独有红卫厂，能在当地成功建厂，成功为国防事业提供产品。

到1982年，应国家的要求，红卫厂决定搬迁到湖北宜昌，并入船舶柴油机厂。我们因为老家在重庆，便调到重庆重型铸锻厂；2008年3月，该厂更名为"重庆长征重工有限责任公司"。

1983年，我开始在重庆重型铸锻厂工作。开始在机加车间做工艺技术员。当时工厂开发民品一是铁路车辆，二是电冰箱（即当时的"五洲冰箱"）。当年10月，我被调往工厂技术科，从事铁路车辆转向架的设备选用和工艺布局的设计。后又经常前往铁道部齐齐哈尔车辆工厂、大连车辆工厂，以及眉山车辆工厂学习调研。在全厂职工的共同努力下，工厂购置设备到开工生产，很快造出了敞车、罐车、平板车等铁路车辆，成为铁道部货运车辆的供货单位。

中国船舶重庆长征重工有限责任公司成立于1967年，是原第六机械工业部定点的三线企业。1967年3月29日，在重庆筹备建厂。1969年12月23日，厂名正式确定为"国营长征机械厂"。1980年5月10日，更名为"国营重庆重型铸锻厂"。2008年3月，工厂现代化企业改制，"重庆长征重工有限责任公司"诞生，是中国船舶集团有限公司旗下中国重工的全资子公司，是船舶工业在西南地区的大型专业铸锻企业。工厂技术力量雄厚，专业门类齐全，质量控制和检测手段完善，拥有1—16吨系列模锻锤（其中16吨模锻锤为国内最大的锻锤设备），炼钢炉及从国外引进的具有世界先进水平的4000吨热模锻压力机组、电液锤、高精度数控仿形铣、电火花成型机床、直读光谱分析仪、钢材预处理生产线、计算机辅助设计／制造工作站等各种检测加工设备2000余台（套）。具备年产锻件15000吨，铸钢件12000吨，铁路货车5000辆，集装箱绑扎件20万套的综合性制造能力。主要产品有铁路货车系列，船用集装箱紧固件系列，公路集装箱半拖挂车，各类铸锻件，高频焊管，移动式密集架，铁路集装箱自动锁等产品200余种。其中船用集装箱紧固件获中国CCS、德国GL、英国LR、美国ABS等著名船级社工厂认可，且远销欧美、日韩及东南亚市场，受到客户一致好评。工厂凭借强有力的军工技术和完善的质量保证体系，多年来为我国国防、铁路、船舶、冶金、石油化工和汽车制造等行业提供了大量优质可靠的产品，为国民经济的发展做出了较大贡献。

我在重庆重型铸锻厂工作直至退休。尽管铸锻厂比原来的红卫厂条件要好许多，但同样是三线企业，同样感受到三线企业的文化。

三线建设是新中国社会主义现代化建设史上辉煌的一幕，具有非常深远的意义。那些老三线的职工，举家从沿海一带迁往内地山区，条件艰苦，生活又不习惯，但他们为了祖国的国防事业，毫无怨言地默默奉献。在短短10多年的时间里，在广大的三线地区，建设起了确保国家安全的可靠的战略后方基地。解放初期，我国70%的工业基础在东部沿海一带，经过大规模的三线建设，三线地区建成了一大批比较完整配套的国防工业体系和科研生产基地，为我国建立雄厚的战略后方奠定了基础，至今仍然是我国国防建设的重要工业基地，为国家在国际舞台上与超级大国周旋赢得了时间与筹码，为中国此后的经济改革、和平发展创造了条件。

三线建设的年代虽已远去，但三线建设的精神永存。

（本文图片资料由作者提供）

斯顺泉：1968年12月参加工作。先后在船舶系统下属的重庆三线企业国营红卫机械厂、重庆重型铸锻厂从事工人和技术员工作，直至退休。

勿忘我第二故乡
——"八一六"军工小镇
孙国光

汽车沿 319 国道一路向东，到了重庆市涪陵区白涛镇新村三岔路口时，车辆加大了油门，拐上坡，便向麦子坪方向开去。

此时，路两旁原来的山坡地、梯田地、散地、坟地，变成了高楼林立的公租房；变成了供游客娱乐、玩耍的农家乐；变成了防水土流失的防护林。随着道路的延伸，一幅幅油画般的独特风貌，缓缓地拉开了序幕。

倘若你在盛夏乘车盘旋此地，就会感到一股股凉爽的山风，从山麓中向你轻轻地吹来，顿时，你会心旷神怡，疑似进入仙境。

经 20 多分钟行驶后，车辆逐渐接近山顶，一座微型生活福利区"八一六"小镇即白涛镇建峰小区，就出现在世人的面前。她独占鳌头：青山翠绿环抱，犹如一座神秘的城堡吸引四面八方游客的好奇。她就是"八一六"人朝思暮想的"恋人"，是"八一六"人的处女地；也是"八一六"人终身的伴侣。

每当晚餐后，"八一六"的老友们一起遛弯时，望着西边即将沉睡的太阳，你言我傻，我言你傻，便在老友中开始了调侃，心中的那份言语不停地挂在嘴边，重复地唠叨，重复地相互盘问着。

"儿女们在城里买了新房，让你们去那里住，可谁知你们在那待了没有几个星期，就一个个地洒脱地往家跑。"

"可不，儿女们气得直跺脚，说我们这些老东西有福也不会享受，老往这山沟里跑啥？"

"可没辙，我们这些老东西无论走到哪里，总感到这里有那么一股难以割舍的情，总也忘不掉，丢不掉，它好像自己身上掉下的一块肉，又好像是自己亲自培育成长起来的儿女。说不清、道不明、剪不断、捋不清、放不下。"

"想想儿女是对的，他们一心为我们这些老人着想，可我们为什么还那么固执，坚持赖在这个地方呢？这份情、这份爱、这份眷恋是无法用语言表达的。"

回想起那个年代，二十岁刚刚冒尖的一帮年轻人，拿着一张调令或拿着一份派出所的准迁证或什么也没有拿，凭一个电话、凭一个召唤或凭……兴高采烈地傻乎乎地乘

表现当年部队医务工作者不惧施工现场的险恶环境到现场服务的小话剧《红药箱》剧照

坐开往西南方向的列车，向目的地进发。谁料，当时正处于"文革"时期，路上的运输工具走走停停，没有半个月的时间是到不了的。更让人纳闷的是，引领人就像女神一样的，每当转换路线时，问是否已到，总是以神秘兮兮，或装聋作哑或淡淡一笑或点头或一声也不吭自顾自地向前走，为此疑惑、生气不管用，直到到了目的地，他们的脸上才露出了久违的笑容。

此后，年轻人的工作落入重庆涪陵白涛小镇，成了那里的主人、成了"八一六"隐姓埋名的人、成了"八一六"地区的第一代年轻人、成了首批年轻的建设者。

面对清澈的向西流淌的乌江水，面对暂无的栖息之地，与一穷二白的施工现场，无人落泪、无人怨言，满怀激情地住进了简易的竹板房；住进了当地老乡小而闷的亭子间；住进了临时窝棚；有的干脆以地作床、天作被，暂睡在露天的地里，观赏夜晚的风云，心中哼着愉快的歌谣……

火热的求战热潮，无数人纷至沓来。嘴巴的奢望随之上升，然而平淡等闲的牛皮菜、长年累月闲暇储备的干豇豆摆上了餐桌，建设者兴高采烈地咀嚼着它，念念不忘当

下的任务。将艰苦的生活环境遗忘在脑后，一心为党、为人民、为三线建设大干、快上的奉献精神；誓死保卫毛主席、保卫党中央的决心，越是艰难越向前，成了建设者心目中永不消失的"电波"。

1968 年，"八一六"第一代建设者，第一代年轻人，乘着时代的春风、青春的活力，组织了"八一六"第一代、第一批的工人毛泽东思想宣传队（简称"工宣队"），在当年部队简易的大礼堂（建在王家坝，现已成了建峰化肥厂的所在地）里为施工部队、为"八一六"的三线建设者、为当地老百姓展示舞姿，表演精心排练的节目。宣扬部队施工中涌现的感人事迹，宣扬国内外形势，鼓舞施工战士、三线工作者的士气。

我作为当年第一代"八一六"的年轻人，在舞台上为施工的 8342 部队演出了很多节目，如《毛主席来到咱们农庄》、藏族舞蹈《洗衣舞》、小话剧《红药箱》，以及赞扬施工部队"一不怕苦，二不怕死"的革命英雄主义精神的节目《歌颂红十连》。

1968 年夏，外国友人访问北京，送给了毛泽东主席

难以忘却的纪念：816 厂宣传队与 8342 部队文工团的合影

816 厂宣传队的部分成员在乌江边留下了青春美丽的照片，现已成为珍贵的历史记录

一份礼物—— 一篮杧果，在物资匮乏的 20 世纪 60 年代，杧果十分珍贵。当时，大部分中国老百姓还没有见过这种新鲜的外国水果，这篮杧果在大家眼里显得特别珍贵。于是，毛主席将这篮杧果送给清华大学"工宣队"，由"工宣队"转送给有代表性的工厂，表达对全国工人阶级的关怀。

然而，杧果不过十几个，很快就不够送了。有人想出了法子：用仿制杧果代替。于是，北京轻工业系统的技术人员按照鲜杧果的大小、外观、形状等形制了塑料仿真杧果，送给全国各地工人阶级观赏，此后，全国各地都掀起了喜迎杧果的庆典热潮。

为此"八一六"人也迎来了这个喜庆的日子，职工掀起感激的热潮，加之厂内有两位女同志又应征入伍，双喜临门，纷纷合影留念。

此外，汽车修理班成员、基建工程人员等单位或个人，都先后在毛主席赠送的杧果前留影。

1971 年，随着形势的发展，时间的推移，党中央将改善"八一六"职工生活条件搬上了议事日程。年轻的建设者投入了"自己动手，丰衣足食"的行列中，学习当地的造房经验，翻出了许多新花样：有用泥土打造了"干打垒"土坯式的楼房、有用当地的石头垒出了石头楼、有用水泥

当时的磁鼓储存器

造成了水泥楼。"八一六"建设者为福利区的建设流下了血和汗水,部分建筑保留至今还在使用。

随着生活福利区建房任务的完成,建房者随之又接受了新的任务。

有的去了动力处,从事话务、水务等服务性的工作;有的去了机关,做起了管理工作;有的去了机修厂,当了机械加工的工人。但是大多数人回到了自己的原单位,继续从事自己的原工作。

我有幸上了大学,进行深造。本可以此为契机,寻找离开这个偏僻、交通不便、生活物资供应匮乏、娱乐单调的穷山沟。可不知为什么,毕业后又鬼使神差地返回来了。应工作需要,改行学习当时最先进的第四代大规模集成电路计算机技术,为"八一六"洞体内9层控制室做技术服务工作。

从1975年大学毕业一直到1982年"八一六"工程停建,一直围绕生产前做准备工作。如进洞,到"锅底"去堆底,给工艺管道下线即安装放置一次表(敏感元件构成的)。又去仪表室,安装和调试二次仪表。因担心第四代大规模集成电路计算机进洞会受到湿气的影响,设备从外地返回后,一直放在八一六厂112氧气站对面的二层空调楼内。

第九层控制室主要监视核反应堆是否正常运行的核心、重要部分,四个圆形大盘上安装了信号指示灯。正常的情况下,信号指示灯将不停地循环,呈现绿色。当出现故障时,信号指示灯出现红色,并停止循环显示。

长方形的工作操作台上应摆放CRT显示器(电视显示器)、单点显示器(当出现故障时,可由其立即转告操作者,锅底中某一处工艺管道出现了问题,尽快处理)以及压力、温度、湿度等测试仪表及手动操作器(只是针对某一点的采集,如操作者想看那一处的一个点工作是否正常,就可单独切入,方可检测)等物构成。

四个圆盘的左边是计算机的模拟转换器部分,其目的是将从"锅底"一次表中采样信号(温度、压力、湿度的变化信号),送到第二次仪表再经其转换成弱电信号,送入计算机,进行核算、监测、记录、打印、存档等项工作。

控制室在洞内九楼现场实际中,没有展示出来的设备还有计算机、80行宽打(当年的打印机)、磁鼓(外储存器)、纸带凿孔机等设备。

"八一六"的人因严格遵守国家军事保密制度,没有为世人留下宝贵的、更多的个人留影。

当"八一六"洞体工程因国内国外的形势缓建、停建后,这批设备只有一小部分进了"八一六"洞内九楼主控室,绝大部分设备跟随浙商的采购,败走他乡。

望着离散的家,欲哭无泪。当年计算机班的原班人马,因种种原因离去,只剩下三到四位了。

此时本人可以远走高飞,为自己、为家人寻找更美好的生活,但领导一声声的规劝,感化了我的心房。留下吧,留下吧,为了"八一六"的"军转民"尽一份力,添一份责吧,与数千位开荒者一起奋斗。为此，为纪念停建这个日子在家拍照，作为永远怀念那个时代的缩影。

响应国家号召，无奈的"军转民"，使"八一六"人转入了一场为"养活自己，找米下锅"争夺市场的窘境中。

由于长年累月待在山里与世相隔，消息不灵、故步自封、清高、思想保守，对外界迅速发展的经济形势不理解，对踏入社会心存惧怕等原因，"军转民"后，虽迎难而上，可仍难以打开局面。那时生产了各种各样的零星、微型产品，如小孩玩具、电子遥控器、节能灯器等，但产品推向社会形不成气候，产生的经济效益不显著，养活不了那么多人。此后，又研发了有线电视共用天线系列产品，如信号放大器、分支器、滤波器、调制器等产品并对外施工、安装、调试。现在"八一六"厂职工家属住宅楼内，家家使用的闭路电视系统依然是那个时代自己厂生产的产品。

由此，为工厂带来了一定的经济效益：起初订单多，事业兴旺发达，效益显著，后因有线电视共用天线产品在全国全面的普及，加之"八一六"生产的产品规模小、科研条件差、无创新的弊病，导致销售萎缩，逐渐被市场淘汰，生产人员随之解散、转行、调岗或退休。

然而，山重水复疑无路，柳暗花明又一村。"八一六"的自备电厂、化肥厂等重大项目的上马，稳住了市场，顶住了风浪，给"八一六"近万名职工家属带来了勃勃生机。"八一六"成了西南三线建设中企业军转民的典范，引来了世人的瞩目。

"八一六"从她的诞生到形成雏形，跟跟跄跄地一步步走来，眼看要成窝了，却停顿了，又没法下蛋。可"八一六"人奋斗的精神不能垮、紧跟时代的步伐不能垮！虽然前行中有苦、有难、有迷茫、有累……但努力、顽强、拼搏的历史，社会的责任呼唤着"八一六"人不要倒下、不要被市场吞没！一次次的失败，一次次的教训，一次次的闯荡，"八一六"发展、壮大、与时俱进的接力棒在一代又一代人中传承下来。

"八一六"是"八一六"人魂牵梦萦的地方。虽然她现仍处于偏僻、物资供应仍不尽如人意、陆路交通仍不那么理想，但她永远是"八一六"人的窝，是为此奋斗终身的地方，是"八一六"人念念不忘，眷恋的家。

"八一六"是"八一六"人心目中的一棵常青树，她经历了半个世纪，已经根深叶茂，硕果累累，正向游客、世人传递"消灭战争，爱好和平"的友谊之花。

"八一六"这个光荣的代号，因她的光荣使命诞生，因她卓越的地下核工程，将载入世界国防建设的史册，她将永垂不朽！

（本文图片资料由作者提供）

孙国光：女，中共党员，大学文化，高级工程师。1968年8月在"八一六"厂参加工作。1972年3月单位推荐在成都工学院（现四川大学）上大学，1975年9月毕业返厂，从事主控室计算机外围（如计算机的外存磁鼓、纸带输入机、纸带凿孔机）的维修、保养、检修等工作。2003年退休。

职工俱乐部：回荡着三线建设的激情和赞歌

蒙 庆

20世纪80年代，中国文化艺术迎来新的春天，国内外影视作品推陈出新，好戏连台。这段时期，国营永光仪器厂俱乐部的电影收入每年都有数万元之巨，利润可观；适逢中国女排连夺五连冠以及电视连续剧《加里森敢死队》热播时段，可以用"万人空巷"来形容。

那时，负责俱乐部电影放映和差转机维护工作的是老李，负责电影票售卖和图书管理工作的叫老黄。这两人都是退伍军人，就性情而言，老李慢悠、固执，老黄则快捷、玲珑。

俱乐部放映电影每周一至两场，电视差转机则需天天维护，老李可谓责任重大。俱乐部图书室的图书存量大概有数千册，但周转频率并不高。因此，老黄的"主业"——售票业务魅力倍增。

那个年代，电视频道只有三五个，而且电视信号质量不佳，主要依靠设在广安溪口华蓥山顶的电视转播台传输信号，而永光仪器厂收看电视节目，主要依赖工厂自配的电视差转机来接收和转播。从道理上讲，管理者能负的并不应是主要责任。但观众却不能理解，他们认为收视效果不好就一定是差转机的问题。因此，凡是遇上中国女排比赛，或是《加里森敢死队》热播，不论严冬还是酷暑，老李必须待在俱乐部顶层的差转机房，而且一旦信号质量不佳、叫骂声四起，老李就得爬到差转机天线下，要么转动天线方向，要么逐一检查线缆接头，说句良心话，老李的工作实在有些吃苦受累又不讨好。

那个年代，新潮电影不断推出，观众早已不局限于职工家属，附近许多依赖工厂文化设施的村民也成为电影迷。那时候娱乐方式少，看电影成了最时尚的事，谈恋爱的男女经常去看电影约会。

俱乐部虽然只有2000多个座位，但只要放映"叫座"影片，比如日本电影《追捕》《望乡》，中国电影《少林寺》《小花》等，电影票就会供不应求。

由此，稀缺的电影票资源让老黄很受人"尊重"，有时甚至超过那时依然"清苦"的领导干部。

为了拿到电影票，有人讨好老黄，为了看到大片，有人"行贿"老黄，老黄的怀里也时常藏有部分座位极佳的好票，使之成为老黄情感交易的砝码。说句实话，"靠票吃票"让老黄切切实实享受了几年的好时光。

永光仪器厂虽然地处僻壤山沟，业余文化生活比较单调。而对于附近村民而言，其文化贫瘠的程度更高。

建厂之前，附近村民很少有机会进城看电影，基本上与电影无缘。建厂初期，厂里尚没有室内公共文化场所，都是在"坝坝"放电影，就是说找上一块平地、牵起一张银幕，让职工自己带板凳来看电影，不愿意带凳子的，只好席地而坐，或者站着观看。

那时候，放电影成了工厂主要的业余文化生活，不仅吸引了职工家属，而且也将附近村民吸引了过来。

凡是遇到下雨或打雷天气，俱乐部的电影放映就会被取消，美好的期望往往成为失望。

后来，厂里有了"三用"食堂，即在一个大食堂内包含有职工家属就餐、召开职工大会、开展职工文化活动等三项功能，看电影不再受天气好坏的影响，职工家属与附近村民的距离越来越近，关系越来越亲。再后来，工厂修建了新的职工俱乐部，功能和条件基本达到城里影剧院标准，观看电影的环境大大改善，职工家属和附近村民对俱乐部的依赖感日益增强。

自从有了标准化的俱乐部，每年的元旦、春节、五一、端午、十一等重大节日，或者上映"叫座"影片的周末，职工俱乐部内外都会呈现热闹的场景，基本上是职工家属和附近村民各占一半，那时永光仪器厂职工家属大致有近5000人。

由此可见，三线工厂职工俱乐部的文化辐射范围与影响力是很大的。当时影片都是由南充地区电影公司负责安排，每一部影片都会选择在广安、岳池和江华厂、燎原厂、长城厂、金光厂、兴光厂、明光厂、红光厂、华光厂、永光厂间"串片"的形式放映。

有时，一天晚上会同时安排四五家影院放映同一部影片，如此

国营永光仪器厂昔日的职工俱乐部

放映影片的老李

1985 年，厂青年歌手赛一等奖获得者兰敏

1981 年 10 月，山沟里有了第一台彩色电视机

一来，由数卷胶片组成的一部影片就得采取上一家影院放映一卷或两卷后，下一家影院就开始用专车接走，然后，再依次传递到下一家影院。

有时遇到天气、路况等原因，放映时间就难以保证。记得，有一次在放映日本电影《追捕》时，影片刚放映到三分之二时，因"串片"耽误，中途候片休息了一个多小时，当"串片"送到后，才接着看完该片。还有一次放映电影《红楼梦》，原定 22 时 30 分开映，结果一直等到次日凌晨近零点 50 分，影片才接回来，看完影片已是次日凌晨 3 时左右。尽管如此，职工家属热情依然不减，附近村民兴致有加，耐心的观众只好在座位上交谈或小息，性急的人则在俱乐部外徘徊守候。因为是"独家经营"，以及"过了这个村就没这个店"的缘故，绝大部分观众都会选择"决不放弃"。

除了看电影，俱乐部还被用于召开党代会、职代会、纪念会、音乐会、经验交流会等各种会议和文艺演出、歌咏比赛、演讲比赛，以及职工书法、美术、摄影展等。

光阴荏苒，岁月倥偬。当年的职工俱乐部早已完成使命，如今已是破败不堪，一片沉寂。可是每当站在俱乐部外观看时，眼前总会不自觉地浮现出俱乐部最热闹时的场景，放着好看的电影，台上演着精彩的节目，时不时引来台下观众的阵阵掌声，好不热闹……几十年后，时间带走了国营永光仪器厂曾经的荣光，却带不走人们心中对工厂的那份眷恋，更带不走三线建设时期，五湖四海的人们来到华蓥山激情投入建设的那个火热年代。

（本文图片资料由作者提供）

蒙庆：大学文化。1972 年 1 月下乡插队；1974 年 12 月就读于兵器绵阳机械工业学校；1976 年 12 月毕业分配到四川省广安县国营永光仪器厂。2014 年 12 月退休。现为中华人民共和国国史学会三线建设研究分会理事。

我们的国宝

秦世禄

西南铝加工厂，现隶属中国铝业公司。50 年来，西南铝已成为我国综合实力最强的特大型铝加工企业之一，是我国航空航天及国防军工材料研发保障、高精尖铝材研发生产和出口的"核心基地"，是中铝公司铝加工板块的核心企业。

在熊猫还没被誉为国宝的时候，我们西南铝加工厂就有了四大国宝：

1. 3 万吨模锻压水压机；

2. 12500 吨卧式挤压机；

3. 2800 毫米可逆式热轧机组；

4. 2800 毫米可逆式冷轧机组。

我们厂是 1966 年开工建设，1971 年正式投产的，1972 年，工厂定名为"西南铝加工厂"，现在叫"西南铝业集团公司"。而这四大国宝是建厂初就装备的。

那时候，整个社会的机电装备能力都很差。

我在 1965 年刚上初中时，跟着一个同学到新桥的高达五金厂去玩，看到他表哥就在厂后山坡上的一座工棚里操作轧机。

那台锈巴巴的轧机小得可怜，力气大一点的人都能抱得起一根轧辊来。

我同学的表哥估计着炉子里的温度差不多了，就推上电闸，让轧机转起来。然后，和另一个工人各拿着一把长钳子把一块铝锭从炉子里夹出来往轧辊里送。那轧过的铝锭则滑落到另一边的平台上。

然后，他们又转到另一边去，把平台上放着的铝锭夹着抬回来又往轧辊里送。

不知轧了多少遍，我都看得不耐烦了，那块铝锭还没有轧薄。

这家厂子小，不过是轧点铝板来做点钥匙坯之类的小玩意，没有可比性。

而有一家特大型的冶金企业，这时还在用着 1890 年从德国进口的蒸汽轧机，只不过是用了很多的人拿着长钳子把轧过的钢坯抬起来往轧辊里送。

我想，要是能把那些用钳子夹着工件往轧辊里送的人叫起来看一下我们的 2800 毫米可逆式轧机就好了。

转念又一想，还是算了，万一他们看了都激动得哭，或是惊愕得下巴脱了臼就麻烦了。当然，说下巴脱臼有点夸张，但激动得老泪纵横的却大有人在。

那是 1975 年的秋天，有关部门组织了最后那批特赦战犯来我厂参观。

那天下着小雨，我正在上班。

上午，他们去参观了另一个厂区的 3 万吨水压机和 12000 吨卧式水压机。

下午，他们到我们的厂区来了，先参观了两台轧机后再从我们的机组经过。

那些人的岁数都大了。有一位还带着一把折叠小凳，走不了多远就要坐下来歇一会儿，但他兴致很高，做出一副不把我们厂区参观完誓不罢休的样子。

研制生产的 3.5 米级铝合金锻环,即"亚洲第一环"

由中国一机部机械研究院研制,1973 年 9 月第一重型机器厂制造投产的 3 万吨模锻压水压机

一位随行的工作人员更是兴奋,居然上到操作台上来和我交谈。

他说,上午参观水压机时,就有人激动得哭。更多的则是一边含着眼泪看 3 万吨水压机上的金属铭牌上刻着的"中华人民共和国制造"九个大字,一边不停地摇脑袋。

都说是"男儿有泪不轻弹",而这帮久经沙场的战犯,他们在战场上看到成片倒下的兵士们可能眼睛都不会眨一下。但是,在国宝面前却流下了激动的泪花。

我想,他们含着眼泪摇脑袋肯定是在说:难以置信,难以置信,才解放二十来年,居然就取得了这么大的成就。

或许,是在怀疑自己的眼睛说:我看到的是真的吗,我看到的是真的吗?

而那哭出了声的,肯定是在说:了不起,了不起,真的了不起。

当然了不起。几十年来,凭着这些国产装备,西南铝人在国防军工、航空航天和其他领域里为国家、为民族做出了不可或缺的贡献。

只是,西南铝人不事张扬,认为自己不管做出了啥成绩,都是该做的。

(本文图片资料由作者提供)

秦世禄:1969 年 3 月下乡到四川省合川县东渡区当知青,1971 年招工进入西南铝加工厂工作;1973 年初,应征入伍至西藏服役,退役后回西南铝业(集团)有限公司压延厂工作。

半个世纪前，一条铁路与射洪擦肩而过

邓 龙

半个世纪前，一条铁路的修建一波三折，最终还是与川中重镇射洪擦肩而过，错过的不仅仅是机遇，更多的是射洪60万百姓的希冀。

一波三折的川豫线

20世纪50年代中期，中央从多方面考虑，基于缩短西南与华北的路程、减轻宝成铁路的运输压力、保障西南大动脉畅通、改变东西部工业布局不平衡等因素，决定修建川豫铁路。川豫铁路起点于河南信阳，线路经过湖北的襄阳，陕西的安康，四川的达县、南充、遂宁、射洪、金堂，终点于成都。

在四川遂宁市档案馆内珍藏着一份1958年的档案：

川豫铁路遂宁段修建指挥部关于路基土石方的施工安排。这在当时是一份绝密文件，因为涉及川豫铁路的施工安排，其密级很高。但随着时间的推移，如今这份档案已被解密。

文件对川豫铁路的概况进行了这样的介绍："川豫铁路，横贯四川、陕西、湖北、河南四省，西起成都，与成渝、宝成等铁路相连，经过金堂、遂宁、南充、达县、万源，向东穿过大巴山到陕西的安康，沿汉水到湖北襄樊，再向东延，就到了该线的终点——河南信阳，与京广铁路接轨，全长1200余公里。"从这段文字中我们不难看出，当时川豫铁路的规划的确要经过遂宁和射洪。并且，我们从能够找到的铁路线路图资料上也发现，当时的川豫铁路是从成都始发，经过遂宁和射洪至重庆再延伸出去至湖北的襄樊。

1958年，川豫铁路动工修建，后因三年自然灾害，国家财力严重不足，被迫停工。同年6月，当时下部构造已完成一半的川豫铁路遂宁段涪江大桥工程被迫停工，留下了一个半拉子桥。

三线建设在射洪

1964年，随着国际形势的复杂多变，党中央和毛泽东主席从国家安全出发，发出"三线建设"的号召。根据国务院的指示，大批东部企业按"大分散、小集中，国防尖端项目靠山、分散、隐蔽"的布局原则内迁中西部山区。1965年12月，为配合三线建设进入西南山区布局，打通川鄂两地交通瓶颈，经铁道部第二勘测设计院勘测设计，确定10年前停建的川豫铁路线路改由襄樊至成都，原川豫铁路改称襄成铁路，原设计的川豫线路四川境内的线路站点不变。

1966年，出于备战的需要，解放军总后勤部（简称"总后"）决定在全国范围内选择5个县域，建设军队后勤保障的生产片区，川中腹地的射洪县受到了总后的青睐。原因有三点：一是射洪地处成都平原边缘、川中腹地，境内多浅山区，便于隐蔽，也方便保障成都军区后勤物资供应。二是襄成铁路即将开工建设，生产、建设所需物资运输便捷。三是射洪县物产丰富，能保障三线职工的生活物资供应。

1966年底，总后所属的南京3503厂、成都3508厂等工厂分别派出筹建组人员和设备，分别负责包建 3533 厂、3536 厂和 3537 厂。射洪县一时云集了一大批外地口音的建设者，打破了这座小县城的宁静。射洪县人民委员会（县政府）组建了"支援国家重点建设工作组"，对"支重"项目，从人力、物力、财力等方面给予全面支持和协助。

1966 年，是射洪现代工业建设的元年。这一年，射洪开启了现代工业建设的步伐，从此告别了以农业为主导的经济社会现状。国家在射洪县安排三线基建项目达 20 多个，其中，总后所建的 3 个厂（3533 厂、3536 厂、3537 厂）和柳树区国家棉花仓库以及东风电站、棉纺织厂等 6 个重点项目，投资额达 800 多万元。

射洪不产棉花，国家商业部却投资 250 万元，在射洪县柳树区修建棉花储备库，库容量可达 20 万担。花巨资建这个仓库目的是什么？通过国家在射洪三线建设的布局，不难看出，射洪虽不产棉花，但为了确保军队后勤被服厂的生产原料，1966 年，商业部投资建设了棉花储备库、纺织工业部投资建设了棉纺织厂、总后投资建设了 3533 印染厂，这些企业的建设都是为了保障 3536 厂的军用被服生产，而建设东风电站是为了保障在战时这些企业的生产用电。

起了个大早却赶了个晚集

1968 年，三线建设紧锣密鼓地进行到第三年，面对波谲云诡的国际形势和复杂敏感的周边环境，这年初，出于加快三线建设、"备战备荒"的需要，中央对于三年前确定的襄成铁路又做了修改，这次确定了先修渝（重庆）达（县）铁路、缓建成（都）达（县）段的决定。时隔 10 年后，川豫线重新开工建设，不过重庆成了终点站，没成都什么事了。

从川豫铁路改为襄成铁路，再改为了襄渝铁路，一条原本彻底改变川中腹地交通的铁路大动脉，彻底与射洪县失之交臂。

1969 年底，中央确定渝达、襄成两线合一，通称襄渝铁路。同年 12 月 29 日，周恩来总理召开会议，研究加快铁路建设问题。铁道兵司令员刘贤权、铁道兵西南指挥部司令员何辉燕少将参加了会议。会上决定，襄渝铁路于 1972 年铺轨通车。

三线建设正在射洪如火如荼地展开之时，川中百姓期盼的川豫铁路一再改线，从川豫改为襄成，从襄成又改为襄渝，真是应了民间的一句话：起了个大早，却赶了个晚集。

铁路改道企业外迁

1968 年，在得知襄成铁路改道后，正在建设的总后三线项目 3533 印染厂和 3537 橡胶制鞋厂分别停建，另外选址外迁。位于射洪柳树区瞿河乡的 3533 厂，由于生产需要大量水源，当时已经修建了从涪江引水到厂里的涵洞，但由于涪江水量不足，加之铁路改线，交通不便，便于当年底改迁江津。该厂后来发展成为西南地区最大的印染企业。而位于武安镇蔡家沟的 3537 厂主要生产橡胶、军用解放鞋。也因川豫铁路改道，于当年搬至贵州龙里县，后来一跃成了全军四大军用解放鞋定点生产厂，现在是西南地区最大的胶鞋生产企业。

而留下来的 3536 厂成了总后在遂宁地区唯一的一家三线军工企业，当年在射洪县乃至遂宁地区的工业企业中，成了赫赫有名的大企业。

1970 年 1 月，3536 厂接管了位于瞿河乡的 3533 厂遗址和留守人员，并在此基础上建了一个机械分厂。1974 年 7 月，总后决定将 3536 机械分厂单独改建为汽车大修厂，

俯瞰 3536 厂

授予番号 7449 厂，暂归成都军区后勤部管理。同年 10 月，成都军区后勤部集中投资了 360 万元，对 7449 厂进行了改扩建，以适应军车大修的需要。几年后，又收回由总后管理。

这样一番周折，射洪存留了两家三线军工企业，这在川中遂宁也是绝无仅有的两家军企。

机遇再失告别三线

到了 20 世纪 90 年代，还是因为铁路的问题，射洪没能留住 3536 厂这家西南地区最大的制式服装生产企业。1993 年，3536 厂到外地选址建厂另迁，至 1996 年，3536 厂彻底搬离射洪。也就在这一年，7449 厂也由于神操作被一家成都公司兼并，4 年后，破产倒闭。至此，射洪彻底告别三线建设带来的工业辉煌，境内再无一家三线军工企业。

川豫铁路的多次改线，让本可以成为川中重要工业城市的射洪一再失去机遇，但 60 多年过去了，川豫线，这个在当年射洪人心中响当当的铁路名字，虽然已在人们的记忆中渐渐模糊，但每当想起那些逝去的岁月，是否有些感慨、有些遗憾呢？

失之东隅，收之桑榆。当年 3536 厂因为铁路交通问题迁至绵阳，留下的老厂遗址在经历 20 年的风雨飘摇后，迎来了一次难得的机遇——遂德高速射洪出口居然留在了距离 3536 老厂 200 米的山垭口。从这里出发，东到重庆，南到成都均在 1 小时车程范围内，到遂宁、德阳、绵阳等城市，只需半小时。遂德高速的这个出口的建设，彻底将一盘死棋走活了。

三十年河西，三十年河东。曾经落寂的三线遗址，立刻成了香饽饽。目前，四川彩皇农业正在充分挖掘利用

改造后的 3536 厂"文旅小镇"大门

3536 厂的三线遗址，打造三线文旅小镇，未来前景看好！

川豫"变身"为襄渝，这条跨越 4 个省市的铁路线，用一种新的方式活在人们心中。这条铁路用它旺盛的生命力，不但打开了四川、重庆的"北大门"，火车可直通北京，而且连通了川渝经济大动脉，对促进川渝交往和经济大发展，起着不可替代的重要作用。

一座有故事的铁路桥

文章开篇提到川豫铁路因受三年自然灾害影响，于 1959 年 6 月停工停建的川豫铁路遂宁段项目桥成了半拉子工程，被停建搁置数年。1966 年，为了物尽其用，不浪费建设者的心血，四川省交通厅接着投资，在原建铁路路基的基础上将其改建为公路桥。经过 4 年的建设，1970 年，遂宁首座跨江公路大桥竣工通车，因其横跨涪江，被称作"涪江一桥"。

1958 年开建到 1970 年落成，施工历时 12 年的涪江一桥注定是一座有故事的桥。

故事 1：据当年一位桥工队革委会副主任讲，当时涪江一桥的首席设计师不按铁路设计建造的要求设计为椭圆形或菱形，偏偏将桥墩设计为了圆柱形。在那个讲政治、讲思想的年代，该设计师被批斗，并被追究刑事责任，甚至一度以渎职罪入狱。后该设计师通过申诉称，设计成圆柱形，是为避免猫儿洲一道河与二道河的两股水流冲击桥墩。后经专家组审查甄别，该设计师才获无罪释放。在重新修建公路桥时，仍采用此桥墩。40 多年过去了，大桥安然无恙。

故事 2：据参加建桥的老人们回忆，当时在浇筑桥墩的过程中，出现过一次事故。一个潜水员下潜到桥墩外围水桶底部查看时，由于通信不畅，指挥失误，在潜水员还未出来时，混凝土浇筑就提前开始了。潜水员被困桶底，但还能通话，潜水员无奈地对领导说照顾好自己的家人，上边的施工人员含泪继续浇筑，这座桥墩掩埋了一位烈士的忠魂。

故事 3：1966 年正值"文革"时期，遂宁铁路桥改建公路桥，重新开工后，因当时工程队的机械化程度不高，施工搬运只能靠人工肩挑背磨。据当时参建人员回忆："那时候每天有近 400 人参加劳动，工地上工作繁忙，人来人往，尘土飞扬"。

在修建涪江一桥期间，"文革"派系斗争复杂，工地上还常常有枪声响起。有时闻见枪声逼近，工人们吓得只好躲进旁边的树林里。待枪声远了，他们才敢出来继续干活。历时4年，数百工人拼上数千个日日夜夜，涪江一桥终于竣工通车。据当地一些老人回忆，涪江一桥通车当天，沿江两岸人山人海，等待过往的车辆排成了一条长龙。

涪江一桥是遂宁首座跨江大桥，50年弹指一挥间，涪江一桥如一道彩虹连接着遂宁东西两岸，结束了两岸人靠摆渡通行的历史。对外，它作为当时国道318线上四川省内最长的公路桥，方便了遂宁与南充、蓬溪、武胜等地互通有无。

随着涪江二桥、三桥的建设，涪江一桥的担纲主要交通任务完成，大桥渐渐成了涪江通航的障碍，2017年被彻底拆除。涪江一桥的拆除代表着川中人民在半个世纪后彻底告别了川豫铁路，遂宁百姓以各种方式告别一桥，那些美好的向往和回忆，随着涪江一桥的消逝而留在心底，成为永久的念想！

（本文图片资料由作者提供）

邓龙：中华人民共和国国史学会三线建设研究分会理事、湖北省十堰市作协会员、丹江口市政协特聘文史员。自幼在三线军工厂长大，传承了三线人吃苦耐劳、乐于奉献的三线精神。

红江往事

口述：王　军　　整理：王胜男

红江厂系原第六机械工业部（以下简称"六机部"）生产柴油机喷油器、喷油泵和调速器的专业工厂。

喷油泵是柴油机的能源供应系统，调速器是随柴油机外界负荷的变化而调节喷油泵能源供应量，以达到控制柴油机的转速。

形象地说，调速器是柴油机的大脑，它的性能直接影响柴油机的性能。因此在加工制造过程中，对质量要求是十分严格的。

当时工厂的口号是："军工产品，质量第一"，从开工生产第一天起，全厂上下都宣传贯彻"质量第一"的思想。在实际工作中不管你是操作工，还是检验员都必须严格按产品图纸和工艺规程进行操作，精益求精，一丝不苟。

随着经济的发展，国内柴油机急需性能优良的液压调速器，美国伍德沃德公司生产的UG40型、UG8型液压调速器是世界名牌产品，也正是我国所急需的。而美国当时对我国实行技术封锁，不仅不愿转让技术，就连产品都不愿卖给中国。面对国内的需求和国外的技术封锁，怎么办？

历经3年的艰难摸索，终于成功试制出YT-111、YT-555调速器，经用户在各型号柴油机上使用情况证明，YT-111、YT-555在性能上基本达到或接近UG40、UG8的性能水平。

产品在上海、广州、武汉、大连、青岛等地的用户进行使用后，市场反馈很好，一片称赞声，我们狠抓质量得到了好的回报。

从1976年正式生产投入市场，工厂的两大系列调速器一直供不应求。可就在1979年9月初，一盆凉水泼在了我们头上。时任厂长朱斌举收到一份电报："你厂供给沪东厂的调速器，两台配机成功，6台全有问题。夏桐"电报是从上海发来的，发报人正是当时六机部生产局局长夏桐，用户已经把工厂告到六机部去了！

问题严重，影响很大。厂里立即组织成立了一个以主管质量的副总工程师为组长，技术科调速器设计组组长、装配车间调速器装配试验组组长、检验科装配车间检查组组长为成员的专项质量小组。小组成员立即乘机赶赴上海，找到了夏桐局长，将此行的目的与专项质量小组成员向夏局长进行了简要汇报。夏局长称赞我们反应很快，对产品质量很重视，希望我们积极配合沪东造船厂（以下简称"沪东厂"）尽快解决问题，沪东厂和海军代表都很焦急。我们当即承诺，一定全力配合。

进入沪东厂后，沪东厂工作人员告诉我们从1977年就开始使用我厂的调速器，但从没遇到过这种情况，6台

都上去试验过了，全失败。师傅们议论纷纷：有的说8台调速器只有2台合格，这是什么质量；有的说这是浪费他们的时间，耽误他们的进度，影响交机时间，浪费他们的柴油……面对风凉挖苦话，我们也只有硬着头皮听着，工作还得继续。

我们首先检查了6台调速器的"铅封"并未动过，又检查了传动轴，没有发现碰撞痕迹，我们便向沪东厂提出开车试验的要求。经现场观察，确有问题。又换我们的工人上去操作，柴油机同样无法稳定，失败了。压力之大，前所未有。

中船重工红江机械厂办公大楼

工人们忙碌着生产零件

精益求精，认真检测产品

随后，我们向沪东厂提出将6台调速器送到上海船用柴油机研究所做试验。当时，上海船用柴油机研究所已是柴油机研制、设计方面的权威机构，这样有利于问题的查找，更有说服力。

在上海船用柴油机研究所实验工厂由所里的老师傅进行试验，结果6台的试验状况和数据与我们出厂试验数据完全一致，该所技术人员看了数据也说调速器是合格的，这时我们总算松了一口气。

我们当即将上海船用柴油机研究所的试验结果向沪东厂作了通报，并表示，我们要做的和能做的工作都已经做了，要寻找的问题我们也找了，我们认为调速器是合格的，请沪东厂的同志不妨也找找柴油机在装配过程中可能被忽略的问题。沪东厂有人立即反驳说："我们柴油机有问题？我们生产这么多的柴油机，从来没有出现过这种问题。"的确，沪东厂是一个拥有悠久历史和上万名员工的大厂，是英商爱立克·马勒于1874年在上海创建，当时已具备制造3000吨级船舶和生产低速大马力柴油机的规模工厂，而红江厂只是一个从1971年5月才开始生产的小厂，似乎我们的质量更让人质疑。工厂生产的YT–555G型液压调速器正是与沪东厂生产的大功率柴油机配套的，该柴油机既为沪东厂建造的水面舰艇配套，也为其他船厂建造的水面舰艇配套。

双方就这样僵持着。于是专项质量小组组长提议：方案一是把沪东厂仓库里正准备装箱发货的柴油机上的调速器拆下来，装到仍在试车台上的柴油机（多次配机失败）上，这台调速器是随柴油机经海军代表签字验收了的，应该是合格的；方案二是将仓库里的柴油机重新上试车台，将原调速器拆下来，由沪东厂在6台调速器中任选一台装

陪同来宾参观

在合格的柴油机上按试车规范重新试验，海军重新验收，如果成功，证明调速器是合格的，反之调速器存在问题。沪东厂又提出，这笔费用谁来承担？最好请夏局长协调解决。时间紧迫，不容许专项质量小组有过多的时间犹豫，专项小组组长当即承诺："如果责任在我方，所有费用由我们全额承担。"做出这样的承诺不仅需要魄力，更需要自信，这种自信源自对工厂产品质量的自信。这在当时，特别是对于红江这样一个初建的小厂来说更是一笔不小的费用。

最终，沪东厂决定采用第二方案。试车时，双方工作人员以及海军代表都在现场。经不同工况的试验，一切正常！

压在专项质量小组全体成员心中那块石头终于落下来了。其实6台调速器在上海船用柴油机研究所试验结束后，专项质量小组的成员们心中就有数了，只是还不大放心，只有等待试验全部结束，才能得出结论。

试验结束，海军代表签字验收，宣布配机成功！事实证明，我们的调速器是合格的。由于质量过硬，产品性能好，

日月如梭，光阴似箭。转眼我国三线建设已走过了50年风雨历程。

当年的三线建设者们以今人难以想象的智慧、勇气、毅力和干劲创造了人间奇迹。红江只是三线企业的一个缩影，红江人在偏僻而贫瘠的土地上拓荒、建厂、生产，在这片古老的土地上培养了一代又一代优秀的三线人，孕育了自力更生、艰苦奋斗、不断进取、自强不息的三线精神，并成为他们的文化、性格，乃至财富。

随着历史的推移，三线已渐行渐远，但对于经历过的人而言，"三线建设"却是挥之不去的特殊记忆。有不少当时投身于三线建设的老同志、老领导，为了三线建设献出了毕生的精力，时至今日，虽然过得并不富裕，但当他们追忆当年时，却依然无怨无悔，豪情满怀。

（本文图片资料由王胜男提供）

王军：中共党员，高级工程师。1954年2月，在武汉动力机厂参加工作。1956年9月调入陕西柴油机厂。1972年5月调入重庆红江机械厂，直至1993年退休。

王胜男：女，中共党员，政工师。1991年在重庆红江机械厂参加工作。现任重庆红江机械有限责任公司离退办党总支书记。

川江船厂五十年侧忆

吴学光

意外惊喜，招工进入川江船厂

1969年4月，我从重庆三中（现南开中学）转回曾就读的初中学校重庆46中（现载英中学），落户到永川县何埂区何埂公社同兴大队当知青，接受贫下中农再教育。我们虚心向社员们学习，不辞辛苦，踏实肯干，深受当地人好评。

1971年4月的一个深夜，当我还在为生产队算账时，大队民兵连长李方林突然来队叫我"眼镜你出来一下"，出去后他告诉我"明天去区上医院体检，重庆有个船厂来招工了"，这意外冒出的招工喜讯，且还是全大队第一个去参加招工体检的，仿佛天上突然掉下的馅饼，意外的惊喜，让我心情异常激动。当晚一夜未眠，以至于第二天体检血压一直降不下来，加上视力不佳，也急坏了为我担心的体检医生和朋友们。当时自己还真感受了一场虚惊，幸运的是招工单位看重的是我有高中文化，于是被一个1970年7月才批准建设的三线航运企业——长航长寿驳船厂顺利录取。至今想来，仍饶有兴味。

艰苦创业，建设三线船厂

1971年4月24日，我同其他17名被招工录取的知青乘厂方派来的布切奇大卡车（驾驶员陈友金）离开何埂公社经永川城区休息，第二天回到了重庆。在重庆休整了两天后，布切奇大卡车又载着我们6男（吴学光、彭定明、吴修业、刘毅明、王益华、孙明扬）12女（向坚、杨朝援、张顺琴、周本会、钟世容、聂辉凤、田一芳、王瑞敏、张治秀、蒋珑、晏明体、易书兰）共18名知青，翻山越岭来到长寿县河街的长江边上，再换乘一艘叫"革命一号"的小艇，逆江而上约一小时后，到达周家沱的荒草坡河边。下船时，看见几十个穿绿军服的复员退伍军人和少数穿工作服的工人们都聚集在沙滩的几个席棚前。原来他们是包建驳船厂的长航东风船厂的老工人、先期进厂的复员退伍军人、"超龄生"工友们。

进厂后，厂部（长寿驳船厂筹建处）将我们18人同先后单招进厂的6人（代渝龙、代渝虎、李永奇、冯萍、刘曼玲、周永兰）共24名待分配工种的知青，组成了学工队（我任队长），从此我们就同东风厂老工人、复退军人、"超龄生"工友们一起，投入建设交通部内河局唯一的三线建设单位——长江航运管理局长寿驳船厂（记不清4位数邮政信箱号）的艰苦创业之中。

进厂后我们先住宿在附近周家湾的农民房中，上下工都要路过几条湿滑的田埂小道，我们曾滑入过水田中，后来工厂组织大家在厂内盖席棚，用楠竹搭统床居住。下雨刮大风时经常吹翻席顶，我们就用脸盆接水，等风停了老工人们就又爬上去盖上席子并加固；后来我们又协助施工队运砖砌墙建宿舍。当第一栋单工宿舍建成后，决定先分配给生产技术骨干和一线工人居住，凡同办公、管理沾边的人员都不能分配入住。我因暂借在政工组，同居住在席棚的彭定明暂借在增产节约办公室协助工作，我们两人都不能入住单工宿舍，只好转住进了待建船台滑道荒坡区的废弃砖窑中。窑门外棚屋则住的是东风船厂来的老工人敖明远夫妇。

那时，工厂还处于边建设、边生产的艰苦创业阶段。我们虽借调在科室，但还是跟大家一样，随时听从工厂安排，哪里需要就到哪里去：工厂基建施工中，我们也参与了挑土筑墙建车间、操作风镐开石、打眼放炮建船台、人拉肩扛自卸基建材料和设备等艰苦劳动。记得一次在白鹤嘴从驳船上卸电缆盘，我同代渝虎两个人就肩抬主杠，其他五六个知青就两边帮扶着，硬是慢慢一步一步地挪走，将重约300千克的一个电缆盘从驳船卸运到了岸坡上。生产上，工厂在强盗庙下的沙坡上摆墩建造我厂第一艘240匹马力的机动船，我们也参与一些后勤协助工作。该轮于1971年国庆前顺利通过了下水、机电设备安装、系泊试验、船检、试航等一系列的质量验收工作，实现了国庆开航为建厂一周年献礼的目标。

年份	合计	其中		
		修船	造船	配件
1950	—	—	—	—
1951	—	—	—	—
1952	—	—	—	—
1953	—	—	—	—
1954	—	—	—	—
1955	—	—	—	—
1956	—	—	—	—
1957	—	—	—	—
(57)	—	—	—	—
1958	—	—	—	—
1959	—	—	—	—
1960	—	—	—	—
1961	—	—	—	—
1962	—	—	—	—
1963	—	—	—	—
1964	—	—	—	—
1965	—	—	—	—
1966	—	—	—	—
1967	—	—	—	—
1968	—	—	—	—
1969	—	—	—	—
1970	—	—	—	—
1971	45.93	—	45.93	
(70)	45.93		45.93	
1972	37.10	1.00	35.10	
1973	14.30	—	12.80	
1974	54.50	—	51.05	
1975	61.53	—	34.49	
1976	63.22	—	55.10	
1977	105.83	—	87.04	
1978	183.35	—	143.35	
197	1 0.24	3.40	141.86	

1949—1979 年长江航运统计资料

就是在这种边建设、边生产的艰苦条件下，全厂职工团结一心、艰苦奋斗，1971年当年就实现工业总产值45.93万元。

其间，工厂还利用枯水期在周家碛开辟了沙滩造船工地，先后为长航重庆分公司，民生轮船公司建造了几艘分节驳船及2艘750吨驳船。充分体现了川船人边建设、边生产的创业精神。

为加快基建、生产建设进度，完善船台、滑道的配套设施，尽快实现正式投产，驳船厂还陆续自制了升船卷扬机、斜架车、三辊卷板机等设备。全厂职工历经数年的艰辛，硬是在荒草丛生、毒蛇繁多的乱石坡上建成了一个初具现代化规模的拥有川江上唯一的横向梳式滑道的现代船厂。

难忘的工厂第一艘拖轮"长江275"号

那时的三线工厂，都是"边基建、边生产；先生产、后生活"。大家都是凭着"革命加拼命、拼命干革命"的艰苦奋斗精神来工作的。

我厂1971年自行建造的第一艘240匹马力的拖轮在强盗庙下河滩顺利下水，该轮被长航局命名为"长江275"号。为向国庆献礼和庆祝建厂一周年，在工厂安排下，我为"长江275"号放写了"毛主席万岁"和"长江275"的字样，用钢板切割成字体，刷上红色油漆，分别安装和焊接于船首顶棚前和船两舷。1971年国庆，"长江275"轮，捆拖一艘厂造25吨驳，载上职工，一路红旗招展、劈波斩浪，浩浩荡荡开上重庆朝天门码头，敲锣打鼓，燃放鞭炮，向长航重庆分公司报了喜。

从此该轮就承担起了川江船厂运送建厂设备和材料及职工下长寿、上重庆的交通运输任务，为加快川江船厂基建进度提供了有力保障，也极大地方便了职工往返重庆及东风船厂。

数年后"长江275"轮修船时，为了航行安全，"毛主席万岁"五字没再安装了。

川江船厂建厂50周年感怀

2020年，迎来了川江船厂建厂50周年。为此，我以十年前写成并发给厂办的感怀句作这篇侧忆小文的结尾：

曾记否？

"革命一号"小艇、"解放牌"汽车穿梭接来创业者。

东风人、复退军人、超龄生、知青……

依山傍水扎大营，共同组成川船人。

租农舍、住席棚、宿砖窑，喝井水……

头顶烈日搞基建、脚踏沙滩把业创、自卸砖沙和水泥、盘装电缆人力扛……

一砖一石建车间，一镐一钎辟船台……

川江船厂作业现场

席棚内：摇扇驱蚊描蓝图，赤膊挥汗策计划……

周家碛上：铁锤铿锵焊花飞，人抬钢板造船忙……

强盗庙下：摆墩建造第一轮（长江 275 轮）……

卷扬机、斜架车、三辊卷板机……

都是川船人自己造！

我们是曾经的川江人，我们是三线建设者！

永远铭记川江船厂艰苦创业史，愿川船人的三线建设精神永放光辉！

（本文图片资料由作者提供）

吴学光：中共党员。1971 年 4 月招工进入川江船厂，1997 年 4 月因病退休。

32111 英雄钻井队血战火海革命精神永放光芒
王仕新

烈火炼真金，英雄立天地

32111 钻井队于 1965 年在重庆市川东地区卧龙河构造打"卧四井"完井后，全队停下来正在开展冬季整训运动。由于四川石油局决定先开发川南油气田，所以掀起了大战古隆起，大战塘河的川南石油大会战。刚过完春节，32111 队接到会战命令，于是就从川东"卧四井"直接搬迁到川南气矿的塘河一号井搞勘探钻井工作。

但是搬家路程远，时间紧，任务重，大家发扬艰苦奋斗、勇于创业；有条件要上、没有条件创造条件也要上的大无畏精神，喊着"革命加拼命，拼命干革命"的口号，不分白天黑夜加班加点地抢搬、抢安，用人拉肩扛的办法抢时间安装，抢时间开钻。

据该队的老同志回忆：由于井队上得很快，当时职工宿舍有少数的还没修好，部分职工都是临时在老乡家找个地方做宿舍。有的职工，地层钻进了 1000 多米时，还仍然住在老乡家里。

经短短 4 个多月的努力，该井已经钻至井深 3200 多米，进入地下的"嘉陵江"层段，这是四川主要产气层，由于井内的泥浆液柱压力小于地层压力，所以发生了井内泥浆液体的外溢，说明该井地下天然气的压力很大。

当这一情况汇报到矿区后，矿区组织物资、设备、技术人员去压井；并由钻井总工程师张仲珉、调度长郑良波领队，机关及后勤各单位一齐上，进行压井施工作业。

1966 年 6 月 22 日凌晨 1 时左右，两个班的职工正在各自岗位上交接工作，当时正处在压井施工关井测压过程中，由于地层气压急骤上升，井口接出的四根排放天然气的防喷管线闸门都是关着的，其中一根 3 号防喷管线靠山壁一侧突然破裂。爆破口喷出的高压天然气流，经钻井平台底座直冲山壁，受阻后返回来横穿井场，冲破了钻台底下的防爆灯，一下子引燃了高压气流，只听一声巨响，整个井场瞬间变成了一片火海。顿时熊熊大火腾空而起，形成宽 50 多米、高 30 多米的一片火海。钢铁井架 3 分钟便被烧倒，柴油机也被熔成铁坨坨。气流声震耳欲聋，火光照红了半边天，刺得眼睛什么也看不清，十几米外都烤人，眼看着整个气井有被毁于一旦的危险。

响声就是警报，火光就是命令！

钻井队的工人们在睡梦中被惊醒。因天气炎热，有的只穿件背心，立即赶到井场抢险救人，当时就看见两个班在岗位上的同志已经被大火淹没。在机房的邓木全已被瞬间的烈火烧伤倒在旁边的排水沟里昏迷过去，虽被救了出来，但因伤势感染，经抢救无效在医院牺牲。

此时，大家冒着生命危险去灭火。第一批上去的被天然气中的硫化氢毒倒了，被救下来。第二批人用湿毛巾捂鼻上去，火势太猛，身上衣服着火倒下被救下来。

在这千钧一发的时刻，在现场工作的矿区党委委员、副指挥兼总工程师张仲珉、井队长王存友立即组织全队职工和在此修井场的钻前团全体人员研究方案，决定首先抢开井口下面的一、二号防喷管线闸门，把天然气引出井场外，再关掉爆炸的三号防喷管线闸门，断绝井场的天然气，只有这样才能把火灭掉。

在抢险的过程中，矿区党委委员、副指挥兼总工程师张仲珉带头冲进火海身负重伤，对前去救他的同志说："莫要管我，快关三号闸门。"副指导员雷洪炳先后四次冲进火海，被毒气熏倒。青年工人王友发急得心里直淌血。

要知道井口大火不灭，气井就可能爆炸，井下数十吨重的钻具，就会像火箭一样冲向天空，整个气田就会毁于一瞬，在场数百名救火群众的生命已危在旦夕。于是急中生智，他和徐光益等 10 多人顶着一床床湿棉被，义无反顾地再次冲入了火海，奔向井口去抢开一、二号闸门，抢关三、四号闸门，这时所有的闸门都被烧得通红，手抓上去就沾去了一层皮肉，大家喊着"下定决心，不怕牺牲，排除万难，去争取胜利"的毛主席语录，直到把防喷一、二号闸门打开，关掉三号闸门，才把这场冲天大火控制住，接下来又用水把钻台上燃烧着的木板火势全部扑灭。

经过 30 分钟的生死搏斗，32111 钻井队的英雄们终于扑灭了这场冲天大火，保住了这个新开的大气井。在抢险中，张永庆、王祖民、王平、罗华太、吴仲启、邓木全 6 人牺牲；张仲珉等 23 人负伤，名单如下：

张仲珉、彭美凤、徐元才、王存友、冉树荣、黄成厚、许永茂、童守志、胡德炳、雷洪炳、衡思树、李治国、徐光益、彭祥和、秦华明、钟应昌、付正江、滕怀路、曹升国、查水海、王有发、牟茂修、王明举。

其中，牟茂修是衡思树的妻子，当时在队上探亲，那时也冒着生命危险参加抢险；王明举则是钻前团的同志，当时在现场参加抢险，也受伤。

被烧伤的所有人员随即送进四川省合江县人民医院住院抢救。由于有的烧伤面积达到 80%，最严重的是冉树荣，烧伤面积达 95%，当地县医院根本没有能力和技术救治。周恩来总理闻讯后，立即亲自派直升机和最好的医生专程降落到合江县医院旁边的人民广场上，把伤病员一个一个地接到直升机上送到北京 301 医院，进行精心治疗，部分伤势严重的伤员还被接到北戴河疗养院疗养一段时间。

治疗中，有好几人都是割自己身上的好皮肤来为患处植皮。可以想象他们遭受到了多少痛苦，这是不言而喻的。

邓颖超受周恩来总理的委托，前去 301 医院看望大家，还给每位伤员发放了《特殊物资供应证书》，并转达周总理的承诺：将为全队参加抢险的职工颁发《全国劳动模范证书》，后因"文化大革命"两派长期斗争的影响，各级政府职能部门几乎全部瘫痪，无法兑现。

国庆节前夕，伤病员伤稍好后，血战火海的 32111 钻井队全体职工，除探亲、出差和留守人员外，其他职工于 1966 年 9 月 26 日被接到北京，住在石油部招待所。

1966年9月29日，周恩来总理等中央领导在人民大会堂接见32111队到京职工和石油工业战线上的全体代表，合影留念

9月26日《人民日报》发表《32111英雄钻井队扑灭火海保住大气井》报道，称32111钻井队为"伟大毛泽东思想的又一曲响彻云霄的凯歌"，并为此发表社论《毛泽东思想是革命人民的灵魂》，高度评价32111钻井队："他们用生命和鲜血扑灭了一场冲天大火，在中华儿女的英雄史册上写下了最新的一章。""他们是集体的黄继光，集体的邱少云，集体的欧阳海，集体的麦贤得。在他们身上，集中体现了工人阶级的革命品质和伟大毛泽东思想的结合。"同日，新华社播发了长篇通讯《毛泽东思想指挥我们战斗——记32111无产阶级革命英雄主义钻井队血战火海的勇士们》。

32111钻井队队员们头戴铝盔披红戴花的集体照片及获得荣誉称号的每个英雄的照片、伤员们在北京治伤情况的照片、美术工作者赶绘出来的宣传画、连环画等，都由新华社发给各报刊载。

周恩来总理和中央首长于1966年9月29日在人民大会堂专门接见32111队到京职工和石油工业战线上的全体代表，并一同合影留念。

由于32111队的同志们临危不惧，前赴后继，血战烈火，用鲜血和生命保卫了国家的财产和人民的利益，创造了惊天动地的人间奇迹，石油工业部党委授予32111钻井队"无产阶级革命英雄主义钻井队"称号，追授该队牺牲的张永庆等6人及在"血战火海"中表现突出的张仲珉、雷洪炳、王存友、王有发、胡德炳、冉树荣、彭家治等7人"石油工业部五好标兵"称号；授予牟茂修"五好家属标兵"称号；授予李治国等16人"石油工业部五好职工"称号。其中27位职工被命名为血战火海的27勇士。

这里多说一句，6位烈士加7位"五好标兵"再加16位"五好职工"，总数是29人，多出2人在于牟茂修是家属，王明举是钻前团职工，此二人应算在本队27勇士之外。

10月1日，首都天安门广场举行庆祝新中国成立17周年的盛大集会。32111钻井队张仲珉、王有发、彭家治、王存友等12人上天安门参加国庆典礼和国庆迎宾宴会；杨成全、代大奎、王明举（钻前团伤员）等48人上了观礼台。

王有发代表全国工人阶级，在天安门城楼上面对数十万群众发表了激情洋溢的讲话。毛泽东主席在天安门城楼接见了王有发。

当时毛主席接见王有发的彩色宣传画，发行量高达

历史的回眸

7000 万张。32111 钻井队的英勇事迹在全国家喻户晓，产生了巨大的影响。

为了宣传 32111 钻井队血战火海的英雄事迹，中央新闻纪录电影制片厂 1966 年摄制了《32111 钻井队英雄事迹报告会》电影；邮电部 1967 年 3 月 10 日发行了由刘硕仁根据董辰生《向 32111 钻井队学习》绘画原图设计的邮票；人民出版社出版了《32111 钻井队——伟大毛泽东时代的英雄集体 32111 钻井队的光辉事迹》书籍；同时，各种有关 32111 钻井队的毛泽东纪念像章也广泛流行。

1996 年 6 月，泸州气矿在合江县医院旁边专门为 32111 队牺牲的 6 名烈士建墓立碑；6 月 22 日，"32111 英雄钻井队烈士纪念馆"建成，成为英雄事迹和爱国主义教育基地。

在这个英雄集体的诞生地——重庆市江津区塘河镇上塘村 32111 钻井队一号井原址，仍然保留着 32111 英雄钻井队旧址，供人们瞻仰。

32111 英雄钻井队烈士纪念馆

在一个不大的院子里，静静地排着一些输气管道，空地上立着一个已经停用了的天然气闸阀。在闸阀下面有一块石碑，上面镌刻着"无产阶级革命英雄主义钻井队——32111 钻井队，一九六六年六月二十二日血战塘河一号井"的碑文。

32111 英雄钻井队的壮举，体现了三线建设时期，中国石油工人"艰苦创业、无私奉献、团结协作、勇于创新、敢于牺牲"的三线精神。

继承英雄遗志，发扬革命精神

我是 1969 年 3 月由四川石油局泸州气矿半工半读学校中专毕业后被分配到 32111 英雄钻井队的，那时该队已经搬到泸州市纳溪县护国的沈公山沈八井。

当时井队还处于"文化大革命"之中。因批斗当权派，领导都被打倒了。在泸纳合的武斗中，队上的职工分成两派，视若仇敌，各据一地，守井的工人寥寥无几，完全是一盘散沙。

在队守井的老同志热情接待我们，给我们介绍了该队血战火海的英雄事迹，带我们参观了井场、各个班的宿舍、食堂、会议室，最后到队部领导办公室。介绍墙上挂着由石油部党委授予的"32111 无产阶级革命英雄主义钻井队"的锦旗，是用金丝绒做的。还介绍了那堆满一间小会议室由全国各部门、各单位团体赠送的纪念品和全国各地人民的慰问信，还有各行各业战斗英雄赠送的功勋章、纪念章；各种毛主席头像的像章、毛主席语录本；还有几打高级的"派克"金尖钢笔等，琳琅满目，数不胜数，但是从没有人敢去乱动。

后来中央下达号召，要"抓革命，促生产"，两派要搞大联合，两派在军管会的统一领导和促成下，都相继回到了队上。在中央文件精神的感召下，经过整顿，两派最终达成了大团结，党团组织开始整顿，重新恢复和选举组成了新的领导班子。

由于我是刚从学校分下去的学生，不带任何派性，经常在两派之间做思想工作，受到大家的好评，被一致推荐为该队团支部书记。

新的领导班子健全后，带领大家工业学大庆，学王铁人精神，要求工作上做到"三老四严"。当时的井队统一都按部队军事化管理，各班内务要求达到"三清、四无、五个一条线"的标准。走进各班寝室，看到床铺一条线，箱子一条线，被子一条线，盆子一条线，毛巾一条线，整齐划一，使人醒目清心，跟部队内务管理没有两样。

1972年8月，领导派我参加马列主义培训班学习。1973年又被通知参加矿区团工委筹建矿区第五届团代会。在1973年"五四"青年节召开的矿区共青团第五次团代会上，我矿区"女子钻井队"的指导员唐克碧当选团委书记，薛铁斌当选副书记，我被选为委员，并留在矿团委值班。矿团委经常深入基层团总支、支部去调查研究，也请老红军、老八路去做革命传统教育；利用节假日组织各基层团干部参观大邑县刘文彩庄园、到江安李庄阶级教育展览馆进行阶级教育；组织到红军长征四渡赤水的太平渡参观，听当年为红军撑船的老船工讲四渡赤水的故事……

党的第十次全国代表大会召开之前，我矿区团委书记唐克碧被选为宜宾地区党代表参加了党的十大，并被选为十届中央候补委员。党的十大闭幕之后，经中央党校培训

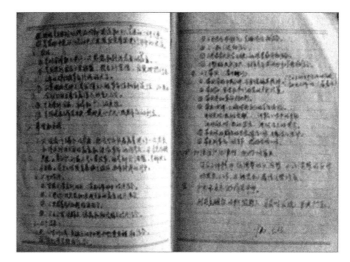

作者1972年7月13日的工作记录

后，被任命为四川省委副书记，分管工业系统的工作。

1978年8月，省委副书记唐克碧带着女秘书和女记者专程来川南考察工业系统工作，到合江县时，她提出要到附近的钻井队去看看。我接到电话后，立即通知在3213钻井队蹲点的党委书记屈大华，他即吩咐生活管理员立即到乡下找老乡买只鸡和一点蛋回来（因为当时物资都是计划供应，肉食不好买），让食堂准备午餐招待。屈书记赶回大队时，又接到唐克碧的电话，说她们在合江县政府进午餐，叫我们下午2点半赶到合江马街桥头与她们会合一同到井队。屈书记要我和他一起去陪同唐克碧书记到榕山二号井的4055钻井队。当时该队支部书记李玉贤、井队长刘尚全、晏世华等几位领导接待并汇报了工作。听完汇报后，唐克碧说："我是从川南矿区出去的，除了解井队工作进程以外，更多是想回娘家看望曾多年在一起工作的老领导、老师傅和老同志们。"

我能荣幸地在32111钻井队工作，能在"革命加拼命、拼命干革命"的英雄主义精神熏陶下，同全体钻井队的同

第02章 历史的回眸

147

志们在实际工作中，不断努力弘扬英雄钻井队的光荣传统，由此促使我积极工作和加强学习，不断进步成长。在后来的工作中，我都自觉或不自觉地用 32111 钻井队的革命英雄主义精神鞭策自己。我为自己能够成为一名在英雄钻井队的石油工人感到自豪和骄傲！

每当井队下完套管固井时，运到井场的几十吨水泥、几十吨配泥浆的重晶石粉，我都积极组织团支部青年突击队下车搬运，不论白天还是夜晚，随到随下。

井队的每期板报，都是团支部负责主办。我们的板报、墙报大量表扬好人好事，形式上丰富多彩，有诗歌、散文、图画，办得丰富多彩，真正起到了党的助手作用。

我记得还写了一首歌颂井架工的七律诗是：

攀登井架不虚夸，飞燕凌空娇影斜。
有幸优先迎旭日，无心尔后赏云霞。
地中钻进三千尺，场上推抛万担砂。
雨雪风霜何所惧，伴随铁塔走天涯。

1974 年"批林批孔"运动开始后，我与矿区政治部主任张文一同回到 32111 队当工作组，工作组结束后便回到队上和全队职工一起抓革命，促生产，为开气田做贡献。

1975 年 5 月，成立合江钻井二大队，屈大华任党委书记、丁明理任大队长；7 月，我调任合江钻井二大队任团委书记。

1978 年，为了抓好 32111 队钻井队当年钻井进尺上万米，我又同矿区工会主席陈晓、段甲斌到该队当工作组，

1978 年 11 月作者（前排右四）带钻井二大队各团支部代表参加川南矿区第六届团代会的合影

当年血战火海的英雄杨成全（右）、代大奎（左）

与井队工人同吃、同住、同劳动。

在市 24 井搬迁纳 58 井时，为了快搬、快安、快开钻，跟时间赛跑，全队职工整两天一夜没睡觉，革命加拼命地干。年终钻井 3 口，进尺 11500 多米，石油部授予 "32111 铁人式钻井队" 先进集体的金色奖牌，并授予一面锦旗。四川石油局劳模大会上给全队职工每人 1000 元奖金和一套统一的服装作为嘉奖。

1987 年，川南矿区钻井大队合并，搬到永川成立钻井公司，统管 38 个钻井队：上至宜宾，下至重庆垫江的所有井位都属我大队钻探。

此后，我调公司办任秘书，1993 年因心脏病提前退休。

据不完全统计，32111 英雄钻井队血战火海后，到 1998 年先后在川南、川中、川东地区打有安全井 32 口；1998 年下半年改为试油修井队，在泸县、江津、合江、塘河、石蟆、先市、二里场、凤鸣、榕山等地修井试油达 20 余口。

到 2001 年，石油部搞减员增效，职工下岗，终止企业合同，32111 队全队解散。

在此，给大家介绍一下井队编号的基本知识，每一个井队的编号都含有一定意义：前两个数字代表钻机的型号和所能钻井的深度，后边的数字代表此型钻机的台数编号。

比如 32111 队：32 代表能钻进地层 3200 米的钻机，111 是代表这个队的钻机是 111 台的编号；又比如 5001 钻井队，前面的 5000 是代表此钻机是可钻井 5000 米，后面的 1 代表是此型钻机的第一台。依此类推，就能识别钻井队的钻机型号和队伍编号。

此文写作整理中，感谢原 32111 队当年血战火海的英雄杨成全、代大奎提供的照片和名单及相互回忆叙述当时的真实情况；感谢我队职工王福洪、赵国昌、陈德路等回忆提供打井的数据和有关资料。

（本文图片资料由作者提供）

王仕新：中共党员，先后任四川石油局川南矿区 32111 英雄钻井队团支部书记、钻井公司团委书记、教育干事、公司办秘书等职。现为中国楹联学会、中华诗词学会、中国诗刊《子曰诗社》会员。

闪光的足迹
——白鹿山基地往事追忆
张绍斌

南江队从进驻到离开白鹿山基地，足足 20 个年头。20 年中，南江人用双手，在那片土地上创建了一个完善的基地，丰富了南江文化，凝练出南江精神，更创造了队史上无数的辉煌业绩，为国家功勋地质队的申报奠定了坚实基础。那段岁月，留下了无数闪光的足迹，令人难以忘怀。

白鹿山是四川省合川县境内，涪江与嘉陵江汇合处的一个小山头。南江队入驻前，那里是荆棘丛生，乱石坟堆满地的荒山。1970 年 3 月，南江队基地选址确定。4 月，老队长魏承福带领一批打前站的职工到达白鹿山，自己规划、设计、建造那个基地。他们用双手移坟、平地基、修公路、建造房屋，日复一日，年复一年，最终建成今天被世人所见的那个与生产生活相适应、自成一体的白鹿山基地。据当年参加那段工作的几位老同志回忆，球场坝原是个斜坡，南江人硬是用锄头、十字镐等工具，把土石挖出来，用箩筐、斗箕等工具运走土石，自己搅拌三合土铺出的篮球场。再就是公路两旁的"干打垒"住房，要用石头来砌墙，大家把山上的石头找光了，还要到附近两三里地远的地方去找石头运回来砌墙用。先到的职工就住在威虎厅及四周的破房内，后来的没地儿住的便到附近老乡那里租房住。当年的那个艰苦劲儿，也不亚于在金沙江边的岁月，但大家很齐心，叫干啥就干啥，从无怨言。老队长、老书记他们与大家打成一片，同吃同住，相处愉快，工作起来，大家干劲自然倍增。

南江人在抓基地建设的同时，把工作的重心放在全面完成上级部署的各项任务上。

20 世纪 70 年代，支援三线建设及地方农田供水，做出突出贡献

1970 年 8 月初，南江队由鱼鲊基地撤出，入驻白鹿山基地。工程技术人员一放下行李，就奔赴大山深处，寻找水源，踏勘布点，钻探施工，先后为原五、六、七机部所属 40 多个国防三线企业，探明地下水 13 万立方米，成井 130 多眼，提交地下水开采量每日 10.6 万立方米。

在完成军工企业找水的同时，南江队在为地方农田供水及病害工程治理方面同样成绩显著。先后派出 5 个地质小组，分赴川东的万县、渠县、江北县等 20 多个县市，对 370 多座中小型水利工程进行了调查勘探试验及病害鉴定。地质技术人员在红层找水中取得新突破，所撰写的《川东中小型水库坝址的主要工程地质问题》等论文，

获 1978 年全国科学大会奖和四川省科学大会奖。南江队 1975 年获四川省委授予的"支农先进单位"称号，1977年获四川省、国家地质总局分别授予的"大庆式企业"称号。党委书记兼队长杨长春出席了当年全国工业学大庆会议，并于 10 月 28 日在国家地质总局召开的电话会上，作了题为"提高认识，加强领导，不断提高地质勘探工作质量"的专题汇报，受到国家地质总局领导的肯定和好评。1978年 10 月，孙大光局长来到白鹿山，全面考察了南江队工作。1980 年他为南江队颁发了"在地质找矿中做出重大贡献"的嘉奖令。

20 世纪 80 年代，在支援地方建设和重大应急抢险工程上再立新功

1981 年 7 月，嘉陵江发生 80 年来一遇的特大洪水，淹没了合川县城。南江队得知险情后，立即组织人力、车辆投入抢险救灾。安置接待灾民 300 多人，并派出 60 多名基干民兵，守桥护路，维护空投物资现场的秩序。帮助县粮食局转运粮食，帮助百货公司等物资部门抢运大量物资到队部存放保管。为此，南江队获得了四川省委、省政府颁发的"抗洪抢险先进单位"称号。

1982 年云阳长江鸡扒子大滑坡，因暴雨突发使大量崩滑体推入长江，严重阻碍了航道交通，危及国家财产和人民的生命安全。南江队奉命抢险，且工期仅 6 个月。是年 12 月，队上组织 200 多名技术业务骨干，由张建德、房子安两位副队长坐镇指挥，同志们冒着严寒昼夜奋战，按时提交了一份高质量的成果报告。后经地矿部和交通部专家评审，一致认为该报告"内容丰富，资料齐全，可作为滑坡治理和航道整治工程设计依据"，报告当年获得地矿部科技成果二等奖。

1985年3月下旬，重庆市政府和民航设计总院把江北国际机场首期工程勘察任务交给南江队，并强调工期为一个月。在时间紧任务重，施工条件差的情况下，队上组织12台钻机打突击战，组织技术人员加班整理资料和编写成果报告。当时，技术人员宋光渝负责岩芯取样，一人看三台钻机，跟班作业，连续三天三夜都未合眼，站着站着都睡着了。当时重庆市市长于汉卿到现场看望了南江队地质技术人员，提交的成果报告最终获地矿部优秀勘察成果一等奖。

在完成上述任务的同时，南江队从20世纪70年代末到80年代初承担的重庆、南川、万县、奉节、酉阳、黔江和广安等县市1∶20万水文地质普查图幅，圆满完成任务提交报告，其成果报告均获得国家科委科技进步二等奖。

三峡工期前期论证及"七五""八五"科技攻关课题完成上，谱写新篇章

在三峡库岸稳定性研究课题上，南江队在对三峡库区400多个崩塌、滑坡全面调查的基础上，筛选出30多个大型、典型滑坡体进行深入系统的勘察论证，按时提交了三峡工程生产科研报告12份，共80余万字，经专家组评审验收均一次性通过，科研水平达到国内先进。其中大型滑坡崩塌勘察研究报告，达到国内领先、国际先进水平，这项成果当年获得国家计委、科委、财政部联合颁发的阶段性成果和最终成果奖。

1990年南江队队部由白鹿山迁往重庆市江北县（今渝北区）松树桥办公。岁月易逝，转瞬间离开白鹿山基地已经20多个年头了，回首凝望，昔日的辉煌已成过去，唯有留存在白鹿山和川东大地上的足迹永恒闪光！

张绍斌：女。重庆市地勘局南江水文地质工程地质队工作人员。

回忆在221库那段往事

张建军

1978年3月，我从部队退伍回到家乡合川，8月被安置到合川县白鹿山的四川省地质局南江水文地质队（现为重庆市地勘局南江水文地质工程地质队）工作。

当时，地质部下达南江队承担三线建设：221库供水施工任务。为确保任务完成，南江队扩充队伍，招收190多名退伍军人。由国家拨款，购买钻探设备，运输车辆。大队车间增添了加工成井用的大口径套管车床等一批先进设备。当时，在四川省地质局各野外队属一流。队上配有

大车、小车40余台。兄弟队羡慕地说，南江队财大气粗。职工说，南江队是靠221库工程发家的。

在白鹿山队部经过一段学习培训后，我和部分退伍军人分配到南江队三分队。三分队队部在四川省广安县天池湖畔的华光机械厂。分队长王家兴，冯茂明总支书记，分队技术负责李昌华。三分队具体承担221库供水勘察任务。分队领导安排我在分队当司务长。有些老同志告诉我说，搞伙食费力不讨好，得罪人，我找分队领导辞退伙食团长，

第二天我就到了 311 钻机。311 钻机住在广安县桂兴区天才公社周家湾。根据工作需要，分队从 305、306 两个机场抽调几名骨干分别担任机长、政工员、班长和部分退伍军人组建的新机场。机长曾宪华，政工员李贵雄，我的第一任班长王信才。

221 库地处广安县桂兴区境内，是由国防科委直接领导，由工程兵部队施工建设的绝密国防工程。区域内，地、富、反、坏、右四类分子全部迁走。现场施工人员和工作人员都要经过严格政治审查，所有人员要凭特别通行证进入工区。有一次，分队会计罗昭纯来机场为工人发工资，因没有通行证而被拒之门外，她急得直哭。从此以后，每次发工资都是由机场派专人去分队代领。

我们到机场后，老工人热情地对我们进行传、帮、带，讲解安全知识。上班时，班长手把手地教我们操作钻机、如何记录填写班报表等。经过几个月工作实践，新同志业务技术进步很快，大多数人能独立操作钻机。钻探工人长期在野外，工作条件十分艰苦，冬天寒冷、夏季炎热蚊虫叮咬；晴天一身汗，雨天一身泥，为了 221 库建设，再苦再累大家毫无怨言。311 钻机风风雨雨辗转 221 库区两年多，有些往事让我难以忘怀。

1979 年大年三十之夜，正当人们欢庆佳节团年的时候，311 钻机灯火通明，钻机隆隆，工人们还在紧张地工作着。工人们忘我的工作精神感动了附近村民，他们自发地将煮好的汤圆送到机场。他们说，大年三十还坚持工作，你们辛苦了！他们热情地把盛满汤圆的碗送到我们每个人手里。颗颗汤圆吃在嘴里，暖在心里，我们很受感动。这天，我们一直干到凌晨 4 点，大家风趣地说："今年，我们过了一个革命化的春节。"归心似箭，大家不顾疲劳连夜往家赶。我们照着电筒，沿着崎岖山路，翻山越岭，步行两个多小时到达前锋车站，乘火车到北碚，然后再乘汽车，到合川已是大年初一下午 4 点多钟了。我在家只休息 4 天，初五就赶回机场上班。

1980 年 7 月 23 日，311 钻机搬到前锋火车站部队招待所，为施工部队师部打供水。盛夏 7 月，烈日炎炎，晒得铁塔烫手。趁早晨天气凉快，7 点钟我们就开始安装钻塔。17.5 米的四角铁塔，每两个人负责一个角，一层层往上安装。我和政工员李贵雄两个人负责一个塔角。当安到五层时，我认为四层塔角有些螺丝拧得不紧，便下去紧螺丝，在五层塔的李贵雄安装使用的短撬棍不慎脱落，砸在我头上，我说糟了，急忙用手捂住头，鲜血顺着手臂往下流，大家急忙一层一层把我接下塔来，由李林明、杨通明两个人背我去医院。到达医院后，他们两人的衣服被血和汗水湿透了。医生对我头部伤口包扎处理，三天后我回到机场坚持上班。分队领导知道我受伤后，派司务长龚中全带着猪油、白糖、水果、鸡蛋等慰问品来机场看望我。年底，311 钻机撤离 221 库区，不知是何原因，221 库工程停建。

40 年后，221 库—核基地，才揭去它神秘的面纱，电视台曾作过报道。40 多年过去了，曾在 221 库战斗过的老一辈南江人有的去世了，有的调出南江队，我已是花甲之年。在欢庆中国共产党成立 100 周年之际，回顾参加三线 221 库工作那段往事，我心潮澎湃，感到无比光荣和自豪。

张建军：重庆市地勘局南江水文地质工程地质队工作人员。

可敬的机场建设先行者

扈自存

短短的一个多月时间，当时隶属四川省地矿局的南江水文地质工程地质队的职工，就完成了江北民用机场第一期工程地质勘察任务。为此，重庆市城乡建委的负责同志表扬他们为机场建设开了个好头。民航总局设计院的工程师也称赞他们是过得硬的勘察队伍，为进行机场的初步设计争取了时间。任务完成得好的原因何在？在于南江人对国家四化建设事业抱有的高度热情，在于他们那种忘我劳动的铁人精神。

1985年3月13日，重庆市建委向南江队、市规划局勘测队两支队伍下达了江北民用机场第一期勘测任务，南江队负责钻探勘察，勘测队负责测量绘图。当时，论任务，是艰巨的：测量方面，要在7000余亩的测区范围内，测50多万个点；勘探方面，要钻探345个孔，进尺3000余米。论条件，是比较差的：阴雨连绵，清晰度差，阴雨天占了野外作业时间的三分之二。任务下达后，南江队领导班子连夜召开会议，针对任务重、时间短、施工困难的情况作了认真研究和部署。根据工程钻探量大、水田施工多、钻孔多而浅、搬迁频繁等特点，改进以往施工方法，使用轻型机械作战。随后大队召开动员大会，广大职工群情激奋，全队上下密切配合。探矿科连夜开会研究施工方案，编制计划，设计材料加工图纸；后勤人员四处奔走，解决急需的材料和设备；车间工人日夜奋战，生产配件，试制轻型钻塔，检修设备；不少探亲回家的职工，接到电报后按时归队。短短几天内，南江队完成了人员组织、物资准备工作。

3月17日，首批技术人员开往现场安营扎寨。他们深知建设新机场是山城经济腾飞的需要，发扬当年会战成昆线的革命精神，宁愿自己辛苦点，也要努力完成任务！基于这一思想，他们甩手干开了。

在全部300多个钻孔中，一半以上是水田施工，加之连日下雨，直接影响了生产进度。在施工处于"天不时，地不利"的困难情况下，我们的职工确实发扬了当年会战成昆铁路的精神，有股拼命的干劲，千方百计赶任务的动人事迹屡见不鲜。为了及时取得地质资料，钻探人员坚持三班作业，一个钻打完了，就迅速搬迁场地，开始新钻孔，即便在漆黑的夜里，也要打着火把搬家，争取时间多钻孔。有些钻孔的位置处于泥泞不堪的水田里，钻工们毫不犹豫地卷起裤脚，跳到田里操作。3月的天气，乍暖还寒，寒风阵阵，水冷刺骨，大伙却干得挺欢挺有劲。

机长石新民一心扑在工作上，很少在寝室休息。当时《重庆日报》记者采访他时，称赞他是一位铁人式的机长。他一人管4号、5号两台钻机，打的是第五条勘探线，有一半以上钻孔是在水田里。3月28日在田里施工11号钻孔，从下午就开始下雨，一直到晚上都没停，工地负责人冒雨到工地转了一圈，发现钻探点依然灯火通明，机声隆隆，工人们都在冒雨操作。夜里天气寒冷，指挥组的同志怕冻坏他们，几次叫他们停钻（水田里钻进不能停钻，否则钻孔会被烂泥堵死），但他们一直坚持把这个钻孔打完。机场被水淹没，无法拆塔，他就用水泵把水抽干再进行拆塔搬迁。施工以来，天再冷、雨再大，他们从未停过钻。

7号机机长徐隆荣，情绪饱满，干劲十足。他是机长，又是班长，一天到晚嗓子都喊哑了。指挥组副组长汪道宾，也是个铁人式的人物，他负责钻探工作。一开始，大部分机场工作无法正常进行，不管白天黑夜，哪个机场有问题，他就出现在哪里。3号机刚开始取芯率低，有时还取不上来，他就跟班作业，亲自操作，一干就是好几个小时甚至通宵。在他的指导下，这个机场生产速度也赶上来了，取芯质量大大提高。

论最辛苦的，还数取样技术员宋光渝。他一人要负责7台钻机的岩芯取样。取样后还要填写标签、封蜡，工作量很大。有一次有3个孔都要取样，他整整干了一个通宵，白天照常工作，与别人谈话时，说着说着就睡着了。他取样随叫随到，从未叫过苦，有时夜晚刚完成任务睡下不久，又有人来喊，就翻身起床，又到现场去了。

4月3日，时任重庆市市长于汉卿来到工地现场，看望了南江队职工，听取了勘查现场总指挥雷志斌的工作汇报。跟随而来的重庆电视台、《重庆日报》记者在现场进行了采访，对南江队的工作给予了高度评价，职工们受到了极大的鼓舞。南江队的一位负责人在现场动情地说：我们就是这样一些敢想敢干的同志完成了第一期钻探任务。他们这样干完全是为了钱吗？不是！如果他们到社会上去干，一个月可以得到更多的报酬，但是他们没有这样做，

重庆市江北机场勘探作业现场

而是忘我地投身于机场建设。在建设四个现代化的今天，铁人精神仍是需要提倡和发扬的！

（本文图片资料由作者提供）

扈自存：重庆市地勘局南江水文地质工程地质队工作人员。

五十年前的回忆

曹志舜

三线建设时代，抢修襄渝铁路

20 世纪 60 年代末至 70 年代初，正值我国"文革"中期，1969 年在中央"8·28"命令下，全国两派武斗平息。

但国际形势对我国十分不利，美国侵略我国的友好邻国越南，颠覆柬埔寨国家政权；中苏关系进一步恶化，变中苏友好为中苏严重敌对！到 1969 年苏联在中苏边境陈兵 54 个师，近百万兵力，不断制造边境摩擦，3 月 2 日苏联巡逻队上珍宝岛，被我方伏击，打死打伤数十人，15 日和 17 日双方边防部队再次发生武装冲突，苏军动用了坦克、装甲车、飞机和秘密武器"冰雹火箭炮"。我军奋起反击，最后控制了全岛。6 月 10 日在新疆发生了"塔斯提"事件，苏方 6 人死亡，数人负伤，中方无一人伤亡。7 月 8 日在黑龙江东北部发生了"八岔岛"事件，8 月 13 日在新疆发生了惨烈的"铁列克提"事件，我方主阵地 28 人全部牺牲（其中有 3 名记者）。苏联对中国施加强大压力，并扬言要对我国"外科手术"（实施核打击），中苏关系急剧恶化，大战一触即发。

东北方将成为前沿阵地，那么，大西南就是我国的大后方。毛主席号召全国人民："要准备打仗！准备打大仗！"并指出："三线建设要抓紧"，"三线建设搞不好，我是睡不好觉的"。因此，毛主席、党中央把三线建设的重点放在大西南，所谓"三线建设"，即国防、科技、工业和交通基础设施建设。交通基础建设是最根本、最基础的建设，襄渝铁路成为西南交通建设的重中之重，它是沟通西南至中原，横向、纵向交通大动脉，时称"战备路"。

要在短时间内单靠铁道兵投入 8 个师另加 6 个师属团和 2 个独立团，共 23.6 万人，修成这条路，远远跟不上形势的需要，国务院决定军民携手合作大会战。把修这条铁路的重任交给铁道兵、四川、陕西和湖北三省共同完成，三省动员民兵会战，湖北 14 万、陕西 15 万（其中有 25000 名初中毕业生组建的 141 个学生连，直接由铁道兵部队指挥）、四川 30 万，三省共出动民兵 69 万人。

襄渝铁路东起湖北襄樊、西至重庆，全长约 915.6 千米，四川负责西段，陕西负责中段、湖北负责东段。四川省委、省革委决定从农村抽调民兵 30 万组成筑路大军，配合铁道兵抢修这条铁路，成立了襄渝铁路西段会战指挥部，由四川省军区副司令员杨青任指挥长，指挥部驻达县，各专区成立民兵师，县建立民兵团，达县民兵师驻万源，由军分区副司令员任师长、副政委罗让任政委。通江民兵团住万源县水田公社。

通江县积极组建民兵团，徒步至万源上场

1970 年 5 月初，通江民兵团在县革委主任谢先智（军管干部）主持下，开始组建。县革委对这项工作高度重视，通过宣传发动、组织动员，声势浩大，经本人申请，各级组织推荐，选拔政治合格，身体健康，表现良好，年龄在 16 至 30 岁的基干民兵组建民兵团，一律按部队编制，设置团、营、连、排、班，通江民兵团设 3 个营、14 个连（包括团直属女连、团部驻师部营建连、第二批组建的 3 个建

桥连）。

团领导由军队和地方领导各半组合，营正副领导、连主要领导由脱产干部担任，连副职、正副排长和班长大多由中共党员、共青团员、复退军人担任，营设正副营长、正副教导员，连设正副连长、正副指导员，排设正副排长。团部机关设司令部、政治处、后勤处（三大部门辖各股室）、卫生队、电影队，后来成立了宣传队、球队等。营除营领导外，设书记员、管理员、施工员、通信员、卫生所（由各区医院抽调医生5—6人组成）；连除连领导外设文书、会计、司务长、卫生员、通信员等几大员齐备，各级组织机构建立健全。

民兵中"五匠"人员皆备，当时用途最广泛的是石、铁、木三工匠。民兵团中从全县各单位、各部门抽调了一大批脱产干部和工作人员参加修路建设。兵马未动，粮草先行。

5月中旬，团、营、连先遣部队提前半个月到达万源县水田公社，团营建连负责团部机关、卫生队及女子连驻地建设，营建排负责各营连驻地建设，借民房、搭工棚，为大部队上场做好后勤保障工作。5月下旬，通江县革委在县人委（现在县政府所在地）举办了为期3天的连以上干部学习培训会，我作为财务人员因为要领款也随同参加了学习培训。县革委主任谢先智对民兵团政治建设、组织建设十分关心，亲临会议讲话并指导工作，团部对各连上场时间、路线都做了精心的安排，以连为单位集中拉练上场，各连队充分做好了上场的准备工作，只等团部下令。

6月上旬，各连民兵在区所在地集中，区上组织欢送，民兵连表决心，女民兵随同各连上场。在营连领导率领下，全团民兵从各地各路向万源县浩浩荡荡进军。民兵们打起背包，雄赳赳、气昂昂，长途拉练开始上场，一路引吭高歌《铁道兵战士志在四方》《我擦好了三八枪》等革命歌曲，在"下定决心，不怕牺牲，排除万难，去争取胜利！"精神鼓舞下，沿途大帮小、强帮弱，抢在时间的最前面，艰难跋涉，不顾疲劳，从通江到水田近200千米，每天负重行军40多千米，仅4天半至5天时间全部拉练上场，安营扎寨，接受任务。稍做休整后，各连做好了施工前的一切准备工作，召开了战前施工动员大会。

民兵团主要人员配置情况

民兵团团部领导及机关工作人员、营、连以上主要干部如下：（仅凭个人记忆，咨询并走访了邱承嘉、梦金贤、邓阳国、向兴中、吴启发等战友，难免有遗漏之处，请予谅解）

团长：李贵

政委：李福根

副团长：张海洋、徐淮亭、李安阳

副政委：高子斌、帅忠德、董廷芳、李德厚（帅忠德调走后接任）

司令部参谋长：李安阳（兼任）

副参谋长：杨永明

军务股：股长夏绩忠、胡金华、杜映祥、向义国、钟正华、王继海（八连副连长调入）、周其万、秦明能、杨了等

作训股：股长徐永德、邓阳国、王新汉、赵永湖、李洪春、陈奇林、陈文直、李传福、向思佑、吴顺如等

管理股：股长叶龙华（团部办公室主任兼）、朱煜宗、刘克忠、曹志舜、吴世荣、向淑英、郎学虎、何心友、谭廷荣、梦金贤、朱克奇、向思涛等

政治处

主任：帅忠德（兼）、李德厚（帅忠德调走后兼任）

副主任：何庆模

政工股：股长杨如玉、陈国文、李显仁、张仕华

宣传股：股长赵建武、莫友忠、向国柱、黄建业、孙永乾、党绍权、乔良权、何光宇、赵坚、吴启发、彭仲文（通中教师，任宣传队节目排导）、何杰远等

保卫股：股长刘志明、李腾坤（刘志明回县后接任股长）、杨述钊

电影队：段昌义、李光文、邓邦礼等

宣传队：队长向挺屹、何光宇（文艺创作负责人，后调宣传股工作）、杨述华、张玲、张国春、朱晓、裴爱莉、黄登兰、闫守华、邵俊容、何玉珍、何继琼、廖云英、廖云兰、陈树芳、闫明智、曾沙东、刘成继、李继华、邰可鲜、刘源、黄东平等

后勤处处长：黄崇高

副处长：刘金德

综合股：股长彭明和、刘柱昌、万忠宪、袁其塘

物资股：股长蒲先科、谭正荣（七连连长调入）、张承礼、李述明、童之恒（兼任炸药厂厂长）等

卫生队：三任队长朱心忠、陈德仲、王南轩

指导员：向兴中

医生：余宗元、肖清兰、刘敬、袁小娣、廖南珏、何贻江、蒲熹志、刘玉莲、刘志健、张远达、杜德宝、焦若军、魏兵、杨绪发、陈代联等；其他工作人员：杨继明、何东平（先后任司务长）、刘道贵、苟先成等

一营：营长刘明金、教导员夏立寿、副营长周景星、副教导员任绍怀

二营：营长岳茂儒、教导员旦白千、副营长袁广祥、副教导员秦文法

三营：营长胡祖金、教导员张宝洋、副营长陈泽林、副教导员王继元、李映顺

一连：连长周邦吉、指导员冯绍德

二连：连长许期禄（后回县）、赵克薅（接任连长）、指导员吴贵庆

三连：连长向仲权

四连：连长刘长庚，指导员姓名不详

五连：连长、指导员姓名均不详

六连：连长陈国良、指导员付尚国

七连：连长谭正荣、指导员秦天德

八连：连长殷之明、指导员周兴浩

九连：连长廖瑞林、指导员张勤修

女子连：连长王怀珍、向敏（接任）、指导员冉秀林，司务长闫登体

一营建桥连：连长任绍怀、指导员李文锐

二营建桥连连长蒋登梯、指导员康继奎；其他连级干部余再江、李元德、赵作富

三营建桥连指挥部：指挥长董廷芳（副政委）、副指挥长王继元、罗俊（解放军技术员）；连长杜梦祥、指导员罗世英；其他工作人员：吴启发、张朝志、何宝光、何正国等

通江民兵团驻师部营建连连长陈德仲、指导员刘文斗；其他工作人员唐和平、杨端、周其万、杜天兴、杨太华、刘燕、岳立品、俞光成、吴大华等。转战大巴山完成通江民兵团团部营建任务后，1971年9月撤销。

民兵团在师部工作人员：杨端（营建连调入）、苟朝发等

克服一切困难，勇担双柏路建设

通江民兵团承担的双白路：即宣汉双河场至万源白沙区的公路，全长16千米，修好这条路意义重大。一是为襄渝铁路运输物资服务，二是与万白公路对接、通往航天工业部一个工厂，三是便利百姓、为当地社会经济发展服务。在那时生产力低下，物资极其匮乏的年代，条件差，环境艰苦，施工难度大，压力大。

施工工具极其简陋，仅靠钢钎、二锤、錾子、铁铲、锄头、撮箕、背篼、木杠、铁索、保险绳等，全靠民兵一双勤劳的双手，肩挑背磨。劳保待遇很低，每人发一套劳保服、一套棉衣棉裤和一床6斤重的棉被和一个蚊帐。施工最需要的雷管、炸药十分紧缺，团部在东风坝办了自制炸药厂，每天源源不断地给各连输送炸药。錾子、钢钎磨损大，连队小高炉整天不停运转。万源的山开采不出条石，建桥所用条石全部从至诚开采运进。

交通运输极其困难，施工、生活物资全靠人力去东风坝、北沙区背，出门就翻山越岭，下山蹚水过河，山路陡峭，河流湍急，威胁着运输民兵的生命安全，无论是去东风坝，还是去白沙，来回均是50多里。曾记得我在团部机关任司务长时，有一次带领几个人和卫生队医生一同去东风坝背生活物资，当时从县医院调来的北京两个女医生肖清兰、刘敬也去了，由于山高路险，路途较远，她们连走路都困难，何况还背了50多斤重的东西，尤其是刘敬医生戴个眼镜，不敢动步，我们去的男同胞把她背的东西一个分一些背上，过陡坡、过河互相搀扶着，才顺利返回驻地。

民兵指战员住宿条件也差，除租用少数民房外，大部分住的是自己搭建的牛毛毡大工棚，团、营机关也大都住土墙牛毛毡工棚，办公、住宿十分简陋。连队以排为单位住的大工棚，睡的棒棒床，铺的是稻草，牛毛毡棚夏天热得像放在蒸笼里一样，只等下半夜天凉了才上铺睡觉。由于睡大铺，好多民兵害了褥疮。还记得初上场时，我所在的七连，由于水土不服，气候炎热，接连几天十几名战士出现腹泻，没法上班，惊动了营团领导，并抽派医生赴连队，及时控制了疫情的蔓延。

天堑变通途，决战双白路

双白路，沿途80%都是崇山峻岭，沟河环绕，悬崖峭壁，公路大多从几十丈高的悬崖逢山开道，非常艰巨，岩子只有雷管、炸药放炮才能拿下，每天下午6点钟（团部统一规定放炮时间），水田河畔炮声隆隆，震耳欲聋。为抢时间、争速度，加快工程建设，少数连队不按团部规定，总是钻大炮眼、装狠炸药，想尽快拿出路面。"你看你们整得那个火色（样子）哟！"成了分管施工安全的张海洋副团长的一句口头禅，见面就叮嘱连队领导不准放大炮，人命关天。团营领导分工负责，层层包干，团领导包营，营领导包连，高副政委专负责女子连工作。各级设专职安全员，安全工作基本到位，尽量做到万无一失。但由于当时安全设备差，保险系数低，民兵钻炮眼，握钢钎、挥二锤，都是系根保险绳从地面悬挂岩子半空中找落脚点施工，上不见天，脚下是深渊，稍不留神就会出安全事故。曾记得当时的二连（广纳区连队），在半年内就出现3名民兵战士死亡的重大安全事故。如九连副连长何某在民兵尚未完全撤出工地前擅自点燃导火索，酿成2位战友当场死亡的悲剧。几起安全事故，给全团安全敲响了警钟，团部紧急召开全团安全教育警示大会，及时组织安全大检查，查事故苗头，查安全隐患，添措施，强整改，把事故降到了最低限度。

营连干部身先士卒，率先垂范，与广大民兵并肩作战，同甘共苦。我当时所在的七连连长谭正荣患慢性胸膜炎，经常药罐不离，每天坚守在工地，撬巨石，排危石，查事故苗头，系全连民兵安危于一身。更使我感动的是：三营副教导员王继元，年近半百，挂包七连，每个月至少20天驻连队，与民兵们同吃同住同劳动，没有任何官架子，和民兵打成一片，轮流到各排跟班劳动，拉巨石、砌堡坎，吼号子，时不时唱起他最喜爱的革命歌曲《咱们的领袖毛泽东》《洗衣歌》等，活跃劳动气氛，民兵们有什么要求、什么心里话都可以向他倾诉，做民兵的知心朋友，深受民兵爱戴。

在七连，更有临危不惧，舍己救人的五排副排长许本礼，他所在的排在施工中，突然一块危石从山上滚下，一位正在施工的民兵毫无察觉，生命危在旦夕。说时迟那时快，许本礼一个箭步冲过去推开这位民兵，而自己腿部负伤住院。因此，许副排长受到团部嘉奖，被评为全团舍己救人标兵。团部宣传队以此为题材写了一部话剧在全团演出，讴歌许本礼的英雄事迹。

在修路中，民兵们除了几个法定假日，没有星期天，连队每天出勤率达98%以上，每天施工进度由施工员第二天如实上报团部。

双白路是广大民兵指战员用钢钎、二锤、錾子，用勤劳的双手一锤一錾打造出来的，用肩挑挑出来、背磨磨出来的，终于天堑变通途。它倾注了指战员们的热血和汗水，是全体指战员辛勤劳动、艰苦决战的丰硕成果。

转战陕南完成使命，全面退场

双白公路竣工后，1971年春，通江民兵团全团转移至大巴山腹地——陕西省镇巴县渔渡区境内，接受新的战斗任务。团、营机构和女子连未变，建桥连撤销后民兵回原籍贯所在连队，原三个营所属九个连队改革建制，缩小分编为15个连队，如原来的民胜、广纳、铁佛等分别分成两个连，营、连干部均有调整变化。一营所辖几个连队参加襄渝铁路淇水河至紫阳段毛坯路及巴山隧道施工，巴山隧道，人称"一线天"，这条隧道也是襄渝铁路的一大拦路虎、硬骨头，工程任务十分艰巨。其余两个营所属连队接替川交九处新修的渔渡至淇水河公路养护，全长约23千米，战线长。美其名曰养路，也仅次于修路，任务同样艰巨繁重。公路质量低，路况差，全是泥碎路，路面窄，坡度陡，弯道多，蜿蜒曲折，没有路沿石，多数地方边沟不通，涵洞少，排水功能差，没有错车道，大多数地方无法错车倒车，司机都"怯火"（害怕）开这条路，稍有不慎，车子就会掉进悬崖，老鹰嘴、关公梁公路都是从几十丈高的悬崖开道，一眼看下去都使人心惊胆战。尽管这条路险、陡、窄，但它却是一条十分紧张而繁忙的运输线，是直接为襄渝铁路渔渡至紫阳运输物资的生命线。公路沿线人烟稀少，租民房难，团部机关驻淇水河，团、营、连全部自建营房大包皮土墙牛毛毡棚，居住条件也差。

当年10月，征得团领导同意，受籍贯所在连队党支部书记、指导员李显科邀请，让我回到新编十二连任文书（接替在营部当施工员的吴启发，吴启发后来调团部宣传股工作）。我所在的十二连任务也很繁重，承担1.5千米的公路养护，很多地方路面要加宽、产修，打边沟，修涵洞，干不完的活。公路傍岩还经常滚石头，塌方严重，为了让车辆顺利通过，炊事班经常把饭送到公路上吃，民兵整天都下不了班，有时一场大雨过后，公路像遭遇浩劫一样，路基冲垮又要砌堡坎、挖填方，傍岩塌方，堵塞了路面，有的几百方甚至上千方，全靠人力背，最得力的工具就是推推车，人们喊的"鸡公车"，一个排达不到一架，有时100多人一天都清理不完。冲毁的路又要重理边沟，重铺碎片石，所以这条路养护起来也很艰难。险情、障碍必须及时排除，车辆才有法通行，团部一再强调：确保公路畅通无阻。由于路况差、车辆行驶困难，重载车辆又多，翻车事故时有发生。这更要求我们肩上责任的重大。

大巴山气候恶劣，9、10月就开始下雪，霜冻很大，说冰冻三尺，非一日之寒，一点也不夸张，车轮子要拴铁链子才有法在路上行驶。民兵们有时帮助司机推车拉车，每天照例上班，手、脚都冻起了冰裂口，仍然不下火线。我们提出的响亮口号是："千难万险何所惧，冰天雪地练红心！"我每天除了本职工作外，下午4点左右和连队干部、施工员一道给每班每排量方（碎、片石），检查验收施工质量，掌握进度，发现的问题，第二天必须整改。随时保障机制车辆畅通！

到了冬天，有时生活物资运不进，也给我们带来困难。尤其是燃料问题，每隔十天半月上山砍一次柴，供连队煮饭，晚上烤火用，要徒步十多里到山上砍柴，大雪封山，积雪没过小腿，看不到路，有时掉进雪坑里，体力强的杠一根几十斤重的杂树料，劳力弱的两个人抬一根，沿途不知摔了多少跤才把柴弄回连里，因为砍柴十二连有七八个战士摸了漆树过敏而"害漆"（对漆树过敏），脸、手肿得厉害，还有两个战士吃了老百姓用漆油炒的菜，周身发肿，去团部住院才治好了。

在渔淇公路驻扎的一年多时间里，尽管环境艰苦，但政治学习、文娱活动还是开展得好，电影队定期到连队放映，团宣传队下各连演出，营连还开展歌咏比赛活动，团部大型集中活动，连与连之间拉歌比赛，场面热烈。通江县委带着家乡人民的深情厚谊两次赴民兵团慰问并演出，达县地区也组织了慰问演出，各区慰问分队分别到所属连队慰问演出，通江民团宣传队回县进行了汇报演出，并举办了襄渝民兵成果专刊展览。充分体现了家乡人民对襄渝人深切关怀和厚爱，鼓舞了全团指战员的斗志，增添了我们为襄渝铁路奋战到底的信心和决心。

襄渝路上党、团组织建设工作也抓得很扎实，支部建在连上，据曾在团部任组织股长的杨如玉讲，全团共发展党员近70名，发展团员1000多名。

1970年底至1972年6月，通江民兵团推荐工农兵大学生10人，中师生60人。通江各部门、各单位在民兵团招工，经群众推荐、组织审核批准，充实财贸队伍的有200多人；补充教师队伍有70人，调工交部门工作1人，充实公检法4人，进解放军文工团1人。他们分别进入校园学习深造或跨入新的岗位，发扬襄渝精神，不懈奋斗，锐意进取，谱写人生绚丽多彩的新篇章，成就了人生辉煌。

截至1972年11月底，通江民兵团全体指战员完成了肩负修建襄渝铁路的使命，全面退场，荣归故里。

曹志舜：中共党员。三线建设时期参加襄渝铁路建设，在四川省通江民兵团管理股工作。后任四川省通江县文峰小学副校长。现已退休。

艰难困苦，玉汝于成

——献给华川厂初建初创的人们

傅载荣

人生如歌，岁月如歌，往事亦如歌。这样的歌，有时激越，有时低沉，有时令人振奋，有时令人扼腕，让人一次次忆起。细思慢想，那如歌的岁月和平凡的人生让我们倍感亲切和欣慰。

时光荏苒，岁月如梭。华川人马上就要迎来建厂50周年华诞。抚今忆昔，不得不忆起华川厂初建初创的激越和振奋，又不能不想起初建初创的艰辛和困苦。今天，当年的青葱小伙和如花姑娘都已成了古稀之年的大爷和老太。虽已是退休多年，但他们仍对华川不改初心、魂牵梦萦、热血情怀。我作为华川厂两次创建的亲历者、见证人、参与者，今天有幸在建厂50年之际继续讲好如歌的故事，细述奋斗的历史，展示华川的风采，高扬三线精神，让几代华川人铭记于心，砥砺前行。

国营华川机械厂（简称"华川厂"）诞生在"文革"大风暴的前夜，生长在"文革"的风起云涌和风口浪尖之中。1965年按照毛主席"一定要把三线建设搞好"的最高指示，在国务院有关领导和有关部门的关怀下，在国防科工办和第五机械工业部的共同策划后，开始了立项、论证、规划、评估。1966年进入选址、勘测、设计、报批。华川厂就历史性落户到了四川省合川县盐井区滩子公社一大队的三条山沟里。华川厂的创业基建就在这遍布石灰岩，荒草丛生的山沟中开始生根、发芽、开花、成长。

华川厂建设现场指挥部就设在田心弯一处，1958年"大炼钢铁"后遗留下的一栋简易砖木结构的厂房。五机部任命后，组建和成立了现场指挥部党委领导班子，国廷为书记，傅承财为指挥长，乔博宣为政治部主任，兰志兴、窦宝瑞、魏庚未为成员，领导近40名初建时的工作人员（干部、职工）。1966年、1967年开始初建的准备和筹备后，人员才陆续进入现场，有关人员住在指挥部的工房里，其余职工散居在附近农民家里，就这样开始了艰难的生活和艰辛的基建。

当时的艰苦是现在人们无法想象和当今年轻人无法相信的。1967年、1968年、1969年的现场，一不通电，二不通自来水，三无通信设备，四无公路交通；喝的是稻田水，用的是溪沟水；住的是四面通风的茅草屋，走的是泥泞山路。我们科室干部一个月27斤粮（包括粗杂粮在内），半斤菜油，一斤猪肉，而且还要到15千米外，度过嘉陵江到盐井自己去购买徒步背回来。一到晚上只能点上一盏煤油灯，蜷缩在潮湿的被窝里，更说不上娱乐和消遣。到冬天，山区非常冷，洗脸洗脚都要先撬开稻田面上的一层薄冰取水来用。夏天洗澡只能到山沟里用浑浊的泥水来对付。在那个年代，一年到头的艰苦工作，除了三四十元工资外，没有任何的补助和加班费，没有任何的福利和奖金。

时光匆匆，戎马倥偬，我们亲爱的华川厂初建初创已是50年了。在半个世纪的岁月里，几代华川人用艰辛创造伟大的业绩、用苦难铸就了灿烂的辉煌，艰难困苦、玉汝于成。这是什么精神？什么情操？什么情怀？这就是华川几代人的三线精神、奉献情操和家国情怀。虽然当年的开拓者、初创人，至今健在的都是 70 多岁的老人，但他（她）们"献了青春献一生、献了一生献子孙"的精神和情结，依然是那么高尚和纯洁，依然是那么鲜亮和闪光，承载在时代的记忆间，记载在共和国的历史里。他们那无怨无悔的奉献和吃大苦、耐大劳的精神永远闪光。

时逢华川厂建厂 50 年之际，我也因为位卑职低，无以建树，又加之退休多年，没有能力去安慰和体恤那些年的开拓者、创建人，只能以此文献给他（她）们，聊表寸心、一瓣心香，权当一碗心灵鸡汤，浸润慰藉一下华川厂初建初创的人们的心田吧！

傅载荣：四川省华川工业有限公司退休职工。

三线建设
巴山蜀水
BASHANSHUSHUI SANXIANJIANSHE

巴山蜀水

三线建设

BASHANSHUSHUI SANXIANJIANSHE

第03章 调整搬迁 续写辉煌

凤凰涅槃 再创辉煌
——忆重庆华渝电气集团有限公司的变迁
刘世川

2021年中国共产党成立100周年，在举国庆祝这一历史性伟大时刻，我们三线职工不禁想起伴随祖国发展的重庆华渝电气集团有限公司（以下简称"华渝电气"）的前世今生。华渝电气隶属中国船舶集团有限公司，总部位于重庆市渝北区冉家坝，分部位于重庆市两江新区鱼嘴机电产业工业园。现有员工1200余人，其中科研人员400余人、技能人员600余人。华渝电气的产品涉及惯性导航设备、潜水装具、船用减摇装置、轨道交通的轻轨道岔自动控制系统、风电发电的核心技术——变桨控制系统、变频控制系统、智能偏航控制系统、汽车电子、环境保护处理设备、充电桩等多个领域，对国防建设和国家经济建设做出了较大贡献。公司是国家"七五"期间三线迁建项目，由万县5家（永平、长平、江云、江陵、武江）船用电子和机电精密导航仪器及配套企业的大部分职工以及产品、设备，调整搬迁到重庆后，于1994年3月合并组建而成。

回忆公司的发展变化，我们感慨万千，踌躇满志。一路走来，经历27年的风风雨雨，见证了公司翻天覆地的变化。我们为公司调迁后生产生活环境的改善感到欣慰，为公司在技术进步、产品开发上取得的成绩感到自豪。

一、三线调迁减少公司职能负担，有利于集中精力搞产业

三线建设时期，国家为战备的需要把企业建在万县的深山沟里，周边是荒山或农田，为满足职工生活的需要，企业不得不自办托儿所、幼儿园、学校、医院、澡堂、电影院、电视台。为满足生产的需要企业建立了一套完整的生产体系，除正常的机加工、装配调试外，还配备了许多特殊工种，如电镀、锻造、理化、计量等。另外，生产生活必须用的水、煤等都由企业自己解决。企业生产生活配套设施应有尽有，真可谓"麻雀虽小，五脏俱全"，俨然就是一个相对封闭的小社会，肩负了许多社会的职能。

调迁后，公司充分发挥城市优势，停办了托儿所、医院，将学校移交给地方教育部门，逐步减少了办社会的相关职能。目前，水、电、气和物业等"三供一业"管理也移交给地方有关部门，公司办社会的负担大大减轻。同时，公司运用大重庆的理念，加大特种工艺外协配套力度，减轻了大而全的负担，为集中精力做大做强军品主业和开发适销对路的民品奠定了基础。

二、三线调迁公司交通更便捷，地理区位优势凸显

在万县，生产生活最不方便的就是交通。企业物资、产品运输主要走长江水道或公路 318 线。水路运输相对便宜，但花费时间较长；公路主要走重庆方向，那时道路崎岖不平，约 10 小时；赶时间，走铁路或空运，必须借道重庆才能成行。为满足生产物资运输和产品发运的需要，在万县地区的三线船舶企业都组建了运输车队，各车队仅大车就有十多辆，并在重庆设立了办事处，还配备临时接待站，长期在渝工作人员达数十人。职工出行也十分不便，到万县市内主要是企业的班车，早晚有单身职工上下班车，先是敞篷的货车，夏顶烈日冬迎寒风，后来改为大客车，环境有所改善。厂区职工、家属进城只有等星期天的定时班车，如果误了时就麻烦了。当然，有些单位进城也有公交车，但车站离厂区路程较远，并且时间没准，等上一个多小时也是常态，如遇急事，只能听天由命。由于地处山沟，交通不便，生活艰苦，信息不畅，大学本科以上人才难以引进，企业技术开发后继乏人。

如今，公司出厂就有 208、151、117、879、231、604、621 等多路公交车，并有轨道交通 5、6 号线，家属区还有环线，不管是出差去机场、火车站，还是去解放碑、观音桥办事、游玩都十分方便。并且，城里的货运公司、快递小哥随叫随到，十分快捷。公司里的大客车、大货车都下了岗，汽车运输队变成了小车班。目前，公司不仅依靠地理优势引进人才，还发挥政策作用，提高技术人员待遇，用政策留人。近三年来新入职的本科以上员工有 137 人，职业技术员工 89 人，技术和技能人才不断充实，人员结构合理调整，为华渝再创辉煌储备了人力资源。

三、三线调迁职工生活明显改善，职工的凝聚力和向心力不断增强

在万县时，职工住的是 2 至 7 层全通式过道楼房，房间内无卫生间。厕所是独立建筑，公共使用，离住房有一定距离，对楼层高和年岁大的住户尤其不便。企业职工生活用煤炭，建厂初期用手做煤球，后改为机器加工煤球或蜂窝煤，烧煤最大的问题是烟大、火力持续性差。企业为职工建了澡堂，但只有周三、周六晚上才开放，天热需经常洗澡，只有自己想办法解决。

如今在重庆，职工住上了单元式楼房，配备了卫生间，上厕所、洗澡的问题得到了彻底解决；职工用上了干净清洁的天然气，烧饭做菜再也不怕烟熏，也不用愁火力不足。公司为减少职工上班时为午餐的奔波，为全体职工提供了免费工作餐，职工吃在嘴里，暖在心里。公司在发展的过程中，不忘改善职工的住房条件，采取集资建房、联合建房等多种形式，分三次为职工提供了 700 余套低于市场价的房源，同时将职工退出的旧房优惠出售给无房职工，使1000 余户职工得到了实惠，极大地满足了职工住房需求，改善了职工生活条件，公司领导集体获得职工普遍赞誉。目前，职工生活幸福指数远高于在万县时期，大家不仅有了房还买了车，精神面貌焕然一新，能以更饱满的精力投入工作中去。

四、三线调迁生产装备得到更新，公司产能大幅提升

在万县，各企业厂房散布在隐蔽的大山里，厂房与厂房之间的产品零件靠汽车周转，有的厂区从南向北步行需一个多小时，加工产品的周转线路长成本高。机加工设备在万州大部分是 20 世纪五六十年代的普通机床，如：铣床、磨床、刨床等，加工能力较弱。各企业产品在改革开放前按上级计划进行生产，加工能力还勉强可以应付，但改革开放后是各自为政，找米下锅，产品竞争日益激烈，加工能力便捉襟见肘。

如今在重庆，公司集中规划了生产区和生活区，占地面积 600 亩，资产总额 18 亿元，建筑面积 16 万平方米，生产厂房布局合理，减少了产品周转时间，加快了生产进度。为适应市场发展的需要，公司紧盯国家高新工程，利用国拨和自筹资金，加大高精设备的投入，建成了国内一流水准的挠性陀螺生产线和光纤陀螺超净厂房，拥有先进的高精度数控镗铣床、立卧转换五面加工中心、三坐标测量机等 1600 余台（套）精密设备和测量仪器，加工能力大幅提升。

目前，公司正进行再次创业，在重庆两江新区新建了机电产业园，全力打造新型现代机电高端制造产业，致力于建成国内一流的惯性导航仪器和大中型机电装备生产基地，发展潜力巨大。

五、发挥军工优势，以民兴业，产品产量双增长

1994 年公司调迁到重庆时产品销售产值仅 4000 余万元。在公司党政的正确领导下，全体职工共同努力，克服多厂合并磨合的镇痛，弘扬"艰苦奋斗，无私奉献"三线军工精神，加大改革步伐，在"保军转民，以民兴业"上大做文章，紧跟重庆市产业发展方向，结合公司生产能力，

积极研发新产品，科研成果不断涌现。公司科研人员先后荣获国家和省（部）级以上科技成果奖 40 余项，拥有国家发明专利 120 余项。随着新产品的不断推出，公司产值连续数年保持增长，近年虽受新冠肺炎疫情等市场不利因素的影响，2020 年企业产品销售仍达 5.58 亿元。

公司是国家重点保军单位，在保证军工生产任务主业的同时，发挥军工技术优势，开发民品市场，特别是在城市轨道交通、风力发电、汽车电子等方面投下了浓墨重彩的几笔，为公司集中力量做强、做大民品产业打下了坚实的基础。

1999 年华渝电气开始步入轨道交通领域，20 余年来公司发挥自身技术特点和优势，潜心开展跨座式单轨交通道岔和控制关键技术研制开发，现道岔控制系统已经取得完全自主知识产权，打破国外技术封锁，填补国内空白，达到国际领先水平，为中国争了光，为重庆争了气。研制的 850 型各类道岔已经广泛运用于重庆轨道交通的二号线、三号线，较高的产品可靠性、出色的技术保障和服务能力，受到业主的普遍好评。目前，公司新研发的 G7001K1 型单开道岔发布会已经胜利召开，该型产品用于四川广安"邓小平故里旅游连接线"工程中，现正在试运行，值得我们期待，它将为公司轨道交通产品翻开新的一页。

2006 年华渝电气承担了海装公司 850 千瓦风力发电机组工艺研究、样机试制和总装总调工作，凭借长期储备的技术能力和加工能力，在 2009 年便形成批量生产。公司于 2010 年开始研制风电变桨控制系统，陆续开发了 2 兆瓦、5 兆瓦、3 兆瓦、2.X 兆瓦、3.X 兆瓦、4.5 兆瓦、6.2 兆瓦等型号变桨控制系统，并批量装机 3000 余套。因公司产

品运行稳定，性能达国内同类产品先进水平，曾获"重庆市名牌产品"、"重庆市高新技术产品"、重庆市科技进步二等奖。目前，公司研制的 10 兆瓦海上风电变桨控制系统，将填补国内空白，达到国外先进水平，我们将拭目以待。另外，公司研制的风电 3 兆瓦电磁阻尼偏航系统样机已于 2019 年装机，产品正形成批量。该型产品创新性采用一拖一的变频控制，电机制动，独立偏航系统模式，可靠性大幅提升，为国内首创。

2006 年，华渝电气组建全资子公司重庆平江实业有限责任公司，专业从事开发和生产汽车用电喷燃油泵及总成、真空泵电机、ABS 电机、风扇电机及总成。经过 10 多年的生产积淀，在重庆汽车市场打拼出一片天地，现具备年产燃油泵 150 万只、燃油泵总成 50 万台（套），电机及总成 100 万台（套）的生产能力。产品已广泛用于长安汽车、长安跨越汽车、华晨鑫源汽车、上汽大通、通用五菱、东南汽车、江淮汽车、庆铃汽车、昌河汽车等汽车生产厂家。

作为华渝人，为公司在三线调迁后，能在多个领域内，开发出优良的民用产品感到无比骄傲和自豪。

六、职工观念发生变化，但"三线军工精神"得到传承

在万县，因企业是一个相对独立的小社会，职工遇到难题，第一时间想到的就是找企业。如：职工生病住院，找企业派车、护理；子女上学、就业，找企业联系学校、单位；职工（家属）发生矛盾找企业调解；就是发生了刑事案件也先找企业去了解情况。企业领导就像家长一样，不仅要管生产经营中的大事，还要管职工生活中鸡毛蒜皮的小事。

现在，公司周边环境发生了巨大的变化，职工的思想观念也发生了改变。上学、就医、就业等问题出现了多种选项，生活上遇到问题的第一时间，职工不是去找领导，而是由自己决定最适合的选项。发生了刑事案件，职工第一时间想到的也不是找企业，而是打 110 报警。职工明白了一个道理，家里的事应该自己解决，减轻公司领导的负担，领导才能有更多的精力去搞生产经营主业，企业发展了，职工的收入才能增长，生活才能提高。

虽然来到大都市职工的思想发生了变化，但在他们的骨子里有一种精神没有变，那就是"艰苦奋斗、默默奉献"的三线军工精神。这种精神是无形的，是对三线企业无私的情怀，潜移默化地在一代代三线职工中传承，并影响到其他员工，形成三线军工企业特有的文化。这种精神也是有形的，在兢兢业业加工产品的一线职工身上，在挑灯夜战研发新产品的技术人员身上，在舍小家为大家、斗严寒战酷暑奔赴产品维修现场的人员身上，在总结表彰会先进人物的身上，我们都能看到他的身影，正是有"三线军工精神"的伴随，我们战胜了一个个困难，攻克了一道道难关。

目前，华渝电气与中船 717 所进行了整合，公司新的领导班子已走马上任，公司将踏上新的征程，再次扬帆起航。我们相信，在新一届领导班子的带领下，继续传承三线"军工精神"，巩固三线调迁以来取得的成果，与中船 717 所强强联合，公司未来将会取得新的更大的成就。

刘世川：中共党员，高级政工师。1966 年 8 月随父母三线建设到四川省万县。1993 年 2 月随工厂调迁至重庆华渝电气集团至今。

我所经历的三线建设与调迁

李志卿

一、积极响应国家号召投身三线建设

作为参与"三线建设"和"三线搬迁"两个历史阶段过来的人，有太多的回忆、感叹、苦衷与自豪。尤其是在三线工作和生活了近50年，经过的风风雨雨，总是挥之不去，历历在目。

1969年，我们500多名同学响应国家号召，怀着建设好三线让毛主席老人家睡好觉的信念，背着铺盖，从大东北来到大西南投身到大三线建设的洪流。（当时毛主席讲：三线建设搞不好，我睡不着觉。）

凡是被分配到三线的人，组织上要审查祖宗三代。按当时说法，只有"红五类"出身的人才能到三线工作，家庭历史上稍微有点疑点的人则被淘汰，为此有100多名同学流着眼泪未能上三线。

三线好神奇，从此披上神秘面纱。

到了工厂后，偌大一个山沟只有200多人，没有几个月陆续从全国各大城市来了上千人，投入轰轰烈烈的三线工厂工作，一干就是30年。

1965年国家批准在重庆南川、南桐矿区、綦江、江津地区的第二套高炮基地（红山、庆江、庆岩、红泉、渝齿、晋江、青江、平山）和双溪大口径火炮生产基地。

原9厂建设时期，国家批准投资3亿多元，形成固定资产23000多万元，9厂占地4482亩，建筑面积884237平方米，其中：生产面积384556平方米。生产了数千门高射炮和大口径火炮，为国防事业做出了应有的贡献。

当时虽然生活艰苦，但大家一个心愿建设好三线厂，生产出好产品，防止外国（当时主要指苏联）入侵我们国家，人民受苦，民族遭殃，1万多名职工和数万家属在三线深山沟艰苦地区生产、生活了30多年。

二、三线调整

原9厂分布在江津县、綦江县、万盛区、南川县境内。由于历史原因工厂过于分散，交通不便，经营环境恶劣，生产配套运输线路过长，不宜协作配套。加之9厂几乎全部处于危岩、滑坡、泥石流、塌陷、缺水和水质污染等灾害环境中。另外，随着国际形势的好转，改革开放后，国家把主要精力放在经济发展上。军品停止生产和装备部队，促使工厂军转民，9厂在军转民过程中开发了数百种新产品。但是，生产民品，不易协作配套，运输距离远费用多，三线的缺点全部暴露出来了，产品成本高，难以与同类企业竞争，企业连年亏损。

1983年底，党中央作出了"调整改造，发挥作用"的三线调整改造的重大战略决策，为三线企业脱险、脱困带来了难得的机遇，指明了发展方向，在全国又一次展开了历时20年的三线调迁工作。

原9厂抓住了党中央"调整改造，发挥作用"的三线调整改造的重大战略决策机遇，顺应历史潮流，按照兵器工业调迁改造规划，军品生产能力和产业结构调整相结合，注重资源优化配置，尽可能将产品工艺相近、生产配套相关的调迁厂合并或集中建设这一指导思想，将双溪、红山、庆岩、红泉、渝齿 5 个厂集中建设，重新命名为大江车辆总厂。经国务院总理李鹏批准，列入国家"七五"投资建设计划，在重庆巴县鱼洞镇进行建设。

然后，在国家"八五"计划时，又将庆江、晋江、青江、平山 4 厂并迁到大江车辆总厂，在巴县鱼洞镇建立了新型兵器生产基地。体现了兵器集团公司以"以军为本，以民为主""军品立位，民品兴业""主业突出，核心竞争力强"的战略调整思想。

三、调整项目

三线调整不是三线企业全部搬迁，兵器工业进山 84 个企业，列入"七五""八五"搬迁计划的只有 35 个企业，大江车辆总厂原 9 厂就占 35 个搬迁企业的 25%。9 厂合并搬迁是整个国家三线搬迁项目和兵器工业三线搬迁项目投资最多、建设规模最大、建设周期最长的一个项目。

从 1987 年国家计委以计国防（1987）79 号下达"关于双溪、红山、庆岩、红泉、渝齿厂调整搬迁项目建议书的复函"，到 2003 年 11 月，国防科工委对大江车辆总厂收尾完善项目竣工验收合格，历时 16 年的征程。

16 年的建设，原 9 厂 6 个搬迁项目（含收尾项目），国家批准投资 122492.41 万元；批准建筑面积 707938 平方米（其中：生产性建筑面积 318278 平方米，生活性建筑面积 389660 平方米）实际完成建筑面积 689065 平方米（其中：生产性建筑面积 320388 平方米，生活性建筑面积 368677 平方米）。

大江车辆总厂"七五""八五"六个项目实际完成投资 122492.41 万元：银行贷款 62950.5 万元，占完成总投资的 51.4%；国家基金 16722 万元，占完成总投资的 13.65%；部门拨款 1520 万元，占完成总投资的 1.23%；

工厂自筹 41300.001 万元，占完成总投资的 33.72%。

经过 9 厂历届领导努力，将原 9 厂在职职工、离退休人员、大集体职工和职工家属近 50000 人（远远超过国家批准搬迁职工 16274 人的指标）搬出了山沟，这是一场空前绝后的战略大转移。

特别值得一提的是，国家批准住房建筑面积为 389660 平方米，无法满足需要时，地方政府大力支持工厂，结合房改政策解决了职工住房建筑面积不足的问题，实际完成 757335 平方米，建设职工宿舍 198 栋 11719 户。比国家批准投资计划多完成 367675 平方米，几乎增加了 1 倍。

职工基本上在新厂达到了老有所居，改变了山沟里"干打垒"住房的艰苦条件。许多人作为三线建设者，又一次参与了大江车辆总厂长达 16 年的"三线调整改造"第二次创业，为其做出了牺牲和贡献。

四、技术改造

搬迁只是解决生存环境的问题。到了新厂后职工能否有事干，企业能否保证按时发放工资，保证职工有饭吃，企业能否有较大发展才是至关重要的问题。

为此，大江车辆总厂历任领导为了企业未来的生存和发展，在搬迁极度困难的情况下，一手抓搬迁，一手抓发展，仍然结合搬迁投资 51231 万元进行了 19 项技术改造，大多数都投资到新厂进行生产线建设。技术改造项目的成功，提高了公司生存能力，有不少项目至今还显示着巨大威力，继续发挥作用。从 1987 年开始到 2003 年竣工验收，16 年的搬迁建设，创造了一个新的生产生活环境，脱离了难以生存的山沟，为企业发展奠定了基础。从第一次（三线建设）创业，到第二次（三线调整）历时 37 年，对于始终参与这一过程的人来说，尽管经历许许多多的艰辛困苦，但他们为能赶上这一历史机遇，并将一生贡献于这一伟大的事业而感到自豪。

五、功在当代，利在千秋

没有三线经历的人，不知道也不会感受到三线调整带来的好处。我深深感到三线调整是一项伟大的工程，用"功在当代，利在千秋"来形容都不过分。我也曾向"国三办"的领导多次表明，三线人将永远记住他们对三线人做出的杰出贡献！

从三线搬迁到城市（近郊），一切都发生了变化。

1. 脱离了险境：职工及家属居住在长江之滨，有良好的居住条件和生活环境。

2. 企业得到了长足发展：1999年，原9厂实现销售收入45746万元；2000年，改制后实现销售收入44571万元（改制后磨合有些影响）；2003年实现销售收入102395万元；2006年实现销售收入209447万元，在2003年基础上翻了一番，实现了兵装集团"622"第一番的战略目标。2009年实现销售收入388955万元，在2006年基础上实现了第二个翻一番，大江总厂职工和领导用实际行动兑现了实现兵器装备集团"622"战略目标的承诺。

3. 带动了一批地方企业的发展：大江车辆总厂项目一

启动，巴县就雨后春笋般出现了几十个建筑企业和施工队伍，几乎每一个区都组织了建筑队，增强了地方经济发展。

4. 引进了合资企业：长安铃木看到大江车辆总厂优越的地理环境和交通条件就很快落户巴县；为给大江总厂配套，巴县建设了金竹工业园区，几十个小企业为大江车辆总厂和长安铃木配套；引进合资的重庆大江美利信压铸有限责任公司现在是重庆市唯一一个为华为主配套企业，大江车辆总厂的建设为振兴地方经济做出贡献。

5. 为地方培养了技术骨干力量：大江车辆总厂退休后的技术骨干大多数被地方企业聘用，在民用建筑、工程机械、摩托车制造、电器生产等行业，为地方手把手带出了一批技术骨干，这些人现在已成为企业发展的中坚力量。

虽然，大江总厂当前发展遇到了一些困难，但正与地方政府合作开发天明工业园，建设"大江科创城"项目，这个项目的实施，一定会开出美丽之花、结出丰硕之果。

李志卿：中共党员。曾任国营庆江机械厂党委副书记、纪委书记，副厂长；重庆大江车辆总厂建设指挥部副部长、工程建设处处长。

艰难曲折的搬迁立项
袁贞友

立项是工厂搬迁的头等大事，人说万事起头难。回想起当年国营青江机械厂的搬迁立项过程，那真是有惊有险，艰难曲折啊！

王春才是青江厂的大恩人

"八五"初期，青江机械厂与南线兄弟厂同步进行搬迁立项申报工作，但被当时的国务院三线企业调迁办公室以离重庆市太近（70千米）而宣判死刑——不宜搬迁。

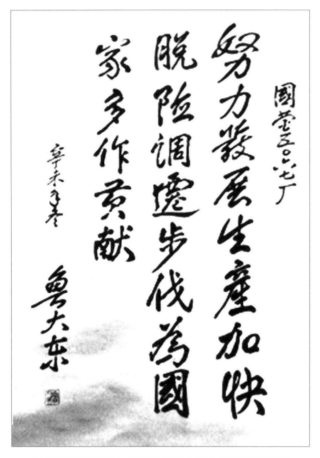

时任国务院三线办公室主任鲁大东为青江厂的题词

作为一厂之长的我心急如焚，心情万分悲痛。我暗中立下誓言："不把工厂搬出去，誓不罢休！"

此后，我带领搬迁领导小组的同志多次向市三办、国三办、国家计委反映、汇报情况，终于感动了国三办负责调迁工作的局长王春才。

1989年4月的一天，厂址所在地"火烧沟"格外的炎热。王局长不远千里，亲自带领国三办的几位同志来到青江机械厂进行实地考察调研，查灾情、访职工家属。他们在"干打垒"棚房的家属区视察时，正碰见一位头发花白

的老人挑着水桶往附近农村走（此人是我厂技术科高级工程师李凤仁）。王局长问："老同志，你挑着水桶干什么去啊？"李工答道："我们的自来水遭污染了吃不得，大家都到附近农村的水井里挑水吃。"

调查组的同志访问、视察完后，到工厂招待所会议室听取汇报。当我谈到工厂长期存在的灾情、险情，为什么必须搬迁时，一阵心酸，哽咽得说不出话来，禁不住伤心痛哭……

过了几分钟，我强忍住内心的激动和痛苦，说："如果工厂不能搬迁，我无颜面对全厂4000多名职工家属！我代表全厂职工家属向国三办的领导鞠躬，恳求领导批准我们脱险搬迁！"

听完汇报，王局长带着同情的语气沉重地说："青江机械厂的职工家属同志们受苦了。工厂确实存在着灾情、险情和饮用水受污染等问题，我们回去一定如实向领导反映你们的情况。"

10分钟决定工厂命运

1991年8月下旬，国务院三线办公室主任鲁大东到重庆地区视察，住在潘家坪宾馆。重庆市三线办主任陈宏遟打电话通知我前去汇报。当时，我和搬迁领导小组的同志正在从成都回厂的路上。接到通知后，我们立即掉头往重庆方向飞驰。

到达潘家坪，陈主任告诉我，半小时后，鲁主任就要到飞机场，你只有10分钟的汇报时间。我心想，好不容易才有亲自向鲁主任汇报的机会，这10分钟怎么够讲呢？

容不得我多加思索，也不能照材料念，我来到鲁主任面前，鞠了个躬，先简要作了自我介绍，然后问鲁主任还记不记得当年在建设厂当书记时，工厂组织科的逯

玉奎同志。

鲁主任答："记得记得，他现在在哪里？"

"他曾任我们的党委书记，后来回到了建设厂，2年前患癌症不幸去世了。"

鲁主任听了很惊讶："啊，他去世了？"

我继续说道："他是因为在我们厂长期饮用被重金属污染的自来水才患病的。一年前，他的爱人陶其芳校长也患了直肠癌……"

鲁主任听了我的汇报后，心情十分沉重。过了一会儿，他说："我会把青江机械厂的搬迁问题带到北京会议上去的。"

听到鲁主任这样说，我感觉心里像卸下了千斤巨石，心想工厂的脱险搬迁问题这下有希望了。

王春才局长亦是晋江机械厂的恩人

记得在1988年至1989年，我带领搬迁领导小组到成都国三办向王春才局长做最后一次汇报时，王局长问我：如果你们搬迁了，那晋江机械厂怎么办呢？我说，5057厂是我们邻近的兄弟厂，职工家属饮用水与我们厂是同一个水源，水质污染严重。王局长说，那以后我们研究你们厂搬迁时，一并把晋江机械厂提出来。

1991年9月初，国三办在北京远望楼召开三线企业调迁工作会议，上午大会结束后，王春才局长提请鲁主任专门召开了一个"七人会议"（五机部部长来金烈、重庆市委副书记周春山、国三办规划二局局长王春才、重庆市三线办主任陈宏逵、五机部副总工程师薛义流等参会），会议决定将青江机械厂的脱险搬迁列入"部市项目"解决；同时，也将晋江机械厂列入了"部市项目"调迁。

开会的前两天，我和工厂搬迁领导小组的其他三位同志就秘密住进了远望楼宾馆，等待消息。

下午1点多钟，陈宏逵主任来到我们住的房间告诉我们喜讯，我们几个高兴得跳了起来！

随后我们来到街上吃小面，喝小酒庆贺。

当天下午5点多钟，国家计委办公厅行文"国三函4号文件"。工厂历时8年的搬迁立项申报工作，终于得到批准了！

（本文图片资料由作者提供）

袁贞友：中共党员。原国营青江机械厂厂长，现任重庆锻压协会名誉会长、重庆市江津区三线建设研究会常务理事。

重上华蓥山
诸晓南

受重庆市工程师协会三线建设工业文化专委会之邀，2020年10月21日踏上重上华蓥山的征途。从重庆渝北区出发，一路北上，经一小时四十分的时间到达了华蓥山山脚下的溪口镇，再行不到十分钟就到了我曾工作近二十年

的第二故乡江华机器厂，该厂就在庆华镇（又称华蓥镇）。故地重游，往事一幕幕出现在眼前，一时难以抹去。

20世纪60年代，社会主义阵营破裂。苏修和美帝两个超级大国称霸世界，对我国虎视眈眈，扬言要对我国实

这座庆华镇的新桥是江华厂 1966 年建成

江华厂原二号厂大门现状（2020 年 10 月 21 日）

施"外科手术"；退守台湾的国民党不断派小股部队到沿海登陆、骚扰，空降特务到大陆内地搞破坏，时时准备反攻大陆。面对国际国内的紧张形势，党中央发出了"备战、备荒、为人民"和"深挖洞、广积粮、不称霸"的号召，并划分了一线、二线、三线备战区域，作出了"靠山、隐蔽、扎大营、准备打仗"的战略部署。华蓥山是三线建设区域，我 60 年代有幸参加了华蓥山地区兵器工业三线建设工作，把三线建设工作经历和工厂见闻留下来，让人们知道那段艰苦岁月，留住那段历史，很有意义。

第一次上华蓥山是 1968 年 12 月，天是灰蒙蒙的，已

连续下了多天凌雨。我们一行 11 位重庆大学同学早上 8 点从沙坪坝长途客运站出发，经双碑、三溪口、施家梁到北碚嘉陵江渡口，乘车渡过河后，继续一路北上，过天府后，我们的车进入坑坑洼洼的石子泥土公路，因多天的雨水把公路泡得松软，车只能在来往车辆车轮碾压下形成的沟中颠簸艰难地爬行。若到只能通行一辆车的窄路上，又遇对面来车，还得倒车到宽一点的公路，让对面的车过后，才能继续前行，车经杨柳坝、三汇坝，过三道拐后，一路再无人烟，这时已过中午，肚子开始饿起来，冬季的华蓥山特别冷，饥寒交迫之中，难免感到一阵凄凉与失落。

过嘉陵江后车一直在爬坡北行，过杨柳和三汇，最后到了一个叫康佳的路牌再爬了一段坡就往下坡走了，走了一段时间，我们终于到了客车的终点站——溪口，此时已是下午三四点钟。下车举头一看，此地是华蓥山主峰"宝鼎"山下的一个名叫溪口的小镇，镇上有一条三四十米长的小街，两边全是穿斗木板房，房的木板黑黑的，看来历史已经久远。

我们到华蓥山见到的第一人是溪口派出所的赵光泽所长。一听我们是到华蓥山工作的大学生，他十分热情地接待了我们，知道我们还未吃午饭，找人来为我们煮了热腾腾的饭菜。赵所长告诉我们，去江华厂还有七八千米的路程，天还下着雨，因没有公共汽车和其他交通工具，只有叫厂里派车来接。他给江华厂去了电话，下午 5 点多钟江华厂派车把我们接到了厂。

第一次上华蓥山的艰难历程给我留下了深深的记忆。一两年后，北碚过嘉陵江的朝阳大桥修通，车过嘉陵江不再乘渡船过江。再过几年襄渝铁路通车，我们从菜园坝火车站出发，三四个小时就可到厂，便捷多了。

江华厂在庆华镇。有一条从华蓥山发源，经溪口镇流向庆华镇的小河，小河穿镇而过，有两座桥，上游是用条石建的老桥，只能通一辆车，车道两旁有供人走的小道，下游是江华厂新建的一座钢筋混凝土桥，同时可通过两辆车和一些行人。

溪口到庆华的公路是可通向四川岳池、南充、武胜、广安等远方的主公路。主公路不过庆华镇的河，只在两桥的旁边通过。过河，新桥和老桥之间有一条靠厂区围墙连接两桥的沿河公路，新桥直对厂区二号厂大门。

过老桥，桥的左边是庆华镇镇政府所在地，有一条几十米长的街道，街上有书店、银行、诊所、中草药铺、小学、供销社、商店、肉店、蔬菜店、面馆、饭馆、照相馆、旅馆等，比溪口镇的规模要大得多。桥的右边有通往新桥的沿河公路和通往江华厂中心村的道路。中心村在江华厂厂大门外，有工会俱乐部楼、消防队、厂区派出所、电影院、灯光球场、总务后勤楼、职工食堂、小卖部、豆腐房、招待所、汽车队、公众澡堂、木工房、军官大楼、职工宿舍楼、男单工宿舍、女单工宿舍等。正对女单工宿舍右边公路前行可到职工住宿区3村和4村。

不过桥，老桥向新桥方向公路左边靠河没有住房，右边有一条属镇上居民住的半边街，街上是住房和少量商铺。老桥向新桥方向前行30米右边有一支公路，进去是江华医院，再往前是江华子弟中小学、技校和职工大学。半边街后面是职工宿舍1村。新桥前行20米右边有一支公路，上去是职工宿舍2村。老桥上游，距离老桥0.5千米处是职工宿舍5村、奶牛场和粮站。距离老桥100米左右处有一邮局。

江华厂是1965年开始规划建设的。初建时是把国营江陵厂一分为三，设备、人员分成三份，江华厂是其中一份。因设备、管理人员、技术人员、技术工人和生产工人配套齐全，所以搬迁后上马投产快，1966年底工厂开始投入试生产。工厂投产的产品品种单一，只有老产品37、57高射炮炮弹引信，当时20世纪60年代加工工艺还处于原始落后阶段，主要零件引信体和转动盘座（七件号）都是用特种圆柱形钢材切削冷加工完成。这两个零件切削加工量大、材料消耗多、工效低、工人劳动强度大，生产劳动环境恶劣。这两个零件成品的重量只有钢材用量的30%左右，其70%左右的钢材全靠切削加工来去除。

操作六角车床车引信体的工人由于切削量大，会产生大量的切削热，冷却油不断地淋在加工部位会产生大量的油烟，整个车间烟雾腾腾，操作工人的脸上都可以抹下油来，工作服的清洗也是麻烦事。

七件号转动盘座这个零件加工工序多，加工难度大、报废率高，是工厂的短线产品，是工厂产量上不去的卡脖子的关键件。

工厂技术人员进行了不断的革新改进。引信体的加工改为热锻件，使毛坯外形接近成品外部形状，大大减少了加工余量，材料节省40%左右。再经过多年的努力，实现了引信体的冷挤压加工成形，冷挤压成形的引信体毛坯更接近成品，大大减少了加工量，实现材料利用率近90%，使该产品的产品质量大大提高，制造成本大大降低，工人劳动强度大大减轻。

七件号经过不断改进、实验，终于用锌合金压铸件代替钢件，实现少切削、无切削加工，把原来的70多道工序减少到20多个工序。在保证产品质量的同时大大提高了生产效率，降低了加工成本，使七件号不再是短线产品，改变了工厂产量上不去的状况。使工厂产品的生产量每天可达1万发以上，年生产量由建厂初期的二三十万发增加到300多万发。

工厂还成立科研所，不断开发军用新产品。使工厂原只能生产单一产品，变为能生产海、陆、空三军产品的工厂。迫-5产品还出口海湾地区，每年可创汇8000万至1亿多美元，获得好的经济效益。

厂里多项研究成果获国家科技进步奖，有四个新产品填补了国家的空白。

为研发新产品需要，在近靶场的基础上，开辟了远靶场和山地靶场，需要时还到国家靶场和国家实验基地进行军品试验。工厂下一步还准备生产全弹。

20世纪70年代末国家对国防生产进行了大的调整，执行"关、停、并、转、迁"的大政方针。江华厂积极响应军转民的号召，开展民品开发的工作，在完成军品任务的同时开发民品。开发了柯达照相机、手动压面机、牙科用磨牙机、自行车变速器、举重哑铃等民用产品。

在完成军品生产和配合厂民品开发工作的同时，根据我车间压铸的工艺特点进行了民品开发。与川仪十九厂合作，用川仪十九厂生产的磁缸压铸成电表用磁缸组合件，这个组合件分单相电表用和三相电表用两个品种，其中"华"字牌产品在全国天津行检评审时获全国优质产品奖，其产品打入东南亚市场，获国际好评。还为重庆电表厂、山城电表厂、红泉仪表厂等厂提供铝合金电表支架。上述产品年产量分别达100万件以上。

另外，为嘉陵机器厂摩托车生产线提供各种型号摩托用锌合金和铝合金压铸件或加工成品。其中有化油器、变速器、离合器、缓冲器、减震器触头、轮毂、左右曲轴箱体等产品；为"珠江"照相机提供大主体和小主体铝合金压铸件，还参加长安微车零部件的开发。

为厂劳务司建熔炼车间，把迫-5引信体加工铝削回收进行熔炼成符合牌号成分的铝锭，用于303车间民品压铸生产，每年为劳务司和工厂节约创收100万元以上。

总之，江华厂的整个生产制造过程都有完整、严格、科学的制造工艺规程，以及科学、先进的工艺装置对加工零部件的加工质量提供可靠保证，各环节建立了完整的技术标准和质量保证体系。各部门、各级各岗位都有明确职责和管理规章制度。工厂运行十分协调有序，工厂能达到这样的水平实为不易。

1968年分配到江华厂的大中专学生有200来名，到厂后又进行了再次分配。重庆大学三位学生熊其友、梁子明和我，北京大学乔峰、冠兴军两位共5位分到303车间，同时分到303车间还有川南工业管理学校和江陵工校的10多位。除北大冠兴军分到电工组外，其余学生一律到生产工序当工人，熊其友开小自动车床生产引信铜材小件，梁子明分七件号开双头卧式钻床，我和乔峰分到七件号第一工序，开单轴六角自动车床做下料成形工序。我们这个工序有6台单轴六角自动车床，有2台是德国第一次世界大战战败赔偿中国的，叫"英丹克什"26号单轴六角自动车床，另外4台是我国南京机床厂生产的32号单轴六角自动车床。

这个工序六台车床，有13位操作工，因一人参加"专政队"，实有12人，两班制生产。因是第一道工序我们做多少，下面70多道工序才有多少产品加工。工厂要求三级车工才能到这工序上岗。因我的师傅袁梓莲参加专政队，我们见过一面后，很少在车间见到他。我靠自己摸索，在较短时间掌握了操作技能，并逐步了解了机床的结构性能，以及刀具的磨制，使我每天生产的合格产品保持在1200件。

当时小组的生产能力每月一般为4万多件，最多达5万多件，我个人的产量是小组产量的50%以上。我稳定高产受到车间重视，生产组长、党小组长都来拜我为师，我还带过4个徒弟，他们都成了生产骨干。我的出色工作表现被评为1969年度"五好工人"，1970年度评为"五好职工"，军代表还把我获奖的喜讯报送家人，我父母还高兴了一阵。

1969年底军管会成立，对厂实行军事管制。军管会进厂对消除派性，理顺工厂管理秩序是大有好处的。军管会根据职工意见，改善了职工食堂饭菜的质量和双职工家庭蔬菜、副食品的供应，建豆腐房、奶牛场、小卖部，整修厂区公路及工厂到各村的道路，把泥土路全改为混凝土路。新建电影院、灯光球场、完善汽车队、扩建职工医院，修建军代表居住的宿舍，扩招大量复转军人充实职工队伍。

军管会有一范姓团长不定时会到车间巡视，我在303车间七件号第一工序开车床，范团长经过时会给我打招呼，一来二往，我们熟悉起来。1971年初他要我谈对工厂工作看法。我给他讲有200来位大中专学生已在一线车间当工人两年多了，应按照他们的专业特长，安排他们到适合他们的工作岗位，对工厂对他们本人都是有好处的，他非常认可。一个月后这些学生工作都得到了调动，到所学专业、技术含量较高工作岗位，唯我没有动静。我找了厂长、组织人事部、车间主任，也找了范团长，他们都没有一个明确的答复。过了一些时间，我才调动到本车间的机修工段当机修钳工。后来，组织人事部长和车间主任给我讲了不同意我离开车间的原因，一是我的工作表现和能力，二是我是学机械压力加工的，车间正在转压力铸造生产，厂里主管领导都认为我最适合在这里工作，所以我在303车间生了根，没有离开。

江华厂在山上形成了一个小社会。生产厂区管"人、财、物、供、产、销"，职工生活区负责"吃、喝、拉、撒、睡、生、老、病、死、残"，工厂生产生活管理有条有理，顺风顺水，一派欣欣向荣的景象。职工的困难会得到妥善解决、生活

我家曾住过的军官大楼（左）和女职工宿舍（右）

第03章 调整搬迁 续写辉煌

177

安排妥当，若生病职工和家属只交3分钱的挂号费，打针、吃药、治疗、住院不需你花一分钱。住房是工厂的，不用交房租费，只需交水电费。每月交电费是以住房的间数算，一间房算一盏电灯交5分钱，每月一户家庭交水费6分钱，因此每户家庭每月交水电费也就2角钱左右，单身职工不交任何费用。小孩出生，厂里从婴儿室、托儿所、中小学、直到职工大学全管。可以说兵工厂的职工福利相当不错，无后顾之忧。这样的生活镇上居民和农民兄弟都十分羡慕，现今的我也十分向往。

建厂初期，江华厂的用水是抽华蓥河中的水，这些水来自溪口镇的华蓥山的山涧，河水也有燎原厂、长城厂、红岩煤矿等单位和居民排出的废水，此水的卫生状况极差。1978年重庆南江水文队在华蓥山下的五岔沟打了12口井，工厂的用水状况大为改观，水源十分丰富，厂里还修了两个游泳池。

每年春节厂里还接送职工回家过年。职工大多来自重庆，四川省南充、达县地区有2000多亦工亦农和转业军人，厂里根据各地回家过年的人数组织车辆送职工回家过年，留厂人员会组织春节联欢游园活动。

春节，当乘上装饰一新的解放牌卡车，跟随着有几十辆车的浩浩荡荡的车队在华蓥山间弯弯曲曲的公路穿行时，心中会涌现出一个字"爽"。每当一想起那个场景，心中会激起一阵波澜。襄渝铁路通车后厂里不再开展这项活动了。

江华厂在庆华镇的存在，对农村文化、生产水平提高，经济的活跃、发展都有大的贡献。江华厂有广播站，广播喇叭是高音喇叭，声音传播比较远，全厂职工的生活节奏基本都由广播来控制，起床号、新闻播报、上班号、下班号、晚间新闻及天气、紧急情况的通知，对周边农村生产、生活的节奏和思想是有大的影响的。工厂每月要演几场露天电影，很受农民兄弟的欢迎，在活跃工厂职工文化生活的同时，也活跃了周边居民的生活。

庆华镇是四川省合川、岳池、广安、邻水等县的交界地，每周星期五是赶场天，星期五也是厂休日，市场十分活跃，

灯光球场

黄桷树

物资十分丰富，由于江华厂职工家属上万人，不管场上有再多的东西，每次都被江华厂消费干净。

江华厂医院在服务职工的同时，也为庆华镇周边的农民兄弟发挥了救死扶伤的作用。江华厂医院有妇产科、内科、外科三位十分了得的医生，他们的医德和医术都不错，救了不少的农民兄弟。农民兄弟不到病得十分危急时是不会轻易到医院来的，一般就在当地医疗机构解决了，到江华医院来找医生是万不得已了。一般他们找到医院，不论白天或深夜，广播一播，叫到的医生会赶到及时处理，因此江华医院挽救了不少生命。特别是妇产科王秀云医生，医术高明，农妇遇到难产时，又不便把产妇抬到医院，因王医生年纪较大，农村路又不好走，他们就用滑竿把王医生抬去，当王医生处理好产妇和孩子后，农民会煮荷包蛋给王医生作为感谢，王医生知道农民的困难，从不吃农民的荷包蛋，赶场天有时会遇到被救产妇和小孩见到王医生的情景，产妇和小孩向救命恩人王医生下跪磕头的场面，十分感人。

江华厂每年要组织各单位出节目，进行文艺演出比赛。还组织有文艺细胞的人排演样板戏，很有水平，还到南充区县和三线兵工厂进行汇报巡回演出，很受欢迎好评，说他们的演出不低于专业剧团的水平。重庆还组织专业剧团到华蓥山兵工厂慰问演出，厂里职工文化生活十分丰富。

到 80 年代，我们这批 60 年代进厂的大中专生逐渐成长起来，成为工厂的骨干，有部分还提到了领导岗位。北京大学学生董华章任厂工大校长，后调辽原厂任厂长，浙江大学学生韩国荣任 403 车间主任，1987 年我们三位调离华蓥山时，还在江华厂大门处合影。董华章调回湖南老家，韩国荣调回老家厦门叉车厂，我调回重庆。

原厂大门变成了"时代韵城"小区

1987 年我调重庆后，曾五次上华蓥山返江华厂。最后一次是 2002 年 9 月，我到江华厂招待所住了一晚，在厂逗留了两天，当时江华厂已搬到成都十陵，是处于九眼桥和龙泉驿之间的一个地方，与宁江厂、华川厂、东方红厂在一起。江华厂还有少数职工的家还未搬走，我在去 3 村和 4 村的路上遇到了重庆大学老同学钟相权，他见到我十分热情，拉着我到他 4 村的家，还为我煮了两个开水鸡蛋，并留下成都的联系电话。我在厂区家属区巡游遇到了原生产车间龙代琼、检验工段的两个女工，她们热情地要招待我吃饭，我婉拒后，她们邀请我到成都十陵家中做客，我都一一愉快答应下来。

我站在江华招待所楼上的窗前，望着江华厂冷清、凋零的景象，难免产生出阵痛与伤感：要建成江华厂这样成系统的完整工厂和附属设施体系实属不易，数十年职工付出的汗水和心血，国家投入的大量资财不能这样流失了吧，应想办法把它们利用起来！

江华厂搬到成都后，情况不妙，2006 年进入了破产程序，（厂房、设备、土地）估值有 3 亿多元人民币，在破

303车间现状（2020年10月21日）

产拍卖时只拍了3000万元人民币，这一结果受到了全厂职工上下质疑，在不断多方反映后，经国资委和总装备部的协调，把破产改为兼并，由青山厂来兼并江华厂，因青山厂实力不济，最后江华厂终于垮了。

2020年10月21日重上华蓥山，北碚到华蓥山的公路已成水泥路或柏油马路，车道平直，行车平稳、顺畅，大大缩短了行车时间，溪口到庆华的公路改直了，由原七八千米变成了现在的6.5千米，溪口的高楼林立，原来的木板房不见了，溪口到庆华的路两旁不再是农田，基本上由房屋连接，形成新型的城市，变化太大了。

江华厂2村我曾住过的"干打垒"房不见了，几栋有阳台的楼房还在。中心村除灯光球场、招待所、女员工宿舍和我曾住过的军官大楼等4处保留下来外，其余建筑设施变成了商品楼住房，车队沿河处已成废墟。女单工宿舍门前成农贸市场，正对女单工宿舍约30米处那棵黄桷树还茁壮地屹立在那里，是我初恋约会之地，历经整整半个世纪的沧桑，它变得更加粗壮，枝叶更加茂盛。

江华厂原厂大门写着"时代韵城"的字样，厂区301、302、306车间，理化室，办公楼不见了踪影，这些地方已变成了时代韵城居住小区。

二号门厂区公路右边现在是华凯农机制造有限公司的地盘，304、305、401车间、变电站、冷挤压厂房、压铸厂房已被华凯农机公司利用了。公路左边已由防洪墙隔断，所围部分303、402、403车间，医务室、锅炉房、铸造工段、锻压工段等地还未开发利用。在围墙外能看见303车间的房顶和熔炼工段已被藤蔓爬满的烟囱。

在江华厂工作生活近20年，是我人生中十分重要的、不可磨灭的一段人生经历。

通过在江华厂的锤炼，从刚踏入社会的青年学生，逐渐成长为有实际操作技能、熟悉机械制造设备、工艺、技术和企业管理经验、能独当一面的企业骨干，压铸专业学科带头人。虽然我为厂付出了青春年华，但江华厂给予了我的一切。我要深深感谢华蓥山的三线建设，感谢江华机器厂。

有生之年，若有机会，我会重上华蓥山。

（本文图片资料由作者提供）

诸晓南：中共党员，重庆大学机压专业1968年7月毕业。高级工程师，机械制造咨询专家，企业管理咨询专家，科技司法鉴定专家。中国兵工学会会员、四川兵工学会会员、压铸专委会委员。中国压铸杂志编委。

老厂，那片曾经的热土

郭清华

回望那片热土，旨在纪念一种忘却，传承一种文化，弘扬一种精神，激励一种斗志。安居乐业，今非昔比。珍惜当下，放眼未来，做强华庆，造福员工，我深信：华庆的明天会更好！

——题记

老厂是一个地理概念
定位于我们现在的东南
那个地方叫南溪，叫大观，叫新添
老厂也是一份难解的情缘
四十二年的漫长岁月
曾在那里演绎创业的激情故事
描绘建设的壮美画卷

当挖掘机在彭州掘出第一斗泥土
当那些钢筋水泥编织着新的童话
浇筑着新的家园
我就知道：我们的老厂
即将成为梦里的呼唤
模糊我们回望的视线……

是那首名叫《我们的老厂》的小诗，把我们带上了来时的路。

深秋时节，我们踏上了前往阔别了7年多的老厂——原四川长庆机器厂的路程。

近了，老厂的地标性建筑——那高耸在水池山上的电视差转台没日没夜的期盼，而今又映入了我们的眼帘。

近了，新添老街——曾经是老厂出入的咽喉要道，昨日的繁华和鼎沸，已经换作了破旧而衰老的容颜。

为了一睹老厂的全貌，我们直奔东风村后面的茶山而去。茂林修竹，却挡住了我们的视线。折返途中，公路两侧住宅上那些黑洞洞的门窗，用诧异的目光注视着我们，也勾起了我们探访的欲望。

东风村，曾经生活的地方——原总务处办公楼和招待所之间的石梯曾是一条进入东风村的捷径，而今石梯横斜，野草萋萋。原长庆宾馆后面依山而建的多栋住宅，没有了居住，没有了保护，仿佛饱经沧桑的老人，孤独无助、惆怅落寞。有的外墙上爬满青藤，掩饰着人去楼空的淡淡忧伤。东风村唯一可供品茗、棋牌的休闲娱乐场所，等身的黄桷树已经参天，见证她成长的，是横陈在两侧破败不堪的平房。只有那些砖混结构的多层建筑上零星的防盗栏和晾晒的衣物，昭示着那里居住着新的主人。

20世纪80年代初因为涉外项目而修建的长庆宾馆，曾经在西南兵工企业中首屈一指。而今，这里成了大观园酒业员工食宿的地方。宾馆对面，全福村民的自建房依然经营着餐饮、棋牌以及小百货的行当，只不过，门前冷落车马稀。

职工医院，"60后"的职工子女大多在这里诞生。也是这里，为我们驱除了病魔的缠绕、带来了健康的福音。从这里辐射开去，方圆数十里的乡民，也分享到了国有企业医疗卫生的福利。而今，围墙外的两株榕树亭亭如盖，无限生机。而围墙内却是另一番景象：花园式的休憩场所、平坦的门球场地，只能在记忆中去搜寻。墙倾屋圯、残垣断壁，述说着这里的变化；几蓬衰草、一片萧瑟，呈现出这里的悲秋。一个小男孩坐在门球场边，用疑惑的目光打量着我们，似乎想知道这里曾经是什么？这里发生过什么？

厂大门正对着的那个花园，曾经是职工、家属休闲的好去处、信息的集散地和美食的一条街。而今，花园里的每一株香樟树脚，已经用蓝色的瓷砖砌上了花台，高雅而整洁；花园边上的那些小餐馆、小卖部已荡然无存。站在花园一侧的桥上眺望，兵器工业川南销售公司的办公楼，现在已是大观园酒业的办公场所。枝叶映衬，秋日暖阳，"三军三民"时期的辉煌与气派，还可以在这里找到注脚。

三用堂依然静默在那里，门厅顶上的张爱萍将军题写的"长庆职工俱乐部"已无影无踪。曾经承载老厂重大体育赛事的灯光球场，已是繁华落幕，野草无情。

老厂生活区人气最聚集的地方之一，是红旗广场。银行、邮局、派出所、工矿商店集中在红旗广场附近，居住、购物、餐饮、文化、娱乐、出行，大多也集中在这里。矗立在红旗广场周边的多栋建筑，成了留在老厂的人们安居的处所。

老厂生活区人气最聚集的另一个地方，就是学校了——分离破产时，长庆职工子弟学校整体移交地方。再穷也不能穷教育。老厂在最困难的时候，仍然倾尽全力保证了学校教育教学的正常进行。而今，几排土坯小青瓦平房，已打造成了砖混结构的学生公寓、学生食堂。拆除原子弟学校小学部、中学部教学楼而重建的逸夫楼、励志楼，高大气派，器宇轩昂。曾经用我们的双手削平整个山头建成的操场，至今仍是长庆学校体育教学和课外活动的主要场所。课间休息的学生在操场上奔跑追逐、嬉戏打闹，尽情挥洒着童真与青春，尽情放飞着希望与梦想。在这里，我们领略到了青春年少的生机、朝气蓬勃的活力，也感受到了老厂那片曾经的故土，正培育着鲜活的未来、簇新的希望……

老厂生活区的来去匆匆让我们五味杂陈。老厂生产区又该有怎样的变化呢？

在厂门口，我们踟蹰着、思忖着——大观园酒业的司名和"金喜来"的商标，取代了我们原来的厂名，巨幅广告宣传画把我们曾经书写的质量方针挡得严严实实。原来的接待室玻璃幕墙及房檐，也用相应的宣传画和宣传语进行了精心装饰。

进得厂门，一条宽阔、平整的景观大道让我们豁然开朗——左侧的原总务处办公室、自行车棚以及厂工会原来的宣传橱窗不见了踪影，右侧的原保卫处办公楼到原供应处的库房也不见了踪影。取而代之的，是彰显现代企业文明的绿化带、文化墙。绿化带地下，掩埋着存储原酒的陶坛。据介绍，为了翻新道路和整治道路两侧的凌乱建筑设施，大观园酒业不仅重新进行了规划，而且投入了数百万元资金。

当我们来到原四车间办公大楼前的时候，我们知道了——原四车间厂房，而今成了室内储酒的重地；毗邻的原供应处办公室及多栋库房，而今已拆除重建为大观园酒业的污水处理厂和停车场。

跨过小桥，越过小溪，曾是老厂指挥和管理中心的原厂部办公大楼仍然不失往昔的风采，只是至今还闲置着，等待大观园酒业派上新的用场。

流经厂区的那条小溪，经过拦溪筑坝、梯级蓄水，打造成了一道亮丽的水景。沿着小溪左侧的道路，我们从原工具处向原六车间一路走去——原工具处办公室一侧的建筑已夷为平地，种上了花草；原工具处厂房，而今和原运输处厂房、电冰箱大楼一道成了宜宾长信线业有限责任公司的制线车间；原工具处对面的成品库房，而今已建成室外大型储酒场。十余个不锈钢储酒罐体，在香樟的掩映中静穆、在溪水的倒影中灵动、在阳光的照耀中光辉……

充分利用我们留下的财产和资源发展自己，这是大观园酒业的应有之义和明智之举。但是，大观园酒业并没有因此而乘凉树下、坐享其成，相反，他们还不惜投资新建厂房、改善设施、扩大规模、壮大企业。原一、二、八车间和机动处厂房，以及原一、二车间厂房前面的花园和原八车间厂房到小溪边的地块上拔地而起的三栋新厂房，新旧衔接、相映成趣；连线成片、蔚为壮观。数百口窖池密密实实地布在了厂房内。工人劳作的场景，室内弥漫的酒香，让我们一行如痴如醉……

走在老厂现在的道路上，我们怀旧，我们寻觅，我们追思，老厂的影子始终挥之不去、历久弥新。曾经的创业与奉献，曾经的激情与智慧，曾经的苦痛与挣扎，曾经的辉煌与壮丽，让我们又想起了那首《我们的老厂》的小诗——

还记得转弯爬坡时坚定的步履
还记得"三军三民"擎起的一片天

还记得"长庆"电冰箱
源源不断地从流水线下线
还记得国内首创的射钉器
声名远播在塞北、江南
当那些环环相扣的链条
不知疲倦地传送着动力
激情飞扬的人们
便演绎出风雨彩虹、斑斓无限

还记得办公大楼的挑灯夜战
还记得生产现场忙碌的白天和夜晚
还记得"976工程"
扬威香港回归庆典上的瞬间
还记得国庆阅兵仪式上
老厂奉献出的一份威严
当那些特种产品
紧握在营区、哨所、海岛、边关
祖国，就有了一份宁静
人们，便多了一份平安

我们在分立破产的破茧而出中
实现了华丽的蝶变
我们强科研促调整
让长达十多年亏损的企业凤凰涅槃
我们还在那里
勾画了彭州新址的蓝图
也酝酿出了一往情深的眷恋……

梦在前方，路在脚下。搬迁彭州后的华庆，在以张富昆为总经理的领导班子带领下，七年奋进，玉汝于成，沧海桑田，华丽转身。当"622战略贡献奖""211战略第一步贡献奖"收入囊中的时候，我们知道，面对新的机遇，谋求新的发展，这是我们的责任，也是我们的荣光。勤劳智慧的华庆人，正高扬着"爱岗敬业、感恩诚信、自强不息、追求卓越"的企业精神，履行着"保军报国、强企富民"的使命，坚定着"做强华庆、造福员工"的信念，围绕着"超越领先、转型升级"的目标，全力打好"三大攻坚战"，以实现"211战略"的新业绩，书写企业改革发展的新篇章！

郭清华：大专文化。1984年7月涪陵师范专科学校毕业后入职国营长庆机器厂。早期从事教师、秘书工作，1992—2018年从事企业中层管理工作。2017年获聘第二批中国军工文化专家。

唐国基
——一生建设了三座兵工厂
刘常琼

人物介绍

唐国基，江苏如皋人，于1955年毕业于华东第二机械学校（现扬州工学院）工民建专业，为新中国五机部第一批毕业的基建专业学生。他是兵器工业部优秀的基建工程师，一生建设了三座兵工厂。1955年，他毕业后响应国家号召，建设大西北，参加了陕西西安东方机械厂的建厂工作。1965年，好人好马上三线，他被紧急派往重庆五机局，开始了东方红厂（即天兴厂）选址、设计工作。1981年，兵器工业部新建特种弹厂，他又被紧急调往河南中南机械厂进行改建工作。

我们家的好邻居

1971年10月，我全家随支援三线建设的父亲王炳江来到了天星沟，与唐国基叔叔家为邻居，直到1981年底他家又调到别的厂。十年的邻居，我们两家结下了深厚的友谊，用他儿子唐利刚的话说："我们两家有缘，邻居了整整十年！你们家是我们家过去的，也是我有生之年最好的、难忘的邻居！"

唐利刚比我大两岁，他有两个姐姐一个妹妹，还有姥姥和他们一起生活。唐利刚的爸爸唐国基是基建科的工程师，据说厂里的房子很多都是他设计的。他妈妈是医院的

中年时期

老年时期

坐落于天星沟里的天兴厂——七十二洞片区

出纳。我爸爸虽然没有多少文化，但却从骨子里崇拜知识分子。虽然唐利刚的爸爸比我爸爸小十几岁，我爸爸还是很尊敬地称他是"唐师傅"，他也称我爸爸是"王师傅"。我们按泸州人的习惯，称他妈妈叫"唐妈"，他们叫我妈妈为"王妈"。我爸爸妈妈很尊敬他们一家人，总是说他爸爸妈妈都是有文化的人却没有一点架子，他们家的孩子也很有礼貌，不调皮。

儿时的调皮事

唐利刚的妹妹唐九红比我小好几岁，她喜欢和我一起玩耍，那时候她还没有上学。有一次她见我用剪刀剪烟盒纸上好看的图案，她就说她哥收藏了很多好看的烟盒，说着她就跑回家拿了一本厚厚的书过来，里面果然夹了很多烟盒纸，好些我都没有见过。见我爱不释手的样子，唐九红就对我说："这些烟盒纸全送给你了。"我说："真的？你哥不骂你？"她说："不骂，我哥说他不要了，全送给我了，我现在全送给你。"我说："真的送给我了？我就剪了？"她说："你剪吧！"于是我就操起剪刀，挑选了一些好看的图案剪了下来。唐九红和我一起将这些剪下来的图案用米

饭粘贴在一张作业本纸上，然后贴在墙上。当我和唐九红正在得意扬扬地欣赏自己的杰作时，唐利刚笑嘻嘻地走进我家，但当他看到他的烟盒纸都变成了碎片时，脸都气绿了，咬牙切齿地说："你们好气人啊，我存了那么久的烟盒，全都给我剪碎了。"唐利刚虽然很生气，但他再没有多说一句难听的话、做出过分的事。

艰苦的生活记忆

他姥姥和妈妈个子都很高，他姥姥和我奶奶一样都曾经缠过脚，有一双小小的尖尖脚。他家孩子多，经济也不宽裕，经常到杀猪场买大骨头回家熬汤喝，啃干净的骨头就倒在他家门口地上晒，晒干后背到三汇场上去卖给收荒店。我记得新鲜的大骨头买成 8 分钱一斤，晒干的大骨头可以卖 2 分钱一斤。那时候，牙膏皮、废铁皮、废铁丝都会收集起来去卖钱。有一年唐利刚的眼睛被同学误伤了，他姥姥哭得特别伤心。他姥姥是在天星沟去世的，他家离开天星沟的时候，将姥姥的遗骨迁走了。

有一段时间，他爷爷带着他姑姑几岁的女儿祝玉敏到

20 世纪 70 年代天兴厂里的年轻人

天兴厂建厂时期职工修筑水泥路面

天兴厂建厂时期职工参加基建劳动

20世纪90年代，天星沟里天兴厂下班时的摩托车队

他家来住了一段时间。他爷爷来以后，将他家门前空地用竹竿编成篱笆围起来，变成了一个小菜园子。他爷爷还每天到山上挖一种叫荠荠菜的野菜回家吃。那时候我爸爸经常下河打鱼、上山打猎，我妈经常做一些泸州特产，自己做豆花、磨汤圆、蒸白糕等，家中有这些好吃的时候就会给他家端一碗去，他家不会将空碗还给我家，而是装一碗自家认为稀罕的东西还礼。有一次他家就给我家端了一碗用荠荠菜包的饺子，我觉得味道有点苦，并不好吃。

他家调到河南去了

我有大姐却留在了老家泸州，所以我最羡慕唐利刚有两个姐姐。唐利刚的两个姐姐手都很巧，会绣花、会自己裁剪缝纫衣服，她们总是给她妹妹的衣服上绣上好看的花，还给唐利刚做可以两面穿的夹克衣。大姐唐利娟和二姐唐利梅高中毕业后都下农村当了知青，1978年唐利娟当知青时考上了中专，读了三年涪陵卫校，毕业后在厂职工医院当妇产科医生。二姐唐利梅和唐利刚都招进厂当了工人，唐利刚后来考上厂职工大学，毕业后当了技术人员。

他家是1981年12月离开天星沟的。因为家具用品都打包了，他妈妈走的头天晚上挤在我床上睡了一晚上。他妈妈辗转反侧睡不着，一直对我讲述他们家在天星沟的经历，不断叹息，我却因年龄小瞌睡大不明白她说的事情。

两个老妈妈不远万里的相会

2013年夏天，相距32年以后，我在成都的天兴小区再次见到了唐利刚。他兴奋地对我说，他才买了一辆小轿车，这次他妈、他二姐、他老婆和他妹夫都一起回四川了，因为他妈妈总念叨要回四川看看，就和姐妹们一起驱车1200多千米，将老妈带回了四川。他说他妈妈最想见我妈，我怔了一下，说："我妈回泸州老家去了，这可怎么办？"

我妈妈在头年做了结肠癌手术，做了化疗，被我大姐接走了。我想，这次可能是两位80岁老人在有生之年的最后一次见面机会了，如果没有见上面，一定会很遗憾的。我给我大姐打了电话，希望她将我妈送回来，我大姐说妈妈身体不好，坚决不同意。我妈听到了电话，就自己一个人坐长途大巴从300千米远的泸州赶回来了，和唐妈及他们一家人见了一面。几个月后，我妈与世长辞，唐妈在两年后也去世了。

2016年，当我想写唐利刚一家人时，却发现我并不了解他们，他们一家人从哪儿来，到哪儿去了，我都不知道。感谢现在的微信群，让我很容易地联系到唐利刚，他向我讲述了他们一家人的故事。

唐利刚的来信

幺妹你好！首先谢谢你还记得我们！

是的，在我的记忆中，我们两家有缘，邻居了整整十年！你们家是我们家过去的，也是我有生之年最好的、难忘的邻居！特别是2013年，我母亲最后一次去成都，王妈不顾高龄及路途，从泸州赶回成都，两个老妈妈完成了人生中最后的一次相逢！我时常想念她们！还有你们全家！怀念年少的时光！我们能在天星沟相逢，这都是因为特殊的年代、祖国的需要！我们这些三线人（我也算是吧）为国家奉献得太多太多了！

我的父亲是江苏如皋人，1955年毕业于华东第二机械学校（现扬州工学院）工民建专业，为新中国五机部第一批毕业的基建学生。毕业后响应国家号召，建设大西北，参加了东方厂的建厂工作。我父亲兄弟姐妹8个，在家排行老大，第一个出来工作就远离了家乡。20世纪五六十年代，从西安回老家需两三天时间。三线建设时期，东方厂主建东方红厂，我父亲也就责无旁贷地被派往重庆了。

我的父亲，为了建设东方红厂，1965年还在北京出差，就被紧急召回西安东方厂，随后派往重庆五机局，开始了一年的新厂（东方红厂）选址、设计，有幸成为第一批建厂元老。七十二洞的名字，还是我父亲联想《西游记》即兴起的！我父亲自己一个人在山里为三线艰苦创业了五六年！我们家是1971年10月到的天星沟，好像是比你家早几天。

我母亲徐永兰，在原东方厂医院任出纳，在东方红厂医院任出纳、会计，厂财务科会计。

那个年代我们的确较为艰难，在我的记忆中，小时候，我和我的姐姐们，捡过西瓜籽、跟着姥姥挖过野菜、拾过麦穗……咱们两家是一批到的天星沟，但因工作需要我们就先离开了。

那时候，我们家是有些困难，走的时候我记得我们家还欠公款好几百块钱。因为有我姥姥特会持家，我们的童年还是蛮开心的。我嘛，如果不是眼睛的问题，也许生活就会是另一个轨迹了！还有我的父亲为了给我们家改善生活，我们捞过田螺，还有我父亲摸螃蟹特别厉害。后来，我父亲和一个姓徐的东北大爷，率先下河打鱼，记忆中，咱们这栋楼的邻居，应该都吃过天星沟的小鱼！记得有一次鱼被小邱家的狗偷吃了，结果这只可怜狗狗就被灭了，晚上我们，应该是好多家桌上都多了份狗肉，我当时还挺开心的，打了牙祭，后来多少年都觉得对不起小邱！这件事你还记得吗？

对越自卫反击战中，我们国家发现了特种弹的供给不足，当时只有齐齐哈尔的一家专业厂生产，兵器部下令将河南南阳的两个三线厂合并改建为特种弹厂。时间紧任务

21 世纪头十年，搬迁到成都十陵的天兴厂一角

重，部里就到重庆五局调了几个有三线建设经验的工程师，去河南南阳中南机械厂进行快速的改建，我们家就这样又到了河南的山里。当中南机械厂建设基本完成后（河南也有很多三线厂），由河南省国防工办主建一家建设监理公司，我父亲才又回到了城市，我和我妹妹后来也到了郑州。

到了河南又是一个新厂，这里干燥、寒冷！我们的父辈为了三线建设真的是献了青春献终身，献了终身献子孙！我母亲和我大姐、二姐都是在中南机械厂退休的。

我的大姐成了厂医院妇产科主任，退休后又留任了两年，太辛苦了！没日没夜，直到今年真的退休了，妇产科也就关门了。我还有三年多才能退休。

欢迎有空来河南哈！祝你及家人新年快乐！

唐国基为中国兵器工业的发展无私奉献了一生

看了唐利刚的来信，我才知道他爸爸唐国基是一个如此伟大的人物。别的三线建设者，建好一个厂后，就在这个厂里工作，享受自己的建设成果，但唐国基却是建好一个厂后又带领全家老小奔赴一个新的工地。唐国基的一生，是为中国兵器工业发展无私奉献的一生，是把自己的一生交给党安排、哪里需要哪安家的典型代表，是那个时代无数无名英雄中的一个。

（本文图片资料由作者提供）

刘常琼：中共党员。四川省作家协会会员、中国三线建设研究会会员。

重庆起重机厂的建设之路

文开烈

重庆起重机厂坐落在中梁山人和场靠南一侧。工厂占地面积 20 余万平方米，系 1957 年由国家统一规划布局，机械工业部直接选点进行建设的全国重点企业，全国桥式起重机行业骨干企业，中国重型机械起重运输机械行业协会理事单位，西南地区唯一的起重机械专业定点生产厂。

追溯重庆起重机厂的前身，其实是抗日战争时期随同国民政府从江、浙地区内迁到重庆的鸿昌机器厂、精业机器厂和大昌铁工厂在解放后公私合营基础上联合建立起来的一家国有企业。

重庆起重机厂不仅起源于内迁，在发展过程中还受益于 20 世纪 60 年代中期国家建设大三线时的战略性内迁。当时在国际上风云变幻，美苏核大战危在旦夕，中苏论战如火如荼，亚非拉人民反霸斗争方兴未艾，加勒比海波涛汹涌；在国内当时处于连续三年自然灾害过后的恢复时期，台湾海峡风起云涌，"四清"运动即将结束，文艺战线正在批判新编历史剧《海瑞罢官》，"文革"前夕的各种思潮泛起，内忧外患的形势严重影响了时局和政局；同时也因为国内工业布局尤其是军事工业布局存在很大缺陷。党中央根据各种因素，从国际国内形势发展变化和战略角度上分析后作出重大决策，决定将一、二线地区的重点通用工业企业及国防工业企业迁往纵深的三线地区，采取"山、散、洞"的布局方式，建设好维系国家安全的西南战略大后方。

1965 年 6 月，处于一线工业城市的天津起重设备厂的近 400 名职工、家属，响应毛主席"备战备荒为人民"的号召，毅然告别难舍的故乡、携家带口，内迁来到了大西南的三线建设重镇——重庆，落户于地处西郊中梁山人和场旁边

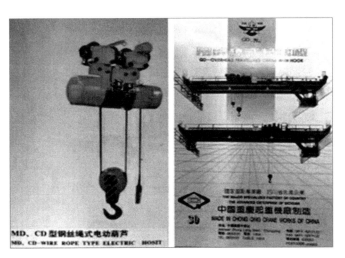

重庆起重机厂的产品

的起重机厂，支援国家大三线建设。

当时党中央对内迁企业提出了要将"好人、好设备、好产品"进行内迁的要求。天津起重设备厂在"好人好马上三线"的号召下，挑选了一批"精兵强将"离开繁华喧闹的天津城区，落户到地处偏远荒郊的起重机厂，喊出了"立足重庆市，扎根中梁山，志当大庆人，建设大西南"的口号。从此，这批天津内迁员工为建设西南地区最大的起重机厂奉献出了一代又一代人的光和热。

天津起重设备厂是我国引进苏联起重设备电动葫芦的专业制造厂，有生产全套苏式 TV 型电动葫芦的图纸和设备，以及具有电动葫芦设计能力的工程技术人员和技术工人。而当时的重庆起重机厂是以铸、锻和铆、焊以及少量机加工为主要技术的通用机械厂，既缺乏配套电动葫芦的工艺图纸，更缺少电动葫芦的技术人员和专业设备。电动葫芦属于一种体积小、功能强的桥式起重机精密配套设备，在起重机升降、运行货物的过程中起着关键作用。随着沿海大批企业进入三线的内迁，一定会建设大批的厂房，必然需要大量的起重机械和配套设备才能满足需要。因此，国家将天津起重设备厂的电动葫芦生产技术、生产设备、技术人员内迁到重庆起重机厂，不仅填补了西南地区生产制造电动葫芦的空白，还增强了大批量生产起重机的配套能力，这是完全符合大三线工业建设需要的一项战略性的内迁工程，具有十分重要的战略意义！

在克服了生活、习俗、语言等种种差异和困难之后，天津内迁职工迅速与当地职工水乳交融于重庆起重机厂，积极投入生产，共同为建设大西南起重机龙头企业作出贡献。

正如第一代内迁职工发自内心的朴实语言："献了青春献终身，献了终身献子孙！"内迁职工不在乎是否落叶归根，不计较世代背井离乡，只希望三线建设早日完成，只希望祖国日益富强。他们现在已经祖祖辈辈留在了大三线，留在了大西南，真正实现了"青山处处埋忠骨，何须马革裹尸还"的誓言！荫护着子孙后代的福祉，笑看着日益强盛的国家和为之奋斗的第二故乡。

重庆起重机厂经过几十年艰苦奋斗努力建设，通过广大员工忘我工作无私奉献，终于使企业迈上了一个又一个新的台阶。1988 年首批荣获"四川省先进企业"称号；1993 年进入"重庆市工业企业五十强"；1996 年电动双梁、电动单梁、电动葫芦三大起重机系列产品均通过中国机械工业部质量检测部门评定为一等品；1998 年国家商检局颁发了电动葫芦系列产品出口质量合格证；同年还取得了 ISO9001 质量体系认证。重庆起重机厂在全国起重机行业中的知名度、信誉度均名列前茅。

重庆起重机厂的产品无论在计划经济年代，还是在市场经济时期，几乎都是超计划满负荷生产，曾经不少企业为争取拿到起重机供货指标不惜踏破机械工业部和国家物资部计划处的门槛，不惜层层找关系、通关节以求签得一份订货合同，不惜长期派代表驻守在厂内督促早日装配完工提货，更有急需起重机产品的用户甚至直接找到生产车间给加班费要求提前完工发货，重庆起重机厂的产品在很长一段时间里真是"一货难求"。

重庆起重机厂建厂几十年来为满足国家重点工业的发展和市场需要发挥了重要作用，产品销往全国 30 多个省、市、自治区并外销东南亚、南亚、西亚多个国家。自建厂以来，先后为国家经济建设和国际经济发展提供了大量的各种用途的起重机械，包括各类型电动双梁、电动单梁、电动悬挂、电动葫芦起重机，各种港口、码头、仓库、电站、水厂以及飞机制造、卫星发射等用途的多功能起重机。这些起重设备广泛应用于冶金、交通、军工、机械、能源、航空、航天、核工业、通信、化工、酿造、农机、环保等行业，得到国内外广大用户的高度赞誉。在为毛主席纪念堂、葛洲坝电站、宝山钢铁公司、二滩电站、成都飞机公司、厦门太古飞机公司、茅台酒厂、长虹机器厂、成都工程机械厂、建中化工厂、中国空气动力试验基地高速研究所、西昌卫星发射基地、长安汽车工业公司以及为缅甸、越南、巴基斯坦、埃及等国家提供的专用起重机，还填补了西南地区多项空白并多次受到国家级奖励。

重庆起重机厂设有起重机械研究所、传动机械研究所、理化试验中心等起重机械科研机构，配备了万能工具显微镜、万能测齿仪、卧式显微镜等各种检测设备和检测手段。重庆起重机厂还在20世纪80年代中后期的技术改造中新建了大型结构件厂房和机加厂房，在不断开发新产品的同时，对原有系列产品进行了全面整改，优化设计，更新换代。在产品加工工艺上采用多头数控火焰切割、钢砂抛丸除锈、二氧化碳（CO_2）气体保护自动焊接、高压无气喷涂漆膜以及机械加工中心等先进装备和先进技术，使全部产品在制造工艺、优化配置、使用性能等方面达到了国内先进水平，生产制造的各类起重设备优等品率长期保持在95%以上，为国家"一五"到"十三五"建设和三线建设发挥了重要作用，做出了突出贡献！

重庆起重机厂奠基于内迁，发展于内迁，强盛于内迁，成名于内迁。在我国工业布局与工业门类发展中，几代"起重人"尽到了为国家争光、为民族争气的责任。正因为有这样的主人翁责任感和强大的为国争光的精神力量，有这种勇于献身和世代坚守的忠诚信念，才使我们国家成了拥有全部产业链中39个工业大类，525个工业小类门类齐全的工业产业大国，能够满足民生、医疗、基建、交通、军事一切领域的要求，自立于和自强于世界民族之林！

重庆起重机厂无愧于自己的历史，也无愧于自己的使命！

重庆起重机厂的内迁员工无愧于自己的终身付出，也无愧于自己的子孙后代！

重庆起重机厂的所有员工应该为这个内迁型企业艰苦奋斗的建设历程和取得的辉煌成就感到骄傲和自豪！

重庆起重机厂的光荣历史和重庆"起重人"的献身精神必将载入史册，彪炳千秋！

（本文图片资料由作者提供）

文开烈：中共党员。1971年从下乡知青招工进入重庆起重机厂，两年后参军，1979年复员后仍回起重庆起重机厂工作。历任保卫科、组织科、宣传科干事，宣传科科长，销售公司总经理，厂长助理等职。

军工精神耀陵川

——献给陵川建厂五十年

周红丹

2015 年，是成都陵川特种工业有限责任公司建厂 50 周年。回眸 50 年的发展历程，陵川经历 4 次创业，风雨兼程中，军工精神始终照亮陵川前行的道路，激励着陵川人的创业激情。

红色历史 铸就军工品质

追本溯源，巍巍太行造就了陵川的军工魂，古都金陵灌溉了陵川的军工情。

在抗日战争和解放战争时期，陵川先辈们转战在太行山黄崖洞，一手拿枪参加战斗，一手拿工具抠枪造炮，打垮了日本侵略者，推翻了"三座大山"，迎来了新中国的诞生。兵工烈焰，锻造了"自力更生、艰苦奋斗、勤俭节约、不怕困难、团结协作、不断向前"的太行军工精神。

时代的变迁中，太行军工精神不断丰富着内涵。1951 年 12 月，黄崖洞兵工厂从山西迁至南京，与南京军械工厂合并，定厂名为南京晨光机器厂。重新组建的南京晨光机器厂继承太行兵工精神，为新中国的迫击炮发展奠定了坚实基础，也培育了陵川军工艰苦创业、忠诚奉献的军工品质。

艰苦创业 "五个当年" 创奇迹

1965 年 1 月 6 日，五机部批复，将南京晨光机器厂的大口径某特种产品生产线迁至大三线地区，新工厂名称为国营陵川机械厂。随后，兵工战士们告别繁华的六朝古都，来到"天无三日晴，地无三尺平"的华蓥山区建设新工厂。

当年 4 月 1 日，陵川工地举行了隆重的第一期工程开工典礼。

陵川的建设者们，以一日千里的速度，顽强地奋战着，一座能容纳数千人的现代化工厂在合川县土主区杨柳坝岭子口诞生了。1965 年 11 月初，所有生产设备安装调试就绪，正式投入使用。11 月 22 日，在大机加车间里举行了隆重的投产剪彩仪式。12 月 23 日，生产线第一批产品——5 套特种产品在试验场打响，试验结果全部合格。

至此，陵川"当年设计、当年施工、当年建成、当年投产、当年出产品"的"五个当年"全部胜利实现，陵川成为常规兵器三线建设第一个建成投产的工厂，"五个当年"也作为三线建设者们艰苦创业的标志载入了兵工史册。

扎根山沟 清贫岁月谋发展

陵川在山沟里一扎就是 35 年。

其间，陵川人创造了计划经济的辉煌，承受了改革开放的冲击，迎接了市场经济的挑战，为国防建设建立了功勋，逐步形成了自身的核心竞争力，开拓了民品市场，确立了"军品立位，民品兴业"的战略方针，为企业的生存和发展探出了道路，奠定了基础。

在交通不便、信息不灵的山沟，陵川全体职工不断开拓创新，进行系列特种产品的生产和研制，这些产品有的被誉为功勋炮，有的被评为优质产品，深受用户的喜爱和信任，为国防现代化建设作出了不可磨灭的贡献。

1978 年，在改革开放的大环境下，陵川由计划经济向市场经济转向调整。1984 年 7 月 2 日，工厂实施经营方式改革，以经济效益为中心，全面实行经济和岗位系数奖励制度，同时建立健全了 210 个管理制度。1985 年 4 月 2 日，陵川厂正式实行厂长负责制，逐步向军民结合型企业转型。但同时，在改革的阵痛和市场经济的浪潮下，全厂职工同样品尝过效益下滑的苦涩滋味。

生存与发展，是陵川人永恒的追求。在困难的转型过程中，陵川人上下一心，"勒紧裤腰带"研发新型产品，其间研发的两种产品，如今已经成了支撑陵川发展的支柱产品。"团结、求实、创新、奉献"的八字厂风，伴随着陵川在艰苦中谋得发展，在清贫中坚守理想，这是对兵工精神最真实的践行。

脱险搬迁 十年劳作遂心愿

在历史的进程中，陵川抓住脱险搬迁的新机遇，全厂干部员工经历了生产经营下滑、新厂建设停工等困难，风雨同舟、艰难前行，用智慧与坚忍，正确处理好生产、经营、改革、搬迁的关系，自力更生，务实奋进，终于完成了整体搬迁大业。

2000 年 8 月 31 日 20 时 20 分，第一批搬迁车队从工厂二区大门出发，踏上了搬迁征途。9 月 1 日 8 时 20 分，车队缓缓驶进了成都新厂厂区大门。至此，陵川厂整体搬迁工作正式启动。截至 2001 年 1 月 17 日，随着消声器分厂最后一车物资到达成都，搬迁工作全部结束。

回顾历史，陵川的第二次创业经历了太多曲折和磨难。自 1987 年 4 月工厂申请脱险搬迁立项开始，到 2001 年 1 月中旬全面实现搬迁目标为止，历经 14 个春秋。整体搬迁成都，对陵川而言，是一个新的转折、新的起步、新的机遇！

龙泉铸剑 科学发展宏图

新的世纪，陵川人将红色军工的种子播撒于充满希望的天府之国。"关爱、包容、忠诚、奉献"的陵川企业精神，在龙泉这片热土生根、发芽、成长。

2004 年 12 月 16 日，成都陵川特种工业有限责任公司正式成立。经过分立破产的洗礼，陵川涅槃重生，轻装前行，踏上了发展的快车道，"陵川工业"的标识，在龙泉山脉昂首屹立。

陵川人在新时代迈开了新步伐，通过军民品科技创新、技术改造、管理变革、合资合作，构建了支撑陵川持续、快速、健康发展的研发、制造、管理和市场平台，从单一的特种产品生产企业发展成了拥有 5 个子公司的军民结合型企业，实现了由小到大的重大跨越，发展质量和效益也不断提高。到 2014 年，公司实现利润 6700 万元，实现营业收入 13.82 亿元，在岗职工年人均收入 5.9 万元，质量效益持续向好。预计 2015 年可实现营业收入 15.5 亿元，利润 7100 万元，在岗职工人均收入 6 万元以上。

天道酬勤！陵川人的第三次创业取得了骄人的业绩——这也是时代给予与时俱进的陵川军工丰厚的回报。

展望未来 新起点新征程

发展无止境。在集团公司的统一规划下，陵川开始了第四次创业。

每一次创业都是新的挑战。陵川以退城进园搬迁项目为契机，以强化公司基础管理能力、体系构建能力、系统集成能力和数字化应用能力为手段，稳步推进新园区的建设。

新的起点，陵川将以更加开放性的心态、更加前瞻性的思维、更加市场化的运作、更加实战化的理念、以"产品、技术、管理、文化"四条发展主线，推动军民产业良性互动发展，切实提高发展质量和效益，为打造行业领先、国内知名的现代化军民结合型企业奠定坚实基础。

走过 50 年的风雨历程，在新的征程上，陵川人秉承"创军工一流品牌，做国防事业栋梁"的使命，为国家承担责任，为顾客提升价值，为员工创造未来，为社会积累财富。未来，陵川人满怀对未来的执着与激情，用坚实的脚步丈量前行路上的每一寸土地。

军工精神必将在陵川绽放更加动人的光彩！

周红丹：女，成都陵川特种工业有限责任公司职工。

我的国防兵工岁月

朱祖贤

刚参加革命时的留影

我叫朱祖贤，小名"宝根"，1936 年 10 月 11 日出生在浙江绍兴柯桥——江墅新台门一个山清水秀的水乡。

1949 年 12 月，柯桥区区长李凤祥和教导员信荣传（他们都是山东的南下干部），把 13 岁多一点的我调到区政府当了通讯员。就这样，我参加了参加革命工作。那时是供给制，发少量的津贴，我第一次拿到不多的津贴后，高兴得马上就去买了一大包花生米来傻吃，吃得后来几顿都吃不下饭。

柯桥区政府总共有 20 来个人，就那么些人，什么都要管：土改、剿匪、征粮、治安、镇反……一直到党团组织建设和妇女工作。

1950 年，镇压反革命运动来了，有一次由于警卫班人手不够，我还去帮忙执行了一次对罪犯的枪决。

1950—1951 年，全国展开了轰轰烈烈的抗美援朝运动，当时我已加入新民主主义青年团，我就毅然报名参了军，成为驻扎在柯桥区湖塘镇、抗美援朝训练后备兵员的"华东新兵训练十五团四营"的通讯员，他们考虑到我年龄太小，一直留在营部，后来升成了副班长。1952 年朝鲜战争停战，15 岁多一点的我就复员了。

当年春节后，我随姐夫冯国华去到上海黄浦区，参加过夜校补习文化知识，不久我就被选为该区临时团支部宣传委员。

在这里，我认识了团支部的"小四川"叶崇芳。1952 年她回重庆后，我们一直保持联系，1961 年我们结婚，她成了我的妻子。

1956 年 6 月，我在江湾中学高中毕业前，光荣地加入了中国共产党。此时，清华大学来我校招特殊保密专业生，学校推荐我到了清华大学。于是我就成为清华大学新成立的工程物理系（核物理）学生。系主任是何东昌，不久前刚从苏联回来（后来还成了副校长，最后成了高教部部长）。

"小四川"叶崇芳（照片中前排左一，后排中间最高个儿是作者）

我们班课后与徐教授（中排右四，穿皮夹克者）在大礼堂前的合影，作者在后排左五

该系学制为六年。两年后该系一分为三，即工程物理、工程化学和工程力学数学系。

1957年我们班就转到工程力学系固体力学专业，1958年我们开始上专业基础课，其中有一门是"飞机结构"，请北京航空学院的徐鑫福教授来讲，他是"北航一号"的总设计师，不久前从英国归来。

1960年暑假，由崔巍山老师带我们到哈尔滨三大动力厂之一的哈尔滨汽轮机厂去实习。这是苏联援助156个项目之一，完全按照苏联的模式，从产品设计到厂房布局全部照搬。我被分配到总装车间实习。

从1959年到1961年是生活比较困难的三年，北京应该说生活还算有保障的，大学生的定量粮是30斤，但副食品却严重不足，有时甚至一顿只有一个咸大头菜。人们普遍缺乏营养，有人晚上就用液体面包（啤酒）来充饥。

我有时利用星期天，跑到北京工业学院，找我在那里当数学教授的表哥孙嗣良（我嫂孙静宜的大哥，西南联大毕业，师从苏步青教授。毕业后先在杭州高级中学任教，后调至北京工业学院），一边请教数学问题，一边带他家几个年龄相近的小孩玩，蹭上一顿好饭更不待说。

新学期后，我们就进入了毕业设计，题目是围绕振动专业的"飞机的颤振设计计算和实验验证"（学校与航空部洪都机械厂订的合同），参考书为俄文原版的"气动弹性"（后来比我们早半年毕业的力学研究二班的好友顾再仁把此书送给了我），计算工具是当时学校"最先进"的电动计算机，方法是矩阵迭代法，四人一个小组，指导老师丁奎元。并和实验验证互相印证。接下来是毕业论文和答辩了。1962年7月我们就正式毕业了，学校颁发了毕业证书。

毕业那年北京市所有高校毕业生都要被邀到人民大会堂听中央首长的报告，好像那年作报告的是彭真。最后他说："你们大部分同学都将要离开北京，市里给你们每人发几元钱，集体使用，到北京好好玩一玩。"

1962年8月我们进行了毕业分配，由黄克智老师与我

全班同学和所有老师在二校门前合影（中排左起七为作者）

能组，组长是王永金。两个月实习下来对理化室各组和有关专业车间的业务有了一个初步的了解，也认识了不少人。在金相组实习的时间较长，当时黄辉苑和黄曼云等师傅手把手地教我各种金相设备的操作和缺陷的识别。

后来到了机械组更受到大家的热情接待并拍照留念。当时机械性能与探伤是一个大组，在同一个大房间里。

这以后我便投入了机械组的大量测试工作中去了，也结合试验工作提出了不少改进建议。这些改进的实施大部分是由李清标老师傅协助完成的。有一次，当时已升任副厂长的总工程师李培源来理化室暗访，当他来到我身边时我却认不到他。当时我正在给一个光学引伸仪的标尺反光罩刷白油漆，他见我已与周围同志融合到工作中，高兴地走了。

后来我把小组内12吨苏联进口试验机的俄文说明书翻译成了中文，并通过图书馆的书把35吨联邦德国进口老设备中的低频液压动态部分搞清楚了，使这个与我年龄一样大的设备焕发了青春！为后来开展的各种低频动态试验奠定了基础。

当时小组工作量最大的是炮管材料的规定比例极限的测定，我就针对这个项目，从消化国家标准，到测试方法、结果插值计算等方面也都做了一些改进。

谈话，他说：考虑到你爱人在重庆，就分配你到五机部的重庆望江机器厂工作，你有什么意见。我说：可以。后来有人告诉我，是当时望江厂的总工程师李培源（他爱人黄尚瑶在理化室化学组工作）到高教部去把我要来的。于是我就在9月回到重庆，当时叶崇芳住在小龙坎的一个朋友叫魏经理（阿姨）的两居室的房子里。接着马上到郭家沱的望江厂人事科报到。厂里专门开了欢迎大学生的会，是当时的唯一的副总工程师黄克勤作的厂情介绍：望江厂原打算搬迁到北碚的歇马场，但由于靶场等问题不好解决，最后还是留在郭家沱，所以近年来在郭家沱也没有好好搞基本建设，厂房、马路都比较陈旧。

接着我就到了冶金科的理化室。当时理化室的主任是张德林，副主任有两位，一位是陈慎徽工程师，另一位是尧忠民。由陈工程师安排我的实习。工作小组就在机械性我到望江厂后，先住在单工宿舍，哪想一住就是十年！叶崇芳也先后搬家四次，先是从小龙坎搬到歌乐山的山洞，在那里我们的老大朱青出生了，他的小名叫小青（清），意思是小龙坎与清华的结合，姆妈说按朱家族谱应叫朱聿昌，当时由于急着要报户口，也就定名为朱青了。

1963年9月开始我利用业余时间在业余学校兼职任课，当时的学生都是满腔热情的工人，他们充分利用业余时间自觉地积极学习各种文化和科技知识。我就在夜大四班先后教他们理论力学和材料力学这两门课。后来这个班由于受"文革"影响，坚持读了八年，最终取得了本科毕业文凭。

下面照片中有周天若、包云南、杨辉、王世泽、林红、陈永如、燕执中、钱多山，副校长刘烈仁和教务主任李大鹑老师以及班主任陈国忠等。还有一些人没有在照片中，如蒋淑英（毕业）、刘明华（肄业）等人，后来他们都成了厂内各项业务的骨干。

从1963年开始我厂与冶金部的金属材料研究所合作共同开发无镍铬炮钢工作，冶金科的工程师赖鹏昌跑前跑后，我们积极配合，但这个"704"钢最后可能由于工艺等问题而未能得到应用。（后来金属材料研究所在1990年又来我厂合作一次，未果。）

1964年叶崇芳又从歌乐山搬到化龙桥，1965年又从化龙桥搬到大坪七牌坊，这时候朱华出生了。好在有隆昌的亲戚们的照顾才度过了这艰难的时期。

下图是1966年春节后叶崇芳带着朱华去看望他们一家时的合影。其中老两口手中抱的就是朱青和朱华，中间是他们的养女，他俩的孙子就是叶崇芳的表弟谢清辉，孙媳妇就是原来与叶崇芳一个单位的张如莲。后排中间就是叶崇芳的亲姐姐叶德蓉和她的幺儿江华炳。后排左边第一人是谢东培老中医和他的老伴钟发先的女儿。朱青小时候在隆昌住了不少的时间，多亏老两口无微不至的关怀才使其健康地成长！

1966年，我厂在试制某海军速射炮时"炮尾"先后在江陵厂的靶场发生两次膛炸，还引起了警方的关注。当时设计所自动机室张祖安等人就来找我们，要求分析其原因。经磁力探伤即便未使用的该零件均在R处显示有微裂纹，

第03章 调整搬迁 续写辉煌

进一步用贴片光弹性法和电测法证明该零件显示裂纹处应力集中系数达到9！在当时实验中曾费了很大的劲，还跑到两路口的建材所去，借用他们的卧式100吨试验机，设计所的罗光辉负责电测工作，还有童登友工程师等（徐铁生八级老师傅出了大力）。后经设计部门两次结构反复改进，应力集中系数才降到合理范围，并且再也没有发生问题了。

从此，我们密切配合设计部门积极开展失效分析，用实验力学的手段，解决了不少厂内外设计中的难题。如长安厂的小口径火炮的"节套"也是类似的问题，当时设计所的李永昌和长安厂一同志和我们花了两个多月的时间，也是用贴片光弹性法（其贴片是圆柱面，故制备比较复杂。他俩在半坡上的小房子搞了很久。）促使其改进了应力集中状态。

这以后就到了"文化大革命"了，望江厂因受两派武斗的影响，工厂生产秩序完全被打乱了，单工宿舍也乱了套，我就搬到老理化室机械组的小资料室，每天晚间搭床睡觉，周应清就住在我对门的试样储藏室。这段时间大字报、小字报铺天盖地，望江的"金猴"也闹翻了天。连我这个小组长也被造反派夺了权。于是乘此时机，我便通过函调搜集了国内高校和科研单位有关实验力学的资料，学习了不少知识，也没有白白地浪费掉这段宝贵的时间。这时期理化室主任一职由于受"文革"影响，也像走马灯一样换来换去，先是周季明，后是高发山，最后又是杨先源。

1967年8月初，我和叶崇芳先后坐火车和长江轮船分别带了朱华和朱青回到了杭州上刀茅巷。朱华那时才两岁多，我抱着他乘车，他就在我怀里啃苹果，把我一件新"的确良"衣服弄了好大一块印迹，好久都洗不脱。同车离开

重庆而且一直照顾我们的就是设计所的张祖安和她爱人，职工大学的黄桂湖（他是早期的清华学长），真是"患难见真情"啊！后来他们在中途衡阳转车去了广东中山。朱华在姆妈那里一住就是八年！多亏同时有堂侄女连芳等的照应。朱青与他妈因是坐长江轮船先到的上海，于是朱青就留在上海我姐姐那里了，也是由于他们全家的照顾，直至两年后才由张如莲去上钢一厂探亲谢清辉后将他带回重庆。

到1968年10月1日国庆节，我们又添了女儿朱红，而且还是我这个爸爸亲自接的生！这以后可又把叶崇芳忙惨了！又要喂奶，又要工作，只能把女儿放在办公桌旁边的箩兜里，她哭了，就摇一摇，或者抱起来喂她。还好后来找了一个魏婆婆来带她。

工厂在这段时间生产不正常，学校停课，大批知青上山下乡。厂里各单位也利用铁山坪靶场区内的大量空地办起了农场，我们冶金科就在一个叫"大屋基"的地方开了几亩水田，那里还有现成的几间房。秦家治和李文明这两位老师傅充分显示其劳动能干的本领。大伙轮流上山种地、喂猪、喂牛、上树砍柴，身心得到锻炼，增加了吃苦的能力。同时科室干部每周一天到相关车间参加劳动，我是到的热处理车间的光坯组，带我的是他们的组长汤师傅。

"文化大革命"时空压厂谭玉明和他的领导一起来我室，要求对他们厂新试制的耐磨材料履带板进行低频液压动态疲劳试验，以检验其使用性能。因为我当时不自由，他们先是通过革委会，把我从"学习班"借出来，强调只有我才能指导操作这台设备。后来我就协助他们一直把试验做完。这也就成了当时"抓革命，促生产"的一例。

"文化大革命"中，我们还真做了一件对后人有益的

"好事"，那就是集体编写了一本《金属材料机械性能试验》的书。起先是西南兵工力学计量中心的邓永生"邓老夫子"要我先写个提纲，再由他们出面召集一些人来编写，于是他们就组织了望江厂的我和倪文炳、长江厂的刘锡邦、建设厂的景海江、空压厂的谭玉明、长安厂的丁占芳组成一个编写组，按照提纲和结合各厂的测试特长分别起草内容。后经多次反复修改并经胡国华和孙训方两位教授审阅，最后由五局的谢仁国支持、刘锡邦坐镇国防工业出版社，拖到 1983 年才完成发行。这本当时标价 2 元多钱、16 开的实用书籍，后来成为机械性能测试人员的良师益友，其内容大部分后来被中国机械工程协会编写的"中级机械性能人员培训教材"无偿吸纳。

在这期间我们还为铁路隆昌工务器材厂（现在的中铁隆昌铁路器材有限公司）正在完成的课题："新一代钢轨扣件"，做动态疲劳试验（因为当时他们还没有引进先进的电液伺服疲劳试验设备）。他们去找西南交通大学的孙训方教授，他就介绍来找我们。我们就用联邦德国的液压低频动静两用 35 吨的老设备，选 16 赫兹频率（每分钟 1000 次），连续不断地花了十多天时间才完成了这项试验。当时试验是很辛苦的，要不停地三班倒，他们来的人主动做夜班。试验完成后我厂出具结果报告，盖有工厂公章，使得他们完成了定型鉴定。当时只用于普通钢轨。如今该厂已发展并实现了自动化，并将此类铁道扣件广泛应用于高铁，且已出口多国。这也是当时"抓革命，促生产"的又一例。

这中间还有一个插曲就是朱青小时候的学习问题：他 1969 年从上海回到重庆，由于年龄小、语言不通（满口上海话），在大坪上了一年幼儿园，然后 1970 年 9 月在大坪上了两个月的一年级。后由于叶崇芳调到磁器口工作又在磁器口小学读了两年，假期还在单工宿舍与我一起住过，读三年级的时候才转到郭家沱 36 小学，后又转到望江子弟小学，还参加过讲革命故事活动，他讲的是"太平军大破洋枪队"的故事。

"文革"结束后，有人（如机动科科长刘兆沛等）对他们在"文革"中的不当做法曾对我当面表示抱歉，我却一笑了之。毕竟事出有因，皆因历史原因造成，况且我也有"错"之处。

"文革"快结束前的 1975 年，被"解放"的老干部王茂德在厂长主持的厂务会上同意改造破旧危险的理化室，同时争取到了上级拨款 25 万元。于是冶金科在书记黄承品的直接带领下，大家热情参加劳动，并受各科室干部的支援。拆老平房、放炮、开山、推车、出碴，大伙干得欢！当时我和顾锡林已被任命为理化室副主任，主任是杨志明（女）。于是修建理化大楼的重担就义不容辞落在我身上了。那时我一方面要与基建科的设计和施工人员刘俊之、王俊、张道文等密切合作和联系，还要与承建的"南建一队"保持经常沟通以保证施工质量。理化大楼和探伤室土建工程修了两年，我也一直在工地"泡"了两年。修好后内部设施又花了一年多的时间，其中化学部分的抽风系统的施工完全是准备组的赵纯彬等师傅的辛勤劳动，可以说是费了很大的劲，目的就是最大限度保护试验人员的健康。我也是倾注了当时几乎全部的精力！直到 1978 年的秋天新的理化大楼和具有较强防护能力的探伤室才全部搬了进去。

与理化大楼同时动工的还有当时旱河斜对面的"资料室大楼"，柳廷木在那里监督着，可是两年后却改成了厂

部办公大楼。柳廷木这个主任做了无私奉献!

那时叶崇芳刚调到厂总务科工作不久,姆妈和朱华也坐船回来了。记得那天我到朝天门码头去接他俩时,朱华连蹦带跳地在码头上叫着:爸爸! 爸爸! 此情此景终生难忘。我由于忙于工作,也只有星期天一家人才真有点空。有时礼拜天上午一家人就是买煤粉、搓煤球,忙忙碌碌地为生活。当时姆妈的结核病并没有完全好透,我就背着她下山又上高台阶,到门诊去打链霉素,后来经热心护士指导我就在家里给她消毒和注射。姆妈在重庆住了两年多,最大的困难是听不懂重庆话,要我给她当"翻译",有时还会闹些笑话。这段时间对三个小孩的学习是关注不够的,回想起来,深感愧疚。

这时大侄子聿邦从浙江大学毕业后分到贵州清镇的贵州有机化工厂,也得了结核病,但当地却缺医少药,我就在我厂医院搞到了不少链霉素给他寄去,使他的病情有所好转。后来他考取了浙江丝绸工学院(现为浙江理工大学)的研究生,终于回到了杭州,实现了全家团聚。

"文革"结束后,恢复了技术职称的评定,我由当了十年的技术员一下子变成了工程师,后来又评了高级工程师,并且很快被任命为厂技术职称评定委员会的委员。

1981 年 8 月,厂部发文理化室由冶金科分出,单独建制。当时在党校坝子上拍了一张分家前的"全家福"(见上图)。

前排左起:--、杨志英、杨安贵、周青、廖蓉、--、冉萍、周南渝、万定华、曾凡英、余苏容、左群、谭晓霞、李宁、骆玉萍、尤志英、--、吴明新。

第二排左起:周继碧、郭思玉、张淑兰、黄曼云、包锦霞、陆晓云、曾兴玉、周尚香、陈冰清、--、江淑芝、何培英、袁世兰、陈晓琳、程云保、李秀英、罗祥玉、张廷芳、徐敏洁、刘桂芳、葛润林。

第三排左起:--、刘绍碧、向庆芳、陈珍时、杨志明、尧忠民、杨先源、黄承品、--、李文明、丁海云、--、段大成、顾锡麟、吴奇珍、许燕萍、周玉莲、卜素英、廖孔芝、李谋玉、--。

第四排左起:--、王继明、唐萍、龚大乐、黎新菊、刘富珍、冯玉芳、刘家莉、--、王兆泉、员锁争、李建华、余才海、庞兴家、李永国、江诗纲、旦言发、郭江、刘金培、--、肖邦永、朱纪容、--、--、冯玉柱。

第五排左起:李荣莲、李天模、江雁、郭美琼、许传娣、董白冰、王延红、吴明珍、吴惠麟、钟继明、雷永新、任德胜、程光宗、宋明权、范自荣、周维明、陈代荣、秦万权、陈祯国、丁永自、李长寿、刘思禄、冯国俊、马宝林、姜祥国。

第六排左起：－－、汤明群、殷宗英、余新惠、孙尚怀、陈龙伦、－－、赖正礼、张克华、冷俊武、林和昌、赵纯彬、汤敬禹、陈生渝、吴志明、潘继忠、王贵林、陈晓红、龚万福、杨松、陈源勤、谭仁礼。

第七排左起：翁建中、李云松、许世林、－－、－－、梁显荣、牟方渝、李赤富、－－、吴光宗、－－、－－、杨泽勇、－－、－－、吴铭。

理化室首任主任是彭善甫，后来他调到工具车间，接任的就是我了。

1983年起，理化室开始了快速的发展，首先是加强了内部的建章立制工作，规定试验人员轮流换岗，达到"一专多能"，技术人员也要参加实际操作，技术干部每月要交工作总结。包括每季根据工作写技术总结一文。（有价值的推荐给厂办的杂志《望江科技》）根据贡献评定每月奖金。这样就促进了各专业的技术进步，特别是计算机应用上有了较快的发展。对试验室的条件也力争逐步改善，特别是空调设备，首先是保证试验第一，办公和后勤次之。工资、奖金分配都公开，职工代表监督，充分发挥工会的作用。并规定周一上午各组业务学习，每天上班前打扫卫生10分钟，所有人都要动手。（工会主席先是汤敬禹，后来是刘家莉，工会干部大多是能干的知青，平时能密切联系群众；我和叶崇芳每年春节第一天都要走访一些职工家庭，特别是有老人的必访。）

1987年12月，我家发生一件大事，就是母亲的去世。她一生为子女和孙辈以及邻里付出得太多太多！她经常教导我们，"做任何事情，都要先想到别人"。（她是村里第一个摘帽的地主）每次扫墓时大家谈论的都是她生前做过的好事。

那时《望江科技》几乎每期都有理化室的文章，主编谈洪还专门组织出了一"理化专辑"。在当时工厂主要领导的眼中，理化测试不是可有可无，而是保证军民品质量和促进其开发的可靠手段。1989年，我还为了"35炮"出国培训两个月，收获多多。

到1991年8月理化室独立建制十周年时（正值工厂最后一批顶班招工前，理化室请厂职工大学黄友章老师出化学题，在全部招工名额中优先考试录取了十名化验工，增加了新生力量），当时我们在二楼坝子开了一个庆祝会，邀请了退休人员和有关科室与车间。每人发了一个搪瓷纪念缸。

这期间理化室随全厂同步更名为理化处，由我们主持了"精铸件无损检测"这个由部下达的科研课题，参加该课题的主要人员有理化处探伤组的王洪高和林和昌、精铸车间的尤志英、冶金处的李天模（非标设计），我是这个课题组的组长。该课题历经两年，通过调研，以精铸件输弹机体为对象，采用射线计算机定位和超声波综合探伤的办法，最后由部组织鉴定和验收，最终被评为部级科技成果二等奖。我们还与基建处的张道文一起参与了折板电测的工作。

我还多次参加五局兵工系统理化室级别的评定工作，包括对于西南技术工程研究所一级理化室（当时其主任是郑光宇）的认定。

这段时间三个小孩陆续结婚成家，家庭成员中增加了林红英、蒋启翠和邓志刚，其中叶崇芳付出的精力和心血是最大的，后来有了孙辈朱骏林、朱春江和邓瑜楠也是如此。我们总希望力争"一碗水端平"，获得"家和万事兴"。

至1992年我参加理化检测工作已经30年，1994年由国家技术监督局发给了荣誉证书。

这段时间厂党委为落实知识分子政策，我的"事迹"曾被望江报和重庆台"军工之声"报道过，也入选在"四川省的名人录"中。但荣誉只能说明过去，特别是退休了，这一页更是翻过去了。

后来在1993年又被评为研究员级高级工程师（相当于正教授）和享受国务院特殊津贴，并再次被中国机械工程学会聘请为失效分析专家。后来厂部发文任命我为高级职称评定委员会副主任委员，主任委员是总工程师赵永平。

1995年，人劳处找我谈话，要我提前一年把理化处处长的职务交给黄友章，我转为调研员。我欣然接受，也没有给组织提出任何个人要求。（本人一贯作风如此！）

1996年10月，我按规定正式退休。

退休后我回到了故乡，先是在台州的玉环，后是在萧山，最后是在杭州，先后工作了12年。这12年"打工"，什么工作都做过，既符合"生产自救"的精神，也学到了

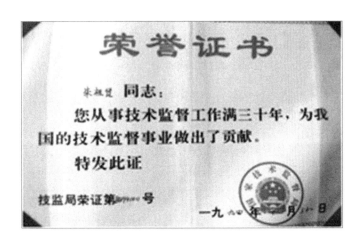

过去所从事工作范围以外的许多专业知识。这里特别要提到的是在玉环凯凌集团那一段，我搞的是标准化工作，在那里交了不少知心朋友，如高学尧、王骊、周文斌等，现在还在联系。后六年，我一边学习一边教书，前后教了五门不同的课程。要说发挥余热也许是对的，因为从60岁到72岁只要身体健康，还是能做点事的。这一段的经历使我更自信：活到老，学到老，干到老，乐到老。我想到："勤、谦"两字应为我家风，凡事勤为先，谦虚才能生友。当然这12年也多亏了叶崇芳始终与我一起紧密为伴，从某种意义上说，没有她的辛勤支出，我也很难做到，这12年也是我们俩退休后最快乐的一段时光！

2008年后，我就不再继续打工了，因为老伴身体状况不太好，我要全身心地照顾她，这是我的责任也是我应尽的义务。开始五年我们还住在杭州，因为我们已经习惯那里的生活环境。我们每年春节还是挤火车赶回重庆，看望我们的儿孙们。但从2013年春节后叶崇芳的身体状况就出现了较大变化，开始出现脑出血和脑梗死，先后在西南医院和杭州邵逸夫医院住院治疗三次，但都治"痊愈"了，最多一次在西南医院也只住了一个半月，出来以后像"好人"一样。但是2015年6月26日这一次，却突发丘脑出血，救护车直接开到江北第一医院，经抢救虽保住了生命但却一直处于半昏迷状态，这期间医院（特别是夏海龙医生）和我们虽想尽了一切办法，希望她能醒过来，期盼奇迹能出现！但至2018年2月24日，终因多器官衰竭，经抢救无效，我的相识相伴60多年的老伴，安详地去世，永远地离开了我们！

清华大学校长蒋南翔曾提出过"为祖国健康地工作50年"，我基本上做到了。清华大学校训"自强不息，厚德载物"

与老伴合影

我是牢记在心的。回顾工作 37 年和入党 60 多年以来，自己对党、对人民、对群众是问心无愧的。

"老吾老以及人之老"出自孟子一文，指的是在赡养孝敬自己的长辈时不应忘记其他与自己没有亲缘关系的老人。就在我们桂湖老年公寓的二号楼中，90 岁以上的耄耋老人就有 27 位！我现在也早已年过古稀，步入耄耋。自知来日无多，那就尽我绵薄之力尽量多走动多做做善事吧！

（本文为作者自传《我的回忆录》摘编，编者做了部分修整）

朱祖贤：中共党员。研究员级高级工程师，国务院特殊津贴享有者。1962 年清华大学工程力学系固体力学专业毕业，分配到重庆国营望江机器厂工作。

不能忘记：三线建设中的内迁
阎仲有

在中华民族浩瀚千年的历史长河中，往往伴随着内迁。

自东汉始，有少数民族的五胡定居内迁；有湖广填四川的人口均衡内迁；有抗日战争的战略内迁。

而离我们最近的内迁，就是 20 世纪 60 年代中叶的建设大三线。由于国际风云变幻，也因国内经济布局缺陷，年轻的共和国，断然决定将一、二线地区的重点通用工业及国防工业企业迁往纵深的三线。

不能忘记，公元 1965 年 6 月 15 日，天津起重设备厂的数百名职工，响应一代伟人"备战备荒为人民"的号召，毅然告别难舍的故乡、难分的亲人，携家带口，来到了大西南。

不能忘记，"好人好马上三线"的召唤，让习惯了繁华喧闹的津门儿女，突然面对偏远落寞的中梁山，该是何等的纠结百感？

不能忘记，在克服了生活不便、习俗语言差异等种种困难，内迁职工迅即与巴渝儿女水乳交融于重庆起重机厂，共同为创建西南龙头制造企业所付出的辛劳与奉献。

不能忘记，第一代内迁职工，发自内心的朴实语言：
献了青春献终身，献了终身献子孙！
多么丰富的内涵！
不能忘记，一位又一位内迁前辈已永别人间：
"青山处处埋忠骨，何须马革裹尸还！"
多数故老留魂，不在乎落叶归根，不在乎离乡背井，长眠在大三线的土地上。他们就留在这里，荫护着子孙后代的福祉与家园。

一眨眼，风华正茂的内迁一代，已进入耄耋之年；

英姿勃发的内迁二代，鬓发已似霜染；

唯有三代四代，尚可一飞冲天。

一眨眼，刻骨铭心 55 周年。愿内迁前辈善自珍惜，安享晚年；愿后辈继承传统，韶华不减；愿子孙百代幸福永远写满笑脸。

不能忘记：内迁！不能忘记：三线！更不能忘记：中国大西南！

阎仲有：中共党员。1969 年下乡，1972 年知青招工进入原重庆起重机厂。历任车间计划调度员，厂办秘书、办公室主任，厂工会副主席等职。

巴山蜀水
BASHAN SHU SANXIANJIANSHE
三线建设

巴山蜀水

三线建设

BASHANSHUSHUI SANXIANJIANSHE

第04章 保护 开发 利用

涡轮院
——三线建设和三线调整建设的成功典型
焦天佑

1978年12月召开的党的十一届三中全会，标志中国开启了改革开放的历史进程。从此，中国共产党人和中国人民以一往无前的进取精神和波澜壮阔的革新实践，让神州大地发生了翻天覆地的变化。中国航发燃气涡轮研究院（又名中国航空研究院624所，简称"涡轮院"或"624所"）的发展壮大就是中国40多年改革开放的重要见证之一。

一、建设成功亚洲第一品牌的高空台

20世纪60年代中期，党中央、毛主席结合当时国内外形势的分析和考量，作出了三线建设的重大战略决策，一批国防军工单位先后在三线开始建设，其中涡轮院就是在那时建设起来的。

1964年，聂荣臻元帅指出，"要抓紧空气动力中心和高空模拟试车台的建设，否则，将来势必造成大的被动"。这一工程就是在聂荣臻元帅的直接关怀下，经国家计委、原国务院国防工业办公室于1965年9月批准；国家计委、

国防科工委又于1983年12月批准涡轮院建设规模调整并安排进行建设航空发动机试验基地，总投资2.9亿元。它包括以高空台为主体的37套（台）发动机整机和零部件试验设备，以及相应的动力、机加和生活设施。到20世纪70年代中后期，零部件试验设备先后建成，并陆续投入使用。它们为高推重比发动机预研、三大核心部件和中推发动机核心机研制做出了重要贡献。高空台投资1.9亿元，是自行研制航空发动机必不可少的大型试验设备。1965年开始建设，1977年一期工程安装完成，直接排大气联合调试取得一次成功。

1990年又完成了第二期工程大型排气冷却器安装，本着"边建设，边调试，边使用"的原则，高空台进行了大量调试和开展高空模拟试验技术研究工作，用WP-7发动机完成高空台总体性能调试，完成了中推核心机在高空台上模拟风扇出口压力温度条件下的性能试验。

四川省江油县松花岭试验基地

如何判别高空台试验结果的正确性和精确度，使其结果具有客观性、公正性和权威性，这是人们最为关切的问题。国际上通用的方法就是采取对比标定的办法。但我们没有采用过这样的方法。高空台急需要承担昆仑发动机的试验任务，只有采取与国外技术合作的途径才能尽快解决问题。中俄两国开展技术合作，从 1992 年 5 月开始，用俄制发动机在 SB101 高空台与俄罗斯 ЦИАМ 高空台进行对比标定试验，结果表明，SB101 高空台性能达到国际同类试验设备先进水平。1995 年 3 月，俄罗斯中央航空发动机研究院向涡轮院提交合格证书。这就标志着 SB101 高空台达到了设计任务书要求，具备向国家交付验收的条件。1995 年 11 月 24 日—25 日，国家验收委员会代表国家进行验收，1996 年 1 月 23 日，中航工业总公司下文批准涡轮院工程通过国家验收，可以正式承担高空模拟试验任务。至此，于 1965 年开始历时 30 年，由 559 台（套）大中型

和非标准设备组成，完成管道长达 4000 多米，最大直径 4.3 米，总装机容量 17 万千瓦，占地面积 26.6 公顷的我国第一座连续气源高空台宣告建成，其规模居亚洲第一，成为继美、俄、英、法之后第 5 个拥有高空台的国家。

我国高空台的建成，是一代又一代航空人和建设者们发扬"艰苦创业、勇于创新、团结协作、无私奉献"的三线精神，矢志不移，呕心沥血，顽强拼搏，对外开放，为国争光，建成的争气台，彻底打破了 20 世纪 70 年代西方人的说法："你们中国没有能力建高空台，20 年后送你们一个，供作教学使用。"结束了我国长期没有高空台的历史。是我国独立自主研制航空发动机的里程碑。

国家给予燃气涡轮院崇高的荣誉和嘉奖：SB101 高空台曾获 1995 年全国十大科技成就奖，1997 年获国家科技进步特等奖。

二、成功研制我国首台具有完全自主知识产权的航空发动机核心机

回首改革开放之初，当时的涡轮院地处三线建设的艰苦地区，交通不便，信息不灵；物资供应匮乏，工作和居住条件差，生活相当艰苦；624 所自成小社会承担了办社会的责任，从办幼儿园、小学到高中，教育条件差，高考升学率低，就业机会少；任务少，人员多，人浮于事，待遇差；人们感到前途茫茫，人心思变，职工队伍不稳定，科研人员及经营骨干流失日趋严重，而且无法引进人才。

乘着改革开放的春风，为了航空发动机事业和研究所的长远发展，研究所领导积极向航空部反映现状并请示对现有的三线建设布局进行调整。当时，国家的综合实力不能支持涡轮院江油航空发动机试验基地整体搬迁。经过多次多方案请示汇报，1985 年，航空部征得国务院三线调整办公室同意，1991 年 7 月，按照"科研工作为主，成建制，小配套"的原则，职工分批陆续搬迁到新址。走出山沟，融入城市，这对在山沟里生活和工作多年的涡轮院人来说，是工作和家庭生活的一个重大转折点，人人都有这个愿望，非常希望能够实现，然而因为条件所限，绝大多数职工还要继续留在山沟里工作和生活，为了振兴祖国的航空事业，他们再一次以大局为重，以国家的任务为己任，以牺牲自我利益的精神，又投入了轰轰烈烈、气势磅礴的试验基地建设和中推核心机研制工作中去。

从关心职工生活，稳定职工队伍以及涡轮院的发展出发，根据国家有关住房制度改革的政策规定，1992 年，经研究并经职代会审议通过，624 所在江油市先后征地 70 亩集资建房，改善职工的居住条件，由此，大大缓解了涡轮研究院首次发展布局调整的阵痛。之后，因地方开采石头放炮致位于观雾山上的工厂区房屋成危房，威胁职工生命及财产安全，经请示中航总公司同意将工厂搬迁至市区内，经与地方政府协商在江油市购地 20 亩，虽经周折，最终实现了工厂的搬迁。

首次布局调整，为涡轮院的发展带来难得的新机遇。1990 年 8 月 31 日，时任中央军委副主席刘华清来所视察工作时指出："希望同志们在现有条件下，抓紧中推发动机研制工作，中等推力涡扇发动机你们必须解决，5 年解决不了，10 年你们也一定要解决。"在上级主管部门和需方的指导帮助、地方政府的大力支持下，决定在十年高推预研的基础上，突破三大核心部件关键技术，开展中推核心机研制。为此，涡轮院与参研的 24 个单位，勠力同心，发扬"拼搏、求是、协作、奉献"的中推精神，仅仅用了 3 年时间，于 1994 年 1 月 16 日，实现了中推核心机从批复立项到高空模拟试验性能达标，创造了我国航空发动机研制上的奇迹，这是我国首台具有完全自主知识产权的航空发动机核心机。

在此基础上，1994 年到 1998 年开展中推验证机研制，其设计方案经俄罗斯中央航空发动机研究院评审，完成了大部分工程图设计，后因多种原因停止研制。尽管遇到了挫折，但坚持探索自主研制航空发动机的道路不动摇，完成了高推重比发动机预先研究和核心机研制，把新一代航空发动机推进到了验证机和型号研制阶段，利用技术积累，研制系列核心机，派生发展型号，走向装备，成为我国发展航空动力自主研制创新之路。

三、灾后搬迁重建，目标世界一流

2008 年 5 月 12 日，四川省汶川县发生了 8.0 级特大地震，江油试验基地厂房和设备受重创，科研生产被迫中

中国三线建设研究会到涡轮院调研（秦邦佑摄）

地。2018年10月11日—12日中国三线建设研究会调研组来院调研，原国家计委三线建设调整办公室主任、三线建设研究会名誉副会长王春才指出："涡轮院是三线建设成功的典型，也是三线调整建设成功的典型。"

四、坚持以改革为动力，促进院的各项事业发展

按照科研院所深化改革要求，1992年，624所制定了深化改革总体方案，坚持以改革促发展的道路，建立了"一所两制"的运行机制。经航空工业总公司批准，所改为院建制并于1998年4月26日正式挂牌，注册地成都市新都区，相应建立了"一院两制"运行体制，为军品、民品、三产发展提供了体制保障，形成了新的发展格局。进行了干部制度、人事劳动、分配制度、科研管理制度、住房分配制度、医疗制度、技术经济责任制和各项考核制度等多项改革并不断深化完善。实践表明，改革促进了人的观念大大转变，促进了涡轮院的各项事业健康发展，改革使大家增强了获得感和幸福感，生活也注重提升质量和品位，凝聚力大大增强，呈现了一个蓬勃发展的局面。

五、高度重视人才培养，确保事业成功

贯彻科教兴国的战略方针，人才是关键。培养一批领导人、高级技术人才、高级管理人才、懂技术善经营管理的复合型人才、高级技术工人队伍，是确保涡轮院事业成功和后继有人的关键。多年来，采取了一系列的改革措施

止，职工住宅1000余套成为危房，正常生活秩序被打乱。涡轮院在中航工业集团公司领导统一指挥下，发扬"铭记大爱，挺起脊梁，对党忠诚，不辱使命"的抗震救灾精神，迅速奋起抗灾救灾，不足一个月，急需的部分试验设备基本恢复，并完成了重要试验任务。2008年6月1日，中共中央政治局委员、国务副总理张德江视察江油基地灾情，他说："从国家利益来看，涡轮院必须搬家，必须选择异地重建。"

2010年10月25日，中航工业绵阳航空城开工，占地2500亩，总投资数十亿元，由航空发动机试验基地、科研办公区、航空家园、森林公园等组成。随着时间的推移，综合国力日益强大，为满足我国航空动力的急迫发展要求，试验基地的投资也不断增多，比涡轮院江油试验基地建设的投资多了好几十倍，试验设备台套数也翻了一番多，将建成国内最大、世界一流的航空发动机大型试验基

和积极有效的办法，如：根据任务需要加大招聘人才力度，近几年还提高了招聘人才的门槛，主要招聘硕士和博士生；实行青年生活补贴、关键技术岗位津贴、重大项目奖励政策、加强国内外培训工作，与高校在新都院区建立产学研培训基地，送人员出国深造或者结合国际技术合作培训锻炼。另外，还鼓励师徒结对，积极开展传帮带活动，促进青年人尽快成长；给青年人压担子，大胆选拔年轻干部充实到基层，并建立起院和基层两级后备干部队伍。现今涡轮院的在职员工人数与改革开放初期的数量几乎一样多，但人员结构发生了很大的变化，当时没有博士，硕士也屈指可数，本科生的比例也不高，如今有博士44人、硕士751人、本科生1166人，总计为职工总数的68%，一支基本适应航空发动机发展要求的高科技人才队伍逐渐成长。

六、两机重大专项成就涡轮院梦想

2015年8月27日，国家将航空发动机和燃气轮机确定为"十三五"重大科技专项，决定举全国之力，加速发展航空发动机和燃气轮机。航空发动机方面重点是聚焦涡扇涡喷发动机，主要研发大涵道比大型涡扇发动机，中小型涡扇涡喷发动机等重点产品。2016年5月31日，中国航空发动机集团有限公司完成工商注册，8月28日在京挂牌成立，习近平总书记作出重要指示，国务院总理李克强作出批示，国务院副总理马凯出席成立大会并讲话。基于对国家深化改革的认识，这是国家和时代赋予我们的发展机遇，要主动担纲国家自主发展航空动力的历史责任，勇于承担两机重大专项任务，突破关键核心技术，尽快形成先进航空动力产品，服务国防建设和经济发展，回报祖国和人民的殷切期盼！

涡轮院因改革开放而兴，因改革开放而强，四十载众志成城，四十载砥砺奋进，四十载春风化雨，让我们比历史任何时期都更接近、更有信心和能力突破航空发动机瓶颈，坚定改革开放再出发的信心和决心，为实现航空动力强国的梦想，实现中华民族的伟大复兴努力奋斗！

（本文图片资料除署名外，为作者提供）

焦天佑：中共党员。毕业于西北工业大学。曾任中国燃气涡轮研究院院长。中国航空学会动力专业分会专家委员，四川省航空宇航学会副理事长；现任中国航发集团公司科技委专业委员会委员。

追访：这批"三线工业遗产"获得了新生！

秦邦佑

延续三线"记忆"，重塑三线"活力"

保护和利用好"三线工业遗产"就是铭记一段历史、传承一种精神、延续一段文化，让三线建设的文化内涵和价值焕发光芒，重现三线人"艰苦奋斗、无私奉献"的光荣历程。

作为"九九归一"的全国最大三线调迁企业——大江工业，经历了多年坎坷曲折的发展历程。近年来，随着企业产业结构调整和环境整治方案的落实，关停了铸造公司，让铸造在企业成了历史。炼钢炉前的钟声渐渐远去，熔炉的烈焰慢慢熄灭，机床的运转逐渐停止，原来从偏僻的江

拆卸工人正在切割设备的地脚螺丝

津夏坝镇桃子沟晋江机械厂搬迁到重庆主城巴南的不少机器设备，面临重要抉择。

如何面对已经整体打包作价处理给一家金属回收公司和即将拆卸的老设备，引起了保护三线工业遗产有心人的关注。认为三线工业遗产，既是人类工业文明的重要组成部分，同样也是城市文化的重要组成部分。铸造公司里有不少老设备是见证三线建设发展历程的标志性项目，也是我们身边的三线建设历史，不能作为废旧物资一处了之。保护三线工业遗产，就是在保护三线建设的记忆。

在一片承载着三线工业文明的旧厂房消失前，人们有

责任和义务采取更多行动，从拆卸废旧物资的切割现场，帮助中国三线建设研究会挽救一批设备、挽留一段三线工业文明的记忆。否则，将成为深深的遗憾。

拆卸中发现"宝贝"，协商中达成"一致"

时光回首到 2016 年 9 月，大江工业统筹考虑到所属铸造公司因环境污染、长期经营性亏损、当期产品不景气等问题，决定实行关停并转。

2017 年 7 月，成立铸造项目部，其职责是做好清产核资、员工稳定、资产保护。当年公开招标，处理铸造厂房内的机器设备等废旧物资。重庆山仁金属回收有限公司夺标后，于 11 月 23 日开始组织民工进场进行拆卸。

在拆卸的过程中，有职工惊奇地发现了有历史价值的三线老设备，完全符合前不久国家工信部出台的《国家工业遗产管理暂行办法》中所提到的加强工业遗产保护利用的有关精神，有意识地将有价值的老设备妥善保护起来，与回收公司商量先不要拆卸。随后，中国三线建设研究会常务理事吴学辉迅速将这一情况反映给了中国三线建设研究会王春才老先生，并商请成都心苑林业有限公司董事长周健出资把这批设备买下来，供四川"大邑·雾山三线记忆展览馆"展出。

12 月 5 日，中国三线建设研究会王春才老先生带队，

偕成都心苑林业有限公司董事长周健，研究会常务理事吴学辉，《中国兵器报》记者部主任秦邦佑、副主任吴鹏等赶赴大江工业考察调研"三线工业遗产的保护和利用"；12月6日，《三线视点》进行了专题报道。那么这批"三线工业遗产"究竟能不能保留下来？

12月10日，《三线视点》又进行了热点追踪报道。

今天，可以欣喜地告诉大家，人们所关心的这批"三线工业遗产"在中国三线建设研究会的高度重视下，在大江工业领导和相关单位负责人的协调努力下，得到了金属回收公司的积极支持，12月11日，金属回收公司总经理陈米与成都心苑林业有限公司董事长周健的代理人、中国三线建设研究会四川大邑雾山基地"三线记忆展览馆"总规划设计师吴学辉，分别代表双方在现场签订了供货合同。

陈米在接受媒体记者采访时说，"保护工业遗产是每个人的责任和义务，企业相关单位的负责人出面协调，说在拆卸中发现了一批有历史价值的三线老设备，大邑雾山基地'三线记忆展览馆'又需要，当然得支持！哪怕损失

对拆卸后的工业遗产设备进行搬运

一点钱也值得！"

双方经过协商，周健花钱买了下来，让这批"三线工业遗产"获得了新生。12月12日，这批三线时期的老设备装车后，连夜从重庆巴南区鱼洞起运到四川大邑雾山，在"大邑·雾山三线记忆展览馆"列展，成为三线时期的重要物证。这是一起抢救三线工业遗产的鲜活案例。

停转的是"机器"，流传的是"记忆"

始于20世纪60年代中期的三线建设的机器设备，曾给企业生产带来了荣耀，今天这些设备已不适应时代的需要逐渐退出了历史舞台，面临被拆卸、被回炉的命运。然而，就在这关键时刻，抢救下了这批三线工业遗产，让其未随之消失，陈列在了四川大邑雾山"三线建设展览馆"，以新的姿态焕发着光彩，成为独具魅力的吸引点，徜徉于展馆，仿佛还能听见当年热火朝天的车间里机器的轰鸣声，让参观者不仅能够了解三线建设发展的历程，亦能一见三线建设发展的轨迹。

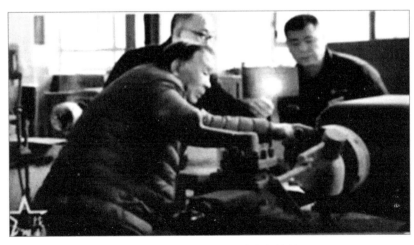

王春才带队考察调研工业遗产保护情况

现在不少年轻人对三线建设发展历程知之甚少，充分利用三线工业遗产和打造三线记忆小镇，让都市里的人去乡村旅游参观，接受红色革命传统教育，让讲解员讲述三线建设的过往，告诫人们"机器虽然停了，但三线人的创业精神不能停"。

精神的"富矿"，前行的"力量"

从这批三线工业遗产中发现，有20世纪60年代中期"中捷友谊厂"生产的万能镗床、立式钻床和带毛主席语录的普通车床、万能铣床、磨床、剪板机、箱式焊条烘干机，以及牛头刨床、弓锯机、布氏硬度计、砂轮机、台钻、老虎钳、手动风砂轮、手动小风砂轮、台扇、小型旧工作台、木制工具柜、铸铁架翻板座椅、旧木条椅、电焊条烘干筒、各种旧锉刀等工具、电焊面罩手套护目镜、安全防护用品和安全帽、操作规程暨安全生产标志牌、墙挂班组奖状等物品，可以说是触景生情，既很新奇，又很熟悉，这些物品经历了漫长的蜕变；从三线建设的早期阶段，到迈向末尾时期，是一个很生动的演绎过程。

相形之下，近年来，有的企业不知不觉地在市场竞争中掉了队、落了伍，三线建设精神似乎也不再被人们所关注和看重，很多辉煌的历史随着企业的拆迁消失在人们的记忆里。

难道昨日的辉煌留给后人的仅仅是破败的厂房、陈旧的机器和沉睡的丰功伟绩？显然不是。要保护不要拆除，要利用不要遗弃。有的人看后，第一感受就是亲切和震撼。在那么艰苦的年代，用这些机器设备曾经创造了那么辉煌的历史。工业遗产是记录和书写历史的珍贵纸页。我们铭记与敬畏的不是眼下稍显破败的工业遗迹，而是那个时代、那群人的历史痕迹。

以往，人们对三线企业机器设备的搬迁，能搬走的就搬，搬不走的就作为废旧物资就地处理掉，有历史价值的三线工业遗产没有保留下来，很难看得见岁月痕迹、留得下文化根脉、记得住时代精神。

这次保护下来的三线工业遗产，不仅是时代的见证和象征，更是需要被探索和发掘的精神"富矿"。三线建设精神依然是能够鼓舞人们前行的力量。

抢救的"保护"，遗产的"宣传"

保护和利用好三线工业遗产，对留住三线建设记忆、传承三线历史文化、凝聚发展力量具有特殊意义。三线工业遗产同其他文化遗产一样，具有不可再生性，只有认定和保护工作先行，才能防止对其随意废弃和盲目拆毁。因此，各有关企业都要高度重视、通力合作，强化组织领导，明确责任分工，立足实际、统筹规划，有步骤地开展保护、利用等各项工作，让三线工业遗产绽放新光芒。

公众的关注和兴趣是做好三线工业遗产保护最可靠的保证。如果没有全社会对于保护三线工业遗产重要意义的广泛共识，三线工业遗产将依然面临危险。因此，宣传和教育非常必要。

三线企业的在职或离退人员在三线工业遗产的认定和保护中发挥着不可替代的重要作用，是三线工业遗产保护中不可或缺的力量。他们对企业和职业的忠诚与眷念将使三线工业遗产的形象更加鲜活，他们的现身解说可以帮助更多的人参与三线工业遗产的保护行动，形成保护三线工业遗产的良好社会氛围。

各地的三线建设博物馆、收藏馆和处于妥善保护和开放状态下的三线工业遗产地都是宣传三线工业遗产价值和保护事业的重要场所。要提高博物馆、收藏馆的展示水平，使学术性、知识性、趣味性、观赏性相统一，在具有独特氛围的场所中向观众直接形象地展示相关三线建设的发展历程，展示企业和三线人的历史贡献，展示三线社会生活的某一个方面。让大家了解工业遗产的相关内容及其保护意义，树立保护、合理再利用意识。从而吸引更多的观众前往参观学习，起到更好的教育展示作用，让红色基因世代相传。

（本文图片资料由作者提供）

三线文化为雾山河畔增光添彩

吴学辉

今年，是举国同庆中国共产党成立 98 周年和新中国成立 70 周年的喜庆之年；也是全国三线建设者纪念毛主席、党中央作出三线建设重大战略决策 55 周年的喜庆之年。

今天，中华人民共和国国史学会三线建设研究分会在这里召开"不忘初心，牢记使命，弘扬三线精神研讨会"，借此机会，作为一个曾经的三线建设者，特向大会表示热烈的祝贺，并向全体与会战友们、同志们、朋友们，表示亲切的问候和崇高的敬意！

今天会议所在地，就是三线建设时期中国科学院光电技术研究所（工程代号 6569）的旧址。光电技术研究所搬迁后，所留遗址几经周折，未得到有效开发利用，逐渐荒芜凋零。

这里山清水秀，竹木苍翠，风光宜人，但遗址建筑的荒废与环境很不协调。

作为曾在 6569 工程建设中担任民工连连长的周成楼先生，与参加 6569 三线遗址改造工程的成都心苑林业开发有限公司周健董事长是父子关系，他们有着对家乡的热爱和三线建设那段激情燃烧岁月的自豪感和荣誉感，在党的乡村振兴战略和政策的鼓舞下，以独到的眼光和胆气，

从 2015 年开始，他们组建心苑林业开发团队，在部分回购、保留 6569 建筑原风貌的基础上，多角度、多维度地综合开发，倾力打造 6569 三线遗址，取得了显著的成效。

有鉴于此，中国三线建设研究会王春才老前辈、曹贵民部长、倪同正老师等人，在 2016 年 1 月至 2017 年间，多次对雾山农场参观考察，通过与周健董事长的交流，决定将"三线文化、三线精神"融入雾山农场开发建设中，雾山农场的开发利用从精神与文化层面上，进到一个更高的台阶。由此，三线文化元素逐步融入雾山农场开发建设中。

2017 年 7 月 7 日，三线建设研究会与心苑团队在成都锦源茶楼联合举办《三线风云》第三集首发式。

7 月 21 日—23 日，三线建设研究会宣传部又在雾山农场召开了"6569 三线遗址保护开发学习咨询会"，并为雾山农场授予"中国三线建设研究会雾山文创基地"铭牌。会议议定：中国三线建设研究会续编《三线风云》第四集，并着手准备《三线人诗书影画》作品展与画刊，这两项工作由吴学辉担任执行主编，同时承担为雾山农场筹划三线建设历史文化展览馆的工作。

这一决定得到周健董事长为首的心苑团队的热情欢迎，并给予了大力支持与配合，这就使三线研究会的各项文化活动有了立足之地。

在后来一系列三线文化活动项目开展过程中，心苑团队都给予了人力、财力、物力上的有力保证。

会后，吴学辉立即着手进行《三线风云》第四集文稿收集和筛选初编；并启动了"展光辉岁月风采，让三线精神永存"的书法、绘画、摄影、诗词作品展览与画刊的征稿、初编，并着手进行三线记忆展览馆和三线文化墙及三线文化艺术广场的筹划。

2017年8月，大邑县党政相关领导在心苑团队的建议下，将雾山定位为"三线记忆小镇"。

2018年1月31日，倪同正老师将中国三线建设在大邑雾山农场开展三线文化活动的基本情况拟发《情况通报》至群里。

4月1日，吴学辉陪同上海大学吕建昌教授到三线记忆小镇雾山农场参观考察后，与周健董事长等心苑团队领导交流商讨《三线人诗书影画》作品展与画刊及雾山三线建设历史文化展览馆设计、筹办等具体事宜。

4月18日—20日，三线建设研究会宣传部及《三线人诗书影画作品选》专家组成员，在雾山农场举行了人民出版社出版的原国家计委三线办主任王春才新书《巴山蜀水三线情》在成都大邑三线记忆小镇首发式；审议通过了吴学辉对三线记忆展览馆的初步设计方案和《三线人诗书影画作品选》的编辑计划。同时，三线建设研究会宣传部部长傅琳在雾山三线大讲堂作了三线精神宣讲报告。

至8月28日三线记忆展览馆试开馆时，展馆共收到全国三线建设者及三线建设研究人员160多人和部分单位捐赠或借展的各类书籍、资料、物品3000余件。这些物件中，不乏三线时期生产工作、生活学习活动中产生和使用过的，存世稀少或十分特殊的文物珍品。其中，王春才捐展的1987年写作《彭德怀在三线》一书时的原始手稿至为珍稀珍贵，成为"大邑·雾山三线记忆展览馆"首件镇馆之宝。

10月12—13日，中国三线建设研究会与心苑林业开发公司在雾山联合举办了"展光辉岁月风采、让三线精神永存"为主题的三线记忆展览馆开馆暨《三线人诗书影画作品选》发行仪式。

11月，雾山三线文化艺术长墙收录展示了近千幅图片和图示资料。

12月18日，成都心苑林业公司出资，将无处存放、即将被毁弃的原兵器部重庆国营晋江机械厂20世纪六七十年代的部分三线时期老旧机床设备抢救性地拉回到雾山三线记忆展览馆。不久，又将晋江机械厂面临损坏的毛主席半身塑像、威风大鼓拉回展览馆，与王老写作《彭德怀在三线》时的原始手稿一道，成为"大邑·雾山三线记忆展览馆"三件重要的镇馆之宝。

12月28日，成都市委组织部以成组办〔2018〕107号文，命名大邑县三线记忆展览馆为一类成都市基层"微党课"市级示范实践基地，并于29日正式向三线记忆展览馆授牌。

此期间，心苑团队也相继建成五栋以一些原三线企业代号命名的休闲度假独栋墅居、"三线主题客栈聚落"、"三线记忆音乐酒吧"，并开发了以"6569"为品牌的多种文化创意产品。

三线研究会与雾山农场携手合作共同开展的上述活动，为心苑团队打造的雾山农场三线记忆小镇融入了革命性的三线文化红色基因，为雾山河畔这座曾经的三线建设遗址的开发利用起到了增光添彩的显著作用，文化内涵、主题精神得到大大提升，成为弘扬三线精神、助力乡村振兴的有力推动器。

三线研究会这一系列文化活动的实施和取得的成果，首先在于以周总为首的心苑团队领导班子本身就对中华民族优秀传统文化有较高的认同感，周总作为三线二代子弟，也因袭了其父亲的三线情结和精神基因，在开发打造5659三线遗址过程中，很自然地就接受了中国三线建设研究会对三线精神和三线文化的传承与弘扬。

同时，当地市、县、乡各级领导的关注与大力支持，也使三线文化进雾山顺利地得到保驾护航。

从三线建设研究会这边看，三线文化进雾山这一过程中，首先离不开研究会各位领导的高度关注和大力支持。特别是尊敬的王老、倪同正老师、杨克芝老师、陆仲晖站长等同志提供了精心指导和交流，大批三线人和专家学者朋友们也给予了热情支持和帮助。

《三线人诗书影画作品选》实际辑录135人／次、220余首／幅／篇作品，就来源于全国各地近千件应征稿件。

目前，以9大部分图版、28个展柜的形式构成的雾山三线记忆展览馆，也来源于三线单位和人士及各界人士捐赠和借展的3000多件各类文物资料。

与此同时，《三线风云》第四集收集的上百万字的文章资料，都是三线人和三线研究专家学者的辛勤付出，虽然初选书稿控制在40万字以内，但在交付出版社后，王老、倪

同正老师、出版社石主任、李洪烈主任、杨克芝老师等师友都为《三线风云》第四集的正式成书倾注了大量心血，精心修改、正误润色、编辑校对。今天才能在这里隆重发行，成为本次会议一项重要而闪光的议程。

今天，我们欣慰地看到，三线文化元素已全方位融入雾山农场开发建设中，三线精神成为企业文化建设的主要内容。三线精神成为心苑团队身体力行和推动公司员工努力践行的企业精神。三线文化元素的融入与心苑休闲地产的经营建设相得益彰。

面对曾经荒凉残破的6569工程遗址，心苑团队遵循国家振兴乡村战略的号召，不忘初心，续写辉煌。他们在传承三线精神、建设美丽乡村，砥砺奋进，艰苦奋斗，实施各个三线文化项目过程中，不盲目地贪大求洋，而是以

实事求是、因地制宜；以"少、小、精、美"突出主题精神为原则。脚踏实地，一步一个脚印地实施和推进，经济效益和社会效应、企业精神和凝聚力、员工向心力和精神面貌都显著提高。

"文化自信是一个国家、一个民族发展中更基本、更深沉、更持久的力量。"

心苑公司全体员工上下一心，团结奋斗，以"不忘初心传承三线精神，砥砺奋进建设美丽乡村"来开拓创新，把三线精神融入企业文化建设中，体现出他们在新农村建设中的文化自信，符合党的文化强国、文化兴国战略要求。

而今，一个颇具规模并广泛融入三线文化红色基因，兼具"食、住、娱、游、养、医"多功能的休闲康养综合性的"三线记忆小镇"，以自己独具特色、异彩纷呈、亮点突出的崭新面貌，向世人展示出她迷人的魅力，受到社会各界的高度重视和好评。"大邑·雾山三线记忆小镇"

已成为四川省和成都市一张闪亮的名片！

笔者认为：心苑林业开发公司能在远离中心城镇山沟里的6569三线遗址进行开发利用并取得成效，是认真遵循和贯彻执行了党的振兴乡村战略精神和新农村建设政策，并结合当地和三线遗址本体的实际情况下进行的。他们创新性思维、创造性开发、综合性发展，有效利用三线遗址存在的文化元素，结合实际、突出自身特色，建设现代化的新农村。其实践做法和成功经验，具有典型的示范性作用；在全国逐步兴盛起来的三线遗址开发中，在解决农村劳动力长期空心化问题上，都有着十分重要的学习和借鉴意义！

2019年7月5日

（本文图片资料由作者提供）

四川彩皇农业是如何让 3536 三线文化品牌闪闪发光的

秦邦建

参　观

"坚持乡村全面振兴""产业兴旺、生态宜居、乡风文明、治理有效、生活富裕"。"文化是一个国家、一个民族的灵魂。文化兴国运兴，文化强民族强。"这是习近平总书记在关于乡村振兴和关于文化建设方面作出的重要指示精神，认真领会习近平总书记这一指示精神内涵，作为在当地政府的大力支持下，创业谋事干事业的人，他们秉持的认知和价值取向是：在乡村振兴中，文化不再是为经济振兴助力的次要方面，而是乡村振兴的初心、灵魂和方向。

美好印象总是令人难忘：2020年11月12日，带着对四川彩皇农业科技有限公司打造三线文化品牌，助力乡村建设的浓厚兴趣，中国三线建设研究会常务理事，宣传联络部副部长秦邦佑，中国三线建设研究会常务理事吴学辉、中国三线建设研究会理事秦邦建等，以"重走三线路，精神永传承"为旗帜的重庆组团，率先走进地处四川盆地中部、涪江中游、成渝经济区腹心的射洪瞿河镇中皇村3536菊谷基地和三线文化创园基地，实地开展走访、参观、调研、并参与2020年3536彩菊节暨3536三线建设博物馆开启仪

走进 3536 厂旧址，旧貌变新颜

走进 3536 三线建设博物馆感受三线文化

式活动。

　　曾记得，当时走进 3536 厂旧址，旧貌变新颜，大门左右两边分别竖写：备战备荒为人民，好人好马上三线，门拱上：中国人民解放军第三五三六工厂，红色大字格外引人关注。站在门前，仿佛它告诉来到这里的每个人，你们已经到达 3536 三线工厂文化创意园了。

　　提及中国人民解放军 3536 厂，它始建于 1966 年三线建设时期，从前这里便是一家专门生产军需被服的军需工厂，20 世纪 90 年代，因三线调整搬迁至四川省绵阳市，搬迁之后这里的工厂就变成了三线工厂的旧址，很长一段时间内，这里也无人问津，只是时不时有少数在这里工作的老职工回来看一看。

　　我们一边听着 3536 三线建设博物馆项目负责人邓龙介绍，一边察看 3536 厂旧址老建筑，望着面前一栋栋历经风吹雨打、地震考验的街边老建筑，房屋不仅地基坚固，身板挺拔，而且犹如铮铮铁骨卫兵守卫一般。直觉告诉我们，这是个有故事的地方。

　　沿着厂区街道前行，我们走进 3536 三线建设博物馆，正在为次日 3536 三线博物馆开馆布置做收尾工作的人员，紧张有序地忙碌着，时不时有身穿绿色军服，头戴军帽的"小芳"进进出出，并向我们礼貌地打着招呼，她们身穿绿色军服，称得上是 3536 三线文化创意园一道亮丽的风景。

　　在 3536 三线建设博物馆附近，一棵黄桷树树根裸露，紧抓石壁，让我们心生敬意，一打听，凡来此一游的人，都把它当成网红打卡地，停下来合张影便作为一种时尚的纪念。

　　在邓龙和袁明五的陪同下，我们走进 3536 工厂周边的菊谷园区，据彩菊节活动负责人袁明五介绍：近年来，这里每年都要举办菊彩节，每当菊花盛开之季，菊谷园区争相开放的菊花总能吸引前来观菊、采菊的游人，每年举办的菊花节，对带动当地文化旅游的发展、繁荣起到积极助推作用。

　　一边走，一边观赏金灿灿的菊花，我们也不时停下来跟当地村民打着招呼、攀谈了解情况，老乡们热情又主动

身穿绿色军服，头戴军帽的"小芳"引导来宾参观

3536文创园，反映三线文化的创意宣传画随处可见

地向我们介绍，"瞿河镇内物产丰富，有中华名果洪州蜜柚、中华水果野香猪、金柠柠檬、金丝皇菊、平灵优质核桃、万林粉丝等知名农产品，它还是遂宁国家级现代农业科技示范园核心示范区、省级新农村核心示范片、市级新农村环境综合整治示范点、县级新农村综合示范镇等。"

听着村民满满自信的介绍，从他们满脸的笑容里，我们似乎也解读到发自他们内心的喜悦。借着与他们交流的间隙，回望田间一片片开放的菊花，我们感受到了瞿河镇天皇村的变化，这变化是乡村振兴，以及新农村建设，带给老百姓的幸福感。

为了更深入地了解三线时期中国人民解放军3536三线工厂旧址以及再生资源综合利用，我们重点看了3536三线文化创意园打造的情况。我们又顺着厂区公路漫步，一幅幅反映三线文化的涂鸦宣传画随处可见，这些宣传画，是创作者对三线文化的理解与热爱，看着这些画，我们这些曾经在三线企业待过的人，又怎能忘记三线建设那段难忘的历史。

说起三线建设，它是20世纪60年代中期，在中国中西部地区13个省、自治区进行的一场以战备为指导思想的大规模国防、科技、工业和交通基本设施建设工程。这项建设工程在中国经济史上是一次大规模的工业迁移过程。

三线建设作为一项伟大的国防建设工程，在我国政治、经济、军事方面都发挥了加强国防的重要作用，对中国改革开放、中国国民经济的发展产生过重大的推动作用。特别是三线建设这段历史时期，所形成的"艰苦创业、无私奉献、团结协作、勇于创新"的三线精神，不仅是老一代三线人抒写青春拼搏画卷的历史记录，更是激励亿万中国人民振兴中华的坚强力量。

见 证

精彩回放：2020年11月13日上午，2020年射洪瞿河3536彩菊文化旅游月启动仪式在中皇村菊谷广场成功举行。这次活动利用三线工业遗址新建成的"3536三线建设博物馆"正式宣示对外开放。中国三线建设研究会致信表示祝贺。本届文化旅游月由四川彩皇农业科技有限公司主办，射洪市委宣传部、射洪市文化广播电视和旅游局、瞿河镇人民政府指导。

四川省关心下一代工作委员会常务副主任、四川省政协原副主席陈官权，四川省决策咨询委农业组组长、省政府原副秘书长杨新元，原国家计委三线建设调整办公室主任、中国三线建设研究会原副会长王春才，射洪市人大常委会党组书记、主任袁渊，射洪市政协党组书记、主席、市委宣传部部长邓茂，射洪市委常委、副市长刘国安等出席了本次活动。

三线建设作为我国经济史上一次极大规模的工业迁移过程，三线建设的实施，不仅对增强我国国防实力，改善生产力布局以及中国中西部地区工业化做出了极大贡献，而且留下了一笔宝贵的精神财富和丰富的三线建设工业遗产及档案文献资料。

位于四川省射洪市的四川彩皇农业科技有限公司初步探索出了利用中国人民解放军第3536工厂遗址的再生策略，与实施"乡村振兴战略"有机地融合了起来，互促互进、共生共存，共同构成红色文化之旅，焕发出了新的时代光彩。这对其他地区三线工业遗产的再生利用和以三线文化品牌，助力乡村游，进而带动当地菊产业发展和文化旅游，提供了可借鉴和参考的示范。

为了表达对3536三线博物馆开馆仪式活动的大力支持，原国家计委三线建设调整办公室主任、中国三线建设

"传承三线精神　助力乡村振兴"活动现场，文艺表演精彩纷呈

研究会原副会长，德高望重，深受大家尊敬的王春才老先生，在他的女儿陪同下，亲临3536活动现场参加活动，他的到来，对每一位到场的人都是一次极大的鼓舞和鞭策。

"三线文化是三线建设时期这一特定时期形成的文化，'艰苦创业、无私奉献、团结协作、勇于创新'是三线文化的灵魂。"王春才老先生，边参观，边向周围的同志说起，当年他与3536的三线情缘。他还对周围的人说，在中国特色社会主义新农村建设过程中，在实现脱贫致富、乡村振兴中，同样需要传承和弘扬这种时代精神。

中国三线建设研究会常务理事，宣传联络部副部长秦邦佑，中国三线建设研究会常务理事吴学辉、中国三线建设研究会理事秦邦建重庆组团，与四川省内的中国三线建设研究会常务理事曹贵民、中国三线建设建设研究会常务理事周健、中国三线建设理事陆仲晖 、中国三线建设研究会王连彦（女）等组团，共同参与见证3536三线博物

馆开启仪式，并全程陪同王春才老先生一道参观展览。

探 寻

在深入学习贯彻党的十九届五中全会精神，把握新发展阶段、贯彻新发展理念、构建新发展格局的高度，积极推动成渝地区双城经济圈建设，努力把成渝地区建成具有全国影响力的重要经济中心、科技创新中心、改革开放新高地、高品质生活宜居地，打造带动全国高质量发展的重要增长极和新的动力源进程中。如何将产业发展与文化传承相结合，做到融合发展、共生发展、和谐发展，打造让人眼前一亮的"金名片"，这是许多地方都在探索或试图破解所在辖区面临的发展难题。

为何想到美丽乡村建设与新农村发展，以及打造中皇村菊谷园与3536三线建设博物馆，创建三线文化产业园，创业者桂雪梅向我们说出她与3536厂的情缘，正是这份与3536厂的特殊缘分，成就了她做一番事业的信心和决心。

"3536厂是我小时候很向往的地方，小时候来这里，我就对穿军装的人很羡慕"，当然，让她难忘还有3536厂家家户户种菊花，以及当年3536厂每年盛大的菊花展比赛场景，让她记忆犹新。

自3536厂迁出射洪之后，老厂很快变成一座无人问津的空城，"当初，接手后我们也不知到底要做什么好。"桂雪梅坦诚地说，"对3536这片土地，有找过我们，提出把老厂推平，共同搞房地产开发的。"

"对不起，我们一概回绝，因为我们不想因一时的利益，成为被历史骂的罪人"。坚持不搞大开发，保护好3635这片工业遗址，坚持以生态优先、绿色发展就这样成了他坚定不移的发展方向。为了让3536厂重新出彩，他们首先想到在厂区周边发展香菊产业，通过建设菊谷和

当地老百姓一道共同创造美好、幸福的新生活，想到在此发展的基础上，腾出手来抓文化，并深挖三线文化内涵，弘扬三线精神，助力乡村振兴，并以一、二、三产的有机融合，把坚持文化自信作为引领公司的创新行动，走可持续发展之路。

以过硬的菊产品撑起品牌营销，用文化不断为文旅发展助力。自2019年以来，中皇村连续两届成功举办瞿河镇中皇村彩菊文化旅游节，开办了3536三线建设老照片展暨菊文化展、香樟园坝坝宴、歌舞表演、国际小姐走秀、菊谷采摘体验等活动，以及今年打造3536三线博物馆，更是为彩菊节带来和丰富了乡村文化旅游的内容，得到当地政府的大力支持。

有两组数字报道的数据引起了我们的注意：一是2018年，中皇村成功引进四川彩皇农业科技有限公司到中皇村发展特色菊花产业园项目，一期流转土地500余亩，栽植香菊、金丝皇菊500亩，产业链条初具雏形。通过开展"产联式"合作试点，带动全村75户贫困户实现增收，提供稳定就业岗位40余个，农户以土地、劳动力入股实现户均增收2000余元，最高者超过万元。村集体通过资本联投实现效益联赢，村集体经济增收4.75万元。

二是自菊彩节以来，活动菊花采摘体验吸引了众多市民的参与，约15万人次来此休闲观光。一些贫困户以此为平台，积极参与安保巡逻工作、发展"地摊经济"，人均增收1000元以上。公司还将和村里一道，将菊花产业打造为特色扶贫产业，通过"产业扶贫＋观光旅游"的模式，延伸乡村休闲旅游链条，使其成为撬动脱贫攻坚、乡村振兴的大杠杆。总之，透过这报道的两组数据，可见其创新发展对乡村发展及文化旅游发展的贡献作用。

四川彩皇农业科技有限公司的创新实践，获得了重走三线路的来宾一致好评、点赞

2020年是不寻常的一年，通过了解与调研，我们知悉，四川彩皇农业科技有限公司，尽管上半年受疫情影响，以及下半年洪水及绵绵阴雨多重考验，自然灾害给菊花的播种和生长带来不利影响，然而，天灾难挡有心人想做事、能做事的信心和决心。2020年，他们不仅经受住了自然灾害的考验，公司上下人心不但没有散，灾情也激发了公司集思广益，不断寻找新发展机遇，并采取有效的措施，不等不靠，充分运用各种社会资源，调整发展思路，推进防护口罩的订单生产等，这一举措不但解决了当地人的就业，也因产品质量过硬，畅销全国各地，这也为企业的发展增添了新动力。

（本文图片资料由作者提供）

秦邦建，三线子弟，1981年进入三线企业5057厂，从事过物资供应工作。2000年，在《经营者》杂志社任记者、编辑、首席编辑。2008年，任《首席品牌官》杂志社执行主编，主要服务央视及各省市电视台。2009年回到重庆，创办重庆双邦文化传媒有限公司，先后承办过两届"亚洲艺术盛典"（重庆赛区）青少年才艺推星大赛。投资创办过《品牌重庆》，兼任执行主编。现在主要是从事文化传播、企业文化策划和新媒体运作等工作。为中国三线建设研究会理事。

华蓥山军工为主的三线建设是城市化的成功探索

李天明

巍巍华蓥山，是位于四川盆地东部的最高山峰。在中国地质调查所长李春昱的华蓥山地质报告中廓定为，北起渠县三汇渡市，由北向南绵延300余千米，止于重庆江津杜市。东西最宽处16千米，最窄处9千米，形成奇特壮观的川东平行岭谷；扼守长江、嘉陵江、渠江，坐拥周边千里沃野，万亩田畴，俯瞰川东大地，镇守南北通衢，享有鱼米之利，是历来兵家必争之地。

抗日战争和解放战争时期，这里是地下党武装斗争活动的地方，著名的华蓥山武装起义就发生在这片红色的土地上。共和国成立后，这里是经济建设的主战场。

20世纪60年代初，国际形势发生重大变化。中苏两国交恶，苏联在中国北部边境陈兵百万，美国《纽约时报》刊载消息称，苏联欲对我国实行外科手术式核打击。

当此之时，党和国家领导人出于备战考虑，强化了战争思维。确立了"备战、备荒、为人民"和"深挖洞、广积粮、不称霸"发展方针。

1964年初，毛泽东提出，要搞第三线建设，要着重加强四川等西南、西北的三线建设。总参谋部提供的报告显示，我国的国防战线尤其是东北和沿海城市都可能因为敌人突然袭击遭到重大损失，要加强和巩固后方。

1964年6月，中央召开会议传达和落实毛泽东的指示，统一了加快三线建设的思想。国家计委召开专题会议，提出了实施"三线建设"的具体方案。同时设立了西南局三线建设指挥部，确定以李井泉为主任的西南三线建设委员会，规划实施四川及西南地区三线建设，着重实施"两基一线（即攀枝花钢铁基地、以重庆为中心的常规兵器基地和成昆铁路线）"的军事工业发展布局。1965年秋，邓小平总书记视察重庆、攀枝花、六盘水等三线建设地区，更进一步明确了"两基一线"的三线建设方针。在国家五机部即兵器工业部、西南兵工局指导下，重庆市编制了三线建设常规兵器建设规划。其要点是，以重庆为中心沿重庆长江一线，布置船舶工业；南线即重庆到万盛、南川以及贵州的桐梓一带，布置重炮和航天等企业。北线就包括四川东北部华蓥山下南充地区所辖岳池、广安、武胜以及达县等地区县区，纳入三线建设常规兵器建设范围，从而，在华蓥地山重点布局12个国防军工企业，其中，包括四川航天技术研究院在达县南北的两个基地。其余厂家包括军事工业、能源建材和交通企业都布置在后来以三线建设为立市之魂的华蓥市（其前身是华云工农示范区、华云工农区），大致每4—5千米内布置一个军工或者能源、建材厂家，形成一个紧密、隐蔽的军工、建材、能源基地。

根据公开出版的《当代中国的兵器工业》等资料显示，三线建设时期主要加大了地炮、高射炮、迫击炮、榴弹炮等重武器的生产建设，包括大口径地炮及其配套的炮弹、火工和光学仪器瞄准、测距等生产工厂和基地的建设。

重庆周边布局有常规兵器厂共39家。这些企业主要有：

1. 重庆城区原有的建设、嘉陵、长安、长江、江陵、望江和空压厂等7家。泸州化工厂为之配套生产火工产品。

2. 三线建设时期，国家常规兵器在重庆周边布局迁建和新建军工企业共 32 家。这 32 家主要布局是，璧山 1 家、铜梁 1 家、合川 2 家、荣昌 2 家、綦江 2 家、万盛 3 家、南川 3 家、江津 3 家、江安 1 家、南溪 3 家、雅安 1 家、隆昌 1 家。

3. 广安（华蓥山）地区布局了 9 家，加上西南玻璃厂，主要生产军工防弹玻璃，应是 10 家大型军工企业。

这 10 家军工企业是：国营华光仪器厂、国营红光仪器厂、国营明光仪器厂、国营兴光机械厂、国营金光仪器厂、国营永光仪器厂、国营江华机械厂、国营长城机械厂、国营燎原机械厂、国营西南玻璃厂等重型和尖端的常规兵器企业建设。

为加强华蓥山地区开发建设，经国务院批准，国家同时配套建设了大型建材企业（川东）渠江水泥厂、大型能源企业华蓥山矿务局、大型战略航空油储备机构国家储备 16 局 454 处。布置和与其配套的企业试验靶场，贯通了战备铁路襄渝铁路线，根据军工企业布点设定了观阁、前锋、禄市、高顶山、高兴、庆华等 6 个火车站，还着力改善了地方交通状况。

从数量上看，华蓥山布局最多，从技术质量上看，布局最尖端、最前沿。总体考察，三线建设时期，国家在华蓥山周边共布置大中型企业 20 余家，这样的布局在全国也是很少有的。华蓥山地区因此成为我国三线建设时期全国仅有的密集型基地。可以说，在国家处于特殊战时状态下，中央是把华蓥山地区作为共和国的拳头来建设的。

从厂区建设的特征来看，华蓥山以军工企业为核心的三线建设也十分明显。

一、配套完备

1. 常规兵器厂研究机构配套完备

资料显示，与华蓥山常规兵器基地建设配套的研究院所、室分系统，主要的有：

中国兵器工业系统工程研究所、中国兵器工业标准化研究所、中国兵器工业新技术推广所、兵器工业档案馆、中国兵器科学研究院、中国兵器工业第五设计研究院、中国兵器工业第六设计研究院、中国兵器工业勘察设计研究院、中国兵器工业北方勘察设计研究院。

2. 配套设施完善

在华蓥山周边配套建设有完备的靶场、试验场。主要有邻水高滩 13000 余亩的高射炮靶场、华蓥市溪口镇五岔沟 1300 余亩炮场、庆华镇四角碑村的常规靶场，溪口觉庵村码流岩下常规枪械试射靶场，华蓥市溪口镇三百梯枪械弹药实验靶场。这些配套十分完备，从而使华蓥山成为常规武器生产、试验、检测、封装的重要基地。

3. 基础设施完善

为建设好以军工为主的三线建设基地，国家配套建设了大型能源机构华蓥山矿务局（下辖绿水洞煤矿、李子垭煤矿、高顶山二煤矿），配套建设了大型建材企业（川东北水泥厂即渠江水泥厂）等重点支撑项目。这些大型机构和企业于 20 世纪 70 年代相继建成投入生产运营，从而形成华蓥山中段影响全国的以光学、机械、能源、建材为主的三线建设工业基地，华蓥市因此成为"工业新城，川东明珠"。

4. 地方政府和人民服务"以军工企业为主"的三线建设企业体系完备

一是每个企业均配置了工矿贸易企业、邮电通信、储蓄等机构，配置有搬运社、菜蔬队、厂劳动农场等设施。

二是配套解决有变电站、抽水站、排污站、电影、医疗、俱乐部等机构和设施，地方邮电局为军工等企业配置了通信用的邮政代号信箱，它们分别为：国营华光仪器厂为华蓥山 802 信箱、国营红光仪器厂为华蓥山 803 信箱、国营明光仪器厂为华蓥山 801 信箱、国营兴光机械厂为华蓥山 5 号信箱、国营金光仪器厂为华蓥山 4 号信箱、国营江华机械厂为华蓥山 1 号信箱、国营长城机械厂为华蓥山 2 号信箱、国营燎原机械厂为华蓥山 3 号信箱。

这些建设措施为华蓥地区尽早进入城市化打下了坚实的基础。

二、装备制造精良

华蓥山三线军工企业的设备配置是最好的，以国营长城机械厂为例：

国营长城机械厂是省属地方军工企业，1968 年 8 月选址内江碑木镇建厂，经周恩来总理亲自确定：选址南充华蓥山不就很好吗？于是在当时的岳池县溪口公社原码硫岩下唐家河坝和伏虎寺的地方选址建厂。1969 年 12 月初破土兴建，1971 年开始枪械转产试制，1972 年开始生产 63 式半自动步枪、56 式冲锋枪等多个军品；1975 年定型投入批量生产。

经过 20 年的发展，工厂建成为大型二类机械加工企业。为适应军转民形势需要，兼产水泵、民用猎枪等民品。

1.1988 年 12 月有固定资产原值 2345.22 万元，工厂占地面积 157125 平方米，有建筑物 1421.2 万平方米。其中，生产性面积 48220 平方米，住宅性面积 35408 平方米，商业卫生、教育、文化娱乐建筑面积 15313 平方米；有流动资金 251.42 万元。

2.1988 年 12 月，设备总数为 871 台（次），其中，全切机床 40 台，锻造设备 4 台，动力设备 213 台，仪器仪表及试验设备 5 台，其他 194 台次。按兵器工业部规定五个复杂系数以上的设备有：

（1）高精度设备 6 台，螺丝磨 1 台，光学曲线磨 1 台，光学坐标镗 1 台，数控线切割机 2 台，电火花机 1 台。

（2）大型稀有设备 6 台，1 米立式车 1 台，3 米龙门刨床 1 台，刨齿机 1 台，日本卧式镗床 1 台，7611 卧式床 1 台，Y31126 浪齿机 1 台。

（3）重型设备 9 台，1 吨锻锤 1 台，750 空气锤 1 台，40CK 空气锤 1 台，315 吨冲床 1 台，250 吨冲床 1 台，160 吨冲床 1 台，400 吨摩擦压力机 1 台，100 吨闭式单点压力机 1 台，500 吨四柱液压机 1 台。

三、成长起一批杰出人才

昆明、上海、重庆、哈尔滨等城市一大批专业技术人员进入华蓥山地区，改变了华蓥山地区人才技术结构，新老互带，师徒学习，年轻的技术能手，"三八红旗手"等不断涌现，一批车、铣、钻、刨精干力量涌现在各车间和

国营长城机械厂留长区用房

工作场地，形成了强大的现代技术精兵阵容。

同样以国营长城机械厂为例。截至1988年12月，全厂有职工1471人，其中在册职工1447人，基本生产工人566人，辅助生产工人357人，干部及工人在干部岗位的人员383人。

专业技术干部288人，大学本科26人，大专55人，中专91人，高级职称8人，中级职称74人，其中，（1）工程技术人员101人，高级职称5人，中级职称24人；（2）经济管理人员77人，中级9人；(3)会计25人，高级职称2人，中级职称9人；(4)统计11人；(5)卫生人员24人，中级职称8人；(6)教学人员50人，高级职称1人，中级职称21人。这形成一个完备、精干的军工科研、生产制造、检测的人才格局。

尤其以大型军工企业为核心，更是人才济济，在1978年科技大会上，华蓥山军工企业几乎每个厂都有过硬科研技术项目和产品获得国家科技进步创新奖励。

国营明光仪器厂副总工程师吴安律是华蓥山军工企业科技人才的代表。吴安律是研究员级高级工程师，任技术开发中心主任。轻武器专家，轻兵器文章《不可忽视的差距——亟需奋进的国产狙击武器系统》；《深剖国外高精度狙击武器系统》等发表在高规格兵工企业研究刊物。曾参加85式7.62毫米狙击步枪白光瞄准镜和88式5.8毫米狙击步枪白光瞄准镜的研制和生产工作；主持完成了03式5.8毫米自动步枪白光瞄准镜、05式5.8毫米微声冲锋枪白光瞄准镜、外贸M99式12.7毫米狙击步枪微光瞄准镜等项目。曾获得过科工委科技进步一等奖、二等奖、三等奖各一次以及记三等功一次。

国营明光仪器厂职工冯全忠，由于精工制造，技术优

国营明光仪器厂遗留的职工宿舍由附近居民居住

良，被评为技术能手，曾经受到中央最高领导接见。

随着历史资料解密，人们看到，当年党和国家重点布局了华蓥山三线常规兵器基地建设，进行了共和国常规兵器基地、能源建材基地以及新型城市化建设宏大策略的探索实践。一个以重庆为中心的中国常规兵器生产建设基地，一个具有建材、能源、储备、交通运输和按照周恩来总理"城乡结合""工农结合"方针建设起来的共和国新型城市化的三线建设基地伫立在了华蓥山下。

以此为基础的实践探索中，取得了巨大而辉煌的成就，当年确立的华蓥市就是以军工能源建材基地为承载体的，三线建设是华蓥市的立市之魂。

华蓥市的建立，立足于服务三线建设，走城乡结合发展道路，在以军工企业为主的大型企业建设发展过程中，地方政府和人民服从服务于企业建设与发展，在大型企业建设的乡镇，都配套建设了邮电所、储蓄所、供电所、供水站、搬运社、修造社、贸易商店、托儿所、学校、企业农场、奶牛场、菜蔬队以及厂社共建的电影院、汽车站、

货运机构等单位。同时，组织了厂社联合机动队，即划定厂社周边村社为厂企服务单位，厂企随叫随到。这些系统完备的配套设施建设，在当时被称为"大企业、全服务"的厂社结合格局。这就保证了在华蓥山高山峡谷中，以军工企业为核心的三线建设企业安静生产、安宁生活的最优化环境。

由于以军工企业为主的三线建设企业，基本属于中央省直管企业，县级企业均属于一些服务和满足县市民众自我生活需要的微小企业。大型三线企业和地方的信息基本上不相通，因此广大人民群众对企业的服务完全属于自觉和自愿的行为，真诚地服务于军工和三线建设，成为华蓥山人民的崇高志愿。

这在特定年代和特定时期，成为厂社结合、军民结合最为和谐、最为紧密、最为有效的供给和保障形式。

应当说，以重庆为中心的华蓥山常规兵器工业生产基地建设，是国家最高领导层亲自创建，探索最为成功的以"厂社结合、工农结合"为目标在计划经济时代最为成功的城市化建设。

华蓥市是党中央、国务院最早批准设立的以企业和地方政府相结合的县级机构，同时批准的江津白沙工农区、夹江金口河工农区发展中很快被撤销了，保留下来的就是华蓥市县级机构。

华蓥市应当是我国最早探索新型城市化道路的典型范例，是中国改革开放前，面对市场化发展所做出的珍贵探索实践。

随着国际关系和科技发展变化，尤其是电子对撞技术的发展运用，核恐吓、核威胁的淡化，随着我国以高科技为主的军事工业发展，以及世界格局发生的重大变化。20世纪90年代改革开放新时期到来，为克服当年军工企业"隐蔽、靠山"等不利因素，国家对军工企业进行了调整提高。华蓥军工企业纷纷搬迁到成都、重庆等大城市选址建厂，华蓥山军工企业全部外迁。

从1965年3月最早的军工643厂建设队伍进入华蓥山，到2002年国营燎原机械厂最后一批军工企业迁出华蓥市。华蓥山军工企业在华蓥山地区驻营达37年之久，足足有两个代次人口的辉煌历程。

华蓥三线建设历程和成就是华蓥山宝贵历史文化遗产。三线建设时期，党和国家常规兵器基地建设布局重庆周边华蓥山，华蓥山军工建设，成为华蓥山辉煌的历史。从政治、经济、文化等方面，培育了华蓥山新一代建设人才，带来了华蓥山下城市化的快速发展。

（一）特殊时代的移民，加快了城市化建设进程。截至1990年12月，华蓥市共有非农人口91600人，因军工企业搬迁，迁移走非农人口6万余人，到2002年底华蓥市实有非农人口约为31500人；城市化率却达到近46%。

（二）军民共建了三线建设精神。1965年春后，三线军工企业人口源源不断移居入住华蓥山区，改变了华蓥山地区文化结构、风俗习惯，培育了一大批建设者艰苦奋斗、昂扬进取的精神意志。

（三）毛泽东、周恩来、邓小平、李富春、薄一波、李井泉、朱光、钱敏、彭德怀等领导对华蓥山地区，亲自把关、亲自指示部署、亲自实地探看视察，华蓥山三线建设实际上是共和国社会主义建设实践的成功探索，是了解和感知中国三线建设时期历史的活标本。

（四）华蓥山下城乡结合模式为社会转型发展积累了宝贵的历史经验。

（五）企业得到安全生产。华蓥山常规兵器基地建设随时代远去，已进入历史，但这是华蓥山人民和三线建设者，尤其是军工志士们一起谱写的辉煌壮歌，将会响彻云霄，辉映历史。

如何保护好、利用好华蓥山三线建设的物质遗存和精神遗产，进一步地建设好美丽华蓥山，让华蓥山下的"三线建设"精神永远流传下去，是每个华蓥山儿女的神圣责任。

（本文图片资料由作者提供）

李天明：四川省广安市红色旅游文化发展中心负责人。四川省作家协会会员，四川省文艺评论家协会会员；中华人民共和国国史学会三线建设研究分会理事，中国自然资源作家协会第二届理事。

唤醒三线工业遗产的灵魂与魅力
——品读吕建昌教授新著《当代工业遗产保护与利用研究：聚焦三线建设工业遗产》
秦邦佑

上海大学文学院历史系教授、国家社科基金重大项目"三线建设工业遗产保护与创新利用的路径研究"首席专家、上海大学中国三线建设研究中心主任吕建昌新近出版的《当代工业遗产保护与利用研究：聚焦三线建设工业遗产》一书值得一读。本书是由复旦大学出版社出版，以当代工业遗产为主题，聚焦三线建设工业遗产，学术视野开阔，论题设计多样，旨在启发和强化对中国三线建设工业遗产的认知。

今年"五四"青年节这一天，收到了吕建昌教授托人带来他的新著《当代工业遗产保护与利用研究：聚焦三线建设工业遗产》，这是继2019年1月5日吕教授在成都赠送给我他著的《近代工业遗产博物馆研究》（国家哲学社会科学成果文库）的第二本，值得阅读和珍藏。

正好利用休假期，待在家中细细品味了《当代工业遗产保护与利用研究：聚焦三线建设工业遗产》一书，该书系2017年度国家社会科学基金重大项目的阶段性成果。

中国社会科学院环境与发展研究中心研究员、国务院参事徐嵩龄从《三线建设工业遗产的意义——基于政治经济学意义上的制度价值认知》角度给予了这样的评价："很高兴看到吕建昌教授主编的《当代工业遗产保护与利用研究——聚焦三线建设工业遗产》的出版。我国学术界不缺中国三线历史研究的论著，也不缺中国工业遗产研究的论著，但将两者结合、以'三线建设工业遗产'为主题的论著，这当是第一部。并且，它在一定程度上是在世界工业遗产语境下讨论这一论题的。"

徐嵩龄指出，三线建设工业遗产（以下简称"三线工业遗产"）在我国工业遗产研究中具有特别重要的意义，在国际工业遗产研究中也有着独特的地位。人们一般多从三线建设成就、三线人和三线精神来认识、肯定和播扬三线工业遗产价值。这些当然是对的，但都未能触及三线工业遗产价值的根本，即上述价值之源。而要认识三线工业遗产价值之本，就必须将它置于中国工业化的历史进程中，

《当代工业遗产保护与利用研究：聚焦三线建设工业遗产》

置于世界工业化的历史进程中，加以考察……

该书以三线工业遗产为主题，其学术视野相当开阔，论题设计多样而全面。首先，该书对三线工业遗产的历史、现状、价值认知、保护与利用的论述是多层次的，既有全景型，又有地区型、专题型，还有重点企业样例。该书还通过一系列不同角度的其他研究，为三线工业遗产主题提供了多方面启示。其中，有在三线建设影响下出现的小三线建设工业遗产；有对中国工业遗产保护体系的设想；有对非三线工业遗产样例的保护研究；有对工业遗产与城市历史风貌之间关系的处理；有基于三线工业建筑设计，讨论和评价那一时期我国这一领域的独立自主与突破；有对国外工业遗产保护样例的经验梳理和介绍。特别有意义的是与一个由英国近现代遗产专家组成的团队合作，以他们在英国的研究成果，在一些关键点上启发和强化对我国三线工业遗产问题的认知。该书在三线工业遗产的性质、价值、保护与利用方面，均有新观点、新提法。

徐嵩龄的评价可以说是高屋建瓴，一语中的。

"三线建设工业遗产作为一个整体，既有特殊的个性，也有工业遗产的共性，其保护利用应该放到国际和我国工业遗产的整体中来进行考察、研究。国际上对工业遗产的重视和研究始于20世纪中期在英国出现的'工业考古'理念，而我国传统是'古不考宋元以下'，历史和考古领域的学者们主要局限于古代文化遗产的研究和保护，因而在我国最先引领工业遗产研究的是建筑领域的专家和学者。他们敏锐把握国际新趋势，首先关注工业遗产研究，不仅打头阵、立首功，而且至今仍是工业遗产研究保护利用的主力军。这既有合理性也有必然性，毕竟工业遗产最直观的就是其建筑遗产，建筑遗产的活化利用及其旅游开发也成为工业遗产保护利用的一条成功路径……"上海大学党委副书记、纪委书记段勇如实说道。

正如吕建昌在前言中所说，发生于20世纪60年代至80年代的三线建设，是中国当代工业发展史上一段不可湮灭的历史。三线建设既是经济建设，更是国防军工建设，由于保密的原因，长期不为外界所知。20世纪90年代以后，与三线建设有关的文献资料与档案逐渐解密，国内史学界学者先拔头筹，率先对三线建设展开研究，并取得了一批学术成果。

文化遗产保护利用研究，是一项跨学科的综合工程，这是由其内容的多元性、内涵的丰富性以及理论的实践性所决定的。三线工业遗产属于文化遗产之一部分，其保护与利用的理论研究和实践操作都会不同程度地涉及建筑学、历史学、遗产保护及博物馆学等多门学科，尤其是三线工业遗产保护与创新利用的路径研究，必然需要多学科的合作与创新。跨地域、跨学科的协同合作研究方式胜过单打独斗，凭借丰富的学科科研手段与宏观的学术视野，可以比个人独立研究获得更加深厚宽广的学术成果。为此，我们通过国际工作坊的学术活动形式，汇集各路专家、学者从不同视角提出的三线建设工业遗产保护利用的方略，群策群力，在学术交流中产生思想火花，收获创新与智慧。

本论文集尽管聚焦于三线建设工业遗产，但并不受地域和国别的局限，视野开阔，兼容并蓄，还收录了欧洲工业遗产保护利用研究和中国城市工业遗产保护研究

2018年10月24日—25日，中英"当代工业遗产：价值及保护与利用"高端工作坊嘉宾合影

的成果。本论文集中的国内作者除了来自全国各地高校和科研机构的专业学者之外，还有三线建设的亲历者，他们的文章既有对三线建设工业遗产的现状调研，也有对三线建设工业遗产开发利用的规划与思考，还有关于三线建设工业遗产的品牌建设等。其中多篇论文为中英文双版，供国内外读者参阅。

特别是读了书中《重庆三线建设遗址保护利用研究》一文，作者马述林和艾新全，一位是重庆市政协特聘委员、重庆市发展和改革学会会长，一位是重庆市委党史研究室原副巡视员、重庆三线建设研究会副会长，他们从"重庆三线建设遗址的由来和现状、三线建设遗址保护利用的意义、重庆三线建设遗址保护利用的有利条件与困难、重庆三线建设遗址保护利用的基本原则、重庆三线建设遗址保

护利用的初步构想、对策建设"等六个部分进行了系统而详细的论述，具有很强的实现指导性。

尤其是文中第五部分"重庆三线建设遗址保护利用的初步构想"之三"策划重庆三线遗址保护利用重大项目"中"建设重庆夏坝'国防军事主题公园'"令笔者耳目一新。坐落在夏坝桃子沟的国营晋江机械厂是我魂牵梦萦的第二故乡。毕竟过去是从那个厂走出来的，或多或少都带有一些极为关注的成分，那里是我曾经学习、生活和工作过的地方，青春岁月和韶华都留在了那里，那是一段挥之不去的三线记忆。如果真有那一天，能够将夏坝"国防军事主题公园"打造成功，将是一件功在当代、利在千秋的事，不仅能上演"三线遗址保护利用"的传奇，而且将为其他地区的"三线遗址保护利用"提供鲜活的样本和借鉴。

2018年，英方专家迈克·罗宾逊一行在相关人员陪同下参观重庆市江津区夏坝镇原国营晋江机械厂旧址，并听取夏坝镇党工委书记的介绍

这个梦想是否能够实现，值得期待！

　　现将书中这一部分摘录如下，权当作为如何加强"三线遗址保护利用"一个思路参考，或许能够给感兴趣的人们带来一些有益的启示。

建设重庆夏坝"国防军事主题公园"

　　夏坝位于重庆市江津区东南部，面积394平方千米，人口19万，是当年专门为三线建设企业及其配套企业（约30家）而设立的镇。该镇原有两大三线建设企业晋江机械厂和青江机械厂，占地1212亩。2003年两厂搬迁后，留下厂房20余栋、工作用房100余处、生活及商业建筑90余栋，还有各类文化、教育、医疗卫生设施，有可容纳3000多人的俱乐部，该地是重庆市乃至西南地区保存最完整的三线建设工业遗址之一。

　　在夏坝地区利用三线企业搬迁遗址建设国防军事主题公园，具有以下优势条件：①可达性好。夏坝距离重庆主城约60千米，渝黔高速公路、国道210线从附近通过，2016年底通车的三环高速江津至綦江段在夏坝有出口。抵达主城只需不到一小时。②用地条件好。青江、晋江两厂遗址占地面积大，加上破产待处置的重钢集团铁业公司（夏坝铁厂）厂区，整个片区可供二次开发的用地达2000亩以上，可以安排一个特大型项目。夏坝地区属于浅丘方山地形，地质稳定，相对高差不大，植被茂盛，溪河纵横。③产权关系清晰。青江遗址产权属于江津区政府，晋江遗址属于市国资委系统农业投资集团公司，夏坝铁厂属于市国资委系统重钢集团，三者都属于重庆地方，应当引入有实力的大财团，争取投入几百亿元资金，大手笔、大规模地打造一个占地上千亩的"三线建设"暨国防军事主题公园，成为全国第一流国防军事主题公园，成为国家文化公园。主要内容有：1）建设三线建设风情小镇。利用晋江厂区现存的几十幢厂房、学校、文体卫生建筑物建设三线风情街、影剧摄制基地、三线电影院（专门放映三线建设内容）等，发展影视摄影、餐饮、游乐、民宿。2）建设武器陈列场馆。主要利用现存厂房及空地，搜集展示抗战时期重庆兵器工业历史的资料、图片、实物、产品；搜集展示三线建设时期重庆兵工基地建设的历史资料、产品实物。特别是要利用场地宽阔的优势，尽可能多搜集陆海空军的主战装备，包括坦克、飞机、中小型船舶的实物，并吸引观众参与、互动。3）建设军事游乐园。利用当地丘陵和溪流地形地貌，开展军事游乐活动，寓国防教育于游乐，如轻武器射击，水陆两栖装甲车乘游，军用越野车追逐比赛等；建设巨幕影院、球形影院，专门放映战争影片；开展大型 3D 军事电子游戏。

总之，品读吕建昌教授主编的《当代工业遗产保护与利用研究：聚焦三线建设工业遗产》一书收获颇丰，从理论上提高了"三线遗址保护利用"的认识，书中许多文章都给人留下了极深刻的印象。同时，也为人们从多角度研究三线建设工业遗产的保护利用，了解三线历史、讲好三线故事、弘扬三线精神、保护和创新利用三线建设工业遗产，提供了具有极高价值的资料。

（本文图片资料由作者提供）

彭州市三线企业工业遗址保护和利用设想方案

陆仲晖

一、前言

在彭州市境内，从 1964 年 9 月以来，先后有锦江油泵油嘴厂、湔江机械厂、岷江齿轮厂、中和机械厂、晋林厂、长庆厂、航发修理厂等 7 家三线企业的存在。其行业分类有机械、电子、航空、兵器等几大门类。彭州是县市一级三线企业比较多和投资组建比较早，今天仍然在发挥着积极作用的一个行政区域。由于国家宏观调控和企业自身的一些原因，从 20 世纪 80 年代到 21 世纪初，湔江机械厂、岷江齿轮厂、锦江油泵油嘴厂、中和机械厂 4 家三线企业先后退出了历史舞台。但是，这 4 家三线企业的管理人员、技术工人等今天仍然在各行各业发挥作用。这 4 家三线企业成败得失的经验，仍然值得今天的人们去总结和借鉴。三线企业留下来的工业遗址以及丰富的企业文物等，是彭州市一份特有的、宝贵的和不可多得、不可能再生的工业遗产和文化遗产。对于彭州市境内的这一工业遗产和文化遗产加以高度重视，摸清家底，予以保护研究，予以开发利用，不仅很有必要，也已经刻不容缓了。

二、依据

彭州市三线企业工业遗址保护和利用设想方案的主要依据是：国务院"国发〔2005〕42 号"《关于加强文化遗产保护的通知》，国家文物局"文物保发〔2006〕10 号"《关于加强工业遗产保护的通知》，四川省国防科学技术工业办公室"川工办发〔2012〕300 号"《关于加强三线工业遗产保护工作的通知》，以及彭州市地方工业遗产、地方文化遗产、地方工业史、地方企业文化保护和利用的需要，彭州市城市乡镇发展布局的需要，彭州市特色经济发展特别是特色旅游业发展及其他方面发展的需要，以及彭州市丹景山镇综合发展规划的需要拟制本设想方案。

三、现状

湔江机械厂、岷江齿轮厂由于早在 20 世纪 80 年代初期就开始进行了异地搬迁，在龙门山镇境内的厂房、家属区房等因被私人或私人企业分批次地购买分割，今天已经剩下为数不多的地面建筑和零星的遗迹。

锦江油泵油嘴厂、中和机械厂先后于2003年、2004年宣布和完成了破产程序，其厂房、家属区房等保存基本完好。其中，锦江厂的厂区占地面积约200亩，建筑面积约6万平方米，家属区占地面积约190亩，建筑面积约5万平方米。中和厂的厂区占地面积约150亩，建筑面积约5万平方米，家属区占地面积约160亩，建筑面积约4万平方米。锦江厂厂区内还有工具、机修两个车间的设备设施等基本保留着破产前的原貌，其余厂房用于养猪和出租给其他企业使用。家属区内仍有私有产权住房及住户约140户，但长期居住户仅有10户左右。中和厂厂区内基本上没有保留破产前的原貌，个别厂房出租给其他企业使用。家属区内仍有私有产权住房及住户约90户，但长期居住户仅有20户左右。

锦江厂厂区属于成都市量具刃具集团所有，家属区属于彭州市所有。中和厂厂区和家属区均属于彭州市所有。锦江厂、中和厂属于彭州市所有的土地和房屋等资产，目前由彭州市工信局直接管理。在彭州市工信局之下，锦江厂设立善后管理服务工作组，中和厂设立清算组、房管组、善后管理服务工作组几个临时机构在进行具体的日常管理工作。

从2006年以来，锦江厂在退管站、善后工作组、联谊会的主持下，先后以《锦江岁月》《锦江情韵》《锦江之歌》等为书名，发动锦江厂的离退休退职人员和同事撰写及出版了约120万字、2000余幅照片共5本的工厂历史回忆文集。自行组建了约有65平方米的工厂文物资料陈列室，其文物资料达到30000余份。向攀枝花市的中国三线建设博物馆提供锦江厂、中和厂的历史文物500余份。向成都市工业文明博物馆提供锦江厂的历史文物40余份。主持和参与了大型系列三线建设文集《三线风云》1、2、3集的编辑出版发行。参与了香港凤凰卫视中文台《三线往事》1—10集的拍摄。参与了中央电视台《大三线》1—10集和《迁徙的人》1—5集的拍摄。参与了中国三线建设研究会的筹建和贵州省六盘水、遵义等地方上三线建设历史研究的工作，以及四川外国语大学等院校三线建设历史课题的研究工作。还多次参与了成都市、彭州市电视台有关三线建设和三线企业报道的工作。另外，锦江厂还以"锦江魂"为碑名，于2009年5月在锦江厂家属区矗了一个高约2米、宽约1.5米、重约10吨的纪念石碑，并刊刻了"锦江魂祭"全文。

从2007年以来，中和厂在清算组、退管站、联谊会的主持下，以《中和风雨行》为书名，发动中和厂的离退休退职人员和同事撰写和出版了约70万字、150余幅照片的工厂历史回忆文集，目前正在编辑《中和风雨行》的续集，参与了中国三线建设研究会的工作等。

四、设想

对于龙门山镇境内的湔江机械厂、岷江齿轮厂，建议以石碑的形式在两个工厂遗址上刻石立传，以供人们寻源问根和凭吊研究。

对于丹景山镇境内的锦江油泵油嘴厂、中和机械厂这两处基本完好的三线企业工业遗址，首先应该依靠彭州市工信局及两个企业的善后工作组，对其遗址进行全面的有计划的保护。目前这两个企业的厂房对外出租也是一种保护和利用，但是必须在不得破坏原貌的前提下进行。

在对锦江油泵油嘴厂、中和机械厂遗址进行保护和利用的过程中，待条件成熟或寻求机会，建议可以考虑在锦江厂或中和厂按当年生产时的原样原景恢复1—2个生产车间。在这两个工厂的家属区按当年的原样原景恢复部分生活区或1—2家庭。同时开辟以锦江厂、中和厂、晋林厂、长庆厂、湔江厂、岷江厂、航空发动机修理厂以及蛇纹矿、铜矿、彭煤、跃煤、湔煤等三线企业和地方企业的主要产品或是这些企业历史的照片、文字说明等为内容的陈列室、博物馆等。形成工业文明历史、三线企业历史、地方企业历史的一些点位布局。

在丹景山镇、新兴镇、通济镇、龙门山镇或白鹿镇、磁峰镇之沿线，建议恢复一段小铁路，一个小火车站，恢复原彭县煤矿、湔江煤矿、跃进煤矿或蛇纹矿、铜矿等矿种的一个或两个很有特色的矿井场。在丹景山镇以锦江厂、中和厂原有的厂房及家属区房等集中开发成一个工业文明小镇或小区，在小镇或小区恢复和利用原来三线企业家属区的规模，同时建设一些富有标志性的建筑物、装饰物，安装各工业企业有特色的设备设施，或是这些工业企业有特色的生产场景，初步形成以丹景山镇为中心的工业文明小镇或工业文明历史区域。并且把丹景山镇及周边富有特色的土陶业、水果业、蔬菜业、制酒业、制茶业、藤编业、竹编业、刺绣业、糖果业、饮食业等置于其中，集教育学习、历史文化、传说神话、怀旧寻根、旅游玩乐、颐养休闲、采买吃喝、佛教道教、敬香朝拜为一体。在丹景山镇境内实现一年四季有看的、有玩的、有吃的、有买的、有拿的、有纪念的、是别的地方所没有的特色旅游。把工业文明之旅和乡村田园文化之旅结合在一起的一种模式和思路。形成丹景山镇、新兴镇、通济镇、葛仙山镇、桂花镇、磁峰镇、小鱼洞镇、龙门山镇的三条环线旅游之路。

以丹景山镇为集中区，以每年的"棒棒会"为基础，每年春、夏、秋、冬四季在丹景山镇扩展搞特色农土产品交易会，同时配合开展集摄影、绘画、书法、诗歌、歌曲、散文、小说创作和登山、露营、野炊、自行车、长短跑、疯狂步行、拳击武术活动为一体的集会和展示比赛等。还可以利用丹景山镇周边的几个佛教、道教的寺庙、道观开展合法有益的宗教文化活动。让四季的物资交易会、文化活动、宗教活动都能够火热起来，以促进工业文明之旅和乡村田园文化之旅的火红。

三线企业工业遗址、丹景山镇及周边的地方企业工业遗址、乡村田园文化旅游景点景区等，还可以作为影视创作基地和文艺创作基地进行招商引资等。

五、结语

本设想方案的前提是在对三线企业工业遗址进行保护、收集的基础上对其进行利用，而且必须是全面长远和综合性的，把历史效益、政治效益、社会效益、环境效益、经济效益相结合的，可持续发展的开发和利用。

本设想方案的重点是充分地考虑彭州地区及丹景山镇的历史和现状特点，以及今后发展的方向，要把彭州市及丹景山镇境内的三线企业工业遗址和地方企业工业遗址的保护和利用结合起来，要把彭州市及丹景山镇三线企业工业遗址的保护和利用与彭州市及丹景山镇的乡村田园文化旅游结合起来。

目前，彭州市的乡村田园文化旅游在丹景山镇、白鹿镇、通济镇、新兴镇、磁峰镇、桂花镇、龙门山镇已经具有一定的规模。相对而言，三线企业工业遗址的保护和利用，地方企业工业遗产的保护和利用还是一个尚待开发开垦的处女地。

以上设想方案，要在彭州市及丹景山镇目前经济实力和今后经济发展方向的基础上，对三线企业工业遗址和地方企业工业遗址，一定要坚持特色性的保护和利用的基本思路，一定要避免国内外重复性的一次性的保护和利用。留住彭州市境内及丹景山镇三线企业、地方企业的根和特色，这才是彭州市境内及丹景山镇三线企业工业遗址、地方企业工业遗址保护和利用的方向。

以上设想方案仅供有关部门和有关领导参考。

附：

三线企业锦江厂遗址保护利用建议方案

一、前言

原国家大型骨干企业锦江油泵油嘴厂是一个专业生产精密高压喷油泵、喷油器总成、三对精密偶件系列产品的专业化工厂，是内燃机主要配件制造业的一个三线企业。

锦江厂于1966年3月由上海柴油机厂包建，1970年7月投产，2003年3月破产改制。工厂厂区占地约200亩，建筑面积约6.6万平方米。工厂生活区占地约190亩，建筑面积约5万平方米。

锦江厂兴旺时期，职工达2600多人。工程技术人员900多人。固定资产、产值、利税等曾经高达上亿元。

二、现状

锦江厂厂区的产权目前属于成都量具刃具集团所有，可保护利用的建筑物约16栋。锦江厂生活区的产权目前属于彭州市国资委所有，可保护利用的建筑物约22栋。

锦江厂破产改制时，由于社区居委会和户籍问题，没有及时落实到具体的镇、村、社区居委会，现在暂时由锦江厂退管站、锦江厂善后工作组，两个牌子一套工作人员

2015年11月8日

陆仲晖：中共党员。大学文化，高级工程师。曾在锦江油泵油嘴厂从事过钳工、办事人员、中层管理等工作。中华人民共和国国史学会三线建设研究分会副秘书长、常务理事。

行使着社区居委会等的职能。

锦江厂退管站目前管理服务的锦江厂退休退职人员2225人，破产失业人员980多人。在王春才的指导下，在锦江厂退管站的倡导组织下，锦江厂人从2005年3月以来，以《锦江岁月》《锦江情韵》《锦江之歌》等为书名，先后编辑出版约140万字的回忆文集、诗歌集和照片图片集。筹建一个约66平方米，有12000余件文物资料的锦江厂文物陈列室。在锦江厂彭州生活区，锦江厂人建立了一个高约2.2米、宽约1.6米、重约10吨的"锦江魂"纪念碑，并镌刻368字的碑文。自2006年5月以来，成都、新都、彭州、上海、无锡等地区都先后成立了锦江厂同事联谊会，各地区的锦江厂同事联谊会每年都有一两次的大型活动。

锦江厂彭州生活区尚有私有产权房屋140余户，常住户仅15户，其余房屋设施基本上闲置，"5·12"地震时破损严重，但是大部分建筑基本上保持原貌。锦江厂厂区房屋建筑也在"5·12"地震时遭受破坏，但基本上保持原貌。目前还有少量的机械加工单位在厂区内生产。有一些场地

用于生猪养殖和家具加工业，对环境会造成一些污染。

三、环境

锦江厂地处彭州市丹景山镇，丹景山镇幅员66平方千米，属于山区与平坝的交界地。四季分明，日照充足，雨水充沛，夏季平均气温25℃左右，冬季平均气温10℃左右，全镇有18个村，2个社区，人口约3.2万人，交通便利发达，距彭州市中心约12千米，距什邡市41千米，距成都市70千米，距都江堰市28千米。

境内有县级风景旅游区2个，市级风景旅游区1个。可开发利用的水库、河流、山林等风景旅游区六七处，著名的宗教寺庙5处。丹景山镇是中国西部最大观赏牡丹、食用牡丹栽培基地。南宋诗人陆游曾专门为其撰写《天彭牡丹谱》一部流传于今。丹景山镇是集自然风景旅游、田园风光旅游、朝拜旅游、乡土旅游（如茶叶、编织、瓜果、蔬菜、陶艺等）、美食旅游、露营旅游、采摘旅游等为一体的既有历史文化底蕴，又有现代风格的特色乡镇。也更是成都市彭州市计划打造的牡丹花特色旅游镇。

四、设想

根据锦江厂遗址现状和丹景山镇特色旅游打造的机遇，建议将锦江厂现有的建筑物、道路、树木等加以抢救性的计划统一管理，以及抢救性的维修加固等。以锦江厂退管站或锦江厂善后工作组为基础，建立完善有效的常态管理机构。以彭州市一级的国资委、丹景山镇经济信息科技投资促进局为上一级的专门管理机构，对锦江厂遗址予以专门的管理。目前，彭州市丹景山镇、彭州市政府等也正在积极地策划锦江厂遗址的保护利用问题。

建议在锦江厂遗址上，充分利用锦江厂现有的厂房、设备、设施等，打造专门的三线建设历史陈列馆，或打造彭州地区近现代工业文明发展历史陈列馆。

建议在锦江厂遗址上，充分利用锦江厂生活区现有的职工住房、设施等，打造集颐养康复、休闲度假、生态农业、军体游戏、特色酒店等为一体的农家乐旅游集中区。让其与丹景山镇及牡丹花观赏、田园风光、宗教朝拜、美食品尝等观光旅游形成一体的特色旅游集中区或旅游景区。

在锦江厂遗址保护利用的基础上，建议可以招商引资，在锦江厂遗址现有的厂房、生活区职工住房基础上，在不破坏原有基础面貌的情况下开设如美食一条街、特色农副土特产品深加工、竹编藤编加工、陶瓷陶艺品加工。充分地利用锦江厂现有的场地，开发或改进举办书画摄影展、舞蹈展示、演唱活动、服装模特走秀、武术拳击表演等文化活动。特别是将锦江厂遗址运作打造成影视表演拍摄基地，作为三线建设题材即工业题材或农村题材的一个表演拍摄基地，以锦江厂遗址及周边环境条件，无疑是很有特点和特别可行的。

五、结语

锦江厂遗址的保护利用，对保护彭州地区的三线建设遗址，对彭州地区三线建设历史研究，以及整个彭州地区的工业文明历史研究都有重要的意义。其开发利用的前景以及历史价值、经济价值、环境价值和社会价值等都是非常重大的。

锦江厂遗址的开发利用，必须有从中央到地方各级政府部门的重视和支持，特别是政策上、经费上的扶持才能够予以实现。还必须有从中央到地方的，特别是彭州市一级的锦江厂遗址保护利用领导班子和专业化的设计团队等机构，对锦江厂遗址的保护利用项目，做一番整体性的调查登记、测绘录像、风险鉴定和立项设计等可行性的前期运作，其锦江厂遗址的保护利用，才能够进入实质性的开展，逐步地得到实现。

为打造"成渝三线文化走廊"辛勤奔波的热心人

吴学辉

3536 三线博物馆内景一瞥

3536 三线博物馆内景一瞥

2020 年 11 月 18 日一早,重庆市建设"成渝三线文化走廊"代表团前往四川省射洪市原中国人民解放军总后 3536 厂、汽车大修厂三线工业遗址进行考察调研。

此次考察调研活动由中国三线建设研究会副会长、重庆三线建设研究会副会长艾新全带队,联合重庆市工程师协会副会长陈晓林(三线建设工业文化专委会主委)、副会长刘强(重庆工业博物馆参建单位之一负责人)、常务理事李强(双桥"重庆重汽博物馆"建设负责人)、副秘书长黎勇;主旋律文化传媒(重庆)公司执行董事秦红(重庆延安精神研究会常务理事),以及中国三线研究会常务理事吴学辉共 7 人参加。

考察组一行风尘仆仆地赶赴 3536 工业遗址,在彩皇公司总经理及公司聘请的 3536 三线博物馆策划打造负责人邓龙先生的热情接待下,饶有兴趣地仔细参观了博物馆,不时停下脚步拍照留念。

从展览馆出来,考察人员在邓龙先生的陪同下,徒步绕厂参观考察了总后 3536 厂工业遗址和菊花田圃,感叹 3536 厂搬迁后,目前各种建构筑物依然保存完好,并得到有效保护和开发利用。

现场考察走访结束后,考察组与彩皇公司的同志们进行了热情洋溢的座谈交流。

考察组对四川彩皇农业科技有限公司桂雪梅董事长带领她的团队在 3536 工业遗址创建彩菊农业,种植香菊、金丝皇菊等特色菊艺品种,通过深加工开发特色文创产品给予了热情的肯定;对彩皇公司以花为媒,开发打造 3536 三线博物馆,有机融入三线文化和精神,打造新型文旅特色小镇,扶助带动周边农民走上脱贫之路所产生并获得的社会效益与经济效益相辅相成的双赢模式,把"传承三线精神、助力乡村振兴"的初衷落到实处,给予了热情赞扬和高度评价。

有"诗神"雅称的重庆市工程师协会副会长刘强先生在参观考察后，颇有感触，诗兴大发，现场吟诗一首：

盘根错节菊花开，三线工厂有客来；
荒山野岭沉睡久，振兴乡村新时代。

通过座谈，双方达成了今后要继续加强交流合作、为建设成渝双核经济圈共同努力的意愿。

下午，考察组一行不顾疲劳，马不停蹄地赶赴原总后7449厂遗址进行考察。

汽车大修厂遗址在冬日暖阳照耀下热气氤氲，由于大部分厂区闲置多年，各种草木得到野蛮生长的空间；荒凉衰败的老旧建筑仿佛一个病态的老人，在懒洋洋地晒着太阳，静静地打发着余下的时光；也仿佛心有不甘，默默地向天诉说着往昔的辉煌。

考察组人员在汽车大修厂遗址现场全程徒步察看各种建筑物，间或寻访当地的村民和路客，了解汽车大修厂情况及搬迁后的一些状况。得知该工业遗址目前尚有部分建

3536厂原厂区广场一瞥

3536厂遗址一瞥

关山苍苍，汽车大修厂断壁残垣里难寻往日的荣光

枫红秋霜，期待来年的辉煌

筑物产权属于沱牌酒厂所有，其余部分仍闲置至今。

面对汽车大修厂的现状，考察组人员不由感慨、喟叹：三线建设是继抗美援朝后，与两弹一星并肩的我国特殊时代的工业、能源、交通等一次涉及国家走向现代化进程中的、系统性的国民经济战略性大调整。三线建设的实施，为国家安全、挺起脊梁、富国强兵、改善国民经济结构与布局、提升中西部现代化水平起着不可估量的作用；也为我国提升整体实力，进一步扩大开放，实施"一带一路"建设夯实了基础。

然而，在时代发展过程中，随着"关、停、并、转、迁"政策的实施，一些存留在原址的三线工业遗址却未得到有效保护、开发、利用。这种状况在川渝地区也有相当数量的存在。

川渝地区是三线建设时期"两基一线"布局的战略重点地区。三线工业遗址作为一个时代的实物载体，是国家工业化进程和西部开发留下的历史印痕，是一种不可多得也不可再生的宝贵的工业与文化遗产资源。

考察组人员在夜色朦胧中返回重庆。途中，在艾新全、陈晓林两位同志组织下，考察组人员再次聚会研讨：1964—1980年展开的三线建设以及至2003年止的三线建设调整改造规划时期，是第一次举全党全国之力进行的西部大开发，是完整的中国工业产业链之基础，是成渝双城最具特质的文化现象。为了让三线精神在新时期更加发扬光大，让三线文化在中华民族伟大复兴事业上增光添彩，中国三线建设研究会、重庆三线建设研究会、重庆工程师协会三线建设工业文化专委会在此倡议：

为更好地参与成渝双核经济圈建设，我们希望成渝双城各界有识之士携起手来，努力保护、开发、利用好成渝地区的三线工业遗产资源，变资源优势为经济优势，共同建设打造"成渝双城三线文化走廊"。把这件具有深远历史政治意义和现实意义的好事、大事推动起来，一步一个脚印扎扎实实地落实下去。

（本文图片资料由作者提供）

开发保护利用好三线工业遗址，留住三线记忆
——陪同吕建昌教授考察调研南川三线工业遗址

秦邦佑

如何开发保护利用好三线工业遗址，留住三线记忆？

那是 2019 年 12 月 12 日，上海大学文学院历史系教授、国家社科基金重大项目"三线建设工业遗产保护与创新利用的路径研究"首席专家、上海大学中国三线建设研究中心主任吕建昌，我和中国三线建设研究会常务理事吴学辉，中国三线建设研究会理事秦邦建，重庆市南川区党史与地方志办公室副主任刘先忠等人，陪同吕教授先后考察调研了南川区三线工业遗址，重点考察调研了"柴油机研究所"遗址，探访了宁江机械厂生活区旧址和宁江小学三线文化，以及红泉厂附近的"美龄"桥和天星小镇、三线酒店、金

考察调研人员在南川区行政综合大楼前合影

佛山喀斯特地质博物馆等。

在考察调研中了解到，南川区（当时为南川县，隶属四川省涪陵专区，1997 年重庆市直辖，改属重庆市）是重庆三线建设时期的重点地区。

20 世纪 60 年代中期，党中央针对当时险恶的国际环境作出了"调整一线，建设三线，改善工业布局，加强国防，进行备战"的重大决策，从而在中国内陆地区进行了长达 16 年之久的三线建设。地处西南的重庆为三线建设最大的中心城市，南川又在其中占有重要一席。

1964 年，中共中央、国务院决定："用三年或者更多一点时间，把重庆地区，包括从綦江到鄂西的长江上中游地区，以重钢为原料基地，建设成能够制造常规武器和必要机械设备的基地。"

以重庆为中心的常规兵器工业基地的建设，包括国防工业内部配套项目，以及为兵器工业服务的基础工业和机械工业配套项目。其中，在南川的就有 5 个，即国营天兴仪表厂、国营宁江机械厂、国营庆岩机械厂、国营红泉仪表厂、国营红山铸造厂。通过三线建设，重庆建立了门类较为齐备的以常规兵器制造为主，电子、造船、航天、核工业等相结合的国防工业生产体系，初步改变了中国东西部经济发展不平衡的布局，在较大程度上加快了重庆的现代化进程。

据刘先忠副主任介绍：南川历史悠久，春秋时为巴国

属地，唐贞观十一年（637）始置县。新中国成立后属四川省涪陵地区管辖，1994年撤县设市，1997年划归重庆直辖市管辖，2006年撤市设区，拥有1370年的建置史。南川具有建设战略大后方所必需的地理环境和基本条件。

南川位于川黔交界的大娄山脉西北侧，地处云贵高原末端，是内陆腹地大山区。东承重庆市武隆县和贵州省道真县，南连贵州省正安、桐梓县，西及重庆市巴南区、綦江区和万盛经开区，北接重庆市涪陵区，自古以来就是渝南黔北的交通要道。

早在1937年，川湘公路就从南川境内中部通过，距重庆主城区仅170余千米。通向贵州省遵义、贵阳两市又有省际公路相连，距长江水运涪陵水码头也只有100千米，距铁路运输万盛火车站仅有40千米。其南部以金佛山、柏枝山、顶箐山为屏障，山势高峻，切割强烈。境内有大小溪河91条，属长江流域乌江、綦江水系，水资源较丰富。拥有丰富的煤矿、铝土矿、石灰石、石英砂、耐火黏土等资源，高储量的煤矿使南川成为全国100个重点产煤县之一，高品位的铝土矿使南川成为目前重庆市规划建设的铝工业基地。

按照"以重庆为中心建设常规兵器工业基地"指示精神和党中央提出的"散、山、洞"选厂原则，充分利用南川的纵深位置、险峻地势和富饶沃野来建立国家的战略后方，将军工厂分散、隐蔽在南川高山之间与山洞之中，以防止世界大战的袭击，是比较符合当时国际国内形势的选择。

据悉，1964年，国家计委副主任程子华，铁道部部长吕正操、国防工办刘兆生、五机部副部长朱光、西南局书记处书记阎秀峰等分别到过南川考察。

经过1965年和1966年两年的选址、定厂工作，最后落户在南川县的军工企业有：五机部在水江镇联合大队魏家湾（原水江钢铁厂址）建有国营宁江机械厂，在丁家嘴乡天星大队建有国营天星仪表厂（原名为东方红机械厂），在岭坝乡甘罗大队大坝沟建有国营红山铸造厂，在半河乡大河大队龙骨溪建有国营红泉仪表厂，在文凤乡石峨大沟建有国营庆岩机械厂。这5个厂于1970年后建成投产，主要生产常规武器，后来生产部分民用产品。六机部在沿塘乡光辉大队安坪建有第七研究所（即7012工程，1982年撤走），在石莲乡桐梓沟建有九一一仓库（海军仓库，1970年撤走）。

在考察调研中加深了对南川三线建设工业遗址的了解。

宁江机械厂：生产常规武器装备零件

1964年4月，经原五机部批准，由东北机器制造总厂主包和江陵机器厂副包，共同筹建，生产纲领为轮番生产爱－3引信和伏－429引信，年产70万发。工厂位于南川区水江镇北侧，经由水江镇可达川湘公路，沿川湘公路西南行26千米到达南川区。从1966年2月到年末，绝大部分单项工程主体基本完成，1971年正式投产，1974年通过竣工验收，实际完成基建投资3263万元，占地面积71万平方米，从各地向新厂调拨设备1600台。

在十年动乱期间，广大工人、干部以保卫国家安全为重，克服"四人帮"干扰破坏给工厂带来的种种困难，先后生产出军用常规武器装备零件，按时完成了五机部下达的紧急战备任务。1981年，工厂在接受国家军品订货、满足国内需要的同时，又接受了紧急外贸订货任务。

自改革开放以来，为了贯彻"军民结合，平战结合，以军为主，以民养军"方针，工厂根据本厂特点和专业化协作原则，发挥军工企业优势，先后开发生产了块规、沙发、眼镜、照相机、摩托车和微型汽车系列减震器等民用产品。JH70型摩托车减震器于1989年11月通过部级生产定型，达到日本同类产品质量。

为了提高产品的技术含量，工厂还不断向微车、轿车减震器发展。新增生产及检测设备400余台，使微（轿）车减震器生产量和产品质量逐年提高，具备了年产15万车套的生产能力，从根本上解决了企业搬迁成都后支柱民品的发展方向，增强了发展后劲和竞争实力。根据国家三线建设调整规划，1992年经国家计划委员会批准，工厂列入国家"八五"三线调整迁建计划。1999年3月，工厂全迁至成都市龙泉驿新厂区。

天兴仪表厂：生产常规武器及配件

原名国营东方红机械厂，由西安国营东方机械厂包建，主要生产常规武器及配件。从1966年建厂至今，天兴厂的发展以生产经营为主线。主要经历了四个发展时期：

1966—1974年，为基本建设和军品生产准备时期。1966年5月，天兴厂第一任厂长盛金福率队从西安老厂赴四川，先后在合川、璧山、铜梁等地选址，但由于不隐蔽而被上级否定。为此，选址工作由川北转向川南，在实地考察的基础上，1966年8月15日，经上级行文批准，同意天兴厂选址在南川，坐落在三汇公社工农大队（后改为天星大队）的天星沟。1966年10月，天兴厂基建破土动工，1966年底至1967年初形成建设高潮。但是由于"文革"的影响，随后的现场建设处于半停工状态达两年之久。1970年工厂形成新一轮建设高潮，同时加紧进行军品试制生产。1974年工厂通过竣工验收，占地面积34万平方米，建筑面积15万平方米，职工人数2500人。

1975—1980年，为单一军品生产时期。这个时期全部生产军品。企业建厂时引进了多个国家的高精设备，拥有地方企业难以相比的军工优势。从1975年起开始少量投产，以后逐步上批量，并在1979年首次实现盈利。之后该军品转产。

1981—1989年，为军民结合多品种生产时期。在老军品转产之际，恰逢国家第一次提出"保军转民"的战略方针，企业在转产新军品的过渡时期，首先集中精力上民品。第一次上的民品是"铁塔牌"机械报时座钟和定时器。企业充分发挥军工实力，零部件从内到外全部自制，封闭生产，在一两年的时间里就形成了年产20万台座钟的能力。该产品后因市场变化而转产。从1981年开始，企业开发的新军品需求量增加，很快形成批量生产能力。在座钟下马之后，新军品发展成为主导产品。依靠新军品，企业从1984年至1989年连续6年实现盈利，为国防建设做出了贡献。在这一阶段，企业以军品为基础，又开发了一系列新的民品，包括电风扇、公安产品、汽车制动器、车用仪表等。其中，摩托车仪表、汽车仪表得到突出发展。由于军品任务较重，民品车用仪表在起步的前5年中，生产规模较小。

1990年至今，为车用仪表专业化规模生产时期。1990年，军品除研制计划外，生产计划大幅削减，此时民品还未形成规模，企业陷入艰难境地，经济处于亏损状态。工厂抓住国家"八五""九五"时期摩托车、汽车市场高速增长的机遇，突出发展已开发成功的车用仪表，并走向全国市场，迅速形成大规模生产。在生产规模和技术水平上，企业至今保持了在全国车用仪表行业的领先地位。经过"八五""九五"时期的发展，工厂在资产规模上由多年的四五千万元上升到4个亿；在企业体制上，组建了集团有限责任公司和上市股份有限公司（简称"天兴仪表"，于1997年4月22日在深圳证券交易市场上市），成为中国兵工车用零部件行业唯一的上市公司和中国车用仪表行业第一家上市公司。2000年5月，该厂全迁至成都市龙泉驿区。

红山铸造厂：为高射火炮配套

该厂始建于1966年，是担负高射火炮配套生产的军工厂。工厂位于南川县南平区岭坝乡的向家沟，东侧直线13千米是南川县城，南靠金佛山，西临贵州省边界，北面8千米有川黔公路通过，距离重庆市176千米，距南川县城24千米。

1970年7月1日工厂正式投产，设熔模精密铸造、铝合金铸造、铜合金硬模铸造3条主要生产线，年综合生产能力1366吨。总投资1522万元，总建筑面积4.95万平方米，征购土地9.52万平方米。1970年，工厂先后抓紧做了66式152毫米和54式122毫米榴炮弹的精铸件、有色件的试制，分别在1971年前后定型投入批量生产，并保质保量完成了抗美援越军品配件生产任务和国家下达的其他军品生产任务。军民结合时期，该厂生产了15个军品的各种精铸及有色铸件6万多件。其中生产新研制成型的各类军品配套铸件计9种4万多件。

由于十年动乱的影响，加之工厂远离城市，各种费用负担重，致使企业投产后中长期效益较差。"文化大革命"中几乎每年都亏损，党的十一届三中全会以后，大力发展民品，经济效益逐年好转。1997年，该厂整体迁往重庆市巴南区渔洞镇。

红泉仪表厂：为高射火炮配套

该厂是生产59式100毫米高射炮液压传动装置和74式双37毫米全自动高射炮电器传动装置的专业厂。大致经历了这样几个时期：

1966—1970年，为基本建设阶段。该厂选址于南川金佛山北麓东胜公社龙骨溪沟，西北距南川城16千米。至1970年建成，总投资1028万元，总占地16万平方米，建筑面积3.75万平方米。

1970—1980年，为战备生产时期。该厂先后生产、试制了59式100毫米高射炮电器传动装置、74式双37毫米全自动高射炮电传动装置、新122榴弹炮十七部件前支架缓冲器和30部件的两套转换装置、76式海37高炮随动装置等。

1980—1997年为军民结合和民品生产时期。党中央、国务院提出"军民结合，平战结合，以军为主，以民养军"的方针后，工厂军品计划大量减少。工厂组织力量从1980年起开展民品调研，进行民品生产。到1985年止，先后生产了FC电影机检查仪1375套，MH3舞台拉幕器52台，红苕切片机810台，DD28型单相电度表41165只，90型摩托车前后轮总成齿轮等15673套，SC2030汽车转向器总成翻转油缸222台套，以及其他产品等。其中汽车转向器及摩托车前后轮总成形成工厂的支柱民品。随后，该厂整体迁往重庆市巴南区渔洞镇。

庆岩机械厂：生产常规武器及零部件

该厂始建于1966年，主要生产常规武器及部分零部件。工厂在南川生存发展主要经历了以下三个阶段：

1966—1970年，为基本建设阶段。该厂位于南川文凤乡石峨大队。从1966年选定厂址开始筹建起，到1970年7月正式投入生产。建成总投资4153.75万元，总建筑面积9.81万平方米，占地24万平方米。

1970—1980年，为战备生产时期。该厂由基本建设转入生产建设后，开始了紧张的战备生产。工厂积极动员职工群众完成战备生产任务，组织满负荷生产，完成了军品生产任务。

1980—1997年，为军民结合和民品生产时期。该厂在军转民时期，生产开发成功的民品有SC2030越野载重车、高空消防车、干粉灭火器等。其中SC2030越野车和高空消防车是当时的支柱民品。同时生产了104个军品和部（备）件，尽管这时军品产量不大，所获产值也有限，但品种件号多，任务要求紧。工厂以保军为根本，克服各种困难，每年的军品计划生产及试制任务都是提前超额完成，满足了其他军品机加、装配厂的协作配套，保证了国防建设的需要。1997年，该厂整体迁往重庆市巴南区渔洞镇。

船用柴油机研究所：研发海军舰船装备

该工程是20世纪60年代由原国防部第七研究院统一撰编的一个工程建设项目的代码序号，也是第七研究院给其下属单位十一院研究所后方建设的工程。

自1964年到1967年，十一院研究所跑遍祖国大江南北，从河南的渑池县到四川的武隆县，几经选点建设和搬迁，最后选中南川的安坪坝。占地近300亩，职工及家属子女大约1000人。

经过十几年的开发和建设，船用柴油机研究所工程在安坪坝建成了从设计研制到试制加工出样品，由样品试验再到改进，一直达到研制设计和使用要求的为海军提供新的、现代化装备服务的一座现代化科研基地。1978年，随着基本建设和工程设备的安装完工，一座座整齐明亮的厂房及办公科研楼房矗立在昔日的田野中。但是，此时国际、国内形势已发生了极大变化。随着"文化大革命"的结束，

全党、全国的工作重心都转移到社会主义现代化建设上来。十一所抓住这一时机，加紧了搬迁的活动和准备，把一些重要的物资和设备拆运回上海，并不失时机在上海开始了新的大发展。1981年，十一所将船用柴油机研究所工地移交给涪陵，所办"五七"工厂移交给南川。涪陵地区专署注入资金将船用柴油机研究所工程改造建设成为涪陵地区一座大型纺织印染企业。

在考察调研中了解到，这些三线企业的调整迁建是由于特定的历史背景，三线建设是在国家急于备战的情况下仓促上马，并且受到"文革"动乱的冲击和"左"的指导思想影响，因此存在一些问题。

概括起来讲：一是钻山太深，经常受到山洪威胁，存在着滑坡、塌方、危岩等问题。如天兴厂，仅在1968年、1975年、1984年三次特大洪水中，就遭受直接经济损失数百万元，职工死亡2人。红泉厂以"瓜蔓式"布置在龙骨溪沟河的两侧，仅1975年、1979年两次特大洪水就造成13万余元的经济损失。二是规划投资综合平衡不够。由于企业布点过于分散和偏僻，建设费用和生产成本成倍增加，使三线建设投资没有充分发挥应有的作用。如船用柴油机研究所工程从选址到建成历经十几年，耗费了巨额资材，建成后却没有开工生产就迁回了上海，给国家人力、物力、财力造成了大量浪费。三是后勤服务难，信息闭塞。进入20世纪80年代，企业从单一的军品生产转向民品生产后，南川距重庆市区太远，交通不便，信息闭塞，协调难，配套能力差，造成开发生产的民用产品成本高，难以形成规模批量生产。有的工厂连年亏损，职工生活、子女升学、就业等都十分困难，给国民经济的发展带来了一些不利影响。

鉴于此,国家着手对三线建设进行调整改造。1992 年,经国家计划委员会批准,南川 5 家三线企业列入国家三线调整迁建计划。1997 年,红泉、红山、庆岩 3 厂整体迁往重庆市巴南区渔洞镇与其他 6 个兵工厂,形成了"九九归一",成了全国最大的调整搬迁项目。而宁江、天兴两厂于 1999 年至 2000 年迁至成都市龙泉驿,与其他几家调迁的大型军工企业在龙泉驿构成了高科技的精密机械和电子工业园区。

三线企业调整搬迁后,留下了丰富的三线建设工业遗产和档案文献资料,这是一笔宝贵的物质财富和精神财富。如何开发保护利用好三线工业遗址,留住三线记忆?如何让更多的三线工业遗产成为"亮点"?如何多元化利用使三线工业遗产"活起来"?要充分发挥三线文化与乡村旅游融合的独特优势,为新时代服务,是这次考察调研的主要目的。

以位于南川的天兴仪表厂旧址为例

天兴仪表厂是军工企业"钻山进沟"的代表,地处金佛山西麓,两面多为悬崖峭壁。由于恶劣的自然环境,该厂在南川时,不断遭受洪水、泥石流、滑坡等自然灾害的影响。该厂调整搬迁后,留下了大量的三线工业遗产。2000 年按照国家三线调迁规划,老厂建筑群整体有价转让。该厂地理位置优越,靠近金佛山,通过招商引资,引入企业进行统一规划开发,后以多种形式改造和利用,将整个厂区变身为集商业街、酒店及山地生态观光于一体的度假区。昔日的工业遗址,经过多元化的利用,与周边的喀斯特地貌区共同形成国家 5A 级景区,焕发出了新的生机。如,该厂原职工子弟学校所在地地势比较高,且相对平坦宽阔,避免了沟底经常发生的洪水、滑坡、泥石流等

自然灾害,后被改造为两江假日酒店;露天游泳池所处位置地势相对平坦,后改造为停车场;职工电影院不拆一砖一瓦,保存完好;第二家属区楼层低,且与第一家属区距离较近,后依托第一家属区改造的酒店,改造为度假温泉;原职工医院靠近家属区,部分已拆掉,部分已被改造为金佛山博物馆。

据悉,在整个改造和利用中,最有特色的是由第一家属区改造而成的酒店。该区属典型四合院的建筑风格。改造后的酒店,建筑面积约 5400 平方米,有客房 117 间,酒店内设有邮电所、理发店、粮店以及供销社等极具时代特征的配套设施,充分体现了"三线文化"的主题。

吕建昌教授说,目前在实施"乡村振兴战略"和开展全域旅游的背景下,中西部地区的旅游业发展迎来了黄金时机,这同样也是三线工业遗产保护利用与旅游产品开发相结合的极好机遇。许多地方正在积极编制本地区三线工业遗产保护与旅游业融合的发展规划。南川区很早就积极进行了探索,取得了明显的成效,将天兴三线工业遗产融合到当地自然景观与历史人文景观之中,形成融文化创意、历史遗产、休闲娱乐、工业旅游等为一体的全新"产业链",使之成为区域经济发展的推进器。

在推进过程中,南川区高度重视三线工业遗产与旅游资源整合目标、原则以及可持续发展模式,打造差异化的三线工业遗产旅游景观。"天星小镇"就很有特色,不愧是一个典型,使之成了文旅结合的一个"亮点"。

(本文图片资料由作者提供)

重庆冶炼厂：一个三线企业的前世今生

张学成

位于三江街道的原重庆冶炼厂，始建于抗日战争时期，当时的厂名为"重庆炼铜厂"。1941 年 7 月，该厂由重庆化龙桥迁至原綦江县三溪镇（今三江街道），抗日战争时期该厂享有西南电化冶炼中心的称号。从建厂到兴旺发达，再到关闭破产，重庆冶炼厂先后更名为电化冶炼厂、103 厂、重庆冶炼厂、重庆冶炼（集团）有限责任公司。

抗战时期的炼铜厂

2017 年 12 月，重庆冶炼厂遗址被列入《重庆市工业遗产保护与利用规划》确定的 96 处工业遗产名录中。

《綦江街道历史文化丛书之活力三江》记载，抗日战争时期，从国外购进的纯铜来源不足，国内军工及其他工业生产又迫切需要纯铜，1939 年，国民政府经济部资源委员会将冶金研究所迁到四川筹建重庆炼铜厂，想方设法解决军工所需的纯铜供给。这年秋天，炼铜厂在重庆化龙桥建成投产。

1939 年 12 月，因扩大生产所需，工厂又到原綦江县三溪镇筹建铁、锌冶炼厂及生产所用的电厂。

1941 年 7 月，为统一管理，又将重庆炼铜厂迁往原綦江县三溪镇，与三溪镇的炼铜厂和正在建设的铁厂、锌厂合并，取名为资源委员会电化冶炼厂（简称"电化冶炼厂"），总部设在三溪镇。下属 4 个冶炼厂，除冶炼铜、铁、锌外，还在三溪新添高功率电炉及炼钢厂。产品主要供给兵工厂、电工厂、飞机制造、维修厂和军政部所属的交通机械制造厂等使用。

因战时需要，电化冶炼厂迅速发展成了一个具有相当规模的综合性冶金企业，鼎盛时期，厂里有 7000 名职工，当年炼铜厂就具备日产 6 吨精铜的生产能力，享有西南电化冶炼中心的称号，为抗日战争的胜利做出了贡献。

1945 年 8 月，抗日战争取得胜利。同年 10 月，电化冶炼厂奉令停产。

1946 年 2 月，电化冶炼厂又奉令恢复电解铜生产，主要为兵工署各厂代炼圆形铜料。

1948 年接收资渝钢厂已停产多年的石门炼铁厂，因复工需要，贷了巨资，因为种种原因，产品生产能力落后，到后来只得靠变卖器材设备度日，工厂濒临倒闭，只剩部分职工维持局面。

新时期的重庆冶炼厂

《三江街道志》记载，1949 年 12 月 7 日，重庆市军事管制委员会接管了电化冶炼厂，当时留用职工 382 人。1950 年 1 月，电化冶炼厂再次复工。

1951 年 3 月 1 日，电化冶炼厂更名为西南军政委员会总会工业部钢铁工业管理局第 103 厂（简称"103 厂"）；

1953 年 1 月 1 日，更名为中央重工业部有色金属管理局 103 厂；

1964 年 10 月 9 日，冶金部决定将上海金属加工厂金属粉末车间合并到 103 厂；

1972 年 7 月 26 日，国务院冶金工业部将 103 厂改名为重庆冶炼厂；

重庆冶炼厂遗址即景

1996年9月18日，该厂改制，重新注册登记为重庆冶炼（集团）有限责任公司（简称"重冶集团公司"）。

资料显示，当年的重冶集团公司占地面积约750亩，固定资产原值18497.08万元，职工2033人。

该厂以生产有色金属、有色金属粉末及合金粉末等产品为主，产品种类多达30个，年均生产能力可达4万吨，产品远销东南亚。

2001年9月1日，重冶集团公司划归重庆机电控股（集团）公司管理。2007年，重冶集团公司宣布破产，资产交重庆市人民政府国资委管理。

破产后，市国资委先后与吉林吉恩镍业合资办厂，或将厂房和生产系统租赁给其他企业生产经营至今。

抗战时期建的厂房今犹在

近日，记者来到重庆冶炼厂遗址，当年修建的高大厂

昔日的生机与活力

厂大门依旧气宇轩昂

门依然耸立在阳光下，厂大门花坛里的花卉鲜艳夺目，植物生长茂盛。走进厂区，虽说已见不到重庆冶炼厂昔日的繁荣景象，但仿佛仍能听到机器轰鸣的声音。

正对大门的是重庆吉恩冶炼有限公司的巨幅广告牌。吉恩冶炼公司将正在使用的办公楼进行了翻新装修，但被原重庆冶炼厂遗弃的厂房仍被风雨侵蚀着。

距厂大门 50 米处，是原重庆冶炼厂的运输队办公楼和停车场。记者在办公楼里看到，每间办公室里都遗留着当年破产时留下的东西，在满屋的垃圾堆里，记者发现了数十本"重庆冶炼厂外运车任务单""四川省公路货运行车路单"，从 2007 年破产算起，这些货运单被遗弃在这里已经整整 11 年了。

办公室墙上还挂着"停车场值班管理人员岗位职责"等牌子，虽然墙壁已被雨水浸得斑驳剥落了，但制度牌依旧"尽忠职守"，向来者讲述过去的故事。二楼的一间屋子里还堆放着当年用来装点厂区的红灯笼，只是原本艳丽

的颜色已没有光彩。

站在运输队办公楼的楼顶上，重庆冶炼厂的全貌尽收眼底，厂房虽然废弃了，但厂里还是绿树成荫，欣欣向荣。

同行的三江街道宣传干部蒋焰将记者带到一处红砖瓦房前，因为是红砖，这幢厂房格外显眼。蒋焰告诉记者，这个厂房，就是重庆冶炼厂迁到三溪镇建的第一幢厂房，它的修建时间是 1941 年，距今已有 77 年历史。该厂房前后左右都建有大小不同、材质不同的厂房，不同的建材代表了不同的年代，记录了建材的发展，更记录了重庆冶炼厂的变迁。

如今，废弃的厂房基本上保持着当年的面貌，车间墙上的规章制度从另一面见证了当年重庆冶炼厂的辉煌。

（本文、图摘自《学成说文／ 重庆冶炼厂，抗战时期的西南电化冶炼中心》一文，摘编时略有修改）

巴山蜀水

三线建设

BASHANSHUSHUI SANXIANJIANSHE

第05章 三线未了情

从一张六十二年前的素描彩画引起的无尽回忆

王春才

这是一幅 20 世纪 50 年代，刚参加工作不久的我于 1958 年初春在成都东郊写生创作的彩色素描画。

今年 9 月 23 日上午，居家重庆的中国三线建设研究会常务理事吴学辉向我的微信发来了这张照片，并打电话问我这张照片创作的一些具体情况，他说这张照片很珍贵，有价值和历史意义，要我写个说明，拟推荐给"三线视点"平台，让大家都分享欣赏。他说这张彩色素描图片是从倪同正主编那里得到的，要核实准确的创作时间和拍摄人。

当我得知吴学辉是从居家上海的中国三线建设研究会常务理事、《三线风云》丛书主编倪同正那里得到照片时，我便给倪同正打了电话。

倪同正主任于 9 月 24 日晚 9 点发来微信说：王主任您好！你这幅画下面一行字的内容是什么？这张图以后有机会与大家分享。我看到微信后回复说：是成都东郊新红农业社第九生产队一角（红印是王春才章），右角文字 1958 年正月初二写生。

豪情满怀的青春岁月

那时候，我是学建筑专业的，时任援助锦江电机厂建设的苏联列宁格勒第五电子设计院土建专家格·阿索特尼柯夫的助手。他是教授级建筑专业，爱好素描作画，我画了素描 2 张，其中赠送给了专家一张，他带回苏联的家中挂在了墙上。他还风趣地问我："画面上穿红衣服、在水塘边洗衣服的姑娘是您未婚妻吗？"我笑着回答："不是的。我未婚妻吕婆常在故乡江苏建湖县高作区担任妇联主任，工作比较忙，784 厂人事科答应下半年才能调到厂里工作。"专家笑了笑对我说："那好，你们团圆了！"

格·阿索特尼柯夫专家住在玉沙路苏联专家招待所三楼，他们的家庭气氛浓厚。他 47 岁，夫人索特尼柯娃 36 岁，有一个 10 岁的小男孩，中文名字叫苏立克，是 715 厂工程技术员专家助手朱为城取的。1956 年下半年他们在成都又生了一个小女孩，取的中文名字叫东蓉。

1958 年 8 月，我的未婚妻吕婆常调到了锦江电机厂工

1958 年正月初二，王春才在成都东郊新红农业社第九生产队的写生彩画作品

作。第二天正巧是一个星期日，格·阿索特尼柯夫专家请我们去他家相聚。当我们去时，他们全家人在门口迎接我们，索特尼柯娃向吕婆常献了一束鲜花，留我们吃西餐午饭，10 岁小男孩苏立克又是演唱苏联歌曲，又是跳苏联舞，赢得大家一片掌声。我们两个家庭的相聚，体现了中苏一家人，友谊深厚。

从这幅素描彩画引起了我对苏北水乡的回忆。记得 2014 年 4 月 2 日，李杰摄影师为我在河边照相。我自留一张保存挂在书房墙上，真神奇，画面已经有 62 年了，却没有褪色。

有一天晚上，我又把这些情况一一告诉了吴学辉主任。吴学辉建议我把相关图片都找出来，写一篇图文并茂的文章，以回顾纪念那段难以忘怀的人生经历精彩美篇。国庆节那天，吴学辉赋诗一首，赞王春才老先生 62 年前素描成都东郊初春美景：

八十之期忆青葱，川西坝子春意浓。彩笔细描风光秀，竹翠树绿溪淙淙。

村姑俏，国旗红，书声琅琅飘晴空。人人竞说天府美，长留佳境图画中。

四川蜀都画院画家江福建先生看到后，写下了这样的留言："雅赏简析王老 1958 年春成都东郊春游写生画。 难得一见王老的水彩画，非常珍贵。画中表现了 20 世纪 50 年代成都平原乡村田野的人文自然风光：粉墙黛瓦的村庄，掩映葱郁茂密的树林中，水田禾苗，春意盎然。一条清澈的小河绕村而过，村中建筑的高处飘扬着一面红旗，绿色调中一个红衣女子正在河边洗涤，这是'万绿丛中一点红'的点睛之笔。整幅画有一种蓬勃生机，其构图得体、用笔朴实、造型生动、寓意深远。历经 62 年，至今色彩鲜艳，是一幅很有价值的作品。"

1957 年春节，王春才在成都东郊新红农业社水塔前进行素描写生

1957年秋天，苏联土建专家格·阿索特尼柯夫在锦江电机厂专家办公室回答厂基建科技术员季寒冰（左一）、沙绍常（左二）提出的图纸上的问题，李志超（左三）帮助翻译（王春才 摄）

1957年秋天，成都锦江电机厂土建技术员王春才在苏联土建专家格·阿索特尼柯夫专家办公室整理专家建议（李志超 摄）

宿舍区八街坊，晚上下班，有的俄语翻译陪专家散步照相呢！我1958年还陪同格·阿索特尼柯夫专家及家人到都江堰、简阳先进人民公社参观。

1959年5月9日，在成都锦江电机厂工作的扬州华东第二工业学校校友沈念慈、刘焕燧（新兴仪器厂）、杨鲲、王春才一行4人在成都东郊建设路沙河桥合影。杨鲲、刘焕燧、王春才皆在苏联专家办公室工作（洪履康 摄）

陪同苏联专家去参观

援建成都东郊宏明无线电器材厂、新兴仪器厂、锦江电机厂的苏联专家，来自不同的专业，有几十个人，住在城里新华大道玉沙路苏联专家招待所，上下班小车必经东郊建设路沙河桥，夸赞人旺水清风景美，靠近锦江电机厂

1959年5月9日，成都锦江电机厂的5位青年校友在成都建设路沙河桥堤合影。从左至右：王春才、杨鲲、沈念慈、刘焕燧、洪履康

1958 年春，成都锦江电机厂郭克厂长（蹲者左三）与宁中惠总工程师（前排左五）陪苏联专家党组书记阿宏斯基（左四）、格·阿索特尼柯夫（左二）参观简阳县一个先进的人民公社（社长张泗洲），受到县委张书记（左一）热情接待，在县委大院合影。王春才（后排左二）、李志超（右三）（王毅 摄）

1959 年 5 月 9 日，王春才与妻子吕婺常在成都东郊建设路沙河桥堤岸留影。（杨鲲 摄）

1958 年夏天，成都锦江电机厂基建副厂长王洋（左五）、翻译李志超（左一）、蔡学明司机（左四）陪同苏联建筑专家格·阿索特尼柯夫参观都江堰，并在索桥下合影留念。（王春才 摄）

1958 年春天，成都锦江电机厂郭克厂长（左）陪苏联专家到简阳县参观一个先进的人民公社（社长张泗洲，四川省劳动模范），受到县委领导热情接待。图为郭克厂长与县委张书记合影。（王毅 摄）

我看到了三线建设的明天

从无尽的回忆中，我看到了三线建设的明天。2015年3月2日，我与倪同正、刘洪皓、李杰出席四川攀枝花建设50周年相聚并合影。翌日上午从攀枝花市机场乘飞机到成都双流机场，下飞机后，倪同正主任陪西安《华商报》的摄影师李杰特来我家交流摄影。倪同正为我和李杰在客厅、书房照了很多照片，非常有纪念意义，同时为我理顺头鬓，照出的人像更精神。2015年11月，有的照片收集到了李杰的著作《"三线"记忆》一书中，该书由人民出版社出版。我应李杰的要求为这本书写了序"为了三线建设的明天，再现我关注的文图"。

2014年11月12日，我在成都为西安《华商报》的摄影师李杰即将出版的《"三线"记忆》作了序。全文如下：

李杰这个年轻人，虽然仅于2014年10月18日在湖北襄阳《卫东记忆》出版发布会上见过一面。但知道他名字还是好久了，四川锦江油泵油嘴厂的倪同正几次向我举荐他。在由倪同正主编的《三线风云》一书中，也收录了李杰的"三线年代的记忆"一文。李杰并不是三线建设人，也比我小30多岁。可他家在江苏太仓，算是老乡。知道李杰，是因为他作为一个三线以外的年轻人，一直在深入三线、记录三线、研究三线。三线建设是个宏大的历史题材，如史诗般地镶嵌在祖国大地的深山老林。

20世纪60年代，以毛泽东同志为核心的党中央，根据当时的国际形势和我国的社会经济及自然条件而作出了重大的战略决策。在短短的10多年时间里，祖国在广袤的三线地区建设起了强大的能源、交通、钢铁、机械、电子及军工等门类齐全的工业体系，建设了确保国家安全的可靠的战略后方基地。这是新中国社会主义现代化建设史上辉煌的一幕，展示了中华民族准备抗击任何来犯之敌、

2015年3月4日，作者在成都自己家书房里。书房里全是与三线建设有关的书籍

李杰著《"三线"记忆》（人民出版社出版）

2016年夏天，重庆涪陵区白涛镇建峰集团公司副总经理张元军（左二）与文化旅游开发部总经理郑志宏（左一）考察小组在四川大邑县安仁镇曹贵民电影博物馆参观考察时，为了表示对816三线军工项目的敬意，曹贵民（左三）与夫人熊似云（左四）当场捐赠一台中国核试验研制初期使用的手摇计算机，并合影留念。曹贵民是三线人，现任中国三线建设研究会常务理事，文史部副部长，热心研究宣传三线，职业文物收藏家，为816捐赠了许多历史文物

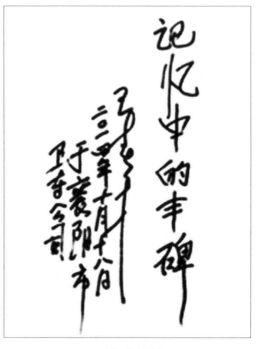

王春才为该书的题词

捍卫国家安全的决心。

现在，有后人尤其局外人来继承和研究三线建设，是当下难能可贵的。李杰这本取名为《"三线"记忆》的样书，他早在2013年11月快递过来让我过过目。这是一本以图片为主的摄影集，有别于我们自己三线人的记录形式，我们则以文字为主，以图片为辅，而他的这本书刚好相反，也正好是一种互补。

他这本书，共300余幅照片，5万余字。全书共10个章节，其中第一个章节以搜集的老照片为主。看似简单，但对一个三线外的年轻人来说，想搜集这些珍贵的照片实在不易。他的其余章节的图片，均来自自己2004年至2014年十年里，利用业余时间走遍重庆、贵州、青海、陕西等地近20家废弃的三线厂房走访拍摄。这没有一份对

三线建设的情感和执着的精神，是坚持不下来的。他没有图任何回报，只是源于热爱。

李杰这些照片，并没有宏大的如火如荼的工作场面，而是静止的、细微的，比如一把仍然挂在门上的"永固牌"锁、比如车间里已积了一层厚厚灰尘的电动开关，再比如一间房间里一只脱掉了一半的挂衣架，还有那破烂不堪的厂房外盛开的一朵油菜花，再比如已经利用起来正在生产的一位姑娘的眼神，等等，无不打动着每一个读者的心，无不勾起三线人对往事的回忆。

历史，总是要翻过去的。为了解决三线企业厂址历史遗留下来的问题，1983年国务院制定了"调整、改造、发挥作用"的方针。一些三线企业，在完成了那段特殊使命之后，已经顺利地调整搬迁到城市。有的转产，有的军转

民，有的半军半民，甚至有的破产。总之，那段三线建设与调整的历史时期，是宏大的，光荣而艰巨的。作为历史，理当记录下来。

今天，我在李杰这本《"三线"记忆》书里看到了。这是令人欣慰的。从研究和记录的角度来说，是有一定史料价值的。我想，不仅三线人喜欢，三线以外的读者也一定会喜欢。

如果说有不足之处，这本书的记录范围还应该广泛一些，现在才是冰山一角。以后，还要继续发扬这种锲而不舍的记录和研究的精神，把我们深藏在深山老林的废弃的三线厂房遗迹记录下来。从客观来讲，这些三线建设厂房正在一天天减少，应采取积极措施不断充分利用起来。

与苏联格·阿索特尼柯夫专家相处的日子

那是1957年的一个黎明，当夜色还未最后消逝的时候，远远望见成都国营宏明无线电器材厂烟囱上的标灯，很像高悬在天边的三颗"红星"。"红星"的光芒使厂房显得更红了；"红星"的光芒照耀着上班的人们。此刻，我完全沉浸在美好幸福的感觉中，怀着最真诚的感激和最大的敬意，回想起了帮助建厂的苏联格·阿索特尼柯夫专家。感谢他带来了对中国人民的情谊，也带来了高超的技术。专家的一切给我留下了不可磨灭的印象。

格·阿索特尼柯夫专家还不满50岁，可是从他稀疏斑白的头发，可以看出他多年的刻苦勤奋。眼角边深深的皱纹，说明他过去饱尝了艰辛。在反法西斯的严酷战争中，他参加了保卫祖国的战斗。1941年他任工程兵上尉，冒着敌人密集的高射炮火力的袭击，在飞机上视察阵地。在战争中熬过了多少个不眠的夜晚，忍受了多少饥饿寒冷的摧残，为祖国、为和平立下了功勋。

有一次，格·阿索特尼柯夫专家和我闲谈，当他知道我很爱我的弟弟时，他的语调低沉了，流露出对帝国主义发动的侵略战争的深刻憎恨。他告诉我，他也很爱他的弟弟，可是弟弟在卫国战争中牺牲了。卫国战争胜利后，他又回到了建设岗位，把全部心血献给了建筑事业；并且怀着永远消灭帝国主义战争的国际主义崇高感情，帮助民主德国、芬兰进行和平建设，后来又到中国帮助我们。

1956年，与专家相处一年多的日子里，我感到他待人的诚恳和亲切，他对我总是那样不倦地教诲，从实际工作中帮助我提高，使我得到充分的锻炼机会。每交代一个任务或是研究一个问题时，他总是让别人先发表意见，哪怕你讲得多么啰唆，或是讲得不对题，他也从不中途打断，耐心地听完后，才逐一纠正，直到讲到你懂了为止。

同样，在具体工作中，他也常常亲自指导、帮助。记得有一次，他要我拟定厂房立面作出处理方案。方案运用到实际中去试验，结果失败了，我有些灰心。他觉察到了我有不安的情绪，立刻鼓励我说："图上画得对，但还要通过试验证明理论是不是正确。别灰心，失败是成功之母……"并且帮助我找出了失败的原因，最后使这个试验获得了成功。试验的那天，我和他站在那高高的架桥上，他紧握着我的手向我祝贺。我激动得什么话也说不出，只是在想：敬爱的专家，应该受祝贺的不是我，而是你自己啊！

专家的工作日程都是按计划执行的，井井有条，按时准确地完成任务。他非常珍惜时间，预定什么时候开会，什么时候一起研究问题，都有合理的安排。有一次，一位青年技术员开会迟到了，专家笑嘻嘻地说起了一段故事："在我的家乡有个小伙子，约定姑娘某时在某地会见，可是到了那天姑娘等了很长时间，小伙子还没到。姑娘生气了，以后也再不和小伙子约会了。"专家风趣的暗示，逗得大家哈哈大笑。以后，那个年轻的技术员再不迟到了。

专家对每一个技术问题不论大小，从不轻易放过。每一个数字、建筑中使用的每一根钢筋都要精细地一一核算。那黑白草图上落下的一条条的红线，都是专家心血的结晶。一次，我在设计时拟多用两根钢筋，他严肃地批评了我，叫我要注意一点一滴的节约。接着，又翻开设计规范逐条地讲给我听。这种珍惜人民财富的举动，深深地感动了我。

那时，成都的阴雨天比较多，工地上的架桥又高又滑。我们叮咛他走路当心，走慢些。他却连声说"习惯了"。是的，不论烈日曝晒或刮风下雨，他没有一天不在工地。从基础到架桥，从放线到安装，从底层到楼房，从奠基到厂房建成，每一处都有他留下的足迹，每一根柱子、每一根梁，他都像熟悉自己儿女一样的熟悉它。

在日常工作中，他和工程师及各生产部门的工人打成一片。他是那样的热情、诚恳，见了人不是点头微笑，就是握手问候。你去他家玩，临走一定要送到大门口。他曾高兴地对我说过："工地上的工人，我很少有不认识的。"我还记得，每次当他出差去北京时，工人们总是殷切地盼望他早日归来。他去到工地，筑路工人用最纯朴的语言和他打招呼：老大哥，请提意见！工人的每一点成绩，哪怕是最微小的建议，都会引起他的高兴和重视。他还曾不止一次地指教我要和工长密切联系，要使两人工作的配合、两人意见的统一，像一个人一样。专家不仅仅教给我技术，

也教会我如何团结群众更好地去工作。

记得在那些酷热的日子里，他经常是汗湿额角，水洗衣衫。厂长为了照顾他的健康，要他少工作两小时，他一面感谢，一面拒绝了。为了中国建设的顺利进展，哪个工厂需要他帮忙，他都满口答应。哪怕是较远的宜宾电磁厂邀请他，虽然当时他正闹腹泻，也毫不迟疑地去了，及时地解决了磁厂厂房基础的塌方问题。

凡是熟悉他的工程师、技术员无不赞颂他的技术高超、经验丰富。不管技术有多复杂，只要他在场，就会变得轻易简便。这鼓舞了工程技术人员虚心向苏联专家学习的决心和信念。把中国建设得和苏联一样的美好，这是他唯一的心愿。因此，什么疲劳、辛苦，他都置之不顾。从清晨到傍晚始终精神饱满，精力充沛。

他是一个热爱生活的人，每次舞会都少不了他。记得在厂里举行"欢迎伏老访问中国"的联欢会上，他唱起了苏联民歌，跳起了俄罗斯的民间舞蹈，那奔放的、矫健的舞步，吸引住了我们，也使我们很难相信他是个老人。

红色的厂房落成了，车床安装好了，机轮转动了。专家默默地注视着这一切，幽默地说："机器要赶我们走了。"于是，怀着惜别的心情，他离开了我们，去到了另一个工地。

据我知道，现在那里还是草地一片，但是不久以后一座现代化的厂房将要屹立在那里。

（本文图片资料由作者提供）

　　1957 年元旦，成都宏明无线器材厂厂长夏明与锦江电机厂副厂长王洋、新兴仪器厂领导在成都玉沙路苏联专家玉沙招待所与苏联专家组长卡特尼波夫（左一）、建筑专家格·阿索特尼柯夫（左二）、电气专家卡尔波夫（左三）等专家团聚，祝贺他们新年快乐、工作顺利、家庭幸福

　　1957 年秋天，苏联电气专家卡尔波夫（左三）与宏明无线器材厂专家办公室副主任许文（左一）、翻译刘焕燧（左二）、李志超（左四）合影（王春才 摄）

　　1958 年苏联专家卡尔波夫与杨鲲（翻译，左）、王春才（右）在锦江电机厂主厂房屋顶上合影（王毅 摄）

　　1958 年 10 月 22 日，格·阿索特尼柯夫专家离开成都回到苏联后，与夫人索特尼科娃带着儿子在黑海边休闲，将合影的相片寄给王春才留念

校友情深。1998 年 10 月 13 日，苏北太县建工局局长兼总工程师、江苏正太集团高级顾问朱为城（右二）专程到盐城市王荫（左二）家，看望扬工校友王春才（右一）及其爱人吕婺常（左一）。

格·阿索特尼柯夫明信片留言 朱同志：恭贺你 1957 年春节愉快。祝你身体健康，并在工作和学习中获得成就。 索特尼科夫

1957 年，在成都宏明无线器材厂苏联专家办公室，格·阿索特尼柯夫专家（右一）、卡特尼波夫专家组长（左一）与专家助手工程技术员朱为城（左二）、翻译李志超（右二）合影

1958 年 8 月 26 日苏联土建专家格·阿索特尼柯夫与锦江电机厂土建技术员王春才（左）、翻译李志超（右）在成都留真照相馆合影。（注：李志超在中国对外友好协会对外文化宣传部部长岗位上退休）

烽火连三线　家书抵万金
——从一批三线人的家书看三线人的家国情怀

曹贵民

本人是三线企业的二代子弟，平时对于三线背景的老物件情有独钟。迄今为止，已收藏各类别与三线建设相关的藏品 3000 余件。

其中，捐赠给核工业 816 厂超级洞体项目的《中国第一代军用手摇计算器》，捐赠给中国攀枝花三线建设博物馆的《参加三线国防工程人员审查表》等，都是较为珍贵的藏品。

2016 年 7 月 18 日，我又为六盘水三线建设博物馆捐赠了几件有关三线人家书信函的藏品。

由此，我就来谈谈一位三线人与他远在异地的家人数年间的往来家书。

当年，我们没有现在方便的通信手段。就连地址，都是由各种保密信箱替代的。而这种以阿拉伯数字来替代的地址，曾经给三线人的家属们，带来很大的困扰。

如承担核工程研究的某研究院，隐身于四川乐山一处崇山峻岭之中，但其通信地址，却是成都市 ×× 信箱。家人思亲心切，扶老携幼来到成都，却根本无法找到亲人，甚至连亲人的信息也无法知晓。类似的例子，可能我们经历过三线建设的都知道，举不胜举。

这些信函，出自一个家庭。像当年绝大多数三线家庭一样，家里的顶梁柱是父亲。他叫张绪兴，原来是上海跃进电机厂技术人员。1967 年前后，响应国家号召，报名参加三线建设，被分配到贵州永安电机厂从事技术工作。

这批家书，一共有 23 封，54 页。分别是丈夫写给妻子的 12 封、妻子写给丈夫的 1 封；父亲写给大女儿的 3 封、写给二女儿的 2 封、写给小女儿的 1 封、写给儿子的 1 封；四个子女写给父亲的 1 封；另有男主人与远房亲戚通信 2 封。

这批家书的通信年代，经考证为大约在 1967 年 4 月—1976 年 12 月之间。

从家书中得知，这家人的原籍在浙江宁波地区，男主人在民国时期迁居上海。

这批家书的内容，概括起来大致有下列几方面的内容：

一、互诉离别之情，思乡之痛，思亲之切。

二、讲述自己工作，生活，所处环境等状况。

三、就有关男主人"特嫌"问题进行解释，备案。

四、汇款、寄物、收物等安排，嘱托。

五、生活琐事。

从其中几封家书的内容来看，我们可体味那个特定时代三线人的家国情怀。

先来看一下三线人在家书中展示的对于家的情怀。

一、这是丈夫写给妻子的一封信，时间是 1968 年 4 月 18 日 10 时伴灯下：

"今日中午正在邮（政）所盼望家信，不意收到了老四寄自宿松的来信。看后颇有感慨。在来信中他尽述了十几年来思亲之念以及在改造过程中的一些情况……据他说……每月 16/18 元（工资），伙食费要 10 元，剩余的几元钱，只够日用开支……最后说是衣着方面实在无法解决，要我搞几件衣服给他，另外要求寄他几斤全国粮票并要我把云芳、云龙、云英地址告诉他"云云。

透过这封信，我们大致可以了解到以下一些信息。

一个正当年富力强的中年知识分子，从繁华的大上海，来到当时十分贫穷和落后的贵州三线企业，思乡之情、思亲之情全赖这一封封鸿雁传书来寄托和抒发。因此，才有了信首那句"正在邮（政）所盼望家信"。由此可知，在当时，

"家信"对于一个背井离乡的三线人来说，是非常重要的精神慰藉。所以，他才在劳累了一上午后，乘着中午的有限空当，到邮政所等待家信。

我查了当天的一些背景资料。1968 年 4 月 18 日，是星期四，属正常的工作日，贵阳当天的天气温度为 10 摄氏度到 17 摄氏度，有阵雨和暴雨。

就是在这样一个短暂的工休时间，我们这位三线职工，应该是匆匆忙忙地吃完了简单的午餐，见缝插针地来到了厂区的邮政所，焦急地等待着远方亲人寄来的家书。当年的邮政信件，不像现在基本上靠空铁公三位一体快速转接。而是大多使用铁路、公路转接。虽然如此，但大抵的运输时间是基本固化的，因为采用的是准军事化管理，所以速度也是较快而且很准时的。

据了解，当年从上海发往贵阳的普通信函，大约需要 9 天时间可以到达收件人处。所以基本上可以预判回信到达的时间，这才有了这位男主人公中午在邮局翘首以待的情景。

同样，在另一封写给女儿的信里，我们同样可以看到这样的字句："这次 ×× 来信时间拖得太长了，前些日子我天天去邮（政）所看信，真是望眼欲穿。"可想而知，家书在当时对于稳定内迁三线企业职工的情绪是何等的重要。

接下来的内容是讲意外地收到了"老四"的来信，而这个"老四"是因为某种原因被管制后释放出来的"两劳"人员，当然也是这家人的亲戚。

此人在信中吐诉"每月只有十六元的工资，除去十元伙食费，剩下几元买日用品，无钱购买衣服"。所以才写信向他索要些旧衣服和全国粮票。但是他在回信中写道：

"我自己都没有多余的衣服，哪里有衣服可以送给你，但是可以给你二三十斤全国粮票。"不过，对于这位历史上已经有了污点的亲戚索要其他亲戚地址的请求，他不但没有答应，还提醒家人也不要理睬他。因为这样做"不利于他自食其力，反而会助长他养成好逸恶劳的坏习惯"。

另一封信是我们的男主人公作为一个父亲写给大女儿的，时间是1968年1月21日于夜5时半（应该是凌晨5点半）。

这封家书通篇洋溢着一个慈祥的父亲对于远方女儿的关爱之情：

"……得知钟丽（大女儿）已于上月24日到沪，很好。小天兰的伤势痊愈了，我也放心了……钟丽这次来沪分娩，务必好好养息，为了母体的健康和改善经济条件，并从有利于第三代的苗壮成长着想，叮咛钟丽以后在这方面要采取措施，注意节育（不一定要绝育）＜英明的父亲＞，这次带上的当归，可供阿四产后炖鸡服食（取当归几颗，洗净后放在母鸡腹内，蒸食）有滋补效果。"

"本月15日寄上家款40元，谅早收到"（笔者说明：在此前后，每月只寄款20元）

看到这里，一个上海中年男性知识分子的暖男形象已

经呼之欲出。即使自己孤身在外，收入不高，但为了家人的幸福安康，又买补品又寄钱，就连补品详细的使用方法都给孩子们交代得清清楚楚。

再看这段。

"1975届的分配问题，是我日夜关注的头等大事。我厂这次回沪探亲的同志中，有很多是为这次子女分配问题去沪的……当然，这是关系到钟逸前途的切身大事，相信她自会通过必要途径，向有关方面善词联系，争取理想工矿的（我意最好是轻工业或仪表工业的中型厂矿）。"同时，我希望阿尧（小儿子）能在阿尧之后，争取及时"上调"。

"这次带来的东西，其中两件（新）汗衫，是不是买来玻璃纱自己裁制的？如果改为套的（即颈项之间用二粒纽扣，穿着时像汗衫一样，头伸进去套穿）更好。还有二只细小的线袋，做得很好。"

以上这些既展现了这位上海暖男心细如发，多才多艺的一面，又展现了对远方子女亲人关爱有加、坚持原则的一面。

此类家书为我们还原了当年三线职工们对家庭、对亲人满满的爱的情怀。

刚才我们解读了三线人对家的情怀。下面我们要解读一下三线人对国的情怀。

这封家书是男主人公写给爱妻的，时间是1968年11月2日晚2时。

"昨天午后同时收到了慧和丽的来信，在每行的字句中充满着亲切的毅力，使我苦寂的心田，得到了莫大的安慰。这些日子以来，我知道你们为了我的'事'，心里一定很担忧，怕我记不起往事，讲不清问题，被打成坏人看待。"

那么，他究竟遇到了什么事以至于全家人都在为他担忧呢？

"关于我的'历史'问题……从旧社会到现在，除了为生活替资本家做了些'牟私营利'的事以外（当时的社会就是这样漆黑一团，如果不谋职、做工，就无法生活）。既没有当过老板，也没有做过骑在劳动人民头上的工头，（在旧社会里吃尽了资本家的苦）更没有参加过反动党团，任过伪职……自问是清白无辜的。"

"昨天原车间支书要我把二次去台往返的日期说得具体一点。……我记得第一次与袁同去是1947年（几月份记不清了）。至于第一次随袁回沪以及第二次代洪利章去销售是几年？几月？"

"在当前清理阶级队伍的伟大运动中，对每一个同志（特别是旧社会过来的同志）的历史，都要经过严格的审核。"

"虽然现在还在调查中，但这是短暂的，我深信在党的关怀和厂革委的准确领导下，这些问题不久是会澄清是非，真相大白的。"

"这次清理阶级队伍是每个同志，特别是旧社会过来的人，必然经历的里程，这是贯彻毛主席指出的清理阶级队伍，认真搞好斗批改中一项极其重要的指示，对每个同志来说，通过这次严峻的考验，可以清洗旧思想意识中浑浊的污水，丢掉历史的沉重包袱，轻装前进，迈向社会主义建设的大道。"

"最近在狠批狠斗阶级异己分子逃亡地主马光，这个家伙是改名换姓，伪报死亡混进党内达二十年之久的坏家伙。去年二派武斗，煽风点火，去贵阳抓人，破坏抓革命促生产的，都是他。"

"慧说你单位运动很紧张，经常搞到深夜，甚至通宵……希望你在既抓革命，又促生产的情况下，注意适当休息。"

"（你们）不要为我太操心，……应响应毛主席号召，把学校教育革命的斗批改搞好，在家的话要体会妈妈的艰苦，尽量挑些家里（生活）担子，以减轻妈妈工作上的劳累。……带头学好主席著作、主席语录，以及培养勤俭风气，使之成为真正的无产阶级接班人。"

从以上这些家书的片段，让我们从中可以解读出三线人对党、对国家无比忠诚的情怀。在自己身陷"两次赴台"的特嫌审查阶段，他无怨无悔，坚信党组织会查清事实，还他清白。在真假难辨，是非不明的年代，不但努力地做到坚守岗位，洁身自好，还告诫亲人要相信组织，听党的话。

现在我们研究三线和历史，大多是从宏观的角度，从企业角度，从项目角度，从战略高度去研究。但是我个人认为，我们的历史，三线的历史，其实都是由每一个具体的家庭，每一位具体的人来折射和体现出来的。就如我们今天解读的这个三线职工在家书中闪现出的点点星光，虽然只是些家长里短，儿女情长，心路历程，人生坎坷。但是由此折射出来的，正是支撑着三线人抛妻别子，背井离乡，克服万难，勇敢前行的原动力，也正是由于这些平凡的三线人们平凡家书，跨越千山万水，在三线人的心灵鸿沟与亲人间搭建了一条精神桥梁，因此才构成了整个社会和谐一致的原动力，推动着我们的社会不断地向文明、富强的目标前行。

家的情怀，国的情怀。家国的情怀。这些小人物的家国情怀，不应忽略，也不应忘记。

解读这些家书，体味这些默默无闻的小人物们，在那个特殊的时代，舍小我顾大我、别小家为国家，离乡背井奔赴西部山区，投入国家的三线建设之中，勇于牺牲和奉献，为造就新中国今天的科技进步与现代文明去埋头苦干，甘当铺路石。于平凡中可见三线人高尚和伟大的家国情怀。

谨以此文，向这些英雄的三线人致敬！

2016 年 7 月 18 日

（本文图片资料由作者提供）

好人王春才

舒德骑

王春才是我十分敬重的一位长者。

2018 年秋，我的新作《大国起航——中国船舶工业战略大转折纪实》出版，这本书入选中宣部 2018 年重点主题出版物、中国好书榜、北京国际图书展等，人民出版社和重庆江津宣传部邀请王老出席本书的首发式和研讨会，他因身体原因未能参会，但专门发来贺信。

王老在贺信中说："德骑同志是我的老朋友，是四川、重庆乃至全国军工系统著名的作家。他在军工系统工作了几十年，热爱军工、关注军工，创作出版了大量军工题材的作品。在当今市场经济情况下，他能长期坚守自己的创作阵地，守得住清贫，耐得住寂寞，勤奋刻苦，笔耕不辍，不断推出关注现实、关注改革开放、关注军事工业、关注民族复兴的作品，是十分难能可贵的。"王老之言，既对本书的出版表示祝贺和肯定，又对作者提出了殷切的希望和要求。

首发式后，触觉敏感的文友，随即写出了《两个作家的情缘》一文，发表在多个网络平台上。此文真实记叙了几十年来，我与王老以文结缘，结下深厚情谊，成为忘年之交的过程。

冥冥之中，我和王老有缘。

我和王老的这种缘分，可以说是超越了世俗的名利、地位、年龄等鸿沟。说句套话，算得上"文字为媒，君子之交"吧。

一

当年，我只是山沟里一个普通工人，而王老则是国家计委三线建设办公室主任；我只是一个名不见经传的文学爱好者，而王老则是誉满全国的知名作家——打个不恰当的比喻，他是天上一轮辉煌的月亮，我只是山野中一只微不足道的亮火虫罢了。这样身份的巨大落差，两者之间存在的深刻鸿沟，对我辈来说，对他只能是高山仰止敬而远之了。

然而，这样的身份的落差和深刻鸿沟，并未阻断我们成为朋友的情缘。这，源于王老做官有官德，做人有风格，处事有品位，无论官场还是民间，他都有着不错的口碑——总而言之，他是个难得的好人。

20 世纪 90 年代初，王老主编了一套《中国大三线》丛书。这套丛书，由江泽民总书记、张爱萍将军等题词，在国内外产生了很大影响。丛书中，收录了我在解放军文艺出版社《昆仑》等发表的《中国核潜艇》《驶出雾区》等 10 来万字的作品。丛书出版后，王老不但亲自给我寄来稿费，还写来一封热情洋溢的信函，同时附上了他的电话，嘱我到蓉时一定跟他联系。那时，王老是堂堂的三线办主任，因身份和地位特殊，他到我们山沟的企业来，那是叫作"视察"或"检查"工作，企业都把他的到来当作

一件大事。或许是出于卑微的心理，我没给他回信，几次到成都也没敢去打扰他。但是，这次书信交往，我认识了王春才这位高官和名人。

二

1997 年初夏，我为中国船舶总公司写完《惊涛拍岸——中国船舶工业进军世界纪实》一书后，他们欲调我到总公司机关工作。人往高处走，对许多人来说当然是求之不得的好事，然我却犹豫起来。此前，北京总公司机关里经常借调我去打工，我对那里的工作环境、性质、气候和语境等并不十分感冒，加之女儿也不愿去北京。在迟疑彷徨之时，我出差到了成都，住中国科学院成都分院招待所。那时王老还在三线办主任岗位上。办完差事，我冒昧给王老打了个电话，说想去拜访他。谁知王老接到电话，热忱说道："哦，原来是德骑同志呀！欢迎，欢迎——但是，你对成都不熟悉，来我这里不方便；我有车，我来看你！"

人家那么大一个领导，那么大一个名人，不让我去看他，而专门要来看望一个从未谋面的基层小作者，我闻言有点受宠若惊，甚至有点诚惶诚恐。

这是我第一次见到王老。一见他，他没有一点寻常当官的那种挺然傲然的脸谱，更没有一丝名人那种居高临下的派头，见了我像见到老朋友一样，和蔼可亲，谦逊自然，一下就消除了我的忐忑和拘谨，自然而然就和他交谈起来。交谈中，当他得知我对调北京一事举棋不定时，就对我说道："如果你实在不想去，就不要勉强自己，也不要勉强家人。"停了停，他接着说道，"但是作为一个作家，长年待在山沟里，环境局限，信息闭塞，也不是长久之计——我看，你不如就到成都来吧！"

我闻言心中一喜：成都倒是个我向往的地方。这个城

市不但有着厚重的历史文化，而且气候温和、宜业宜居，加之这里还有亲戚朋友，离老家也近。略一思忖，我迟疑道："成都倒是不错，但我在这边没什么关系，要调进来可能很难……"

王老想了想，认真说道："这样吧，这科分院旁边，有个隶属兵器总公司的研究所，是搞激光研究的，我跟他们领导比较熟悉，我给你写个推荐信吧，但不知管不管用？"说完，他走下楼去，从车上拿来三线办的公用稿笺，伏在招待所床头柜上，为我写了一封推荐信。信中他这样写道："209 所党委并杨庆俊所长：为加强你所宣传思想和文化建设工作，特推荐 468 厂宣传部部长舒德骑到贵所工作。舒德骑同志是军工行业知名的作家，从事党务和宣传工作多年，具有较高的思想水准和业务水平。请你们认真研究办理为盼——国家计委三线办主任王春才。"

有了王老这封推荐信，我就像手握了一块有分量的敲门砖。回到重庆，我整理好自己的简历和作品，随后去敲开了 209 所所长杨庆俊和书记张萍的门。他们看了王老推荐信后，热情接待了我——幸运的是，当时这个所宣传部长跳槽去了珠海一家外资企业，正是缺人之际，他们看了王老的推荐信和我的材料，还有点喜出望外，经所党委研究，很快就同意我调到那里去。

就这样，在王老的帮助下，我没送人一分钱的礼，没请人喝过一回酒，就从山沟跳到了都市，从企业来到了研究所——如此，犹如一条小溪的鱼儿游进了江河。这里的水域更宽广、视野更开阔、信息更畅通，这为我后来写成《大国起航》《大国利剑》《鹰击长空》《非常使命》《云岭山中》等书提供了机遇，奠定了基础。

三

我和王老素昧平生，但初识王老，他那平朴谦逊的作风，以诚待人的风范，让人对他平添了几分崇敬，甚至景仰。

来到成都，由于要适应新的工作环境，加之研究所机构改革，让我做了个不大不小的头目，主管组织、宣传、统战和保卫等一摊子事务，整天忙得像只陀螺；加之怕干扰王老的工作，一直没去看望他。大概到了这年冬天，受乡人之托，给退休的三线办副主任周长庆送去一件军大衣，来到了三线办职工宿舍。事情办好后，我就想顺便去拜访王老。

王老家在 6 楼，楼房没电梯，当我气喘吁吁爬上高楼，王老闻声打开房门，出乎我意料的是，他家简朴得让人有点吃惊，进而怀疑自己走错了地方：屋里没有豪华的装修，也没有像样的家具，除了电视空调，多数家具还是 20 世纪七八十年代的东西！整个屋里清汤寡水，完全没有与时俱进——这样一个级别不算低的官员家里，和我头天见到的书商家里比起来，顶多算个下中农。

王老和夫人热情接待了我。

此时王老已退居二线，但身体不错，精神矍铄。接下来，他问我来成都工作顺不顺利，生活适不适应，女儿到成都来了没有？我说工作和生活还好，女儿也考进了成都西南交大，唯一的就是工作太忙，这一年基本没写什么大东西。王老沉吟一下，认真嘱我："工作再忙，但不能把写作丢了；你在文学路上奋斗了这多年，丢了就太可惜了。没有时间写长篇，就多写点短文吧；倘若长时间不写东西，手就生疏了。"

临走，王老送我他新出版的《彭德怀在三线》等两本书。当天，我想请两位老人在楼下餐厅吃个饭，但他们礼貌地拒绝了。

那天在与王老的摆谈中，我谈到如果时间允许，准备把已发表的中篇报告文学《中国核潜艇》写成一部长篇出版。他当即就肯定这个题材的特殊性和可读性，鼓励我一定要把它写出来。就这样一件小事，王老却牢牢记在了心上。为了我能获取更多创作素材，增加感性认识，他联系了成都核动力研究院，亲自陪我到核动力基地采访。记得那是一个春暖花开的日子，由核动力院宣传部张部长带队，我们一起驱车来到夹江县山沟里，目睹了当年核潜艇核动力装置试验现场，听取了那里的老职工讲述基地建设时的情景，收集了核潜艇第一任总设计师彭士禄的逸闻逸事。这次采访，为我写《中国核潜艇诞生纪实》一书充实了许多隐秘内容，增添了不少传奇故事。

回到成都，我随即就以彭世禄总师为原型，动笔写出3万余字的报告文学《彭世禄在四川隐姓埋名的日子》，后《十月》杂志以《传奇的人生》为题发表；《神剑》《国防工业》《企业文明》《华西都市报》等随后转载。后来我写出的《中国核潜艇诞生纪实》一书，还获得重庆作协、中国作协重点作品扶持奖励，列入国家"十二五"重点出版书目。

这些年，我与王老虽同在一个城市，但大家各忙各的事情，除了不时通个电话、发个信息外，就是每年在省作协春节团拜会上见个面。每次团拜会，他都给我引见省作协的领导，以及一些著名的作家和评论家，向他们推销我这个外来的作者。那些年，在和大家们交往中，让我熟悉了环境，开阔了眼界，提高了文学素养，增强了敢于写重大题材的勇气和信心。

1999年夏天，王老告诉我：省里要评20世纪90年代报告文学奖，要我抓紧报送作品。我报送的《惊涛拍岸》一书，还获得"四川省九十年代优秀报告文学"二等奖。

21世纪初，王老加入中国作协后，就赶紧催促我报送材料，争取早日加入中国作协。那几年，在王老的关心、引荐、鼓励和督促下，我随后也成为中国作家协会、中国报告文学学会、中国文字著作权协会会员，并几次跻身于成都市文学院签约作家行列。三线建设研究会成立后，他又多次推荐我参加研究会的活动，力荐我为重庆江津三线研究会顾问、全国三线研究会理事等。

2017年秋，他还专门来重庆江津我家，看望了我和我的家人。

总之，这些年我的每一点进步，都倾注了王老的热忱；我的每一步成长，王老都付出了心血——王老真是个好人。

这些年，王老每出版一本书，都会赠我一本。这些书成为我学习借鉴的范本，从这些书里，我更深刻地理解了国家三线建设的背景，进一步了解了三线建设的历史；这些年，我每出一本书，或发表了自认为有分量的作品，也要送他指导和教正。

四

2018年初夏，经成都市委统战部战友、成都政协书画院院长陈登木先生推荐，成都大邑雾山三线记忆展览馆欲约我写一部长篇小说，我思索再三，没敢应承下来。一是当时我正集中精力写长篇报告文学《大国利剑——中国歼10战机诞生记》；二来我已几年不写长篇小说，心中无底，怕写出来贻笑大方；三来要在规定的时间、内容和字数中写作，怕手足无措，精力不济。

大邑三线记忆展览馆馆长周健先生是个颇有见识、聪慧睿智的企业家，经对多个作家的考察和鉴别，最终认为敝人是比较合适的人选。为此他们专程驱车来到重庆江津，邀请我到雾山小住，还陪同我到当地采风，熟悉当地历史环境，了解当地风土人情。可尽管周健他们的热忱感动了我，但我依然心存顾虑。

此时，王老一个电话，让我欲罢不能了。

王老说："三线建设是当代中国一个重大事件，开发打造三线遗址、建设美丽乡村也是一段当代传奇。这是个重大的题材，目前涉猎的人并不多，写出来应该很有历史和现实意义。"停了停，王老接着说，"你已写过 10 来部长篇，且在社会上都受到好评；更重要的是，你在三线企业工作了几十年，对三线建设的历史、环境、人物熟悉，对三线也有特殊感情，应该能写好这部作品——周健他们诚心诚意来找你，我看你就不要推辞了。"

又是王老给我鞭策和鼓励。

早晨伴随着黄昏，疲惫伴随着激情。接受这个写作任务后，我不敢稍有懈怠，随即以真实的史实为背景，以大邑雾山为典型环境，以一个家族跌宕起伏的命运为主线，历史和现实交织，城市与乡村交融，用 8 个多月时间，写出长达 50 多万字的长篇小说《云岭山中》来。

本书杀青之后，在疲惫和忐忑中，让人欣慰的是：王老看完本书主要章节后，答应亲自为本书作序。他在《序言》中写道："我作为新中国三线建设的亲历者、参与者和组织指挥者，对三线建设有着极其深厚的感情。尽管我年事已高，在五一节前，我一口气读完这部 50 余万字的长篇作品，兴奋不已感慨不已。这是迄今我看到的描写三线建设的作品中，角度新颖、磅礴大气、感情真挚、可读性强的一本好书……"

读完王老的《序言》，我长长地舒了一口气，近一年来紧绷的神经这才松弛下来。那天晚上，我打开一瓶泸州

老窖，自斟自酌喝了半瓶，美美睡了一觉。

2019 年 9 月 20 日，由中国三线建设研究会、中国文史出版社、成都文联联合召开的长篇小说《云岭山中》研讨会在成都大邑雾山举行，王老亲自参加了这次研讨会。来自北京、成都、重庆等地的评论家、小说家、三线建设研究专家、出版社编辑、电视制片人和媒体记者等 40 余名专家对这部作品认真进行了点评，给予了较高的评价。新华社、《华西都市报》《封面新闻》《成都日报》等 10 余家媒体进行了专题报道。

感谢王老！

而今，王老已是耄耋之年。我常常在想：不知道他作为一名高级干部、资深专家和著名作家，他这一生提拔了多少优秀的年轻干部，提携了多少有影响的青年作家，写出了多少经典传世的文字——确切地说，他是一棵参天的大树，始终庇护着他树荫下赢弱的小草；他是一支燃烧的火把，始终引领着在夜色中迷茫的前行者；在这个鱼龙混杂喧喧嚷嚷的人世间，他是一个难得的好人。几十年来，

他始终在做着有益于国家、社会和后辈们功德无量的好事。

古人说：大德必寿。民谚曰：抬头三尺有神明——王老这样的好人，肯定能活到 100 岁。

（本文图片资料由作者提供）

从未谋面的"王老"王春才先生

侯丽君

原中科院光电所调整搬迁已过去三十多年了，七月的雾山，满眼翠绿。

2019 年 7 月 7 日—9 日，中国三线建设研究会年会在四川大邑雾山三线记忆小镇召开。

"三线军工家园群"五百英雄好汉，三线建设的亲历者，守在微信前，等待着前方会议传回报道。7 月 7 日晚上，10：40，由晓露第一时间发回了大会报道。

我一激动，发了一条微信：祝中国三线建设研究会年会圆满成功！祝代表们身体健康！

群友们纷纷跟帖，刷屏了！

"三线军工家园群"一片沸腾，欢呼雀跃！

为此，我就继续关注会议动态和报道。2019 年 7 月 9 日上午，当大会进行到议程四时，我听到了中国三线研究会名誉会长、原国家计委三线建设调整办公室主任王春才讲话。王老先生在发言中讲道：我给大会带来一件礼物，我把这 70 万字的书，献给我们的三线人，特别是我们的三线老人！书的名字叫《三线建设的追梦人》。

这时，我才知道，长期以来如雷贯耳，得到咱们三线人一直尊称的"王老"，他的名字叫王春才。

我是从东北随父母来到四川成都的三线二代职工。现在虽已退休，也参加了一个三线微信群，所以有关三线建设的研究和动态，还是时常关注着的。但是作为一个普通的三线人，我与"王老"素未谋面，只知道他是一位可亲可敬的老人，咱们三线人的灵魂和主心骨。

其实，还在新都机械厂工作期间，我就听说过王春才老先生对我们新都机械厂的调整搬迁非常关心，曾经多次到我们厂来考察调研，可惜一直没有见到过王主任，但至今记忆难忘。

不久，就在 8 月的一天，"三线军工家园群"群主提醒，今天晚上黄金时间看电视。

我打开电视，央视《国家档案》栏目正播《大三线·核武风云》。从来没有听说过重庆有一个 816 核工程，而且是世界上最大人工开凿的洞体，太震惊，太震撼！感谢三线二代子弟刘洪浩拍摄了这部专门反映三线建设的大型历史纪录片《大三线》。

1958 年，我从沈阳来。成都和重庆并不遥远，可我几十年从未听说大三线在重庆有个"816"！

听说，816 核工程能上《大三线》，还是王春才老人力荐。没有王春才力排阻难，就没有 816 核工程与电视观众见面。

让历史告诉未来，风沙可以弥漫，韶华可以减损，一切初史可以再现，这里的一切永远让人纪念！

"当我们着眼于未来，享受着和平之下的美好生活时，请不要忘记，在这繁荣的背后，有着几代人几乎忘我式的牺牲。谨以此向共和国国防事业默默奉献的老一辈致敬！

"它既是一个历史名词，也是一种民族精神，一段共和国记忆，更是几代人的青春。

"这个历史名词叫作'三线建设'；这种民族精神叫作'无私奉献'；

"这段共和国的记忆叫作'备战备荒'；而几代人的青春记忆汇成一句话；就是——当祖国需要的时候！"

正是因为有央视《大三线·核武风云》讲述和介绍了重庆816核军工洞的情况，所以才有这段对三线建设的高度评价和肯定。

因此，王老对三线企业和三线人的亲切关怀，对三线建设的着力宣传，让我更加深了对王老的印象。

我作为一个普通三线建设者，在中秋节之日，写此篇《从未谋面的"王老"王春才先生》，向王老先生致以真挚的感谢和崇高的敬意！祝王老身体健康、节日快乐！阖家吉祥幸福！

侯丽君：女。1953年出生在沈阳，1958年随父母内迁成都。曾在国营新都机械厂工作，2003年退休。

重庆原晋江机械厂退休职工200多人
自己出钱出力编印工厂丛书　用心血感动社会

傅 琳

2016年12月25日，重庆原晋江机械厂退休职工、家属子女和来宾以及当地观众700多人，在重庆巴南区鱼洞镇职工宿舍小区露天广场，举行了"重庆大三线建设史料丛书国营晋江机械厂建厂五十周年文集出版发行暨文艺演出庆祝会"。

大会，由重庆市三线建设研究会副会长、重庆市党史

王春才先生在致辞

傅琳、王春才、蒋孝安、艾新全在台前合影

研究室副厅级巡视员艾新全主持。他说，这个厂以前是拥有3000多名职工的三线企业，后来改制并入重庆大江集团，今年又随之而被转卖其他企业，晋江厂已不复存在了。留下三线历史文化传承怎么办？工厂不在了，三线精神还在。原厂办主任吴学辉等人牵头，组织退休职工200多人，用10个月自写自编自审包括厂史在内的丛书5本近100万字，个人及其家庭自愿捐资14万多元，包括退休身居海外的职工，由北京团结出版社正式出版发行，这是献给50周年厂庆的最好礼物，也是退休职工用心血和汗水传承三线历史文化感动社会。

中国三线建设研究会副会长、原国家计委三线调整办公室主任、著名作家王春才在致辞中说，散居各地的三线人退休以后，把游玩或打麻将的时间挤出来，自发地编写厂里的三线建设历史，而且自己捐钱正式出版发行，是一件非常感人的了不起的大好事。特别是要给功劳最大的工作牵头人吴学辉和捐资最多的三线二代人代表廖晓忠、张学琼记头功。

前几年，四川锦江油泵油嘴厂倪同正等人在退管站站长陆仲晖等人支持下，编写出版了一套厂史丛书《锦江岁月》，给重庆晋江厂等企业以极大的启示和鼓舞。这两个厂的成功范例，为全国三线企业的历史文化传承树立了样板，值得各地学习和仿效。有的三线企业尽管不在了，仍然要抢救性地把三线精神和三线文化传承下去，这就是现代化新时期赋予我们老三线人、三线人子孙后代和三线研究者以及社会各界刻不容缓的任务。

原晋江厂总工程师陈志强代表丛书编委会致辞和介绍编纂工作情况。原三线企业代表原国营万众机器厂副厂长蒋孝安与中国三线建设研究会常务理事、四川广安职业技术学院客座教授傅琳和中国三线建设研究会理事、四川锦江油泵油嘴厂退管站站长陆仲晖以及中国三线建设研究会常务理事、三线二代代表何民权都分别讲了话，热情赞扬晋江厂退休职工的事迹感人，精神可嘉，表示要大力宣传和弘扬。《中国兵器报》记者部主任秦邦佑也到会采访。会后，秦邦佑及时报道了会议盛况。

王春才（左二）与出书及活动赞助人廖晓忠（左三）、樊武群（左五）在台前合影

赞助人张学琼夫妇

晋江厂原总工陈志强与王老交谈

吴学辉与秦邦佑

来宾与晋江厂演职人员合影

接着，大会向来宾和有关单位举行了赠书仪式。继后，以原厂宣传队为骨干，退休职工们自编自演了一场精彩的文艺节目，久别的战友情，一到聚会表演之日，悄然激情奔流，青春活力绽放，文艺范儿十足，把大会推向了欢腾的高潮，使观众们享受了一场久违的精神大餐，为建厂50周年庆祝活动画上一个圆满的句号。

晋江厂人编辑出版的《国营晋江机械厂建厂50周年文集》内容简介：

这套丛书4卷5本，由中国三线建设研究会两位副会长、著名专家王春才和陈东林分别作总序，评价相当高，

后经团结出版社正式出版在全国发行，更增加了这套书的权威性和可读性，值得全国各单位阅览室、档案馆、图书馆、博物馆和研究者珍藏以及有关企业借鉴。

1.《晋江风采》，是一部精编的厂史，分3篇9章32节，把晋江厂50年的奋斗史系统、全面、深刻地展现出来，值得认真阅读，仔细品尝，受益匪浅，还可从中透视全国其他三线企业的一般规律。

2.《晋江记忆》上、下册，分7辑刊载了晋江人特别是80多岁老前辈的回忆文章，涉及各个方面，篇篇文章感人肺腑，读后回味无穷，受到深刻教育。

3.《晋江文韵》，分4章刊载了晋江人的诗词歌赋、小说散文等文艺作品，包括富有历史底蕴的20世纪七八十年代厂办报刊诗词钩沉，读后令人陶醉。

4.《晋江影迹》，分5章刊载了晋江人的摄影作品和报刊书画作品，一个个历史瞬间，一个个青春倩影，一幅幅亮丽画卷，使人记忆犹新，联想美好岁月。

（本文图片资料由作者提供）

傅琳：中共党员，大学文化。原四川省广安市经济体制改革委员会主任、广安电视大学客座教授。现为中国工业文化发展中心项目评审专家、中华人民共和国国史学会三线建设研究分会特约研究员、常务理事、宣传联络部部长，四川省作家协会会员。

从山沟里的婚恋说到感恩

陈年云

结婚，是人生中命运转折点。婚后生儿育女，锅碗瓢盆，人情世故，学习与事业等都要经历。可谓是酸甜苦辣，五味杂陈。但不变的是夫妻要相向而行，相濡以沫，同甘共苦，风雨同舟，方能白头偕老。

人生如梦，2020年是我们结婚40年。往事历历，仿佛就在昨天。

一、千里姻缘一线牵

1954年农历九月十五日，我的妻子王小凤出生在四川省渠县岩峰乡王氏家族院。1959年11月，农村已出现严重饥饿现象，祖母英明，让岳父把她带到内蒙古包头第一机器厂（国防工厂）去避荒，她在包头度过了快乐的童年和少年，学习上是尖子生，普通话很标准。

1970年7月，岳父为支援西南三线建设，她随父母弟妹一起来到位于四川省江津县夏坝境内偏僻山沟的三线企业——国营晋江机械厂，同年招工进厂当工人。1975年因工作表现优秀被调到一车间当办事员。1977年，我俩同时转为正式干部。从此，我俩与三线厂结下了不解的情缘，千里姻缘来此相会。

恋爱是俩人从相识、相知、相认可、相倾慕的过程。

当时，她是一车间团支书，青年工作让我们经常接触，那时晚熟的我俩都没有萌发恋爱野心。我内心自卑，个头不高，体重45千克，腰围1尺9，其貌不扬，且只是小学文化，厂里70%是男生，女生是稀有的，不可高攀。

但姻缘又是很奇妙的。1978年，工厂收发室的一位热心人认为我俩很般配，分别告诉我俩了解对方。大约经过3个月的了解，我觉得她爱学习，要求进步，穿着朴素，会家务，一家人在厂以后不存在两地分居，是合适的另一半，可以密切接触。

她也经过了解，没有考虑其他青年的追求，她把一张照片作为意向送给了我，这样我们就确定了恋爱关系。

记得我第一次到她家时，表现得战战兢兢。岳父详细地审问了我的情况，唯有我是个小学文化不太如意。

为赢得岳父母一家人欢心，每个周末我几乎都去岳父母家，最大的优势展现我的厨艺。

时光流逝，她家人见我勤快、脾气好、朴素、好学（正在工厂夜校补习初中文化课），对我的看法有了转变。

1979年10月底，经过两年恋爱，我带她回合川，她第一次到了我们家，除大妹没回来外，见到了全家人。

结婚是俩人新生活的开始，婚后要面对的是锅碗瓢盆等琐碎杂事，还将面临繁衍后代的社会责任。婚前"你想好了吗"？这是岳父对她的告诫。

现在想想应该是适龄男女青年应上的必修课，如果我们国民在婚前像考驾驶证一样的程序学一点婚后怎么办的教科书更有裨益。

1980年5月，我俩到当地乡政府办了结婚登记，从法律上确立了夫妻关系。

我们结婚是身无分文。我从1970年11月进晋江厂后当学徒，月薪只有17元，加1.5元粮贴，每月寄回家10元，而后一级工月薪是32.5元，二级工是38.29元。我俩都是家中弟妹们的老大。我下面有4个妹，她有弟妹3个，都在读书。一种老大意识中的天然责任感油然而生。我每月寄回家25元，她也是每月工资全交。

结婚了，我父母考虑周到，给我做了一个大衣柜，一个写字柜，一张圆桌，四张凳，另外给了400元买糖果。岳父母让她两个月工资不上交。这样，我俩先买了糖果和香烟送给双方的领导和朋友，然后在1980年国庆节回到合川，我父母办了几桌酒席答谢亲戚。

我俩结婚后第一个居所是工厂单工食堂二楼一间房安下了窝，排队等待今后正式分房。

她的针织手艺高超，我俩和双方父母的毛衣都出自她手，而且她的面点手艺深受欢迎。

1. 风雨同舟相濡以沫

1982年元宵节，我俩的小天使降临，体重8.2斤，我十分喜爱。但遗憾的是没有奶吃，靠吃米粉和牛奶长大。

那时最头疼的是带孩子的事儿，她72天产假休完又请了两个月事假，怎么办？我痛下决心把女儿送回合川老家父母带。照顾没有奶吃的小孩父母是大姑娘坐花轿，第一次尝试。只有托人想尽办法买回奶粉，因没有经验放糖多了，女儿越吃越少，父母还请喂奶的熟人给女儿吃点人奶。

一个月后老伴回合川看女儿，见到这种状况十分心疼。过了一个月我们就把女儿接回厂来，经别人介绍单方自找草药，止住了女儿泻肚的问题，身体逐步好转。此时，我请来大姑母到厂带女儿半年多，女儿在 1 岁零两个月就入托了，这是无奈之举。

独生子女是那个年代特定政策，老伴对女儿从不惯养，女儿衣服老伴总是把自己和小姨的，大改小给女儿穿，一个布娃娃伴随女儿长大。难怪女儿说：我一点不像独生子女。

女儿快乐的儿童少年时代，是老伴的功劳。尤其是女儿上一二年级时，老伴付出了极大的心血辅导学习。

女儿先天体质好，但因 4—6 个月时吃奶粉伤了胃体质下降，每月至少得上一次医院，全靠老伴及岳父母照料。当时，我正在重庆上成人大学。三年毕业回来，女儿都 3 岁多了，病也少了，只有一次背上长疮，是好心人周世福拿的药敷了后立竿见影，此后就茁壮成长。

女儿出生时我们还没分到住房，受岳父的关爱，我俩就搬到了岳父分的一间住房居住，这是我们第二个住所。后来我们就正式分到了住房，有了第三个住所。

风雨同舟，老伴不断提升自己的文化素质。老伴突出的特质是酷爱学习。在我们恋爱时，就发现她十分爱好看书，当时我在团委负责图书室，给她借了很多书看。不仅如此，她也没放松系统知识学习，先补习了初中文化，她既要上班，又要带女儿，晚上还要上夜校，十分辛苦，终于她拿到了初中毕业证书，又读函授大专班获得了毕业证书。老伴也从车间办事员成长为具有资质的会计。

2. 风雨同舟，老伴热心帮助别人

这里先说她帮助我家二三事。

我三妹女儿朱涛上小学四年级时就到我家，两年中全靠老伴照料，没收一分钱生活费。朱涛她爸到晋江厂学驾驶，给他安排住宿，吃饭在我家也不收生活费。

我大妹两口子来厂办食堂，都是老伴找地方，提供生活用品等；我表侄儿梁绍禄来厂读高中，也是老伴想法安排住处和生活。

她不仅热心帮家人，也热心帮别人。左邻右舍都十分愿意与我们相处。

3. 风雨同舟，老伴遇事有主见

1993 年，父母因买合川城里一间门面住家，手里没有足够的现钱支付，3 天时间钱不到位就买不到了。老伴接到信息后马上用我们交给工厂的住房金本作抵押，向银行高息贷款 1.5 万元，解决了父母购房的燃眉之急。

2001 年，我俩利用父母的住家门面开面包店，这是老伴的主意，她用一个月时间学会了手艺就实现了。解决了当时我们供女儿上大学的经济开支。

2004 年，父亲因患癌症治疗需要钱，在我们几兄妹一筹莫展时，老伴想到了向她的弟妹借来钱，真是雪中送炭。

1997 年我们与父母共同出资在合川买了一间商品房，准备我们退休以后住。后来因父母去世，女儿在成都安家，想到母亲病重期间我们没有尽到护理她老人家的责任，老伴主动提出把这间房原价卖给大妹，因大妹与老母亲住在一起，尽责多，就少卖近 20 万元。

4. 风雨同舟，老伴为人谦和低调

不以夫荣妻贵自居。1991 年起我当了厂级领导，家里安了专用电话，出门坐小轿车。但老伴十分低调，那时厂里没有通向外界的电话，别人到我家来打长途电话，老伴从不拒绝和冷眼相待。

5. 风雨同舟，老伴始终如一生活简朴

她与我恋爱时工作服不离身，夏天一条黑裙没换新。婚后几十年没讲究穿着打扮。即便退休了，经济宽裕了，但她生活仍然如此，既不买化妆品，也很少添新衣，女儿和她妹妹不穿了的衣服和鞋，能穿的她就穿上。可她内心是美丽的，常常把好衣服送给别人穿。

老伴虽然生活简朴，但料理家里却是干净、整洁、清爽、舒适。不管过去是住20平方米单间，还是现在住两室宽敞一点的套房都是如此，感觉很温馨。

老伴不吝啬，不看重钱，我们从不为钱发生口角，像原价卖给大妹的住房，我们就少卖近20万元，一旦有公益事项她都慷慨解囊。她有经济头脑，会根据家里收入统筹安排长远开支。如果不是她会料理，可能我们现在的住房都买不起。

风雨同舟，现在选定的我俩晚年生活的窝，是老伴的主意。2007年，我们选定了第六个居住地——成都温江万科朗润园。2012年正式入住至今，开启了退休生活的新篇章。

几年来，老伴保持着自己的本色，热心公益，交流她的厨艺面点；维护地铁口治安秩序；担当节目主持人等；热心助人，帮助邻居及新朋友30多人受益，与邻里互助协会的姐妹们亲如一家。

所以说婚姻是人生的转折点，选对了另一半就会幸福一辈子，我为此而欣慰。

四十年弹指一挥间，百年修得同船渡，千年修来共枕眠。我们虽然慢慢变老，但永葆童心！

6.感恩一路与她同行

尘世茫茫，时空苍苍。转眼我俩都六旬已过，两鬓渐霜。回首往事萧瑟处，感恩一路与她同行。

2008年8月，我在重庆大江工业集团公司正式退休，工作38年画上句号。

2012年我俩在成都市温江区万科朗润园小区入住，过上晚年生活。

感恩妻子——从日常生活做起。常言道，男人应该感恩两个女人：一个是生养我的母亲，是母亲给了我的生命，并哺育我长大成人；另一个是与我携手同行、相濡以沫、风雨同舟的妻子。

结婚40年来，女儿出生10个月，我就离家读书求学三年，完成学业后忙于工作，且一年中有三分之一时间出差。1998年至2012年中因生活所迫在外打工近11年，聚少离多。是老伴含辛茹苦撑起这个家，把女儿哺育大，承担了我应尽之责。我们居所先后搬了5次家，包括在成都的居所装修，都是老伴全部打理。

在女儿怀孕开始至外孙女4岁，也是老伴照顾。2013年我来到成都后，步入晚年生活，脑海里思忖着一个个感恩我生命中遇到的亲人、恩人、贵人、朋友的行动计划。对老伴而言这辈子我欠她太多，她年轻时有机会当中层干部，因为这个家她放弃了；她本该多升一个序号的工资，因为我是车间领导，让她放弃了；她有能力像我一样脱产上大学，因为这个家她走函授大学之路；她一不讲究吃，二不讲究穿，三不讲究擦脂抹粉，我连值钱的衣服都没给她买过……

我该如何报答呢？那就从承担煮饭开始，像当年恋爱时那样，抓住她的胃把身体养好。

二、感恩我的引路人——王兵

王兵是5057厂首届团委书记，当年选人进团委办公室时相中了我。他教了我许多知识，我学会写横幅排笔大字就是他传授的。他退休后回到太原，我们一直保持着联系。我们约好在2016年6月见面，不料他突发疾病离开了这个世界。同年4月11日我偕老伴乘飞机赶去太原悼念他，送他最后一程，表达感恩之意。老领导王兵生前与我去杭州出差仍记忆犹新。

三、感恩我厂父老乡亲——出版《晋江丛书》

我从16岁来到兵器行业所辖的国营晋江机械厂工作，从工人到走上领导工作岗位，晋江厂是我第二故乡。

2016年初，我的好友来电话邀我参加编写晋江厂史和回忆录，我愉快地接受了这个艰巨的任务，这是报答晋江厂父老乡亲最好的礼物。

因为按计划要编写晋江厂从1966年建厂到2016年纵跨50年的史记和回忆录，如果成书，那么当年晋江厂几千人感天动地的故事，就跃然纸上，其三线建设的精神就可以得到弘扬。

没有资金我们发动晋江人捐资，一共筹了近15万元。没有人编，我们就动员退休骨干参加编写，编撰丛书小组成员到了重庆巴南区云篆山农家乐入住后，不顾夏日炎热的天气，齐心协力，精心编辑，当完成编撰后，还召开座谈会，听取几届厂领导的意见和建议。

功夫不负有心人。2016年12月25日，在毛泽东主席诞辰纪念日前一天，《晋江记忆》5本丛书（我参与编撰的是回忆录上下册），由团结出版社出版了，并举行了晋江机械厂建厂50周年暨丛书发行式，原国家计委三线建设调整办公室主任王春才等领导应邀出席首发式。当时厂文艺宣传队专门表演了一台文艺节目，吸引了许多人围观，可以说是现场座无虚席。后来，《晋江记忆》丛书被国家博物馆、国家图书馆等馆藏机构和一些高等院所收藏。

四、感恩恩师——涂建勋

1985年7月，我从重庆师范学院完成大专学业，回到了晋江厂，党委安排我到党办任副主任，从此与恩师党委书记涂建勋朝夕相处，从他身上受益匪浅。而后，我去一车间任党支书，后任党办主任，组织部部长，党委工作部长，党委副书记等职。一路走来，离不开恩师的帮助……

2020年7月5日，惊悉噩耗传来，恩师因病逝世，享年89岁。7月6日，我便急忙从成都乘高铁赶往重庆市巴南区鱼洞巴乐堂，瞻仰恩师遗容。当日下午，主持了恩师的告别仪式，次日送他火化后入公墓安葬。

在三线企业工作和生活，历经了太多的人和事，仿佛就发生在昨天。其实还有许许多多值得感恩的人，在此就不一一赘述，留在心里作为永远的记忆。

陈年云：中共党员，本科文化。先在三线企业国营晋江机械厂当工人，后历任团委书记、车间党支部书记、党办主任、党委工作部部长、党委副书记、党委书记、副厂长。现已退休。

我的三线情怀

魏 强

一、人生第一站步入三线

1966年初，一辆满载着支援三线建设家属的第三批专列从内蒙古包头驶向大西南重庆，开始了我的三线生涯。

我们这一批共六七百人，在我们车厢里有几个来自二机一小和二机四小同班同学和街坊邻居的孩子，有许多人是第一次坐火车，大家非常兴奋。我们每个人胸前都佩戴

当年乘坐专列来大西南三线重庆万盛东林火车站时的珍贵照片

1966年2月家属们乘坐专列从包头到达重庆万盛东林火车站实景

一个红底黄字印有"重庆市1701"字样的胸章，防止在路途走失。

因为专列没有固定的时间和地点停靠，我们列车的车厢成了孩子们欢乐的空间：有的看小人书，有的下象棋、跳棋、军棋、玻璃球弹子棋等，最多就是四个人围在一起在座位前小桌子上打扑克，不亦乐乎。

列车驶过呼和浩特更换车头和方向，启动后看到朝反方向开，这些孩子炸开锅了，乱叫乱喊"开错了"，有几个大人也神秘地说从呼和浩特开反了。因为专列服务员少，等了半个多小时，列车服务员来解释说这是正常换道，骚动的心才缓了下来。列车还在继续前行，在过秦岭山洞时我们就用扑克牌计数，看过了多少个洞。经过四天三夜到达重庆。

在重庆我们集体参观了红岩村、中美合作所、白公馆和渣滓洞；游览了重庆市容，晚上坐游船游嘉陵江、长江，到枇杷山看重庆夜景。

庞大三线移民，据说有400多万，这在中国历史上也是首次。2月16日，我们到达了万盛东林火车站，当地政府和先前到达的职工及市民组成了盛大的欢迎队伍，区委把整个区仅有的11辆客车全部抽调出来接送我们往返车站与工厂之间，我们乘坐车队到达厂区也是锣鼓喧天彩旗飘飘。工厂组织非常周到，每个家庭都安排好人员负责对接，把衣食住行都安排得当，我们一下车就有人到场迎接，领到要入住刚建成的家属楼里，打开房门看到柴米油盐，炉子旁边放着劈柴煤块，屋里柜子桌子睡觉的床一应俱全。我们到国营平山机械厂（简称"平山厂"）的分三批到达重庆，每次六七百人。在此期间没发生任何意外，全部安全到达，成千上万个行李一件没少，可想组织考虑得多么周全，细节做得精准无误。这是一个大迁移的奇迹，我们三线建设者们做到了极致。

第一次与大山亲密接触，我们几个从平原上来的孩子来不及多想，下楼向楼后面馒头形状风化石山跑去。

二、三线奉献精神吃苦在前享受在后得以体现

初到重庆，很不适应夏秋两季闷热潮湿的天气。当时都睡在地板上，每天睡觉前都用脸盆接上自来水泼到地板上。夏季地板太热，泼上水就听到滋啦一声，一股白汽升

重庆平山厂我生活工作 8 年的地方

了上来。当时非常想不通为什么我们许多同学都可以住一楼、二楼或者阴凉面。

原平山厂厂长曹金木（河南国营新华机械厂指挥长）大女儿曹苏平，我们在平山学校是一个班，同班同学她是班长，1971 年支边去了云南生产建设兵团，在平山厂时由于我们缺乏自我保护意识，夏天天热，泼完水就铺上竹席子，水未干就躺在上面睡觉。曹厂长家四女儿从小身体特

别健康，很少有病，是一个非常聪明漂亮开朗的小姑娘。记得在 1970 年她上小学四年级时就是因为上述情况结果得了"类风湿关节炎"。她父母工作特忙，顾不上过多地去照看她，加之当时医疗条件有限，她先后去了职工医院和找当时驻军 0091 部队军医治疗，效果时好时坏，耽误了治疗最好时机，结果瘫痪了，在平山厂引起特别大的轰动，都为她惋惜。他们家人对此事也操碎了心，得病时还

平山厂同学曹苏平（后排中）

2012 年重庆同学聚会。曹苏平（左）、我（中）、苟云（右）

不到 12 岁。一个花季少女，家人在为三线建设默默奉献的同时感到愧疚，觉得应当多关心一下孩子，也不至于让她生病。几十年来，他们付出许多的艰辛。为了让其他人接受教训，增强自我保护意识，她父母经常告诫提醒人们："包头气候干燥凉爽，重庆阴雨连绵，山区气候湿热，尤其到了雨季有时半个月都在下雨，一定要学一些当地的生活常识，出汗时不能用凉水洗澡，更不要睡在刚浇过水的地板上。"那时为了让她读书学知识，家人轮流背着她去上学，她自强不息与疾病作顽强的斗争。高中毕业后，她又自学了法律，拿到法律成人自学毕业证书。多年来家人为了这个有病的孩子，背着她参加各种社会活动和学科的考试。体现三线人血浓于水，大家为一人，一人为大家的团结拼搏精神。

1970 年在重庆平山子弟中学全班同学合影，我在第四排最右边

我们干部子女都得住三楼（最高），楼顶为薄薄的预制板，一晒就透，特别是夏季和秋季非常难熬。当时身为总务科科长的母亲告诫我们，我们来到这偏僻的山沟建设三线，领导干部和党员就要吃苦在前享受在后，领导干部不用实际行动带头你如何说服别人。我这才理解，我在厂里也算高层领导的子女，看看住房 18 栋 18 号 3 楼把西头，是最高最热的地方，觉得吃亏了，可再想想我们的军工产品都靠一线工人一刀一刀、一锤一锤、一件一件用一滴一滴汗水、一个一个部件制作出来的。从这里我看到我们父辈的三线情怀。面对山沟里艰苦的三线生活。面对困境父亲时常给我们讲一些抗日战争、解放战争中发生的许许多多平凡但忘我的故事。这些事迹深深印在我的脑海里，使我感到压力很大，责任很重。我们军工二代就是在这样平凡的空间和世界里，无形之中就继承了父辈的忘我精神理念，在实际行动中去传承和弘扬三线精神，吃苦在前享受在后，践行献青春的奉献精神。

三、军工二代人小志高自力更生建校园

作为三线建设的军工二代，在这里觉得最最值得自豪的就是自己动手建立抗大式学校。初到平山厂，学校就在一个未开垦完的山坳里，上下学要来回上下几百级石条阶梯。随着一批一批五湖四海人员聚集在这个三线工厂，家属和孩子也聚集得越来越多，问题出来了，再建教学楼不但没时间，而且也没有更多的人手，一线军工厂房、设备的建设、安装和家属区建设都告急，学校在无助的条件下，经研究决定自力更生自己建立自己的校园。消息一出引起师生强烈共鸣，说干就干，我们自己从山下抬沙子和石灰，搬砖头，山上老师和同学也不闲着，和泥、吊线、砌墙、搭脚手架。那时的我们可只有 13—14 岁啊。那场面可谓

在重庆平山厂与同学在一起的照片

彩旗飘飘歌声嘹亮，劳动号子不断。我清楚地记得我和唐伟平两人一组，我那时经常要比别的同学来回多挑几担砂石，多砌几层砖。那时吃饭用人民公社大海碗（5—6两），一次能吃两大碗。有一点要说明，我原来在班里个子算中上等，可惜直到我参加工作也没增高多少，可能与那时在长身体个子压得不长和劳动有关吧，此项至今没验证。经过2个多月的努力，一座校办工厂厂房和一排四间用砂石和席棚子围盖的抗大式学校建成了。我们在自己建造的教室上课读书，这种无比自豪和兴奋的感觉，现在再也找不到这种了。这就是军工二代我们用自己的双手和稚嫩的双肩，自力更生、艰苦奋斗共同创造的奇迹。

四、我的师傅付子丰

我父亲去世后，我和哥哥在平山厂参加了工作，我被分配到平山厂工具车间量具组量钳班当上一名样板钳工，我下决心用实际行动报答组织对我的关心，感恩给我一个为三线建设作贡献的机会。

记得当时人事科通知工具车间连长（相当于车间主任。那时都是实施军事管理，车间为连编制，大工组为排，小组为班编制。），连长和大组长徐国良给我领到地下室量钳班（量具修理及样板钳工班），简单介绍班组成员后，分配给我的师傅是从1958年四川支援内蒙古二机厂的资深样板钳工，名叫付子丰。师傅为人老实忠厚，技术高超，是样板钳工大拿。他做的100高射炮栓体样板，光洁度可以达到14级，如同镜面一样清晰得看得到脸上细细的汗毛，公差千分之几，角度公差能到达1—2秒之内。他让我好好学习毛著，关心国家大事，学习业务和技术，掌握更多的为人民服务、为国防三线建设的本领。可谓苦口婆心语重心长，使我终生难忘。这就是我步入三线成为一名工人的第一课。

师傅特别照顾我。师兄弟几人中他对我非常好，厂里和车间的人都习惯叫他"疯子"。他长期的军工工作经历，使他对工作一丝不苟，非常严谨，对产品质量精益求精，要求很高，把自己的钳工案子摆放得井井有条，量具、工具、对版，看不惯应付了事。他时常说只有把这些工作做完美了，工作才能得心应手，"七分工具三分手艺"啊！我觉得和师傅在一起学不完的知识和手艺，他的工匠精神让我十分佩服和敬仰。

后来，我调去河南济源兴华机械厂工作后，每逢有机会到重庆，都要去看望我的师傅。1982年，我师傅付子丰被评为重庆市级先进职工。我为曾经有这样优秀的师傅感到骄傲！

我刚进厂时不到16岁，个子很矮，师傅专门给我做了一个脚踏板，让我踩在上面练习锉刀、榔头、研磨、刮削等钳工基本功，手把手教我制作马蹄样板工装、夹具、研刮0—2级平板。教我如何刃磨各种钻头（包括"倪志福钻头"）、修磨铰刀、攻丝。教我如何应用数学几何知识和三角函数计算角度和复杂样板。

一日为师终身为父，师傅就如父亲一样毫无保留地耐心细致地言传身教，使我思想觉悟和专业技能进步很快，他说我们建设三线兵工厂，就是防止帝国主义的突然袭击，

1971年与师傅在重庆平山厂的合影

在重庆平山厂参加工作后与同事合影的照片。
左一莫太瑜，平山电视台编辑，右一董华童

50 年后与师傅在重庆巴南相见

1972 年与师傅、师兄、师妹合影

保存我们有生力量，在关键时刻能拿得出，军工产品质量第一，不能有半点缺陷，我们平时多流汗认真务实，产品到战场上才会发挥它的全部功能，打得出打得狠打得准，战士才会少流血。我感到自己责任重大，现在不但缺乏技能，理论知识更加贫乏，虚心向师傅学艺，从头补习数学和几何知识，苦练基本功。记得为练习锉刀功夫，每天早上提前半个小时上班，和师兄们拿着14—16寸大锉刀，把一块块圆钢做成方钢再制成榔头、刀口尺、角尺……这些扎实的基本功，为我今后的职业生涯打下牢固的基础。每天上班成了我一件非常快乐的事，我的三线生涯充实而幸福，真正感受到三线老前辈们的呵护及培育。

1972年秋季，我随母亲调到河南济源当时号称亚洲最大的火炮基地。基地共有13个分部，方圆百十千米。母亲被分配到总部，我和哥哥分配到兴华机械厂。该厂主要人员由包头二机厂和重庆双溪厂、晋林厂、平山厂等各军

工厂抽调，还有部队整编复员兵及国防兵器专业学校和生产建设兵团知青、当地招收基干民兵等组成。因当时厂房家属区都在紧张的建设施工之中，人员设备还没有完全配备到位，教育处为培养工厂后备力量，安排我们一批工程技术人员、复员军人、新工人去包头二机厂、洛阳一拖、焦作平原厂、北京机床厂、西安、重庆平山等厂学习培训。我和当时总部李政委（原双溪厂党委书记）孩子李建忠一行22人，回我们重庆三线平山老厂学习培训1年。

又回到平山厂，虽然分离不到2个月，但这次是我第一次离开家，感到对一切有些不知所措，不知如何下手，这时的师傅不但教我技术技能，还承担做父母的职责，几乎每个星期天都叫我去他家里过上一整天，有时也叫上李建忠还有几个师兄妹一起去家里吃饭，人多时最多的就是包饺子。他们知道我们北方人爱吃饺子，大家边说边笑，和面、包饺子，其乐融融，感到家庭的温馨，那时情景使

我终生难忘，是三线缘把我们紧紧联系在一起，一点也没有了异地他乡的感觉，师傅家就是这样一个大家庭。时隔多年后在巴南大江集团去过师傅家几次，谈起当时的事还津津乐道，回味无穷，留下深深的眷恋。

自己有什么总和师傅讲，师傅总是千方百计满足我们，使我感到三线这个大家庭的温暖，暗自下定决心为三线建设巩固国防事业奋斗一生。师傅告诉我，好记性不如烂笔头，要想学会技术就要不怕吃苦，要能者为师虚心学艺，来不得半点虚假。从那时起自己就养成做笔记和写日记的习惯，不断钻研业务，苦学专业技术和技能，当时每年都写满满几本工作日志，特别做过经历过的特型复杂的样板和工装模具夹具工作经验和教训最好记录下来，以便今后工作中再遇到时少走弯路。为此师傅和师兄们为了让我掌握了解更多的知识，把152加农炮100高射炮的样板需要计算的找出来，用我们小组唯一一台手摇计算机运算制作核算过程，画简图和示意图汇成草图，念叨着"七分工具三分手艺"，制作工具辅具榔头、多功能样冲、划针、划针盘、

对板、夹板。加紧对量具的制作如刀口尺、角尺、刀口角尺、对刀板、正玄规、小方箱、100×100小平板等。

时间过得很快，一年培训学习时期很快就过去了。那时大家心往一处想，劲往一处使，一心一意对待自己的工作和学习，在师傅的精心指导下和同事们帮助下，真正学到很多专业技能和知识，更重要的是学习到前辈一腔热血为三线建设的无私奉献，他们没有豪言壮语，只是在日常工作中默默地工作，对工作对质量对产品投入深深的爱，践行着自己的诺言。

虽然我在平山厂参加工作只有短短的两年时间，在师傅和同事的帮助和指导下，却取得非常大的收获，钳工基本功打下较好的基础，使我在历届钳工技术比武上都能取得好成绩。由于年代太远，工作频繁调动、岗位变动、成家育子，保留下来的工作日志只有寥寥几本，自做的工夹量具大多数已丢失或送给同行了，但从遗留下来的工作日志和工量器具中，可以回忆起那火热时代留下的烙印，现在看来，倍感亲切。

学习期满离重庆之前我与师傅、大师兄合影　　　　1995年出差到重庆平山厂和同学合影

带队参加技术比武和技术运动会

我们班从小学到初中就是三线建设时期一个特殊团体的写照。初小时，我在包头内蒙古二机厂子弟开始上一年级小2班，后成立内蒙古二机厂子弟四小1班，隔号筛选，我被选入四小上学；四年级时，随家调重庆平山厂，在子弟校1967—1968届合成两个班又插班筛选，我被留到原班。包头中小学也发生人员变化，所以一个班的同学200多人，这就是三线建设军工子弟学校特色。本班在2016—2017年聚会时，曾受到中央电视台《发现之旅》和河南济源电视台采访报道。

因为有了以上三线建设的基础磨砺和技能锻炼，在以后工作中，特别是在进入技术管理岗位后，经常带队参加各类技术比武和技能大赛，在省市举办的技术比武和国防系统举办的技术比武，都能取得钳工、车工、焊工前几名的成绩。其中2004年在洛阳北方企业集团举办的兵装系统焊工大赛上，几十家企业推荐的上百名优秀选手参赛，由我带队北易公司4名选手，由于准备充分，经过理论和实际考核，取得全国比赛的第2名、第3名、第5名、第8名的好成绩，并获得"全国优秀焊工技术能手"的证书；在洛阳市首届技术运动会上取得钳工第1名、车工第3名的好成绩。这些选手大部分都来自三线军工企业。

时间过得很快，一晃几十年就过去了。回顾当时毛主席、党中央三线建设英明决策，以及像父亲、师傅及老一辈三线人胸怀大志，不畏艰险，放弃小家，无私奉献，才使我们国家能有几十年的和平环境，老一辈三线人他们对国防事业的赤胆忠心，对党对人民的无限忠诚，是我们军工后代永远学习的标杆和榜样。为了要让子子孙孙都能记住这段历史，我们要不忘初心，牢记使命，做一片片绿叶烘托三线建设这棵大树，为进一步弘扬三线文化做出自己的微薄贡献，让它根深叶茂，与日月永存！

（本文图片资料由作者提供）

饮今朝三线老酒，忆往昔峥嵘岁月

周成楼

今天对我来说是个特殊的日子，晚上特地嘱咐老伴多做了两个菜。拿出那瓶在角落里停留了有些年月的"三线人"白酒，它布满了灰尘，印着"工农兵"形象的牛皮纸的外包装也早已变了形，显得破旧不堪。让人想起了那个战天斗地的年代，酒瓶外还包着一层砂纸，上面也因潮湿布满了霉菌。褪去包装，简单、普通的酒瓶却还算晶莹，酒有些发黄，却也清澈。

扭开瓶盖，馥郁芬芳便扑鼻而来。酒香犹在，记忆犹在，而岁月不再。不由想起当年，借酒解乏是一天忙碌后最为幸福的时刻，不能自已地自斟自饮起来。

轻啜一口，没有了当年饮烧酒的甘冽清爽，却多了一分芳香绵甜，尾净余长。那是 50 年前的今天，1971 年的春节前夕，当时的大队书记马远福找到我，让我组织队里其他青壮劳力到离县城 20 千米外的雾山参加土石方和堡坎施工，参与一项代号 6569 的工程——三线建设工程。当然这是后来才知道的，当时只知道是去干活，一级一级分派任务，而对于整个工程是做什么的没有什么概念。就这样我们被以部队番号进行编制，我们大队被编为九连，我任副连长，正式开始了工程建设。没有挖掘机、装载机等现代化的机械设备，撬土、上土、背土、倒土，年轻的三线战士们用最原始的方法从事土石方工作。条件虽苦，任务虽重，但只要一想到我们

是三线建设的战士，从事的事业是前所未有的，国家的宏伟战略需要我们去一点点实现，心中就无时无刻不燃烧着激情。青春的热血在胸中涌动，产生出无穷无尽的力量。

再多饮了两口，心中便生出了几分忧伤和哀思，想起了当年因为劳累过度，诱发胆囊炎而永远离开我们的战友龙瑞清，他年轻的生命定格在了 25 岁的芳华。不由忆起了与他相处的难忘岁月，他比我年少，阅历也较少，平日也没有太多的豪言壮语，就这么默默地在平凡的劳动中日复一日地付出着。有着对三线建设的无悔和执着，有着对生活的向往，有着对未来的憧憬。用生命报效国家，成了

我心中一座不朽的丰碑。眼中的灯影开始模糊起来，隐隐泛起了闪光。

一杯下肚，身体慢慢暖了起来，思绪也开始翻腾。仿佛眼前又出现了那个沸腾的建设场景。战斗的号角声，机器的轰鸣声，金属的撞击声，火药味、沥青味、沙土味一起夹杂在潮涌的人流中，如火如荼。

50年过去了，我也由当年的壮实青年变成了年过古稀、老态龙钟的白发老人。内心深处的那首开拓者之歌何尝不似这瓶尘封的老酒，只需拂去表面的尘土，便是晶莹剔透如宝玉、醇厚悠长如幽兰，余音余味久久不肯散去。

我望向窗外婆娑的树影，恍若隔世，不知所言。

（本文图片资料由作者提供）

周成楼：1961年毕业于四川省灌县水利学校。1971年秋至1973年春参加大邑光电所（6569工程）三线建设，担任民工连连长。1983年进西藏从事工程管理至2003年。

一段三线建设历史回顾　一次地方文化研究尝试
——《回望锦江厂》发行式成功举行

陆仲晖

由当代中国研究所研究员、中国三线建设研究会副会长陈东林，原国务院规划二局局长、国家计委三线调整办公室主任、中国三线建设研究会名誉副会长王春才担任高级顾问，由中国三线建设研究会常务理事曹贵民、吴学辉、倪同正，四川省企业家摄影协会执行主席陈历谋等担任顾问的三线企业锦江油泵油嘴厂历史文集，《回望锦江厂》发行式，于2021年1月12日上午在彭州市乡和苑农家乐成功举行。

彭州市地方志编纂委员会办公室主任刘波、副主任王凤艳，彭州市作家协会主席麦明德、秘书长王方强，彭州市地方文化研究会会长高一本、秘书长郭华金，锦江厂退管站党委书记陆仲晖、副书记刘丹、党委委员王连彦、王

高菊、阳运涛和工作人员阳羽曦，锦江厂退休职工代表宋明清、陈永琼、杨廷发、贺彭建，《回望锦江厂》一书的作者高光俊、熊荣禄、文丰锦等共28人参加了此次发行式。

《回望锦江厂》一书，是从2019年9月开始，由锦江厂退管站党委、彭州市作家协会、彭州市地方文化研究会共同策划，首次从地方文化的角度，对锦江厂历史开展一次全面的回顾，进而反映和探讨三线建设对彭州地方文化的影响。该书经过一年多时间的准备，三易其稿，于近日成书发行。全书分纪实锦江、探源锦江、大事锦江、阅读锦江、我与锦江、戏说锦江共6个章节，计40万字。

《回望锦江厂》一书，不仅比较系统地叙述了锦江厂兴建、兴旺的一段历史，还第一次用大量的事实，比较全

面地叙述了锦江厂从 1985 年以后，在国家对三线建设作出重大调整即调整搬迁政策大背景下，一个三线企业是如何在市场经济面前和谋求发展的过程中，被历史潮流冲击淘汰出局的。据悉，反映一个三线企业如何从高潮走向谢幕，目前这方面的资料是不多的。而《回望锦江厂》一书恰好收集了比较丰富的第一手资料，并对锦江厂这个三线企业昨天和今天的现状，进行了时空演变的交代。彭州市

作家协会、彭州市地方文化研究会的作家和学者有 19 人参与撰稿。这些作家和学者，不仅从地方文化的理解入手，对锦江厂的文化现象进行了一次积极的探讨，还以文艺创作的形式，对锦江厂的历史演变进行了尝试性的反映和表现，其意义远远超过作品本身的价值。

1 月 12 日上午的发行式，由彭州市地方文化研究会秘书长郭华金主持。彭州市地方志编纂委员会办公室主任

刘波、副主任王凤艳，彭州市作家协会主席麦明德、秘书长王方强，彭州市地方文化研究会会长高一本，以及作者代表高光俊、熊荣禄、文丰锦、周晓蓉等先后讲话和发言。大家对彭州三线建设历史的挖掘研究，对本地区5家三线企业旧址的开发利用和对3家三线企业的持续发展等话题，以党中央和习近平总书记一系列指示精神，站在文化是根和文化兴市的高度，达成了共识并制订了新的研究计划和创作目标。彭州市地方志办公室刘波主任还就彭州市2020年及之前，包括三线建设历史研究几方面所取得的成果，向在座人员进行了分享和通报。

锦江厂退管站党委书记、《回望锦江厂》一书主编陆仲晖，就《回望锦江厂》一书的编辑过程和资金来源问题，

《回望锦江厂》一书的特点和看点等作了特别的说明。向参与该书编著的单位和作者表示感谢，向中国三线建设研究会的领导和同志们表示敬意。特别感谢王春才王老给这本书题写了"回望锦江厂，传承三线精神"的贺词。

《回望锦江厂》一书第一次印刷2000册，将免费予以交流发行并送国家及省市相关部门参考收存。《回望锦江厂》一书的成功发行，是锦江厂退管站党委，彭州市作家协会、彭州市地方文化研究会在2021年新的开端，献给中国共产党成立100周年的一份贺词。

（本文图片资料由作者提供）

不忘初心　无愧人生
——原重庆造船厂职工《明月青山情未了》厂情厂史U盘发布会散记

吴成富

以原重庆造船厂（简称"重船厂"）建厂半个多世纪以来所经历的风云历程为内容的《明月青山情未了》U盘发布会，于2020年7月25日上午，在重庆市南岸区长生桥维也纳酒店举行。

10点整，主持人吴成富宣布发布会正式开始，来自全市原重船厂的约50名员工参加了U盘发布会。

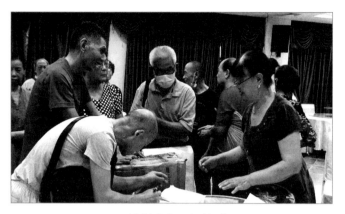

到会沱友们积极签到

会场一角

陈贻瑜书记发表热情洋溢的讲话

吴学辉先生发言中

原重船厂厂长、党委书记，后调任重庆船舶公司任纪委书记的陈贻瑜致辞，并发表了热情洋溢的讲话。

中国三线建设研究会常务理事、《三线风云》副主编吴学辉对《明月青山情未了》U盘发布表示了热烈的祝贺。

随后，吴学辉同志现场赋诗以表庆贺：

光影里的重船厂，拉开我思绪的窗帘。

追随岁月的脚步，我在时光中浮想联翩。

涛涛的大江流水，是否记得那座船台？

悠悠的酷暑严寒，回想着火热的车间。

我们把青春融入一个个零件，我们用理想打造一艘艘舰船。

时代的浪潮留下几多遗憾，但我们无愧那闪光的昨天。

回望峥嵘的军工岁月，我们至今心潮澎湃。

投身三线建设的日子，我骄傲曾经的贡献！

沧桑风雨洗白满头黑发，抹不去激情燃烧的记忆；

明月花香留下往昔辉煌，影映着丰富多姿的光彩。

为中华振兴我们铭记历史，不忘初心传承光荣精神；

重船厂与会职工及来宾合影

《明月青山情未了》U盘主创摄制人员与吴学辉先生合影

《明月青山情未了》主要执行 / 主持人吴成富（右）与视频制作人唐德忠（左）合影

回顾往昔，无愧人生；欢乐聚会，开心一笑

《明月青山情未了》，友谊恰似江水长。同龄老庚师兄弟，我们也来合个影

为国强民富两个百年梦想，牢记使命跟进伟大时代！

参会人员领到了心仪已久的 U 盘，久久不忍离去，他们在重船厂生产的 0371 舰艇画面前拍照留念。

发布会自始至终充满了欢快和温馨。

重船厂是国家三线建设重点军工企业，由原大连造船厂援建，是重庆市乃至西南地区唯一一家水面舰艇制造厂，为国家的国防建设、为人民海军提供了优质的水面舰艇 19 艘。

历史不能忘记！虽然，重船厂已破产重组，但我们：

100 米囤船

挑灯夜战的重船人

濒江岸陡的重船厂一瞥

时任海军司令员的中央军事委员会副主席刘华清视察重船厂

重船厂造 037I 型舰艇雄姿

工厂建造的捞雷艇

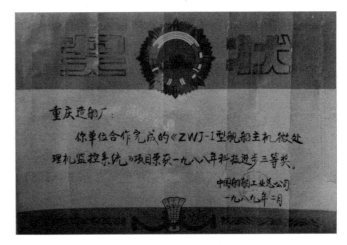

工厂获得的荣誉一瞥

国防三线建设者们，为了国强民富，我们舍生忘死、无私奉献；我们把青春热血洒在了那个火热年代，我们无愧人生，至今魂牵梦萦，终生怀念！

由于国家经济转型调整，军品任务锐减，重船厂人凭着国防军工的优良传统和作风，在市场经济的风浪中仍然敢打硬仗恶仗，积极面对市场，主动"找米下锅"，为保军转民、企业生存，在开发市场、丰富民品上，也做出了显著的成绩。

重船厂虽然于十几年前因政策性破产重组，但重船厂人为祖国国防建设而奋斗牺牲的精、气、神，至今尚存。

为了纪念和追忆那段激情燃烧的可歌可泣的难忘岁月，重温那些感人至深的温馨深情厚谊，破产后各散四方的重船人凭借执着和现代通信手段，建立了覆盖全国的通信网络，那种亲如兄弟姐妹的深情又回来了。

海军重庆办事处在重船厂召开军民共建"两个文明"现场会

庆祝修船分厂成立3周年暨改建川陵号囤船下水大会，背景外为工厂自用"渝州号"轮船

2017年重船厂人返厂忆旧聚会留影（唐德忠 提供）

《明月青山情未了》U 盘（唐德忠 提供）

几十年的风风雨雨，几十年的战斗工作，几十年的休戚与共，几十年的奋斗拼搏，铸就了重船人的钢筋铁骨和浓浓深情。

把我们重船人的昨天、重船厂的历史、重船厂的情和爱，梳理成我们共同的语言和文字，把我们那段历史用视频的形式保存了下来，并让她薪火相传，永不熄灭。

历经 4 年的《明月青山情未了》终于画上了句号，她系统、全面、历史地记录了重船厂及重船人的艰辛和付出，让我们重温了那些难以忘怀的记忆，重现了那段激情的峥嵘岁月。

为长期保存，我们制作了 U 盘，U 盘中除了六集记录视频外，还收录了大量的照片、诗词、书法及回忆文章等。

在我们所处的新的历史时期，在中华民族为实现伟大复兴的关键时候，我们要不忘初心，牢记使命，把我们自己和祖国的命运紧密联系在一起，发扬我们重船厂人的优良传统和作风，为中华民族伟大复兴尽我们绵薄之力，无愧于我们的人生，无愧于这个伟大时代。

重庆造船精神永恒！

重庆造船厂人的情谊永恒！

（本文图片除署名外，由作者提供）

吴成富：中共党员。1972 年 3 月 1 日至 2004 年 11 月在国营重庆造船厂工作。2006 年 1 月退休。

时值伟大的中国共产党成立 100 周年之际，由重庆市党史学会三线建设研究分会与重庆市工程师学会三线工业文化专委会联合编纂的《巴山蜀水三线建设·第一辑》第一卷《文墨山河》面世了。

谨以此书，献给伟大的中国共产党成立 100 周年！献给人民兵工成立 90 周年！献给川渝地区乃至全国的"三线人"！

本书辑录的文章，真实地反映了 20 世纪 60 年代中期至 80 年代初期我国那场波澜壮阔的三线建设在川渝地区从决策、规划到实施的基本情况，以及调整改造的全过程，生动具体地描述了波澜壮阔、气势恢宏的川渝三线建设及"三线人"战天斗地、艰苦创业的风云壮举。

翻开此书，欣赏和阅读各位不同身份、不同层次、不同岗位、不同经历、不同视野和角度的作者撰写的文章及那些历史老照片，犹如打开了一扇厚重的历史之窗，给我们展现出一幅五彩缤纷的历史画卷，仿佛滚滚长江仍在哼唱悠远绵长、高亢激昂的历史咏叹调，至今还在巴山蜀水间萦绕！

这部文集，有巴蜀地区三线建设与调整搬迁亲历者的回忆和口述史；有记者采访三线建设亲历者的报道；有经济学者、历史学者和其他专家对三线建设的研究、总结与思考；有三线建设工业遗产的保护、开发、利用实例和方案的介绍。

抚今追昔，有多少天南地北的三线建设者为开发建设祖国的大西南，奔赴川渝地区，汗洒丰腴的巴蜀大地，为国家的安全和强盛，用青春和热血把"艰苦创业、无私奉献、团结协作、勇于创新"的三线精神镌刻在人民共和国的旗帜上。

光阴荏苒，岁月如梭。三线建设的风雨历程在时代的潮流中已成过去，但三线建设在川渝地区留下了大量独具特色和潜在价值的物质与文化遗产，成为川渝地区建设"巴蜀三线文旅走廊"的宝贵资源；也是我们今天实施"成渝地区双城经济圈建设"国家战略的宝贵精神财富和物质财富。我们要保护、开发、利用好三线工业与文化遗产，变资源优势为经济优势，为我国的"一带一路"建设、为建设富强民主文明和谐美丽的社会主义现代化强国增辉添彩！

编　者
2021 年 3 月

巴山蜀水

三线建设

BASHANSHUSHUI SANXIANJIANSHE

艾新全　陈晓林◎总主编

中国文史出版社

巴山蜀水

李治贤　诸晓南　钟昶文◎编

深山激情岁月

国营红卫机械厂卷

第一辑

BASHANSHUSHUI SANXIANJIANSHE

中国文史出版社

图书在版编目（CIP）数据

巴山蜀水三线建设 . 第一辑 . 国营红卫机械厂卷：

深山激情岁月 / 艾新全 , 陈晓林总主编；李治贤 , 诸晓南 ,

钟昶文编 . -- 北京：中国文史出版社 , 2022.10

　　ISBN 978-7-5205-3831-2

　　Ⅰ . ①巴… Ⅱ . ①艾… ②陈… ③李… ④诸… ⑤钟…

Ⅲ . ①国防工业—经济建设—经济史—重庆 Ⅳ .

① F426.48

　　中国版本图书馆 CIP 数据核字（2022）第 188451 号

责任编辑：梁　洁

装帧设计：向加明

出版发行：中国文史出版社

社　　址：北京市海淀区西八里庄路 69 号　邮编：100142

电　　话：010-81136606　81136602　81136603（发行部）

传　　真：010-81136677　81136655

印　　装：廊坊市海涛印刷有限公司

经　　销：全国新华书店

开　　本：787mm×1092mm　1/12

印　　张：13.75

字　　数：231 千字

版　　次：2023 年 4 月北京第 1 版

印　　次：2023 年 4 月第 1 次印刷

定　　价：198.00 元（全三卷）

序

　　船舶红卫机械厂，在 20 世纪 60 年代响应"备战备荒为人民，好人好马上三线"号召，大批上海支内职工和全国重点大中专院校毕业生齐聚武隆白马山下，为了与帝国主义争时间、抢速度，边建设边生产，在极其艰苦的山区，建设起一家船舶柴油机厂。抓革命、促生产的年代，红卫机械厂荣获四川省国防科工办（当时四川省国防科工办主任谢正荣中将，是成都军区副司令员，四川省军区司令员）的嘉奖，成为国防军工企业抓革命、促生产的典范，为海军装备做出过重大贡献。红卫机械厂职工在白马山下顽强拼搏的 18 年，是激情燃烧的 18 年，是为共和国海军做出突出贡献的 18 年，我们应该牢记为三线建设做出突出贡献的三线人，继续发扬"艰苦创业、无私奉献、团结协作、勇于创新"的三线建设精神。

陈福正

怀念激情岁月 弘扬三线精神

国营红卫机械厂（以下简称"红卫厂"），于1965年5月27日破土兴建，今天，迎来了55周年纪念日。

20世纪60年代，国际风云变幻，时刻准备第三次世界大战爆发，立足于大打、早打，必须把"国防三线"建设好。

1965年春天，国家第六机械工业部（以下简称"六机部"）三线厂涪陵筹建处主任由上海新中动力机厂党委书记王旭兼任，率领十多人，同北京的六机部第九设计院工作组来到乌江西岸的武隆白马铁佛寺安营扎寨，会聚建筑工程队和当地的农民工近千人，在红卫厂工地打响一场攻坚大会战。当年8、9月，应届大中专毕业生和一批批海军复员军人数十人，陆续来到此地参加建设，从此就成为来白马的首批"三线建设者"、名副其实的"拓荒牛"。

大半年过后，十大车间及办公楼在川湘公路北侧铁佛寺这块土地上崛起，四层楼房的家属宿舍、单身宿舍、职工食堂在厂前区连片竣工。同年12月下旬，新中厂首批支内职工18人由朱积祚带队随后又有两批支内职工到来进红卫厂做生产准备工作。到次年春夏之交，上海新中和求新两厂调拨的"支内物资，生产设备"以及逾千名支内职工分十几个航次进川，连同就地招工数百名，达到近两千人的中型厂矿规模，按预期目标于1966年7月1日正式投产。

红卫厂在当时对外厂名称是国营新乐机械厂，不久后易名为国营红卫机械厂，直属六机部领导，划归四川省第六机械工业局（以下简称"四川省六机局"）管辖，明确由涪陵地委与涪陵专署大力协助建设（红卫厂是地师级单位，与涪陵地区同级）。

前言

1967年春节后，红卫厂受武斗影响。到1969年春天，"支左"部队进厂实行"军管"，把王旭等一批共十多位领导干部陆续调出到重庆、江津、永川等地支援兄弟厂，然后成功组建国营红卫厂革命委员会。在新任厂长李增华和党委副书记王爱民的领导下，红卫厂广大职工群众迎难而上、勇往直前，坚持抓革命、促生产，源源不断生产出350和301两个型号的中速柴油机300多台套，主要供给海军装备，其次援助亚非拉发展中国家建设发电站。全厂职工不懈努力，把该厂建设成为"川东地区三线厂标兵单位"，受六机部首长邀请派由各部门优秀工作者20余人组成的"赴京代表组"前往北京汇报工作、介绍经验；接受中央新闻电影制片厂、北京电视台、四川电视台、重庆新闻图片社等新闻媒体记者来厂采访；被西南师范学院、华中工学院、海军工程学院等高校作为"开门办学"基地；举办了有全国相关科研和生产单位代表参加的"球墨铸铁曲轴鉴定会"及"6303柴油机鉴定会"，屡受（部、省）机关表扬和嘉奖。其间，红卫厂既为重庆、江津、永川等地的兄弟单位输送优秀企业管理干部和专业技术人才，又为建设山区、发展涪陵做出了积极贡献。

1978年12月，党的十一届三中全会召开，确立以经济建设为中心，初露改革开放的新曙光，红卫厂面临新的挑战。以厂长林允耀、党委副书记秦旦祥为首的领导班子策划，从1979年春天开始，拍照片，写材料，向上级机关汇报，要求迁厂。红卫厂基于其地理位置的劣根性，存在旱季水源枯竭，洪水期淹没码头起重设备，交通运输困难，生产生活物资奇缺等"先天不足"，而且地形险峻，毫无平地可以用作"扩大生产和改善职工生活"的发展空间，从而获得上级批准搬迁，几经异地选址，最后决定合并到湖北宜昌的国营宜柴厂。从1982年9月起，红卫厂全面停产，拆卸主要生产设备打包装箱，到1983年春节后，分35个航次，实现生产设备和职工搬迁到宜昌，留下厂房以及宿舍、食堂、医院、学校等配套设施交给地方企业涪陵苎麻纺织厂。

红卫厂立足白马18年，是可歌可泣的18年！我们是光荣的三线建设者，在此地曾为祖国、为人民贡献宝贵青春，很值得我们每位职工无比自豪和骄傲！

让我们纵情欢歌，将深山激情岁月的历史留在心中，让三线精神代代相传，弘扬光大。

钟昶文

目录

巴山蜀水
三线建设

BASHANSHUSHUI SANXIANJIANSHE

第01章 艰苦创业历艰辛

第一节 "代号厂"向内地迁移

1963 年 8 月，我刚踏出校门就去（三机部）国营上海新中动力机器厂（以下简称"新中动力厂"）报到，地址在上海市虹口区保定路 2 号。来到这里所见：厂门口竖挂一块上海新中动力机器厂白底黑字的木牌。为了落实毛主席、党中央关于"三线建设"指示的精神，从 1965 年春天开始，新中动力厂与求新造船厂柴油机车间受命联手包建红卫厂的光荣任务。

原四川省涪陵地区本身的经济基础很薄弱，地方工业仅有一间火柴厂和一间毛巾厂，还有就是长江航运公司和乌江航运公司。到 20 世纪 60 年代开始搞"三线建设"才有部属厂矿陆续落户涪陵地区，如五机部的宁江厂、庆岩厂、红山厂、红泉厂、东方红厂建在南川县，一机部生产汽车配件的海陵一厂、海陵二厂、海陵三厂、涪陵化油器厂、新力机器厂都建在涪陵城关镇，二机部的 816 厂（加工核原料）建在涪陵县的白涛镇。红卫厂位于乌江西岸的武隆县长坝区白马公社铁佛生产队，但对外一律使用保密单位地址"四川涪陵第红卫 0 信箱"，物资进出及邮件往来统

都是这样写的，否则就当违反国家保密、保卫制度论处。当时按"保守国家秘密条例"的规定，分为：绝密（一级）、机密（二级）、秘密（三级）。生产柴油机的厂属于三级，是最低档的保密单位。曾经闹出一个笑话：在 1966 年红卫厂刚投产不久，涪陵地区防疫站派员去红卫厂检查电镀车间污水处理及排放到长坝河的情况，受到我厂卫生科一名医生阻拦说，"我们是中央厂矿保密单位，厂房布局及生产环节是不能向外透露的。"为此，涪陵地委、专署对我厂发出警告："白涛有个一级保密单位 816 厂都和我们地方机关配合得很好。你们红卫厂只是'三级保密单位'，以后别再这样'夜郎自大'，中央厂矿没有地方支持，将会寸步难行！"随后，我厂领导向涪陵地委、涪陵专署分别做了检讨。

在毛主席关于"三五"计划要考虑解决全国工业布局不平衡的问题，要搞一、二、三线的战略布局的指导思想下，三线建设从开始到调整搬迁完成，大约历时 42 年时间。20 世纪六七十年代国家投入 2000 多亿元，百万工程技术

人员和工人调迁，数十万民工和解放军指战员参与建设，有效改变了我国中西部地区工业布局不合理问题。在党中央的领导下，中央各部门和全国各地党委密切配合，通力协作，加之现场广大建设者的艰苦奋斗和创造性劳动，西南三线建设的工作基本上达到了毛泽东主席提出的要求。

兴建起了攀枝花这样大型的钢铁工业基地；加强了重庆的常规武器配套计划提前完成，还建有航天、航空、能源、交通运输等许多重要厂矿、研究院所和大专院等。红卫厂也是其中之一。

第二节 披荆斩棘建新厂

一、红卫厂地理位置和交通运输

（一）红卫厂地理位置在哪?

从保密单位的通信地址说起，在20世纪六七十年代，红卫厂职工及其家属的邮件往来，即写"四川涪陵第红卫0信箱第几号分箱"，否则，就无法投递，退回原处。到1980年后，为了加快邮件投递速度而建立全国统一的"邮政编码"，红卫厂所处位置的"邮政编码"（与武隆县一致）是632362，与之相适应，我们厂的保密单位地址则改为"四川武隆红卫0信箱"。

祖国的大西南有个盆地，被大巴山—岷山—邛崃山—大雪山—乌蒙山—大娄山—巫山包围着，岷江—沱江—嘉陵江自北向南汇入长江，故此得名为四川盆地，是以平原和丘陵为主的美丽富饶的鱼米之乡，誉称为"天府之国"。盆地的东南方，大娄山与武陵山之间有条乌江，发源于贵州省，自南向北流入长江，这交汇点就是涪陵。北京有"十三陵"，南京有"中山陵"，四川省则有个"涪陵"。在2000多年前这里是巴国的都城，先王贵族的陵墓多葬于此，又因乌江的古名叫作"涪水"，这里就是"涪水岸边的陵园"，所以得名为"涪陵"。这里大部分是高山峡谷，从旅游资源看，它是"山清水秀"，从生活环境看，是"穷山恶水"，

与富饶的四川盆地相比，有天壤之别。

其实，涪陵也小有名气。长江水滔滔流经涪陵，这里有个水下的石刻"古代水文记录"，在枯水期则露出水面，如同"江心浮起了白鹤的脊梁"，因此得名为"白鹤梁"。涪陵盛产榨菜，驰誉全国。

新中国成立后，在四川盆地东南（重庆至万县之间）设置了涪陵专区，后来都同其他专区一样 改称为涪陵地区，所管辖10个县是乌江流域的涪陵、武隆、彭水、黔江、酉阳、秀山、加南川，以及长江边上的石柱、丰都、垫江。

（二）红卫厂的交通运输环境相当恶劣

红卫厂位于涪陵地区辖内的武隆县长坝区白马公社（今名白马镇）铁佛生产队，距离乌江码头4千米，进出的主要通道靠乌江，其次靠川湘公路及涪白公路。

1. 水路交通

乌江是长江中游的一条较大的支流，水量很丰富，通航从涪陵可达龚滩（川黔两省交界处），涪陵至白马为下游，白马至彭水为中游，彭水以上称为上游。涪陵开出客轮，每天有白马班船和彭水班船，隔天有龚滩班船。洪水季节常常会停航，枯水期则要用人力或畜力（后来进化到电动）绞滩。班船从涪陵往白马60千米，凌晨5点开船，9点抵

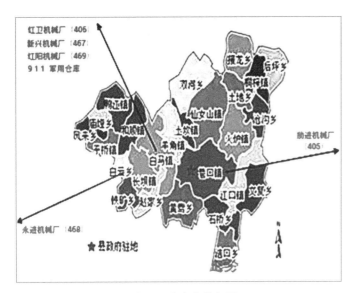

武隆县三线企业分布图

406厂定位里程碑

达，逆水行舟4小时。我们到了白马码头，还要免费换乘本厂大客车或货车，才能返到厂门口。红卫厂所需生产资料和生活用品，主要都是靠乌江水路运输的。

红卫厂职工出差或探亲，到涪陵还得乘长江客轮，上水去重庆，下水去武汉或上海。当年还没有铁路，更没有高速公路经过涪陵，乘长江船是唯一的出路。除了每日有涪陵至重庆的班船外，还有隔日一班的重庆至武汉的客轮（东方红系列号），以及每周一班重庆至上海的"荆门号"或"夔门号"大客轮经过涪陵。但是，过路船往往在下半夜抵达涪陵，停靠建设码头（即荔枝园深水码头）。我们下船后，步行到厂的西门招待所，大约要大半个小时（当年涪陵没有公交车，只有挑行李和推大板车的力夫），加上路灯昏暗，雨天泥泞路滑，再辛苦也得熬。如果赶不上当日凌晨的"乌江客轮"，还得在涪陵住宿一晚，于次日上午才能回到厂里。

2. 陆路交通

川湘公路始发于重庆，途经巴县、綦江、万盛、南川、水江、白云、长坝、白马、车盘、武隆、彭水、秀山、铜仁、怀化至长沙。万盛是川黔线（支线）上的一个铁路货运站，来自上海的陆运物资到万盛火车站，就要派汽车运载回本厂，必须翻过水江这座高山，路况非常险峻，载客的汽车时速只能开20至25千米。从厂往武隆，必须翻过白马山，弯多路狭、坡陡，路况也是很险峻的，但是本厂职工及物资进出极少走这条路。

涪白公路自涪陵至白马，必须翻过鸭江、沙子沱这座山，也是很不好走的。在工矿商店旁边的白马汽车站虽然每天有客车开往武隆、南川、涪陵，但我们基本上不乘这些汽车客运班车，而是乘"乌江船"，既安全又舒适。

（三）红卫厂为什么选址在白马？

在1964年春天，毛主席对造船工业的内迁作出指示：

造船工业都在沿海多危险！起码要搬一半到内地去！

六机部领导遵照毛主席的指示精神，把内迁目标圈定在四川东部的万县、涪陵两个地区。随后，刘星副部长带一行人乘飞机在川东上空视察，就决定把红卫及其配套厂放在涪陵地区，以便为长江沿岸的432、429、422等造船厂就近提供主机，把罗盘、导航仪、武器装备等生产厂放到万县地区的山沟沟里。红卫是舰艇主机的生产厂，就被优先安排在乌江边上的白马铁佛寺，把467、468、469等配套厂安排在沿川湘公路往白马山上走，从头道河边至车盘一带的深山幽谷里。

二、"三通一平"任务艰巨

大凡新建一间工厂，在土建施工前，必须先搞好"三通一平"。所谓"三通一平"，就是通路、通电、通水，平整土地。回顾当年在白马山区建设红卫厂，搞"三通一平"任务是非常艰巨的。

1. 平整土地

当年建设"三线"必须执行"三不四要"政策，就是：一不占良田，二不迁（尽量少迁）居民，三不搞高标准。我们厂建在铁佛生产队，占地面积为253亩，其中可耕地150亩（良田占20%），只动迁了8户农民，以后还须做到对所在的生产队"一要供给肥料（粪尿）种地，二要供给

首批入川建厂人员在工地码头合影留念（1965年1月19日）

沺脚喂猪，三要供给自来水，四要供给用电"。

在厂址所选中的这块土地上，有个小寺庙，里面供奉着一尊用生铁铸成的佛像，当地老乡都叫它为"铁佛寺"。这周围原是乱葬岗，在平整土地时，挖掘出几穴无主孤坟，有好些金银珠宝陪葬品，推测是16年前（1949年）国民党军官姨太太殉难之墓，符合"解放战争的三大战役后，刘邓大军挺进大西南，在川湘公路白马山脚下发生激烈战斗"的历史事实。这块土地有许多巨大的岩石，当时未曾有冲击钻、冲击锤等电动工具，全凭手工打凿炮眼、装炸药爆破，也没有挖掘机、推土机等机械，靠的是肩挑手提的人海战术。

2．通道路

铁佛寺这块地位于川湘公路边，虽然通道路不是问题，但是大量建筑材料从乌江水路运来，从白马码头去铁佛寺这段长4千米的专用路等级很低，必须加宽加固，而且要在码头安装起重机械——用卷扬机驱动巴杆吊机，就得在酥松砂质的乌江河边用石块砌成一个坚实的基础平台，才能安装巴杆吊机，砌筑石料基础的工程量也相当大。

3．通自来水

工地上成百上千的施工人员的生活用水，以及浇灌混凝土都需大量用水，所以，通水是施工前必备条件。在白马这样的山区农村，从来没有自来水厂和相应的管网。"红卫厂工地"要开工，就必须自力更生去解决供水。乌江水源很丰富，但要铺设4000多米长的大直径供水管，耗资何其巨大，建厂投资不堪重负。不得已，选在长坝河取水，管线长度只1000米左右，可是水流量极其有限。虽然解决了基建施工难题，但到投产后，用水供需矛盾突出（加建千吨储水池稍为缓解一些，但治标没治本），成了制约

红卫厂生存、发展的致命伤。

4．通电力

整个白马公社从来就没有供电网，为了满足红卫厂工地开工，涪陵地区供电局为此架设高压线，从涪陵火力发电厂通到白马，一个个高压线铁塔沿着涪白公路，翻山越岭而来，工程十分艰巨，工期也赶不上开工要求。我们厂就自建临时动力房，安装一台英制柴油机，由刚刚分配来报到的华南工学院内燃机专业的几个毕业生（陈汝栈、冯祖仁、林长效、陈务兴、凤汝梅、林敦兴等），加上从上海"支内"来的电工钟来娣，轮班开机发电。

总而言之，红卫厂工地的"三通一平"艰巨任务得以顺利完成，有赖于以左世杰书记为首的涪陵地委和专署鼎力支持，抽调大量农民工上工地，物资供应全开绿灯；有赖于六机部第九设计院人员兢兢业业，勤奋工作；更有赖于王旭带领杨德忠、陈尹、吴和生、朱金根等十几人的先遣队，同当年暑假分配进厂的应届大中专毕业生，发扬吃苦耐劳、坚忍不拔、顽强拼搏的精神。

附记：

把5月27日这一天定为建厂周年纪念日的依据是：

1965年1月：首批"拓荒牛"进入白马公社铁佛寺生产队现场，建立红卫厂工地指挥部，着手"三通一平"等一系列准备工作。

三、首批"拓荒牛"进川搞基建

第一批：新中、求新两厂的职工16人，在1965年1月离开上海进入四川，执行一项十分光荣的任务。上级要求他们必须注意保密，对任何人都只能说"出差到我国的大西南"。

这16个人是从两个老厂各个部门抽出来组成的，具

体人员是：

办公室主任兼财务科科长陈尹	首长警卫员杨德忠
财务科会计员鲍克彦	财务科出纳员张雪珍
办公室打字员邵菊英	物资供应采购员陆锦祥
人事劳资员黄步荣	电气工程技术员朱金根
柴油机设计员冯燕秋	柴油机工艺员王师猛
土建施工员吴和生	起重施工员江大海
汽车驾驶员何克弘	汽车驾驶员周启方
医务工作人员华群	食堂炊事员汪富根

他们从上海来到白马山脚下，生活环境同大都市反差很大，住木板房，点煤油灯，用山泉水，以惊人的勇气和必胜的信心去克服生活上和工作上的重重困难。据华群回忆，当时医务人员总共就那么两三个人，她一个人值夜班，时不时会遇到附近生产队的老乡前来请求她出诊。她胸怀救死扶伤的责任感，毫不犹豫背起应急药箱，在朦胧夜色中前行，手扶老乡牵着的手杖，爬坡上坎，艰难地到达患者家中救治。现在想起来仍然很后怕！当时的社会治安良好，一年当中遇上几次夜间出诊都很安全。她还回忆：较早到红卫厂工地的医务人员有傅小琼、盛国强、何惠雯、李广富等人。

头一批7人，他们胸怀祖国、放眼世界，为尽快建成三线厂争分夺秒，艰苦奋斗，是名副其实的红卫厂头一批

红卫厂第二批入川基建人员合影（1965年2月10日）

红卫厂领导同九院工作组及劳动队同志合影（1966年3月9日）

"拓荒牛"，劳苦功高！

"红卫厂退休职工联谊群"的群友周建新于2014年12月13日发表评论说："机械制造业的精英，远离大都市进驻大西南，尤其是为备战，深居崇山峻岭，演绎了无数可歌可泣的壮举，比现在国家'大力开发西部'的政策，足足提前了几十年。他们是时代的先驱者，是默默无闻的英雄，不亚于当年解放全中国的战斗英雄。"

较早进川的"拓荒牛"当中有1965年8月进入红卫工地参加建设的广州华南工学院应届毕业生林长效、庞崇伟、李杜南、冯祖仁、陈汝栈、陈务兴、凤汝梅、黄健强、黄永钦、林敦兴等一批"小广东"，以及冯燕秋、高绍纪（华中工学院62届）、廖泽永（华南工学院63届）、钟沛超（上海科大63届）、李泽泉（武汉船校63届）等。

四、生产准备的先遣队

新中动力厂的朱积祚率领张玉林、马开钿等18名职工，于1965年12月19日，首批踏上新征途，向着涪陵山区进发。新任新中动力厂党委书记马逸群和"四清"工作队队长萧德林，以及"支内"办公室人员，往十六铺码

三批入川做生产准备人员 64 人，同现场人员共计 180 人，合影于一号车间前（1966 年 2 月 1 日）

头送行。此行 30 人（内含 3 户家属）乘"荆门号"客轮溯长江而上，经南京、武汉、宜昌，过三峡到涪陵，进入白马红卫工地，历时整整 8 天。当我们过了白涛，就看见岸上用牛力对本船绞滩（这个月份正是枯水期），内心感叹油然而生——这样的穷山恶水，往后的日子怎么熬啊！

随后还有两批"支内"职工数十人进厂做生产准备。

当时的红卫工地上，办公楼和大车间共 12 栋主厂房已封顶，正进行水电管线铺设和内部装修，相继是主干道浇灌钢筋混凝土。"干打垒"家属宿舍刚刚起头，才建好了三五几栋。两栋三层单身宿舍、四栋四层楼家属宿舍和大食堂，还待做内部装修，我们只好在大食堂里暂住，去民工食堂搭伙用餐。在"干打垒"工地挖土、挑石头，干了十多天。工地上的许多生活设施尚待完善，我们在那里度过了一个艰苦朴素的"革命化春节"。

很明确，我们这支先遣队的任务是做生产准备的。我们连同紧跟后面进厂的两批业务骨干共计 60 多人，于1966 年春节后，上班第一日，开会就接受任务，分头负责几大主厂房的设备安装和投产准备工作。一是核对基建工程的水电管线和设备基础；二是验收老厂搬迁来的机械、仪器设备，组织人力安装调试；三是编制计划，落实原材物料供应和储备，能满足生产所需。我本人负责 12 号厂房（办公楼底层）的长度计量室、理化试验室的基建项目验收，以及金相室、机械性能试验室两个项目生产准备，同大家齐努力，奋战三个月胜利完成任务。

我们这批年轻人，只不过二十几到三十岁，做生产准备都是头一次，生活条件艰苦，工作任务繁重，难不倒我们，不懂就问，或将问题摆出来同大家商量，把困难解决在本岗位，不上交矛盾，在工作和生活上，互相协调，互相爱护，处处洋溢着朝气蓬勃。我们还去白马码头迎接一批批刚到厂的"支内"职工，帮忙搬行李，安置到新家属宿舍，使他们感到融入红卫厂这个新的革命大家庭处处是温馨！

先行进厂做生产准备的人员名单

第一批（1965年12月28日抵达）18人：

朱积祚、马开钿、张玉林、龚德福、孙本明、朱述礼、高绍纪、钟沛超、朱清芳、周正勤、黄玉丰、朱熙尧、华荣春、祝祥郎、邵加田、何惠民、梁炳甲、萧炳三。

第二批（1966年1月上旬抵达）23人：

季鑫、汪敏达、支钟兆、杨炳青、戴维新、周恩铭、杨国昌、高志明、王长年、刘盛顺、张松年、严成章、廖泽永、孙士康、黄焕兴、周慧敏、樊容华、舒麟书、张德惠、陶立权、洪刚、梁发江、刘昌明。

第三批进川做生产准备的人员名单缺失。

巴山蜀水

三线建设

BASHANSHUSHUI SANXIANJIANSHE

第02章 好人好马上"三线"

第一节 "支内"职工进山区

一、"支内"职工多荣耀

1. "支内"职工与"三线"职工的含义

沿海经济发达地区支援内地经济欠发达地区建设，简称"支内"。执行支内任务的建设者，就是"支内"职工。

我们的祖国幅员辽阔，含960万平方千米陆地面积；人口众多，在20世纪60年代有6亿，所以号称"六亿神州"。由于地理位置、自然环境以及历史形成的诸多原因，东南沿海一带经济发展水平远远优于内地，人口密度也远远大于内地，国家领导层时时都在谋划，如何使内地与沿海的发展渐渐趋向平衡，努力创造条件达到和谐共荣。例如：采取"边疆生产建设兵团"、"开发三北"（西北、华北、东北）、"开发西部"、"援藏干部"等措施，"支内"也属其中之一。

参加"国防工业三线建设"的职工，简称"三线"职工。当年的工业分布，在沿海和边境的称为"一线"（如辽吉黑京津沪鲁浙闽粤），在心腹内地的称为"三线"（如云贵川青陕豫鄂），在沿海与内地之间的过渡地带称为"二线"（如冀皖赣湘桂）。

"支内"职工和"三线"职工是两个性质不同的概念，前者从经济建设的角度，专指来自老单位对口支援的建设者（严格来讲是指其本人，第二代就不是"支内"职工，而叫作"支内"职工子女），后者从工业建设、备战需要的角度，既包含"支内"职工，又包含来自各个方面，如部队复员转业、大中专毕业分配、招聘当地适龄青年等，新进入单位的建设者。

2. "支内"职工是特殊年代的产物

第二次世界大战结束，形成资本主义和社会主义两大阵营，出现美英法与中苏两大阵营对立的局面。1949年国民党蒋介石集团溃逃到台湾，受到美国撑腰打气，疯狂叫嚣反攻大陆。从1959年起，中共"九评"苏共陷入修正主义，致两党两国关系恶化，中国处境变得很孤立，美蒋鼓吹发动第三次世界大战，山雨欲来风满楼。中国共产党号召全国"备战备荒为人民""立足于大打早打""一定要把国防三线建设好"。

在20世纪60年代，新中国成立十几年，完成了对农

1966年6月，"支内"职工进川，刚到涪陵招待所的留影

业、手工业和资本主义工商业的社会主义改造，形成以全民所有制为主导、与集体所有制并存的经济体系。在"第一个五年计划"后期，因三年自然灾害导致经济困难，到1962年下半年才开始缓慢复苏。由于前几年实行"鼓励多子女政策"而加重老百姓家庭负担，随后掀起"生产大跃进"高潮，号召"解放妇女生产力"，这些都强化了城市妇女就业要求，给社会造成很大压力。故此，为抽疏城市人口而采取"支内"措施，是缓和这种社会矛盾的权宜之策。

基于以上两个原因，沿海地区大城市的工业企业迁往内地发展，就势在必行，"支内"职工就是这样特殊环境的产物。

3. "支内"职工多荣耀

"支内"职工大多数年龄在20~40岁之间，生在旧社会、长在红旗下，新中国成立后，经历清匪反霸、抗美援朝、

土地改革，以及"三反"、"五反"、整风反右、"总路线"、"大跃进"等一系列政治运动，完成了社会主义三大改造，思想觉悟普遍提高，马列主义、毛泽东思想，已成为那一代人"修身、齐家、治国、平天下"的精神力量。

那个年代当上一名产业工人就感到十分光荣，能在"保密厂"（军工企业的称谓）上班，简直是令人羡慕得不得了。中层以上干部甚至工段长、班组长之类的管理者，都是党的基层干部，党叫你干啥就干啥。我党号召有文化者要走"又红又专"道路，做"工人阶级知识分子"。干部学焦裕禄，工人学王进喜，青年学雷锋，全国学人民解放军，都蔚然成风。

新中和求新两个老厂，从1964年秋天起，搞"四清"运动（清政治、清经济、清组织、清思想）一年多才结束，到1966年春天就掀起"支内"热潮。党政工团分工合作，

多管齐下，点中了要谁"支内"，都要做一番思想工作，所以专设"支内"办公室，负责为"支内"对象排忧解难和处理具体事务，新中厂"支内"办公室有个专职干部叫吴士珍，很多人都熟识她。人事劳资部门挑选"支内"职工的条件，首先要求在各自的岗位上具备独当一面的技术或工作能力，其次要求家庭成分好，社会关系清白（无"海外关系"，无"港澳台"关系）。

1966 年 4 月 5 日，中共涪陵地委、专署领导在长江码头欢迎首批入川职工家属的合影。时任涪陵地委书记左世杰和涪陵筹建处主任王旭参加欢迎仪式

干部也好，工人也好，若被选兵点将去"支内"，一般都能愉快地服从，但也有个别例外的。新中厂有个女工叫阿梅，年方二十待嫁时，不服从"支内"，结果被工厂除名。

两厂"支内"职工在 1966 年春节后的两三个月里，分乘十几个航班的长江客轮进川，受到各级领导重视，组织欢送队伍（加上"支内"职工亲属）前往十六铺码头，给"支内"职工戴上大红花，敲锣打鼓送上船。在长江涪陵码头，地委和专署为首批进川的 244 名"支内"职工举办隆重而热烈的欢迎仪式，震撼涪陵城内外。编著者本人曾经同一群先期到厂的青年，多次去乌江白马码头欢迎进川职工，帮他们搬行李，把家具安置到家属宿舍里，使他们感受到"融入新家庭，处处是亲人"。

从此以后，一批批新来贵客，三五成群，操着上海方言走在街上，时时刻刻招来羡慕的目光。涪陵城乡广大群众，在心中亮起了一块闪闪发光的"白马红卫厂"金字招牌。在当地青年的心目中，能进入中央厂矿（部属企业），是一件十分荣幸的人生大事（当年已停止高校招生，知识青年要"上山下乡接受贫下中农再教育"）。来自上海大都市的"支内"职工，虽然看到白马山脚、长坝河边的穷乡僻壤而皱起眉头，但同时感受到头戴光环、身披荣誉的喜悦，暗下决心：为红卫厂大干快上努力拼搏，为上海工人阶级争光！

二、"支内"职工挑重担

1."支内"职工重任在肩

上海市的新中、求新两个老厂的上千名"支内"职工，

1966 年 5 月 6 日，中共涪陵地委、专署领导欢迎第四批搬迁入川职工及家属合影

来到白马山沟沟里干什么？我们会豪迈回答：造柴油机！

何谓柴油机？柴油机是发动机的一种，这是最基本的常识。所谓发动机是相对于工作母机而言，其作用是把燃料（化学能）燃烧产生的热能（或水流的势能、风力的动能、太阳的热能）转变为机械能，驱动工作母机。也可以把发动机输出的机械能驱动发电机转变为电能，方便输送、分配和储存，最终再回过头来，用电能驱动电动机（马达），转变为机械能，推动工作母机。

发动机通常分为两大类：

第一类是蒸汽机——燃煤加热锅炉产生蒸汽，推动活塞连杆使曲轴转动，输出功率。在 19 世纪，英国最早使用蒸汽机，掀开世界工业革命。后来，进化到用蒸汽推动叶轮输出功率，称为汽轮机，效率提高了很多。

第二类是内燃机——由压缩空气通过高压喷嘴，把燃油喷入燃烧室成雾状，在高温高压条件下燃烧产生爆发力，推动活塞连杆，使曲轴转动，输出功率。燃烧柴油的叫作柴油机，燃烧汽油的叫作汽油机（例如汽车引擎）。

柴油机的用途：1. 驱动发电机用于火力发电厂（站）；2. 驱动水下的螺旋桨，用于船舶引擎；3. 驱动内燃机车，用于铁路运输。

工厂生产的柴油机，主要供给海军舰艇，也有小部分产品援助非洲国家火力发电，所以，工厂的"支内"职工重任在肩。

2. "支内"职工作大贡献

当年的海军舰艇动力装置，主要用 3000 匹马力的中速柴油机。以柴油机汽缸直径（单位：毫米）为主要技术参数，我们生产的就是 300 毫米和 350 毫米两个系列的四冲程六缸和八缸柴油机。柴油机由成百上千个零件组成几个部套，有机身、机座、汽缸盖、汽缸体、活塞、连杆、曲轴、飞轮等几大件。除了油泵、油嘴、增压器等少量几个部套，以及标准件是向专业厂购进之外，所有零部件都是本厂加工装配而成。某些名称相同的零件，还要分属船用、陆（发电）用，左机（驱动左螺旋桨）、右机（驱动右螺旋桨），可见技术复杂程度非同小可。

工厂拥有三大板块的车间：1. 热加工部分的铸造，锻造，金属结构（冷作、钣金、焊接），电镀、热处理车间；2. 冷加工部分的大、中、小件切削加工车间和部装、总装、试车工段；3. 辅助车间有工具、机修、动力（英式柴油机发电房）车间，还有供应科的锯料、气割等毛坯备料工部，以及由平板车、铲车、载重车、大吊机组成的阵容强大的运输车队。在这里的几十个生产部门中，一支来自上海两个老厂的技术过硬、思想觉悟高的"支内"职工队伍，带领"后来进厂的复退军人、刚分配来的大中专生和新招进厂的青年工人"共同奋斗。

工厂从1966年7月投产，到1982年9月停产搬迁，在这整整16年中（除了1967年春至1968年秋的一年半时间，因"武斗"停产之外），一直坚持"抓革命、促生产"，源源不断出产多种型号的柴油机，完成六机部下达的指标，为海军建设和世界革命作贡献，多次受到上级嘉奖，被誉称为"川东地区三线厂标兵单位"。

三、"支内"职工是红卫厂的顶梁柱

按时间先后划分，红卫厂职工由以下三部分构成："支内"职工，建厂期间进厂的职工，投产后进厂的职工。

第一部分："支内"职工

这是红卫厂职工队伍的主体部分，人数最多，资格最老，起着"顶梁柱"作用。

职工是个复合式名词，"职"就是职员（干部），"工"就是工人。职员含政工干部、技术干部、经营管理干部、生活后勤干部。干部级别分属于两个系列：一是行政级（全国统一的）；二是企业级（机械行业内适用），依稀记得我当时是行政二十二级、企业十七级，由级别定工资。干部考核、任免、升迁，归厂部的人事科管理。两个老厂"支内"的领导干部，含厂级干部和中层干部，年龄在30~50岁之间，这当中，有从基层提拔上去的，也有从部队转业到厂任职的。此外就是一般干部（科员或相当于科员级），这部分占干部人数80%以上。

工人归劳动工资科管理。两厂"支内"的工人大多数都是20~40岁的青壮年，随着新中国成长，在20世纪50年代进厂当学徒，满师后转正为一级工，相隔两三年升一级，到1966年"支内"时大多数在四级以下，五六级占少数，达到七八级的在全厂不过十来个人。此外，还有从技校毕业分配进厂的工人。当年上海造船工业有两所较正规的技校：沪东造船厂技工学校和江南造船厂技工学校。求新和新中两厂有好几十个从"江南技校"毕业分配进来当工人，且大部分都"支内"去了红卫厂。

回顾20世纪60年代，向"老大哥"学习，我国参照苏联的经济模式。国营厂矿（工业企业）实行八级工资制，只要同地区、同行业、同级别，不论在哪家厂都同一样工资，例如上海的机械制造业，一级32元，二级40元，三级48元……八级102元。但是全国就存在地区类别差，最高是新疆为十类工资区，广州九类区，上海八类区，武汉六类区，涪陵四类区……

为了安抚"支内"职工，给我们保留上海的八类区工资不缩减，例如，我两夫妇同级，我按上海地区58元，妻按涪陵地区51元。这就体现出地区类别不同，存在工资收入差异，对于激励来自上海的"支内"职工发挥更大

工作积极性起到一定的作用。

第二部分：建厂期间进厂的职工

这部分人数不多，但年轻气盛，是重要的人力资源补充成分。

应届大中专毕业生。在 1965 年 8、9 月就来到在建的厂工地报到，有来自上海交大、上海船校、华中工学院、武汉船校、渤海船校、天津工学院、华南工学院以及全国各地的毕业生，有五六十人，包含内燃机、机械制造、铸造、金相热处理、电气工程、医疗卫生等专业。他们参加工地劳动，或现场服务，或接待工作，长达大半年，直到工厂建成投产期间，才安排到相应的岗位当"见习员"。

安置复员军人。主要来自海军部队复员近百人。其中，有汽车兵、工程兵、卫生兵、炊事兵等，能被安排干对口专业，其余都被安排到各车间生产第一线当工人，操作技能从头学起。

招聘当地青年进厂。在 1965 年 9 月，厂工地指挥部旗下有个生产筹备组，面向涪陵地区招聘新工人，录取后立即派往上海新中厂（52 人）和求新厂（31 人）培训。他们被安排到各工种，跟师傅学技术，经大半年时间，于 1966 年 6 月返川进厂上岗。

吸收基建工地农民工。在当年的厂工地，除了有专业技术的建筑工程队之外，还有大量的来自武隆及相邻各县的人民公社生产队的农民工，以连队编制（如双木连、长白连、青桐连）参加本厂的基建劳动。厂房和宿舍基建工程完成后，一批批农民工就返回原生产队。此时，工厂为了回报各级地方政府给予大力支持，就从这些农民工队伍中，挑选"工作积极，综合素质良好"的数十名青年进厂。

第三部分：投产后进厂的职工

在不增员的前提下，补充由伤病、死亡或退休或调出到外单位而产生的自然减员，有以下三种情况：

（1）为单身职工解决夫妻分居困难，将其配偶调进本厂安排合适岗位（包含"支内"单身遗留问题以及新近结婚的），18 年来多达近百人。

（2）涪陵军分区转业干部。被安排进厂担任中层干部（连带家属调入），如李子敬、胡秀臣、杨建祥、马保华、蔡景昌、牛恒文、谭宜兴、胡方奇、龙子华、李光恒……逐年累计多达二三十人。

（3）为搞好中央厂矿与地方的关系，照顾涪陵地区党政军各级干部的要求，而安排招聘干部子女进厂，十几年来有三几十人之多。

第二节　良将上阵新征程

1966 年 7 月 1 日，红卫厂正式投入生产了，从破土动工（1965 年 5 月 27 日）之日算起，仅仅用了一年零一个月时间。能有这样快的建厂速度，有两个主要原因，其中一个原因是新中厂老领导王旭披挂进厂，得到老战友左世杰（涪陵地委书记）鼎力支持；另一个原因，是六机部从洛阳柴油机厂选派得力干将李增华担任这个新厂的厂长、林允耀为总工程师，同上海两个老厂输送来的精兵良将，形成了团结协调的坚强领导班子共同奋斗，实在令人振奋！

一、加强红卫厂投产时的领导班子建设

红卫厂重视领导班子建设，投产前，从党委到行政配备了坚强的两级领导班子，有力地推动了全厂工作的进程，在一年的时间里完成了各项基本建设并顺利投产。

政工线

党委书记兼厂长：王 旭（原名许寿廷，山东乳山县人）

党委副书记兼政治部主任：王爱民

党委政治部主任兼武装部部长：陈俊山

党委组织部部长：季 鑫

党委宣传部部长：边祖荣

党委办公室主任：朱积祚

副厂长：李增华

厂部办公室主任：秦旦祥

厂部保卫科科长：孙成章

厂工会主席：刘军先

厂团委书记：谭秀岩

技术线

总工程师：林允耀

设计工艺技术科科长：汪敏达

副科长：戴维新

设备动力科科长：方金福

副科长：董全兴

技术检验科科长：黄剑强

副科长：吴佩诚

规划建设科科长：吴和生

经营管理线

人事科科长：段彩淑

劳动工资科科长：郭子牧

副科长：顾来鹤

财务会计科科长：陈 尹

生产计划科科长：夏青海

副科长：马开钿　芮榴生

供应销售科科长：解吉学

副科长：陆金城　张观亮

后勤服务线

卫生科科长：张玉林

行政科科长：何章友

生产线

一车间主任：王济祥　　　书记：王志钰

二车间主任：丁荣根　　　书记：姜进玉

三车间主任：方金福（兼）书记：陈志宏

热处理电镀车间主任：俞森林

铸锻车间主任：夏颂贤　书记：孙竹奎

二、领导干部调整后继续前进

红卫厂投产后不到半年，"文化大革命"开始，大部

原上海新中厂党委书记、涪陵筹建处主任王旭（图中）在红卫厂建成后，担任该厂党委书记兼厂长

红卫厂投产前夕，党委书记王旭、政治部主任陈俊山在北京参加了六机部党委扩大会议。1966 年 6 月 2 日，受到周恩来总理等国家领导人的亲切接见并合影留念

分厂级干部和中层干部靠边站，生产秩序被打乱。1968 年 9 月，"军宣队"支左进厂实行军事管制。到次年筹建"红卫机械厂革命委员会"前后，"军管会"对本厂干部作大调整，把王旭、陈俊山、季鑫、边祖荣、刘军先、丁荣根、王志玉、姜进玉、解吉学等一批干部调出，去重庆、江津、永川等一些兄弟厂任职，以排除干扰，同时也是给那些新建厂输送资深干部，加强领导。

1969 年 4 月，红卫厂"革委会"成立，李增华被结合进领导班子任"一把手"，政治部主任王爱民作为党的核心小组副组长主持党务工作，同时提拔了一批新人（如曹脉运、陶立权、王宝善等）担任中层干部。从 1966 年开始，党委瘫痪，直至 1975 年冬天才恢复党的组织生活，王爱民再度出任党委副书记。还先后提拔夏青海、马开钿、秦旦祥、朱积祚任副厂长，提拔汪敏达、董全兴为副总工程师。总工程师林允耀自始至终主管全厂生产技术工作。

1977 年秋天，省地联合工作组驻厂办学习班，摸情况、下措施，把李增华、王爱民调往重庆任职，提拔林允耀任厂长，秦旦祥任党委副书记。新领导班子上任历经波折，直至 1983 年实现红卫厂大搬迁。

先后三任厂长王旭、李增华、林允耀及其带领下的领导班子，在红卫厂创立了辉煌业绩，十八年功不可没，为全厂广大群众树立了一块闪闪发光的丰碑！

全体代表和部属职工合影留念 1966年6月2日

第三节 专业技术岗位添新兵

一、大中专应届毕业生

1965年暑假后，应届大中专毕业生23人，服从国家计划统一分配，直接前往红卫工地报到。这些年轻人初来乍到，有的在工地上劳动很出色（如冯绍祥等人在"干打垒"工地挑石头、吃大苦耐大劳，累次受表扬），有的在涪陵（杨代寿）、重庆（周文彬）等中转站做接待工作，获得多方面普遍赞扬，有的在工地的临时动力房开柴油机发电（如陈汝栈、冯祖仁、黄永钦、林长效、庞崇伟等），都在不同岗位上为工地建设出大力、流大汗。

他们来自上海交大、北京钢铁学院、华南工学院、南京工学院、天津工学院、山东工学院、吉林工学院等，其中内燃机专业10人，机械制造专业2人，铸造专业5人，热处理专业6人。当年大专毕业生按计划全国统一分配，同本厂的实际需要相脱节，至投产定岗时，只有部分能安排在与专业对口的岗位：内燃机专业6人，铸造2人，热

处理3人。来自上海船校、武汉船校、渤海船校的中专毕业生，同样存在有半数没能分配到专业对口的岗位上。但从宏观来看，当年全国大中专毕业生还是很稀缺的，尤其是一些中小型的地方国营企业，却分配不到专业人才，只有中央厂矿（部属企业）才会出现专业人才饱满至过剩，在大专毕业生分配上统筹有误差。

（一）1965年毕业分配大学生

华南工学院（内燃机专业）：陈汝栈　冯祖仁　黄健强　林长效　林敦兴　黄永钦　李杜南　凤汝梅　庞崇伟　陈务兴

上海交通大学（金相热处理）：周文彬　孙余奎　郑家松

天津工学院（金相热处理）：曾健夫　吴有银

北京钢铁学院（金相热处理）：李宗潘

山东工学院（铸造专业）：曹脉运　迟善祺　宋庆祖

求新船厂柴油机装配一组 1966 年 4 月 7 日上海合影留念

南京工学院（铸造专业）：杨代寿　刘则杰

吉林工学院（机械工程）：冯绍祥　刘元和

某某医学院（医疗系）：何惠雯

四川医学院（医疗系）：钱玉珍　罗恩义

重庆医学院（医疗系）：何明德

成都中医学院：晏祈禄

（二）1966 年毕业分配大学生

上海交通大学（内燃机专业）：蔡建中　卢兆初
刘劲松　邱赤环

华南工学院（内燃机专业）：李金元　劳文祥
彭一杰　徐永祯　杨延安

某某工学院（金相热处理）：罗春荣

某某医学院（医疗系）：陈美文

上海医学院（医疗系）：夏义祥

上海医学院（医疗系）：李文心（1971
年调入）

四川医学院（药学系）：夏树贤（1972
年调入）

某某医学院（医疗系）：蓝毓薇（1973
年调入）

（三）1965 年毕业分配中专生

上海船校：郑光明　翟连生　徐树益
陈国良　李名馥　柴仁虎　顾康方　黄心
宇　华振福　金家明　郑玉珍　薛宝妹

渤海船校：张连喜　田奎成　杜风云
翟春荣

二、复员转业军人被安置进厂

建厂之初，来自海军部队的复员军人，
只要具备专业技术，一般都能安排到相应
的岗位，尤其是汽车兵转业，一进红卫厂就能当汽车司机，
例如：郝玉林、李清国、郑华、易祖辉等 20 多人；还有
卫生兵，如：王成云、杨友明、邓易成、毕顺成、田浩然、
熊林等都能安排在医务室岗位。

三、新学徒培训上岗

在投产之初，经过上海老厂培训的新学徒 80 多人进
入红卫厂上岗，这又是一批新生技术力量。

1965 年 9 月，红卫厂在涪陵地区招聘新学徒，送往上
海两厂培训（共 83 人，名单特约杨柏林于 2014 年 6 月 19
日回忆，上传到"群"文件）。

新中厂培训 52 人

男生：傅家祥、秦廷福、卢德辉、申正楠、王乐顺、

唐常云、钟世林、史志林、周焕明、熊桂昌、胡兴明、孙美福、徐元贵、陈兴文、刘焕国、郑吉祥、肖平、李贵生、胡德金、熊元林、罗永德、王国焱、贺顺忠、罗志寿、胡世焱、石世新、熊明俊、凌春高、朱治权、孙承恩、张顺华、张元禄、董绍文、汪绍武、王国平、李明生、李元洪 陈永锡。

女生：洪永吉、舒英碧、蔡其芳、陈开兰、封桂华、孙秀英、杜金秀、曹际珍、游庭英、吴菊芳、刘庭华、刘淑玲、李素珍、周清淑。

求新厂培训 31 人

男生：秦绍义、冉仁福、易木群、汪利明、李顺立、杨柏林、邹全生、陈兴寿、刘成金、冉武忠、刘吉元、程志平、钟志明、宋知林、秦海洲、刘文义、田应科、胡显明、刘仁泽、陆寿生、文庆礼、黄登国、白志渊。

女生：杨世碧、秦绍碧、李友淑、曾令琴、白志珍、何厚玉、连天凤、刘成华。

第四节 "三线"职工组建新家园

一、夫妻"支内"进山区

"三线"建设方针是"山、散、隐"三个字，即靠山、分散、隐蔽，所以三线厂通常都建在远离城镇的穷乡僻壤中。例如：万县、南川、涪陵等许多五机部、四机部、六机部、二机部的厂都是这样。

红卫厂就在白马公社的六方坪和铁佛寺两个生产队包围中，非农业人口只有白马老街、白马小学、粮油站、肉食品经营站、酿酒厂、糖果厂、工矿商店、土杂商店、汽车站、邮电营业所、银行、书店等，这些服务业单位的规模都很小，统统加起来不过三四百口人。所以三线厂都普遍存在很明显的共同特点，就是"夫妻同厂"。夫妻同厂有如下几种情况：

1. 夫妻双双"支内"进山区。原在上海时夫妻同厂工作，或其配偶是上海其他单位职工，同时服从"支内"安排，举家老少一起搬迁到新建的三线厂落户，建立新家园。这部分占了大多数。

2. 夫妻团圆进山区。"支内"职工当中原来有配偶在

红卫厂投产在即，在上海新中厂结束培训返川的学徒工，1966 年 6 月 19 日在白马铁索桥头合影

农村或上海以外的城镇，长期夫妻分居两地，抓住"支内"的机遇，把配偶调到三线厂安排工作，夫妻团圆建立新家园。

3. 同厂婚配建家园。未婚青年入川后，与本厂职工结婚，建新家园。

4. 当地成婚立新家。未婚青年入厂，后与本厂周边的服务行业或附近城镇（如涪陵、武隆等）的职工结婚。

粗略地估计，本厂职工生活区里有七百多个家庭。因无原始资料，凭本人记忆，加上群友记忆，互相启发，上传到群里，列出如下的夫妻职工名单（详见附表）。本人岗位在试验室，极少联系群众，此表中可能有个别的"乱点鸳鸯谱"，还有打问号的地方，敬请各位更正和补充。

二、夫妻同厂的评说

"三线"职工夫妻同厂，既有利又有弊：

1. 解决无职业妇女就业。通过安排家属走上劳动岗位（如托儿所、食堂、医务室、煤球房、油漆工、清洁工等），使一些原先在城镇无职业的家庭妇女获得劳动报酬，减轻了家庭经济负担。

2. 解决夫妻分居的难题。当年的人事制度、户口，都管理得十分严格，农村户口进不了城镇，级别低的城市进不了级别高的城市（中小城市很难进大城市，省会市难进

直辖市），致使不少职工有配偶在农村或苏州、无锡、宁波、杭州、南京、武汉、西安等城市，都无法调入上海市，只能夫妻分居。参加"三线"建设使夫妻团圆，对稳定人心、调动职工积极性极其有利。

3. 夫妻同厂容易滋生"裙带风"。在评先进、升工资、分住房、提拔干部、解决人际纠纷等方面，都有可能受到干扰，而致欠公允、失公平。更有甚者，幼儿园和中小学老师，都会看哪个孩子的父母有权有势而开小灶，爱护有加。用"开放改革"后今天的眼光看，私企老板一般都是不允许夫妻、亲属进同一单位的。

三、家属工走上劳动岗位

"支内"职工夫妻双双来到红卫厂，其中有几十个原是无职业的家庭妇女。厂方就把她们组织起来，临时成立"生活服务公司"，最初的成员有蔡小妹、赵林娣、童翠娥、桂芳等20多人，由竺辛森负责，开办裁缝组、理发组，地点设在厂门口右边。还有洗衣组，就设在食堂后面锅炉房旁边。开业一年多以后，逐步把这部分家庭妇女安排到各车间、科室部门干活。如扫地、油漆管子、除锈等，也有安排进托儿所、食堂、医院、煤球房等岗位，自此以后生活服务公司自然解体，她们被统称为"家属工"，属于集体所有制管理。

附表 1 夫妻"支内"的双职工（只记忆起 148 对夫妇、296 人）

姓 名	部 门	姓 名	部 门	姓 名	部 门	姓 名	部 门	姓 名	部 门	姓 名	部 门
王 旭	党委	段彩淑	人事科	王爱民	党委	谭绍文	电话总机	陈俊山	政治部	马鹤仙	财务科
李增华	厂部	董振英	重庆办事处	朱积祚	厂工会	谈明珠	计量室	谭秀岩	厂团委	黄曼丽	理化室
林允耀	总工室	管永新	设备科	汪敏达	技术科	金胜英	财务科	戴维新	技术科	俞法兴	医院
黄剑强	检验科	施联珠	食堂	杨炳青	技术科	卓少凤	家属工	周光武	技术科	田玉梅	技术科
王长年	设备科	陈丽珠	生产科	孙本明	安技科	葛月兰	技术科	孙士康	资料室	徐趣根	资料室
张松年	技术科	蒋小柳	工具室	朱金中	技术科	杨和玉	宣传科	吴思让	技术科	朱根宝	检验科
周恩明	技术科	张慧君	二车间	冯燕秋	技术科	刘淑贤	技术科	祝祥郎	技术科	沈佩珍	家属工
张瑞盛	理化室	景荷英	煤球房	陶立权	技术科	祝瑞华	技术科	张德惠	技术科	郭惠兰	财务科
丁荣根	二车间	周玲香	厂办	刘军先	党委	詹瑛	政治部	黄汉文	技术科	朱学文	技术科
高志明	技术科	姚美英	总务科	王柏祥	一车间	沈惠兰	结构车间	翁银根	生产科	王慕珍	计量室
周正勤	生产科	严兆统	财务科	杨德忠	保卫科	杨月意	资料室	郭子牧	劳资科	李华珍	理化室
黄步荣	劳资科	郭惠英	医院	施德华	宣传科	潘银凤	厂工会	王运来	组干科	李爱荣	中干
董全兴	宣传科	严素娟	工具总库	朱金根	设备科	周慧	设备科	何章友	总务科	袁波定	食堂
龚德福	总务科	林宝泉	二车间	杨耕耘	供应科	雷萍	供应科	胥冰亦	生产科	潘维慈	子弟学校
陈志宏	三车间	王永灿	子弟学校	王楚九	厂部	萧恕	设备科	吴德麟	铸造	张银娣	资料室
舒福顺	一车间	胡全妹	三车间	姚招根	三车间	彭美英	总务科	李广富	医院	于守仪	医院
华群	医院	马可毅	设备科	林贻训	生产科	林可璋	医院	汪安富	热处理	李美丽	医院
何盛焕	一车间	曹美新	医院	王小初	结构车间	杨琴娣	食堂	杨阿金	结构车间	王小林	食堂
林源恒	二车间	张静舫	资料室	王志钎	一车间	吕彩花	资料室	张子松	检验科	柴莲宝	三车间
陈志清	三车间	吴妙珍	理化室	薛永昌	二车间	蔡素娥	理化室	王永康	三车间	应素珍	理化室
汤竹义	二车间	赵宝娣	理化室	韩惠春	二车间	倪新楠	二车间	何祥龙	生产科	张文英	总务科
秦洪宝	三车间	徐小妹	资料室	严伟良	检验科	郑月英	三车间	徐根泉	二车间	梁荔琼	二车间
柴天华	二车间	张幼仙	二车间	黄三弟	二车间	徐根妹	医院	杨强候	计量室	陈茂芬	资料室
朱宝坤	检验科	邢长英	家属工	任其度	三车间	孔巧娣	供应科	陆仲林	铸造	董学娣	总务科

续　表

姓名	部门	姓名	部门	姓名	部门	姓名	部门	姓名	部门	姓名	部门	姓名	部门
陈定源	二车间	钱霞辉	二车间	俞福德	二车间	夏根娣	直车间	朱妙生	二车间			吴美仙	检验科
姚家柱	供应科	张佩瑶	基建科	钱克俭	三车间	龚雪琴	二车间	俞宝国	三车间			顾爱娟	三车间
王明生	二车间	邬美珍	二车间	陈灿槐	一车间	黄梅芳	二车间	张华兴	二车间			张菊珍	二车间
历富宝	一车间	周润娟	资料室	周鹤芳	一车间	胡文娟	资料室	陆德森	一车间			徐瑞屏	计量室
王耐莉	三车间	何君侃	教育科	应信芳	二车间	陆青莲	检验科	黄汉诚	供应科			钟来娣	三车间
张统祯	检验科	袁秀兰	二车间	熊治国	铸造木模	罗永玲	食堂	卞宗和	一车间			忻雅凤	食堂
胡业华	二车间	童玉珍	二车间	张彤楼	铸造	钱红妹	铸造	刘玉福	铸造车间			刘玉贤	工具室
郭荣芳	基建科	夏玲宝	生产科	龚阿堂	二车间	丁桂英	二车间	钱振一	财务科			李素华	一车间
陈希华	三车间	傅素珍	厂工会	王济祥	一车间	周兰英		江大海	供运科			张彩莲	
孙成章	保卫科	孙秀英		何惠民	保卫科	秦英	托儿所	陈炳荣	生产科			王义新	膳食科
舒麟书	生产科	夏根娣		翟明章	铸造	汤志萍				徐安启	一车间	张春华	托儿所
陆金城	供应科	顾兰英		夏青海	生产科	应秀英	托儿所			李福明	技术科	张文庆	十一车间
梁树权	总务科	梁章妹	托儿所	毛阿二	铸造	曹桂南				赵孝忠	一车间	陈莲娣	红卫小学
龚景隆	铸造	徐秀英		马开钿	铸造	胡文英				崔太平	一车间	武胜华	三车间
郑性华	三车间	朱霞清		王长善	供应科	王智琴				沈文贵		李志华	
忻丁高	检验科	王凤英	十一车间	虞志章	二车间	顾姿妙	二车间			姜进玉	二车间	雷左华	供应科
鲁尚德	财务科	吴绮珍	供应科	周延年	一车间	毛凤林				邓英亮		黄素芳	
陈瑞先	政治部	王敬兰	托儿所	秦龙宝	三车间	陆善珍	三车间			刘汉耀	热处理	江玉梅	供应科
黄焕兴	技术科	宋传珍	热处理	魏小冬	十一车间	崔长珍	十车间			陈全发	热处理	张桂芳	
陈发余	供应科	林文华	十二车间	章四德	热处理	傅新娣	二车间工具			陈振修	十一车间	许巧英	
陈志乾		张美丽		李云儿	锻工	张锦淑				陈连浩		童翠娥	三车间
王学义	三车间	倪惠兰	计量室	吴锦章		周俭英	三车间油漆			陈相根	一车间	姚阿宜	医务室
徐金春		桂芳		张坤林		孙美芳	供应科仓库			周国锋	厂办	冯三妹	
邵家田	政治部	战素英	医务室	陈夏法	十车间	冯光璧	技术科						

姓 名	部 门	姓 名	部 门	姓 名	部 门	姓 名	部 门	姓 名	部 门	姓 名	部 门
吴佩诚	检验科	梁炳甲	政治部	何克弘	供应科	张统祺	生产科	朱熙尧	生产科	赵文章	铸造
陈宝书	铸造	邹水福	铸造	潘以富	一车间	孙其布	一车间	许厚道	一车间	吴星煜	一车间
宋光明	二车间	蔡律先	二车间	蔡品莲	三车间	施济宏		竺辛森		许善安	
徐君卿		彭殿贤	一车间	吴广礼	一车间	郭家松		朱廷娥	供应科	高鹤松	供应科
吴士清		练治国		范宝发		曹海发		解斌	检验科	施传发	三车间
刘茂盛	生产科	冯干全	七车间	孟庆发	三车间						

表注：这里仅仅是其中一部分，很多都记不清了。

从上述 181 对夫妇名单中可见：全体厂级干部和许多中层干部以及工程技术人员、技术骨干工人，都带头把家属户口迁到"三线"安家落户，起到率先垂范的作用！

姓 名	部 门	姓 名	部 门	姓 名	部 门	姓 名	部 门	姓 名	部 门	姓 名	部 门
严成章	技术科	薛宝妹	计量室	周申浩	劳资科	钱凤珍	结构车间	黄奎先	理化室	邵菊英	打字室
蒋立峰	理化室	张雪珍	财务科	李尚谅	技术科	罗恩义	医院	刘步升	一车间	钱玉珍	医院
金志雄	供应科	董洁琼	三车间	顾筛兆	一车间	龚雪珍	三车间	黄玉丰	技术科	陈雪英	红卫小学
王长善	供运科	王智琴		左天成	二车间	许祖英	二车间	戚洪富	一车间	杨德华	医院
钟沛超	理化室	夏树贤	医院	廖泽永	技术科	余顺兰	总务科	曾健夫	理化室	周蔷菊	二车间
周文彬	理化室	徐惠芬	理化室	谢锡宝	热处理	胡凤妹	热处理	周文元	生产科	刘淑玲	二车间
陈兆华	保卫科	丁金萱	三车间	陈永发	电镀	周厚珍	热处理	李名馥	理化室	姜平	二车间
金家明	供应科	郑玉珍	供应科	刘清平	二车间	钱雪琴	二车间	夏国安	设备科	方富华	三车间
魏云	检验科	朱凤娟	二车间	毛正刚	三车间	周清淑	三车间	黄佳峰	三车间	舒英碧	三车间
朱述礼	设备科	连天凤	三车间	秦海洲	一车间	王存莲		熊桂昌	一车间	卞水英	
姜勇荣	一车间	蓝毓薇	医院	蒋鸿昌	一车间	朱永莉	医院	柳厚德	三车间	赵文娟	理化室
姚德全	铸造木模	郑继茂	子弟学校	孙青	一车间	陈国英	检验科	陈国良	检验科	刘永芬	二车间

姓名	部门	姓名	部门	姓名	部门	姓名	部门	姓名	部门	姓名	部门
郑光明	总务科	陈照	财务科	王希民	一车间	杜凤云	检验科	江殊荣	生产科	张蓉蓉	二车间
孙麟玉	铸造	何德芳	医院	陈汝栈	技术科	周光玉	财务科	李杜南	技术科	刘维芳	基建科
庞崇伟	结构车间	张洁珍	基建科	林长效	技术科	邬淑英	白马卫生所	劳文祥	技术科	梁荣芝	白马中药房
成丁根	电镀	刘晓碧	电镀	卢兆初	技术科	李文心	医院	刘劲松	技术科	赵来娣	一车间
傅小琼	医院	杨明裕	白马酒厂	盛国强	医院	马培珍	医院	晏祈禄	医院	梁广珍	医院
何明德	医院	张永贵	医院	田奎成	生产科	何芬朵	医院	王成云	医院	陈开兰	二车间
李孝禹	生产科	杨梅华	二车间	马文礼	三车间	白志珍	三车间	白志渊	检验科	萧淑玉	家属工
朱宝富	理化室	娄凡	总务科	王振泉	供应科	李素秋	工矿商店	胡安	电镀	马丽华	总务科
彭海双	设备科	刘光英	医院	李庆国	供应科	刘成芳	工矿商店	张兆松	三车间	廖乐梅	工矿商店
吴福生	三车间	叶意巧	家属工	杨代寿	涪陵招待所	李秀花	涪陵建行	郝玉林	医院	段成惠	家属工
李宗潘	检验科	杨家淑	工矿商店	周继明	锻造	李惠英	理化室	孙国安	一车间	孙玉珑	工矿商店
夏青龙	检验科	范长秀	工矿商店	童森福	二车间		工矿商店	陈丁康	二车间	庞英俊	二车间
王振昌	二车间	萧传珍	涪陵京剧团	李书根	三车间	范玉春	三车间	吴长龙	二车间	戴艺	托儿所
张连喜	总务科		总务科	方建国	二车间		家属工	贺厚发	三车间		白马小学
王成英	财务科	李崇俊	三车间	李莹	计量室	刘德华	三车间	冷冰	子弟学校	黄大兴	子弟学校
蔡建中	技术科	顾煜伟		周崇昶	十一车间	邓秋娥		张松裕	技术科	刁全枝	医院
陈伯兴	检验科	王香郁	十二车间	陈邻耀	二车间	李开健	二车间	陈根尧		张华英	
郝福宝		沈毓琴		何根林	二车间	李玉英	二车间	匡煜礼		潘芬华	
沈南荣	二车间	刘华娟		陆海忠	设备科	李玉红		张良骥		乔兰珍	二车间
吴林生		王根兄		薛洪钧		应慧芬		张龙飞	一车间	忻雅芬	一车间
张文忠		赵月芳		石国财		周志福		成锦根		毛振萍	一车间
洪刚	电镀	黄素珍	白马小学	易祖辉	运输科	曹际珍	二车间	李元洪		田桂珍	
萧炳山	食堂	雷厚华	铁佛生产队	应龙	政治部	聂真	白马银行				

附表4 涪陵军分区转业干部带家属进厂

姓 名	部 门	姓 名	部 门	姓 名	部 门	姓 名	部 门	姓 名	部 门	姓 名	部 门
李子敬	厂部	谭诗词	医院	胡秀臣	七车间			蔡景昌	总务科	段肇聿	医院
杨建祥	中干		家属工	牛恒文	六车间	范祖佩	医院	谭宜兴	曲轴车间	张德芬	医院

以上4表合计325对夫妇（650人）。

从上面650人的名单说明：有将近半数职工是夫妻同厂，牢牢扎根在三线建设，全心全意为国为民奉献青春！

第五节　单身职工进"三线"暂别家园

一、离乡背井，单身上征途

红卫厂职工中，除了夫妻同厂的双职工和在附近安家（与配偶同住）之外，还有500多名单身职工。他们也有幸福温馨的家园，但由于白马地区没有专业对口的岗位安排其配偶工作，或家有老、病、残，成员不能适应缺医少药的山区环境等原因，而导致无法携带家眷进川。为了搞好三线建设，他们克服个人困难，离乡背井，进山区，上征途。

单身职工住的宿舍，主要集中在厂对门的两栋"三层楼"和靠河边的两列"小平房"，此外，在"干打垒"的家属宿舍也有少量单身职工，穿插其中，分散居住。他们的居住面积很狭小，人均不足4平方米。

单身宿舍几栋楼房合用一间独立的公共厕所，一层楼只有一个公用的盥洗室，晾衣晒被也无专用场地，只好挂在内走廊甚至寝室里。饮用开水和洗漱用热水，都要带热水瓶去大食堂边的老虎灶才打得到，要改善伙食就得自备炉灶（自制煤油炉）。总而言之，单身职工所面对的困难，比在本厂生活区安家的职工要大得多。

单身职工一年一次探亲假，舟车劳顿，千里迢迢，与家人团聚时间只有短短两个星期（路程时间除外），长年无法照顾少妻幼子，缺少家庭温暖。但是他们更加热爱自己的家园，尽心尽责做好在三线厂的本职工作，从精神上兼顾事业与家庭。

二、单身职工分类

1. 已婚的单身"支内"职工 ——仅有少数几个在红卫厂坚持到60岁退休的，大部分都在中途自己提出申请调

三层楼的单身宿舍

离红卫厂，其余能坚持下来、到搬迁之前才安排的，已经不多。

　　2. 从上海进川时还未婚的单身"支内"职工——除了极个别之外，都在本厂或附近找到对象结婚，脱离了单身职工行列。

　　3. 新进入红卫厂的单身职工，大部分在本厂或附近结婚，另有小部分中途申请调出去了。

　　4. 坚持下来的单身职工，在搬迁去宜柴厂、离开白马之前，一部分人自愿选择调去六机部在重庆、江津、永川的兄弟厂，其余就随迁去宜昌。

巴山蜀水

三线建设

BASHANSHUSHUI SANXIANJIANSHE

第 03 章 加强职工队伍建设

第一节 加强宣传工作队伍建设

一、有线广播传播党的声音

20世纪六七十年代,公众能直接享受得到的新闻传媒,以无线电波音频广播为最快、最好,其次是阅读报刊。全国各地都可收听到中央人民广播电台的声音。在红卫厂还可以收听各级地方广播电台,如四川台、重庆台,甚至其他省市电台的节目。

收听广播电台节目需要收音机,但当时并非每个家庭和工作场所都具备收音机。这就必须依靠有线广播,就是由本厂内的广播室接收,用"架空电线连接分布于各大场所的大喇叭"转播。红卫厂广播室设在办公楼三楼,由政治部下设的宣传科管理,配备专职播音员当班,按早晨、中午、下午、晚上四个时间段,对全厂职工及家属播放,有中央新闻、本厂动态、重要通知和音乐曲艺等节目板块。此外,广播室还附加为职工上下班鸣笛的任务。建厂初期,只安排兼职轮班的播音员,投产后才设固定专职播音员,先后有李凤妹、朱清芳、薛宝妹、李晓娟、李立侬、何肖朵等人担任过播音员。广播室面积仅有近十平方米,室内广播器材主要是音频功率放大器、话筒(麦克风)、电子管收音机、电唱机,使用黑色塑料双面大唱片,后来出了密纹压缩唱片,每张唱片容量通常只能播放15分钟。

依靠中央人民广播电台及时播放中央文件、"两报一刊"(《人民日报》、《解放军报》、《红旗》杂志)发表的重要文章以及各地群众、各条战线的动态等。红卫厂广播室每天转播当日新闻,在晚上固定时间转播中央台的长篇新闻,遇到有最新发表的毛主席"最高指示",只要上级机关来电话通知,哪怕是半夜三更也得开广播通知群众集会游行,这种情况在一年中有好几次。其中印象最深的一次是"迎接毛主席给咱们工人阶级送杧果",召集职工开大会,上街游行,就是发生在凌晨3点多钟。因为运载"杧果模型"那辆汽车长途奔驰而来,正好在那时才抵达本厂,只停留一个小时,又驶往下一个单位,搞同样的"迎接毛主席送杧果"庆祝游行。

由厂工会和宣传科合办的宣传栏（重庆图片社记者拍摄于
1974 年 8 月 25 日）

1966 年 11 月，厂党委副书记王爱民带领厂"工宣队"
下乡宣传

二、加强通讯员队伍建设

厂的广播室除了转播中央新闻外，还在每天中午和下午播放厂内"抓革命、促生产"动态稿件，表扬好人好事，以激励职工群众的思想建设和生产热情。广播稿件由各部门、各班组的兼职通讯员提供。宣传科安排专人负责审稿或专程前往现场采访。与此同时，宣传科还组建全厂的通讯员网络，不定期召集会议，布置宣传报道中心任务，并奖励积极投稿的通讯员。在 1975 至 1977 年，本书作者就曾经被借到宣传科工作，主要抓广播宣传报道兼新闻摄影、编辑墙报、布展宣传橱窗等项工作。

三、朝气蓬勃的宣传队

1. 参加当地公社"四清"运动

1966 年春天，全国城乡掀起了一场社会主义教育运动。正处在紧锣密鼓生产准备阶段中的红卫厂，按照"建立工厂与人民公社鱼水关系"的要求，派出梁炳甲、陈汝栈、陈务兴、陶立权四名干部，参加白马公社的社教工作队。他们与当地社员"同住、同吃、同劳动"，下乡近半年，受到生动的农村阶级斗争教育和艰苦朴素环境的锻炼，直到"文化大革命"开始，工作队于当年 9 月回厂。

2. 组织青年工人宣传队

1966 年 7 月 1 日，红卫厂投入生产，此后几个月的生产设备和工艺流程正在试运行，生产秩序正在逐步完善之中，主要依靠技术熟练，经验丰富的老师傅闯出一条路，相对来说，年轻人暂时尚难发挥作用。此时，把这些年轻人组织起来，成立宣传队，上山下乡去，一方面宣传毛泽东思想，二方面深入农村访贫问苦，三方面参加农业生产劳动。

从当年 9 月起，组织了几批青年职工下乡宣传和到白马农场参加劳动。他们下去的时间，有当日回来的，也有住上十天半个月的。能够被挑选下乡者，感到是领导对他的信任和鼓励，举着"下定决心、不怕牺牲、排除万难去争取胜利"的语录牌，怀着一种光荣使命感下去锻炼，

1960 年 12 月 3 日，第一、二批参加白马山农场劳动的全体同志合影

愉快接受艰苦的考验。这些从小在大城市长大的青年，到山区农村，住砖瓦房，点煤油灯，吃"少荤无油"的农家菜，背着背篼爬山路，样样都感到新鲜，回来后，普遍反映是：农民文化水平不高，给他们宣讲"最高指示"很有必要。同时看到当前白马山区农村生活相当贫困，吃的是红薯、苞谷（玉米）、萝卜菜，穿的是满身补丁。我们厂里职工生活比他们要好很多很多，以后我们再不要随口而出"红卫厂生活艰苦"了。

第二节 高校师生来厂"开门办学"

一、开门办学是高校教育革命所需

知青"上山下乡"是由于"文化大革命"一开始就停止了高考招生，那么西南师范学院何来大学生呢？这里先要弄清楚"高考"和"招生"是两个不同概念。"革委会"成立后，有条件的高校就开始招生了，那是由知青所在单位推荐、报上级领导批准、经学校审查，择优录取入学，绕开了"高考"这道门槛的。它不仅仅对"上山下乡"知青招生，而且对留城进厂的在职青工招生，例如，1975 年胡德金去读上海交通大学等，就是由红卫厂推荐出去，而不是恢复高考后才上大学的。

"开门办学"是高校"教育革命"进程的需要。早在"文革"开始之前，毛泽东就提出"教育必须为无产阶级政治服务，必须同生产劳动相结合"的命题，认为"在科学、文化、艺术、教育队伍中，兴无产阶级思想，灭资产阶级思想，也是长期的激烈的阶级斗争。我们要经过"文化大革命"，经过阶级斗争、生产斗争和科学实验的革命实践，

1975 年 5 月，西南师范学院的老师与干部读书学员在一起讨论

建立一支广大的、为社会主义服务的、又红又专的工人阶级知识分子的队伍"。根据这个指示精神，中共中央和国务院发通知指出，"我国高等院校的文科脱离实际十分严重，这部分师生必须参加社会主义教育运动"。西南师范学院政治教育系（以下简称"西师政教系"）师生正是为贯彻中央这一精神实行"开门办学"的。

二、西南师范学院师生在厂 3 个月

1975 年 4—8 月，重庆市西南师范学院师生分两批来红卫厂开门办学。他们和我厂职工有广泛接触，产生较深刻的影响。

高校"开门办学"通常都选在市区或市郊的大中型厂矿进行，而处在重庆市的西南师范学院师生却选中远离重庆 200 多公里的白马山沟沟里的红卫厂，这是因为在当时大多数厂处于瘫痪或半瘫痪状态，我们厂却坚持"抓革命、促生产"并取得好成绩，荣获"川东地区三线厂标兵单位"的称号，职工队伍素质良好，符合他们"开门办学"

的条件。

西师政教系师生带着两大任务来我们厂：一是带一个班四五十名学生，来我厂参加工业生产劳动，接受工人阶级先进思想。二是先后派出十多名教师到我们厂，给职工讲授无产阶级专政理论课程。

我们厂接受如此光荣的政治任务，为来厂办学的学生腾出单身宿舍，出售饭菜票给他们在大食堂就餐，给学生们提供"学工"的场所，安排人大代表蒋锡明、先进车间代表汪敏达同师生开座谈会，开办干部读书班、工人政治夜大学、五七干校等，配合老师搭建各种讲课平台。厂团委还与他们联合举办"纪念五四青年节"文艺联欢会、篮球比赛等多项活动，又安排青年职工陪伴学生愉快度过星期日。我们动员了全厂各方面力量，使来厂"开门办学"的西师政教系师生们顺利完成任务，满载而归。

三、还有两所高校来开门办学

武汉华中工学院内燃机专业师生，在 1975 年 7—8 月，

1975 年 8 月，华中工学院"开门办学"的师生与厂技术人员合影

来我们厂"开门办学"，一方面参加"学工"劳动，一方面协助我厂技术科设计6303柴油机。随后又有北京海军工程学院师生在1975年10月来我们厂"开门办学"。

处在山沟沟里的红卫厂职工，不出家门就能有机会同好几所来自大城市的高等院校交流，这样的好事，我们周围的许多"三线"厂职工，如南川和涪陵的，连做梦都不敢想。我们怎能不为工厂独领风骚而感到自豪呢？

1975年10月，海军工程学院师生在红卫厂"开门办学"合影留念

巴山蜀水

三线建设

BASHANSHUSHUI SANXIANJIANSHE

第04章　抓革命 促生产

第一节　生产形势一天比一天好

红卫厂作为一个生产中速柴油机的主机厂，直接受命于六机部下达生产任务，在对越自卫反击战急需加强海军装备以及在援助亚非拉国家建设火力发电厂的新形势下，肩负重任。但是，工厂究竟能否胜任？当时的人们拭目以待！

回眸投产初期的"厂区平面图"，九院设计图纸标注着12大厂房，每个编号有明确功能：

1号厂房：装配工段、大件切削加工工段；

2号厂房：中小件切削加工车间；

3号厂房：维修工段（含机修和电修）、动力工段、工具工段；

4号厂房：柴油机试车台；

5号厂房：供应科材料仓库；

6号厂房：热处理工段、电镀工段；

7号厂房：冷作工段、钣金工段；

8号厂房：锻造工段；

9号厂房：木模工段；

10号厂房：铸造车间（附设应急用自发电的动力房）；

11号厂房：生产科半成品零件仓库；

12号厂房：办公楼（底层的后半边是试验室和计量室）。

由此可知，12个厂房的功能涵盖了从原材料、毛坯到成品的全部生产过程。除了螺丝、螺帽、垫圈等标准件以及油泵、油嘴、增压器等外购件和几大毛坯件用外协件之外，整台机1000多个零部件全部由本厂加工而成。

外协件是指机座、机身、汽缸体、汽缸盖、飞轮五大铸件以及曲轴、连杆两大锻件。由于超出本厂铸锻设备能力，故按第九设计院定格为由专业厂供应毛坯件（投产后落实到重庆伏牛溪长征厂供应我厂的铸锻件）。也就是说，在外购件和外协件正常供应的前提下，能否完成上级下达的生产任务，全赖红卫厂全体职工的努力。

从1966年3、4月间开始，一批批"支内"职工进川，当年7月1日投产，到1969年4月成立"厂革命委员会"，整整三年时间，大势所趋，人心思治，都渴望有一个安定搞生产的好环境。尽管"文革"还不断向纵深发展，斗、

红卫厂厂房全景图（摄于1979年）

批、改运动正在进行中，斗也斗了，批也批了，接着是最后一个"改"的阶段，一手抓革命、一手促生产。红卫厂广大职工生产热情一日比一日高涨，生产形势一天比一天好，在为完成生产任务而进行艰苦卓绝的奋斗中，取得节节胜利。

第二节 清产核资 摸清家底

1969年4月，军管会按照上级部署，筹建成立"红卫机械厂革命委员会"，在一片大好形势下，着手整顿秩序，清产核资，公物还家，摸清家底，工厂掀起了"抓革命、促生产"的新高潮。

在工厂生产的头两年，不仅生产停滞不前，而且生产物资流失严重。支援地方建设，工厂没有专项资金。为了改善职工生活，建设红卫农场，以及宣传教育等方面所需的物资，多数都是红卫厂的生产资料。另外，职工在交通不便、购物困难的情况下，私自将工厂红砖、石棉瓦、镀锌瓦等用于搭建鸡舍以及简易的储物间，用镀锌薄铁皮做煤油炉，用钢圆条烧焊成炉箅砌灶头，用薄钢板制作"广交椅"扶手连接件等，严重影响了工厂的正常发展。

为了更有效组织"抓革命、促生产"，很有必要仔细摸查、准确掌握各类仓库的物资潜力。按照上级要求，红卫厂在1972年春开展了"清产核资"工作，并实行公物还家等活动，工厂专门召开大会，军管会副主任习伟才作动员报告后，接下来各个生产材料仓库、基建材料仓库、后勤仓库都清点料架，达到账物相符。

第三节 雷厉风行 加强民兵建设

在 20 世纪 60 年代之初，国际形势很紧张。1962 年 6 月 19 日，毛主席发表"民兵工作三落实"指示，提出"全民皆兵，要准备打仗"。各地的厂矿、学校、机关、团体都建立民兵组织，例如上海交大民兵师、新中厂民兵团、柴油机车间民兵营、总装工段民兵连等，全面实行连队编制，同时根据人数规模，按一定比例组建"武装民兵排""武装民兵班"，配备枪支弹药交给武装部（由转业军队干部担任专职）管理，武装民兵都有机会轮流参加短期集训，荷枪操练，实弹射击。民兵工作隶属该单位的政治部领导，由其辖下的武装部具体组织实施。

工厂政治部下面的武装部由马葆华担任部长，武装干事有陈明星、孟庆发等人，具体抓民兵工作。

1972 年 6 月 19 日，红卫厂"军管会"和"革委会"联合召开全厂职工大会，纪念毛主席发表"民兵工作三落实"指示十周年。纪念大会前，在四层楼家属区（红卫三村）的灯光球场进行民兵操练，然后在白马小学操场召开全体职工大会，会后又进行篮球比赛、晚上放电影等。

1974 年 10 月 1 日，召开了"庆祝建国 25 周年"全厂职工大会暨成立"红卫机械厂民兵团"授旗仪式。民兵工作看似政治活动，但实质上民兵连队建设贯穿于整个"抓革命、促生产"活动中，曾经一度以连队编制代替车间科室编制，例如检验科就以"四连"为代号。

厂民兵团的一个女兵班整装待发（摄于 1972 年 6 月 19 日）

厂武装民兵进行列队操训练（摄于 1972 年 6 月 19 日）

第四节 "三代会"的胜利召开

1971年7月1日，红卫厂首届"三代会"全体代表合影

功摆好"，经群众评选、领导审批，然后进行各部门平衡而产生出来的。通过评比、树立典型、找出差距、总结经验，使大家学有榜样、赶有目标。当时主流意识是政治挂帅，只注重精神奖励，给予荣誉，颁发"奖状"，或发给少许纪念品。因为要批判"奖金挂帅"，而且企业很穷，所以没有奖金发给先进集体和先进个人。

1971年7月1日晚上，在职工食堂，召开全厂职工"纪念中国共产党诞生50周年暨'三代会'颁奖大会"，仪式隆重而气氛热烈。

所谓"三代会"，全称为国营红卫厂首届活学活用毛泽东思想积极分子、四好单位、五好个人代表大会。

"活学活用毛泽东思想"是当时一股十分强劲的政治风潮，也是推动"抓革命、促生产"向前发展的强大动力。从大集体照片看到的100多位代表，都是在"革委会"成立以来两年多时间里涌现出来的先进分子。他们在各部门、各岗位上做出了优异成绩，先由各自"评

建党五十周年时工厂"三代会"

第五节 "增产节约，反对浪费"展览

新中国成立以来，一直到"文化大革命"，整个计划经济时代都贯穿着"增产节约"运动，有时是和风细雨，有时是雷厉风行。

红卫厂"革委会"成立后的一段时间，着眼于"大干快上，多造机，造好机"，于是出现用料大手大脚，粗制滥造，废次品频频发生，浪费现象日趋严重。针对当时厂内生产形势，于1972年6月举办了一个"增产节约，反对浪费"展览会，征集各车间、科室部门提供许多浪费案例的实物和书面资料做素材，集摄影、绘图、文字解说于一体。通过这个图文并茂的展览会，使前来参观的本厂职工感到触目惊心，受到一次"必须惜财惜物"的深刻教育。展出半个月，四川省六机局派员来厂视察，并给予好评。

第六节 红卫厂的新转折

一、红卫厂面临新机遇

作者本人在1973年1月写的生活笔记有这样一段话："去年下半年，传出小道消息说：军管会要走了！从此之后，厂里渐渐出现工人出勤率甚低，待在家里做私活成风，又因搞了干部下放劳动后，要削减没有下放的干部粮食定量，从而引发思想混乱，总之，整个厂形势急转直下，陷入最低谷。"

回顾1972年第三季度，军管会奉上级命令撤离红卫厂，因时间紧迫所致，很多工作没交代清楚，"革委会"衔接不过来，出现断层危机：劳动纪律松弛、设备事故、人身安全事故频发，工厂凸显"老大难"问题一大堆，历时近一年幸得新机遇……

1973年第四季度，在北京召开"四川十二个重点企业解决老大难问题汇报会"，有各企业干部和工人代表共480余人出席。相对而言，这12个重点企业中的红卫是个小厂，之所以有幸跻身其中，是由于：（1）该厂为六机部在四川能出产品的第一个厂；（2）该厂担负着援外任务，能否按时按量交货给受援国家，直接影响我国的国际声誉；（3）成都军区副司令员茹芙一（当时主管国防工业）来厂视察发现红卫厂几乎停工停产，问题严重。

在北京开会期间，每个厂的代表组都有中央要员坐镇。红卫厂长李增华接受纪登奎副总理的请客吃饭，受宠若惊。纪登奎要他回去认真抓革命、促生产，尽快把工厂搞上去。李厂长回来开全厂大会，头一句话就说："我回来了！我对大家是了解的，全厂职工对我也是了解的……"他的几句贴心话，拉近了同广大职工的距离！因为他被调出去一段时间，就在这次北京会议再调回来的，同时还调吴兴华（曾任武昌船厂要职，后来担任万县某厂党委书记）来红卫厂任党委书记。

红卫厂参加这次会议的代表，去时静悄悄，回来时受到热烈欢迎。以六机部办公厅主任李岩为首的"国务院国防工办观察组"随红卫厂赴京代表到红卫厂视察和监督，

1974 年 8 月 14 日，厂总工程师林允耀在祝捷誓师大会上发言

祝捷誓师大会会场设在露天场地，全厂职工热情高涨

并不断用电话向北京汇报情况。参加这次会议的赴京代表回来确实起表率作用，还做了广泛深入、细致的发动工作，众多老工人以深厚的阶级感情响应党的号召，工厂很快就搞上去了。

这次汇报会确实给红卫厂带来了新机遇，成为该厂"从后进变先进"的巨大转折。

二、借东风，开好"祝捷誓师大会"

"四川十二个重点企业解决老大难汇报会"犹如给工厂打了强心针，仅仅大半年时间，各方面工作就出现新气象。

1974 年 8 月 14 日，在汽车库门前停车坪搭建临时舞台，召开了"深入批林批孔发展大好形势祝捷誓师大会"。各个车间、科室部门把大红喜报摆放在主席台周围，展示着本部门在政治运动、技术革新和完成生产任务等方面取得的骄人成绩。各部门派代表上台发言、表决心努力完成下一阶段新任务。

祝捷誓师大会的意义在于：一方面祝贺已经取得的胜利；另一方面树立信心、发誓愿，向着新的奋斗目标争取更大胜利。在此展示几组照片，仅仅是已取得成绩的一部分项目。

三、大件总装车间大干快上迎新年

柴油机生产的整个过程中，最后一道工序在一号车间的装配工段。全厂生产任务能否按计划完成，总抓手就在一号车间。还有，一号车间主要任务是加工柴油机八大件：底盘、机身、汽缸盖、汽缸套、活塞、连杆、曲轴、飞轮，其特点是技术要求高，加工周期长，一般而言不许报废（出废品就会拖全厂完成生产任务的后腿）。祝捷誓师大会如一股强劲东风，鼓舞着该车间职工。

曾经在一号车间工作过（不分年份时间）的职工 248 名单如下：

车间主任：王济祥（先）、陈炳荣（后）

副主任：蒋锡明

书记：王志钰（先）、黄剑强（后）

副书记：李安源

技术组：高志明、许国栋、陆金祥、张义举、孙青、朱妙生、张仁芳、汤敖其、劳文祥、高马季调度组（含资料室 工具室）：蔡律先、王志钎、蒋惠君、戚洪富、吕彩花、姜根娣、徐巧英、朱连英、忻雅芬、蒋小柳、宗连英、钱巧云、黄吉昌

机加工工段

划线：张林书、邓英亮、陈加福、华振福、杨炯、董莺莺、李曙光

落地镗床：桑春山、刘延生、毛雄宝、刘步升（后升工段长）刘其祥、翟富俊、周宝定、冷宏

卧式镗床：浦剑安（后调劳资科）、舒福顺（后调厂工会）、卢德辉、萧平、王卡加

龙门刨：彭殿贤、史志林、苏成华

龙门铣：周鹤芳、张建源、孙源栋、高庆洪

横臂钻：周延年、李孝禹、梁树权、冉武忠、熊元林、陈相根、邢振德、周志辛、李继棠、陈雄山、练渝申

磨缸机：崔太平、王喜洁、杜守良、姜建明

车床：许厚道、厉富宝、吴广礼、卞宗和、顾文成、李顺铭、张家纺、范平、潘以富、陈应和、陈福弟、周德坤、张琪官、倪仁山、吴星煜、任忠伟

钳工：王金根、李谋臣、马恒芳、陈凤恩、潘传礼、练渝松

泵水工：孙国安、吴安碧、孔雪文

行车起重：李素华、赵来娣、朱根娣、张桂芳、张正蓉、冉兴秀、刘成华、任萍、毛振萍、王珠华、洪永吉、封桂华、张崇贵、朱金海、童旭初、朱洪苟

电工：陈国兴、徐俊萍

机修组：夏国镰、张根富、周申友、赵其洪、李永平、朱霞清、张素芳

木模加工（锯床）现场

焊接施工现场

金属切削加工（钻床）

一号车间柴油机底盘总装现场

大铸件（坩埚）清砂作业

热处理新工艺——气体渗铝施工现场

装配工段

部装：孙明亮、徐根发、姜勇荣、吴梅仙、忻雅芬、陈灿槐、徐海英、章永良、杨宝兴、朱廉福、陶文泽、陶炳福、潘顺发、顾筛兆、张同芳、卞金龙、李乾和、陈方美、龚雪兰、李玉霞、杨华、荣丹蓉、姚伟人、王明汉、秦夏、王耀、曹银娣、刘云仙、贺厚发、丁振云、杨培宏、何盛焕、韩小贵、谷景华、刘玉旺、翁锐亮

总装：王仁芳、汤敖其、奚毓兴、李国昌、张德顺、杜永祥、钱海明、钱成贵、林宏昌、张文忠、龚阿堂、郑性华、陈汉国、梁永明、毛国定、颜祖多、陈克明、金家明、包金山、施建华、徐国祥、吴中宜、董明贵、赵家钧、王信贵、陆德森、高寅、胡建方、沈鹏青、蒋鸿昌、虞方连、桂军、张纯财、孙斌、李卫、王京黎、林宏昌、任国庆、张慧春、陆邦宁、应成兴、李顺立、傅家祥、王乐顺、白志渊、汪利民、罗永德、王国焱、董绍文、刘焕国、任小毛、章毛毛

管子铜工：范百全、顾加士、闵启新、朱宏昌、谈金宝、刘永平、徐佩玲、周国庆、文庆礼、杨金生

装箱：石重庆、周根舫、杭根林、蒋长高、陈耀方、牛凌波

油漆：杨阿金、樊宝康、邢进海、刘贤清、徐石林、池顺海、陈维芝、熊桂昌、陈子女、钱蔚冰、薛嫣、张建平、贺自伦、王朝甫、赵远鹏、杨自才

喷沙：施定康、顾明德、徐敦富、冉茂芳、姜顺良、廖淡秋、解发余

因人员有进有出，流动不断，这里收录了曾经在此车间干过活的，而没有把调出去的减除，所以实际上不超过200人。

第七节 新船、新车间相继投产

一、"红卫二号"试航

工厂所需的生产物资一向都是走乌江水上运输这条道的，如果自己没有船，那只好向乌江航运公司租船，这就摆脱不了被动的局面。开始搬迁"支内物资、生产设备"从上海到白马，其中用了一艘登陆艇。投产后，这艘登陆艇就归红卫厂使用，编为"红卫1号"。到了正常生产，一条船就显得不够用了。1972年上半年，红卫厂从外单位订造了一艘船，命名为"红卫2号"，同年6月29日在乌江白马码头举行了试航仪式。船队职工名单（10人）如下：

船长：石大勇　书记：唐恒贵

大副：蔡德富　轮机长：焦德全　轮机员：周德忠

水手：何世贵　汪兴明　苏小平　文××

炊事员：帅英寿

二、铸造车间在"911库"建成投产

建厂之初，九院设计的铸造车间位于"十号厂房"（主干道末端），一方面从面积及规模来讲，都是达不到生产所需，要扩建亦无空地可用，一直制约着铸造生产发展。另一方面，由于几个配套厂已在江津、永川选址建设，原规划几个厂合用的911仓库就成为闲置建筑物（因泄密而搬到万盛，建成新的911库）。基于上述两个原因，20世纪70年代初，开始打算把铸造车间搬去911库。经几年的努力，这个设想终于实现，到1975年6月，新铸造车间（包含木模工段）在911库原址上建成并投产，编序为十号车间。

因为这个新车间距离厂门口约有两千米，从"干打垒"生活区步行去上班就更远，大约要花半小时。为了方便职

试航的新船"红卫2号"从涪陵驶向白马途中（摄于1972年6月29日）

1972
新船"红卫2号" 白马 参加试航人员

工上下班，就在红卫中学对面马路边，建成铸造车间职工宿舍八栋，这就是"红卫四村"。

铸造车间（不分时间段，凡是在此工作过的）职工99人名单：

职能组（16人，按时间先后排序）：夏颂贤（主任）、孙竹奎（书记）、祝祥郎、华荣春、周志义、黄汉文、朱学文、黄玉丰、刘玉福、朱熙尧、吴德麟、张善文、曹脉运（主任）、汪敏达（主任）、谭秀岩（书记）、卞玉娣

木模工（15人）：熊治国、任忠宝、江礼银、杨开明、徐永康、姚海生、姚德全、陈根尧、李玲香、陈德泉、邓仁清、李鹏飞、袁选、吕立力、李建军

造型工（43人）：曹俊贤（副主任）、蔡文潮（工段长）、倪富亮（工段长）、翟明章、许子华、华援和、王新民、戴学忠、管亚洲、郁根兴、刘再生、吴庆浩、段居山、袁永明、郭世龙、浦志林、张吉明、彭斌、陈晓惠、陈建忠、陈海燕、何蓓蕾、冯宝芳、朱国荣、王明鹤、孙慈安、姜波、金凤华、朱小林、刘宝华、纪金祥、肖海泉、严复良、陆

金发、杨梅芬、姚薇华、李初阳、杨成全、李文林、李松林、廖朝信、宋长文、夏祖贤

准备工（2人）：陆仲林（工段长）、缪友元

大炉工（4人）：赵文章（升副主任）、龚景隆（升副主任）、张三宝、戈万治

有色金属熔铸工（4人）：毛阿二、鲍世荣、胡炳良、陈文怀

行车工（3人）：陈夏法、曹海法、安先荣

司机（1人）：刘代义

维修钳工（4人）：李之焕、刘桂生、沈国庆、杨再银

维修电工（1人）：宋知林

工具管理员（1人）：黄新图

检验员（4人）：李小白、邹水福、邵桂芳、朱进福

另有以下10人的岗位不详：孙麟玉、张勋文、陈宝书、张彤楼、吴钧、吴文亮、杨巨臣、李秒章、顾昌家、周卫海。

三、五一节义务劳动，加速两个新车间投产

在工矿商店至红卫中学这段路之间有两个新车间相继

红卫中学学生五一节义务劳动，平整金属结构车间外场

厂团委组织青年职工参加五一节义务劳动，平整曲轴车间外场

建成：较远的一个是金属结构车间，较近的是曲轴车间。这两个新车间在土建工程完成后，经过 1975 年五一节全厂发动青年职工及红卫中学学生参加节日加班"义务劳动"平整外围场地，于当年下半年投入生产。

四、适应生产需要，加速建设新车间

1. 七号车间新建成

工厂刚投产时，从热处理车间到铸造车间之间有个七号厂房，里面就是冷作和钣金工场，是隶属一号车间编制的一个工段。由于厂房面积和高度所限，无法安装大设备和大吨位的行车，不能适应生产发展需要。于是在 1975 年新建一个金属结构车间，位于川湘公路边上，即曲轴车间至红卫中小学之间，编序为七号车间，包含冷作与钣金两大工段。

冷作。金属材料在室温状态下实施压力加工成形，由于不需要加热，所以称为"冷作"。加工对象主要是大于 3 毫米的厚钢板，有时也会加工钢管、圆钢、角钢等型材。例如压力容器、走台、扶梯等，在 1982 年曾经制作一批大型集装箱供搬迁用。主要设备有剪板机、弯板机、三芯滚床、折边机、砂轮机、油压机、空气压缩机、电焊机以及配合火焰割炬（俗称"风割"）用的乙炔瓶、氧气瓶等设备。

钣金。以金属板材（钢板、铜板、铝板）为对象，在室温（不加热）状态下，施以剪裁、敲击、焊接成形，例如防护罩、排气管之类。与冷作区别在于专做 3 毫米及以下的薄板材，不需要大型压力加工设备，常用大铁剪加手锤即可，而且以氧气乙炔焊接（俗称"风焊"）为主，较少用电焊，因为电焊易把薄钢板烧穿。

车间主任：王楚九　　副主任：王柏祥　　支部书记：胡秀臣

职能组：冯金昌、庞崇伟、刘曙光、孙明亮（材料仓库）、庞英俊（资料员）、柴莲宝（工具室）

钣金、冷作工：王小初、蒋友才（后调检验科）、冯银苟、强大来、朱连才、沈青保、萧光荣、钱浩荣、董方鹤、王新生、胡盛羽、冉仁福、钟志明、徐友祥、许友祥、孙宝生、徐全林、邓爱清

焊接工：朱剑勤、蔡德勤、沈惠兰、钱凤珍、钱雪琴、江殊荣、张福群、祝雨昌、鲁兆平、杨荣生、张校生

机加工：钱国强、石锦城、孙美福、王明德、吴振华、姚选民、李月英

划线工：左天成

2. 三号车间又建成

曲轴是柴油机八大件（底盘、机身、汽缸头、汽缸套、活塞、连杆、曲轴、飞轮）之一，向来都是在一号车间加工的，因该车间面积有限而阻碍生产发展，为了适应工厂发展，于是 1975 年新建成了曲轴车间，除了安装原一号车间的旧的代用曲轴车床之外，还增购了新的曲轴专用车床，技术骨干多是由一号车间划过去的。

新建的曲轴车间编序为三号车间，位于川湘公路从工矿商店至七号车间之间。

车间正副主任及工段长：朱连山、许厚道、王长年、陈根福

书记：谭宜兴

职能组：陈振球、卢兆初、陈蓓芬

车工：周德坤、厉富宝、倪仁山、潘以富、徐根泉、吴星煜、董书钧、戴行来、叶志康、吴林生、张建中、刘永龙、周鑫江、邓本华、舒小敏、张鸣福、俞宝芳

车床加工柴油机曲轴

磨工：朱金妹、邓拓、胡煜芳、周崇昶、蒋忠良、郭　红、蔡爱珍

镗工：刘延生、石国才

划线工：张松裕、吕剑华

钳工：金财根、张龙飞、章毛毛、胡盛焕、郝福宝、匡煜礼、邢国彰、易志强、詹仲毅、饶文寿

行车工：李素华、钱安启、陈阿珍、彭谷英、张琼、陈芳群、王佩华

磨刀工：蒋兆荣、张学清

工具管理工：袁兰英

维修工：张福生、许巧英

第八节　赴京代表向部领导汇报

在短短的一年时间里，红卫厂初步取得可喜成绩。六机部肯定该厂的长足进步，为此发函邀请红卫厂派代表上北京汇报工作、介绍经验。

由厂领导班子与中层干部相结合，酝酿确定了 22 名赴京代表。他们是：吴兴华、李增华、朱积祚、王济祥、胡秀臣、潘维慈、孙本明、谭秀岩、陈丁康、东志明、许国栋、许厚道、汪安富、吴士清、严成章、汪富根、金凤华、钱凤珍、刘永芬、杨梅华、吕经俭等。这些代表都是各部

1974 年 10 月 24 日，少先队员向赴京代表献花

1974 年 11 月，作者（持相机者）拍摄胜利归来的赴京代表

门的"优秀工作者",在年龄上有老、中、青,在性别上有女职工4人,在职务上有工人、干部和各级领导,在岗位上有来自生产第一线的车间班组、第二线的职能科室、第三线的后勤部门,所以具有广泛的群众性,受到广大职工的信任与支持。

1974年11月上旬的一天上午,党委书记吴兴华和厂长李增华率领这20多名赴京代表出发。出发那一天,红卫厂组织了职工群众队伍热烈欢送,少先队员给代表们戴上光荣花,敲锣打鼓送到白马码头上船去北京。

11月12日晚上,赴京代表在京西宾馆受到中央首长李先念、余秋里、陈锡联、纪登奎等同志接见,六机部部长方强和几位副部长也在场。首长们听完李增华厂长汇报以后,李先念副总理讲话,勉励全体代表"回厂后,要把工作做得更好,争取更大成绩"。

从北京回来路经成都机场时,红卫厂赴京代表受到四川省及成都市负责同志和群众队伍的热烈欢迎。回到白马,本厂又组织群众队伍夹道欢迎,还召开了群众大会,听取代表们汇报、受中央首长和六机部领导接见的感想,并传达首长讲话精神。围绕赴京代表开展的一系列活动,给下一阶段工作鼓舞斗志,为夺取新胜利产生了积极的影响。

第九节 先进事迹闻名全国

一、各路新闻记者来厂采访

红卫厂"深入批林批孔发展大好形势祝捷誓师大会"在1974年8月召开以后,全体职工"抓革命、促生产"热情空前高涨,形势一片大好。通过六机部和四川省六机局的推荐,先后有两批新闻媒体记者来厂采访:第一批在1974年9月,有中央电视台记者庞一农、重庆美术图片社记者孙玲玲。第二批在1974年12月,有北京新闻电影制片厂记者李国骏、新华通讯社四川分社刘诗临、成都电视台记者易兴才。

新闻媒体的记者们在红卫厂主要采访:学"毛著"先进事迹,开展"批林批孔"运动的典型,"抓革命、促生产"的新动态,比如领导班子务虚会议,各车间大干快上的干劲,搞技术革新活动的热潮,总装试车工段争分夺秒的场面……通过新闻媒体的宣传报道,红卫厂的先进事迹,很快在四川省以及六机部范围内传开,进一步树立了"红卫厂为川东地区三线厂标兵单位"的先进典型形象。

二、老科长何君侃

何君侃是浙江诸暨人,1934年出生,1961年毕业于华东政法大学,随后在上海一所中学任高中政治课教师。1966年春随妻子(王耐莉)"支内"进红卫厂,先在宣传科干了几年,后任职教育培训科科长。

他热爱宣传教育工作,在红卫厂党委领导下,配合政治宣传教育,抓意识形态工作,眼到、脚到、手到,深入基层采访,笔耕不辍,平时留心剪报收集资料,曾多次往各级报纸投稿,而且被录用刊登。

1975—1978年期间,红卫厂开办"七二一工人大学",他积极协助校长秦旦祥、副校长孙本明做了大量的事务性工作。在白马17年,他兢兢业业为"三线"建设奉献宝贵青春。

两厂合并后,他随迁去宜柴厂,先后就读于中国科学

1974 年 12 月，新闻媒体采访车间班组学习现场

1974 年 9 月，中央电视台记者到红卫厂采访厂领导班子

院及中船干部学院的"法律顾问培训班"，1990 年荣获"企事业法律顾问"，并获得律师、高级经济师任职资格。他退休后仍笔耕不辍，曾在《中国船舶报》《三峡法制报》《宜昌船柴》等报刊发表文章数十篇。

《群众报》是涪陵地区党政机关的喉舌，虽然是一份很普通的地方报纸，但红卫厂职工很喜欢看，因为它报道大量的本地消息，很贴近广大职工群众的生活！

1975 年 6 月 12 日的《群众报》刊登了何君侃撰写的稿件《红卫机械厂开办工人政治夜大学 认真学习无产阶级专政理论》。

第十节 "省地工作组"来厂办学习班

星移斗转，时间来到 1976 年。9 月 9 日毛泽东逝世。10 月 6 日，华国锋、叶剑英、李先念、汪东兴等智擒"四人帮"。红卫厂职工迎来大干快上的新希望。自从赴京代表汇报会议后，对抓革命、促生产起到积极作用。

1977 年 6 月至 11 月，上级派"四川省委与涪陵地委联合工作组"（简称"省地工作组"）来我们厂办学习班，地点在 911 库（即新铸造车间），时间断断续续长达将近半年，参加成员是厂级领导干部和厂党委委员。这个学习班，肯定了本厂以往取得的成绩，总结经验，摆出存在问题，明确今后努力方向，解决了一个很具体的问题，就是

经过"对相关同志做了深入细致的思想工作"后，决定调李增华和王爱民去重庆升任新职，提拔林允耀任厂长，秦旦祥任党委副书记。

同年 12 月，两位老领导李增华、王爱民先后离开红卫厂。

回顾 1965 年 9 月，李增华受命从洛阳 407 厂来到涪陵红卫厂担任厂长职务，带领全厂职工艰苦奋斗 12 年（1965—1977 年），一步一个脚印，取得骄人的成绩。他是一个思维缜密，作风严谨，又精通柴油机技术的管理型干部。

王爱民原是上海新中厂党委政治部主任，1966 年初春

红卫厂党委扩大会议全体同志合影（摄于 1977 年 11 月 3 日）

"支内"到红卫厂，担任党委副书记兼政治部主任。他坚持党性原则，爱护职工群众，待人和蔼，作风干练，是一个具有良好群众威信的政工干部。这两位老领导在白马山沟沟里，同"三线"职工一起栉风沐雨十多年，劳苦功高。他们被调到生活条件稍好一点的单位任职，充分体现党在落实"爱护老干部"的政策。作为基层群众，我们对此给予理解、支持和拥护。

林允耀是从上海求新厂技术科调去洛阳柴油机厂担任技术科科长的，1966 年调入红卫厂担任总工程师，经历十多年统领技术工作的磨炼，积累了丰富经验，深受群众爱戴。

秦旦祥从新中厂设备科副科长职务"支内"来红卫厂，升任设备动力科科长。1975 年已被提升为第二副厂长（兼厂党委委员），接替王爱民的副书记职务，亦是顺理成章的。我们对此番人事调整表示信任与支持，满怀信心，团结在新一轮领导班子周围，以实际行动努力夺取更大胜利。

第十一节 白马山下飞出"金凤凰"

1978 年 1 月，红卫厂召开了"球墨铸铁曲轴鉴定会"，虽然规模不大，但与会者来自全国各地，有政府机关，有大专院校，有科研机构，有大型专业柴油机厂。白马山脚下也能飞出金凤凰，了不起哦！

350 柴油机曲轴，有史以来都是由锻钢毛坯、以大车床切削加工而成。由于锻压产生金属纤维，使锻件具有高

全体工作人员合影（1987年1月摄于红卫招待所）

参加球墨铸铁曲轴鉴定会议的代表，从招待所列队前往会场

参会代表观看浇注曲轴出铁水加球化剂的瞬间

工人师傅正在车削球墨铸铁曲轴

强度和良好的冲击韧性，但需要优质碳素钢，用大吨位的锻压设备才能生产，而且因锻造尺寸精度低，就必然放大加工余量以满足切削要求，也就是所谓"肥头大耳"。以铸代锻，以铁代钢，成了曲轴技术革新的努力方向。

何谓"球墨铸铁"呢？工业用的铸铁按显微组织分为三类：1. 白口铸铁。没有石墨组织，又硬又脆，极少应用。2. 灰口铸铁。是片状石墨组织，综合性能较好，得到广泛应用。3. 球墨铸铁。是球状石墨组织，其抗拉强度和冲击韧性都大大优于灰口铸铁，这是新技术，尚在研制提高阶

段中。在高温铁水浇注前一瞬间，投入稀土元素作为催化剂，目的是使球状石墨生成更快更好。我们厂就是应用这项新技术试生产350柴油机曲轴的。

我们厂由911库改建成新铸造车间于1975年投产，安装了5吨（每小时出铁水量）化铁炉，比在旧车间只有3吨化铁炉要大得多，而且安装了50吨天车，造型及浇铸场地也扩大了许多，具备了研制球墨铸铁曲轴的条件。这个与六机部601所合作项目，从1976年冬开始，由总工程师林允耀主持组织技术攻关，花了大半年时间铸成了曲

轴并投入切削加工，圆了"以铁代钢，以铸代锻"的梦。

经过几个月做检测报告和资料准备，到 1978 年 1 月，终于成功召开"钇基稀土球墨铸铁曲轴鉴定会"。与会代表从北京、沈阳、大连、武汉、广州、成都、重庆等大城市，来到白马山沟沟里，无不感叹：这里地理位置和生活条件如此恶劣，竟能搞成功这样难度大技术新的项目，实在令人佩服！

这个鉴定会，我们内部都简称为"78·1"会议，即是 1978 年 1 月召开的会议。此时，李增华刚刚调离红卫厂，所以由厂长兼总工程师林允耀主持会议。球铁曲轴的研制成功，有副总工程师汪敏达和铸造车间主任曹脉运倾注大量心血，也是华荣春、周志义、龚金龙、翟明章等一批经验丰富的老技师、老工人共同奋斗的结晶。

1981 年 5 月，我们厂还召开了"6303 柴油机鉴定会"，也有来自全国各地的代表参加。通过这两次会议，大大提高了红卫厂的知名度。同行业的兄弟单位很多人，从此都知道并称赞：四川涪陵的白马山沟沟里有个红卫厂，搞得挺好的！

630 柴油机是在 6301 柴油机之后的六缸 300 系列的一种新型号柴油机，特为潜水艇动力机而研发的尖端产品，填补我国军事工程技术空白，要满足水下航行条件，当然对技术参数有更高要求。我厂以往生产多年的 300 系列柴油机都是 8 缸的，即 8301 型，全是用于水面上航行的舰艇做动力。

第十二节 质量展览会的启示

产品质量在今天是企业的生命，是参加市场竞争、保证企业生存发展的根本。过去军工企业，一切都由国家大包大揽，只要求按时完成上级下达的生产任务，一般来说，企业对于产品质量都没有引起足够重视。

红卫厂同所有军工企业一样，虽然有检验科，但它毕竟是与本厂利益捆绑在一起的，难以履行公正的产品质量监督职责。红卫厂生产的柴油机是提供海军装备的，其质量好坏直接关系到每场战役的胜败，关系到每个战士生命的安危，产品质量监督就必须落实到海军驻厂军代表肩上。红卫厂的办公楼里设置了军代表室，当时以室主任王立孟为首，带领着少尉军衔以上的专业技术人员 3~5 人，经常深入总装试车现场了解质量情况，严把出厂产品的质量关。军代表室人员每满 4 年就会换届易人。

1978 年 5 月 17 日，质量展览会工作人员合影

"成品"的质量植根于每个"在制品"的工序质量，而工序质量是发生在生产过程的每个角落、每个时刻的，稍有松懈就要出废品。在"发展大好形势，大干快上"的同时，质量问题越来越严峻，时刻威胁着能否完成生产任务。为尽快扭转局面，1978年5月，工厂举办了一个"质量展览会"。这个展览会是面向本厂职工的，虽然规模不大，但受到党政工团多方面的重视，从各车间科室临时抽调来的十几个工作人员，认认真真布展，仅展出两个星期，使逾千名参观者受到很大教育。

第十三节 产值、产量持续上升

红卫厂自从1973年11月参加"四川重点企业汇报会"以来，生产形势出现新转折，全厂的产量、产值等各项指标持续稳步上升，在1980年达到最好水平：当年生产4种型号柴油机（8301、8350、6350、6303）共48台，铸铁件1000吨，总产值1250万元，利润29万元。

当年六机部许多兄弟厂都处在全面亏损状态，唯有我厂实现略有盈利，实在是很不简单！

我厂不单为海军装备提供动力，而且在援外任务方面亦取得好成绩，多次派出专家组去受援国服务：

1975年7月派冯燕秋、戚洪富赴柬埔寨检修；

1976年4月派王志钎、王洛顺往毛里塔尼亚援建；

1976年11月派许国栋、李光和赴柬埔寨执行修复任务；

1978年12月派高志明赴柬埔寨检修。

（据查已移交到宜柴厂档案室的红卫厂资料，那些年六机部同意红卫厂派这些专家组出国服务，但是执行的具体任务情况不详。）

第十四节 厂长李增华"三进三出"

1977年11月"省地工作组"来厂办班结束后，厂党委副书记兼政治部主任王爱民被调往江津前进厂，厂长李增华本来是被安排去六机局任职，但是没有成行。

1978年深秋，李增华受命带领"工业学大庆检查团"前往陕西执行任务。该检查团由六机部在川的十多个厂抽调出来30多位厂干、中干及一般干部组成。有消息说是上级安排李增华带一帮人去陕西对口接班的。所以他从红卫厂挑选了朱积祚、夏颂贤、陈震球、蒋锡明、张兆松、牛恒文、杨代寿、应龙8人。由于当年11月召开党的十一届三中全会，正在讨论党的方针政策中有关"拨乱反正"等重大问题，所以六机部要这个"检查团"在西安城内住下待命。到12月，这次中央会议开完，果然有许多新的政策出台，明确不再搞"工业学大庆"，于是刚组建起来的"检查团"就只好解散，原班人马在12月20日又回到红卫厂。直到1980年初，四川省和六机部协商确定：由李增华担任四川省六机局局长，接替原局长孙建业的职务。

当地老百姓有个流传：电影片有《三进山城》，我们这里有"李增华三进三出红卫厂"：1965年12月进红卫厂，抓投产工作，到1967年11月因车祸致朱金海、杭根林遇难而遭到家属殴打后回避，这是"一进一出"；1969年4月"革委会"成立，被结合进新领导班子，到1977年12月"省地工作组"来厂办班调整干部，为第二个"一进一出"；1978年12月回来至1980年初被调出去重庆任职，是李增华最后的"一进一出"。群众对"李增华三进三出红卫厂"津津乐道，充分体现出这位好厂长在群众心目中的重要地位，他不愧是受群众爱戴的好领导！

第十五节 找出路，兼营民品生产

党的十一届三中全会后，开始实行改革开放，确立以经济建设为中心。在新形势下，红卫厂面临新挑战，柴油机生产任务大幅度削减，近两千职工的日子怎么过？

我们一方面准备资料向上级汇报，要求迁厂，另一方面利用边角余料及库存剩余物资生产民用品。

当时我们厂试制的民用产品有：

1. 100吨平衡吊机。已经生产出了样机，安装在本厂一些车间自用，准备登广告，打开市场，寻销路。

2. 落地式台灯、铜火锅、铜暖壶。都曾做出样品，对本厂职工销售了几批，准备投放到市场。

3. 工业缝纫机。在试制中。由于该产品零件尺寸细小，与本厂的加工机械不相适应，转产难度很大，终于没有搞成。

生产军品转民品，这是当时军工企业的共同出路。五机部重庆的一些厂兼营生产摩托车、汽车、电冰箱、洗衣机；六机部的厂还兼营生产"五洲牌"自行车（在并厂搬迁之前，我们厂有好几十个职工，去重庆五洲自行车公司买了自行车带到宜昌用）。这些事实说明，红卫厂转产民用品适应

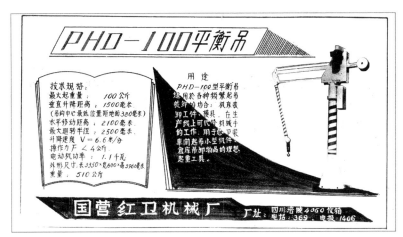

军转民产品——平衡吊机

军转民产品——落地台灯即将投放市场

了"大势所趋"。

红卫厂转产民用品的步子还不够大,而且都是以金属结构车间的手工操作为主,主要车间(一号车间、二号车间、三号车间)的机械设备没能发挥作用。进入1982年春天,上级批准红卫厂同宜柴厂合并,基本明确要大部分职工带家属搬迁到宜昌,于是在结构车间试制大型"集装箱"给家属搬迁用,有冯金昌、王柏祥等好几位老师傅参加设计、

绘图和试制。分两种规格:大户型搬迁用的"集装箱"长3米、宽2米、高2米,此外还做了少量为小户型搬迁用的,只花了半年左右时间,就做了40多个,赶在次年春节后交付搬迁使用。由于配给每户家庭一只集装箱,搬迁大橱柜、五斗橱、大床、沙发等大件家具,只需搬进大集装箱里去就可以了,节省了大量打包材料。

第十六节 几个高温有毒工种

一、锻造工段

圆棒的钢材用锯床裁切后,经过燃煤反射炉加热,达到红热软化状态,在锤击作用下成形,这过程就是锻造。

红卫厂的锻造车间位于主干道尽头的八号厂房,主要有空气锤、蒸汽锤、摩擦压力机等设备,以自由锻为主,也附有少量模锻。锻造有三个操作岗位:(1)司炉。加煤、送风,以控制炉温,送金属坯件进炉加热,掌握时间出炉,确保坯件热透内外温度均匀,又不过热过烧致显微组织及机械性能损坏。(2)操钳。凭视觉掌握始锻温度和终锻温度,夹持工件进行锤击达到图纸要求的形状尺寸。(3)司锤。以手柄控制锤头,配合操钳者给予所需的锤击力度和快慢。这里总共才20余人,实际上相当于一个大班组,但习惯都叫锻工车间,行政管理隶属铸造车间,后来新铸造车间迁建于911库,就合并到热处理电镀车间了。

技术员:华明海、周继明(1972年调往江西南昌钢厂)

生产工:陈阿狗、陈生冲、陈宝书、俞超群、李云儿、张莉芳、周月琴、张华、黄继开、张永祥、赵明曲、朱福祥(后调检验科)、周志明

二、热处理工段

隔主干道,正对着二号厂房的就是六号厂房,面积虽然不大,但也包含两个工段,前半段是热处理,后半段是电镀。

热处理工段通过使用加热炉(箱式电炉、井式电炉、盐浴炉)、冷却槽(水槽、油槽)、渗碳炉等设备,实施调质、淬火、回火、退火、渗碳、渗铝、氮化等工艺,达到改善与提高金属零件的机械性能目的。通常情况下,都要开日班和中班,因为延长作业时间就可以节省炉子升温所耗费的能源。

车间主任:俞森林　书记:牛恒文

职能人员:陶立权、祝瑞华、张德惠、汪安富(调度)、李立侬(统计)

生产工:章四德、邱顺高、林则吼、姚孟根、熊大柱、刘汉耀、陈全发、汪纪昌、宋传珍、胡凤妹、周厚珍、叶学成、李宗潘、曾健夫、罗春荣、程志平、刘吉元、徐竹明、姚秀华、许玲玲、张慧正、胡建英

弹簧工：姚根海、王汝林、李银根

合计 32 人。

三、电镀工段

电镀，就是对金属零件进行表面处理，使其具有美观的表面光泽以及防锈、耐腐蚀、耐磨损等性能。最常用的工艺是镀铬、镀镍、镀锌、镀铜，原理同电解过程相反，是以金属零件和电镀液分别为正负极：在直流电压作用下，使液槽里的金属（＋）离子沉积在金属零件（－）表面上。

电镀液是有毒害的溶液，在加热状态下产生有毒害的蒸汽，妨害人体健康，所以必须重视做好安全防护措施，并且通常都为该工种作业人员发放营养津贴费，还少不了每年一次身体检查，及早预防职业病。

此外还有发蓝（或发黑）工艺，是不需直流电，只在热化学作用下使其表面覆盖上一层蓝色（或黑色）的金属膜，以防止零件生锈。

技术人员：洪 刚

生 产 工：张玉升、竺辛森、成丁根、陈永发、杨帮安、熊明俊、刘晓碧、幸良淑、夏美云、贺顺忠、许金清、孙兆英、应秀珍

第十七节 二号车间简介

二号车间是中小件切削加工车间，面积大小仅次于一号车间，主要加工钢件、铸铁件，还有少量铝件、铜件，有车、镗、铣、钻、刨、插、磨等通用机床，还有划线平台、钳台、砂轮机。此外，在车间末端的两大门之间还安装了一台磁粉探伤机，为进排气阀等精密工件，检查表面有否微裂纹。正常情况下，大多数机床都要开日班和中班，所以每台机床都配备两名以上操作工（学徒不算在内）。加工中、小件的机床工当中，女工约占半壁江山。

机床工必须学会有共性的三项基本功：一是识看零件加工图纸（尺寸公差和详细工艺要求）；二是熟练使用量具，很多时要精确到 1 丝或零点几丝；三是会磨车刀或钻头，正确装夹刀具和夹持工件。如车床工等几个工种，高达八级，也有如刨床工，最高只到六级的。技术等级到顶就可以晋升为技师了。

红卫二车间首届全体艺徒合影（摄于 1966 年 6 月 13 日）

机床工的培养途径主要由师傅带学徒，其次是读技工学校。新中国成立之初，车床工要学足三年才能满师，后来随着青年文化水平提高，只需一至两年就满师定级为一级工了。

下面是二号车间两个青工回忆当年的学徒生涯。

学徒甲：我们一批所谓干部子女于1971年4月进厂，先在曲轴车间和结构车间搞基建，然后抽我去文艺宣传队和女子篮球队，到1972年2月，分配去二号车间。师从杨师傅，没有什么拜师仪式，从实践中学，半年左右可简单操作。我做620车床。那时好可怜，学徒工资16元，第二年18元，第三年满师，34元。盼啊盼，第四年定级为三十七块一。哈哈哈……

学徒乙：车间对学徒的要求是很严的，开过理论技术培训课，三年学徒，每年一考试，还有定级考试，所以二号车间出来的学徒，技术都是过硬的，到哪都能独当一面，特别是车工。我学的是划线工，在学徒期参加过机械制图课学习，还要考试的，满师后定一级，一年以后考试定二级。我们那时不兴什么拜师仪式，师徒之间就像自家人。我的师傅前一个是女的，后一个是男的，师徒关系都挺好，现在都有联系，逢年过节我都会登门拜访。虽然学徒工资不高，也还过得去，知足常乐嘛！那时候，虽说国家贫穷，物资奇缺，但对我们年轻人来说，这都不是个事，所以该怎么乐，就怎么乐！

二号车间职工名单

职能组（15人）：姜进玉（书记）、丁荣根（主任）、顾荣祥（副主任）、王宝善（书记）、刘盛顺（主任）、毛大甫（副主任）、李爱荣（书记）、王济祥（主任）、张兆松（副主任）、楼金高、钱霞辉、戚元兴、蒲云备、张慧君、鲁修堂

技术组（9人）：刘劲松、徐永祯、陈邻耀、胡业华、贾定荣、丁桂英、覃月芳、袁秀兰、庞英俊

工具室（5人）：张文英、殷青莲、徐云彩、杨世碧、李福玲

起重工（6人）：沈元财、王明生、向道明、李云清、张成林、潘师傅

维修组（14人）：柳厚德、袁德发、倪新楠、陈志清、朱宗林、袁树林、傅益民、张钦慧、龚蔚云、高建、邢元进、王存莲、王喜敏、孙建国

电工（4人）：杨柏林、辛友良、冉儒雨、杨文鸣

第一组（25人）：吴士清、徐阿华、崔太平、陈时平、王培城、苏怡增、李川东、何明书、童玉珍、吴爱骏、陈仁祥、陈明江、严隽熙、李柱、姚华、陈代康、陈良才、张仁礼、薛正龙、唐常云、汪雅萍、郑慧萍、朱治权、刘大龙、李贵生（后调生产科）

第二组（31人）：柴天华、方建国、吴广礼、陈巧宝、何根林、史毕高、沈维新、孙美福、李明生、刘仁泽、王明德、宋光明、成锦根、王治华、张学强、张文虎、祝寿兴、石金成、张鸣革、王维加、茹永基、忻双雄、凌春高、陈丁康、孙清宝、蒋忠良、徐根泉、黄德文、周建新、黄登国、王国平

第三组（21人）：沈南荣、陈定源、杨秋龙、童森福、张群、顾克明、倪友康、徐林贵、徐元贵、秦廷福、申正南、唐孝菊、姜平、陈海英、吴申娟、刘华娟、刘雨蓉、朱国佩、李鹏虎、李开健、杨银生

第四组（12人）：虞志章、张华兴、陆志超、程公权、左天成、郭世荣、鲁小平、邬玲翠、李元红、涂祖元、周欣良、

霍建华

第五组（13人）：蒋伯华、钱蔚秋、张平、韩惠春、夏根才、薛福根、祝伟昌、张顺华、林新德、申正南、吴丽芬、徐惠娣、易木群

第六组（43人）：刘清平、支丽丽、李来喜、刘成金、卞桂珍、卞水英、张蓉蓉、宿丽萍、刘永芬、张华、林宝泉、吴根妹、平新华、王新华、杨金花、李伟刚、马根荣、王金妹、何振玉、朱玉娥、周幼娥、邬美珍、李志华、王秀琴、陈美瑛、董合建、陈开兰、袁兰英、朱莲芬、李玉珍、徐俊燕、刘廷华、傅玲娣、陈凤丽、庞新荣、孙海龙、白长华、袁秀兰、刁全枝、庞启书、吴广新、李子华、解秀英（后调检验科）

第七组（18人）：王振昌、瞿金昌、朱金妹、匡礼银、曲渡江、顾洪良、沈鹤祥、张仁财、徐国胜、秦海洲、张幼仙、曾玲琴、杜金秀、阮国凤、李玉英、乔兰珍、鲁立平、周秀英

第八组（15人）：俞福德、徐君卿、黄三弟、顾志妙、梁荔琼、王宝琴、王玲娣、曹际珍、刘淑玲、李晓娟、沈毓琴、邓林珠、马秀英、马丽虹、彭亚娣

第九组（15人）：汤竹义、袁茹兰、李月红、张菊珍、许祖英、陈振修、徐俊敏、曹习江、何雁子、沈青云、傅耀梓、毛丽华、毛永刚、于殿华、陈建中

第十组（9人）：吴美观、吴坤生、胡兴明、罗志寿、王洪元、田维兰、田桂兰、夏清英、杜继模

另有离开车间的7人。名单如下：姚能华（1969年因公身亡）、薛永昌（调劳资科）、孟庆发（调武装部）、时根龙（1973年调回苏州老家）、吴长龙（1975年上大学）、俞安康、方建国。

第十八节 设备动力科

设备动力科是保证全厂生产、生活正常运行的一个很重要的科室，其职能是联手三号车间实现：(1)生产设备的购置、安装、调试、维修，以满足正常生产及服务于技术改造；(2)通用工具采购和专用工具制造；(3)电力输送、变压、配电（应急自发电)；(4)管理水泵房、蓄水池、供应各车间生产用水和整个红卫厂生活区用水；(5)管理锅炉房供给蒸汽和空压机房供给压缩空气。

红卫厂刚投产时，设备动力科下设三号车间，含机修工段和工具工段，后来拆分为机动科（下设维修车间）和工具科（下设工具车间）。1975年铸造、结构、曲轴三个新车间建成投产，把曲轴车间命名为三号车间，原三号车间就被十一车间（修理车间）和十二车间（工具车间）所取代。

设备动力科办公室人员名单

设备动力科（早期的）科长：方金福 副科长：董全兴

科员：陈根伟、朱金根、周慧、管永新、萧恕、高华卿、吴兴建、赵静祥、夏国安、彭海双、陆海忠、李泽泉、朱述礼、谢锡保、黄金云、孔巧娣、王丽萍、李金元

备件仓库：周蔷菊、刘少映

三号车间（早期的）主任：方金福（兼职） 书记：陈志宏

十一车间（修理车间）车间主任：顾荣祥 副主任：

东志明　支部书记：杨建祥

电修工段人员名单

维修电工：姚招根、唐豪富、胡全妹、许巧英、杨柏林、陈国兴、李素珍、支锦林、董再坤、田茂海、符治念、余忠泉、黄科

大修电工：徐海根、郑月英、顾爱娟、周秀娟、何国祥、白志珍、陈家扬、萧晓、王凤英、李成平、乔娅

外线电工：俞国宝、朱长林、陆进泉、胡世焱、陈永锡、宋知林、阮银娣、程先荣、戴元国

降压站：蔡智强、庞炳献、毛正刚、宋云彩、马英选、杜昌学、向家海、覃蓉、周凤、吴申琴、李德明

电器材料仓库：钟来娣、谢玉珍

机修工段人员名单

大修钳工：秦洪宝、钱克俭、解洪斌、李书根、马文礼、朱守臣、陈根发、张福生、张兆松、吴福生、朱思礼、徐宝来、杜向岭、胡德金、郑吉祥、魏孝东

机加工：夏同富、王耐莉、武胜华、徐爱儿、方富华、柴莲宝、顾姿妙、黄三弟、林菊芳、郑桂芳、吴庆芳、秦绍碧、周继娅、田应科、邹全生、何厚玉、刘文义、林佳镜、张文庆、胡显明、杨梅华

综合组：李崇俊、程志强、钱茂堂、周伯荣、孙慈和、陈永方、陈建华、王军行、陆挺、蔡玲娣

起重行车组：孙文贵、赵其相、冯宝年、陈雅芸、王海霞、马丽川

十二车间人员名单（工具车间）

主任：陈根福　副主任：郁耀兴　书记：魏开明

技术组：吴兴建、斯顺泉、任其度、陶汉民、周荣初、刘德华、蔡品莲、秦龙宝、钟寿和、沈鸿英、杨强候（后调计量室）、马可毅

车床工：张云岳、孙其布、胡金富、柴文彬、庞茂荣

坐标镗床工：傅文俊、孙承恩、顾煜伟、徐国祥

铣床工：薛洪钧、蒋长根、舒敏芬、王明雅、张美茹、龚雪珍、唐云贵、厉艳蓉

刨床工：黄杏娣、胥文彬、陆善珍

磨床工：黄佳峰、舒英碧、楼虹莺、胡根发、林文华

钳工：沈长生、朱培基、田寿先、金大凡、陈廷祥、薛庆达、吴毅、许玉玲、陈建明、陈建民、王香郁、黄健华、赵根娣、吴建祥、戴××、陈宏、郭欣、李丽

磨刀工：孟宝发、蒋兆荣、吕瑛、江淼

焊工：陈秀琴

工具室：周荣初、龚雪琴、胡文英、张秀英、陈连浩、谢承际、高××

工具总库（1974年建成于三号车间后面，是一栋独立式二层楼房）：管理人员有张定波、李金妹、严素娟；派驻重庆采购员：徐森槐（先）、李泽泉（后）。

第十九节　汽车运输队与供应科

红卫厂所需的生产生活物资，水路进来只能到乌江白马码头，陆路只能到万盛火车站，都必须依靠汽车才能运进厂里。厂区内从仓库到车间以及这车间到那车间的物料，也少不了汽车运输。汽车同时也是职工群众出行的主要交

通工具。所以，汽车对于我们生产、生活都有十分密切的关系。

红卫厂有一个强有力的汽车运输部门。建厂之初，编为供应科的汽车队，后来建立了专门的运输科，包含调度员、驾驶员、汽车修理工、汽车配件仓库管理员、油库注油工等岗位。车辆种类有载重汽车、拖车头、平板车、汽车吊机、履带吊机、码头把杆吊机、铲车、翻斗车，后期还购置了两辆大客车。车队的车辆以解放牌4吨载重车占大多数，主要跑长途去万盛、重庆、涪陵等地，以及去乌江白马码头载货。

要说汽车运输，就离不开公路建设，当年我国公路等级很低。山区公路基本上全是沙土路面（只在大中城市的城区和近郊才有水泥路面）。由于那时没有隧道和高架桥梁工程，所以多数都是按地形走向，沿着河谷、山边或盘山道路，呈S字形的弯道很多，而且转弯半径小，上下斜坡常有5~10度甚至更大的坡度，路面宽占半数以上是一车道。在这样的公路开汽车，要求司机有熟练的驾驶技术和不怕惊险的勇气，尤其是跑长途（并不像现在的公路到处有加油站、维修站和生活服务站），时时都准备挨饿受困，开夜车一路上都没有路灯，只凭车头灯照明，要以加倍的注意力应付复杂的路况。有一次我搭顺风车，深夜翻越水江山，很惊险，头晕目眩，且浑身冒冷汗。平心而论，我十分敬佩跑山区的汽车司机。

除了汽车运输队之外，厂部办公室配有由周国锋开的一辆苏联"嘎斯69"（军用越野车）、刘志美开的一辆北京小吉普车，给书记厂长专用，另有配给医院专用、由郝玉林开的南京牌救护车。当年，红卫厂的汽车没有严格区分客车和货车，往白马码头接送乘乌江船的职工，还有宣传队下乡或去兄弟厂进行文艺演出，干部去农场参加劳动，都是经常搭乘载重货车（无座位，全程站立）。

运输科（汽车队）职工名单（99人）

办公室：夏颂贤（科长）、张观亮（副科长）、陆金城（科长）、孙本明（书记）、龙子华（书记）、胡良华（调度）

司机：何克弘、周启方、朱庭娥、王道山、王长善、姚家柱、刘海柱、黄汉成、周国锋、李庆国、陈发余、唐瑞兴、郑华、易祖辉、郝玉林、李金波、王耀平、蒋明西、金志雄、许金源、董伟康、许小林、吴保忠、何肖朵、孙秋英、胡景霞、李胜明、陈传胜、张保刚、郑庆阳、刘贵学、蒋介伦、罗代明、罗泽礼、刘忠权、古德兴、赵守伦、龚青莲、叶学成、徐有德、叶友林、冉进常、陈克生、黄文忠

汽车修理：张自立、高鹤松、唐瑞兴、张小路、翟光浩、廖和平、邹瑞华、周志愿、金萍、黄治国、邓本国、夏根富、彭红芬、邓应勇、徐明、江月华、张光会、戴元芳、庞尚荣、邢金玉、张代国、沈华伦、李季秀、王廷忠、王胜如、徐世平

仓库保管：徐芝芳、雷左华、李华珍、熊明俊（工具管理）、杨耘耕（汽配库）

采购员：施济宏、郑光明

轮胎工：高秋、肖吉山

电　工：毛正刚、应慧芬、何国祥

车床工：徐爱儿、潘芬华

钣金工：钱浩荣、胡仁向

油漆工：杨阿金、廖文平

起重工：邓立康、郑金波、马阿六、周　菲、宋培国

供应科职工名单（37人）

办公室：鲜吉学、张观亮、陆金城、夏颂贤、龙子华、

石云乐、郑光明、郑玉珍、赵勤安、周正勤、邓林珠、张文虎、方文俊、江大海（起重）、王启明（仓库管理）、黄心宇（采购）、谢永兴（采购）、孙惠

大五金仓：包阿财、雷振武、刘玉富、张天勤、龚玉林、杨焕明（起重）

小五金仓：顾锦章、赵勤安、张锦淑、徐趣根、郑志华

木 材 仓：朱庆华、刘维芳、晏秀云、江玉梅

炉 料 仓：施传法、雷萍

化工原料仓：郝玉文

劳保用品仓：吴绮珍

第二十节 生产技术管理科室

一、生产计划调度科

原在上海新中厂设置经营计划科和生产调度科，到了红卫厂就合并为生产计划调度科（简称"生产科"）。它的职能是编制年度、季度的生产计划，订购、验收、外协件满足本厂生产需要，向各生产车间下达生产任务的分解指标，随时掌控生产进度，定期组织召开全厂的生产调度会，协调有关部门努力实现生产任务按期完成，还要管理半成品（产品零件）入库验收、储存、发放，跟踪成品发运、交货和售后服务。

生产科（早期）科长夏青海，副科长马开钿、芮榴生（后期）科长是袁锦文。

科　　员：陈炳荣、翁银根、唐成石、舒麟书、朱熙尧、徐森堂、周正勤、胥冰亦、林贻训、张金宝、刘福林、易世英、林福兴、刘茂盛、梁发江（驻沪采购）

因人员流动，后期则有：田奎成、周文元、李贵生、李　英。

零件仓库：张统祺、郭大石、夏玲宝。

二、技术科

技术科提供图纸，生产科按图纸安排生产，各车间按图纸加工零部件和装配，检验科按图纸验收产品，所以，"图纸"就是机械制造业里的必不可少的流通文件。一张图纸的产生，要经过 设计、计算、画草图、描图、晒蓝图等几个步骤，通过设计员、工艺员、描图员、晒图员分工合作，才做出"机械零件蓝图"和"装配蓝图"。

回顾技术科工程技术人员制图所使用的工具，看当年物质文明进化程度，还是相当原始的：

（1）工具书——主要有各种设计手册、标准件手册、材料手册，全是纸质印刷品。

（2）计算器——要快就拉"计算尺"，要精确位数多就打算盘或摇手动计算机（当时还没有电子计算机）。

（3）绘图工具——制图板、丁字尺、三棱尺（集六种比例尺于一体）、放大尺、三角尺、角度尺、圆规、铅笔、鸦嘴笔、橡皮擦、刀片。

（4）描图材料——描图纸（半透明）、黑墨水。

（5）晒蓝图——开启熏图机（把已描好了的底图和晒图的原纸，置入密封容器，加入氨水），加热蒸熏而成。

（6）底图保管——经过描图得到的底图，还需长期妥善保存（不许卷曲和褶皱），以备旧蓝图损毁后可随时晒

1971年6月，技术科资料室人员合影

1979年8月，技术科12位同事合影

出新蓝图。

技术科下设资料室。资料室里面除了有底图存放室之外，又专门设立了图书室，主要是储存各种工具书、技术情报、参考资料。除了给本科室人员阅览之外，也对全厂职工开放，一般的技术资料还可以借回家阅读。

红卫厂的技术科位于办公楼二楼。建厂之初的技术科，由设计组、工艺组、资料室三部分构成。

科长：汪敏达　　副科长：戴维新　　支部书记：董振英

工程技术人员：杨炳青、李福明、张文荣、支钟兆、覃应明、赵士范、高志明、王长年、朱金中、周光武、杨国昌、陈振球、周恩铭、冯燕秋、王师猛、黄盛炯、吴思让、刘盛顺、李尚谅、胡树荣、张松年、严成章、廖泽永、刘淑贤、田玉梅

描图员及资料管理员：孙士康、谢宝兴、黄焕兴、孙余奎、葛月兰、张银娣、徐趣根、徐小妹、陈茂芬、吕彩花、杨月意、胡文娟、赵月芳、张静舫、冯光璧

后来技术科把原有的工艺组改成"冷加工工艺组"，同时把几个热加工车间的工艺员抽上来，成立"热加工工

艺组"，人员有：祝祥郎、华荣春、周志义、黄汉文、朱学文、黄玉丰、曹脉运、华明海、张德惠、陶立权、祝瑞华、洪刚等12人。后来又把蒋立峰、李名馥从检验科划入，加上朱金中，共三人组成"柴油机扭振测试组"，纳入技术科编制。

1969年"革委会"成立后，各科室"三定"（定编、定员、定岗）逐步完善，把1965届华南工学院内燃机专业的毕业生当中6人（林长效、陈汝栈、凤汝梅、林敦兴、黄健强、陈务兴）以及1966届上海交大内燃机专业的毕业生3人（蔡建中、刘劲松、卢兆初）安排进技术科工作。后来又陆续安排"工农兵大学生"高维成、陈金德、陆新明、朱刚、高马季、鲁立平、秦宁馨、王薇等人进技术科。

曾经在技术科（室）工作过的职工先后共计有74人。

三、检验科及其测试职能班组

（一）检验科的职能

检验科是执行质量监督的机构。另一个名称叫作"技术检查科"。一般分为原材料检查、在制品检查、完工入库检查、产品出厂检查。红卫厂的检验科设置了职能组、

热加工检查组、机加工检查组、总装试车检查组、理化室、计量室。各小组名单如下：

职能组：黄剑强（科长）、吴佩诚（书记）、刘明纪（350技师）、柏汉德（301技师）、高绍纪（技术）、杜凤云（资料）

热加工检查组：王可玉、李小白、邹水福、刘玉福、朱福祥、邵桂芳、朱进福、宋庆祖、李宗潘、顾康方、蒋友才

机加工检查组：马文荣、朱宝坤、解斌、忻丁高、李子华、吕松、张才良、杨绍龙、陈伯兴、魏云、陆青莲、解秀英、李凤英、夏青龙、陈国良、柴仁虎、李名馥、朱国佩

总装试车检查组：邱武卿、郑志康、朱文节、戴金富、冯祖仁（共40人）。

理化室和计量室职工名单详见下面。

（二）理化试验室，为质量检验提供科学依据

柴油机零部件，虽然有少量橡胶和塑料制品，但绝大多数是金属材料。对于进厂的金属原材料是否符合要求，金属零件在热加工工序间的质量控制，以及完工入库验收，都是产品出厂质量指标规定必须对其作化学成分和物理性能测试的。这个任务就由理化试验室执行完成。

1. 化学成分分析

（1）黑色金属。钢和铸铁都是铁碳合金，主要的铁元素含量大于95%，碳是重要元素，由碳含量决定钢铁牌号及性能，此外还有两个有益元素（锰、硅），两个有害元素（磷、硫）。合金钢还会含有各种合金元素，如铬、镍、钼、钒、钨、钛……这些元素含量都会影响钢铁材料性能和品质。

（2）有色金属。铝材、铜材都含有铝、铜、锌、锡、铅、锑等元素。

（3）电镀液。即镀铬、镀锌、镀镍、镀铜等电镀槽液

的化学成分。

（4）油料。试车用柴油和润滑油的燃点、闪点、黏度、水分等项目。

2. 金属显微组织分析

如同生物体的显微组织由细胞组成一样，金属材料的显微组织则是由晶粒组成。高温状态的液体金属在不同条件下冷却到室温，例如铸件、锻件、热处理件，在放大数十倍至上千倍的显微镜下，可观察到千差万别的显微组织，这就是金相组织。即使化学成分完全相同的材料，由于金相组织差异，都会表现出材料有不一样的机械性能以及特定的使用性能。所以，金相分析超越眼睛常规视力观察而作出的测试结果，为热加工工艺控制和完工质量鉴定提供精确的科学依据。

3. 机械性能测定

用"与金属零件完全相同的"材料加工成试样，通过专门仪器做破坏性试验，测得材料的硬度、抗拉强度、屈服强度、延伸率、收缩率、冲击韧性等项数据，对金属零件作出合格与否的结论。该室还配备了车、铣、刨、磨等机床，专门用以加工试棒。

4. 无损探伤

金属零件在制造过程中，不同的热加工工艺或有可能产生内部裂纹，有的会在切削加工后暴露于表面，也有的隐藏于零件内部深处，这将会给零件在未来的服役过程留下隐患，影响整台柴油机使用性能。这是不能允许的，所以必须进行非破坏性的检测，即：用磁粉探伤机和荧光探伤仪检查零件表面细微裂纹，用X射线、超声波探伤仪检测零件内部是否存在裂纹、孔洞、夹杂物和其他缺陷。

执行上述四个方面检测任务的部门，就是中心试验室，

1973 年 7 月，理化室八女士合影

1972 年夏天，理化室部分员工合影

苏联制式称为"中央试验室"，美英制式称为"理化试验室"。

5. 热工电工仪表检测

热处理车间、锻造车间、铸造车间都使用电位差计、热电偶、光学高温计等测温仪表，维修车间的电工和分布在各车间部门的维修电工都经常使用万用表、电压表、电流表、电阻箱、压力表、转速表。如上所述各种仪表不可避免存在示值偏差甚至发生故障，都需要用标准仪器进行检测和修理。这项工作带有"热电仪表计量"的性质，所以，有些厂把它编入计量室，但大多数厂把它编入理化试验室进行管理。

红卫厂的理化试验室，位于办公楼底层后半部，与计量室为邻。

曾经在该室工作过的职工名单：

化学组：朱清芳、张瑞盛、黄曼丽、王顺仪、鲍德林、李华珍、蔡素娥、吴妙珍、赵文娟、侯川鲁

物理组：钟沛超、周文彬 曾健夫、李惠英、张子松、朱碧秀、卞宗和、张 华

无损探伤组：黄奎先、王鸿根、翁春荣、王明康、

陶志勇

热工电工仪表组：蒋立峰、赵宝娣、徐惠芬、应素珍、朱宝富、毛英华、李名馥

（三）计量室，使量具精准度有保证

秦始皇统一中国后，随即实行"统一文字"和"统一度量衡"。这里的"度""量""衡"是三个动词，即是：度长短，量大小，衡重轻。"度量衡"不仅与工程技术有密切关系，而且老百姓日常生活也时刻离不了它。

近代中国社会的"度量衡"，使用三个系列的单位制：一是市制（中国），二是英制（英美），三是公制（全世界）。公制又分"国际制式"和"苏联制式"。

凡是大中型机械厂都设立计量室，这是必不可少的机构。其任务是确保计量器具示值准确。机械制造行业通用的图纸，尽是密密麻麻的尺寸和公差，所以，机械厂的计量任务主要是针对长度量具的示值统一。在此，先认识"长度计量"常用公制单位的名称和换算关系：从我国习惯称呼（尺、寸、分、厘、毫、丝、忽、微）出发，接受苏联制式，就在前面加上"公"字，便成了公尺、公寸、公分、

公厘、公毫、公丝、公忽、公微，全是逢十进位的。我们机加工常说的一丝，实质上就是一公丝，等于百分之一公厘，等于10微。改革开放后，为了同世界接轨，颁布新计量法规，采用米、厘米、毫米、微米，取代上述带"公"字的习惯称呼。1米=1公尺，1厘米=1公分，1毫米=1公厘，1微米=千分之一毫米=百分之一丝米。机械加工精度很多时都以"丝"计，即精确到百分之一毫米。

用于测量机械零件的外表、内腔、凹槽的长、宽、高，还有外圆、内圆的直径，除了用直尺和卷尺量度大尺寸外，用得更多是游标卡尺、千分尺、百分表。这些量具在使用过程中，不管是个人领用抑或是流通借用，都难免会因磨损或碰撞等原因而致测量示值发生偏差。如果没有计量管理，机加工认为"合格"的零件，到检查员手里变得"超差"致报废。红卫厂工具总库和各车间工具室管理各类量具有成百上千件，如果量具示值不准确，会直接影响产品质量和生产计划的完成，使企业蒙受经济损失，所以就必须设立计量室。

计量室包含基准测试室、车间工具室检尺站、量具修理室。其职责就是对全厂量具执行周期检定，用光学测长仪、齿轮投影仪、工具显微镜等十多台精密的光学仪器，检出不合格量具即安排修理，通过研磨、镀层等手段，使之达到合格标准。计量室本身使用的基准量块和量棒，也同样会存在磨损偏差，则须按周期送往更高一级的重庆地区计量站检定。为了区别于衡器（克重）计量，容器（升）计量，时间（秒表）计量，特别将对米尺的计量称为"长度计量"。

红卫厂计量室设在办公楼底层后半部，为了避免由四季温度变化引起热胀冷缩，影响测量结果，按九院设计要求，在建厂之初就安装了成套制冷、供暖设备，以调节室内温度和湿度，保证在20摄氏度、正负3度的环境下测量。当时的空调机技术滞后，制冷效率低，而且体积很大，空调机房占用十多平方米的房间。现在大部分家庭都普遍使用高效而小巧的空调机，但在20世纪60年代，只有开展科研项目或很特殊的需要（如高级实验室、医院手术室等）才给予安装空调设备。可见红卫厂从设计到生产环节，对计量室都相当重视。

计量室岗位人员的培养一般都是通过师傅带徒弟的途径实现的。该室职工有杨强候、张国兴、谈明珠、沈俊道、高保生、倪国鑫、沈方天、夏咸庆、徐瑞屏、王慕珍、李莹、倪惠兰、翟春荣、薛宝妹、王兴隆、王维嘉、许志萍、管美香、梁志勇等19人。

四、财务科

新中国从1949年成立以来，都是学习苏联"老大哥"搞经济建设，按照计划经济模式运行。国营工业企业最明

1982年6月2日，计量室工作人员合影

显的特点就是执行上级主管机关下达的生产计划，按质按量完成生产任务指标，按时交货给指定的用户（完全没有市场竞争）。实行"计时工资制"，考核每一个劳动者完成任务的质和量，与其工资收入不直接挂钩，奖惩制度只限于精神层面，着力"批判奖金挂帅"，给优胜者评先进、颁发奖状，给懒庸者批评教育，只要不犯规、不违纪，做多做少一个样，做好做坏都旱涝保收。成本核算徒有形式，亏损或盈利由国家财政大包大揽，企业责任人对上级只算政治账不算经济账。直到 20 世纪 80 年代初，改革开放，国营企业才逐渐转入市场经济模式。

红卫厂作为六机部下属的军工企业，当然要不折不扣按照计划经济模式运行，财务科设立了成本核算、工资发放、旅差费报销、基建项目投资、职工福利、宣传教育文化开支、现金及支票管理等账目。当年没有电子计算机，全靠五个手指头拨打算盘珠子计算加减乘除，用钢笔填写纸质账本。20 多位财务工作者在各自岗位上默默奉献，洒下辛勤汗水。

财务科早期的科长是陈尹，科员有鲍克彦、张雪珍、刘则杰。1966 年春天"支内"职工进川后有：科长金胜英，科员鲁尚德、严兆统、顾昌贤、钱振一、马鹤仙、樊蓉华、王成英、陈美瑛、李子敬、郭惠兰。稍后一些就有：周光玉、陈国英、陈照、杨殿虎、朱伊民、祝素琴、陈丽华、林若生、王平双、曹征、蔡海凤、朱素华、洪荣跃、余顺兰。

第二十一节 基建与后勤服务

一、基建科有出色贡献

红卫厂投产后，第九设计院撤走了，留下很多基建项目需要逐项去完成，主要有职工医院、托儿所、千吨储水池、招待所、冷冻库、基建大楼铸造车间、结构车间、曲轴车间等，基建科人手少、任务重，他们兢兢业业工作，为工厂生产持续发展做出了出色的贡献。

基建科办公室：吴和生（科长）、郭荣芳、楼谋春、何祥龙、冯绍祥；

基建材料仓库：张佩瑶、张洁珍、冉兴秀、黄素芳、林家铮（长期劳保）；

机械安装队（为铸造、结构、曲轴三个新车间而设置的临时机构）名单：

队　长：顾荣祥

队　员：东志明、郑吉祥、高开云

起重工：马阿六、朱跃润、陈立中等人。

二、后勤服务暖人心

红卫厂设置了行政科，又称"总务科"，既要为当班的职工提供生活服务，如办公用的器具（桌椅橱柜）、文具（纸笔墨算），场地保洁用具（扫帚盆桶清洁剂），又要以更多物力、人力提供工厂围墙之外的生活服务，如办好职工食堂、热水澡堂、煤球房、托儿所，管好单身宿舍、家属宿舍、临时探亲的住房（免收房租及管理费、按需分配使用），并且专设泥水工、木工、电工等工种组成维修班，办好招待所，方便到厂办事的来宾住宿。

（一）行政科为职工办实事

行政科科长何章友，副科长龚德福，书记蔡景昌。科员有：梁树权（房管）、翁锦森（采购）、余顺兰（财务）、潘银凤、施联珠（售饭菜票）、姚美英（售饭菜票）、殷惠元（冷冻库）、梁乃凤（驻涪陵招待所）。

后勤仓库管理员有冷冰、卓少凤；煤球房有荷景英等3人。

红卫厂职工近两千，连家属多达三四千人，为了一个共同的革命目标——把三线建设好，来到白马安居乐业。当年全国各地物资供应都十分奇缺，而白马山沟沟里更令人担忧。厂各级领导把群众疾苦看在眼里，记在心上，想方设法广开门路，改善职工生活，多办好事实事。一桩桩、一件件，我们亲身经历，耳闻目睹，至今仍然记忆犹新。略举数例如下：

1. 白马公社地处崇山峻岭，没有淡水养殖业，职工长年累月"食无鱼"。红卫厂就派员往上海采购冰冻带鱼、黄鱼，交给铁路货运到万盛，再派汽车运回本厂，一部分供应食堂，给单身职工享用，一部分交给总务科，零售给职工家属。为了确保冰鲜水产品冷藏效果，后来就在食堂下面的招待所新建冷冻库（当年我国制冷技术正处于起步阶段，仅用于科研项目的实验室，绝大多数的民用生活设施尚未有冷冻库）。

2. 夏日炎炎，酷热难当（常在31~37摄氏度之间），红卫厂派员往重庆、南川等地，采购西瓜和冬瓜运回本厂卖给职工，还经常熬制消暑汤水（绿豆糖水、冬瓜汤……）送到各个工作岗位，免费给职工群众消夏解暑。

3. 厂内唯一的煤球房开设在"干打垒"的斜坡地，家家户户买煤球都靠竹背篼搬回家，四层楼生活区这边那么多家属，去那里背五六十斤煤球要走七八百米路程，有多累就可想而知。为方便家属，总务科在四层楼生活区开设了煤球供应点。

4. 本厂唯一的职工大食堂，要供应近千人的早餐，压力很大，馒头、花卷、甜包子、黄糖糕、白稀饭加酸泡菜，每天老花样，难翻新。红卫厂联系工矿商店甜食门市部，积极配合，增加花色品种，调剂职工的生活。

5. 红卫厂职工医院规模小（面积不大，医务人员不多），克服重重困难，熬制预防流感的中草药汤剂，供给职工家属服用，还送医送药服务到车间。

6. 枯水期，长坝河水源干竭，原有500吨储水池不能满足全厂生活用水。为此，自力更生增建"千吨储水池"，缓解燃眉之急……

正因为有如此贴心的好后勤，鼓舞着全体职工同甘共苦，勇往直前。

（二）职工食堂受称赞

红卫厂唯一的职工食堂紧靠单身宿舍和四层楼家属区，建在川湘公路北侧，长约20米，宽约10米。

食堂正门朝东，西端外面是以煤块为燃料的老虎灶，免费供应开水。食堂内置二十多张方桌子，附带长条凳。北边连着厨房和食材仓库等辅助建筑物。厨房门口有出售饭菜票窗口。厨房内的南边有一排窗口连通食堂，传递出售饭菜及点心。食堂内西端就是简易舞台，可兼做大礼堂，供开大会和演出用。

职工食堂主要服务对象是五六百个单身职工，同时也面向全厂职工和家属，含早、中、晚三顿和10—12点夜班交接班的夜宵。早餐有甜馒头、菜包子、花卷、发糕、面条、稀饭等十多个品种。除了供应上日班的职工外，还有上学的中小学生以及附近的家属。中午供应大托盘蒸饭以及至少七八样可口的菜式。既有单身职工，又有许多职工和中小学生前去就餐，因为这样可以赢得较充裕的午休时间。在副食品供应非常紧张的年代，办好食堂真是很不容易！

职工食堂是三线厂的重要生活配套设施，从党委到分管后勤的副厂长都很重视抓好这项工作。建厂初期由行政科（即总务科）兼管食堂，提拔龚德福为副科长后才专设膳食科，由老科长何章友亲自挂帅，主管膳食科工作。

职工食堂的职工有：汪富根、萧炳三、徐润镛、郑才林、李朝锦、乔凤和、朱先宽、郭建、商妙香、裴德英、袁波定、陶根娣、颜翠香、杨琴娣、王小林、董文英、罗永林、蓝玉彩、章亚凤、王秀珍、吴利英、汤志萍、王阿金、毛凤林、廖世荣、徐芳、舒幼芬、郭群、王跃平、吕国强、徐天爱、陈汝凤、姚美英、施联珠、李光恒、孙慈义、孙兆娣、周志福等30多人。

（三）托儿所让职工群众安心

红卫厂的女职工将近占职工总数的四成，而且几乎全部都是育龄妇女，生儿育女难免会影响她们出勤劳作。当年白马地区没有社会福利机构开办幼儿园和托儿所，所以必须搞好本厂自筹自办的托儿所，因为这项工作关系到全厂生产持续发展的大局。

厂办托儿所（含幼儿园，以下同）是单独一栋的二层楼房，位于厂门口左侧、马路对面斜坡上的总务科背后，设有婴儿班、幼儿小班、中班、大班，全部是"日托制"。该所的保育、勤杂人员的工资、设备维护及各项运营经费由厂财务开支，归属总务科管理。这个所里拥有幼儿教师、保育员、炊事员、清洁工人共20余人，除了极个别受过幼儿师范教育培训之外，大部分是三四十岁的家属工（原是无职业的家庭妇女）。虽然文化素质和专业技术水平不高，但是她们工作踏实、勤恳、细心、负责任，服务态度

为缓解用水紧缺问题，增建的千吨水池

食堂职工开荒种地，改善全厂职工的伙食

基建科勘测场地，准备建"冷冻库"，为食堂和招待所进行食品保鲜

厂办托儿所里孩子在玩滑梯（摄于 1975 年 7 月）

良好，普遍赢得众多家长好评。

当时托儿所里的保育员有朱亚兰、张春华、张榴娣、张彩莲、应秀英、梁章妹、秦英、王玉兰、陈莲娣、叶桂娣、王敬兰、董学娣、王国影、汪伟丞、戴艺……

托儿所里这些阿姨为抚育红卫厂职工子女健康成长，付出许多辛勤劳动，我们永久都记住她们。

厂办托儿所属于本厂职工的生活福利设施，免费提供服务，只收取适量的幼儿午餐费。当年的女职工生小孩，享受 56 天产假，期满要上班，就把婴儿送去托儿所，上、下午各有一次"半小时喂奶"时间。托儿所给小朋友供应午餐，安排午睡，还有游戏、唱歌、跳舞、画画等活动，从小班升至大班，一直到入读小学才结束。

（四）白衣天使辛勤付出

红卫厂所处的当地有四级医疗机构，从上至下是涪陵地区人民医院、武隆县人民医院、长坝区卫生院、白马公社卫生所，但因距离远，不能满足本厂两千多职工连家属的医疗保健需要。所以，从基建开始就设立红卫工地医务室，投产后设立红卫厂卫生科医务室，过两年后升格为红卫厂职工医院，地址也从厂内的二号车间后门围墙边，搬迁到红卫三村（四层楼家属区）边缘，面积从 3 间平房总共二十几平方米，增加到 300 多平方米的独立一栋二层楼房，共有 20 多个房间，设置了外科（附有简易手术室）、内科、儿科、妇产科、五官科、口腔科、中医科、X 射线室、化验室、西药房、制剂室、注射换药治疗室，建成为能处置一般工伤、治疗常见病多发病的基层门诊部。

红卫厂的医务人员从最先的几个人发展到 50 多人：

1. 最早到工地是来自上海老厂卫生科的华群等几个人；

2.1965—1966 年，四川医学院、重庆医学院、成都中医学院、上海医学院等本科院校分配来的应届毕业生，有何惠雯、钱玉珍、罗恩义、晏祈禄、何明德、夏义祥、陈美文；还有医专和卫校毕业的大专、中专生：盛国强、马培珍、傅小琼、何国有、刘朝发、杨和英等；

3.1966 年春天进川的"支内"职工（医务工作者）：张玉林、李广富、于守仪、林可璋、俞法兴、曹美新、李美丽、李福娣；

4. 解决夫妻分居困难而调入的医务人员：梁广珍、张永贵、李文心、蓝毓薇、夏树贤、杨德华、何芬朵、刘光英、朱永莉、何德芳、陈远清；

5. 涪陵军分区转业军人配偶（医生）随迁：段肇聿、谭诗词、范祖佩、张德芬；

6. 部队卫生员转业进厂：杨友明、邓易成、王成云、毕顺成、田浩然、田应云、熊 林、雷志勇、李开明；

7. 工农兵大学生和涪陵卫生学校毕业分配：刁全枝、李力、祝素英、江银华、吕经俭、胡丽华、苏玉琴；

8. 从本厂其他部门调来：郝玉林、郭惠英、徐根妹、战素英、姚阿义、梁炳甲。

西药房虽然仅有5个人，既要按计划去药品批发站进药，管理药品仓库，凭处方发药，参加值夜班，还要腾出人手，配制输液和煎熬预防流感的汤剂。

作为基层医疗机构，红卫厂的医务人员可以说是阵容大、实力强，服务对象以本厂职工及家属为主，也为附近生产队社员治疗突发病症。例如，何明德医生在设备简陋条件下开展阑尾炎等腹部手术，给谈金宝做高难度的脑颅外科手术；妇产科医生还为农村送来的难产患者挽回生命，有好几个案例。红卫厂职工医院在白马公社方圆数十千米内，广受群众赞誉。

除了白天开门诊，每晚至少安排3人（含医生、护士、药房）值夜班，还配备一辆"南京牌"救护车，随时护送危重病人转院到涪陵、重庆。全体医务工作者辛勤劳动，为两千多职工及家属的医疗卫生保健事业贡献出宝贵青春。

第二十二节 坚强的党政干部队伍
（由群友陈明星等人回忆，于2016年3月整理）

一、政治部、厂工会干部名单（41人）

前期政工干部

党委书记：王旭　党委副书记：王爱民

政治部主任：陈俊山

宣传部部长：边祖荣　组织部部长：季鑫

干部部部长：段彩淑

团委书记：谭秀岩　厂工会主席：刘军先

党委办公室：朱积祚（主任）梁炳甲　陈瑞先

詹　瑛　应　龙

后期政工干部

党　委：吴兴华（书记）秦旦祥（副书记）

政治部：王爱民（主任兼副书记）田 鹏（副主任）

武装部：马葆华（部长）陈明星　孟庆发　谭伦洋

组干科：王来运（科长）陶安炳　罗春荣　周汉诚

宣传科：施德华（科长）杨和玉　李立农　何肖朵

团　委：曲渡江（书记）

厂工会：朱积祚（前期主席）龚德福　潘银凤

王宝善（后期主席）傅素珍（副主席）朱思礼　吴德麟

杨耘耕　舒福顺　华兴禄　董世华

（注：非脱产委员及部门工会主席均不列入）

二、厂部所属各科室干部名单（46人）

厂部办公室：

李增华（厂长）袁介琪　潘维慈　李凤妹　林允耀（厂长兼总工程师）夏青海（副厂长）马开钿（副厂长）秦旦祥（副厂长）朱积祚（副厂长）王楚九（厂办主任）李子敬（厂办主任）汪敏达（副总工）董全兴（副总工）

电话总机：谭绍文　周玲香　娄凡　舒佩珍

档案室：邵家田

打字室（先后 4 人）：邵菊英 王平 梁建亚 倪雅凤

小车司机：刘志美 周国锋

涪陵物资中转站兼招待所主管：杨代寿

保卫科：孙成章（科长） 杨德忠 何惠民 陈兆华 高洪启 荣本德 刘应超

劳资科：郭子牧（科长） 顾来鹤（副科长） 周申浩（科长） 王士兴 刘昌明 刘秀月 黄步荣 薛永昌 浦剑安

教育科：何君侃（科长） 邵菊英 李爱荣

安技科：孙本明（科长） 陈丽珠

三、党委办公室的好秘书应龙

应龙于 1966 年 2 月从海军四航校复员安置进红卫厂，至 1979 年 6 月调去江津前进厂。他在红卫厂历时 13 年，除了有三年下放二号车间当车工外，其余都在管理机构（党委办公室）摇笔杆子。开党委会、中层干部会由他做记录，为厂领导起草讲话稿。他经常陪同李厂长出差开会、办事，也陪部、省新闻传媒采写文字材料，以"通讯报道组"名义在报刊上发表。在北京汇报会议后那几年，每年都写四五十期《动态简报》。他还多次被抽到厂外去执行临时性任务，例如，1977 年与周文元等人参加涪陵地委工作组，去宁江厂调查领导班子状况近 3 个月，写出详细调查报告。他时时都保持冷静心态，谨慎为人，低调处事。他热爱红卫厂这个集体，又知道上层内部情况较多，在此为本书的写作提供了许多宝贵资料。我们永久都不会忘记他！

四、涪陵招待所主管杨代寿

杨代寿是武隆县人，1965 年从南京工学院毕业进红卫厂，曾任总工程师秘书，纳入厂部办公室编制，后来因工作需要，被派到涪陵，负责物资转运，兼管红卫厂招待所。他在此岗位 18 年，一直到红卫厂撤离白马。

涪陵县城关镇，虽然是涪陵地区的政治、经济、文化、交通中心，但这个数千口人的小镇当时还没有公交车，由于这里是职工进出必经的门户，到红卫厂办事的宾客也必须乘长江船到涪陵换乘乌江船，所以在此专设"红卫厂招待所"，为适应迎来送往之需要。

红卫招待所是厂部办公室的派出机构，由杨代寿主管，长期租用客房 10 多间，给过往宾客及本厂职工免费提供短暂住宿，由总务科的梁乃凤在此料理客房、被褥、茶水和清洁卫生。

红卫厂大多数职工都接受过杨代寿安排住宿、代买船票等热情周到的服务。尤其是回上海探亲的职工，在长江船上要熬六个晚上，必须乘卧铺，隔三两日才有一班渝沪直航客轮，真是一票难求！还有经武汉上北京下广东出差的，往重庆办事的，凡是到了涪陵求助于他买船票，都十拿九稳。人们普遍赞誉：小杨真是我们的贴心人！

第二十三节 全厂职工人数分布

（来源于1977年5月21日劳资科考勤名册）

一、各部门人数一览表（全厂总数为1962人）

部门	人数	部门	人数	部门	人数
一车间	235	二车间	269	三车间	76
六车间	72	七车间	99	十车间	223
十一车间	214	十二车间	99	生产科	32
技术科	64	检验科	67	供应科	170
规建科	29	农场	9	总务科	114
财务科	24	卫生科	56	中小学工大	31
机关一支部	45	机关二支部	33		

二、各部门班组职工人数

一车间（232人）

金工一组（11人）金工二组（12人）金工三组（11人）金工四组（16人）金工起重组（13人）工具维修组（10人）生产准备组（14人）装配起重组（14人）铜工组（16人）漆木组（23人）装配一组（37人）装配二组（36人）服务组（19人）

二车间（258人）

第一组（28人）第二组（26人）第三组（22人）第四组（16人）第五组（20人）第六组（17人）第七组（19人）第八组（29人）第九组（10人）第十组（6人）第十一组（18人）第十二组（14人）第十三组（7人）第十四组（26人）

三车间（74人）

车工组（26人）磨床组（10人）钳工组（10人）起

重组（14人）综合组（7人）服务组（7人）

十一车间（210人）

电气安装组（13人）电气大修组（13人）电气维修组（6人）降压站（7人）机修一组（20人）机修二组（12人）金工一组（15人）金工二组（18人）钳工组（15人）钣金组（11人）起重组（8人）管道组（5人）水泵组（15人）锅炉组（6人）车间服务组（13人）技术计划组（15人）电气设备管理组（7人）机械设备管理组（11人）

十二车间（95人）

工具一组（29人）工具二组（27人）制刀组（17人）起重组（4人）服务组（18人）

以上5个冷加工车间（一号、二号、三号、十一号十二号）合计869人。

六车间（71人）

热处理一组（9人）热处理二组（9人）热处理三组（15人）电镀组（12人）锻工组（26人）

七车间（95人）

钣金一组（12人）钣金二组（8人）钣金三组（8人）冲压组（6人）电焊组（19人）金工一组（8人）金工二组（9人）起重辅助组（10人）服务组（15人）

十车间（218人）

造型一组（12人）造型二组（15人）造型三组（13人）造型四组（16人）木模组（12人）烘房组（12人）配沙组（9人）行车组（7人）大炉组（13人）浇注组（18人）金工组（12人）维修组（9人）喷砂组（13人）有色金属铸造

组（8人）准备组（17人）计划组（12人）技术组（12人）食堂组（8人）

以上3个热加工车间（六号、七号、十号）合计384人。

生产第一线（8大车间职工）总共1253人。

供运科（169人）

四号库小组（16人）五号库小组（14人）装卸搬运组（8人）危险品 炉料库组（16人）汽修一组（22人）汽修二组（19人）驾驶一组（12人）驾驶二组（14人）起重组（11人）服务组（11人）一号船队（17人）二号船队（18人）

生产科（30人）

技术科（61人）

资料室（10人）

设计组（25人）

工艺组（17人）

柴油机试车组（8人）

检验科（66人）

柴一检查组（10人）柴二检查组（15人）综合检查组（11人）计量室（13人）理化试验室（17人）

财务科（14人）

劳资科（9人）

总务科（121人）

炊事一组（16人）

炊事二组（14人）

炊事三组（10人）

冷冻锅炉组（11人）

食堂职能组（11人）

托儿所（23人）

缝洗组（9人）房管电气组（6人）煤球房（7人）

行政办公室（14人）

红卫农场（9人）

规划建设科（29人）

办公室（5人）

施工组（5人）

计划采购组（6人）

仓库管理组（6人）

地方材料组（8人）

卫生科（56人）

卫生科一个大班组，包含医生、护士、药房、化验、勤杂、救护车司机

红卫中小学（29人）

中学部（22人）小学部（5人）驻校工宣队（2人）

"七二一"工人大学（31人）

教职员（6人）工人学员（25人）

机关一支部（48人）

厂革委办公室（21人）武装部、工会、团委（13人）

党委办公室、组干科、宣传科、教育科（14人）

机关二支部（32人）

保卫科（7人）警卫队（11人）消防队（14人）

各个职能科室职工总数为704人，加八大车间1253人，全厂职工总数为1957人。

三、全厂中层以上干部名单

（源自1976年3月31日劳资科考勤实录）

（一）厂级干部（10人）

（临时党委）书记：吴兴华（原是万县某厂党委书记。于1973年冬天调入红卫厂，至1977年冬天调出）

（临时党委）副书记兼厂"革委会"主任：李增华

（临时党委）副书记兼厂"革委会"副主任：王爱民

厂"革委会"副主任兼总工程师：林允耀

厂革"革委会"主任：夏青海、秦旦祥、马开钿、谭秀岩、陈丁康、邵菊英

（二）中层干部（73人）

一车间 支部书记：黄剑强　副指导员：陈炳荣

车间主任：郭子牧　副主任：陈炳荣（兼）蒋锡明

二车间 指导员：张兆松　　副指导员：李爱荣

车间主任：王济祥　副主任：浦云备

三车间 支部书记兼指导员：谭宜兴

车间主任：朱立山　副主任：王长年

六车间 支部副书记：汪纪昌　副指导员：牛恒文

车间主任：俞森林　　副主任：陶立权

七车间 支部书记兼指导员：胡秀臣；

车间主任：王楚九　　副主任：王柏祥

十车间 支部书记：汪敏达

车间主任：汪敏达（兼）　副主任：曹脉运　赵俊贤　龚景隆

十一车间 支部书记兼指导员：杨建祥

车间主任：顾荣祥　　　副主任：董全兴　东志明

十二车间 支部书记：陈根福　副指导员：魏开明

车间主任：陈根福（兼）

供运科 支部书记：夏颂贤　指导员：何惠民

科长：夏颂贤（兼）　副科长：龙子华　朱廷娥

船队指导员：唐恒贵　船长：石大勇

生产科 支部书记：刘盛顺

科长：刘盛顺（兼）　副科长：袁锦文

技术科 支部书记：陈震球　科长：戴维新

检验科 支部书记：吴佩诚　　科长：吴佩诚（兼）

财务劳资科 支部书记：金胜英

科长：金胜英（兼）　副科长：顾来鹤　顾昌贤

规划建设科 支部书记：翟富俊

科长：翟富俊（兼）　副科长：吴和生　冯绍祥

卫生科 支部书记：梁炳甲

科长：张玉林　副科长：李广富　何明德

总务科 支部书记：龚德福　指导员：黎光恒

科长：何章友　副科长：廖世荣　潘银凤　赵文章

红卫农场 支部书记：胡方奇　场长：杨德忠

红卫中小学 支部书记：陈瑞先　校长：王永灿

副校长：潘维慈

红卫技校 校长：陈志宏　副校长：赵文章

厂革委办公室 主任：朱积祚

厂党委办公室 副主任：李子敬

组干科 副科长：王来运

宣传科 副科长：施德华

教育科 副科长：何君侃

保卫科 科长：孙成章

人民武装部 部长：马保华

厂工会 主任：王宝善　副主任：傅素珍

厂团委 书记：曲渡江

支农办公室 副主任：竺辛森

增产节约办公室 副主任：黄祥熙

七二一工人大学 校长：秦旦祥（兼）副校长：孙本明

干部名单每年每月都在变化，这仅仅是1976年3月31日的实况。

（三）海军装备部驻红卫厂（监督产品交货质量）军

代表室

室主任：王立孟

科室成员：谈绍林　朱大发　漆金帮　李学明

军代表室设在办公楼三楼，通常四年为一届更换人员，在白马18年从未间断。

说明：

1. 为什么有"临时党委"存在？

十年"文革"时期，党团组织已全面瘫痪，厂的党务工作由军代表兼任，或特设"党的核心领导小组"代替原党委职能。"文革"后期，有的单位恢复党团组织生活比较快，红卫厂相对滞后一点，处于酝酿、过渡期，就以"临时党委"名义行使职权。

2. 厂里的"指导员""副指导员"是什么职务？

从"军管会"过渡到"革命委员会"初期，曾经出现"全民皆兵"阶段，各基层采用军事化编制，地师级到县团级以上设政治委员（简称"政委"），营连级就设政治指导员（简称"指导员"）。红卫厂的八大车间和科室都是连队编制，指导员相当于支部书记，专抓本部门的思想政治工作，但是不需要抓党员的思想建设和组织建设，因为那时候不过党组织生活。这就是与支部书记不一样的地方。在这份中层干部名单里，有的部门只有指导员，没有书记；有的既有书记，又有指导员；有的只有书记，没有指导员。这是过渡时期各部门在恢复党组织时不同进度的反映。

第二十四节 安全生产 18 年

红卫厂是由上海两家老厂包建的，自始至终对安全生产都比较重视，"革委会"成立后，专门设置安全技术科，科长孙本明抓具体工作（安全教育、安全操作规程、安全生产责任制等）卓有成效。总体而言，出人身安全事故的比率都较低。

回顾过去18年，红卫厂发生的重大伤亡事故情况如下：

（一）基建木工房失火，幸无人员伤亡

位于五号厂房和六号厂房东端，靠小平房那边的围墙边上，有一个独立的临时构筑物，由木板墙盖石棉瓦屋顶搭建而成，面积为100多平方米，是基建时期用于制作木门木窗的工场，工厂投产后仍然保留下来，作为房屋修缮用。在"文革"初期，处于无政府主义状态，安全生产放任自流。某日，此木工房师傅们下班，有烟头未完全熄灭，落在木糠里，经10多个钟头后死灰复燃，到凌晨3点多钟，酿成火灾，虽然有很多群众参加扑救，但因消防用水水源不足，而导致全部被烧毁，所幸无人员伤亡。

（二）试制"节日焰火"意外燃爆，致死亡1人

1969年9月，为庆祝党的九大胜利召开，几个工人自发试制"节日焰火"，在开头两晚试放成功的基础上，追求升得更高，花开得更好看，想在有限的容器里装入更多火药，就用工具捣实春紧。在缺乏安全措施的情况下，晚上8点多钟，火药突然爆炸，操作者防护不及，致姚能华（二号车间工人）双手严重烧伤，经抢救无效而死亡。

（三）载重汽车运柴油机（机身）倾斜，致死亡2人

1967年11月3日，有一台产品350柴油机要交货，按正常渠道该用乌江船运出去，但是正好遇上涪陵搞武斗

的"忠实兵派"用钢丝绳封锁乌江,不许任何船只通行。红卫厂不得不向江华增压器厂借了两辆车身较长的"斯柯达"载重车(连司机),分别装运柴油机身和机座,绕道经南川去涪陵,上船往外运。当时跟车服务的有起重工朱金海、装箱工杭根林、蒋长高,以及一个随车去玩的小周。当车辆经过水江山的白云乡路段时,有连续几个急转弯,装载十多吨重的机身那一辆车超高,因泥土路基松软而导致向外侧倾斜,幸好有路边的大树顶托,才没有翻下山谷。此时,司机跳车脱离危险,但是朱、杭、周3人被夹在机身与挡板之间。小周从厚厚的棉大衣袖子里用劲抽出手臂,有幸逃脱。因通信技术落后致求救困难,事故车辆苦等2个多小时才得到解救,致使朱金海、杭根林两位师傅不幸遇难身亡。(根据熊桂昌于2015年7月11日提供的素材整理)

（四）因失足坠崖致1名家属死亡

有一年春节期间,红卫厂职工吴××(复员军人)之妻,从家乡来此探亲,临时住在"干打垒"家属区。过完春节后上班的一天上午,走在川湘公路从"干打垒"至厂门口路段中间位置,为避让一辆迎面而来的载重汽车(非本厂车辆),失足跌落10多米的悬崖下面(头道河边)不幸身亡。这是一起由社会车辆引发的意外交通事故,非属本厂安全

"文革"时期基建科木工房被烧毁的现场

生产事故。

（五）交通事故致1名小学生死亡

某日中午饭后,小学生返校上课时,本厂职工孟庆发的女儿(只有八九岁),从六方坪生产队的家,步行往红卫小学,走到川湘公路本厂围墙边,不幸遭遇交通事故致死亡。肇事车辆是外单位的。

（六）谈金宝发生安全事故,致脑部重伤

一号车间管子工谈金宝,国庆节假日加班,不幸头部被钢管撞击致重伤,经本厂医院做脑颅外科手术清除淤血块,抢救后成了植物人,延活三年后去世。这是本厂车间发生的一宗安全生产重大事故。

第二十五节 恢复技术职称评定

1978年3月18日，中共中央在北京召开全国科学大会，中共中央副主席、国务院副总理邓小平作重要讲话指出："科学技术是生产力，四个现代化的关键是科学技术现代化。"这次大会明确了"知识分子是工人阶级的一部分"，确立了"尊重知识，尊重人才"的根本方针。

从1964年搞"四清"运动开始，全面停止工资升级，停止技术职称评审。1978年全国科学大会召开之后，才恢复申报参加职称评审。1979年下半年，红卫厂执行上级文件，恢复技术职称评审工作，有六成以上干部获评中级或初级职称。这当中，除了以工程技术系列为主的工程师和助理工程师之外，还有卫生技术系列的主治医师、主管药师、护理师，教育工作者系列的一级教师、特级教师，以及其他系列的会计师、经济师、政工师。经过上级机构审查通过，这些干部于1981年都领到了技术职称证书。

对1965年及以后进厂的大专以上毕业生，是由本厂成立"技术职称评审小组"考查评议报上级批准，颁发证书。

红卫厂工程技术干部晋升技术职称名单

（1981年5月11日公布，已调出或退休的人员不在此列）

（一）晋升为工程师（42名）

吴兴建、周光武、朱金中、戴维新、许正新、冯燕秋、黄盛炯、朱学文、陈震球、周恩铭、严成章、黄金荣、张松年、吴思让、廖泽永、刘淑贤、钟沛超、陶立权、祝瑞华、张瑞盛、夏国安、彭海双、林长效、陈汝栈、庞崇伟、李宗潘、孙余奎、曹脉运、曾健夫、周文彬、刘劲松、蔡建中、卢兆初、汪敏达、管永新、钟寿和、黄焕兴、赵士范、贾定荣、王长年、高志明、胡树荣

（二）原技师改为工程师（2名）：董全兴、俞森林

（三）保留原技师职称（1名）：龙子华

（四）晋升为技师（5名）：许国栋、许厚道、柏汉德、徐海根、王楚九

（五）晋升为助理工程师（21名）：

杨邦安、徐德义、斯顺泉、张茂俊、周兴全、祁诗源、陈金德、侯川鲁、谢锡宝、洪刚、梁发江、吕松、田玉梅、刘玉福、张德惠、黄曼丽、杨福兴、汪长庚、蒋立峰、张勋文、郑志康

第二十六节 退休光荣 调走愉快

国家规定的退休年龄是男士60周岁，女干部55周岁，女工人50周岁。"支内"职工从1965年春天进川，到1983年夏天搬迁，共有18年，也就是说，进川时男士要超过42岁，女干部要超过37岁，女工人要超过32岁，

才有可能在这18年里退休。实际上在红卫厂退休的人员，总共不过三几十个，因为其中有些人虽然属于这个年龄范围，但中途调出去外单位就不在本厂退休了。这些大龄职工，把毕生的智慧和力量献给了三线建设，到年龄了就光

荣退休，将要离开自己熟悉的岗位，与共事多年的同事、工友分手，总有或隐或现依依难舍的情怀。对于退休职工，本人有什么困难需要解决，厂工会都会给予关心和帮助，通过所在车间或科室的领导做工作，召开欢送茶话会，送上一份纪念品（有的部门还给予戴上"光荣花"），拍摄集体欢送照片留念。红卫厂就这样，年复一年，继承和发扬这种优良传统。

一些单身"支内"职工为了建设国防三线而离开温馨家园几年甚至十几年，到条件成熟时调动回到家乡附近工作，达到同家人团聚。这都同样得到厂工会和车间部门领导的关怀，开欢送会、拍集体照留念，派人帮忙打包，派车运载行李上船，使得调走者愉快，留下者安心。

本人收藏了欢送退休和调出人员的集体照片 30 多幅，在此选其中 7 幅展示如下：

1976 年 6 月，总务科职工欢送郑才林同志光荣退休

1982 年，欢送供应科傅素珍光荣退休留影

1978 年 7 月 9 日，厂职工医院欢送张玉林医生光荣退休

1982 年 9 月 19 日，检验科欢送吕松同志留念

1979 年 6 月，国营红卫机械厂职工光荣退休留念

1983 年 4 月，技术科欢送劳文祥留念

1981 年 12 月 18 日，检验科欢送侯川鲁同志留念

第二十七节 爱岗敬业结硕果

一、青春年华竞风采

红卫厂是综合多工种的机器制造厂，拥有十大车间、五大仓库（大五金、综合材料、基建材料、工具、半成品零件）加一个运输车队，涵盖着毛坯加工（铸、锻、焊、割、冷作、钣金、电镀、热处理），金属切削加工（车、镗、铣、刨、插、磨），钳工、装配、试车、油漆、装箱、搬运、起重等直接生产岗位，以及专用工具制造、机械维修、电气维修、仓库管理、汽车驾驶、质量检查、测试、计量等间接生产岗位。总体来说，机械化程度大约达到 50%。那时的机械设备基本上是苏联制式加以国产化，处于世界比较先进的水平，但自动化程度几乎为零，也就是说完全没有自动生产线，靠人工操作的劳动强度相当大。这就是对当时本厂生产技术水平的概括。

红卫厂处在四面由农村包围之中，除了粮油、肉菜、副食品及生活日用品由地方供应之外，其余各个方面都得不到社会服务机构依托，需要本厂自筹自办。所以我们厂在围墙外就需要设置职工食堂、托儿所、学校、医院、房管、修缮、煤球房、招待所等后勤服务机构，涉及职工生活的方方面面。

红卫厂围墙内外各种岗位的职工，为了一个共同的革命目标——搞好"三线"建设，从全国各地聚拢到白马来了；"胸怀祖国、放眼世界"，干一行、爱一行，把火热的青春点燃；经过 18 年共同努力，为国家生产出 283 台柴油机，为加强海军装备，支援世界革命，献出宝贵青春。

红卫厂职工是"钢汉子""铁娘子"，到处可见爱岗敬业的身影，本人收藏几十幅老照片，只是其中一个极小的侧面，展示于此。

1. 高温工种的工人吃大苦耐大劳。

2. 金属切削加工的各种机床操作者，占全厂职工半壁江山。

对柴油机曲轴进行车前加工（摄于 1978 年 1 月）

金属切削加工（车床）

金属切削加工（钻床）

朱清芳、赵文娟、蔡素娥在演示滴定分析法

3. 机修工人精益求精一丝不苟。

4. 动力车间电工露天作业，吃苦耐劳。

5. 检验科职工把好质量关，责任重大。

6. 科室人员风采美。

7. 医务人员为职工健康尽心尽力做奉献。

二、丰收硕果慰藉人心

作者翻开本人尘封数十年的工作笔记，看到了这样一组数据：自投产之日起至1980年，生产出多种型号的柴油机累计283台。这15年以180个月计，平均每月产量为1.6台。

柴油机是庞然大物！一台机就含成百上千个零件，重达20多吨。这个1.6台的平均月产量实在不算"低"！最高月产量曾经达到4台。内行人士都跷起大拇指赞：红卫厂职工真正了不起！

红卫厂生产的柴油机主要参数

型 号	G8301zc	6350GZC	8350GZC
汽缸直径（毫米）	300	350	350
汽缸数（个）	8	6	8
转速（转／分）	500	350	350
额定功率（马力）	1475	883	1177
配增压器可达（马力）	2000	1200	1600
整机净重（吨）	21	26	32
外形尺寸（米）长	5.69	5.45	6.45
外形尺寸（米）厚	1.53	1.50	1.5
外形尺寸（米）高	2.88	3.00	3.00

红卫厂生产柴油机所需的铸锻毛坯件主要有机座、机身、汽缸盖、汽缸套、活塞、连杆、曲轴、飞轮。

这些大件都是由生产科联系外协单位重庆479厂供应的。

三、"支内"职工后继有人

1966年春天，"支内"职工一批批进川参加"三线"建设，其中有不少是扶老携幼，搬迁整个家庭来到红卫厂安居落户。当年跟随父母到白马来的小孩，大者有十五六岁，小者刚离开襁褓开始学步，到了20世纪80年代初，这些孩子逐渐长大成人，逐年都有被招工进入红卫厂。此外，还有原来在上海就已参加工作，或在上海市以外的中小城市（或农村）工作的已成年子女，为了同家人在一起，而跟随父母进入红卫厂。

红卫厂立足白马18年，被招工进厂的"支内"职工子女累计达250多人。到1983年两厂合并时，他们大多数都成为本岗位的熟练操作者，能够继承父辈的事业。"支内"职工后继有人，代代相传，永无止境。

进入红卫厂各部门的"支内"职工子女名单

全部合计251人（2014年12月19日汇总）

一号车间（45人）：任忠伟、董莺莺、杨金生、施建华、吴华鑫、徐国祥、李永平、任国庆、任萍、龚锡兰、刘永平、赵其洪、练渝松、陈雄山、冷宏、王珠华、王喜洁、王卡加、周志辛、杨炯、吴中宜、梁世弟、徐海英、高寅、秦夏、钱蔚冰、薛嫣、陈耀方、陈福弟、孙源栋、黄建平、李玉霞、杨华、刘云仙、姚伟人、陈国兴、曹银娣、孙建雄、张建平、王耀、周国庆、邵文平、孙斌、杨培宏、陈芳美

二号车间（51人）：乔兰珍、王玲娣、周建新、吴丽芬、朱秋月、刘永芬、严隽熙、王喜敏、夏根才、朱莲芬、陈海英、吴爱骏、鲍佩君、张蓉蓉、杨银生、郭世荣、李鹏虎、卞水英、卞桂珍、徐国生、朱玉娥、王金妹、祝伟昌、李月红、鲁小平、刘美芳、张鸣革、沈青云、胡建伟、李珍、陈建中、高健、潘云霞、卞玉娣、沈建国、汪剑伟、陈永华、陈建方、

铸造车间投产，化铁炉前出铁水

女工林菊芳在认真工作（1978年1月）

十一车间的李瑞祥、周继亚在车床上认真测量

杨绍龙对切削加工后的曲轴进行质量检测（1977 年 9 月）

李玉珍、钱蔚秋、蔡燕海、高丽敏、何振玉、徐俊燕、徐惠娣、陈凤丽、李桃、徐俊敏、吴明忠、毛永刚、毛丽华

六号车间（8 人）：孙兆英、许玲玲、许金清、徐竹明、姚秀华、应秀珍、张慧正、胡建英

七号车间（16 人）：吴伟忠、董方鹤、孙清宝、祝雨昌、范志萍、徐 力、周志伟、徐竹兰、张福群、姚选民、许全林、祝素萍、邓爱清、王明德、鲁兆平、樊和香

十号车间（22 人）：王明鹤、孙慈安、杨梅芬、邓本伟、朱国荣、陈海燕、冯宝芳、吴桂珍、何蓓蕾、祝素琴、姚薇华、郭世龙、李鹏飞、任国华、潘力勤、蔡伟良、吴兰英、冯建勤、吴玉玲、李玉林（木模）、邓仁清、袁选

锻工车间（1 人）：周志明

曲轴车间（16 人）：周鑫江、江金华、刘永龙、张鸣福、舒小敏、王金龙、郭红、陈国毅、龚锡平、詹仲毅、邓本华、张学清、陈芳群、陈阿珍、邱伟、蔡爱珍

工具车间（7 人）：何辛蕾、王明雅、许玉林、胡西霞、黄节、黄俭（工具总库）舒佩萍

机修车间（20 人）：陆进泉、陆国兰、杨梅华、舒梅芬、卞建国、朱长林、高建明、彭伟强、楼建平、周凤、解其兵、陈国强、陈永方、陈建华、陈雪芬、张琦、周建光、赵其湘、马丽玉、曹杰

机动科（5 人）：孙慈和、翟光渊、应秀云、何伟光、黄莺

运输队（16 人）：翟光浩、董伟康、许金源、夏根富、周志愿、庞尚荣、许小林、李季秀、孙秋英、胡景霞、潘芬华、周飞、李明、宋蓓国、邹瑞华、彭红芬

检验科（15 人）：陈雅芬、陈翠萍、任黎敏、王燕兰、朱国佩、徐慧芬（理化室）翁春荣、毛英华、王明康、张华（计量室）许志萍、王维嘉、王兴隆、梁志勇、管美香

技术科（6 人）：陆新明、高马季、鲁立平、秦宁馨、王薇、朱 刚

生产科（1 人）：李英

供应科（1人）：孙惠

财务科（3人）：杨殿虎、林若生、陈丽华

厂　部（4人）：（广播员）李晓娟、何肖朵；（打字员）倪亚凤；（电话总机）舒佩珍

食堂（5人）：周志福、孙慈义、郭群、徐芳、孙兆娣

医院（4人）：祝素英、江银华、周全福、陈蔚芬

学校（5人）：宿丽萍、朱红、马丽亚、毛容华、严隽彤

在"红卫退休职工联谊群"的聊天窗口有如下评论：

（1）江金华（2014-12-19　0：07：51）：

"支内职工"建设三线献青春，献了青春献终身，献了终身献子孙！

这不是调侃，而是值得颂扬的精神。

红卫厂的随迁"支内职工"子女了不起！

他们不仅仅远离大都市，同样经过"文革"的洗礼。

他们中的大部分是"50后"，其中大部分本可以升学深造，可是由于历史原因却"上山下乡"，比许多同龄人经历了更多的磨难，更加珍惜后来得到的工作岗位。

他们从小受到工厂的熏陶，继承和发扬了先辈的开拓精神，传承了无数不可言传的工艺技术，相比父兄又有较多的文化基础，人才辈出。

他们同父辈们一样，为造船事业做出了不可磨灭的贡献，为"三线建设"写下了浓重的一笔！

幸得有心人，能适时把这些资料整理，历史将永远铭记！

（2）蒋立峰（2014-12-19 21：47：41）：

最近通过"支内职工子女名单"回忆，激活了在白马生活的鲜活群像：从父辈到子女，在山沟里的创业史，回味无穷，值得自豪！

巴山蜀水

三线建设

BASHANSHUSHUI SANXIANJIANSHE

第05章 文化建设谱新篇

第一节 广播、电影、电视在山区

三线建设在山沟里,当时交通不便,职工文化生活贫乏。职工文体、娱乐活动全靠工厂自己组织和建设,红卫厂党、政、工会都十分重视职工文化生活,及时安装广播、开放电影及体育、文艺演出活动,深受广大职工、家属欢迎。

一、广播与电影

(一)听收音机

20世纪六七十年代还没有电视机,只有无线电音频广播,普通职工仅仅是少数人拥有无线电收音机。有幸"听收音机"算是很新潮的享受了。

当年收听无线电收音机节目,内容有如下两大类:

1.时事新闻。国际时事不多,主要是国内时事,含中央文件、政论文章、各地方及各行业动态。

2.文艺节目。音乐、歌曲、戏曲(京剧、越剧、沪剧、川剧、评剧、豫剧、汉剧、粤剧、黄梅戏、花鼓戏、帮子戏、滑稽戏)、曲艺(相声、快板评弹……)、讲故事、小说连播……

同现今无线电广播节目比较,那时"最高指示"时时有、

事事有是最大特色,但绝对没有商业广告,也没有专业技术教育、专家论坛、医疗卫生、养生保健知识等。那个年代的新闻,只报道全国各地一片大好形势,到处是莺歌燕舞,欣欣向荣。中央人民广播电台播送的是不折不扣的"独家新闻"。

(二)看电影

看电影是当年最普遍的一种文娱活动。在城市里可以购票进电影院看首轮影片、二轮影片、三轮影片(按影片内容新旧程度划分)。涪陵城关镇有人民电影院,武隆县城也有武隆电影院。红卫厂属于山区的厂矿基层单位,就只能看"露天电影"了。

建厂初期,上级机关配给红卫厂一台"解放牌"移动式35毫米电影放映机,体积较大,用可伸缩的木结构"三脚架"作为附件支撑。后来由于经常有16毫米影片流转,就增加一台16毫米放映机,是台式的,体积较小,银幕画面也就小一些。

当年,由涪陵电影发行公司统管放映的影片,在涪陵

与武隆之间流转（俗称"跑片"），由乌江班船或汽车客运班车送片往返，都必须经过白马。得到涪陵地委许可，当影片路过白马时，给予红卫厂放映一场（厂工会要付租片费10多元每次）。35毫米电影胶片，就是每幅画面：长35毫米×宽25毫米，画面的间隙1毫米，两边各有一排齿孔8个。胶片每秒钟运行24幅画面，算下来就是每分钟运行51米，每小时运行3110米，一个故事片通常都放映七八十分钟，亦即有约4000米长的胶片，卷起来分装成六七个圆铁盒，共有20多斤重，负责"跑片"是很辛苦的。

1966年春节后，进川较早的"支内"职工潘银凤（施德华之妻）担任业余放映员。当时放映场地在汽车库门前，用杉木竖起两根柱子，上面架一根横梁，每次放映都要挂银幕和大音箱（即一个喇叭，单声道），结束后即卸下来（那

1976年4月6日，陈明星去涪陵电影发行公司联系新影片时，在西门招待所留影

时还没有砌筑工厂围墙和大门口，站在马路对面都能看电影）。这些力气活有劳男士们，开始时是周文彬、张连喜帮忙，后来忙不过来，我也加进去了。

过了两年多，原是海军部队业余放映员的朱思礼复员安置进了红卫厂，就被安排在厂工会，当宣传干事兼任业余放映员。至1972年朱思礼调出去外单位，才调入一名职业放映员华兴禄和一名业余放映员董世华，到厂工会担任电影放映工作，还有周崇昶、吴振华、陈明星和我作为协助，成立一个小小的"电影放映队"。那时放映场地已迁移到四层楼后面斜坡地，有相对固定的露天电影场了。

后来，我们厂在那里搭建了有盖顶遮雨的舞台，同时安装了银幕升降滑轮组机构，不需要每一场都张挂和拆卸银幕，只要按电键，驱动转轴就可以把银幕卷上去了。在银幕对面十几米远处，还用锌铁皮搭建了一间约4平方米的简易房子，安放一台新购置的固定式放映机（淘汰了原来的移动式放映机），附有标准镜头，后来还添置了特种镜头，试验成功放映"宽银幕电影"。

红卫厂放电影，每周至少一次，有时两次，节假日适当增加。天黑了就放电影，老人和小孩早早就拿着小凳子去占位子。本厂职工、家属、附近居民、生产队社员，从白马老街、从山坡小路打着火把来红卫厂看电影，十分热闹，通常都放映到9点多钟才散场。

那时场地上不会留下垃圾，因为生活很艰苦，没有瓜子、花生等各色零食，更没有雪糕、汽水等饮料，只有自带水壶去解渴。在文化生活极其落后的山区，能经常看得上电影，那是很值得开心的事。

（三）银　幕

"露天电影"的银幕同电影院的银幕一样，都是用特

种工艺织成的银白色化纤混纺幕布，表面有凹凸不平的暗花纹，受光线照射则产生散射光而避免耀眼的反射光以保护观众的视力（表面平滑的白布是不能放电影的）。一张银幕挂起来有 3 米多宽，近 2 米高，四周加缝了深色布的边框，上下两边镶着铜圆孔以便穿绳子张挂，卷起来需要并排三四个人才能抱着搬动。在夜色中安装和拆卸银幕是很吃力的，尤其是放映中途下雨，为了不使银幕淋湿，抢收银幕就更狼狈不堪。

放映机发出的光束投射到银幕上显示出图像，配上声音效果，就成了电影。露天电影的银幕背面也可以看，只不过文字和图像，都是左右相反的。每放一场故事片，前面总会附加片头，即十几分钟的科教片或纪录片，都很受观众欢迎，但主要是为看故事片而来。

（四）影片

回顾中国电影，最早出现于 20 世纪二三十年代，开始时只是无声黑白电影，又称"默片"，到 40 年代出现有声黑白电影，到 1958 年后，才逐渐出现国产的彩色电影。我们来到红卫厂所看的大多数都是彩色电影，有时也会放早期制作的黑白电影。除了少量外国影片（如苏联"十月革命"和"卫国战争"题材的影片）之外，主要是国产片，有八一厂、长春厂、北京厂、上海（海燕、天马、江南、昆仑）电影制片厂、珠江、峨眉、西安、潇湘等电影制片厂。在解放初期拍摄的反映"第一次国内革命战争""第二次国内革命战争""五四运动后的新文化运动""抗日战争""解放战争""新中国成立后的建设、新面貌、新生活、新思想"等各类题材的影片。

（五）当年的电影片名展示

下面展示当年看过的老电影片名（其中一部分），供大家在尘封的记忆中享受怀旧乐趣。

（六）电视差频转播工程

1. 电视信号传播到山区

时间列车驶入 1975 年。"二战"结束已 30 多年，在和平建设环境中，世界科技发展突飞猛进，日本、韩国以及我国的台湾、香港地区等早就有彩色电视了。此时，我国的黑白电视刚开始在上海、北京、天津等大中城市冒头，而广州因靠近港澳地区，黑白电视普及特别快。

无线电广播台的音频信号是由无线电波向上发射到大气层外的电离层反射回到地面的，不会受到高山屏障影响，也同距离远近无关。但是，电视广播台的视频信号是一种无线电波在大气层中定向的直线发射传播，距离越远，信

1976 年 2 月 11 日，差转站接收电视节目调试成功

中国电影百年
第一辑 经典珍藏

劳工之爱情

姊妹花

神女

渔光曲

桃李劫

马路天使

十字街头

一江春水向东流1

一江春水向东流2

夜半歌声

太太万岁

小城之春

万家灯火

乌鸦与麻雀

八千里路云和月

三毛流浪记

我这一辈子

白毛女

南征北战

鸡毛信

渡江侦察记

平原游击队

董存瑞

祝福

上甘岭

铁道游击队

号衰减越大。红卫厂处在乌江之滨、白马山脚下，四面高山环绕，阻挡着电视信号的直线传播，而且与重庆电视发射台距离很远，即使能接收得到，信号也是十分微弱，以致不能获得理想的音像效果（收听广播电台的音频信号则不会受到地形及距离影响）。

为了使几千职工的生活区能收看电视节目，我们厂的干部们先知先觉，闻风而动，从1975年冬天起，组织了一个电视差频转播工作小组（由厂党委办公室主任朱积祚牵头，以电气技术员朱金根、电器仪表工朱宝富、机械钳工孙明亮为主力，加上小车司机周国锋和几个年轻的辅助人员吴伟忠、任忠伟、陆新明组成），在最寒冷的季节，登上1000多米高的荒无人烟的天尺坪（开小车单程1个多小时），披荆斩棘，战天斗地，克服重重困难，建起了简易房子，安装了仪器设备，架设天线，接通电源，仔仔细细，反反复复，接收重庆电视发射塔传来的微弱电视信号，进行功率放大，对着本厂生活区定向发射信号，实现差频转播。苦战将近半年时间，终于使红卫厂及周边地区成功接收到电视信号。调试期间，留人吃住在山上，到运行正常后，就不需要留人驻守在山上了。

有了视频信号以后，我们厂购置了两台25寸黑白电视机，其中一台安装在"干打垒"小卖部，在屋顶架设鱼骨天线，接收中央台第一套节目为主（其他台的信号很差）。晚上7点就打开窗门，播放电视节目到9点多钟，每天晚饭后都吸引着一两百人 站在露天的地坪上观看。厂工会为此安排电视机管理员，一人当班一人候备，按每次发给3角钱的茶水费（当时工资水平大约平均为50元每月）。我也曾当过一年多的电视机管理员。

1979年"改革开放"，第二年成都无线电厂生产长虹牌电子显像管黑白电视机投入市场，14吋每台售价数百元。1980年后，我们厂职工家庭才开始普及电视机（黑白，以14吋和17吋为主）。

2. 电视差频转播小组两位成员的回忆

下面是"联谊群"聊天栏目内容。

陆新明 2014年8月3日

谢谢钟师傅上传到本"群"的照片，看到年轻时候的自己，转眼几十年过去。好像还记得当年留守在山上的人有我和孙明亮，住的是用角钢、木板拼装的简易板房，冰天雪地，炖一大锅羊肉萝卜，围着火炉，漫话天南地北，苦中作乐。如今回味无穷！

陆新明 2014年8月4日

经过各位同事的帮忙，我回忆起当年一起上山的同事，人和名字对上了。当年的领头人是朱金根，当时他年富力强，从技术设计到具体实施，都是他带领我们干，我是很佩服他的。可惜正当视频差转初见成效之时，他却英年早逝。记得此项工作应开始于1976年，在毛主席追悼会那天，厂里开了好几辆车子，运载了很多人上山，来我们的电视差转站看追悼大会实况。这点我记忆深刻。照片上的其他人好像都不在我们这个"联谊群"里，不知可都安好？老照片勾起我们很多回忆。

杨柏林 2014年8月4日

据我所知，当时搞电视差转站，电气技术员朱金根为此付出了很多，上山选址，安装调试，终于差转成功，让全厂职工看上电视。但是成功后不久，朱金根却病倒了：患上了亚急性黄疸肝炎。终因医治无效与世长辞。

杨柏林 2014年8月4日

朱金根身为技术员，却是个实干家，和工人一起爬电

1975 年 10 月，厂领导成员朱积祚（右二）带队到白马山天尺坪选址，建设电视差频转播站

电视差频转播小组成员 1977 年 2 月 11 日在天尺坪茶场的合影

1977 年，夏夜来临，职工、家属们在"干打垒"小卖部前观看黑白电视节目

线杆，真是值得敬佩的技术员，逝世时才42岁。当时他的骨灰葬在"干打垒"后面的山坡上。我参加了他的骨灰下葬仪式，记得是1977年5月。

孙　青　2014年8月4日

那时只是叫"技术员"，其实是"工程师"，我也很佩服朱工的！

任忠伟　2014年8月10日20：40：40

钟老师：您好！看了你保存的白马山天尺坪电视差转站创建者合影，心情十分激动，尘封的思绪瞬间被打开了。当年为了让地处穷乡僻壤深山沟的职工看上电视，我们在厂领导和全厂职工的大力支持下，北上辽宁锦州、东至浙江淳安，采购电视差转台设备。

钟沛超　2014年8月10日21：20：22

你好！在1976年去采购电视差转设备，现在已过去40多年，还有那么清晰的记忆，佩服你！请你继续把回忆的东西说具体一些，我很感兴趣！

任忠伟　2014年8月10日21：25：23

采购电视差转设备，为了取得最佳"差转"效果，我们背着设备踏遍厂区附近山头的制高点。最后的成功离不开厂领导的大力支持，也离不开广大职工、为我们抬设备的农民兄弟以及天尺坪的知青兄弟姐妹的全力协助！这段历史，我们亲历者是永远难以忘怀，铭刻心中！为了差转站的建设，我们付出了全部热情和能力。

我们的领头人朱金根工程师因为积劳成疾而不幸患病去世，令人痛心不已！值得欣慰的是，我们的辛劳与汗水取得了圆满成功！记得我们试播期间，恰逢毛主席逝世，为了在第一时间目睹主席遗容，方圆百里的人们拥往天尺坪。人流、车流布满了山顶，此情此景可谓空前绝后！看照片，思友情，几十年前的情景历历在目，要说的话太多，要叙的情太长。再一次地感谢钟老师，为我们奉上这么多的珍贵资料。这张照片连我自己都没保存。真的万分感谢！

任忠伟敬上

任忠伟　2014年8月10日22：06：45

想当年建"差转站"，当设备调试时正值隆冬季节，我们几个人蜗居在自己搭建的简易板房内。孙明亮师傅为我们炒菜烧饭。为了御寒，开饭时我们总是用搪瓷碗倒上一碗酒，每人轮着喝几口，在这个小集体工作，真是温馨而快乐！我们还参加过一场天尺坪知青举办的百鸡宴，原因是他们欢送首批被招进厂的知青。这欢庆热闹的场面正好被我们遇上了。我们也和他们共同分享了欢声笑语！回忆也是一种幸福，我只想让幸福与大家分享！

第二节　职工演唱"样板戏"

在20世纪六七十年代，全国人民都看"八个样板戏"。学唱、学演"样板戏"在基层群众当中蔚然成风。红卫厂职工中不乏一批京剧爱好者，能唱、能演的也有十个八个。在建立"革委会"以来，生产秩序渐渐趋于正常，工余时间学唱"样板戏"的兴趣也越来越浓，每逢小会大会聚在一起，都会唱上几句选段。

在政治部和厂工会关怀下，以文艺小分队为基础，得到不少的京剧爱好者大力支持，以杨强候（饰李玉和）、何辛蕾（饰李铁梅）、何惠雯（饰李奶奶）、钱雪琴（饰刘桂兰）、黄盛炯（饰鸠山）、王金龙（饰磨刀人）等人为主角排练的《红灯记》全剧（共八场），于1970年春节晚会登上了红卫厂的舞台。同时，徐小妹、刘清平等都上台演唱《沙家浜》《智取威虎山》选段。

这个业余京剧队伍有自己的管弦乐手、导演、舞台调度、化妆、舞美、司幕等成套班子，在本厂演出的基础上加以改进提高，然后拉到涪陵、南川、长寿、万县等兄弟单位演出，广受欢迎，延续两年多时间。当年拍摄几幅剧照展示如下。

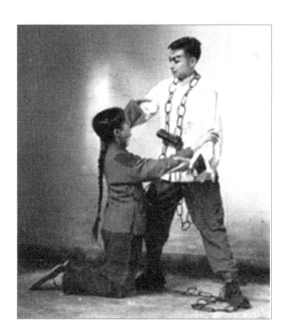

厂职工饰演的《红灯记》剧照（摄于1970年2月）

第三节 繁荣的厂文艺舞台

红卫厂四层楼家属宿舍旁边有个露天剧场，开始阶段是木棚搭成的临时舞台，后来用砖砌成有钢筋水泥盖顶遮雨的舞台，开全厂大会、放电影、表演文艺节目都在这里进行。

红卫机械厂最早期组建的"毛泽东思想宣传队"，主要任务是上山下乡到生产队活动，"革委会"成立后，要抓革命、促生产，基本上不需要下乡了，但爱好唱唱跳跳的这班人还是坚持活动，就改编为"文艺小分队"，经常排练节目，上台表演。这个小分队由李泽泉打扬琴，霍建华拉胡琴，王振昌奏京胡，熊明俊弹琵琶，孙青拉手风琴，胡德金拉小提琴，林长效弹秦琴……八九个人组成了基本的"小乐队"；还有以刘朝发、李贵生、王新华、张正蓉等十来个青年男女为骨干组成的"舞蹈队"，由陈振球、黄奎先等担当练唱、指挥。这个由文艺活动积极分子组成的文艺小分队，逢遇节日喜庆有演出任务，都能拿出一批节目上台表演：合唱、独唱、快板、对口词、小演唱、秧歌舞、工农兵现代舞……而且大多数都是自编自演即兴题材的节目，贴近群众生活，很受厂内外观众喜爱。

除此之外，有些原来在上海老厂上班的老师傅，参加过业余文艺社团活动，有一定基础，来到红卫厂也会在文艺舞台上露一手，例如杂技、魔术都有节目。俞福德还表演过好几次健美节目，故此有绰号"大力士"之称。红卫厂职工文艺舞台真是人才济济，藏龙卧虎。

红卫厂舞台表演艺术不仅仅局限于本厂，时不时还会拉出去、请进来，目的是加强与周边"三线"厂联系，增

进友谊，交流治厂管理及开展业余文化活动的经验，其本身也同时丰富职工业余文化生活。那时，互相访问演出活动，是不求经济效益的。一般做法是，本单位安排一名政工干部带队，派汽车运送演职人员，连同服装、道具，到演出单位，对方负责接待、住宿、吃饭、夜宵（全免收费），

重庆市杂技团慰问 红卫机械厂留影

到演出结束时，厂领导上台接见演职人员、合影留念，或赠送锦旗等礼物。由于是业余文艺团队，就不付演出费了。通常是下午到达，招待吃过晚饭，即进入舞台做准备工作，更衣、化妆、布景等，一台节目大约演出一个半至两小时，到 9 点左右就结束，吃个夜宵然后休息，次日吃过早餐就启程离开被访单位。

由于红卫厂在川东地区有点名气，尤其在 1974—1976 年间，被新闻媒体报道宣传后，一些专业文艺演出团队，奉命下基层来红卫厂慰问演出，如重庆杂技团、万县杂技团、涪陵京剧团等都来过，这些是要付演出费的。在山沟沟里的职工群众，能看到专业文化艺术团队送戏上门演节目，那是很开心的。

第四节 活跃的体育活动

从白马老街到铁佛寺以及川湘公路两旁绵延几十千米，找不到一块像足球场那么大的平地。因受场地限制，开展群众体育运动的确很困难。红卫厂职工只好因地制宜，把爬山、上坡当作体育运动。早晨天刚蒙蒙亮，川湘公路上就开始热闹，虽然汽车还没有上路，但人来人往好繁忙，有跑步的，有散步的，还有竞走的（孙明亮的动作挺标准的），个个都大汗淋漓。在这热气腾腾的晨练人流中，有些是去粮站、肉食品经营站排队买东西的，有些是从"干打垒"或小平房的宿舍往食堂买早餐的，晨练结合购物，一举两得。星期天休息，爬坡买鸡、上山打猎、下河游水，都成了很好的体育运动项目。

要说正规体育设施，也算是有一点点，如车间活动室和办公楼有乒乓球台，可在午休时间给职工娱乐。三层楼单身宿舍旁边有标准篮球场，晚上有足够灯光照明，可以进行篮球或排球比赛，还可进行拔河比赛和跳绳运动等。

在建厂初期，红卫厂的"65青工"很活跃，在灯光球场经常出现他们矫健的身影，后来就以他们为主力，组建了一支红卫厂篮球队，这支球队留下了一张在1968年国庆节拍的10人合影照片。

1977年9月，红卫厂男子篮球队和女子篮球队参加了涪陵地区职工运动会比赛。在此展示他们比赛后18人合影照片一张。

在20世纪六七十年代，一贯坚持毛主席的体育路线：发展体育运动　增强人民体质；友谊第一，比赛第二；"批判锦标主义"。

涪陵地区第三届职工运动会乒乓球赛（水江赛区）于1976年7月在红卫厂举行，由厂武装部部长马葆华负责全盘组织工作。有浦剑安、张国兴、郑月英、张荣荣等乒乓球运动员代表本厂参加比赛，历时3天。由于比赛场地不够大，所以没有开放给广大职工观看比赛，也没有对本厂群众做常规的宣传，避免赛场拥挤而影响比赛，因此大部分职工都不知道有地区级的乒乓球比赛在我厂举行，没有把这次比赛搞成红卫厂职工群众的一件体育盛事。

厂男子篮球队、女子篮球队合影（摄于1977年9月）

涪陵地区第三届职工运动会乒乓球水江赛区运动员合影（摄于1976年7月）

涪陵地区第三届职工运动会乒乓球赛的开幕友谊赛（摄于1976年7月1日）

一、美术园地新气象

红卫厂积极开展美术活动，厂里开办了"美术园地"，门类很多，常见的有：

（一）绘画

1. 中国画　一幅正规的国画是由绘画、诗词、书法、印章四元素组成的。按题材分山水画、花鸟画、人物画；按技法分写意画、工笔画。国画特点是用毛笔作的彩色画，而素色的水墨画也属此类。

2. 版画　有在古代石碑刻出的，也有在线装书上印刷的，都是以素色的线条表现的。后来演变发展到"彩色的版画"，亦即"年画"了。

3. 漫画　以夸张手法针砭时弊，也是用单色线条表现的。

4. 西洋画　主要有水彩画、粉彩画、油画三种。

5. 广告画　在西洋画的基础上加上美术字，主要用于做商业广告。在20世纪六七十年代，没有商业广告，但又保留住这个画种，改作政治宣传或公益宣传用，称为"宣传画"。

（二）摄影

多数发表在报纸、画报、画刊等杂志上，在各类展览会上也少不了优秀摄影作品。

（三）雕塑

按大小分广场雕塑、室内雕塑、微型雕塑。

（四）工艺美术

含刺绣、剪纸、美术陶瓷、立体布景等。

改革开放前，美术园地很强调"突出政治"。在美术创作队伍里，除知名老画家外，一些新成长起来的工人画家、农民画家出了不少新作品，例如工业学大庆、农业学大寨、学雷锋、学焦裕禄、学欧阳海、学刘英俊、学王杰、学草原英雄小姐妹等。

过去，在国画领域里，山水画、花鸟画多数被装裱成艺术精品而悬挂于达官贵人、文人雅士的厅堂大室里；又因山水画、花鸟画很难表现时代精神，所以没有得到重视与发展。只是在人物画方面，创作了不少表现工农兵形象的新作品。

406厂宣传工作积极分子14人参观全国美术展览

1978.7.在成都

红卫厂宣传工作积极分子14人参观全国美术展览合影（摄于1978年7月）

在宣传画领域里则很繁荣，广大城乡到处有画在墙壁上的巨幅宣传画，在书店里有大量单张宣传画出售。宣传画只需油画笔、油漆刷子、广告颜料就能进行复制，因制作成本低而被广泛采用。红卫厂里的环境宣传、会场布置，经常有模仿复制的新画，出自杨耘耕、胡德金、瞿金昌、周崇昶等人手中。

彩色油画版和剪纸版的毛主席像，张贴悬挂在家庭、宿舍、会议室，十分普遍，多数是从书店买来的，但也有长久性的巨幅画像是本厂职工自行模仿复制的，吴佩诚、杨耘耕用油画颜料和油画布，画成巨幅毛主席像，都画得很逼真。

雕塑作品数量最多，是石膏制作成中小型的毛泽东全身站姿像、半身像、藤椅坐姿像，摆设在案桌、书台、大会主席台。露天广场也常见毛主席站姿的高达数米的巨型城市雕塑，如成都市人民南路文化广场竖起的毛主席像，就有 4 米多高。英雄人物放在城市雕塑位置的也不少。

为了鼓励活跃在宣传工作中写字、画画的积极分子，使他们开阔眼界、增长见识、吸取营养、提高水平，红卫厂政治部组织过好几次外出参观活动。例如 1975 年 4 月，涪陵地区文化局邀请钟沛超参观西安等三市的工人画展、农民画展；1978 年 7 月，和孙士康等 14 人参观全国美术作品展览。

二、珍贵的"文革"邮票

红卫厂职工离乡背井来到白马，十多年来同家乡亲人的联系主要依靠书信往来。一般情况都是寄平信（寄去上海、广东等地，一个来回大概要 12 天时间），只需贴上 8 分邮票就可以了。当年，职工中不乏集邮爱好者。我儿子读小学时就有好几个小伙伴喜欢集邮，我时不时帮他们收藏邮票，提供给爱好者共享。到了改革开放后，集邮市场很活跃，"文革"时期发行的邮票（纪念邮票和特种邮票）尤其是如"全国山河一片红"等，都成了十分珍贵的收藏品。

第六节 摄影实践有心得

涉足摄影要过两道关：一是摄影技术，二是摄影艺术。

所谓摄影技术，就是调整光圈／快门，使其同胶卷的感光度达到最佳组合，获得正确的曝光量（不出现曝光不足或曝光过度），还要仔细调节焦距，使照片锐利清晰。

那个年代的照相机，只是光学镜头加上机械构件，全凭手动调节的。传统胶卷照相机在改革开放后已进化为电脑测光加电脑调控，连最简单的"傻瓜机"都是全自动的。最近十多年以来，有了数码相机就更方便，按了快门可以马上看效果，不满意就重来。但是，以前用胶卷照相，要经过暗室冲洗才能看到效果，拍坏了无法挽救，所以，掌握熟练的摄影技术就显得十分重要。

至于摄影艺术，就是利用光线、构图、景深、姿态、表情等综合要素，以艺术手法表现摄影者的创作意图，以获得主题鲜明的照片，这就要求积累经验，且具备一定的美学修养。

新中国成立后，以人物活动场景为题材的新闻摄影得到重视，而

保卫科人员学习摄影基本知识（摄于 1982 年 3 月）

在成都参观香港摄影家陈复礼作品展留影

风景、花卉等静物摄影，很难崭露头角。

新闻摄影的手法分为导拍和抓拍两类，初学者都是从导拍入手：选好场景和人物，如同导演要求演员那样，要求被摄对象从照片主题的需要去摆姿势、做动作、出表情，积累一定经验后才开始搞抓拍现场精彩的瞬间。要想通过抓拍获得一张好照片，是很不容易的。红卫厂没有从事新闻摄影的专业人才，政治部也没有配置摄影器材，虽然如此，也曾搞出不少新闻照片，哪怕还不够格称得上新闻摄影作品。政治部还是比较关心爱护人才的，曾多次选派有关人员出外参观摄影作品展览，如 1976 年 7 月和 1980 年 1 月，两次派钟沛超、舒福顺等人去成都参观摄影展览。

红卫厂生产柴油机，需要拍摄技术文献、图纸资料、实物图片，就给技术科资料室配置了一台德国蔡司 135 毫米规格的单镜头反光取景照相机（简称"单反相机"），附带一个万次闪光灯及便携

式液体蓄电池，由孙士康保管使用。检验科金相室因金相显微摄影和实物零件失效宏观分析的需要，配置了一台 NM-8 型（室内用，木结构，8 寸）坐式照相机，以及与之配套的晒相机、放大机等暗室设备，由钟沛超等人操作使用。

得到技术科、检验科支持，政治部明确由孙士康、钟沛超协助搞本厂的政治宣传及生产建设的新闻摄影。十多年来拍摄到的一批批照片，都及时交给宣传科和厂工会，在宣传橱窗向全厂职工展示，也曾选送过一些照片到涪陵《群众报》刊登。

在 20 世纪 70 年代初期，厂部要求全厂职工更换工作证，很多人都要重新拍 1 寸的半身照，为了减轻白马照相馆的压力，检验科金相室受命为本厂职工免费拍摄半身照。由于这是职工本人自愿的，并非人人都要拍。总共拍了 380 多张。

1979 年春天，厂部需要拍摄厂区地形和建筑物照片，

摄影器材——万次闪光灯和便携式电池

上报资料，临时抽出孙士康、舒福顺、钟沛超负责拍照。为了拍摄红卫厂及生活区的大全景，他们跑遍周围山坡高地，花半个多月时间，拍到 23 幅主题鲜明的照片，如期完成了任务。

保卫科时不时会遇到立案侦查，需要拍摄现场资料照片，但又没有配置照相器材和专业人员，十多年来一直都是临时请求资料室或金相室有关人员协助拍摄。1982 年初，获知红卫厂即将要搬迁到宜昌，保卫科估计会有部分人员要留在麻纺厂做原岗位工作。于是孙成章等人邀请钟沛超为他们讲授《摄影基本知识》。在当年 3 月，钟沛超应邀讲课一个星期（每日下午 3 个小时），保卫科 6 个学员参加听课，据反映，基本上达到预期目的。

第七节 办公楼里的机要部门

一、电话总机室

红卫厂办公楼的楼上有 5 个机要部门：电话总机室、打字室、档案室、广播室和武器库。透过这些部门的设备，我们可以看到当时的物质文明程度。

20 世纪 60 年代的通信技术，处于有线电话为主，无线电报为辅的时代。无线电报只局限于邮政电信局（简称"邮电局"）营运，不但要有无线电收发报机，而且还要配备专业的译电员。发报时把文稿的每个汉字翻译成 4 位的阿拉伯数字，由发报机以"滴、滴、滴"不同长短的音频信号发送无线电波，按对方约定的频率传播出去，对方则通过接收机获取"滴、滴、滴"长短不同的音频信号，同样道理，以相反过程翻译成文稿，写成纸质电报函件，投递给收报人。打电报要收取昂贵的费用，老百姓只有在十分紧急的情况下才使用。由于投递电报纸质函件需要时间，

20 世纪手摇式电话机

20 世纪 70 年代办公室使用的手摇式英文打字机

视收报人所处的交通条件而定，快则几十分钟，慢则人半天才收取得到。

有线电话必须以电线杆架空布设电话线，连接人工交换机，然后连接到每台电话机。当年除了邮电局营运有线电话以外，就是乡政府以上的政府机关才设置有线电话。红卫厂在建厂之初就在办公楼二楼设立电话总机室，配置了一台50门的人工交换机（容纳50个分机），安排专人值班接线。

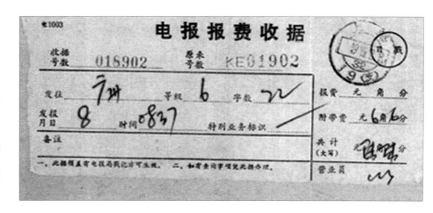

电话总机室担负的职责：接受上级机关命令与指示；与外单位信息交流；向厂内各部门发号施令；厂内各个部门之间互相联系，起着神经中枢的作用。如此重要的部门，多年来都是由谭绍文（王爱民之妻）同周玲香（丁荣根之妻）轮流值班，她们调走后，由娄凡、舒佩珍值班。

一般而言，厂里每个职能科室和车间都安装了至少一台电话分机，允许部门之间互相通话，如果拨打外线电话也限制于公事联系。若因私事要打外线电话，就只能去邮电营业所了。

到了20世纪70年代初，才开始使用拨号连接的程控电话，也称自动电话。

移动通信是在20世纪80年代初期（已搬迁到宜昌）才出现的。开始阶段的移动式无线电话俗称"大哥大"，体积大而笨重（比5磅热水瓶略小），那时都要一万多元才可购置一台，所以只有一些先富起来的私企老板才用得起。

二、打字室和档案室

办公楼三楼的厂部办公室设置有一间打字室，其任务是打印各种上传下达的文件，主要有文书和表格两种形式。

当时没有电脑排版和打印机，也没有复印机，使用手动打字机，取代了烦琐、低效的人工抄写，又使字形统一，整齐易认，这是很大的进步。

红卫厂首任打字员是新中厂"支内"职工邵菊英。据她回忆，当年机关、团体、厂矿、学校普遍使用的手动打字机，都配置仿宋体5号字粒的铅字盘，有1000多个常用字，打字速度大概一分钟打100字。由铅字粒敲击到蜡纸上，形成可渗透油墨的笔画，然后使用蓝色或黑色的油墨印刷成文件。

油印机有平板式和转轮式两种，平板式是单页操作，很慢，转轮式连续操作就快得多。一张蜡纸可印几十页到100多页24开（相当于现在的复印纸A4）的白纸。

打字室是党政机关的机要部门，通常都挑选工作责任心强、家庭出身好的女青年做打字员。王平、梁建亚、倪雅凤等人都曾在此当过打字员。

虽然只有厂部办公室一台打字机，但是几乎每个科室和车间都有铁笔、钢板、油印机，可刻蜡纸油印，通常用于本科室、本部门刻印通知、表格等文件，也可刻印车间动态的"快报"，代替墙报搞宣传。还可以用来复印小报、传单、刻印歌单等。

红卫厂第一任打字员邵菊英（1969 年 4 月）

第四任打字员梁建亚（1973 年）

第六任打字员倪雅凤（1977 年 11 月）

厂部办公室还设立有档案室，也属机要部门。其职责是把纸质文字资料整理、归类，装入印有"卷宗"字样的纸皮袋里，放入橱柜保存，编写档案目录，以便随时供有关人员查阅。该室自始至终都是由邵加田担任档案管理员。

办公楼三楼还有个机要部门是武器库，后来搬到厂大门口附近，即厂工会办公室后面一个小房间。据陈明星回忆，武器库储放有冲锋枪 10 支、自动步枪 20 支、三八老式步枪 10 支，五六式子弹 5000 余发，由武装部管理，用于武装民兵训练和备战。

三楼还有个广播室，属于政治部宣传科管理，已经在前面叙述过，在此不重复了。

三线建设 巴山蜀水

BASHANSHUSHUI SANXIANJIANSHE

巴山蜀水

三线建设

第06章 加强党团建设

第一节 坚持党的领导

在改革开放之前（1949—1978年），我国厂矿企业实行"党委领导下厂长负责制"，在任何单位或部门里，书记为第一把手，行政领导为第二把手，凡重大决策最后都是由书记拍板。改革开放后才改为"厂长（经理）负责制"，书记降为第二把手，协助行政做好各项工作，完成生产（工作）任务。

当年党的领导是通过三级权力机构来实现，这就是党委、党总支、党支部（再往下设党小组，那不是权力机构，党小组长也不脱产）。按单位性质、职能作用及人数规模大小，建立党委或党总支或党支部。例如红卫厂设党委，工矿商店那就只能设党支部了。

红卫厂党委由若干名委员组成，分工负责抓组织、宣传、武装、生产、青工妇等各项工作，常设办事机构就有党委办公室和政治部（内含组织部、宣传部、武装部）。厂党委下设10多个党支部，一号、二号、机修工具、曲轴、结构、铸造等大车间，以及检验科、供应科、总务科、医院、

中小学等大科室都各自建立党支部，办公楼里的一些小科室就由几个科室合并建立党支部（称为"机关一支部""机关二支部"）。

在党的领导下，书记与行政是有分工的，书记主要是抓政治工作和职工思想建设工作。当年，书记做思想工作，深入细致而且十分到位。职工在工作八小时外的经济紧缺、生活困难、家人病痛、恋爱波折、夫妻吵架、孩子调皮、邻居纠纷……书记都会主动关心劝导、帮助调解，很自然，群众就会把书记当成自己的家长、自己的亲人，这些在我印象中都很深刻。

处在山沟沟里的几千职工的文化生活，当然也在各级党组织的领导下进行。在白天八小时内，班前会、班后会、政治学习、开大会、听报告，书记要管。八小时外，职工有没有看不健康的读物，有没有做不利于安定团结的事情，书记也得管。也就是说，工余时间，例如：赶场购物、做家务、学文化、娱乐消闲、访友聊天等，凡是涉及文化生

活范畴,都会受到书记的关注。改革开放30多年后的今天,工作八小时外的事情,统统归到街道社区服务和治安监督。

人们对于如上所述的当年"三线"厂情景,是很难想象、也很不好理解的。

第二节 青年工作朝气蓬勃

新中国成立后,中国共产党作为执政党,一贯都很重视培养青少年健康成长,吸纳7~14岁的好少年加入中国少年先锋队,吸纳14~24岁的优秀青年加入中国新民主主义青年团(1954年改名为中国共产主义青年团)。

只要本人努力创造条件,递交书面申请,由两个团员做介绍人,经团支部大会表决通过,上级团组织审批,就成为一名共青团员,入团后必须遵守团章,交纳团费,参加组织活动,担负组织给予的工作任务。共青团既是我们党联系广大青年群众的桥梁和纽带,又是党的后备军,优先吸纳18岁以上的特别优秀的共青团员加入共产党。对24岁以上的超龄团员,团组织主动为其办理离团手续。担任团委书记以上职务,可保留团籍至30岁。

红卫厂职工当中,24岁以下的青年占将近四成,做好青年工作是党委的一项重要任务。建厂初期,厂党委的政治部设置厂团委这个机构,团委书记是谭秀岩。"文革"中,团委同党委一样都是有名无实,处于瘫痪状态的,一直延续到1974年,才逐步恢复团组织生活。

1974年5月4日,召开了"纪念五四青年节暨厂团委成立大会",王爱民主任讲话,张兆松受命担任团委书记(原团委书记谭秀岩已超龄,不再担任此职务)。1976年初,由曲渡江接替张兆松担任厂团委书记职务。

自从厂团委成立后,红卫厂的各项青年工作开展得有声有色,朝气蓬勃。下面几组照片,分别再现6次大型的活动:

厂宣传队1974年4月参观红旗水库三尖石隧洞

厂宣传队在红旗水库慰问演出后合影

1. 1974 年 4 月，党委副书记王爱民带领以青年为主体的文艺宣传队去红旗水库参观山尖石隧洞，并做慰问演出；

2. 1975 年 5 月，厂团委组织团员、青年，与西南师范学院来厂开门办学的师生，联合举办"纪念五四青年节联欢会"活动；

3. 1975 年 12 月，组织"青年突击队"下农村基层，去白马公社宇光水库工地参加劳动及慰问演出；

4. 1976 年 3 月 15 日，组织十号车间团员、青年去红旗水库参加劳动；

红卫厂团委与西师政教系团支部联合举办"纪念五四青年节联欢活动"后合影

5. 1977 年 5 月 4 日，团委书记曲渡江带队（41 人）去重庆，参观革命烈士纪念碑、红岩革命纪念馆等，开展爱国主义教育活动；

6. 1981 年 5 月，在厂招待所举办"团干培训班"，有 18 人参加了学习，还拍了结业纪念照片。

1974 年 12 月，涪陵地区青工会议在红卫厂召开

第三节 "三线"职工子女茁壮成长

一、白马小学一位初中生忆当年

白马小学位于红卫厂东南方 300 米的川湘公路北侧——生基坪上方，公办，为白马公社而设立的一间完全小学，开设一至六年级各两班，生源来自铁佛寺、六方坪两个生产队和白马老街。在 20 世纪 60 年代初期，这里还没有通水、通电，而是饮用山泉水，点煤油灯照明。一直到红卫厂在这个生基坪斜坡下面，建成了 17 栋"干打垒"二层楼房子，住进了 200 多户家庭，白马小学才捎带用上电灯和自来水。

白马小学 1966 年暑假开学后，接收刚进红卫厂的"支内"职工子女入读各个班级，同时接受来自该厂的潘维慈、冷冰、陈莲娣、郑继茂等几位老师协助教学（因为红卫厂刚建成投产，职工子弟学校正在筹建中，尚未就绪）。

1967 年暑假后，该校又为应届小学毕业生开办了两个附设初中班，解决厂职工子女升初中就近入学的难题，为支援"三线"建设做出了积极的贡献。这两个附设初中班，每班有 40 个学生，其中一个班是红卫厂职工子女，另一个班是当地的学生，一直读到初中毕业，称为"白马小学 1970 届初中毕业班"。

下面是其中一位"1970 届初中毕业生"（厂职工子女，下文以"甲"代称）同一位厂老职工（下文以"乙"代称），在本厂"联谊群"的聊天（2014 年 08 月 31 日）实录：

乙：你好！通过你的回忆，原来白马小学有"附设初中班"这样一段光荣历史，我是现在才知道喔！1966 年 9 月你们入读白马小学是六年级吗？读三年初中毕业就是 1970 届毕业生了。你们班有多少人，现在能记得起他们的名字吗？你们毕业时尚未达到进厂年龄，有否"上山下乡"？你本人哪一年进厂？

甲：晚上好！这个问题我还要仔细想想，好吗？

乙：从 1966 年下半年起，先是红卫兵"破四旧"，跟着是"大串联"，已经停止高考招生了。从 1968 年起"知青上山下乡"，连同 1969 届、1970 届合称"老三届"，都是"上山下乡"对象。我的弟妹当中，有 1950 年、1952 年、1954 年出生的，正好都在"老三届"范围里，大的一个去了军垦农场，老二被招工进厂，老三去近郊插队落户，这就是当时初中毕业生出路的缩影。

甲：我们就是 1954 年、1955 年出生的，初中毕业都去"上山下乡"了。回来后没及时进厂工作，而是当临时工，盖房子，新四层楼的建成就有我们的汗水。

乙：我们厂的王小初师傅有 3 个女儿，燕兰、秋兰、珠华，还有何辛蕾、陈海燕、陈海英等，都是你的同学吧？

甲：我们这批职工子女共有 40 人。你说的王燕兰、杨秋兰和王珠华都不是我们的同学。她们比我们小，在红卫中学毕业的。陈海英、陈海燕和何蓓蕾才是我们的同学。何辛蕾比我们大，是 1969 届的。我们是 1970 届的，在白马小学上"附设初中班"的只有我们 1970 届这一批，连同四川同学一起，总共就两个班。

乙：红卫厂投产时，有两个年龄最小的学徒王玲娣、刘淑玲，还不满 18 岁呢。那王玲娣是王启明的亲属吧？

甲：是的，是王启明的女儿。王启明的儿子王金龙就是我们同学。翟光浩、朱刚、周鑫江、任忠伟、祝素琴、何肖朵、许金源、江金华等都是我们同学。我们同学之间很团结的。

乙：好啊！青年时期的友谊是十分可贵的。

甲：直到现在，我们同学之间的友情还是很好的，谁家有事，大家帮忙。我们是一起进川，一起上学，一起下乡，一起在外干临工，一起进厂当工人，今年大部分同学都满60岁，步入老年了，呵呵！

甲：像我们这样的情况，真是很少有的。我们上中学的这种形式，也可以算是"前无古人，后无来者"吧！

乙：我听我的弟妹讲过，中学课本的物理不教力学、声学、光学、电磁学，而教拖拉机和马达；化学不教元素周期表和"三酸二碱四盐"，而教化肥与农药；生物不教细胞组织和动植物分类，而教稻麦栽培技术；政治课没有课本，就学中央文件及大批判文章，是这样的吗？

甲：是的，那时候上的课不叫物理、化学、生物，叫"工业基础知识"和"农业基础知识"，简称"工基"和"农基"。

乙：对了，听说过"公鸡""农鸡"，很搞笑！

甲：这就是"文化大革命"的产物，好笑吧！

乙：那年代的青年出路一片茫然，在城市和山区都一样。

甲：所以说，要不是"文革"，我们学校里要出好多大学生的。

乙：就是嘛！时代亏待了你们，太可惜了！

甲：生不逢时撒，呵呵呵！但我们很乐观！坦然面对。我们不埋怨，知足常乐！

乙：你持这样的心态，很好！你一定会健康长寿的。

第二天（2014-09-01）继续聊：

乙：我想知道，你们读白马小学"附设初中班"时，红卫厂肯定会派几个教师去支援吧？你还记得起老师名字吗？你们那一年，红卫厂还有没有职工子弟进白马小学读其他年级的？你们"附设初中班"有没有下一届或往下更多届的初中毕业班？

甲："附设初中班"没有厂里的老师，都是当地的老师。刚进川的时候，倒是有的，我记得有潘维慈、冷冰，后来又有陈莲娣和郑继茂几位老师。到我们上初中时，他们都不在那里教了。"附设初中班"就我们这一届。我们刚进川时都是上白马小学的，后来厂里办了自己的学校，职工子女就不在白马小学读了。我们是小学到初中毕业都在白马小学上的。

乙：你们是名副其实的"前无古人，后无来者"，值得载入史册！

甲："小学附设初中班"是按毛主席发表的最新指示精神办起来的。

乙：你们是毛主席革命路线忠实执行者喔！我回忆起当年"戴帽子学校"五花八门，初中附设中等师范的，初中附设中专的，中专附设大专的都有。

甲：是吧！那时候都乱套了。后来还有"工人阶级必须领导一切"，派"工宣队"进驻学校去。

乙：当时红卫厂所处的环境，只能走这条路。你们下一届的初中生是去长坝中学读的。初中毕业少数几个人升高中，就去武隆中学读。支持父母进山区建设"三线"，你们是很听话的好孩子，使你们受苦了！

甲：我们上一届的初中生去长坝的武隆二中读书的。下一届的初中生就在红卫中学读了。高中也是在红卫中学的。从此我们厂的职工子女再不需要去地方学校读书了。

甲：刚进川那些年，我们厂的职工子女是在涪陵读初

白马小学 1970 年届初中毕业生部分同学合影（1971 年 11 月）

男生（21 名）：邓本伟、王金龙、毛英华、王明鹤、许白毅、朱刚、江金华、任忠伟、朱国荣、许金源、孙慈安、李明、李季秀、庞上荣、周志愿、周鑫江、张黎明、夏根富、鲁立平、董伟康、翟光浩

（本名单及照片由吴爱骏于 2014 年 9 月 4 日提供）

二、园丁辛勤育幼苗

红卫机械厂职工子弟学校，由红卫中学与红卫小学构成，在川湘公路南侧，从厂门口至 911 库的中间位置。建厂初期，搞基建阶段，这里暂借给第九设计院工作组办公。工厂投产后，第十一研究所（即柴油机研究所）接替九院位置，就留在这里办公，直到 1970 年撤走，才还给红卫厂开办学校。这里是依山而建的两栋二层楼房，地坪比川湘公路

中、高中的。

乙：红卫中学只办到初中，是没有高中部的喔，对吗？

甲：不对，是有高中的。像王燕兰她们，就是红卫中学第一批高中生。当年红卫中学的高中生还有蛮多考上大学的。

乙：是这样的啊！

甲：他们大学毕业后都没有回到厂里工作，只有潘一勤上师专，毕业分配回到长坝任教。搬厂去宜昌，他就转入宜柴职工子弟学校工作。

1970 届初中毕业生名单：

女生（19 名）：王喜洁、冯宝芳、何肖朵、陆英媛、陈海英、陈海燕、吴爱骏、吴桂珍、邹瑞华、何蓓蕾、庞茂荣、杨梅芬、祝素琴、姚薇华、郭红、彭红芬、蔡爱珍、吴申娟、孙华

红卫小学第一届毕业生 1979 年 6 月 27 日合影留念（学生 40 人，老师 14 人）

的路面高出 3 米多。

为解决本厂职工子女读书的难题，1970 年春天，抽调王永灿、潘维慈、梁功德 3 人筹建职工子弟学校。当年暑假开学，招收本厂职工子女的小学和初中学生，各个年级只开一个班，每班平均约 30 人。从此结束了把职工子女送往地方学校读书的历史。

子弟学校由王永灿（陈志宏妻，原上海某小学校长）任校长，中学和小学合计有教师 30 多人。中学的语文教研组组长是潘维慈、数学教研组组长是庞烈金、物理教研组组长是梁功德、化学教研组组长是黄大兴、英语教研组组长是杨大秋、政治教研组组长是周朝福，总务兼财务员是王菊青，党支部书记是陈瑞先。

中学任课教师有：潘忠耀、郑继茂、羊衍先、何国秀、魏绍国、罗朝友、邹延琴、徐一冰、杜朴、马丽亚、宿丽萍、陈文平、王军丽、韩孝迪、朱红、桂军、徐元贵 刘智勇、于守仪。

小学任课教师有：陈莲娣、冷冰、张国英、虞小英、朱丽娟、刘常平、李开琴、彭亚娣、张世平、陈维平、罗恩美、严隽彤、娄秀梅、毛蓉华、陈雪英、苏建蓉。

这 30 多位教育工作者，过半数为大学本科（师范类）毕业生，直接分配到本校任教，此外有上海"支内"教师，也有为解决夫妻分居而调入本校的教师，还有少数是从红卫厂各车间、科室抽调进来转行任职的。他们兢兢业业工作，如同百花园中的园丁，辛勤浇灌，精心培育，一批批幼苗茁壮成长，写下了各

自人生青春亮丽的篇章。

红卫中小学从 1970 年建成，到 1983 年红卫厂搬迁去宜昌，后移交给麻纺厂。其中有 18 位中小学教师随迁到宜柴厂职工子弟学校任教。13 年来，有不少职工子女，从小学升入初中，直升至读完高中，不乏成绩佼佼者进入高等学校深造。例如潘永勤就考入南京工学院，还有杨惜敏、朱红、陶剑梅、陈克俭、陈克明、林若延、张建民、张忠民、潘一勤、王军丽、马丽亚、钱伟海、黄文英等 10 多人，都考上了大中专学校。

红卫中小学在培育人才的同时，也涌现出一批如潘维慈那样的优秀教师。潘维慈老师曾担任过教导主任、副校长。他还光荣地被推选为全厂 22 位赴京代表中的一员，受到李先念、余秋里、方强等首长亲切接见。他在 1987 年从宜柴厂职工子弟学校退休（现在与儿子潘永勤同住北

红卫中学团支部合影（摄于 1975 年 7 月 15 日）

京），今年已是88岁高龄，还特地写了一篇题为《我在三线工厂和职工子弟学校一同成长》的文章，回忆青春岁月，深情怀念"与同校老师和众多学生及其家长在一起"凝结的友谊。他不愧是一位德高望重的好师长。

第四节 开办红卫技校，培养有专业技能的新型工人

一、时代背景

初中毕业的学生仅有十四五岁，尚未达到进厂年龄，即使招工进了厂，也要当学徒两年满师才能独立操作。一来为了缓解等待招工、浪费时光的矛盾，二来为了培养具备专业技能（跨越学徒期）、直接上岗操作的新一代工人，红卫厂在1977年就提出申请开办技工学校，后获得六机部批准立项和拨款。

二、校名、生源、学制

红卫机械厂开办的技工学校，简称"红卫技校"，校名与红卫小学、红卫中学一脉相承，也向江南技校、沪东技校看齐。

生源主要是厂职工子女，其次是六机部在万县地区454厂和455厂职工子女，以及涪陵地区和武隆县的应届初中毕业生。该校的学制为两年，都是秋季招生，1977年、1978年、1979年先后各招生一个班（依次编为一班、二班、三班），各班约50人。在校学生领取生活费（买饭菜票）每月17.50元，相当于享受人民助学金。

三、校舍

红卫技校在川湘公路151公里（以重庆为原点的里程碑）处，距离红卫厂区约3公里。当地农村人沿用历史地名叫"团山堡"，从1966年起，以新中厂增压器车间为主力包建的新兴机械厂（简称"新兴厂"），在这里建成了几栋职工宿舍，还有食堂及办公室等，到1968年重新选址

才转移到江津落户。利用原新兴厂废弃的旧房子，经修葺作为校舍。学生全部住校寄宿，每晚要上晚自习课，安排教师轮流值班，住在学校里，专为晚自习的学生答疑。其他教职工多数住在厂里，每天上下班有解放牌卡车接送。

四、教职工构成

学校的行政管理、后勤服务及任课教师共有20多人，基本上是从各车间、科室部门抽调过去的，他们是：校长陈志宏，副校长赵文章，教务主任吴克俭，总务时善江，会计陈光碧，校医胡佐琴，司机徐海德，炊事员吕国强、李龙全等人。

任课教师：翁瑞亮、张瑞盛、王治华、胡煜芳、范宝发、姜全福、陆寿生、程公权、魏云、桂军、余光俸、祁诗源、杜朴等。他们当中有少数几位为兼职教师，就是在红卫厂原岗位上班，有课才去技校上班。

五、开设专业、课程和毕业分配

红卫技校开办车工、钳工、电工3个专业，以车工和钳工为主，电工人数很少（3个班加起来仅有20多人）。

讲授的课程有：公共基础课（语文、数学、化学、物理、力学、制图、政治、体育）和专业课（车工工艺、钳工工艺、电工基础、机床自动控制、工厂供电等）。

技校设置了车工和钳工的实习工场，而电工实习就到红卫厂的十一号车间上课。

红卫技校学生毕业分配，基本上都回到来源厂的与专

业对口车间或科室，也有少数继续升学读高等学校的。现在获评高级工程师的不乏其人。

六、关于校长陈志宏

1966 年，六机部在川湘公路边上与红卫厂距离（往长坝方向）约 2 公里处，建成了 911 军用物资仓库，储放枪支弹药等常规武器，包含有大炮和高射炮十几门。因"文革"时期搞武斗而被泄密，于是在万盛另行选址建立新的 911 库。原三号车间支部书记陈志宏受命被派往万盛（带领一班人）看守新 911 军用物资仓库。

1977 年，分管人事的副厂长朱积祚，负责筹建技工学校，就把夫妻分居两地多年的陈志宏（红卫中学校长王永灿的丈夫）调回红卫厂担任技工学校的校长。他工作踏实认真负责，深受师生好评。

1983 年红卫厂搬迁去宜昌，红卫技校停办，但仍保留技校牌子，改为宜柴厂技工学校。陈志宏也与其妻王永灿随迁宜柴厂，任中层干部。退休后跟随儿子定居于江苏无锡市。

巴山蜀水

三线建设

BASHANSHUSHUI SANXIANJIANSHE

第07章　重视培养新型人才

第一节　厂办"七二一工人大学"

1968年7月21日，毛泽东在《人民日报》清样、关于《从上海机床厂看培养工程技术人员的道路》（调查报告）的编者按中，加写了这样一段话："大学还是要办的，我这里主要说的是理工科大学还要办，但学制要缩短，教育要革命，要无产阶级政治挂帅，走上海机床厂从工人中培养技术人员的道路。要从有实践经验的工人农民中间选拔学生，到学校学几年以后，又回到生产实践中去。"这段话后来被称为"七二一指示"。

同年9月，上海机床厂为贯彻"七二一指示"，创办了"七二一大学"，经车间推荐，厂"革委会"批准，招收本厂52名工人入学，学制两年，毕业后仍回厂工作。学校根据本厂需要设置了磨床专业，开设了毛泽东思想、劳动、军体，以及各专业课程。此后，"七二一工人大学"这种学制和教学模式，逐步向全国的工矿企业推广。

遵照上级指示，红卫厂在1976年暑假后，开办了"七二一工人大学"。校址就在工矿商店对面的基建大楼，

党委委员、副厂长秦旦祥兼任校长，副校长孙本明负责具体领导，由教育科协助事务性工作。第一期招收了机器制造专业28名学员，脱产学习两年，于1978年7月结业，以后就没有继续办了。当时专业课教师聘请的是高志明，数学、物理、制图等基础课教师由红卫中学的罗朝友、魏绍国、桂军等兼任。这批学员学习积极性高，态度认真，学得扎实，学校为他们颁发了毕业证书。根据"真才实学，量才使用"原则，回到原生产岗位后，能积极发挥所学理论知识，在机械加工中取得了很好成绩。如学员胡业华担任工程师职务，协助副总工程师负责抓冷加工产品质量，干得出色，受到厂领导好评。

红卫厂"七二一工人大学"的28名学员有：胡业华、刘步升、戚洪富、何幸蕾、王新民、严隽熙、李鹏虎、匡煜礼、金家明、江礼银、姚选民、董合建、吴根林、钱茂堂、李其洲、谢承际等。

第二节 选送青年工人上大学

全国高校统一招生从"文化大革命"开始的1966年就已停止，1968年起涌现出"知识青年上山下乡"热潮，延续六七年都没有大专院校毕业生，许多基层单位对人才需求出现断层。从1974年始才逐渐在工农兵基层单位推荐优秀青年上大学，经过"教育革命"培育出的新型人才，偏重实用知识而忽略扎实的基础理论，因此赋予一个新名词，称为"工农兵大学生"。

当年的高校招生，首先由高校做出招生计划，通过教育部门分配招生名额到基层单位。红卫厂作为一个基层单位，接受来自上级的招生指标后，先是车间推荐青工名单，经厂部批准，报给相应的院校择优录取。当年招生很强调家庭出身，厂里的一个中层干部叫杨建祥，独具慧眼，力推本车间的胡德金上大学，冲破"唯成分论"的重重阻力，终于获准进入上海交大深造，走上事业成功之路，为红卫厂争光！

从1972至1976年，红卫厂选送工农兵大学生（32人）名单如下：

1. 刘曙光（设备科）、吴华鑫（一车间），清华大学，共2人；

2. 孙承恩（十二车间），北京工业大学；

3. 王喜敏（二车间），北京理工大学；

4. 吴长龙（二车间）、张建初（？车间）、严宝生（二车间）、张建源（一车间）、秦宁馨（厂办），哈尔滨工业大学，共5人；

5. 侯川鲁（理化室），南开大学；

6. 高马季（一车间）、王新生（七车间）、华援和（十车间）、陈海燕（十车间）、郭世龙（十车间）、练渝申（一车间）、胡德金（十一车间）、卞玉娣（二车间）、王明康（一车间）、许全林（七车间）、叶志强（？车间）、张小林（二车间）、时芸（十一车间）、邱伟（三车间），上海交通大学，共14人；

7. 宿丽萍（二车间），安徽大学；

8. 王平（厂办），华中工学院；

9. 刁全枝（二车间）、刘雨蓉（二车间），中山医学院2人；

10. 王治华（二车间），四川大学；

欢送刘雨蓉同志光荣上大学

11. 王金龙（二车间），西南师范学院；

12. 朱刚（技术科）、王维加（计量室），哈尔滨船舶工程学院（调干生）。

另有选送青工多名去上海交大参加为期六个月短训班，如杨柏林、马文礼等。

选送入学的工农兵大学生在学满 3 年毕业后，除极个别之外，绝大多数返回本厂服务，在各自岗位上发挥聪明才智，为三线建设立新功。

红卫厂的汤竹义（中排左六）、杨柏林（中排左七）和赵超（后排左五），参加了 1975 年 12 月开学的上海交通大学六机部数控短训班学习，为期半年。图为结业合影

巴山蜀水

三线建设

BASHANSHUSHUI SANXIANJIANSHE

第08章 人际关系与文化生活

第一节 "同志"称呼满天飞

据国家人口资料，1949 年新中国成立时，有四亿五千万同胞。

新中国成立之初，学习苏联"老大哥"，奖励生育 10 个孩子以上的"母亲英雄"，1953 年第一次人口普查，结果已突破 6 亿。

1957 年，我国学者马寅初发表"新人口论"（要限制人口增长）遭到批判。到了 1973 年，国家领导层开始意识到问题的严重性，明确提出"晚生、稀生、少生"方针，到 1978 年，人口自然增长率从 20% 下降为 11%，目标是控制在 20 世纪末不超过 12 亿。

早在 1969 年，我国人口就已突破了 8 亿大关！当时就有诗词赞誉"八亿神州尽舜尧"。今日在此还要补充一句："八亿神州皆同志！"

在共产主义运动中，凡是"志同道合"的人都互称"同志"。我在少年儿童时期看电影，就有"列宁同志""斯大林同志"的印象。在中国，上至毛泽东、刘少奇、周恩来，下至身边的工友、同事以至陌生人，都一律可以称"同志"。"同志"一词满天飞，抹去了阶层、行业、年龄、性别之区别！

在白马山沟沟里 18 年也毫不例外，见到什么人都叫一声"同志"，听起来似乎很平等，也亲切，但始终不及叫老张、老李、老王、老……更亲切，因为你起码知道他姓什么。我的孩子说，工农兵之中，工人最年轻，同我们年龄最贴近，也就最亲切。我问：何以见得？他答："老师教的：工人老大哥，解放军叔叔，农民伯伯。"

我们在红卫厂18年，四面青山环绕，清晨日出推迟一小时，黄昏日落提早一小时。开门见山，抬头望天，我们的生活圈子显得十分狭窄。尤其是工余时间，除了赶场购物，就是回家做家务，面对自己家里人或同寝室工友，极少机会接触外界的人与事，所以，邻里之间就很自然形成互相守望的亲善关系。

邻里亲善表现于如下几个方面：

1. 厂内动态、市场消息（商品信息）等方面的互相沟通；

2. 家庭日用品互相调剂余缺，有借有还；

3. 料理家务事的成功经验或失败教训，都可互相切磋；

4. 偶遇困难，互相帮扶，包含人力物力援助，以及共商良策等精神上的抚慰；

5. 帮忙看护邻家的孩子，防止不安全事故；

6. 热情招呼邻家的来客，当主人外出未归时，请入自己家门，喝口水，聊聊天，静心等候；

7. 劝阻和抵御陌生人闯入邻家；

8. 共同维护门口、公共场地清洁卫生。

以上列举邻居之间那种约定俗成的联系，都是通过平时互相串门及夏天夜晚在门外乘凉等方式自然形成的。日久天长，邻里之间就会积淀成一种非常纯朴的友情。看今天的现状是何等冷漠：回来就关上自己家的大门，同一栋楼大门进出的只有十几户人家，甚至同一层楼的几户人家，住了好几年甚至十多年，都互相叫不出名字，也从来没有串过门，这根本不可能有像我们在白马那样的邻里情怀。

让人际关系返璞归真吧！我们不会忘记：当年邻里之间、同事之间、上下级之间的感情是那么纯洁真诚！至今40多年过去了，我还是很怀念同一科室的战友以及同一栋楼的邻居！

附注："干打垒"第十九栋共19户邻居是：

三楼：何明德、应信芳、杨耘耕、姚招根、陈炳荣、吴安碧。

二楼：柳厚德、王小初、钟沛超、刘玉福、吴美观、孙国安、白志渊。

楼下：陈发余、晏祈禄、蒋鸿昌、李庆国、傅小琼、郝玉林。

下面展示的几张旧照片，折射出当年的和睦邻里关系。

王家三姐妹（1976年春节）

朱宝坤家全家福（1971年）

王小初、杨琴娣夫妇（1976年春节）

孙国安夫妇（1978年春节）

住"干打垒"2号楼邻居王志轩一家（1972年）　　萧淑玉和她的两个女儿（1976年7月）　　柳厚德一家（1980年春节）

"干打垒"11号楼的邻居
（1972年夏天）

姚招根一家人
（1976年12月）

林长校一家人
（1976年春节）

刘玉福和他的儿子
（1975年春节）

第三节　旅　游

　　喜爱旅游是人的天性。东晋时期，陶渊明著《桃花源记》，追求"世外桃源"美景；明代的徐霞客，用了30多年历尽艰辛，餐风宿露，踏遍19个省市名山大川之后，写成了集地理、景物、风光于一书的巨著《徐霞客游记》。可见，旅游一事并非时髦，而是古已有之。

　　然而，"旅游"是一种文化，同人生"衣、食、住、行"必需中的"行"，完全不是一回事，而是在人们解决温饱问题的基础上实现的。新中国成立初期，我国普罗大众都在为求温饱而努力拼搏，根本就没有闲情逸致去旅游。1984年我从宜昌宜柴厂出差北京，利用星期天休息或空隙

红卫厂建立之初，黄剑强带领"摸洞小组"在白马山中（1966 年 9 月）

王秋兰 1976 年 7 月在水塘坊赏清流

孙家两姐妹 1978 年春天在大桥边

时间游览故宫、颐和园，见到一队队操粤语方言的中老年人，跟着一个左手举三角旗，右手持电喇叭的年轻人前行，我还不明白这是什么行当，仔细打听才知道，那是穗港地区来北京的旅游团。改革开放后的头几年，旅游业先在沿海经济发达地区兴起，而重庆、宜昌这样的内陆城市还没有起步。

生活在白马 18 年，我们有时也会在节假日乘乌江船去羊角、土坎、武隆走一走，或乘汽车去长坝玩半天，或去白马老街赶场，看铁索桥，也有时会步行游"老虎洞"，看江华增压器厂的水磨坊用水力驱动磨面粉，爬上半山腰看"神仙洞"，去 911 库前面的水田，捡田螺，抓黄鳝，下长坝河钓鱼……有玩又可收获河鲜，其乐无穷！但这些算不上旅游，因为有"游"而无"旅"，都是当日来回，以步行为主，不需要交通和住宿费用，所以只能算是"游山玩水"，也就是所谓"穷开心"吧！

为红卫厂供水的水泵房，从长坝河取水，如同用乳汁哺育着全厂职工和家属数千口人，我们就把长坝河看成是一条"母亲河"。平时我们都爱去长坝河玩耍拍照，除此找不到更好的风景了。拿起照相机取景，仰视是蓝天，平视是青山，建筑物也没有一间值得欣赏的美景，还是去长坝河可以找到水面、沙滩、石头。那个年代，私人拥有照相机的，全厂也只有三五台。1973 年，我花140 元买了一台"海鸥牌"四型 120 相机，工友、同事、邻居请我拍照，我都尽力帮忙，随叫随到，拍完一个胶卷就送到照相馆冲印，把好的照片截留下来，再加印才交货给他们。在此展示当年保存下来的一些老照片。

红卫厂投产后两个月，临时组成 4 人"摸洞小组"，由黄剑强带队，爬山探洞。

到 20 世纪 80 年代中期，旅行社在全国范围内遍地开花。按地域分为本地游、省内游、国内游、出国游；按旅游目的分为休闲游、度假游、观光游、摄影爱好者游、探险游；按观赏对象分为自然景观（海滩、江河、湖泊、瀑布、溪涧、山峰、岩石、溶洞、野生动植物……）、人文景观（万里长城、京杭大运河、皇宫、园林、古城堡、古村落、古桥、古塔；宗教建筑：佛寺、道观、文庙、孔庙、城隍庙、清真寺、天主教堂……）改革开放40多年后的今天，人民生活水平翻了好几番，旅游成了人们能普遍享受得到的一种文化生活。

回顾20世纪，虽然杭州西湖、苏州园林、桂林山水早就存在，但游客寥寥无几，景区更是门可罗雀，很多文物古迹遭到破坏，以致面目全非！

我们这一代人困守山区18年，多么向往走出去看看大千世界，然而，游览风景名胜、观赏城市风光，机会少之又少。如果说有，那是以下几种情况的捎带游览：

第一种，借开会或办学习班名义，由公家安排游览风景名胜（主办者要求大家不要张扬，怕挨顶头上司批评指责）；

第二种，因公出差，利用办事的休息时间，抽空游览风景区；

第三种，私人外出办事或探亲，顺带游览风景区。

下面展示本人收藏的几组照片：

图1：参加四川省造船学会（1978）年会，1979年7

图1

图2

图3

图4 西安火车站

图5 南京长江大桥

图6 苏州留影

月 26 日，在重庆南温泉；

图 2：参加中国船舶标准编审会议，1979 年 10 月 19 日，在江西九江；

图 3：参加红卫厂团委举办的团日活动，1977 年 5 月

4 日，游重庆北温泉；

图 4—图 6：因公出差，顺带游览西安、洛阳、无锡、苏州风景区。于 1975 年 1 月。

第四节 节日文化

20 世纪，机关、团体、厂矿、学校……全部实行每周六个工作日，只休息星期天，全年共 52 个星期天。此外，全年有公众节假日：元旦 1 天，春节 3 天，五一节 1 天，国庆节 2 天，共 7 天。一年总共可休息 59 天。探亲假、产假、婚假、丧假、补休、调休假另计。

红卫厂的职工怎样度过假日的呢？分为以下三种情况：

第一种情况，家在附近（涪陵地区范围内）的单身职工，星期天和节假日多数都回去同家人团聚。

第二种情况，从上海"支内"而来的或离家较远的单身职工，星期天和节假日都回不了家，留在厂里度过。但多数人把探亲假放在春节前后，以便同家人及亲戚团聚过新年。

第三种情况，在本厂安家的职工，星期天及节假日都只能在厂里度过，也有个别职工把父母接来白马团聚过新年的。

留在厂里过星期天和节假日的职工占八成以上，如何使这些职工过得愉快又健康，休息得好，有更充沛的精力迎接下一个新的工作日，确实是值得重视的问题。由于远离城镇而享受不到为社会服务的文化娱乐和体育运动设施，本单位也缺乏这方面的人力、财力支撑，所以，长期以来职工节假日生活都处于单调乏味状态。

一般来说，有家属在这里的职工，逢星期天都要买煤、买米、买副食品，洗洗涮涮搞卫生，单身职工也会赶场买东西回来烧一两个好菜改善生活。至于文化娱乐就很单调，那个年代，禁止搓麻将、跳交谊舞，也没有卡拉 OK，唯有打扑克、下象棋（少数人会下围棋）。

中华民族在悠久的历史长河中，形成了民俗传统节日，如元宵节观灯、清明节祭祖、端午节赛龙舟、盂兰节烧纸钱拜野鬼、中秋节赏月华、重阳节登高祈福、冬至节庆丰收。但是在"破旧立新"的年代，这些传统节日统统被废除，不准供奉神位，不准祭祀祖先，清明节也禁止上坟扫墓，随之而来，香烛、纸钱等统称为"迷信品"也断绝出售。红卫厂职工初来乍到，当然就没有祖坟在当地可祭扫，但十多年来也极少见当地的农民清明上坟。这就是"革命化"背景下的"节日文化"现象，贯穿着从新中国成立以来共 30 年的整个历史时期。

春节，也叫"过大年"，是指农历从除夕开始，到"人日"（年初七）为止，共八天时间，爆竹一声除旧岁，桃符万户迎新春。改革开放后，继承了历史文化传统，除夕合家欢聚，吃团年饭，给压岁钱，守岁到初一凌晨，互相拜年，派"利是"（红包）。北方耍龙灯，逛庙会；南方舞狮子，赏花灯

等喜庆活动，全国城乡都热热闹闹、喜气洋洋。

回顾在白马的岁月，我们年复一年都过"革命化春节"。全厂将近有半数职工留守在白马，过年团聚请吃饭，互相串门拜新年，看上两三场露天电影，就这三件事，年年春节都老一套。

过新年 请客吃饭 除夕在自己家庭吃团年饭后，从初一到初三的午饭或晚饭，都会烹制七八个至十几个菜，约上三五知己到自己家里来热热闹闹吃一顿，然后你请吃一顿，他请吃一顿，轮着来，尤其要请留在厂里过年的单身

职工来一起热闹，以解其寂寞思家之苦。有家属在此的职工，大约占三分之一家庭，都会采取这种形式的小宴会（一般都只请职工本人而不带家属参加的）欢度春节。

互相串门 拜新年 在白马过年，没有茶楼、饭馆，也没有戏院、公园等娱乐场所，通常就会三五成群登门给领导或同事、工友拜年，带上问候、送上祝福，坐下来嘘寒问暖拉家常，然后品尝主人自制的点心或小吃。就这样你来我往，互相走访，也能体现出革命大家庭的人际间亲切感情。

1975 年春节，厂长李增华到职工家庭拜年

1983 年，钟国伟一家人欢度春节

红卫桥头合家欢（1983 年春节）

吴佩诚一家（1975 年国庆节）

陈汝根夫妇及母亲（1970 年春节）

巴山蜀水

三线建设

BASHANSHUSHUI SANXIANJIANSHE

第09章 艰苦环境讨生活

第一节 职工的居住与生活

一、住"干打垒"和"拖拉机"

红卫厂的生活区分四个组团："干打垒"、小平房、四层楼、新房子，依次命名为红卫一村、红卫二村、红卫三村、红卫四村。

1．"干打垒"家属宿舍

何谓"干打垒"？查字典可知："垒"作名词，意为壁垒，而作动词，意为（用土或石）砌筑。本文所讲的"干打垒"，则特指一种墙体类型。

旧中国广大乡村的民居，大体上有三类：黄土高原住窑洞；山区住茅草、树皮、木板房；平原地区住瓦房（占七八成以上）。瓦房的墙体又分为土墙和砖墙两大类。砖墙就是用泥砖（未经烧制的）或用青砖、红砖（经高温烧制的）砌筑成的墙体。而土墙就是在两块模板（板间距离尺寸等于墙厚）之间填入半干半湿的黏土，用木槌把土春紧（夯实），一层层往上增高，成为整幅墙体，这就是最原始的"干打垒"。红卫厂的"干打垒"，也用模板成形，但以石块加水泥砂浆作黏结剂嵌缝，代替黏土做墙，而且

以整体浇灌钢筋混凝土，代替瓦面和楼板，要比原始的黏土"干打垒"墙体加瓦屋顶房子坚固耐久得多。

在计划经济时代，没有开放房地产市场，所有机关、学校、厂矿职工的住房，都由用人单位免费供给。红卫厂在建设厂房同时，就必然要建设职工宿舍。在三年经济困难时期过后复苏不久，国力很弱，新建"三线"厂必须贯彻"二精二简"政策（生产设施和主要生产设备从精、生活设施和非生产设备从简）和"先生产，后生活"精神。第九设计院奉第六机械工业部之命，为红卫厂设计了最低标准的住房，人均面积小于 5 平方米，采用造价最低的"干打垒"结构，控制每平方米造价在 30 元以内。于是在白马小学下面，原地名为生基坪（意为"坟墓场"）这块坐南向北的山坡上，建起了 17 栋石块"干打垒"，作为家属宿舍。每栋宿舍为二层楼（每层有大套间、中套间、小套间各两套，共 6 个单元）住 12 户家庭，楼上楼下各装一个水槽，同层 6 户共用，虽然各户有 3 平方米厨房，但因面积太小，多数家庭都在外走廊砌炉灶，室内装修仅有水

泥地板，内墙用石灰砂浆批荡，外墙裸露石块用水泥浆嵌缝，整体看十分简朴。四年后，才增建了 3 栋青砖墙体的三层楼（编号为 18 栋、19 栋、20 栋）。整个"干打垒"，就命名为"红卫一村"。

2. "拖拉机"家属宿舍

所谓"拖拉机"，就是红卫三村的四层楼家属宿舍。在厂门口斜对面的篮球场周围，有 4 栋钢筋水泥平顶、青砖墙体的四层楼，作为家属宿舍。原九院设计是顺着山坡与公路平行排列的，这样建造成本低，但由于背南面北，南高北低，南风被挡住吹不进屋，但北风从前门侵袭深入内部，致使"冬不暖，夏不凉"，厂领导为了职工切身利益，坚持改成与公路垂直的布局（坐西向东），形如拖拉机那样有高低两级，所以叫作"拖拉机"宿舍。此外，还有两栋金字顶瓦面、青砖墙体的三层楼，作为单身宿舍。这里到厂区上下班很近，去食堂就餐、泡开水、玩篮球、看电影都很近，逛商店和农贸市场也很方便，这是环境最佳的生活区。

3. 小平房单身宿舍

小平房就是红卫二村，是建在头道河边上的，有两列金字顶瓦面小平房，每列有十几间并排的房间作为单身宿舍。另有 3 栋平顶青砖三层楼，是家属宿舍。这里地势很低，上下班要爬既长又陡的斜坡，但比"干打垒"近得多。

4. 新房子家属宿舍

也就是红卫四村，建在中小学校下面的川湘公路边上。这是由于 911 库改建成铸工车间，为了让该车间职工就近上下班，在 1973 年才建成的家属宿舍。这里共有 9 栋平顶青砖四层楼，每户都装有自来水和自用的厨厕，居住条件比以前建的宿舍好多了。

"干打垒"（红卫一村）是红卫厂的 4 个生活区当中条件最差的一个。厂级干部都住"干打垒"：王旭和李增华住第十三栋，王爱民住第五栋，陈俊山住第六栋，林允耀住第九栋，朱积祚住第十二栋，还有汪敏达、马开钿、黄剑强、吴佩诚、谭秀岩、王济祥、夏青海、王楚九等十几位中层干部都住"干打垒"，而且居住面积标准同普通职工一样。这些干部带头把家属迁来"三线"厂安家落户，又带头住环境最差的生活区。如此清廉的干部风范，赢得了职工群众的爱戴和敬仰，也受到后辈人的世代传颂。

二、生活区的环境保护

职工生活，必须解决好每日的"吃、睡、拉"三件事。

"拉"的问题（即人体排泄物）是与生态环境保护密切相关的。且看今时的居民住宅区，每家每户都有独立卫生间，每栋大楼的排污管都连通到化粪池，经发酵沉淀后才排到大直径的截污管，然后流入污水厂处理，达标后才允许排放到江河里。这是改革开放后城镇生活最现代化的环境保护模式。除了居住区之外，凡有人群流动的地方，都设置了公共厕所，或称为卫生间、洗手间（在台湾则称为"化妆间"），无非就是解决人们"拉"的问题。

20 世纪六七十年代，城镇居民都没有家庭自用的卫生间，全是用公共厕所的。北（京）、上（海）、广（州）等大城市是这样，红卫厂同样如此，夜间不方便去公厕，就用陶瓷罐、搪瓷痰盂或木质的有盖马桶解决，大清早就提到公厕边上用水冲刷干净。

红卫厂 4 个生活区及厂房的周边，都设置了多个公共厕所，不论是在家属宿舍、单身宿舍、车间、办公室，都一律使用公厕。当时为了节省建设投资，所有公厕都采用瓦屋顶加"胡豆渣"墙体，面积的一半为男厕，四分之一为女厕，另四分之一是敞口无盖的蓄粪池。少则五六个、多则十几个蹲式坑位的排泄物都通过斜槽流入蓄粪池（在闷热天气，厕所就会臭气熏天），经过一些时日发酵就成了肥料，到了六七分满，生产队的社员（农民）就来把粪水挑去庄稼地施肥，全部渗入土壤里为农作物吸收，不会对环境造成污染。为农村提供肥料，这是建设"三线"厂执行"三不四要"政策的其中一项任务。

红卫厂住宅区的生活污水，主要是餐厨污水及拖地、洗衣、沐浴污水，都是由室外的沟渠汇流后，直接排入江河。

好在当年很少使用洗涤剂，仅仅是肥皂和香皂（农村还在使用一种植物皂角来洗衣服），连最简单的洗衣粉、洗手液、沐浴液、洗洁精等化学清洁剂都还没有普及到普通老百姓家里，所以生活污水对环境不构成污染，并没有发现头道河及长坝河的水质明显变坏。

附注："胡豆渣"也是一种墙体类型，同黏土"干打垒"很相似，都用模板成型，但填充黏土中加入相当多鹅卵石，好像把胡豆掺到面粉里那样，故得名"胡豆渣"。

第三节 家居简朴 物力维艰

一、自力更生做家具

20世纪六七十年代，物资供应十分短缺，老百姓的家居很简朴，按照上海和江浙一带习惯，最基本的木器家具无非就是大床、床头柜、大橱、五斗橱、写字台、食品柜、方台子加4把靠背椅，总共44条腿。新婚家庭除了追求这样的44条腿外，还加上"三转一响"（自行车、缝纫机、手表、无线电收音机）。

来自上海的"支内"职工，只有少数家庭能够搬迁成套家具进川，大多数家庭都是缺这少那。到白马住下来一段时间后，发现赶场有卖当地农村流行式样的家具，于是出现职工与卖家具的老乡"套热乎"，渐渐兴起买木料请木匠上门，依样画葫芦仿制上海家具，工多艺熟，越做越像样，而且以实木（杉木、柏木、樟木、杂木）代替夹板，就更结实耐用，颇受欢迎。起初，老乡们把自留自用、干透多年的木料拿出来卖。后来，红卫厂家属区对木料需求越来越大，老乡就现砍新树木加工成板子和枋子，焙烘、烤干

出售。这种滥伐林木行为，引起武隆县林业局关注，就经常在路口设岗哨进行拦截。为了躲避拦截，老乡就深夜背起木料下山，天亮前（凌晨）到达红卫厂家属区，敲门兜售。十多年来，红卫厂职工大约有半数以上家庭买过木料，请过木匠上门做家具。后来又增加做樟木箱、弹簧沙发、弹簧床垫等品种。尤其是获知即将要搬厂离开白马的消息后，从1980年起，都抓紧时间最后一搏，做家具之风更甚。

1980年后，由于改革开放，商品越来越丰富，厂里有些家庭开始享用10~16吋台式电风扇、黑色塑料大唱片电唱机、双声道磁带录放音机和14~17吋黑白电视机。至于"三转一响"，差不多是120元左右的单价，相当于两三个月工资才能买一件。除了因山区路狭，多坡，不宜骑自行车之外，多数人都购置了手表、缝纫机和收音机。

二、日常生活用具面面观

（一）日常生活用具

今时家庭，随意可见十几种甚至更多不锈钢用具和塑

料用品，但回顾在四五十年前，完全不是这样的。当年的餐厨器具：加热用的饭锅、高压锅、开水壶是铝制品，水桶用木材或镀锌铁皮制成，脸盆是铝合金或搪瓷制品，餐具如盘、碟、碗、匙、杯、盅，除了传统的瓷器外，就是铝合金或搪瓷制品，水瓢、饭盒、军用水壶都是铝合金制品。保温瓶从竹壳、铁壳、铝壳到彩花搪瓷壳，也很漂亮很高雅。当年民间俗语把铝合金叫作"锑"，例如锑锅、锑盆、锑壶；上海方言则称为"钢精"。改革开放后的1980年，才大量出现塑料制品。2000年后才普及使用不锈钢制品。

1. 炉灶

以煤球炉为主，柴火灶为辅。

煤球炉　虽然在土杂商店可以买到成品，但厂里有一些师傅们多嫌不好用而自己制作。利用废弃的圆形或方形油漆桶，在下部放入一个用圆钢条焊接成的炉箅，买一个耐高温的炉芯置于炉箅上，在炉芯周边填满耐火泥，装上自己车削出来的圆盖炉门。这种自制炉门的密封性良好，可以封炉子过夜（如果炉子熄火了，就要重新生炉子，至少要半个钟头，火才旺得起来）。

煤球　厂总务科安排三四名家属工开办一间煤球房，用颚式粉碎机把块状原煤碾碎成煤粉，加入少量黏土和水，搅拌后经过模具压成椭球体的煤球（过了几年后改为压制蜂窝煤），供应给全厂700多户家庭。

柴火灶　捡一些废弃的砖块，用水泥、砂浆为黏结剂砌成，以枯树枝或废木板为燃料。

煤油炉　单身宿舍里一般都没有炉灶，就自制8~12芯的煤油炉，以煤油为燃料，自己烹煮，调节改善伙食。

2. 火柴

以磷化物摩擦产生火花点火，从20世纪30年代开始到70年代，使用了大半个世纪。到80年代初期出现打火机，先是打火石点火，后来是电子脉冲点火。

现代的煤气炉灶和燃气热水器就是借用了这种打火机的点火技术。

3. 雨具

品种少，进化也很慢。那些年，在农村广泛使用竹帽、斗笠、蓑衣，城市使用竹骨油纸伞，到20世纪60年代用竹骨油布伞，70年代才用木柄钢骨黑洋布伞，到80年代初期，从香港、澳门传入了国外进口的三折伸缩伞。在白马18年用的正是木柄钢骨黑洋布伞，晴天就戴黄色（草编的本色）大草帽遮阳。此外也同时使用棉布拖橡胶面的雨衣，很厚、很重，且有浓烈的橡胶味。到80年代初期，出现色彩缤纷、既轻薄又柔软、坚韧的塑料雨衣。

4. 计时器

在当年用清一色的机械钟，每日或隔几日拧一次发条，主要有"555"牌方形木壳台钟和双铃闹钟，少数家庭用摆锤式挂钟。手表也是机械表，以梅花、英纳格、欧米伽等牌子的进口表为名贵，国产表几乎每个省都生产自己的牌子。20世纪80年代后逐渐出现石英钟和电子手表，以干电池或原子电池为动力，无须拧发条了。

5. 家电

这个新名词就是"家用电器"的简称，在六七十年代尚未面世。那时虽然每家每户都通了电，但是每个房间在天花板垂挂一个灯头，墙上只有一只拉线开关和一个插座，用15瓦或25瓦或40瓦的钨丝灯泡照明，极少数家庭用上了日光灯和电子管收音机。到1980年后，开始使用电唱机、磁带收录音机，以及10~16吋的台式电风扇（比手摇大葵扇进了一大步），稍后才出现9~17吋黑白电视机。

那时家家户户都装塑料纱窗，卧室都要挂帐子，在室外乘凉就点蚊香或喷洒药水，手不停地摇着扇子驱蚊，因为四周围都是田野，蚊子很猖獗的。

6. 包箱行囊

喜看今时的包箱市场，男式公文包、女式拎包、双肩背囊、拉杆箱……真是琳琅满目，但昔日用的行囊却十分单调。回顾那时，当地农民出行离不开竹编背篼，他们携带农副产品出来赶场，买了小小的种猪回家，带娃娃走亲戚、串门……全都是用竹背篼。

我们初到白马山区，看见背篼认为很土气，但不久就入乡随俗，也爱上这个玩意儿了，因为背篼很适合于走山路、爬坡、过坎，比挑担子（要顾及左右两边平衡）好得多。可以讲，在白马十多年，没有哪个人没有背过背篼的，尤其是买米、买煤球，主要靠背篼。

出门购物，我们使用频率最高的算是网袋了，塑料丝（或尼龙丝）网袋，可以带三五斤至八九斤东西，长棉线网袋可以装十几斤货物。其优点在于十分柔软，收拢起来只有一个鸡蛋那样大小，放在衣袋里很轻巧。

当年虽然没有旅游，但经常会有旅行，如出差或探亲等，所以就有旅行袋，那是用帆布或人造革为面料做成的双提绊的拉链包，以60厘米规格最常用，以黑色和灰色居多。学生用的书包，是军绿色的单肩斜挎包。

（二）个人卫生用品

个人卫生日常最基本的几件事就是刷牙、洗脸、沐浴、洗衣。

当时，一般男女职工都能用香皂或药皂洗澡、洗头，除此之外，就没有别的什么洗发液、沐浴液了。护肤品只有百雀羚、蛤蜊油、花露水、爽身粉、痱子粉等。

洗衣服，大多数用塑料丝刷子在平台上擦，或用搓衣板搓揉，那时还没有洗衣机，也没有洗衣粉，只有肥皂，洗手洗衣都用它。

洗澡，上海方言叫作"汏浴"。单身宿舍每层楼设置一间盥洗室，用作刷牙、洗脸、洗衣服，也有淋浴用的自来水莲蓬头，但是没有热水，只能在夏天洗澡。家属宿舍里都没有浴室。所以全厂职工及家属，不分老少都要进厂里唯一的大澡堂泡热水池。

大澡堂使用原煤烧锅炉，加热一池水，六七分满，供大家泡热水澡。一些人嫌脏，都只用热水的莲蓬头淋浴。女性专用浴室只设热水莲蓬头淋浴，没有大池。大澡堂不是每天开放，一周只开一两次，都是下午4点开始到7点结束。一年当中除了大热天的6、7、8月之外，都会免费供应热水给职工洗澡。此外，一些热加工车间，如铸、锻、焊、热处理车间，则设置了热水淋浴室，冬天里，本岗位的操作工人，每天都可以洗热水澡，然后才回家。

白马冬季的平均气温是十一二摄氏度，所以冬天去大澡堂洗热水澡的人很多，拥挤不堪，洗完澡要穿够衣裳，出门就是北风呼呼，要步行300多米才能回到"干打垒"的家。

三、从国民用纸看生活水平

现代造纸工业把纸类产品分为生活用纸；文化用纸（印刷、书写）；包装用纸（纸箱）；特种用纸（复印纸、打印纸、医用试纸、货币纸等）四大类。"人均年用纸量"是专指生活用纸而言。所谓"生活用纸"就是小纸巾、纸餐巾、卷筒卫生纸、妇女卫生纸、婴儿纸尿片等。

生活用纸消费能反映出一个国家（地区）的国民生活水平高低。

早在 20 世纪六七十年代，发达国家的国民生活用纸已达到人均年用量 10 多千克。那时我国生活用纸的人均年用量不到 0.1 千克，足以说明我们的生活水平十分低下。

曾记否？当时男女老少都流行用小手帕（约 30 厘米方形印花薄布，可反复使用），一直用到 20 世纪 80 年代初期。因为我们日常抹脸、擦汗是没有纸巾用的。

曾记否？我们如厕用纸十分粗糙，而占总人口 90% 的农民，还用不上草纸如厕（只能用干草、树叶、竹篾片等代替）。

曾记否？妇女例假用的是可反复使用的卫生带（卫生巾）？至于婴儿尿布，则是用旧衣服撕开成布片代替。

就是文化用纸也是十分短缺，许多报纸、期刊都限额订阅，看完了的旧报纸还要废物利用，做散装商品（如盐、糖、面粉等）的包装纸，也有做厕纸用的。

第四节 穿着打扮灰、黑、蓝

武隆县白马山区农村的老百姓，在 20 世纪 60 年代的生活相当贫困，不少家庭几口人只有一套较为像样的衣服，谁去赶场就让给谁穿，即使这样，在赶场当中，还是有人衣衫褴褛，不乏穿洞的，露膀子的。

来自十里洋场的上海人到了贫困山区，穿衣打扮也得入乡随俗，以免出现过分大的反差。生产工人多数都从家里穿好"劳保服"出门去上班，甚至穿着"劳保服"去赶场，去爬山。夏天穿"汗背心""文化衫"等针织品或的确良衬衫加（男）短西裤；冬天穿绒绒衫裤、毛线衣、短棉袄、列宁装、中长呢绒大衣；春、秋两季则是用卡其、涤纶、奥伦、维尼纶、哔叽等化纤或混纺布料缝制的夹克衫或中山装、青年装、两用衫、唐装衫等。除了热天的服装以白色为主之外，其他季节的衣裳颜色以灰色、黑色、蓝色一统天下（偶然会有人穿军绿色的红卫兵服装），即使有条子和格子的素净花色，也为数不多。谁敢穿得大红大紫，花里花哨，准会让人在背后指指点点，说三道四。在厂区内外，女装打扮则一年四季都是长西裤，

短西裤和裙子基本上没有人敢穿，只有在电影银幕或舞台上才能看得到。信不信，只要你翻阅旧相册，看老照片就有答案。

在红卫兵"破四旧"风浪中，喇叭裤、牛仔裤、旗袍、连衣裙、高跟鞋、火箭头皮鞋都属于"奇装异服"范畴，加以反对；戴项链、耳环等饰物，吹波浪发型、抹胭脂、搽口红、拍婚纱照……甚至穿西装、打领带，都统统视之为"资产阶级生活方式"，要连根铲除。

当年除了针织品服装外，就没有商品成衣，都得去百货公司布匹柜台买布料，交给缝纫店，量身定做，或回到家里自己动手缝制成衣服。多数人都购置了家用缝纫机，自备软尺（皮尺）和裁衣专用剪刀，又热衷于买裁剪书和纸样裁片。做衣裳，不单是妇女的家务事，不少男士都参与。

此外，女士们一年四季都离不了编织毛线衣或钩织头巾、台布，所以听报告、开会、学"毛著"时，男士抽烟，女士就搞"三线建设"（结毛线衣用两支竹针加一根毛线，故被戏称为"三线建设"）。这是很有时代特色的风景线。

第五节 民以食为天

一、以粮为纲和粮票

古时战书有云：兵马未动，粮草先行。人吃粮，马吃草，队伍出征，得先筹划粮草供应。现代人把食物分为主食与副食，我们是以粮为"主食"，以菜肴为"副食"。

新中国成立后，实行"土地改革"，农业生产力得到解放，随后的"农业生产合作化运动"，提高了对抗天灾人祸等风险的能力，粮食产量大幅度提高，但要供给6亿人口食粮，压力还真不小。

从1954年开始，我国实行粮食统购统销政策，主要内容是：

（一）农民生产出来的粮食分为三部分：1. 交公粮（即以实物形式向国家缴纳农业税）；2. 自用粮（留够自己家庭食用一年）；3. 卖余粮（交了公粮和留足自用粮之外剩余的粮食，由国家统一收购）。

（二）国家为非从事粮食生产的城镇人口供应"商品粮"，要凭户籍所在地核发的粮卡，按政策定量，实行计划供应。

粮食统购统销的核心内容是"不允许粮食自由贸易流通"。

在"大跃进运动"中，曾经提出过：工业生产"以钢为纲"，农业生产"以粮为纲"，可是，粮食问题非但没有得到解决，而且在1959—1961年出现连续三年天旱自然灾害，农业歉收，致粮棉油供需矛盾严峻。于是，不得不开始发放粮票、油票（同时发放布票、棉花票），按流通范围大小不同，又分为"全国粮票"和"地方粮票"两类。

粮票的使用范围，从买大米和面粉，扩大到就餐和购买一切粮食制品。一直到改革开放后的1986年，开放粮食自由贸易市场，粮食统购统销政策才被废止。

1966年春天起，红卫厂职工连同家属三千多，汇集到白马地区来了。武隆县粮食局专设白马粮站为我们提供商品粮，凭"粮食供应簿"（又叫作"粮卡"）供应大米（标准一级米是0.11元每斤），还可供选购面粉或面条。每人平均定量大约30斤每月（按各工种体力劳动强度差异和小孩年龄不同，给予相应定量）。除了凭"粮卡"买粮外，还可以凭"粮卡"在定量计划内，领取一定比例的粮票，以供在外就餐或出差使用。

粮票本身是"无价"证券（粮票必须附加在钞票后面才能购买粮食制品），但在白马山区，却演变成为"有价"证券，可以用粮票向老乡换东西。事出有因：白马山区很少水田和平地，不能种水稻和麦子，只能在斜坡地种苞谷、红薯、土豆（马铃薯），农民则以苞谷、红薯等杂粮为主食。他们没有"商品粮"供应，就领不到粮票，也就不能买大米、面条及饼干等粮食制品，也不能上馆子吃饭，所以对粮票就有需求欲望。老乡们把农副产品拿到市场卖，既需要换回钞票，也同时需要换回一些粮票。有了粮票就可上馆子"打牙祭"，就可以买米面制品回家改善生活，或给家里的老幼病残调理伙食。所以，他们愿意用农副产品跟厂职工及家属换粮票。这样，我们就可用节省下来的粮票换到农副产品，例如鸡、鸭及其蛋品，还有羊肉、水果、蔬菜、天麻、木料……当时一斤粮票可换五六个鸡蛋）。也就是说，

最早的全国粮票 1957年版　　全国粮票 1866年版

江西省粮票 1978年版　　河南省粮票 1972年版

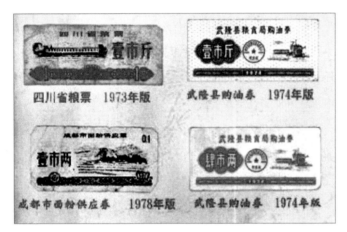

四川省粮票 1973年版　　武隆县购油券 1974年版

成都市面粉供应券 1978年版　　武隆县购油券 1974年版

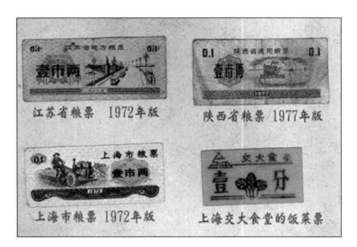

江苏省粮票 1972年版　　陕西省粮票 1977年版

上海市粮票 1972年版　　上海交大食堂的饭菜票

粮票可以当钞票使用，已变成了"有价证券"。

二、关于副食品供应

在六方坪下面的公路边，毗邻粮油供应站，有间肉食品经营店，是武隆县肉食品联合加工厂（简称"肉联厂"）设在白马的一个营业点。该肉店常年都敞开大门收购当地农民家庭自养的活猪（整个白马公社都没有集体饲养场），每天早上5点多钟，就地屠宰一至几头猪，供应白马老街和工矿商店的饭馆以及"红卫职工食堂"，同时也对本地居民零售。除了心、肝、肾、肚、肠、肺等内脏和猪头、

蹄子另行定价之外，猪肉一律是每斤0.66元，此价持续十多年没变。这个白马唯一的肉店，常年都以卖猪肉为主，冬季才会宰杀一些羊，才有羊肉出售，偶尔有牛肉卖（那不是饲养场提供的菜牛，而是老弱或伤残的耕牛，所以很难遇到一次卖牛肉）。

白马山区没有淡水养殖业，所以常年都吃不上鱼虾蟹，我们在911库与长坝河之间那一大片水田里，有时会逮到青蛙、黄鳝、泥鳅、田螺，拿回家做菜，当地老乡很诧异地问："这些都可吃吗？要不得啊！我们是不吃的。"

厂级领导和中层干部很关心职工生活，组织人力从上海采购冰冻带鱼、黄鱼，通过铁路运输到万盛用汽车运载回厂，一部分供应给职工食堂，一部分由总务科出售给职工家庭改善伙食，一年当中会有三五几次，要克服冷藏保鲜难关，是很不简单的。

三、自己动手，不得已而为之

在红卫厂旁边，有唯一的一家工矿商店小饭馆，我们戏称它为"和平饭店"（上海市南京东路外滩那个），由于原材料、副食品奇缺，国营商店职工又无积极性，菜式花

样甚少，对我们厂职工毫无吸引力。要想吃得好些，那只好自己动手了。职工来自四面八方，江浙菜、淮扬菜、京津菜、广东菜，加上本地的四川菜，都可以在自己家庭烹饪，各自露一手绝招，逢年过节，邀朋请友聚会品尝，不失为"做山民的乐趣"。

1974—1983年，我住在"干打垒"第十九栋，与杨琴娣师傅做邻居。她是本厂职工大食堂的职工，喜欢在家里做江浙菜。由于我们都是在走廊里砌炉灶烧菜的，可经常向她学习取经，有所收获。还有本科室同事互相走访或聚餐。日积月累，我学会了做一些简单的副食点心，例如泡酸菜、晒蜜枣、晒腊肉、腌咸蛋、做皮蛋、炒年糕、做猪油汤圆、熬绿豆沙、酿糯米甜酒、做豆瓣辣酱、做豆腐乳、磨豆浆、炸油豆腐、蒸蛋糕、调色拉、包抄手（馄饨）、包饺子、包粽子……

若要宴请客人或朋友，还学做一些简单的家常菜，有白切鸡、醉鸡、红烧肉、香芋扣肉、粉蒸肉、回锅肉、四喜肉、狮子头、糖醋排骨、包蛋饺、炒三丝、炒三丁、红烧蹄髈、烩蹄筋、炖猪蹄子、炖羊肉……

在白马"食无鱼，喝无奶"。遇上生小孩，产妇也只能吃炖鸡汤、猪蹄子汤、猪肝汤、醪糟蛋……婴儿就得吃母乳，吃蒸水蛋、喝青菜汁、瘦肉汁（在涪陵城里才能订到鲜牛奶）。

当年，在上海、广州等大城市都很难买到奶粉，要凭"专用券"才能买到类似"阿华田"这样的麦乳精。我们的生活就是"如此这般清苦"啊！

"60后""70后"的朋友们，你们就是在这样的环境中长大的！自从改革开放后，今天才过上好日子！

第六节 特殊年代"三件宝"

卖出与买入，就构成市场行为。物资丰富，供过于求，则由买方主导市场，即买方可以自由选购，打压物价。反之，物资短缺，供不应求，则由卖方主导市场，即卖方可以操纵物资，漫天要价，为所欲为。在计划经济时代，由全民所有制和集体所有制统领一切，物价是不可以任意改变的，但是，在国营或集体所有制单位服务的职工，可以为所欲为地控制着物资，何时卖，怎样卖，卖给谁。

在20世纪六七十年代，全国城乡所有的衣、食、用、行个人消费品，都是卖方市场，而且形势非常严峻。在这特殊年代滋生出"三件宝"，那就是听诊器、方向盘、猪肉刀。把这"三件宝"剖析开来，会让今天的年轻人大呼"不可思议"！

一、猪肉刀

忆当年，许多大中城市由行政管理部门按户籍人口发放粮票、油票、副食品票，有些城市把副食品票再细化为猪肉票、鲜鱼票、蛋品票、豆制品票……

"三线"厂都处于远离城市的乡村，只发肉票（没有发其他副食品票），而且每天供应量都不充裕，排队购买，卖完即止。我们所在的白马肉店亦是如此。那时凭油票供应菜油不够吃，都想买肥肉熬猪油补充，如果家有产妇、婴儿或病人等，想买猪蹄子、猪肝、猪心、猪肺（这些内脏杂件是不收肉票的），所有这些，靠排队很难实现，都得向那些掌控猪肉刀的店员求情。那么，手持猪肉刀者就可以精选，预留给自己的亲属、亲戚、朋友、熟人，进行暗箱操作，"开后门"。即使被群众举报，其顶头上司也眼开眼闭，举报者反而遭到打击报复，以后就认准你，进一步给予刁难。

二、方向盘

企业里的汽车司机，经常有当日来回或过一两夜才返回的驾驶任务。手握方向盘者，一是可以免费捎带搭乘，亲戚、朋友、熟人外出购物、游玩或与家人团聚；二是可以帮有需求者捎带紧缺物资，例如采购副食品、生活日用品从外面带回来，有时也会把本地土特产带出去交给亲戚朋友。这种捎带行为，本单位的车队领导是无法监管的，作为司机就心安理得帮助有需要的人，那就要看与谁的交情深与浅了。

三、听诊器

病人求医生诊治，开处方取药，写病假条休息，理所当然。当年企业职工全部实行公费医疗制度，挂号、看病、检验、取药，一律免费。但是，能否享用得到"受控制的名贵药品"，使病情早日康复，这就凭医生的良心去做了。更为严重的弊端还在于，滥开或多开"病假条"。当年实行计时工资制度，不仅是出勤做多做少同工资收入无关，而且凭医院开的条子请"病假"，凭主管领导审批的条子请"事假"，都是不扣工资的。于是患者就会"小病大养"，本来可以上班也求医生开病假条，本来只需休息两天就求情多开三四天。有些私心较重者，请病假并非很好休息，而是去赶场，种自留地，做家具等，更有甚者，离开本厂到外面去游玩。

综上所述，特殊年代"三件宝"都是穷之过，其核心问题就是人们的私利、私欲作祟。尽管毛泽东思想提倡"毫不利己，专门利人"，要"斗私批修"，但是也有人持"人不为己，天诛地灭"的信条，我行我素，人世间就是如此千姿百态。

第七节　考勤管理的困惑

全年有 52 个星期天和 7 个公众节假日。除此以外，职工在每个工作日都要出勤，由班组长负责考勤并统计出勤率，按出勤天数领取当月工资。

怎样考勤的呢？一般都是在班前会、班后会检查本班组人数。但是，对于中途溜号、下班前赶回来的，还有一些分散作业的班组，没有班前会、班后会，所出现的迟到、早退等违纪现象，班组长是很难管到位的，就只能靠职工本人自觉遵守了。

造成违反考勤纪律，有以下几个原因：

第一，工厂不设围墙

在九院设计时，认为不需要砌筑围墙，理由是"工厂有三面是堡坎爬不上来，仅有一面连着川湘公路，对面就是单身宿舍和家属区，整个厂区都由农村包围着，这大环境就是无形的围墙，贫下中农是我们忠实可靠的护厂队"。但是，在投产后就出现时不时都有背着背篼的农民站在车间门口看稀奇，见到室外有金属小零件、橡胶、塑料就往背篼里放，还会去翻垃圾池、捡破烂，甚至有农民带着农副产品到车间门口换粮票。另外，本厂职工可以从多个出入口自由穿梭车间科室，增加了考勤操作的复杂性。事实告诉我们，山区工厂也必须砌筑围墙。红卫厂"革委会"成立后不久，就砌筑起了高约两米的围墙，职工进出都要经过大门口，虽然厂门口没有设置专人

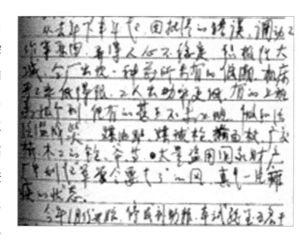

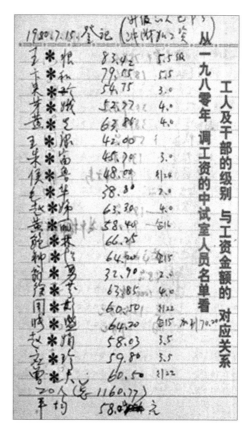

看守、检查证件，但毕竟使得劳动纪律得到很大改善。

第二，计时工资的弊端

在计划经济时代，工厂普遍实行计时工资，完成生产工作任务同工资、奖金不挂钩，做多做少一个样，只要记入考勤，就有工资收入。迟到、早退、溜号只要不被发现，就不影响收入，这就给某些人以侥幸心理去违反考勤纪律。

第三，每日必需的副食品供应不正常

六方坪和铁佛寺两个生产队社员，早上八九点钟才送新鲜蔬菜到工矿商店蔬菜门市部，山上的农民也要八九点钟后才到达工矿商店门口赶场摆卖农副产品，正在上班的职工（尤其是双职工家庭）也只好溜号出来买菜，如果守规矩到中午下班才去买菜，那只好扫"货尾"了，最要命

的是什么菜都买不到。

劳动纪律向来如此，抓紧一些就好一些，放松一些就会差一些。十多年下来，抓劳动纪律都是很困惑的。

第八节 工矿商店与自由市场

一、工矿商店半边街

工矿商店与红卫厂同时建成，位于东西走向的川湘公路边上，从厂门口往西百余米的红卫桥起始，全长约100米，平地一侧紧紧相连的建筑物，依次是邮电营业所、汽车客运站、工矿商店，靠山坡一侧零散分布着3栋房子，是土杂商店、新华书店、人民银行，故此只能算是半边街。上述六个服务部门，都是武隆县城相应部门的派出单位，除了土杂商店是集体所有制（属武隆县供销合作社）之外，

其余都是国营商业单位。

工矿商店是综合性的商业服务单位，分设10个门市部：

1. 百货门市部。经营布匹、针织品、鞋帽、日用化学品（牙膏、香皂、护肤品等）、搪瓷器皿、小五金、文具。

2. 糖烟酒门市部。经营片糖、白糖、糖精、香烟、白酒、糖果、饼干、酱料、酱油、盐、醋等调味品（当时的白酒、白醋和酱油都是散装零售，以一两、二两、半斤的量具通过漏斗注入顾客自带的瓶子里，基本上没有瓶装出售）。

3. 蔬菜门市部。经营来自六方坪和铁佛寺两个生产队的鲜菜，每次送来仅仅是一至两种鲜菜，收货后当场出售，卖完即止。买菜者没有选择余地，来迟了就什么都买不到。按不同季节，蔬菜品种有土豆、萝卜、卷心菜、青菜、莴苣、南瓜、茄子、豇豆、豌豆、豆制品等。

4. 饭店。有回锅肉、鱼香肉丝、粉蒸肉、麻婆豆腐、香辣茄子等小炒加白米饭和"供应堂吃的散装白酒"。

5. 面馆。经营小面（阳春面）、盖浇面、抄手（馄饨）、水饺等。

1972年5月，工矿商店甜食部

6. 甜食店。有豆浆、醪糟汤圆、荷包蛋、炒米糖开水、绿豆沙、粢饭糕、开口笑、油条、大饼、发糕等。

7. 理发店。仅有3张理发椅，以男宾剪发为主，不洗，不吹，因为：一是在理发店洗头、吹发波、搽发蜡，都被认定为"资产阶级生活方式"加以反对，二是超越了群众最基本生活的消费水平，收入少，舍不得花钱去洗头吹发波。单身宿舍有好几个师傅自备剃刀、推剪，免费为工友理发，互相服务，其乐无穷！有些家属也备一套理发工具给自家以及邻居小孩理发。

8. 照相馆。使用室内移动式的木质气动快门座机，装黑白感光胶片，最大能照8寸，可分成1寸、2寸、3寸的若干个小格子，拍摄各种规格的黑白照片。

9. 旅馆。仅有十几间单双人房，除了一张床、写字台、椅子和台式电扇之外就什么设施都没有。

10. 土杂商店。经营农具（铁锹、锄头、钉耙等）、炊具（刀、砧、盆、桶、碗、碟、铁锅、煤球炉）、草帽、油布伞、葵扇、扫帚、拖把，以及最简单的木凳、桌子、箱子、床架子等家具，还有茶叶、桐油、生漆、煤油和各种农药杀虫剂。

上述工矿商店和土杂商店在星期天和节假日照常营业（本店职工轮休），每天8点开市，天黑就关门，从来都不开设夜市。

此外，工矿商店半边街，还有下面4个服务单位：

1. 邮电营业所。邮政与电信集于一身，经营项目有出售邮票、收寄挂号信件、包裹、汇款、投递邮件（红卫厂职工个人和单位的所有信件、电报函和报刊，都只投递到厂门口的收发室，转交给收件人）、订阅报刊、收发电报、拨打长途电话。

2．白马汽车客运站。白马至涪陵、白马至武隆、白马至南川的客运班车，主要服务对象是沿线各村镇上下车的旅客。我们厂职工往涪陵和武隆都爱乘乌江船，私人去南川办事的概率极小，若办公事则会乘本厂的顺风车或派专车。所以这个汽车站与我厂职工没有多大关系。

3．中国人民银行白马营业所。经营多个项目中，主要是同我厂财务科发生业务关系，唯有储蓄业务与我们普通职工有关。在那个年代，我们依靠工资收入，仅仅够当月生活开支，甚少结余，所以基本上不需要往银行存款和取款。

4．新华书店。

二、热闹的星期天赶集

白马老街原有约定俗成的赶集日期已淡化，为适应红卫厂职工休息星期天，而改为逢星期日赶集。当地的方言称其为"赶场"，就在工矿商店门前的公路两边，有附近乡下出来的农民用竹背篼背来各种农副产品，摆个地摊，卖给本地居民，主要是红卫厂职工和家属。有辣椒、土豆、萝卜、豌豆、豇豆、青菜、菠菜、苋菜、丝瓜、黄瓜、苦瓜、南瓜、毛豆子、花生、芋艿、红薯、苞谷（玉米棒）等新鲜蔬菜，有枣子、石榴、橘柑、柚子、梨子、柿子、桃子、樱桃、枇杷、栗子、核桃、葵瓜子等水果，按不同季节，总有三五几样农产品上市。一年四季都有鸡和鸡蛋，时不时有鸭和鸭蛋，冬季还有羊肉、羊腿。有时会遇上野兔、果狸、山鸡等猎物。此外还有天麻、杜仲、桂皮、党参、黄芪、川连等野生中药材。

1968年冬，初建的工矿商店

除了星期天赶场之外，平日的上午9点钟前后，工矿商店门口都有附近农民出来卖蔬菜的，既有不上班的居家老人来买，也有当班生产的职工溜号出来买。这就牵涉到工厂的考勤制度了。

我们厂的职工每周只星期天休息，早饭后出门，多数去工矿商店门前赶集，也有去白马老街赶集的，或有兴趣者就三三两两结伴去爬山，往新兴厂（选址建厂未成）方向的，往沙子沱方向的，往长坝方向的，甚至往羊角、土坎方向的。爬山目的是拦截背东西出来赶场的农民，买鸡、买蛋、买羊腿，祈求价廉物美，同时也为了锻炼身体，出一身汗，穿过密林，跨过溪涧，多吸收一些含负氧离子丰富的新鲜空气。

巴山蜀水

三线建设

BASHANSHUSHUI SANXIANJIANSHE

第 10 章 撤离白马

第一节 白马老街与红卫厂的情缘

在四川省地图上很容易见到白马这个地名，因为这是乌江航运中一个不大不小的码头。白马码头上面有条白马老街（按当地的方言称为"乡场"），依傍长坝河，流向乌江的出口交汇点。这样优越的地理位置使之成为当年白马公社的行政中心。

这条老街有人民公社办公室，有供销合作社、信用合作社、人民武装部，还有派出所、卫生所、医药公司、搬运站等机构，此外还有百货商店、饭馆、小食店、理发店、裁缝店等，排列在老街两旁。原来按县、区、乡三级建制，称为白马乡，"人民公社化"后建立白马公社，改革开放后，白马公社改制为白马镇。

从红卫厂去白马码头，乘汽车则从白马老街下面的公路绕过去，车程 4 千米，只需 10 分钟即可达；步行则沿着较平缓的斜坡拾级而上，穿越这条几十米长的老街，翻过山凹顶，然后下陡坡至乌江边，大约要走半个小时。来往于厂与码头之间，有时能乘上本厂的客车或货车，有时又没有车，那就必须步行穿越白马老街。此外，在星期天职工们也会专程去白马老街，买点生活日用品。

红卫厂职工对这条老街很有缘，这是一方面。另一方面，白马老街的居民又对红卫厂有难分难解的情结。因为红卫厂给白马带来了现代大都市（上海）的精神文明和物质文明。建厂初期，常年居住在深山幽谷的老乡们出来赶场，听到广播喇叭传出讲话、唱歌声音，就抬头朝电线杆顶张望，想探个究竟；看到停靠在大路边的起重机吊装几吨重的机身、机座、大铸件毛坯，就会竖起大拇指称赞：红卫厂的工人真了不起！

老街的居民也经常来工矿商店赶场、到红卫厂看电影或舞台表演，而且这条老街土生土长的好几个青年（如张洁珍、刘维芳、冉兴秀、游庭英、熊桂昌、胡兴明、周焕明等人）被招工进了红卫厂，所以白马老街的居民都很关心这个厂的发展动态，把红卫厂的繁荣和兴旺，看成是整个白马老百姓的美好未来。

第二节 撤离前的依依难舍情

向四0六厂告别 1982.8.31.

1982 年 9 月，红卫厂全面停产，拆卸主要生产设备、装箱待运。

1983 年上半年至次年 1 月，红卫厂的主要生产设备及人员陆续撤离白马，搬迁到湖北宜昌宜柴厂。物资 9824 吨，职工 1235 人。

回顾搬迁全过程，历时 5 年。在这过程中有一个重要环节是 1982 年 3 月 18 日，召开了全厂中层以上干部及工程师会议，六机部首长和省、地、县三级领导都到会讲了话，说明这次搬迁的重要意义，肯定我们过去取得的成绩，勉励我们再接再厉，努力完成搬迁任务，到新的岗位创造更大辉煌。

1978 年 12 月，党的十一届三中全会在北京召开，拉开改革开放的序幕；随后四川省六机局通知要求各个三线厂上报基本资料。

1979 年春天，红卫厂领导班子开始策划拍照片，写材料，上报请求搬迁。

1982 年 4 月，经国家机械工业委员会批准：六机部下属红卫厂大部分合并到湖北宜昌宜柴厂。

尽管我们困守在白马，度过 18 个春秋，对那里的穷山恶水早就厌恶至极，但是一旦真的要走了，难分难舍的情怀油然而生，毕竟我们曾经为山区建设添砖献瓦，一草一木都是情。自从厂领导宣布停产那一天起，我们都抓紧机会拍一些照片留念，因为我们都意识到，此去将难有机会再返回。

第三节 老厂朋友联谊怀旧

一、老朋友聚会概况

红卫厂立足白马18个春秋，因患病、工伤等而亡故的共23人，他们是：唐凤阁、邱赤环、李福明、方金福、陆善珍、俞安康、祝祥郎、李尚谅、朱金根、黄玉丰、贺厚发、战素英、钱红妹、王小林、王启明、徐君卿、萧海泉、吕彩花、吕兆多、朱金海、杭根林、姚能华、谈金宝等。

红卫厂撤离白马至今38年，据不完全统计已有238人作古。

我们缅怀曾经在同一条战壕奋斗过的"鞠躬尽瘁率先垂范建设三线"高风亮节的老首长！缅怀那些"默默耕耘为国为民献青春"高尚情怀的老战友！

当年红卫厂职工至今基本上都退休安享晚年了，尽管分散在全国城乡各地，但大部分是"居住地相对集中"的。他们没有忘记老朋友昔日情怀，都以不同方式进行聚会活动。在此，概述各片区的聚会情况。

1. 上海"支内"职工聚会

上海是红卫厂的根基。"支内"职工在1966年进川时，最年轻的都有20岁左右，到2005年就满60岁退休了。从2005年起，他们每年5月5日于上海人民公园聚会，参与者多达二三百人，相互亲切问候，深情祝福，还按年龄分组拍集体照片留念，而且一一对应标注着每个人的姓名及通信地址，上传到"联谊群"里，受到朋友们普遍赞扬。上海的老朋友点赞：林允耀厂长很热心，几乎每年都参加聚会。

2. 重庆片区老朋友聚会

重庆市辖下的武隆县是红卫厂大本营。重庆片区包含涪陵、江津、永川、自贡、达州等地，原红卫厂退休职工有数百人，居住地相对来说比较集中。他们在2012年12月首次聚会，20多人，场面相当热闹。此后，孙青应众人要求，建立了"红卫厂退休职工联谊群"（QQ群），而且在"群"发布了公告：经商定，重庆聚会定在每年4月25日，地点在人民大礼堂广场茶室，时间是中午11点。以后不再通知，请互相转告！

重庆片区第二次聚会的老朋友80多人，于2013年4月25日去涪陵搞联欢活动，还兴致勃勃地回到阔别多年的白马，举目四顾，处处呈现新面貌，寻寻觅觅，老厂留下的旧痕迹不多了，故地重游，感慨万千！

3. 渝宜两地朋友聚会

宜柴厂是红卫厂生命的延续。2014年5月8日，重庆片区的40位退休职工结伴专程前往宜昌，受到老厂朋友热情接待，先后举办了欢迎宴会及答谢盛宴，参加主题为"同饮长江水，共聚三峡情"的大型联谊活动。其间参观了宜柴厂内的五大分厂，还游览长江三峡大坝景区，尽情享受宾至如归之乐，度过了愉快的五日四夜。这次聚会使远方来客实地体验"白马的血脉在宜昌流淌，红卫的优良传统在宜柴发扬"。这是一次很成功的聚会，宜昌朋友还为此制作了一张声情并茂的"渝宜聚会视频节目"影碟。

4. 广州片区老朋友聚会

红卫厂有20多个广东人，其中大半数是在1965年进川的"拓荒牛"。广东人李泽泉在重庆退休后，因女儿全家落户深圳，他每年至少一次往返于深圳与重庆之间，途经广州时，都会约请原红卫厂的同乡人、老朋友相聚。在此基础上，广州退休的朋友从2008年起，就固定每年10月聚会，八九对夫妇欢聚一堂，重温在白马十多载的陈年往事及同乡情谊，其乐无穷！

5.成都片区老朋友聚会

2014年5月21日，由在成都工作退休的原红卫厂武装干事陈明星热情接待，来自上海和重庆的老朋友共40多人在成都欢聚一堂，重叙旧日友谊很温馨，气氛很热烈。

二、老厂朋友聚会照片

今时不同往日，在白马18年的近两千职工中，仅有五六人玩照相机。自从改革开放后，人民生活水平不断提高，旅游聚会、拍照片、录像，如同家常便饭。红卫厂老朋友每次聚会必拍照，而且用手机发微信，及时分享，所以保留大量聚会照片。在此选取有代表意义的小部分照片，以增强怀旧文章的感染力。

2008年10月，广州聚会

2012年12月1日，重庆聚会

2013年4月25日，涪陵聚会

2014年5月5日，上海片区第十二次聚会

2014 年 5 月 11 日，宜昌聚会　　　　　　　2014 年 5 月 21 日，成都聚会

第四节　老厂职工凝聚力无限延伸

一、建立通信录

（1）重庆片区退休职工通信录，共 46 人（2012 年 12 月 18 日建立）；

（2）渝宜两片区老朋友通信录，共 97 人（2014 年 5 月 12 日聚会时建立）；

（3）广东片区朋友通信录，共 20 人（于 2013 年 10 月建立）。

二、建立 QQ "联谊群"

重庆地区老朋友聚会，引发了孙青等人对老厂的无限怀念，他们在 2012 年 12 月建立腾讯 QQ "红卫厂退休职工联谊群"，由开始时 20 多人，发展到今日 186 人。"群友" 当中有将近半数是 "三线" 职工的子女，后继有人，气氛相当活跃，这是很值得我们欣慰的！

目前群主及管理员共 8 人，群友 222 人，加入群时间如下：

2012 年 12 月 1 日，重庆第一次聚会 8 人，建立 "群" 之后加入 16 人。

2013 年 4 月 25 日，重庆第二次聚会（涪陵）之后加入群 66 人。

2014 年 5 月 8 日，宜昌聚会之后加入群 64 人。

2015 年 5 月 5 日，上海第十三次聚会之后加入群 60 人。

2016 年 4 月 25 日，重庆聚会 "纪念投产 50 周年活动" 之后加入群 16 人。

三、建立 "红卫老朋友" 微信群

微信和 QQ 都是腾讯公司开发的。2011 年推出一个新的智能终端——微信，提供即时通信服务的免费应用程序，完全取代电话短信和 QQ，2013 年开始普及到全社会，至 2016 年微信已覆盖中国 94% 以上的智能手机，用户覆盖 200 多个国家和地区，超过 20 种语言。

2017 年初春，由钟沛超等人建立 "红卫老朋友" 微信

四、大型聚会纪念活动

1. 聚会于上海，纪念建厂 50 周年

为纪念建厂 50 周年，在以何肖朵、钱蔚冰为主的十多个志愿者的努力下，借助上海第十三次聚会的平台，举办了大型聚会活动。

2015 年 5 月 5 日午后，初夏的骄阳洒满上海人民公园，300 多名老厂朋友会聚于荷花池畔，心潮激荡，欢声笑语，热闹非常。下午 4 时，这些阔别多年的新老朋友移步到悦来酒店宴会厅，观看了图片展览，进行建厂 50 周年纪念活动。参加者有来自四川、重庆、宜昌、广东的外地朋友和定居上海的朋友，有年过八旬的老前辈，还有 40 岁出头的小字辈，欢聚一堂，气氛热烈，感情亲切又温馨。

这次活动后，还编辑了一个时长 98 分钟的视频节目，题为《回眸五十载，怀念三线情》发送到联谊群，供大家分享。

2. 在宜昌举办图片展览

纪念建厂 50 周年活动圆满结束了，但许多当年"三线"建设者退休后并没有回到上海定居，尤其是两厂合并，不少老职工在宜柴厂退休的，如今都聚居在宜昌。为了使这部分老朋友也能重温白马 18 年激情岁月，何肖朵把在上海展出过的 328 张图片带回了宜昌，得到吴爱骏、江金华、翟光浩、虞志章、李玉珍等一批志愿者的热烈响应，在宜柴厂生活区"老人活动室"举办了一次图片展览。

展期一天（5 月 31 日），许多老厂朋友奔走相告，踊跃参观，平时很少出门的老前辈甚至拄着拐杖也来了。年逾八旬的孙士康师傅在老伴徐趣根及女儿孙惠陪同下来到现场，看到占近半数都是出自他本人亲手拍摄的照片，有这样一个好机会能够奉献给大家分享，感到非常欣慰！

3. 重庆聚会纪念红卫厂投产 50 周年

为了纪念"支内"职工进川暨红卫厂投产 50 周年，我们借助重庆每年聚会这个平台，在 2016 年 4 月 25 日搞了一次大型活动。以联谊群的群主孙青牵头，得到杨柏林、田应科、刘朝发、唐常云、董合建、张正蓉、陈明星等热心人士积极响应，并且得到来自外地的何肖朵、吴爱骏、江金华、钱蔚冰等朋友的协助，把这次大型活动搞得有声有色，按预定目标圆满完成。这次活动历时近 10 天，全过程包括：

4 月 22 日下午起，接待来客陆续到达山城重庆；

4 月 23 日，小规模（来自宜昌的十多人）的重庆一日游；

4 月 24 日，接待上海、广州、宜昌及川渝各方宾客住进解放碑赛格尔酒店，晚上在大坪美缀美酒楼举办欢迎宴会；

4 月 25 日，上午召开纪念大会，下来到国泰广场照相留念；

4 月 26 日，何肖朵、钱蔚冰带领 45 位老厂朋友前往白马怀旧，以及随后的 17 人自由行，游览武隆著名风景区。

红卫厂、宜柴厂退休职工第十三次聚会合影留念

外地来沪参加聚会的朋友 44 人合影留念

红卫厂建厂 50 周年图片展览合影留念

纪念红卫厂建厂 50 周年聚会活动"志愿者小组"19 人合影

重庆聚会纪念红卫厂投产 50 周年合影

重庆聚会纪念红卫厂投产 50 周年合影

在原红卫厂办公楼前合影

第五节 喜看白马旧貌换新颜

新近建成通车的渝怀铁路，始于湘西的怀化，途经贵州的铜仁，进入川南的秀山、彭水、武隆、涪陵、长寿，到达重庆。

由于在武隆设置了铁路客运站，加上开发芙蓉洞、仙女山等几处新旅游景区，短短几年，使武隆这个山区小县城实现经济腾飞，紧邻乌江边上的白马镇也得到突飞猛进的发展。

现在白马老街的山凹顶，矗立着一个高达数米的巨型户外雕塑——奔驰的白马。以此为起点新建成三条公路：一条是沿着乌江往下游直达涪陵，取代了原先经过鸭江沙子沱的"涪白公路"；另一条是沿着乌江边往上游直达武隆，取代了原先要经车盘、赵家坝翻越白马山那段川湘公路；还有一条是从半山腰横过六方坪，用高架桥连接到红卫厂围墙边的老邮局位置，接上川湘公路，经工矿商店到长坝、南川。

原红卫厂的旧厂房仍保留交给地方企业，由于接手旧

白马新貌

厂房的涪陵苎麻纺织厂在2006年已搬迁到涪陵城关镇东边落户，所以留下的旧厂房就几易其主，分成几个小厂经营。四层楼及大食堂都已拆完，新建楼房和商铺鳞次栉比，成了繁荣的商业街。故地重游，使我们感觉到老厂已经面目全新，展现出一片欣欣向荣的景象！

作者感赋

难忘的 1965 至 1983 年，

已过半个世纪仍记忆犹新：

春风化雨——两年社教连四清，

波澜壮阔——十年"文化大革命"，

曙光初照——三载孕育大转折，

锦霞满天——改革开放新长征，

很幸运我们亲身经历，

成为值得骄傲的一代人！

红卫厂曾在白马山脚下崛起，

而后又从乌江河畔往外移迁，

这些年历练可歌可泣多少事，

数千健儿于此为国为民献青春！

青春不再无怨无悔，

风雨兼程十八载弹指一挥间，

今享《深山激情岁月》更甘醇，

精神财富万万千！

追昔抚今常联谊重保健，

知足常乐享晚年！

本书既回忆红卫厂往事，

又涉猎社会风情方方面面，

让同辈们共享怀旧之乐趣，

启迪后人更热爱新生活尽欢颜！

珍藏相册翻开

昔景频现脑海

段段往事青春回忆真甜蜜

依依旧情花季友谊受青睐

铭记三线历史

传承三线文化

分享三线故事

桑榆晚景霞满天

青春如花娇嫩清澈

金秋似酒香醇能耐

青春放歌如日中天正能量

金秋唱晚流光溢彩美情怀

后　记

本书以整理旧照片为主线，与回忆红卫厂走过十八载历程的往事相结合，写成此书，是同老厂多方面人士的大力支持密不可分的。在此，感谢林允耀、管永新、朱积祚、潘维慈、王楚九、戴维新、汪敏达、何君侃等领导同志，以及孙青、杨柏林、刘朝发、应龙、陈明星、吴爱骏、何小朵、江金华、魏小冬、邵菊英、华群、钱蔚冰、胡德金、陈汝栈等老朋友和武隆县档案馆李才东科长，提供许多宝贵资料和珍贵照片！其中一些照片上标有提供时的文字说明，在刊印时不作技术处理，以保持历史印迹。

2020 年金秋时节，本人有幸加入重庆市工程师协会三线建设专委会组建的"成渝双核三线建设文化走廊"微信群，得到陈晓林、李治贤等多位老师的关爱，建议在厂内交流资料"红卫厂峥嵘岁月"基础上修编成《深山激情岁月》一书出版，作为巴山蜀水三线建设丛书中的第一辑第二卷，向党的百年华诞献礼。

由于本人水平所限，难免存在许多不足之处，敬请读者批评指正，谢谢！

巴山蜀水

三线建设

艾新全　陈晓林◎总主编

BASHANSHUSHUI SANXIANJIANSHE

中国文史出版社

巴山蜀水

红岩车辙

四川汽车制造厂卷

周明长　李强　黄仁超　葛帮宁◎编

BASHANSHUSHUI SANXIANJIANSHE

三线建设

第一辑

中国文史出版社

图书在版编目（CIP）数据

巴山蜀水三线建设 . 第一辑 . 四川汽车制造厂卷：

红岩车辙 / 艾新全 , 陈晓林总主编 ; 周明长等编 . --

北京 : 中国文史出版社 , 2022.10

ISBN 978-7-5205-3831-2

Ⅰ . ①巴… Ⅱ . ①艾… ②陈… ③周… Ⅲ . ①国防工业—
经济建设—经济史—重庆 Ⅳ . ① F426.48

中国版本图书馆 CIP 数据核字（2022）第 188453 号

责任编辑 : 梁 洁

装帧设计 : 向加明

出版发行 : 中国文史出版社

社　　址 : 北京市海淀区西八里庄路 69 号　邮编 : 100142

电　　话 : 010-81136606　81136602　81136603（发行部）

传　　真 : 010-81136677　81136655

印　　装 : 廊坊市海涛印刷有限公司

经　　销 : 全国新华书店

开　　本 : 787mm×1092mm　1/12

印　　张 : 10

字　　数 : 162 千字

版　　次 : 2023 年 4 月北京第 1 版

印　　次 : 2023 年 4 月 第 1 次印刷

定　　价 : 198.00 元 (全三卷)

岁月如歌

　　离开毕生工作的企业快十年了，《红岩汽车之歌》的旋律还时常在耳边响起："我们在巴山蜀水找到了你的基石，找到了民族重卡成长的足迹。车轮滚滚驶过岁月的风雨，激励着继往开来的红岩儿女……"歌声仿佛使我还置身在红岩汽车人的队列里。

　　《红岩车辙 —— 四川汽车制造厂卷》，是重庆三线建设研究会、重庆市工程师协会三线建设工业文化专委会选编的一部图文并茂型文集。该书从不同层次、不同视角，由宏观到微观，生动具体地反映了原全国三线建设重点企业 —— 四川汽车制造厂（下文简称"川汽厂"）五十多年艰辛历程的一部分，其内容涉及决策、选址、建设、投产、技改、发展、企业整合、搬迁、壮大等各个方面。

　　该书由 20 篇文章（共计 8 万余字）、180 余张重要历史资料和照片组成。在这些文章中，有第一代、第二代三线建设者（含原第一机械工业部领导等）的亲身回忆，有记者对原川汽厂建设、发展、壮大历程及其重要人物（如陈祖涛）的深入采访，有厂内中上层干部对原川汽厂改革发展过程中某重要领域的专题性研究论文。

　　该书的核心内容均来自原四川汽车制造厂档案馆馆藏的重要历史文献、《四川汽车制造厂企业大事年表（1964—1998）》《四川汽车制造厂厂志（1915—2000）》和《重庆红岩汽车有限公司大事记（1964—2003）》等，其作者主要为原川汽厂的三线建设者及其在厂工作的后代和部分知名媒体人士，因此，该书所呈现的历史过程真实可靠，重大事件内容完整，厂内建设发展脉络清晰，"故事"情境情节真实感人。

　　岁月如歌！该书的档案资料丰富、历史性照片多、主题价值重要，以

"长时段"视角较为真实地反映了原川汽厂五十多年来艰苦创业、不断向前发展壮大的全过程，也从不同侧面客观真实地再现了"好人好马上三线"，原川汽厂领导干部、技术人员、管理人员、一线工人、厂子弟在那段艰苦岁月中的精神风貌。因此，该书的问世，一方面，将三线建设时期全国唯一的军用重型汽车生产企业——原四川汽车制造厂筚路蓝缕、风雨兼程半个多世纪的奋斗史实，立体地呈现在读者面前；另一方面，在一定程度上再现三线汽车行业建设的跌宕起伏及其走向繁荣兴盛的来龙去脉。

不忘初心，方得始终！《红岩车辙——四川汽车制造厂三线建设掠影》，记叙的是"共和国的独生子"——原川汽厂红岩汽车的历史，宣传的是三线建设的文化，弘扬的是红岩汽车人的精神，承载的是中国汽车工业发展的希望和梦想。它或将给三线建设研究者提供一份额外惊喜，给原川汽父老乡亲一个深情慰藉，给今天的读者和后来人一个精神激励。

十分荣幸把这本好书推介给您看。

蒋盛华

巴山蜀水

三线建设

BASHANSHUSHUI SANXIANJIANSHE

第01章 建设生产篇

1965年，全国三线建设全面展开，国家在当时的四川省江津地区大足县（现重庆市大足区）双路公社巴岳山下，开工新建四川汽车制造厂（以下简称"川汽厂"或"川汽"），为国家新建的重型汽车生产基地，是"共和国的独生子"项目。

1974年，为了给川汽厂配套相关的生活设施以及落实相关政策，将厂址地及其附近地区专门设立成区——双桥区（县级），隶属重庆市。

重庆市直辖后，2000年，川汽厂被重组，更名为"重庆重型汽车集团公司"（以下简称"重庆重汽"）。2004年9月，重庆重汽与上海汽车集团股份有限公司、意大利依维柯股份有限公司签订合作框架协议。2007年，重庆市政府将该项目冠以"908"项目（整车和发动机），合资组建新公司——上汽依维柯红岩商用车有限公司，迁建北部新区。

2010年6月25日，川汽出厂编号为AD003595的汽车在双桥基地下线，成为该基地生产的最后一辆整车，45年的整车生产历史至此结束。第二年，重庆市撤销大足县、双桥区，组建重庆市大足区、重庆市双桥经济技术开发区。

川汽厂在双桥45年，历史辉煌，引进技术，塑造"红岩"民族品牌。"军转民"开发18吨公路载重车，填补国内空白，与进口车性能对比试验，击败日本重卡"丸宏"中标，成功穿越新疆古尔班—通古特大沙漠。《人民日报》（海外版）《红岩汽车穿越"死亡之海"，性能好可与进口车媲美》曾据此报道，为国争光。

川汽厂在双桥45年，历经三次创业，培育和造就三代川汽人。双桥国家重型汽车基地，曾备受中央和部、省、市领导关怀，凝聚了两代双桥人和三代川汽人的心血，为国防装备和经济建设提供221916辆军民两用重型卡车。

川汽厂在双桥45年，来自五湖四海、数以万计的建设者，献了青春献子孙。"好人好马上三线"，具有历史的国防意义和现实的经济意义。历史的三线建设移民，移民文化铸就双桥汽车文化和艰苦奋斗精神。

历史的辉煌，尽管过去近半个世纪，当年的情景仍历历在目。

筹建川汽

20世纪60年代初中期，国际形势仍然处于两大阵营对立的冷战时期，中美、中苏的严峻对峙，极大地威胁着我国国家安全。为此，毛主席和党中央出于防患于未然，从"要准备打仗"的目的出发，作出了调整一线、集中力量进行三线建设的重大战略决策。当时，国防建设急需重型军用越野车。1964年初，在中法建交后，经周恩来总理批准，引进法国贝利埃汽车公司生产的、北大西洋公约组织列装的GCH军用越野车技术（战术导弹牵引车），并从西欧六国购买主要生产、检测设备，在四川建厂，生产重型军用越野车，装备部队。

1964年3月，国家计划委员会（以下简称"国家计委"）、第一机械工业部（以下简称"一机部"）在重庆召开筹建西南汽车公司座谈会，作出重型汽车基地建设及专业化分工决定。会前，一机部白坚、沈鸿两位副部长，同中共中央西南局书记处书记兼重庆市委第一书记、市长任白戈，四川省委书记处书记杨超，省委书记处书记兼重庆市委书记处书记、副市长鲁大东等领导，研究并决定了项目建设及老厂改扩建等重大事项。

6月，经四川省机械厅批准，宜宾高压电器厂转向汽车生产，更名为"宜宾重型汽车制造厂"。

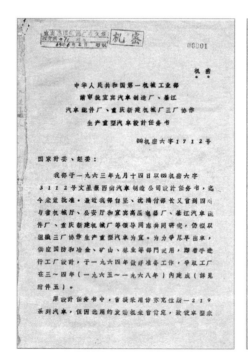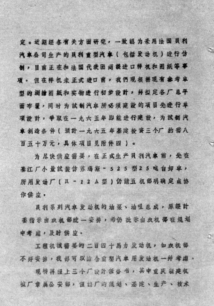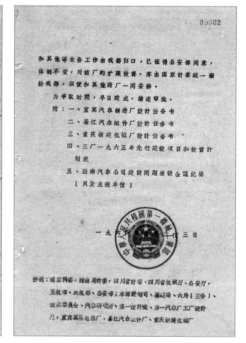

一机部审批《三厂协作生产重型汽车设计任务书》（原件翻拍）

7月，在白坚副部长的主持下，中国汽车工业公司（以下简称"中汽公司"）副总经理胡亮、一机部长春工厂设计处处长兼总工程师陈祖涛、一机部第一设计院工作队队长王骏荪，以及宜宾重型汽车制造厂、綦江汽车配件厂、重庆新建机械厂、重庆汽车配件厂领导和有关人员，在重庆市人民委员会（即市人民政府）第一招待所召开会议，审查上述几个厂的改扩建工程初步设计。

10月，经国务院批准："宜宾重型汽车制造厂设计纲领为年产重型汽车1050辆，其中6吨越野车400辆、10吨自卸车400辆、12吨载重车200辆、25吨自卸车50辆。并要求工厂在设计中应考虑有逐步发展到年产3000辆规模的可能。"

1965年2月，中汽公司批准重庆汽车分公司成立，辖宜宾重型汽车制造厂、綦江汽车配件厂、重庆新建机械厂、重庆汽车配件厂、贵州汽车制造厂。

1. 建厂方针

立足于战争，毛主席提出"靠山近水扎大营"。要求在三线工厂建设中，首先贯彻备战思想，树立国防观念。即贯彻"靠山、分散、隐蔽、进洞"方针，主要厂房靠山建设，关键设备布置在车间靠山一侧，便于进洞。

集中优势兵力打歼灭战，按国家"三五"产品大纲，本着从小成套到大成套的原则，专业生产与协作配套相结合，除发动机、四箱、铸件、锻件等组织专业化生产外，凡有条件和适宜外协的，尽可能扩大外协范围。围绕统一目标，集中力量建成一套，投产一套。一次建成，一次合格，一次投产，一次成功，一次达到设计水平。

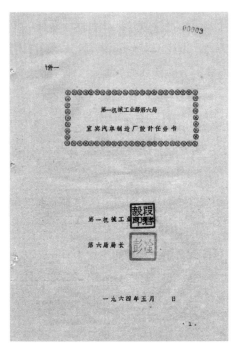
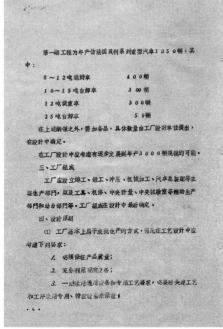
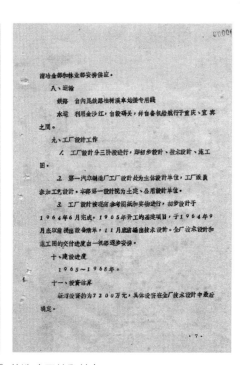

一机部六局《四川汽车制造厂（宜宾汽车制造厂）设计任务书》节选（原件翻拍）

争夺时间。在保证质量前提下，尽一切努力，争取高速度，保证两年（1966—1967年）建成，与帝国主义争时间，争取在战争爆发前把厂建成，拿出汽车，武装国防。

采取新工艺、新技术，提高机械化程度，提高劳动生产率。节约人力和减轻劳动强度，除采用引进的先进技术外，注意采用国内的先进技术，实现生产技术装备现代化，赶超世界先进水平。

工农联盟。工厂位于农村，注意工农关系，巩固工农联盟，在厂房布置上，尽量保护民房，少占农田，工厂不设围墙，依靠贫下中农保卫工厂。

勤俭建厂。基本建设贯彻"先生产，后生活，低标准，农村化"原则，生产部门应高则高，该低则低。非生产部门及生活福利设施与当地工农生活水平相适应。体现企业革命化精神，车间管理机构规模适当缩小，科室工作人员尽量接近车间，同时考虑企业管理采用部分现代化工具，提高管理水平。生活福利设施贯彻工农结合，城乡结合，有利生产，方便生活。生活用房建设采取"干打垒，低标准"。贯彻群众路线，大搞群众运动，组织农村"五匠"（木匠、瓦匠、石匠、铁匠、泥水匠）和广大人民群众参加工厂建设，形成一个轰轰烈烈的群众建厂运动。

推行两种劳动制度，两种教育制度。两种劳动制度，指正式工制度和亦工亦农制度（即1965年建厂时，根据当时政治环境，为加强工农联盟，其用工制度除正式工制度外，还实行民工进厂后既能在工厂做工又能在农忙时回家务农的"亦工亦农制度"）。川汽厂在参加工厂基建的大足县民工中，吸收约800人进厂，亦工亦农，后转为正式工。两种教育制度，指全日制教育和"半工半读"。在当时政治环境下，为培养新型劳动者，学生不能像全日制教育那样，整天只在课堂里读书，而是要到实际工作中去，一边工作，一边读书，即"半工半读"。1965年秋，重庆建筑工程学院1000余名学生，在石院长带领下，到川汽厂基建现场"半工半读"，直至1967年下半年离厂。

2.选址定点

1965年5月，一机部下达《关于西南重型汽车装配厂变动厂址的通知》："宜宾汽车厂现有厂址交他部利用，现我部决定并请国家计委同意，改在四川大足县龙水镇小河村进行建设。"

6月，一机部白坚副长到大足考察定点后，发出《关于宜宾重型汽车厂迁建厂址的函》，将厂址改在大足邮亭区碧炉寺至火烧屋基一带。随后，工厂更名为"四川汽车制造厂"。

8月，一机部段君毅部长和白坚副部长，再次到大足邮亭铺现场考察，并对建厂方针、厂址选择等问题作出指示。白坚召集中汽公司、重庆汽车分公司、四川汽车制造厂负责人在大足邮亭召开第一次建厂筹备会，研究成立现场指挥部。

9月，一机部批复：四川汽车制造厂厂址（包括铸钢厂、四川汽车研究所及重庆汽车分公司办公用房）仍定在四川省大足县邮亭区。为贯彻"靠山、隐蔽"的建设方针，经分析比较，厂址具体位置定在大足县邮亭区双路公社巴岳山下彭家院子一带。厂区占地面积约100公顷，生活区占地面积约30公顷，可按此范围办理征用土地事宜……

3.全国支援

建设重型汽车生产基地，树立"全国一盘棋"思想。为建设好被中央称为"共和国独生子"的川汽厂，上级强调支援三线建设是一个重要的政治任务，坚决反对"留强走弱"的小团体倾向，保证把优秀人员、好设备调到三线建设。动员具备优秀品格和技术过硬的职工参加三线建设。据第一批支援川汽厂建设的老同志回忆："三线建设搞不好，毛主席都睡不好觉。大家本着'好人好马进三线'，'参加三线建设光荣'，'让党中央、毛主席放心'的精神，决心为建设重型汽车厂贡献青春和终身。"

1964年10月上旬，由一机部主持召开了有国家计划委员会、国家经济委员会等参加的全国汽车工作会议，会议决定：以济南汽车制造总厂为主，在长春第一汽车制造厂、南京汽车制造厂、北京汽车制造厂、杭州柴油机厂、武汉锅炉厂、长春汽车研究所等部属厂（所）中选派优秀的生产工人、技术和管理人员到四川，支援重型汽车厂建

设。时任济南汽车制造总厂厂长杨忠恕、宜宾高压电器厂党委书记陈德志参加了会议。

1965年7月，中汽公司决定，宜宾重型汽车制造厂更名为"四川汽车制造厂"，任命济南汽车制造总厂厂长杨忠恕（后调回山东省汽车拖拉机公司任党委书记兼总经理）为川汽厂厂长，宜宾高压电器厂党委书记陈德志为川汽厂党委书记（后调湖北省机械厅任副厅长）。随后陆续抽调武汉锅炉厂党委书记兼厂长马烈（后调一机部第三设计院任党委书记），南京汽车制造厂厂长魏诚（老红军，后调南京汽车制造厂任顾问），一机部基建局副局长章杰（后调浙江省外贸厅任副厅长），长春汽车研究所所长裘志民（后调中国重型汽车工业企业联营公司任总经理），长春第

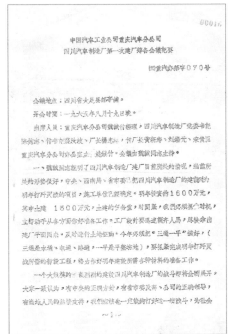

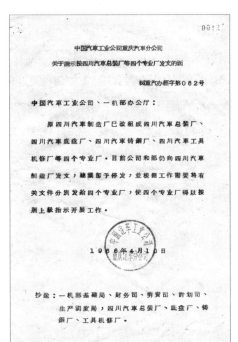

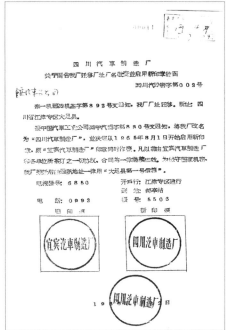

第一次建厂筹备会议纪要节选（原件翻拍）　重庆汽车分公司请示按四川汽车总装厂等四个专业厂发文的函（原件翻拍）　1965年7月22日川汽厂更名及启用新印章

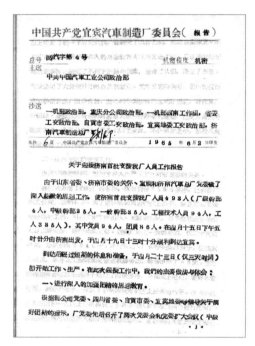

关于迎接济南首批支援川汽厂人员工作报告节选（原件翻拍）

一汽车制造厂党委委员、铸造分厂党委书记陈禹荪（后调中汽公司试验中心任副主任），杭州汽车发动机厂厂长黄家琪（后调杭州市工交政治部任主任）等行政13级以上领导干部8人援建川汽。

至1970年7月，又调长春第一汽车制造厂党委副书记王黎山（行政10级，后调中国重型汽车工业企业联营公司任党委副书记、副董事长）到厂任革命委员会副主任，主持工厂日常工作（工厂当时为军事管制时期，主任为军管会军代表）。

1965年11月，中汽公司决定将济南汽车制造总厂一分为二，抽调1000名职工支援川汽厂，党中央为第一批500名干部职工派专列。济南市召开欢送大会，给每人佩戴大红花，敲锣打鼓从厂大门夹道欢送到火车站。到达宜宾时，夹道欢迎的人群又从火车站延伸到厂大门。

从杨忠恕率首批500余名职工先期入川后，至1967年，长春第一汽车制造厂、南京汽车制造厂、北京汽车制造厂、武汉锅炉厂、杭州柴油机厂（大部分人员到重庆新建机械厂，现为重庆康明斯发动机公司）、长春汽车研究所的职工先后入川。

经中央军委批准，解放军舟嵊要塞（二十二军）500多名军人集体转业到川汽厂（其中100余人到綦江齿轮厂）。

教育部自1965年起，连续3年从吉林工业大学、清华大学汽车系、华中工学院、重庆大学、大连工学院、中南矿冶学院等院校有关专业，以及一机部的长春汽车制造学校，上海、沈阳、南京、太原、重庆、德阳机器制造学校等部属中专校，分配600多名大中专学生到川汽厂。加上先期入川援建宜宾高压电器厂的沈阳高压电器厂、沈阳开关厂职工800余人，会聚到川汽厂约4000人。他们中除大中专学生、转业军人和部分优秀青年工人外，大都是夫妻二人，或携带婴幼儿，或率领全部子女，举家来到川汽厂建厂现场。

先期到达人员开始只能搭茅草房住，喝稻田水。为解决临时居住用房，荣昌和大足县委安排腾出地方安置人员。采取并、挤的办法，从荣昌县城至峰高、大足龙水、双路、邮亭铺等区、乡的学校、粮站、居民和农村社员住房中，腾出约15000平方米做住房，用于解决办公、存放物资和部分职工家属住宿（大部分职工家属和建设者仍住席棚子），适龄儿童在荣昌峰高和大足邮亭、双路、龙水一带插班读书。

1965年7月，川汽厂由宜宾向大足搬迁，宜宾专区运输公司、大华公司主动派车，解放军7788部队无偿支援

5 吨吊车和驾驶员。首批从宜宾搬迁人员，押送物资安置于龙水，人员经长河煤矿公路绕道山下，走田埂进入工厂选址现场。

为支援重点建设，四川江津地委成立三线建设领导小组，当地成立"支援国家重点建设"办公室。中共大足县委书记王伯元受命立即展开工作，由李清和、邓存忠、石孝先等9位县领导组成三线建设领导小组，在现场设立支援重点建设办公室，具体协调民工调配、材料组织、土地征用、后勤保障和工农关系等。时值农忙，组织4000余名民工边搭席棚边修筑双路至工厂选址现场的公路。

1966年1月，建筑工程部二局四公司（其机械化公司、土石方公司、安装公司应备战需要，实施"劳武结合"，"工改兵"，于1966年8月1日改制为中国人民解放军基建工

1965年，厂社结合筹备工作会议在大足县礼堂召开（原件翻拍）

程兵21支队204、207、208大队）5000余人进驻工地，全面展开建厂施工准备工作，3月10日正式施工。

选址现场投入施工力量除建工二局四公司外，还有重庆建筑工程学院开门办学师生1000余人、当地民工7000余人。至此，川汽厂的工地现场超过13000人。

1966年8月1日，基建工程兵第21支队204大队在川汽厂工地举行整编成立大会和授旗仪式

基地建设

1965年10月1日，第一机械工业部勘测公司近百名技术人员，进入川汽厂建厂区域勘测，拉开建厂序幕（后定此日为建厂纪念日）。整个川汽厂建设分为建厂初期、补增完善、斯太尔项目、技改扩能等4个阶段。

1. 现场指挥部

1965年11月，中共重庆市委基建政治部批准，成立四川汽车制造厂现场党委、现场指挥部、现场政治部。魏诚任现场指挥部党委书记，陈德志为副书记兼任政治部主任、章杰为副书记。建工部二局四公司经理万德舟担任现场指挥部指挥长，川汽厂杨忠恕、土石方公司、安装公司和勘测设计等单位领导任副指挥长。凡参加建厂的单位和人员，由现场指挥部统一指挥，财务统一核算，材料统一

1965年9月，建厂勘测人员正在核查彭家院子一带地形图数据

1965年9月，建厂勘测人员正在建厂现场进行勘测

1965 年 10 月，川汽厂施工建设第一战役誓师大会会场

1965 年 9 月，川汽厂（宜宾汽车厂）由宜宾整体搬迁至
大足工作顺利完成。图为迁厂工作先进小组之一留影

1965 年 10 月，川汽厂施工建设大会战

1965 年 11 月，川汽厂施工建设第二战役誓师大会会场

1965 年修建进厂（进山）公路

1965 年施工建设现场场景

组织供应。指挥部设司令部和后勤部,司令部下设办公室、作战科、技术科、质量安全科、勘测设计室。后勤部下设办公室、材料供应科、运输科、卫生科、财务预算科、生活管理科。

1966年2月,厂区"三通一平"后开挖部分厂房基础。3月1日,工厂开工典礼后举行誓师大会,各单位纷纷表决心,确保建设工期。

4月,一机部副部长白坚、周子健、郭力(兼中汽公司总经理)和西南局书记处书记阎秀峰等领导先后到工地视察。周子健到现场视察并听取汇报后感叹:"看到你们高昂的斗志,参观了你们住的席棚子和食堂,好像回到当年延安大生产运动一样。"

7月,西南三线建设委员会副主任彭德怀元帅到现场视察。看到千军万马热火朝天的建设现场,想到共和国第一座重型汽车基地将在这里崛起,他精神振奋,大喊三声"了不起、了不起、了不起呀"!

1966年3月1日,川汽厂举行誓师大会,现场指挥部党委书记魏诚作动员讲话

川汽厂建厂现场指挥部

2. 物资准备

按初步设计概算,建筑材料、设备等总量约51万吨。除钢材、水泥、木材等物资由国家调配供应,砂、石、砖、瓦等材料,尽量采取就地就近取材供应。为减轻运输压力,现场附近设采石场,供应条石、石块、碎石、山砂等。砾石、河砂和三大主材,需用火车运至邮亭铺火车站,再转运进厂。

建厂初期没有大型吊装设备,大家齐动手搬运施工设备

3. 施工道路

由大足县组织 4000 余名民工,从 1965 年 10 月 1 日开工至 12 月 5 日,历时 65 天,完成选址厂区连接大邮公路 3200 米公路,对接 318 国道成渝段。

4. 建厂进度

整个现场按平方米分为 53100、16234、55001、20052 四个片区推进。1966 年 1 月开始平基,1967 年 3 月,土建基本完成;1、2、4 号厂房完成大部分设备安装、供电线路、动能管线敷设等任务。

到 1967 年底,建成铸钢、总装、底盘、工具机修、试制、动力系统等主要厂房,设备部分安装调试,局部投入生产。共建成高标准厂房等生产设施 20 余万平方米,低标准"干

1966 年 3 月攻克"三大关"之通路　　1966 年 3 月攻克"三大关"之通电　　1966 年 3 月攻克"三大关"之通水

1966 年 6 月,川汽厂建设中的部分厂房

　　1966 年，一机部领导来施工现场指导工作，现场指挥部领导陈德志（左三）向部领导介绍施工现场建设情况

　　1966 年，现场指挥部领导魏诚（前排左二）、章杰（前排右二）与职工在一号厂房封顶现场

建厂初期，职工自己动手修建"干打垒"住房

1966 年，现场指挥部领导杨忠恕（站立第一排右三）、章杰（站立第一排右五）与电力线安装人员合影

已经修建完工的"干打垒"住房

1966 年 6 月 15 日，第一辆"红岩"CQ260 军用越野汽车试制成功，在工厂建筑工地上举行庆功大会

1970 年 7 月 1 日，川汽厂试制的第一辆"红岩"CQ261 下线，并举行隆重下线仪式

打垒"住宅（用大小不等石块砌墙建成的房子）等生活设施 10 余万平方米，完成投资近 1 亿元。12 月 25 日，铸钢厂炼出第一炉钢水。

因"文化大革命"，1968 年基本建设处于瘫痪状态，至 1971 年才陆续恢复施工和设备安装。1973 年 3 号厂房正式竣工投产，1974 年 1 号厂房、2 号厂房、铸钢厂房和

大部分配套工程相继建成，全面投入生产。

5. 军车试制

在基地开工建设的同时，工厂贯彻"边基建，边生产"方针。1965 年 4 月，军车试制选择具有军工背景的綦江齿轮厂。该厂位于重庆南部的綦江，地处四川盆地与云贵高原接合部。承担试制任务的川汽厂和重庆汽车研究所职工

（含专家、工程技术人员、各工种技术工人、计量检测人员）100 余人。在距川汽厂基地 200 余千米的綦江，克服生活、工作、交通不便等困难试制军车。綦江齿轮厂尽最大努力创造条件，安排设备用于军车试制，腾出俱乐部让试制人员住宿。

据参加军车试制的徐传孟（负责计量）老师傅回忆：在去綦江途经重庆时，巧遇周恩来总理陪同柬埔寨西哈努克亲王路过，周总理挥手向大家致意，试制人员第一次见到敬爱的周总理非常兴奋，高兴得欢呼跳跃，完全沉浸在幸福之中。带队的王凤祥书记（宜宾汽车厂党委委员，试制结束时留綦江齿轮厂，后调重庆油泵油嘴厂）只顾挥手喊总理，结果新买的裤子夹在腋下也不知何时掉了。

这次见到总理，试制人员备受鼓舞。为抢时间，专家和工程技术人员夜以继日翻译技术资料、查笔记、与技术工人解体测绘消化样车、制图试样手工作业，全国采购赶制零部件。当年试装的军车堪称集全国资源、聚八方英才于样车一身。

1966 年 6 月 15 日，2 台红岩 CQ260 军用越野车在綦江齿轮厂下线，开到川汽厂建设工地参加祝捷大会。这标志着共和国自制重型军用越野车从此诞生。

1967 年，生产 35 辆 CQ260 军用越野车，分别在新建成的试制车间和綦江齿轮厂下线（川汽厂 23 辆，綦齿厂 12 辆）。基本建设和生产两个方面均实现预定目标，在西南三线建设史上创造出"川汽速度"，受到西南三线建设委员会表彰。后因"文化大革命"的剧烈冲击而停建停产。

6."北京会议"

1971 年 9 月，四川省革命委员会副主任段君毅（原一机部部长）赶到川汽厂，传达周恩来总理关于"大足汽车厂一定要搞上去"的嘱托，落实朝鲜军事代表团访问川汽厂事宜后，川汽厂局部恢复生产。

1973 年 1 月，川汽厂成功试制出 2 辆"红岩"CQ372 25 吨矿用自卸车

1974 年 6 月，"北京会议"后，召开国庆完成 40 辆军车生产任务誓师大会，当年完成 89 辆车生产

1973年9月，为排除"文化大革命"干扰，消除派性斗争，联合起来，恢复生产。党中央、国务院、中央军委在京召开四川12个重点企业汇报会（简称"北京会议"），大足汽车总厂领导和两派群众组织赴京参会代表先后达142人。周恩来总理对会议非常重视，十分关切军车生产，多次提到大足汽车厂。当时中央领导王洪文、叶剑英、李先念、陈锡联、纪登奎、华国锋等先后到会讲话。整个汇报会由李先念负责，会议排除各种政治干扰，基本达到团结起来，恢复生产目的。

据川汽厂原临时党委书记王黎山（1970年7月到厂任革委会副主任，主持工作，在两派之间处于中立）回忆：川汽厂参加汇报会代表最初为17人。经一个多月学习后，12个企业开始陆续返回四川，有一天在由纪登奎主持的会议上，表扬了成都132厂，中央准备派飞机送132厂代表返厂。会上纪登奎点名：大足汽车厂王黎山你们怎么样？

王黎山立即起身回答说："我们赶不上132厂，还回不去。"纪登奎问为什么。王黎山答：132厂在成都，大足汽车厂在大足县巴岳山下，区别很大。成都生活品供应好，职工安心。我们生活很困难，豆腐、酱油吃不上，手纸买不到，生活品供应是社员标准，还不能保证，职工不安心三线建设。132厂是成都户口，我们是公社户口，来自北京、长春、武汉、南京、济南、杭州的职工人心不定。仅"亦工亦农"1000余人，修襄渝铁路后要求回厂当工人，不答应就闹事，等等，大足汽车厂遗留问题很多，我们回厂无法解决。纪登奎听后说：好了！王黎山不想回厂，大足汽车厂回不去，就在北京过年吧！散会！

会议气氛紧张。散会后，川汽厂代表当晚开会至第二天凌晨2点（一机部副部长阎济民、四川省委副书记徐驰、成都军区副司令员茹夫一、一机部汽车局副局长张兴业、国务院秘书长助理袁木、国务院秘书王桂民等参加会议），

1974年2月，川汽厂临时党委书记王黎山在全厂干部职工大会上宣传贯彻"北京会议"精神

基层职工学习贯彻"北京会议"精神

1974年，总装车间职工在向厂党委写生产喜报

1974年，川汽厂总装车间在装配整车

1974年，川汽厂焊接间车工人在焊装驾驶室

会议形成5条建议，报告中央。

　　据参加"北京会议"代表陈禹孙回忆：中央召开四川12个重点企业汇报会前，川汽厂早有酝酿，不时向四川省委段君毅、杨超，重庆市委鲁大东等领导提出要求和建议，即在川汽厂所在地设立一个重庆管辖的行政区。中央针对川汽厂的要求和建议，决定川汽厂代表由142人组成，立即进京参加学习；组建川汽厂新领导班子，设立重庆市特区，开展工农结合为汽车厂服务，干部由重庆市和川汽厂派遣；拨款搞生活、市政设施建设；中央派联络员驻厂。

　　据参会代表裘汝岐回忆：1973年12月26日，中央领导叶剑英、李先念、华国锋、纪登奎集体接见川汽厂代表时表示，同意在川汽厂所在地建立行政区搞试点，由重庆市、大足县和川汽厂提出方案。1974年2月，四川省革命委员会向国务院呈递《关于建立大足汽车制造厂行政区由

重庆市直辖的请示报告》，《报告》除对上述问题进行汇报外，并称："大足汽车制造厂是生产重型越野汽车的全国'独生子'工厂，全厂有职工及家属1万余人。厂址在四川江津地区大足县境内（离重庆150余千米）。由于江津地区和大足县的主要精力是抓农村工作，工厂职工的生活、治安、文教等方面长期得不到解决，这在一定程度上对工厂的生产建设是不利的。希望在大足汽车厂所在地建立一个

1974 年，"北京会议"后的厂级"三结合"领导班子成员

1974 年，工业学大庆经验交流会表彰先进单位（个人）

1974 年，工业学大庆经验交流会代表合影

行政区，由重庆市直辖，在重庆市革命委员会领导下，统管这一地区的工业、农副业、政法、财贸、文教及市政等工作。"《报告》还对行政区划及区名均提出建议。

川汽厂所在地，四川省江津地区大足县邮亭区双路公社彭家院子一带，东靠巴岳山，北临龙水湖 2.5 千米，距

大足县城 33 千米，双路公社仅有小学和村校，双路铺街居民不足 1000 人，商业网点极少。走 3 千米到双路铺街排队买豆腐（凭票供应），跋山涉水（巴岳山和龙水湖）10 余千米到龙水镇或三教场买菜，生活艰苦。很多职工带来的子女长大成人，面临下乡能否返城当工人，十分担心。这些生活困扰，影响职工安心三线企业工作。为让川汽职工集中精力搞好军车生产，国务院以国发〔1974〕100 号文批复：同意试行建立大足汽车制造厂行政区，包括大足汽车制造厂所在地的双路公社全部和土桥、元通公社的 6 个大队，划归重庆市直辖，名为"双桥区"。

1974 年 12 月 22 日，重庆市委决定成立重庆市双桥区筹备领导小组，任命川汽厂党委副书记马烈为双桥区筹备领导小组组长，调巴县县委书记毕先宽任副组长。川汽厂

1974 年"北京会议"后，"红岩"军用越野车源源不断出厂

1974 年，中共中央组织部副部长、驻川汽厂中央联络员杨以希（前排右四），在厂领导陪同下看望离职休养的老红军、原副厂长黄新寿（前排右三）

1975 年 7 月 1 日，在厂区中心三岔路口召开纪念中国共产党成立 54 周年大会

1974 年 10 月 22 日，国务院关于建立重庆市双桥区的批复（原件翻拍）

邮政信箱代号随即变更为"四川省重庆市 4802 信箱"。

1974 年 2 月，国务院派驻川汽厂联络员杨以希（中共中央组织部副部长）、张兴业（一机部汽车局副局长）随"北京会议"川汽厂代表一道返厂，受到万名职工家属欢迎（随后杨以希任中共重庆市委书记兼任大足汽车制造总厂临时党委书记，1976 年调任中共成都市委第二书记、市革委会主任）。

3 月，川汽厂掀起落实"北京会议"精神高潮，两大派性组织实现大联合，结束瘫痪状态，生产迅速恢复。川汽厂迅速恢复生产，并推动全川三线建设企业恢复生产，影响到全国，成为党中央、国务院、中央军委树立的先进典型。四川省委、重庆市委组织川汽厂党委书记王黎山和部

分"北京会议"代表，先后到成都锦江礼堂、重庆人民大礼堂作报告，"斗私批修"，介绍恢复生产经验，中央和省市的新闻单位作了连续重点报道。为此，受周恩来总理邀请，时任川汽厂党委书记王黎山、铸钢厂清理车间工人王世裕，出席了北京 9 月 30 日新中国成立 25 周年国庆招待宴会。

1975 年，川汽厂生产"红岩"CQ261 军用越野车 202 辆，实现利润 191 万元，扭转了连续 8 年亏损局面。

1977 年，川汽厂荣获"全国工业学大庆先进单位"称号。"宁愿倒在机床旁，不愿躺在病床上"等先进事迹，在北京展览馆"全国工业学大庆展会"上展出。川汽厂加工三车间工人张兴华，被推选为第四届全国人大代表。

川汽厂铸钢分厂清理车间工人王世裕工作照

1975 年 1 月，川汽厂加工三车间工人张兴华当选第四届全国人大代表

20 世纪 70 年代中期，铸造分厂钢水浇铸汽车铸件场景

20 世纪 70 年代中期，加工车间车桥装配场

20 世纪 70 年代中期，技术攻关大梁辊压机试制场景

20 世纪 70 年代中期，冲压车间职工大会场景

1984年10月1日，红岩CQ261军用越野汽车组成战略导弹方阵，参加国庆35周年阅兵式

1984年，中顾委委员、一机部顾问饶斌来川汽厂调研。中国重汽集团总经理裴志民、厂长徐仁根陪同

1987年11月17日，中顾委常委、国务委员张劲夫视察川汽厂

1994年，机械工业部部长何光远来厂视察并题词

补增完善

1. 补增内容

截止到 1975 年底，川汽厂占地 1.27 平方千米，其生产建筑面积从建厂初期的 9 万多平方米，发展至 20 万平方米。

从 1975 年到 1980 年，为增补基建项目和形成 800 辆越野军车生产能力建设时期。

1974 年 9 月，川汽厂向四川省机械局报告，要求解决生产、生活中存在的遗留问题。省机械局报请一机部。11 月，一机部组织原设计单位到工厂调研。1975 年 2 月，批复增补精铸车间等 21 个基建项目，新增投资 405 万元，建筑面积 1.06 万平方米，设备 147 台。

1978 年 4 月，国家计委和一机部要求川汽厂于 1980 年形成 800 辆越野军车生产能力。为解决生产中突出的薄弱环节，6 月，四川重型汽车制造公司转发一机部《关于四川重型汽车制造公司形成越野汽车 800 辆生产能力的复函》，增补项目投资 687 万元，建筑面积 22960 平方米，增补设备 173 台，增加职工 140 人。

为确保产品质量，需用天然气做燃料以解决铸件退火问题。经四川省机械局批准，从泸县立石公社龙洞坪气田至川汽厂，架设天然气管道，全长 48 千米，日供气量 3 万立方米，投资 315.83 万元。1982 年为扩大气源，又从井口向前延伸 10 千米，连接川南供气主管网。

2. 斯太尔项目

1985—1988 年，是斯太尔重型汽车制造技术引进项目建设时期。

为改变国家汽车工业"缺重少轻"局面，国务院于 1983 年 7 月批准，引进奥地利斯太尔公司重型汽车制造技术。1983 年 12 月 17 日，签订斯太尔重型汽车制造技术转让合同。国家计委确定川汽厂斯太尔项目总投资 3960 万元，新增面积 14000 平方米。

1984 年 11 月，国家计委下达《关于重型汽车引进技术任务书批复》。12 月，中汽公司和中国重汽在济南召开任务分工会议，确定川汽厂（按年产斯太尔 91 系列车型整

时任厂领导魏诚、章杰与厂基建规划人员在规划工厂发展蓝图

奥地利斯太尔公司总裁及夫人参观川汽厂

1983 年 12 月 17 日，斯太尔项目签字仪式。国务委员、对外经贸部部长陈慕华出席签字仪式

车 1850 辆、驾驶室总成焊装 1850 辆份、车架 1850 个，另供陕西汽车制造厂纵梁毛坯 2100 套，前、中、后车桥总成 10050 根，方向机 10000 辆份，铸钢件 1000 吨，铸铁件 5000 吨）进行技术改造。扩初设计总概算投资 4055 万元，新增面积 14046 平方米，新增工艺设备 337 台，新增人员 1400 人。后因汇率变化和国内外设备材料涨价等因素，国家计委将概算 4055 万元调至 7550 万元，原设计纲领不变，在总投资中，预算内投资（"拨改贷"）1656 万元，建设银行贷款 4820 万元，自筹 990 万元，利用外资 840 万元。进口设备外汇额由原初步设计 305 万美元，调至 320 万美元，新增 15 万美元。

1986—1988 年，川汽厂利用国际预算内（"拨改贷"）、银行贷款、自筹等多种资金渠道，新增生产面积 33538 平方米（包括新总装车间、车桥装配车间、转向器车间、新建铸造厂铸三车间、厚板备料工段、压缩空气站和驾驶室油漆、焊装线等）。从 1986 年起，国家计委连续 3 年将这一工程列为"按合理工期组织建设的国家重点项目"。同时

国家计委通知，"解放""东风""中国重汽"实行国家计划单列，中国重汽批复川汽厂"七五"技术改造项目，投资 1238.24 万元，新增面积 3276 平方米。

1988 年新建的驾驶室焊装线投产，当年生产 19 系列驾驶室 357 个，为缓解川汽厂驾驶室紧缺（曾购买罗马尼亚曼车驾驶室）发挥出重要作用。

1992 年 12 月，受国家计委委托，相关单位对川汽厂斯太尔项目预验收。预验收报告称："工厂斯太尔项目从 1985 年实施，到 1992 年 9 月，完成投资 9447.75 万元，为概算 104.97%，其中建安 2826.31 万元，设备 6012.62 万元，其他 608.81 万元。同时提出完善意见，经验收小组审议需新增设备 61 台／套，新增面积 4500 平方米，资金 4261 万元（其中外汇 115 万美元）。"

国家计委批准此预验收小组审议报告后，工厂继续完善项目，于 1994 年通过国家验收。

3. 技改扩能

2003 年 1 月，经重庆市政府批准，川汽厂与"湘火炬"

1985年4月29日，试装第一辆"斯太尔"车下线

1989年9月26日，中国首辆国产"斯太尔"在川汽厂下线

（株洲湘火炬火花塞有限公司，原为潍柴动力属下具有独立法人资格的全资公司，1993年改组为股份有限公司，并于同年在深圳股票交易所上市）、德隆公司（原新疆德隆实业公司，1997年受让"湘火炬"法人股，进入汽车零部件制造领域）合资，设立重庆红岩汽车有限责任公司（简称"红岩公司"）。3月，决定扩大产能，投资1.6亿元（按10万根驱动桥生产能力）的车桥技改扩能改造项目动工。重庆市政府批准该项目列入国家第七批国债项目，享受政府贴息，自筹800万元建设／新建技改车架涂装线。何勇副总经理主持，边生产边技改。12月30日，技改项目竣工投产。

经改造的车桥厂形成的21条加工生产线、3条热处理生产线、7条表面处理生产线、2条车桥装配线和2条涂装线，均达设计能力；车身厂车架涂装线及随后车架装配线改造成功后，车架外观质量、装配质量和车架产量提高。这两项技改奠定了多轴车大批量生产基础。到2005年3月，红岩公司月产2500辆多轴车。2007年4月，以日产132辆、

四川汽车制造厂

全国用户满意企业

中国质量管理协会全国用户委员会
一九九七年十二月

1997年，川汽厂荣获"全国用户满意企业"

月产销汽车3000辆创历史纪录。车桥技改产能的继续释放，为2011年1月日产汽车227辆和月产4010辆奠定基础。3月，整车生产4500辆，再次刷新生产纪录，形成50000辆整车年生产能力。

1999 年夏，川汽厂举行"红岩"汽车北方万里行巡展。图为出征仪式上厂领导蓝洪华、唐书荣等与巡展人员

2000 年 12 月 31 日，年产整车第 5008 辆下线

2002 年 12 月，川汽厂整车产销超 1 万辆

管理体制

1. 建厂初期

1964年，国家经济委员会提出了"试办中国汽车工业（托拉斯）实施方案"，决定以"专业化、大生产"方式组建重型汽车基地。

1965年2月15日，一机部批准在重庆设立中国汽车工业公司重庆汽车分公司（简称"重庆分公司"），统一领导四川汽车制造厂、綦江齿轮厂、重庆发动机厂、重庆汽车配件厂、重庆红岩汽车弹簧厂、贵州汽车制造厂。马烈任临时党委书记兼副经理，魏诚、裘志民、杨忠恕为副书记兼副经理，陈德志为副书记兼政治部主任，章杰为副经理，黄家琪、陈禹荪为政治部副主任。

1966年1月，重庆分公司由重庆沙坪坝小龙坎空军招待所迁至大足双路。川汽厂整体并入重庆分公司。按专业化分工，组建四川汽车总装厂、底盘厂、铸钢厂、工具机修厂等4个专业厂（重庆分公司为地师级单位，专业厂与重庆4个厂、贵州汽车厂为县团级），受重庆分公司领导。信箱代号分别为大足县101至106信箱（贵州汽车制造厂除外）。6月，按保密要求，经中汽公司批准，将4个专业厂厂名开头的"四川"二字改为"湖滨"，即湖滨汽车总装厂、底盘厂、铸钢厂、工具机修厂。

1967年3月，先后由空军7304部队、陆军五十四军7789部队、江津军分区对重庆汽车分公司及4个专业厂实行军事管制。公司军管会主任由该部队主要首长担任。

1970年7月，中共四川省委和成都军区决定，解除对重庆分公司及4个专业厂军事管制，撤销"军管会"。分别成立有军代表、革命领导干部、革命群众组织代表参加的革命委员会（简称"革委会"），下放四川省和重庆市管理。

1972年8月，中共四川省委决定，撤销重庆分公司及4个专业厂，成立大足汽车制造总厂，实行总厂、车间、班组三级管理。重庆地区4个厂由重庆市机械局管辖。

1973年5月，中共四川省委决定，成立大足汽车制造总厂临时党委，书记由四川省机械厅革委会核心小组组长（原厅长兼党组书记）罗红兼任。王黎山、马烈、魏诚、裘志民、杨忠恕为副书记。

1974年2月，国务院派驻川汽厂联络员杨以希（中共中央组织部副部长）、张兴业（一机部汽车局副局长）随"北京会议"川汽厂代表一道返厂。杨以希以中共重庆市委书记的身份兼任大足汽车制造总厂临时党委书记。

1975年6月，四川省革委会决定，大足汽车制造总厂更名为大足汽车制造厂（简称"大足厂"）。此时，国务院驻厂联络组完成国务院赋予任务，杨以希调成都市委任第二书记兼革委会主任，张兴业回京工作。

1977年3月，一机部和四川省委决定，恢复"文化大革命"前公司建制。中共重庆市委决定成立四川重型汽车制造公司（简称"四川公司"），以大足汽车制造厂为主组建，公司机关与厂合署办公。四川公司管辖大足厂、重庆发动机厂、綦江齿轮厂、重庆汽车配件厂、重庆红岩汽车弹簧厂、重庆油泵油嘴厂、重庆文革标准件厂、重庆重型汽车研究所，共七厂一所。中共四川省委任命王黎山为公司党委书记，魏诚、裘志民、杨忠恕为副书记，魏诚兼大足厂党委书记、革委会主任（马烈、陈德志、章杰、黄家琪、陈禹苏均调离）。

1978年，四川重型汽车制造公司与大足汽车制造厂分离。9月，魏诚调离，中共四川省委任命裴志民兼大足厂党委书记、革委会主任（后取消革委会，改主任为厂长）。

1980年，四川公司迁至重庆沙坪坝烈士墓地区。8月，工厂恢复由一机部汽车总局管理，同时恢复原四川汽车制造厂厂名，邮编代号为四川省重庆市4802信箱。裴志民任川汽厂党委书记，副书记张大银、崔成礼（双桥区委副书记）、程良栋（后调任四川公司党委副书记、党委书记兼经理）；张大银（綦江齿轮厂）、徐仁根（后调任中汽公司总工程师、中国重汽党委书记、董事长兼总经理）先后任川汽厂长，胡季文（第一副厂长，后调任重庆市化工局局长）、王作瑞（后调任重庆发动机厂厂长）、吴净伟、李志浩（后调中国重汽）、尚学诚（后调中国重汽）、李霖湘（后调任重庆汽车配件厂厂长）、艾仲才、王维珩先后任副厂长。

2. 领导机构的变迁（1983—2000年）

1983年初，四川公司六厂一所（重庆文革标准件厂已划归重庆市机械局管辖），除重庆重型汽车研究所外，均划归中国重汽建制，四川公司改为中国重汽在渝派出机构。6月，川汽厂党委书记裴志民调济南，任中国重型汽车工业企业联营公司总经理。四川公司党委书记王黎山，调任中国重型汽车工业企业联营公司副董事长。

1983—1990年，川汽厂厂长由徐仁根担任；党委书记先后由方仲廉、陈世生、徐仁根（兼）担任；党委副书记周宪孟；副厂长李志浩、吴净伟（后调任杭州发动机厂厂长）、蓝洪华、李辉塘、岳德钦；余煜华、邹德和、李学立先后担任总工程师；前进（后调任中国重汽集团总会计师）、李智谋先后担任总会计师；工会主席为李杰元。

1990—2000年，川汽厂厂长由蓝洪华担任；岳德钦（至1996年）、马发骧、蓝洪华先后任党委书记；李辉塘、唐书荣、张世金、马发骧、刘永健、杨冀平、李杰元、刘培民先后任副厂长；李志谋、陈杲如先后担任总会计师；总工程师李学立；工会主席先后为李杰元、艾万明。

1998年3月，中国重汽直属国家经济贸易委员会领导后，马发骧调任中国重汽集团副总经理；川汽厂厂长蓝洪

1979年3月21日，厂第一届党委成员合影

1985年9月30日，建厂20周年，时任厂领导和老领导合影

1990 年，厂级领导、党委成员合影　　　　　　　　1991 年 5 月，川汽厂召开第三次党代会

1995 年 9 月 30 日，时任厂领导与参加建厂 30 周年的老领导、老同志合影

华兼党委书记、蒋盛华任党委副书记；唐书荣、杨冀平、黄勇、任勇、何勇先后任副厂长；总会计师为赖祥德；工会主席为张茂林。

3. 重组下放

2000 年 7 月，国务院第 74 次总理办公会议决定，将中国重汽一分为三，分别下放山东省、陕西省、重庆市管理。国家经济贸易委员会、财政部文件明确规定：原中国重汽在渝企业（单位）川汽厂、四川公司、綦江齿轮厂、重庆卡福汽车零件有限责任公司（原重庆汽车配件制造总厂）、重庆红岩汽车弹簧厂、重庆康明斯发动机有限公司（中美

2000 年 12 月 28 日，重庆重型汽车集团有限责任公司成立，董事长、党委书记蓝洪华发表讲话

合资公司，前身为重庆发动机厂）等下放重庆市管理。

10 月，原中国重汽集团副总经理马发骧调任重庆市经委副主任（正厅级）。12 月，重庆市政府组建重庆重型汽车有限责任公司（简称"重汽公司"）和重庆重型汽车集团（简称"重汽集团"）。重汽公司为市政府独资有限责任公司，为重汽集团母公司。

12 月 28 日，重汽公司在原川汽厂挂牌成立，蓝洪华任重汽公司董事长兼党委书记，黄勇任总经理，蒋盛华任党委副书记；副总经理为唐书荣、杨冀平、任勇、何勇、张星微；另有总会计师赖祥德、工会主席张茂林、班子成员沈金源。

2004 年 4 月，蓝洪华退休，总经理黄勇接任董事长兼党委书记。

2004 年 11 月，重庆市产业布局调整。市政府第 17 次市长办公会决定，从 2004 年 11 月 10 日起，重汽公司与重庆机电控股（集团）公司实施强强战略整合，重汽公司整体并入重庆机电控股（集团）公司，为机电集团全资子公司。重汽公司董事长、党委书记、总经理黄勇任机电控股集团总裁、党委副书记。

机电集团管辖原重汽公司所属企业至今。

技术团队

1. 建厂初期

1965 年，川汽厂组建时，一机部决定将长春汽车研究所重型汽车室成建制迁入川汽。选调发动机、材料、部件、试验检测、情报、标准等技术人员 108 人，加上清华大学、吉林工业大学等院校分配的毕业生 200 余人，组建四川重型汽车研究所（国家一类所），纳入工厂建制。对内作为工厂技术发展处，与工艺处一道，负责贝利埃汽车的引进、消化、试制、研发工作。所长由公司副经理、汽车工程专家裘志民兼任。科技人员近 30 位，有留苏、留美、留法等留学经历的"喝洋墨水"专家，如国家二级工程师、留美博士叶智，留苏的马惜坤、杨荣等，也有国内成长起来的"土专家"，如胡亚庄、冯超、侯占鳌、陈国恒、余煜华、羊秋林、左衡谷等。

1980 年 8 月，川汽厂恢复由一机部管理，并恢复四川汽车制造厂厂名。四川重型汽车研究所从工厂建制中分离，独立运行，与川汽厂成为合作伙伴。在分离的同时，四川公司决定，从该所抽调技术骨干，与川汽厂组建产品设计科、标准情报科，与川汽厂工艺管理科、工装设计科、技术档案科一起，共同构成川汽厂的技术系统。任命该所副所长余煜华为川汽厂总工程师，该所设计科副科长李学立为产品设计科科长。

1987年，川汽厂恢复地专级，技术系统设总师办、产品设计（开发）、工艺、工具等处级单位（下设科室）。

1996年8月，国家经济贸易委员会颁布《关于大力开展技术创新工作意见》。川汽厂于1998年12月成立四川汽车制造厂技术中心，技术副厂长黄勇兼该中心主任。经重庆市经济贸易委员会、重庆市地税局、重庆海关等三家认证，该中心被评定为重庆市市级企业技术中心。

2000年12月，企业重组下放，组建重庆重汽公司，该中心为公司技术中心。中心下设整车室、底盘室、车身电气室、工艺管理室、档案情报室、信息管理室、财务室、试制车间，中心直接管理各室（车间）。

2. 汽车研究所

四川重型汽车研究所，1980年8月从公司（总厂）建制分离。1983年，四川公司各厂划归中国重汽建制，该所直属中国汽车工业公司。迁至重庆石桥铺陈家坪朝田村101号。

重庆直辖后，于2001年更名为"重庆重型汽车研究所"，转制为科技型企业。2003年，划归国务院国有资产监督管理委员会（简称"国资委"）管理。

2006年，与中国通用技术（集团）控股有限责任公司联合重组，成为其全资子企业。2007年，更名为"中国汽车工程研究院"，整体改制为有限责任公司。2010年11月，更名为"中国汽车工程研究院股份有限公司"（简称"汽研院"）。任晓常任院长（总经理）。

汽研院主要从事汽车领域技术服务和产业化制造业务。其中，技术服务包括汽车研发及咨询、汽车测试与评价；产业化制造业务包括专用汽车、轨道交通关键零部件、汽车燃气系统及关键零部件。

汽研院拥有国家机动车质量监督检验中心（重庆）、国家燃气汽车工程技术研究中心、汽车噪声振动和安全技术国家重点实验室、替代燃料汽车国家地方联合工程实验室。设有博士后科研工作站，是国家高新技术企业、创新型企业、国际科技合作基地。拥有汽车全方位碰撞、汽车振动与噪声、电磁兼容、汽车节能与排放、电动汽车、替代燃料汽车、汽车整车、发动机、零部件等试验室和汽车工程研发中心，已经发展为中国汽车产业的科技创新平台和公共技术服务平台。

3. 汽车研发

1965年，川汽厂与四川重型汽车研究所（简称"汽研所"）同步建设，共同承担军车试制任务。1966年6月15日，2台"红岩"CQ260军用越野车在綦江齿轮厂下线，开到川汽厂现场参加祝捷大会，宣告红岩重型汽车诞生。

1968年10月，川汽厂与汽研所共同完成国防科工委下达研制"红岩"CQ362P型导弹发射车底盘任务。1970年7月，完成CQ260改进型军车"红岩"CQ261样车试制和两辆"红岩"CQ370型25吨自卸车试制任务。

至1976年，汽研所与川汽厂共同完成国家下达研制"红岩"CQ40D型65吨汽车吊底盘、"红岩"CQ372矿用自卸车、"红岩"CQ470型25吨井下绞接自卸车等6种车型。

川汽厂的技术工作，从建厂至1980年，基本上由汽研所牵头完成，工艺部分由各专业厂和工厂技术部门承担。

1980年，汽研所从厂里分离后，按四川公司要求，在裴志民的主持下，任命汽研所所长马惜坤为总设计师、李学立为副总设计师，汽研所与川汽厂技术部门在测绘、分析德国曼公司MAN3320自卸车技术的基础上，结合工厂成熟的军车制造技术，设计"红岩"CQ3260重型汽车，于1982年8月开发试制出2台样车（"军转民"及后续市场产品开发待另行介绍）。

1981年4月1日，"红岩"261军用越野汽车在进行涉水试验

1984年7月17日，"红岩"CQ30290型载重汽车通过定型

1987年8月，"红岩"CQ15.250 4x4越野汽车在新疆克拉玛依试车

1988年5月16日，我国第一台两端牵引全轮转向60吨全挂车诞生，填补国内空白。全挂列车长12米

企业改革

1. 内部体制改革

1987 年，工厂生产组织按专业化分工调整，将生产车间分类组合，组建车桥、车身、总装、转向器、铸造等 5 个专业厂，以及工具、设备、动能等处室。建立生产作业计划、生产调度、生产统计、在制品管理及现场综合服务与之相适应的管理体制。

1996 年，实行电算化管理，提高生产管理计划的科学性和准确性。

2001 年，工厂严格均衡生产，对汽车生产上线、下线、入库实行日、旬、月考核。每天上午 9 点在总装分厂开生产调度会，现场解决问题。

（1）三项制度改革，即干部人事、劳动用工、工资分配制度改革

1992 年 3 月，川汽厂三项制度改革在配套处试点，第二年全厂铺开。干部人事改革实行考核、聘用制，使干部能上能下。劳动用工改革实行全员劳动合同制和顶岗、试岗、待岗的三岗制考核，使职工能进能出。工资分配实行岗位技能工资制，与全厂生产经营成果挂钩，绩效考核、实施全浮动，使工资能升能降。三项制度改革，企业与职工双向选择。

（2）工资分配制度改革

20 世纪 80 年代末，实行部分浮动工资制，即当月基

红岩 CQ30290、CQ19210 成为 20 世纪 90 年代川汽厂主打市场的产品。图为 CQ30290 型载重汽车驶出厂大门

1999 年夏，川汽厂举行"红岩汽车北方万里行"巡展

1973年5月，川汽厂子弟第一小学校七三级一班毕业留影

1985年4月，川汽厂子弟中学高三班毕业留影

本工资只拿出部分与奖金、加夜班费等捆在一起，按经济责任制考核计发浮动工资部分，再加上未浮动的工资部分等于职工全月工资。

1994年7月，全厂实施岗位技能工资绩效考核、全浮

动。川汽厂率先在中国重汽和重庆市实现"干部能上能下、职工能进能出、工资能升能降"改革，其经验在全市和中国重汽的各个企业推广。

（3）推墙入海，模拟市场

1998年，川汽厂改革经济核算机制。6月，工厂颁发四川汽车制造厂深化改革，推行模拟法人核算实施方案。7月，在铸造、车桥、车身、转向器等4个专业厂，实行模拟法人核算机制。明确厂与分厂之间的核算关系：厂是出资者、专业厂是经营者；厂是供应商、专业厂是用户；厂是用户、专业厂是供应商；厂是"开户银行"、专业厂是"开户银行"客户。赋予专业厂更大权限，在生产经营、工资分配、人事管理等方面有相应自主权。

1999年11月，工厂颁发四川汽车制造厂分离能源供应职能，将设备动力处分离出来，设能源公司，实行模拟法人核算机制。

（4）分离辅助，精干主体

社会职能和非生产性资产剥离。1987年，工厂汽修车间与双桥区车队、四川汽车制造厂附件厂，共同组建重庆市双桥区汽车修理厂（简称"双桥汽修厂"）。

1992年，将车厢、传动轴等总成剥离，支持地方发展，组建由川汽厂控股、政府参股的区属企业——重庆红岩汽车传动轴厂、重庆红岩汽车车厢厂。

1998年，将基建处、总务处的社会职能分离，并吸收其他法人投资，成立重庆红岩汽车工程物业有限责任公司；把运输处和铸造分厂驾修工段资产剥离，面向全厂职工募集股份，以川汽厂和346个自然人为股东，

2007 年 6 月 15 日，上汽依维柯红岩商用车有限公司成立庆典

组建重庆川汽红岩汽车运输有限责任公司。

2006 年 1 月，重汽公司以物管部和销售总公司储运处资产，与上汽控股的上汽安吉天地物流有限公司合作，按 4:6 股比结构，合资组建重庆安吉天地红岩物流有限公司。

2. 剥离社会职能

当时厂里的教育、医疗水平都高于地方。2002 年 7 月，职工子弟中学、小学剥离，移交地方，改为实验中学和实验小学。

2005 年，重汽公司（本部）、红岩公司全体员工参加医疗保险统筹。6 月，启动生产与生活用能分开。10 月，

完成自来水改造剥离，一户一表 5806 户；天然气改造剥离，一户一表 5021 户。

2006 年 4 月，启动电力剥离，11 月通过验收。剥离后的职工生活用能移交地方管理收费。

2008 年 8 月，重汽集团职工医院剥离，移交地方管理（按当时医院的规模、设施及医护人员配置等高于区人民医院，因此定名为双桥区第二人民医院，实行过渡性管理）。社会职能剥离，重庆市政府给予地方接收管理的单位一定的财政补贴。

人员方面，川汽厂经过 1992 年"顶岗、试岗、待岗"的三岗制考核减员定岗后，2001 年，重汽集团按重庆市政

府要求，再次推进减员增效，定编、定员、下岗分流。10月，600余人退出岗位实施退养。至此，川汽厂职工人数由6000余人减至4000余人，企业轻装上阵。

3. 创新机制探索

深化企业内部改革，分离辅助、精干主体。社会职能和非生产性资产剥离。特别是推墙入海，模拟市场的试运行，奠定了企业市场主体的基础。1994年初，经中国重汽批准，川汽厂进行股份制改造探索。由川汽厂发起，主要选择在配套厂家和长期友好合作的单位，定向募集112家法人企业投资入股，组建四川红岩汽车股份有限公司，拟争取上市融资。因当时政策原因，股份公司运行条件不具备，被迫于当年12月暂停运行。股份公司暂停运行后，经协商一致，111家法人单位投入股金改为川汽厂借贷。1997年1月28日，股份公司召开第一届三次董事会和股东大会，决定解散、清算、注销四川红岩汽车股份有限公司。这次改制探索，为川汽厂后续改制合资提供了参考和借鉴。

2003年1月，经重庆市政府批准，重汽公司以本部优良生产、技术、经营性资产，湘火炬、德隆以现金出资，合资设立重庆红岩汽车有限责任公司（简称"红岩公司"）。公司注册资本金5亿元人民币（湘火炬占51%、重汽公司占45%、德隆占4%），实现投资主体多元化。

28日，红岩公司成立，湘火炬投资股份有限公司董事长聂新勇出任红岩公司董事长，川汽厂蓝洪华任副董事长，黄勇任红岩公司总经理。重汽集团副总经理、党委副书记任勇任党委书记。3月，市国资委作出部分调整，黄勇任重汽集团副董事长，任勇任总经理。

2004年初，爆发"德隆危机"，重庆市政府决定回购湘火炬、德隆股份，割断与其经济联系。4月，市国资委任命黄勇为重汽集团董事长、党委书记，红岩公司副董事长蓝洪华退休，增补赵培民为重汽集团副总经理。

2004年11月，重汽公司与重庆机电控股（集团）公司整合，黄勇任机电控股集团总裁。2005年2月，何勇被任命为红岩公司总经理，3月任董事长。7月，机电集团任命任勇为重汽集团董事长、党委书记，何勇为重汽集团总经理兼红岩公司董事长、总经理。集团党委副书记蒋盛华兼红岩公司党委书记，增补红岩公司副总经理郭全为重汽集团副总经理。

2004年9月8日，经重庆市政府批准，重庆重汽公司与上汽集团签订合作框架协议。重庆市政府将该项目作为重庆市重点项目冠以"908项目"（整车和发动机），迁建重庆北部新区。

合资公司发挥三方优势，从产品、技术、生产、资本等方面对重庆红岩进行重组，即以红岩公司生产基地为依托，引进意大利依维柯整车技术，组建上汽依维柯红岩商用车有限公司（简称"上依红公司"）。新投资218775万元人民币在重庆北部新区新建现代化重型汽车生产基地。投资172780万元人民币在重庆北部新区新建年产10万台发动机工厂。

2006年7月，重汽集团、红岩公司联合召开上汽依维柯联合工作组参与管理启动大会，宣布启动合资过渡期管理。10月，红岩公司管理权移交上汽依维柯红岩商用车有限公司（筹），实行过渡期管理。12月31日，红岩公司在册职工全部进入合资公司。红岩公司原经理层集体解聘，新聘阳树毅为总经理，蒋盛华（重汽集团委派）任党委书记兼纪委书记、工会主席。郭全(重汽集团委派)、夏洪彬(重汽集团委派)、佐克拉（依维柯委派）为副总经理。金少钢为财务总监（上汽集团委派）。

整车生产

1. 军车生产

1965 年，川汽应国防军需建厂，1966 年试制军车 2 辆。1967—1986 年，一直是根据国家计划要求生产军用汽车，品种单一，用户特殊。20 世纪 80 年代初，川汽厂实施"保军转民、军民并重"发展战略，自主开发的 CQ30290 公路载重 18 吨级运输车、CQ19210 公路载重 10.5 吨级运输车，先后于 1984 年 7 月、1986 年 10 月通过国家鉴定，为其后的"军转民"奠定了基础。

1985 年，我国开始实行"百万裁军"，军车任务锐减。1986 年可供执行的军车计划合同仅 10 辆，川汽厂出现自 1974 年恢复生产以来的首次亏损。

从 1987 年到 2000 年，川汽厂均无军车生产计划。2001 年 8 月，为军方开发 12000 升飞机压力加油／运油车，批量发付部队，以新一代产品装备部队，重新进入军车生产序列。

2003 年 12 月，川汽厂提供 29 辆军车，交付联合国驻利比亚维和部队。

2005 年 5 月，按军方要求，开发设计新型 CQ1192BL601 型 4×2 批量装备部队，12 月，50 辆斯太尔 CQ1193BL601J 型 4×2 交付军方。此后，按军需小批量军车生产。

2. 民用汽车

在没有国家军车计划后，川汽厂开发两大民用车投放市场，实现军转民自救。1987 年，川汽厂无 1 辆军车订单，但是民用重卡销售 806 辆，创造年利润 18.58 万元。开拓民用市场初见成效，工厂逐步由计划经济向市场经济进行根本性转变。

1988 年，在整个重型卡车市场低迷的情况下，川汽厂重型汽车生产突破 1000 辆，销售 1190 辆，利润 406 万元。

红岩军车下线，源源不断驶出总装车间

1989年，利润突破1000万元。2000年，民用重卡市场复苏。至2002年，川汽厂年生产重型汽车12600辆。

川汽的民用重卡生产，2000年突破5000辆；2002年突破1万辆，达12600辆；2007年突破2万辆，上缴税费11699万元；2010年突破3万辆，达34494辆，上缴税费18302万元。

2010年6月25日，编号为AD003595、由双桥基地生产的最后一辆车下线，结束了双桥45年整车生产的历史。川汽厂在此共生产军民两用重型卡车221916辆。

与上汽依维柯合资后，川汽厂迁建重庆北部新区，引入依维柯整车技术和资金，得到了新的发展，2020年4月，突破月产1万辆，5月，整车销售达10119辆，形成年产10万辆重型卡车的生产能力。同时，年产能15万辆的"智慧工厂"于10月开工建设。

3. 重卡双桥基地

合资组建的新公司，其总部、销售、总装、车身搬迁至新基地。原川汽厂成为合资公司双桥老基地，整车生产转为零部件生产。第三代川汽人（部分第二代）到了新基地，剩下老一辈拓荒者守住根。

半个世纪过去了，当年"好人好马上三线"的第一代川汽人（有的埋骨青山），在自己开拓和拼搏的热土上留下未完的心愿，经过第二、三次创业的第二代川汽人继续传承"川汽精神"。川汽厂门前的三岔路口曾是双桥最热闹地方，如今虽然失去喧嚣，但川汽厂对国家和地方做出的贡献难以磨灭。建厂时，书写在厂大门对面试制车间厂房墙上的"毛主席万岁"标语至今醒目，印在人们心里。

川汽厂在双桥生产重型汽车整车45年，吸引大型配套企业2家，自办实体公司9家，投资1569万元与地方合办企业4家，带动大中小汽车配套企业100余家，形成专用车、汽车零部件、轮胎、铸锻产业集群。

因车设区，川汽厂奠定了双桥的工业基础，与汽车文化融合，人才集聚，工业氛围浓厚，后续发展强劲。

结束语

我是为川汽厂贡献过青春的人，有过参与军车生产的经历和骄傲。

难忘"军转民"自制驾驶室那段岁月。我时任车身厂党总支书记，每周只有一天晚上不加班，至少要熬两个通宵。当在油漆车间驾驶室本体上，见到用粉笔写着"离天亮只有1个半小时"的时候，我感同身受，那时讲的是奉献。川汽历经三次创业，每一次

1979年参加对越自卫反击战的红岩CQ261军用越野汽车

创业都有无数人做出奉献和牺牲。

半个世纪过去了，三线建设留存的不仅是一段记忆，也是一种特有的文化形态，更是一个时代的精神所在。川汽厂与其他三线建设企业一样，在改革开放的大潮中经历了无尽的磨难。我们看到：苦难岁月磨砺了川汽人，留下了历史丰碑，凝结了川汽红岩精神。让川汽厂老基地焕发青春，是川汽人的守望。川汽人欢迎有识之士投资老基地。

向三线建设的老前辈致敬！

巴山蜀水

三线建设

BASHANSHUSHUI SANXIANJIANSHE

第02章 口述实录篇

从重庆市开车出发，经过渝蓉高速，在大足下道前往双桥，约两小时后，到达上汽依维柯红岩公司双桥基地。这里景色优美，抬眼可见郁郁葱葱的巴岳山麓，毗邻的便是驰名中外的世界文化遗产大足石刻。

它有一个辉煌的起点。作为全国三线建设重点项目之一，1965年10月1日，其前身四川汽车制造厂在此开工建设，引进法国贝利埃GBU-15系列重型军用汽车技术和设备，最后研制成功"红岩"CQ260型军用重型越野车。它从此结束了我国不能生产军用重型汽车的历史。

它有一个曲折的经历。建厂时它隶属中汽公司重庆分公司，后受"文革"影响，由不同部队军管。"文革"结束后，划归重庆市管理，由新成立的四川重型汽车公司领导。1984年后归属中国重汽集团，由机械工业部领导。2000年中国重汽集团"一分为三"时，它被下放到已经直辖的重庆市，并以其为母公司，改组成立重庆重型汽车公司。

它又有一个不能由自己左右的结局。2007年，上汽依维柯投资公司与重庆重型汽车公司重组重庆红岩汽车公司，在重庆市北部新区成立上汽依维柯红岩公司，规划年产4万辆。原双桥川汽厂老厂区只作为特色红岩桥、ZF转向器等关键零部件生产基地存在。2010年6月25日，最后一辆整车下线，川汽厂的历史使命走向结束。

在此我们希望，为您部分还原这个远离重庆市区、背靠大山的我国第一个重型军用越野汽车生产基地如何创建、又为何在中国重型汽车发展史上渐行渐远的故事。

2015年9月25日，重庆双桥龙景国际大酒店，《汽车商业评论》记者对来此参加建厂50周年纪念会的两位老领导——徐仁根和岳德钦进行了访谈。

77岁的徐仁根因为强势管理而成为争议性人物。1938年，他出生于杭州萧山，在家里5个孩子中排行老三。1959年以优异成绩考上吉林工业大学内燃机专业，成为村里第一个大学生。到学校报到时却机缘巧合地被分到底盘设计专业。1964年毕业，他被分到川汽厂。

自1966年起，徐仁根在川汽厂干了25年，从技术员干到厂长，将这个"老大难"企业一手带到巅峰时刻，用他的话说，"一生中绝大部分精力都在这里，感情很深"。

1990年徐仁根调任中汽总公司总工程师，主管技术，后为副总经理兼总工程师。从1991年起，他兼任中国重汽集团总经理，后任中国重汽集团董事长兼总经理，2000年退休。

78岁的岳德钦出生于河南巩县，他在河南生活了16年。1953年初中毕业，正好赶上太原4所中等专业技术学校到洛阳招生，他考上太原机械制造学校，学制三年。1956年毕业分配，同班4人一起被分到第一汽车制造厂。他在一汽历经8年锻炼，其间坚持学完六年制吉林工业大学业余大学。

1964年12月，岳德钦被调往中汽公司技术发展处，负责铸造和粉末冶金。受"文革"影响，所参与组建汽车托拉斯的事业被迫中断。1965年底，为支援三线建设，他调往川汽厂工作，随即被派往法国贝利埃（Berliet）公司学习铸造。1966年底回到重庆双桥，在铸造厂干了21年，先后担任铸造分厂厂长、总厂副厂长、党委书记等职。1997年退休。

这两位老同志部分廓清了川汽厂的发展历程。但是，为何是从法国贝利埃而不是其他国家引进产品技术？又为何定点在四川大足的巴岳山下建川汽？在"备战备荒为人民"的年代，选址过程经历了哪些曲折？2015年10月13日上午，我们又找到当年川汽厂设计负责人陈祖涛。

时年88岁的陈祖涛是"中国汽车工业第一名员工"。1951年，他被委派到苏联接受援建一汽的筹建工作，参与一汽的选址、设计、基建、安装、调度、投产等全过程，也是筹建"二汽"的五人领导小组成员之一，并为"二汽"选定厂址。某种程度上，"二汽"选址工作的经验来源于川汽厂选址的经验积累。

本次采访得到"红二代"（"红岩汽车厂第二代"的戏称）、现上汽依维柯红岩商用汽车有限公司党群工作部部长李强、原中汽工业总公司副总经理吴庆时的大力支持，在此一并致以诚挚的谢意。

找技术 选厂址

贝利埃是老皇历了。1964年是极"左"的环境，排外的环境，以美国为首的西方国家对我们完全封锁，国内"政治挂帅"，以阶级斗争为纲，一切都要自力更生。

为什么周恩来总理要去看阿尔及利亚和摩洛哥当地的法国贝利埃公司，这段历史我不清楚。但问题是什么？当时我们是"备战备荒为人民"，要准备打仗，中央提出搞三线建设，在远离城市和工业的大山里去建设国防工厂。这是一方面。

另一方面，国家需要重型越野车。当时我国只有济南生产的"黄河牌"，载重8吨，但越野能力只有3吨，满足不了军队拖带大型装备的需要，因此，5吨以上的越野车和载重车急缺。

1964年10月，国家批准利用宜宾汽车制造厂改扩建生产重型汽车，年产规模1050辆，其中6吨越野汽车400辆，10吨自卸车400辆，12吨载重车200辆，25吨自卸车50辆。

1. 三国考察

要建设新的重型汽车厂，难度很大，于是就想从国外引进技术，自己生产，但当时以美国为首的西方国家对我们全面封锁，苏联和我们关系紧张，将全部专家撤回国内。

而法国戴高乐将军不满美国政策，退出北大西洋公约组织，和中国建立正式外交关系。这种背景下，周恩来总理指示，中国要和法国增加经贸往来。当年底，一机部责成汽车局，组织重型汽车考察团到国外考察，准备技术引进。时任汽车局副局长的胡亮担任考察团团长。

胡亮，20世纪40年代毕业于清华大学，对工作认真负责，对同志非常爱护。考察团成员包括国家计委的一个副局长于军，一汽的庄群，"南汽"的陈善述，汽车局副总工程师郑正楷和我。

我们先到法国。法国只有贝利埃汽车厂生产这种重型越野车，并被作为北大西洋公约组织的军车，质量和性能都不错。贝利埃总部在里昂，离巴黎几百千米。它是一个家族企业，贝利埃本人是个老头，欧洲人，大概50多岁，按照中国观念，他不算老，但看起来老态龙钟，长得较胖。因为我们是来跟他谈生意，他态度特别好，还请我们在埃菲尔铁塔吃饭。没想到，跟贝利埃谈技术引进时，他狮子大开口，要价1000多万美元，把我们吓了一跳。我们不甘心受他宰割，就利用谈判技巧，准备货比三家。我们说，你要价这么高，我们不谈了，还是到别的国家去谈吧。

然后我们一行到了英国，但英国只生产普通越野车，没有重型越野车，只好作罢。为增加筹码，第三站我们准备去意大利，菲亚特是世界有名的汽车公司。当时中国和意大利还没有建交，意大利驻巴黎的领事态度傲慢，拒绝给我们签证。

陈祖涛接受专访

我这人经历较多，知道国际大公司在贸易问题上比较尊重客户意见，而且都有办法打通政府关系，于是想出办法，当场让意大利领事拨通菲亚特公司驻巴黎的代表。我对驻巴黎的菲亚特代表说，我们中国要和贵公司合作，但意大利驻巴黎的领事不给我们签证，这将直接影响到我们的商务合作。

这位代表马上让领事听电话。听完后，他态度发生了180度大转弯，非常客气地把我们代表团的签证全部办妥。

到都灵考察菲亚特公司时，发现它只生产小轿车和轻型车，没有重型车。

没办法，我们又回到巴黎跟贝利埃谈，磨来磨去，他们也做出一些让步：最后以860万美元引进贝利埃GCH（6吨6×6军用越野车）、GLM（15吨6×6自卸车）、T25（25吨4×2矿用自卸车）、TCO（50吨6×6牵引车）四种车型。

1965年6月，双方就引进四种车型和相关的三个发动机产品以及制造技术签订协议，这是我国第一次从西方国家引进整车技术。但这套技术引进来后，受"文革"影响，只有6吨军用车和25吨矿用自卸车投入生产，其他两款车型资料一直躺在仓库里睡大觉。

2. 三选厂址

重型汽车厂原本定在宜宾，宜宾有个开关厂，后来改

一机部汽车局副局长胡亮

成宜宾汽车厂。但因为政治气候要备战，这么重要的军工项目，应该放在三线，因此要重新选址。新厂由长春汽车工厂设计处负责设计，我是设计总负责人，长春汽车设计处还派出宁大年等年轻人参加。

厂址放到哪里？一定要在备战时看不见、打不垮的地方。根据"靠山、隐蔽"原则，我倾向于在巴岳山底下。巴岳山位于四川大足县，距山沟六七千米有个小镇叫邮亭铺，它离重庆100多千米，离成都200多千米，离大足县城30多千米，成渝铁路和成渝公路从小镇穿过，交通条件还不错。

我们住在邮亭铺的一个小饭馆里，近20人挤在一个小房间，条件真是艰苦。没有电灯，大白天都看不清楚，吃得也很简单，经常会吃出个苍蝇来。但为了三线建设，大家也很高兴。白天搞工厂设计和布置，仔细地对每个山都一一查看，晚上回来在煤油灯下计算、画图。

1965年建厂时彭家院子一带的地形

1966年4月，一机部副部长白坚视察川汽厂建设工地

巴岳山有 500 多米高，开始我想把厂址放在山底下，这样符合三线建设要求。为此，我还专程爬到山顶上观察地形，花了一整天时间。当天黄昏时，我就往下走。四川种稻子，稻田很深，里面全是泥巴，陷进去后可能出不来，天黑又看不见，我就摸着田埂爬出来。

做出草图后，我们到成都向一机部部长段君毅和副部长白坚汇报。他们正好来四川考察。在选址时，我尽量考虑到生产、物流、成本、运输这些因素，所以尽可能选一些平坦的地方。结果白坚看了后说，你选的什么地方，怎么见山不靠山？再往里走，重选。

我只好把厂址再往大山里移。第二次选好后，他说，你靠山不进山，不行，再选。

第三次，我把厂址定在巴岳山脚下一个叫双路的镇上，紧挨着一座 500 多米高的大山。白坚来看了，又说，进山不进沟，还不行。

那时候技术要服从政治，没办法，我就想了个主意：把一些小车间摆在山沟里，把大的总装车间摆在山沟外。

白坚来看后，虽然还是不太满意，但那种条件下，山沟里也摆不下年产 1000 多辆越野车的总装车间，他就不好再说什么。国家建设委员会也不太满意，还专门安排飞机从空中勘查，也没找到更好的地方。

国家对第一个自建的汽车厂非常重视。1965 年 8 月，段君毅和白坚到现场看厂址，我作了汇报，他们最终同意了厂址方案。

一个月后，一机部下文，决定四川汽车制造厂的厂

1988 年 6 月 19 日，中国汽车工业联合会理事长陈祖涛到川汽厂指导工作

址定在大足县双路公社的彭家院子一带。

建汽车厂，一是地形，一是水源。双路往西不远有个大湖，叫龙水湖。我们从那里铺设管道，把水引进来，这样就解决了工厂的水源问题。

在为工厂布局的实践过程中，我还运用了超前理念，即分散型专业化建厂。苏联援建一汽综合性太强，三线建厂应该是生产专业化，产品系列化，加强产品开发和研究能力。

因此，我把重型汽车厂设计成 5 个分厂，大足是总厂；发动机厂、配件厂和油泵油嘴厂设在重庆；齿轮放到綦江齿轮厂，形成一个大三角布局，既相对独立，又相互依存。汽车厂全名为重庆重型汽车制造厂，又叫"红岩汽车厂"。红岩汽车厂从 1966 年开始试制样车。受"文革"影响，1968 年建成投产，当年仅生产 4 辆。1970—1975 年产量分别为 39 辆、14 辆、26 辆、1 辆、93 辆、202 辆。"文革"结束后工厂才恢复正常生产。

"根"在艰苦奋斗

徐仁根接受专访

1938年，我出生在杭州萧山。正值抗战时期，日本人打到浙江，我还很小，稍有些印象，子弹在墙壁上打了很多洞。父亲在地上铺一张很大的竹垫子（用来晒粮食的那种）让我们都躺在下面。

一定不能站起来，否则很可能被子弹打到。

我母亲生了8个孩子，因为条件不好，看不起病，相继走了3个，一个6岁，一个8岁，还有一个因破伤风，在接生后一个多月就夭折了。剩下我们5个孩子，4个兄弟，1个姐姐，我排行老三。

战乱年代吃饱饭不容易，农村更是青黄不接。往往冬季粮食吃光了，春季粮食还没出来，这时就只能吃野菜。我们拿着篮子到处去挖野菜，但还是吃不饱，

一年起码有3个月吃不饱饭。

终于，日本人走了，但国民党苛捐杂税很多。整天派税，乡公所每年摊钱，你交多少他交多少。交不出来的，厉害的，他不敢动；不厉害的，就被抓走，关押在一个地方。

我家祖辈都是农民，父亲被关在一个原来是寺庙的土监狱里。家里没粮食，母亲便向别人借了些黄豆，煮熟后给父亲送去。反正也没钱交，关几天就把他放出来了。

我两个哥哥都没读过书。那时候饭都吃不饱，还读什么书？农村人也不太懂这些。姐姐更没机会读书。后来弟弟有机会读书，但没考上学校。我是村里的第一个大学生。我为什么能读书？哥哥长大后，家里有了劳动力，可以干些重活。父亲有个愿望，因为祖祖辈辈都没有读书人，

徐仁根接受专访

老被人家欺负，要告状都不会写状子，便希望有一个孩子读书。

我想读书是觉得农村太苦，想有机会离开。我从6周岁就开始跟着父亲干活，农村种稻子，夏天要灌水，要把水抽上来。可能你们不太清楚，抽水要3个人用脚踩，又热又累。小时候我的愿望是当小学教师，教师在教室里讲课，不淋雨，不晒太阳，冬天也不冷。

我就给父亲说，我想读书，全家都赞成。在农村当地念完小学，考上杭州九中，开始住校。我得到助学金补助，学费全免，生活费交一半。生活费每月7块8毛钱，家里出3块多钱，其他国家补贴。

那时，农村里穿的衣服都是对襟扣，就像现在的唐装。家里自己织的粗布，母亲做衣服、纳鞋，把一个布条缝起来打个结。城里人很调皮，看到我就叫"乡巴佬"。

在学校我追求上进。初二就入团，半年后被选为学校团支部书记。原因有两方面：一是我年龄较大，我10岁才上学，在班里排第三。农村孩子比较老实，也听话，在校表现较好。二是学校里的运动会，从初二开始，3000米和800米这两个项目冠军基本被我包了，在同学中威信也很高。选为团支部书记后，大家也不再叫我"乡巴佬"了。

班里我成绩最好。初中念完后，直接保送到高中，高中三年我一直是团支部书记。考大学时，第一志愿我填的是大连海运学院，船舶驾驶专业，主要为培养船长，可能我英语考得不太好，没被录取。第二志愿报的是吉林工业大学汽车系。

1. 大学之路与阴差阳错的专业

汽车很神秘，七八岁我都没看过汽车。我家附近有条公路，离庄稼地有十多千米路，我们几个小孩相约一起去看汽车，那时候有JMC、道奇等美国大卡车，看过后记忆很深刻。

我考上吉林工业大学内燃机专业。1959年8月底，到学校去报到，先从萧山到杭州，从杭州坐火车到上海、南京，再从湖口渡江。当时还没有长江大桥，火车一节节地开到船里渡江。经过徐州，到济南，等了大半天，坐车到沈阳。沈阳再换车，才到长春。

算起来，整整坐了四天四夜才到学校。学生可以买半票，但只能坐慢车，火车几乎每站都停，速度刚起来，又到站了。那时火车烧煤，没有空调，窗户全打开，白衣服变成黑衣服，头发上全是灰尘。

到学校就感觉很温暖，很多老同学来迎接新生，他们举着旗、敲着鼓。报到后，被问到有什么要求，我说什么要求都没有，我要赶快洗个澡、睡一觉。大学里没有热水，就用凉水冲个澡。真是又累又疲倦，洗澡后就睡，连晚饭也不知道吃，第二天早上才醒。

不久，学校就找我谈话，希望我能改到汽车底盘设计专业。什么原因？他们缺个团支部书记。发动机是汽车的心脏，很重要，但汽车底盘也很重要。我说，我愿意服从分配。这样阴差阳错地就到了底盘设计专业。

在长春生活倒也习惯，对生活没考虑那么多，反正就是要把学业完成。刚上大学一年多，1960年11月我被批准入党。那时大学党员很少，学生入党很不容易。

生活相当困难，一些学生的身体出现浮肿，每班可能有三四个，都是营养不够。我身体还不错，没有浮肿，但一天到晚都感到饿。北方榆树多，春天到来后，弄些榆树叶放到高粱米里一起煮，榆树叶营养并不多，但好歹能填一下肚子。

徐仁根在红岩汽车 50 周年庆典上发表讲话

即使这样，我们也从来没有向组织发牢骚，一句怨言都没有。国家有困难，我们要克服，大家基本都是这种思想。所以学校里很平静，上课、学习一点都没受影响。

大学 5 年，到 1964 年毕业，按志愿分配。我是党员，又是团支部书记，干部要带头。我第一志愿是去西藏，第二志愿是去新疆，第三志愿是到川汽厂。分配时正好西藏和新疆都不要人，这样我就分到了川汽厂。

2. 到綦江齿轮厂

到綦江齿轮厂报到也有段故事。我们同班有 4 位同学一起分到綦江齿轮厂。这个厂这是抗战时从南京搬来的一个老厂。1964 年 8 月下旬，我们到达重庆，重庆号称为"鱼米之乡"，我们就想吃鱼。没想到一条鲤鱼花了 2.5 元，大家都受不了，怎么这么贵？

天气很热。离上火车还有段时间，因东西拿得多，有被褥，也有食物，我们就想找地方先休息一下。很快找了个小旅馆，房间里什么都没有，就一张席子，可以睡觉休息。每人付两毛钱，4 个人共 8 毛钱，一直睡到下午 3 点半，起来坐火车到綦江。

火车上人很多，有些人头上包着白布，我还以为他们是少数民族，后来才知道这是当地人的习惯。我向他们打听，綦江齿轮厂在什么地方，正好问到一个綦江人。他说："綦江齿轮厂和綦江县还差 5 千米，要走 5 千米。"

我说："那我们坐公共汽车过去。"

他说："没有公共汽车。"

我又说："我们打公用电话，让企业来接我们。"

他回答："綦江县没有公用电话。"

到綦江火车站后，正好有船要渡江，有人告诉我们可以坐船到綦江齿轮厂。结果就听到土喇叭在喊：涨大水，船全部停运，今天不能过江。我们都很疲倦，在火车站里坐在凳子上就睡着了。天刚亮时，又听到土喇叭在喊：船

1965 年 11 月，川汽厂开工第一次誓师大会

1966年10月，职工在工地上组织政治学习

建厂初期的总装车间，工人正在装配整车

要开了，赶快上船。我们稀里糊涂地起来，抓紧时间上船。

那是一艘小轮船，还带着柴油机。不到20分钟就到了，站起来一看，问綦江齿轮厂在哪里。他们指着相反方向说，在那边。这下离我们更远，有六七千米路。我们也顾不上那么多，肚子很饿，先吃面条，一人一碗，一碗8分钱。吃完后上路。

走了一段路，实在走不动，我们就商量，能不能找个农民工帮我们挑一部分东西。农民工一看，加起来大概有130斤，开口要6毛钱。他说，你们不要拿，我自己挑。我们跟在他后面。上坡，下坡，全是不平的山路，担子太重，我们要求分担一些，但他坚决不肯，生怕扣他的钱。到厂门口后，给他6毛钱，他高兴得不得了。

綦江齿轮厂是个老厂，条件很差，宿舍都是平房，地板就是泥土。我被分到设计科，先到（綦江齿轮厂）修理厂去实习。修理厂有十几个人，有些卡车，自己修，也从

外面接业务。白天我们去劳动实习，下班回来后给工人们讲课，主要讲汽车结构。

3. 初到川汽厂

大半年后，1965年开始搞"四清"运动（指1963年至1966年，中共中央在全国城乡开展的社会主义教育运动。一开始在农村中是"清工分、清账目、清仓库和清财物"。后期在城乡中发展为"清思想、清政治、清组织和清经济"），我被抽调出来搞"四清"运动。

"四清"运动搞了一年半，到农村吃苦就更多了。在农村，条件更艰苦，更吃不饱饭，最后连虫子都吃下去，生活困难到这种程度。"四清"运动搞了三期，第一期在巴县，第二期到綦江，第三期在长寿，基本上半年一期。

厂里安排所有大学生都参加"四清"运动，其他人还正常上班。我们初来乍到，工作还没熟悉，派出去企业也不受影响。现在想来，那也是形势所需。

那时候大家都很苦，干部的"四不清"，所谓经济问题，就是哪天在办公室拿了一个水杯回去，类似这样的问题。本身就很穷，你说还有什么经济问题？开始说全部不行，要批判，要交代，弄了半天，90%以上都是朴实的农民。到最后落实政策，党还是实事求是，有问题解决问题，没有问题就没有问题。

"四清"搞完后，1966年我就被调到大足川汽厂。为什么？我爱人在川汽厂工作。1966年我们结婚，小孩出生后，上面照顾我，就把我调到川汽厂。我被分到底盘厂设计科。设计科有十几个人，主要画图纸和校对图纸这些工作。

全套图纸由法国贝利埃公司提供。除苏联援建的一汽外，法国贝利埃公司GBU（6×6）重型越野汽车技术是我国引进的第一个重型汽车项目。按照对方提供的图纸，我们的工艺可能加工不出来，因此要对一些工艺和图纸做修改，更适合我们自己的设备加工。

这些工作量也不大，我就申请到生产车间去实习。1967年下半年，我被安排到车间当车工，一干就是两年。

车工最主要的工作是磨刀具、车零件，但磨刀具要磨好很不容易，我虽然不够精，但这些技巧也都基本掌握。这时底盘厂成立生产组，叫生产指挥组，把我调过去当副组长。政治学习很重要，我这个副组长就专门负责政治学习，其他事情不太管。

一段时间后，企业体制改革，总厂直接管理车间，专业厂撤销。我被调到中心实验室当临时负责人，中心实验室也叫中央实验室，分为化验室、镜像室等，做实验或者有问题的产品都集中拿来化验或者检查。

没多久，"整党"运动开始，我被调到"整党"办公室工作。做的事情也简单：一般党员重新登记，主要是领导干部，要整理档案，整理材料。这个工作干完后，我被调到运输科当党支部书记。

4. 治理"老大难"

运输科是个"老大难"单位，大概有65辆车，大多数是"黄河"和"解放"卡车，"红岩"车很少。有100多位员工，包括修理工和司机。司机是个特殊群体，根本不好管。所谓"老大难"问题，一方面源于"文革"中的派性，另一方面司机都比较油，他们一天到晚到处跑，很难约束，管也管不住。修理班最有意见，牢骚最多。司机开一辆车到处跑，跑坏了也不修理，还消极怠工。基本是这种状况。

当时我比较年轻。上午上班开会，安排工作，下午就到修理厂，跟他们一起劳动，一起聊天。劳动中，问他们有什么意见。他们就反映，司机怎么怎么样。我每天去劳动半天，一天都不落下，这样持续了三四个月，跟修理班长和修理工都混得很熟，还成了朋友。接着我就开始严格管理，制定车辆管理制度，任何人都一视同仁。但遇到个特殊情况，国内某大汽车厂领导的儿子，极为调皮，不好管，谁都不敢管他。要解决司机队伍的组织纪律问题，必须得先治他。把他治好了，其他人的问题都解决了。

调度指挥不动他。安排他跑长途，他说他不去，他身体不好。他就只跑厂里，厂里每天补助3毛钱，那时候3毛钱也很值钱，一个月就是9块钱，相当于工资的三分之一。有一次，调度安排他跑马尔康，他来请病假。我找他谈话。我说你这样影响不太好。你父亲是领导，很有威望，大家都很尊重他。你要为他争口气，让大家都觉得领导的儿子也很不错。另外，调度也要公平，你这样做，人家都这样做，那长途谁来跑？

谈得还可以，他态度也不错，但就是控制不住自己。接着给他派活，让他跑重庆。他又不去，原因是身体不好。调度来找我，问怎么办？我说，叫他把病假条拿来。要真有病，就不能开车，否则出了事故，领导要负责任。

病假条拿来后，我让他在办公室看文件，包括安全规则、注意事项和各种安全交通事故等。上午从8点看到12点，下午再从2点看到6点，中途可以上厕所。不能跑长途，安排学习总可以吧？要是离开，就算旷工，这是定的制度。

开始他还很配合，拿着一本书看。但他从小就不爱学习，看书比开车还难受，根本看不进去。两小时后，他就来找我。他说，徐支书，我不看了，重庆我去吧。

今天已经安排人去了，明天再去。我说。

这样弄两次后，他就老实了。把他治住了，其他司机都比较守规矩，大家都按制度办事。有的地方艰苦些，有的地方舒服些，调度会轮流安排。其实他性格直爽，人也不错，就是比较调皮。直到现在我们还是好朋友，我到济南去，他还来看我。

我在运输科干了两年，1978年这个科就被评为先进单位。当年组织把我调到总厂，担任革委会副主任。

5. 年轻的厂长

"文革"中川汽厂基本处于半瘫痪状态。厂里分为两派，一派叫"八一五"，一派叫"红到底"。"八一五"人多些，领导干部和转业干部较多，"红到底"活动能力更强。我参加了"八一五"，作为党员，关键态度得要有。有时开会，也加入辩论。这两派互相斗，还出现过人员死伤状况。

"文革"期间生产任务很少，有时可能一个月都没安排。但因为是军车生产基地，无论如何也得把厂房守好，否则机器被破坏那可不得了。

修理任务上来后，有人要上班，还有些老工人主动到车间上班。厂长基本靠边站，被打成"走资派"。当时有个口号：路线错了，干得越多，错误越大，干的产品越多，错误越大。

焊接车间工人正在对驾驶室进行拼装焊接

1982年3月5日，徐仁根厂长参加为民服务活动，为职工子女理发

一是没人干，二是没办法干，因为生产是连续的，这道工序干完后，上道工序没有干，或者下道工序没人接，都干不了。军代表进驻到厂里，主要卡质量，其他都不管。

但我这个革委会副主任跟别人不一样，人家都是群众代表，这边派个代表，那边也派个代表，都是革委会副主任。而我是从车间提起来的，还有个陈家林，本来是个科长，也被提上来当副主任，我俩是没有参加过造反派的代表。

在总厂我管生产。厂长下面分设几个副厂长，有管经营的，有管后勤的，我是最年轻的副厂长，归党委副书记领导。川汽厂有个特殊情况，它是我国引进的第一个军车项目，投资 1 亿元，相当于现在的 10 亿元。国家特别重视，派出很多级别较高的干部，13 级以上干部就有近 10 个。这些干部后来陆续被调走后，补充了几个年轻人上来。

生产不好管。怎么办？还是老办法。白天忙完工作，晚上我都要到车间去转一圈，熟悉生产线上的主要工序：这个零件怎么加工；那个设备要多长时间；需要多少道工序，都去看一遍。差不多半年，我对生产线就比较熟悉，心中也有些数了，这样人家就难不倒我。

那时候经常有人出难题，特别是老干部。我提为副厂长，级别较高，有人说风凉话，你算什么？你出过什么力？你打过什么仗？有很多意见。

开调度会时，我在会上宣布了几条纪律。我说，有些问题你们不要讲，老提这些问题，每次时间都很长。我调查清楚了，现在解决不了，但是也没关系，不影响生产，这个以后就不要再提了。这是一个问题。

第二个问题，提出来的问题不存在。比如某零件来不及加工，没时间。但我算过了，也看过了，第一道工序多长时间，第二道工序多长时间，加起来，是要求的时间的

一半，他要一个小时，实际上半小时就够了，还包括中间耽误的时间在内，他不可能完不成。如果说不行，我们就一起到车间去，我也当过车工，生产方面我也熟悉，看能不能完成。

这样几次以后，他们就不乱讲乱说了，生产慢慢就顺畅起来，我也能真正指挥他们干活。后来搞定额，过去生产都要定额，哪怕不准也没关系。定额怎么制定？定额员制定后执行起来有些问题，关键是他们怕得罪人，按照准确的来定，工人又不干，担心这些定额不能完成。但有总比没有好，那就先定了再说，一步一步来。

生产衔接也很困难。前工序到后工序的零件，比如毛坯出来，到加工这个零件，最后到装车，这个衔接也很困难。经过整顿后，大家心比较齐，能互相支持，有问题也不再是你推我、我推你，都想把事情干好，生产自然就顺了。

回想起来，川汽厂有很多困难。第一个困难就是建厂，1964 年我刚来时，这里还是稻田和草地，旁边是山坡。厂房有的已经盖好，有的还没盖好，工人进来后，没房子住，也没有蔬菜吃。有的住在厂房里，有的住在马路边。

我到川汽时，职工很困难。农民的一间房子，用席子隔成三间，一家住一间。我带着小孩住一间，总共五六平方米，房子上面是通的，两家人说话都听得到。

做饭就在外面弄个煤灰炉子，在屋檐下搭一个临时灶台。没有自来水，小孩要洗尿布，只好走很远的路去挑。我还专门买了两个水桶，早晨挑一次，中午挑一次，晚上再挑一次，就这么过来的。

生活条件确实很艰苦，但艰苦创业精神很强，工作很积极。有很多工作要做：后勤建设要展开，技术图纸要整理，工业图纸要弄，设备要安装。当时部队转业干部较多，领

导干部觉悟都很高，真正能以身作则，号召大家艰苦奋斗。在这种条件下，我们渡过了第一个困难。

第二个困难是军品转民品。生产逐渐恢复后，军车大批量生产，年产400辆到600辆之间。1984年北京国庆阅兵，"红岩"车运着战略导弹通过天安门广场，大家都信心百倍。到1987年，国际形势变化，20年之内不打仗，部队需求饱和，不再订货。

这时，川汽厂已超过5000人。我从1982年被提拔为厂长，当时42岁，很年轻。那时候去重庆开会，领导问：川汽来人没有？我站起来说：大家好。人家都说：怎么这么年轻？

6. 进入民品生产

对川汽厂的定位，那时就一句话，集中精力搞好单一军车。部队大量需要，就拼命生产。那是最好的时候，眼看就有上千辆军车生产能力。

我们有个老领导很有远见，做军车时就怕将来装备改变，就悄悄搞民车，设计民车。开始我们自己搞，上面不给一分钱，不能向上面汇报，也不能向上面要什么设备。

整车试验做完后，可以小批量给用户试验，用户提出问题，我们再改进。当时大概有几十辆试验车，提供给胜利油田和新疆油田用。

但困难是，我们没有驾驶室，军车驾驶室不能扣到民车上去用。试验车量很少，靠零星渠道进口一些罗曼（Roman）驾驶室。即使这样，每年几十辆也得分批进口。驾驶室没保障。因此，要开发民品，压力很大。好在我们这一届领导班子比较齐心，厂里人心没有浮动，工程技术骨干也没有要求调走，大家都想办法怎么解决困难。

我就召集技术部门和后方工装加工部门开座谈会，根据现实分析情况。我们开发的第二个新产品红岩CQ19210（4×2），产品已设计出来，工艺图纸都齐全，但工艺加工和工艺装配都没有。

按照正常程序，这个产品从整车试验到做鉴定，到正式投产，起码需要三四年时间。别说三四年，我们连一年都拖不起，新产品必须在一年里开发出来。

但就那么点车在试用，而且当时20吨车需求量不大，需求量大的是10吨车。企业究竟该怎么办？最后领导班子一致同意，加速开发"红岩"CQ19210是企业的唯一出路。

什么办法都采取了。比如工艺装备顺序，有的可以颠倒，对一些不会改变的工艺，前工序没完，后工序就可以加工，这样来节省时间，后面工作量减少。车间的后方部门，如果工装加工任务太重，那么加工车间可以先加工，从粗加工到精加工时间缩短了。

资金也困难。人力、物力、资金，哪里需要就放到哪里。设备是全厂统一调动，哪里能加工工装就安排加工。工作量很大，把任务分解到每个分厂、每个班组、每个工人。每个产品的工装进度都有人负责，每天都进行检查。

当时也有句口号：一切为新产品"红岩"CQ19210让路。除白天正常上班外，工人一般都到半夜才回去。领导干部晚上11点前基本不回家。车间干部、分厂干部和有关科室也这样，到晚上10点、11点，办公室还灯火通明。大家一句牢骚都没有，一句怨言也没有，就一个想法：一定要把新产品搞出来，搞出来我们才有希望，才能渡过难关。

这样过了一年半时间，工艺装备完成，新产品出来。到海南岛做试验，试验做完后，到北京申请鉴定。但专家们都不太同意，认为时间太短，用户批量使用过程没有，

1984 年 7 月 17 日，"红岩" CQ30290 重型汽车定型审查会

小批量生产后，拿到用户那里只有 10 辆、20 辆，用户用过后，有质量问题反馈回来，再改进，这个过程还没有走。

当时中汽总公司总经理是蔡诗晴，他对我们很支持。

"红岩" CQ30290 型载重汽车填补了国内 18 吨位级重型汽车的空白

他说，现在川汽要军转民，日子很困难，如果没有这个产品，没有民用产品，工厂就稳不住了。我们如果在川汽的位置上我们会怎么想？会怎么着急？川汽的困难就是我们的困难，相信川汽最后的工作能补上来。

我们听后都很感动，专家们也都同意做鉴定。鉴定后很快就走向市场，10 吨车需求量较大，并逐年增加，效果也很理想。这样川汽就有了 CQ30290、CQ19210 两个产品，品种扩大，工厂可以生产民用车，企业形势开始好转。

可惜好景不长。1987 年罗马尼亚局势动荡，到 1989 年底齐奥塞斯库总统夫妇被枪毙。这期间罗曼驾驶室供不上，对整车厂来说，难度最大的总成就是驾驶室。没有驾驶室，简直像个晴天霹雳，一点办法都没有，就像回到军车停止订货的时候，甚至比那时更厉害。不仅如此，原来开发的"红岩" CQ30290 也需要罗曼驾驶室，这就导致两个车型都没办法生产。

1985 年 9 月 30 日，时任厂领导与参加建厂 20 周年庆典活动的老领导合影

怎么办？我们到北京向中汽总公司作过好几次汇报。为此，中汽总公司帮我们跟总后联系。总后说，不可能再订货，这个问题他们也解决不了。再一个，民品还没完全开发出来时，军工企业都有补贴，专门有这笔资金。我们虽然生产军品，但隶属机械部管，没有补贴资金渠道。

回来后，领导班子思想很统一，先开会研究怎么定方案。其中一个方案，就是上斯太尔驾驶室。引进斯太尔时，本来确定济汽（济南汽车制造厂）生产驾驶室，供给川汽和陕汽（陕西汽车制造厂）。川汽生产底盘和桥，拿到济汽和陕汽去装车。那时叫专业化分工，理论上是好的，但实际操作起来适得其反，效果并不好。

驾驶室出不来就没法做整车。济汽还没动手，我们就自己先开发，并且购买了驾驶室主模型和全套图纸。驾驶室开发最大的问题就是模具加工，一共有 76 套模具要加工调试。我们开了很多座谈会，听取各方面意见，认为自

己加工模具的可能性存在，但加工量太大，尤其是 8 套大模具，技术要求高，进度根本不能保证。

后来我们想到一个方案，大模具自己做不出来，而一汽模具加工能力很强，就派人去向一汽求援。派出的人是工具科科长白元佐，当年从一汽调到川汽支援三线建设，

1985 年 4 月 29 日，试装第一辆"斯太尔车"下线

曾在一汽模具厂工作过。

巧合的是，当时一汽第一代轿车模具刚完成，下一代轿车模具开发还有些时间，这段时间正好没有任务。于是，我们花 40 万元，让一汽帮忙加工 8 套大模具。这 8 套大模具解决后，还有 68 套模具要自己加工。工作量仍然很大，其中出现了很多感人的事。

模具生产和调试工人中午不回家吃饭，晚上也不回去，家里把饭送到车间，他们吃完后接着再干。我记得最紧张的时候，有个模具调试工，他把铺盖卷拿到车间里，干累了，就在车间办公室桌子上摊开铺盖，睡三四个小时后起来再干。每个人都要保证进度。

我是驾驶室项目指挥部指挥长，每天下午我到车身分厂组织召开现场调度会，进度每天分解，每个零件，包括外协件，都有进度表，每天要有保证，每天都检查哪个地方完不成，为什么完不成。与任务有关的车间干部，基本都是晚上 11 点后回家。

1987 年下半年我们组织供货，本来准备 1988 年生产 400 个驾驶室，其中 200 个装到"红岩"CQ19210 和"红

1989 年 12 月，红岩 CQ19210 批量出口朝鲜

岩"CQ30290 产品上。从 1988 年 2 月到当年 12 月 31 日，最后生产 341 个驾驶室，装车 180 辆。

虽然任务没完成，但成果很大。有驾驶室后，什么都不用担心了，两个民用系列可以批量出车。

换句话说，国家一分钱都没有补贴，我们全靠自己的力量完成了军品转民品生产。后来装车提供给用户试用，用户说基本可以接受。但车门一关，密封性不好，开起来要进风。问题主要是焊接经验不足，立即改进，很快就成为一个成熟的驾驶室。

7.1 年或 6 年

驾驶室这个重大问题解决后，下一步就是提高产品质量，开发品种，投放市场的问题。接下来 10 年间，川汽继续努力，提高质量，开发产品，扩大市场。2000 年左右，重型汽车集团旗下三个生产基地——济汽、川汽和陕汽，川汽经营状况一直最好。1990 年 6 月，我调任中汽总公司总工程师，主管技术，后被任命为副总经理兼总工程师。在中汽总公司，我可以说干了 1 年，也可以说干了 6 年。

为什么？因为第一年没有管重汽（中国重汽集团），从第二年开始兼任重汽总经理兼党组书记。那时候的工作状态基本就是：每天早晨到北京开会，开完后马上回济南，最多的时候，一周 6 天里都这样奔波。

在重汽，我从总经理兼党组书记，再到董事长兼总经理，党组书记另有人担任。那时也很难，全国每年需要重型汽车 3.4 万辆，其中 3000 辆进口，主要是军队需要的专用车，以及石油部门需要"奔驰"或者这样的重型汽车，要求质量非常可靠，非常先进。

剩下 3.1 万辆，由重汽、一汽、二汽以及北方奔驰（包头北方奔驰重型汽车有限责任公司）等好几家企业抢

徐仁根厂长到车间现场办公

1990年8月，川汽厂党政领导班子成员合影

夺。一汽、二汽实力很强，车型谱系比较全，即使重型汽车价格降低，他们也不怕，因为轿车赚钱，且轿车还供不应求。我们只有靠重型汽车，其他什么都不让搞，这样延续了七八年。

重汽集团最高时产量达到1.2万辆，但你知道它有多少人吗？把退休职工计算在内，有13万多名职工，17个企业。最严重时，济南本部职工8个月没发工资，现在真不敢想，也不是说不给工资，就是欠着，什么时候景况好转再给。

老工人还能扛一下，最困难是新来的大学生，他们去哪里借钱？后来让车间从劳务收入费里拨一部分出来，交给财务部门给新来的大学生发工资，有的先发3个月，有的发4个月，这样少欠点，否则欠8个月，他们也没办法。

即使这样，工人队伍都非常稳定，生产照常运行，干

部以身作则，从上到下都不搞特殊。当年何光远部长到重汽集团调研，何部长为人正派，作风扎实，他来过两次，我都在食堂里请他吃饭。

算起来，我在川汽干了25年，一生中绝大部分精力都在这里，感情很深。有时在深圳，或者在上海，每当我在马路上看到"红岩"车，都会目送它到看不到为止。这个车造出来不容易，是全厂职工的努力奋斗，如果没有这种吃苦精神，根本就干不出来。

川汽职工不怕吃苦。穷人的孩子早当家，因为大家都知道，只有把川汽搞上去，将来子孙后代才有事业，不然这个厂垮了，作为中央企业在地方，重庆市解决不了川汽的问题，中央也解决不了，所以那时候下的决心很大。

最好时光

岳德钦接受专访

我比徐（仁根）总大一岁。1937 年，我出生在河南巩县（现为巩义市），我在河南生活了16 年。

7 岁开始上小学。初小就在家门口，高小在玉皇庙完小，离家约两千米。正是抗战末期，有一次，我们正在小学院子里上课，日军的炮弹直接打到学校附近，大家都很害怕，幸好距离有点远，没有伤到人。

1950 年，我到巩县念中学，巩县有几十万人，只有这一所中学。1953 年，初中毕业，正好赶上太原 4 所中等专业技术学校到洛阳来招生，包括土木建筑、机械制造、钢铁冶金、采煤采矿专业。我成绩还不错，考上太原机械制造学校，当年入学比例是 8:1。

我本身就喜欢机械，从农村里走出来的孩子，总觉得这辈子应该干点事情。父亲那代人对我们要求很简单，家乡煤矿多，他希望孩子长大后会种地，能当个煤矿工人就可以了。既然考上了机械制造学校，那就更好了。

太原机械制造学校学制三年。我所学专业一开始叫铸锻专业，二年级时正式定为电炉炼钢专业。

1956 年毕业分配，我被分配到长春第一汽车制造厂。同校一起分到一汽的有 4 人，其中 2 人搞锻冲，2 人搞炼钢。

我们从太原坐火车到北京，再从北京转车到长春。到长春站后换乘电车，直接到达位于孟家屯的一汽厂门口。我们分配较晚，9 月才到一汽报到。

当时一汽刚建成不久，我们正好赶上参加开工典礼。不管是厂区，还是宿舍，都很规整，完全按照苏联建筑模式，都是大屋顶，真是觉得开了眼界。

1. 一汽的 8 年

岳德钦接受专访

到一汽再分配，我被分到冶金处当技术员。当时冶金处负责人是陈禹苏，他是个老革命，当过新四军，读过抗大，支援三线建设时，曾经调任川汽（四川汽车制造厂）政治部副主任，后又从川汽调往二汽。

冶金处管整个冶金铸造，有数百人，副处长是支德瑜，主管技术，我写的第一篇关于熔炼耐热钢的论文就是他帮我校阅的。支德瑜的父亲支秉渊（中国机械工业奠基人之一，中国内燃机研制的先驱）是太原机械学校校长，时任太原重型机器厂副厂长兼总工程师。

当时，一汽厂长是饶斌，第一副厂长兼总工程师是郭力。冶金处是一个技术系统，全厂热加工技术人员全部统一管理，再下派到具体车间工作，车间只有使用权，没有管理权。我被分到有色修铸车间技术科当技术员，后来这个车间改名为铸二车间，也就是再后来的铸模分厂。

在一汽一干就是8年，对我是很好的锻炼过程。学校那点知识远远不够，很多都用不上，但我们到车间后非常受器重。

一年多后，我的技术上司茅俊源就被调到洛阳拖拉机厂（简称为"洛拖"）。茅曾被一汽派到苏联实习过，他离开后，担子就压在我们肩上，好在炼钢那套技术我还比较熟悉。

1958年"大跃进"，我们被下放劳动，冶金处被撤销。我们仍在炉子上干老本行，老师傅都把我们当宝贝，因为我们懂理论，会计算加料、调整钢水化学成分，而他们文化低，计算吃力，多凭经验。

因此，他们根本不让我们干重活，还没动手，他们就说，你们休息，让我来干。但下来锻炼，不让我们干活怎么行？那时年纪也小，就20来岁，也抢着干一些。

这个时候，我报考了长春汽车拖拉机学院（吉林工业大学前身）业余大学，业余大学设在一汽教育大楼那里，当时机械系首开铸造专业，我是这所业余大学的第一个铸造班学生，1957年入学，到1963年9月毕业，整整6年时间，学完四年制本科课程，而且一门课不落，拿到本科文凭。

这中间还经历过最困难时期，粮食定量低，经常饿肚子。一周基本没有休息时间，白天工作，晚上上课，周末上课或者到学校去画图、做实验。这对我是很大的历练。

除文化水平提升外，工作也得到锻炼。我对耐热钢有些研究，热处理时常用马弗炉罐（Muffle furnace，一种通用的加热设备），外面加热，里面充气，需要加热到1000多摄氏度。锻造加热的炉子也有机械化的，链条把托盘托着走，连续运转，也要在1000多摄氏度高温下工作，这些都必须使用耐热钢铸件。

这套技术来自苏联。苏联用什么制造，我们也必须用这种成分来做。起初我们做不来，苏联专家亲自教我们做。我记得有个苏联老专家，每次来指导我们都很客气，对年轻人也很器重，他跟所有人握手，往往握得手生疼。我们跟着他们学到不少知识。

当时中国的镍和铬供应都比较紧张，尤其是镍最稀缺。每年国家定额分配，一汽根据需要量上报计划，经过上面几层审批，确定分配多少。计划经济时代都这样，超过一点都不行。刚开始困难不大，分配基本能满足，后来一汽产量增加，再加上缺少外汇，从国外进口困难，我们自己镍生产量又很少，越来越不能满足需求。

国家要求我们必须少用镍、铬材料，力求找到替代品。这个过程中，我们采取用返回炉料再加工的办法，相当于把含有镍和铬的废旧零件充分利用起来，少许加入新料，照样制造出耐热钢。假如不采取这个措施，炉子一停，一汽就要停产。利用返回料炼耐热钢是我们和一帮老师傅一起研究突破的。很大程度上缓解了当时镍、铬供应的不足。

这个技术当时少有。我们自己研究，主要采取吹氧炼钢法，把氧气直接吹到钢水里，让有害杂质经过充分氧化后去除掉，把镍、铬元素尽可能多地保留下来。这种方式节约了大量镍和铬，基本满足了厂里所需。

"大跃进"期间，我下放劳动这一年，组织安排我当工段长。那时我还是20多岁的小伙子，被逼着上，管几十个人，有两台电炉、两台感应炉和一台冲天炉。

在全民大炼钢铁的运动中，我们也是快马加鞭，虽然用的是标准洋炉子，不像土炉子炼钢，我们搞到3吨电炉，一天24小时炼十几炉钢。也是拼足了劲，一切东西准备好，

分秒必争，也才搞到那个程度，要持续发展不可能。

为寻求镍铬钢替代品，光靠车间力量不行，当时曾和冶金处铸造实验室一个专门搞材料实验的小组合作。张珉就在这个小组里，她是原机械工业部部长何光远的爱人。

我、张珉，还有一位机械院同志，一起搞铁铝锰耐热钢研究，想用它来替代一部分镍铬钢，这完全是一种国产新型耐热材料。

我离开一汽后，据说他们还研究了一段时间。

2. 到贝利埃学铸造

1964年底我离开一汽。当时郭力已调任一机部副部长，在原汽车局基础上组建中国汽车工业公司（简称"中汽公司"），计划组建汽车托拉斯。我被调到中汽公司技术发展处，负责铸造和粉末冶金，上班地址在北京复兴门外汽车局大院里。在这里干了约一年，"文化大革命"开始后，汽车托拉斯被迫中断。

1965年底，为支援三线建设，我调往川汽工作。

我本人倒挺愿意到四川，为什么？当时年纪太轻，在部局那栋大楼里，从事一个基层技术专职工作，每天坐在办公室，打交道的不是厂长，就是总工程师。偶尔下到基层，人家都热情招待，他们都是很有资格的老领导，一个20多岁的小伙子受到这么高的待遇，我自己都不好意思。正好有这么一个机会，我愿意到基层，希望在技术上深化。

1965年10月时，川汽开工建设。

1964年12月13日，长春一汽铸造分厂欢送岳德钦到机械工业部六局工作离别留影

1965 年，川汽厂址勘测人员勘测厂区地质

1966 年 2 月，川汽厂第一批赴法国学习人员在中国驻法国大使馆留影（岳德钦提供）

1965 年 4 月 2 日，济南汽车制造总厂技术检验科支持川汽厂建设人员合影

一次，裴志民（时任重庆汽车分公司临时党委副书记兼副经理、重庆汽车研究所所长）到中汽公司出差，见我下决心想到基层，就希望我能去川汽。这时正好有个机会，要派一个学铸造的人到法国贝利埃公司学习，我被选中。

关于川汽的选址，也有一些说法。起初准备在宜宾建厂。宜宾那厂原来叫宜宾高压开关厂，后来改成宜宾汽车制造厂，但它正好靠着军工厂，军工厂是直接生产军事装备，而我们仅生产军用配套设备，还是有差别。既然拼不过人家，那就把地盘让给他们，另外再选。这样才选到大足的双桥。

厂址由一机部副部长白坚拍板确定。那时三线建设要求"备战备荒为人民"，要"靠山、分散、进洞"（简称"山、散、洞"），而双桥紧靠巴岳山，从法国购买的稀有设备，可以靠山进洞。

厂址定好后，从全国各地调人来支援建设川汽。一汽、北汽（北京汽车制造厂）、南汽（南京汽车制造厂）、济汽（济南汽车制造总厂）等都派人支援，最多的是济汽，派了七八百人。

我到重庆汽车分公司去报到，地址在小龙坎正街的一个空军大院里。汽车研究所也设在这里，它与重庆汽车分公司技术处合二为一，实际是两块牌子，一帮人马，有百十来人。我先学法语。其他备选出国人员已经学了好几个月，因为我有些外语基础，中学时学过英语，中专时学过俄语，我去后基本还跟得上。

1966年2月，中汽公司技术发展处副处长郑正栩带领，我们30多人团队一起到法国贝利埃公司。有学半年的，有学8个月的，也有学10个月的，每个人都有不同计划。团队主要来自汽车系统，绝大多数是川汽人。但国家为多培养人才，借这个机会到西方学习，也从汽车系统外的军工企业派出一些技术人才，以川汽职工名义加入团队。

为何跟法国合作？回到1963年，周恩来总理在访问阿尔及利亚和摩洛哥时，就参观了贝利埃在当地的装配厂，当时便有意引进制造这种卡车。1964年，中汽公司和机械部组团到西欧考察，发现法国贝利埃产品跟我们对口。

一方面，法国贝利埃也正处于经济困难时期，中国购买它的汽车和技术装备，帮助它渡过难关。另一方面，

我们确实看中贝利埃军车，也就是后来"红岩"CQ260、CQ261车型。法国与我们合作，也不容易，西方国家到处对我们封锁。就连铸造用的造型机、射芯机，最基本的设备都不卖给我们。比如，加工汽车齿轮的关键设备——格里森机床，只有通过买二手货才能进来。

被派到法国学铸造的有4人，除我以外，还有从一汽调到重庆发动机厂的工程师王庆东。他当过车间主任，后来在一次车祸中去世；一位在綦江齿轮厂搞铸造的6级工；济南汽车总厂铸钢车间主任王传荣。现在他们三人都已去世。

我们肩负两重任务。一是学习整套技术，二是购买铸造设备。

因为车上铸件较多，特别是铸钢件分量重，一定要把这套技术学回来。不派人去学习，光看技术资料，不解决问题。我们4个人分成两组，我和王传荣学铸钢，另外两人学铸铁。我们学习时间最长，一开始就去，一直学到最后回来，1966年底回到北京过元旦。

要学习的东西很多。除学习技术外，还有验收工艺图纸和技术资料。法国贝利埃必须把每个铸件的铸造工艺标注在图纸上，写成技术文件，移交给我们，而我们要在实践中验证拿到的资料和生产技术是否完全一致。

再就是购买铸造设备。当时西方国家对我们技术封锁，要通过法国中间商，再转手给我们。比如造型机就是从瑞典进口，当时我们跟瑞典还没有建交，就先派人随同中间商去考察，选中后，签合同，再转手给我们。

跟法国贝利埃谈判过程中，属于铸造专业的我们就参加。因为只有我们这4人懂专业，才知道怎么谈判最合适，我们真正需要什么。总体看，法国人对我们很客气，尤其

是基层工人对我们非常友好。

1967年初，我回到双桥，在川汽铸造厂上班。这时"文化大革命"开始，要打"走资派"，出国的都有嫌疑。他们问，你到法国去，学了洋东西，吃了洋面包，待了将近一年时间，会不会走漏风声？但我们自己心里敞亮。

3. 最神圣的事情

我在铸造厂一直干到1987年。从一名技术员开始，到技术科副科长、科长，再到铸造厂副厂长、厂长，对铸造厂里的大小设备，一草一木，闭着眼睛都知道。虽然有些不是我亲手干的，但情况都非常熟悉。

那时候下决心要把这个厂做好，要把铸件做出来供应上，不影响全厂大局，不拖全厂后腿，那就是最神圣的事情。

第一个阶段，我们主要是想把铸造厂尽快建起来，把铸造工作从手工变成机械化，那就必须按照工厂设计，把购买的设备全部安装就位，验证后投产，让它发挥作用，大幅度提高产量，减少工人体力劳动。

第二个阶段，搞试制，把从法国引进的铸造设备，车上所需要的几十种铸件，一个一个地经过试验，变成我们自己的工艺，并能正常地稳定生产。

第三个阶段，再进一步，能生产出来还不行，还要提高质量。这段时间相当磨炼人，从会做到要做好，发挥每个技术员和每个工人的长处，各方面管理都能跟上，这样才能真正提高铸件水平，这是个系统工程。

此后好不容易松口气，但军车逐渐减少订货，到最后不订货，铸造厂专为制造汽车铸件而设计，突然不生产铸件，铸造厂产能闲置，铸造能力无法发挥。

这时徐（仁根）总已上任，我是铸造厂厂长。铸造厂是川汽总厂下第一个相对独立的完整的分厂，归厂长直接

铸一车间工人炼钢场景（李强 摄）

铸一车间钢水出炉场景（陆强 摄）

铸二车间工人往型箱中浇注铁水（陆强 摄）

领导。后来其他几个分厂，如车桥分厂、车身分厂、转向器分厂、总装分厂才相继成立。

这时，徐总交给我一个任务，怎样把铸造生产能力利用起来？经过与铸造厂管理干部、技术人员商讨，我们得出结论：一定要走出去，要想办法把社会上这部分需要量吃进来，发挥我们的能力。假如能正常维持生产，就可以扭转铸造厂长期以来的亏损状况。

为此，我们到自贡等地去联系铁路工厂和阀门厂，让他们把部分铸件拿给我们生产。我们做更具有优势，生产线机械化，先做模具，然后上型板，在造型机上大批量生产，质量做得比他们更好。为了利用炼钢能力，还和重庆特钢厂合作，生产当时市场急需的弹簧钢锭。这样铸造厂逐渐度过了最艰苦时期。

1987年，我从铸造厂调任综合计划处副总经济师兼计划处处长，虽然我在铸造厂管五六百人，但综合计划处管理范围更广。这时川汽厂年产量只有几百辆，企业处于亏损状态。徐总找到我，他说，你只是综合计划处处长，就不便于组织其他处室，但你是副总经济师，就有这个权力，

并交代我要控制好成本，编制好长远计划。

综合计划处直接归徐总领导，他对我们要求很高，也很严，给的权力也很大：价格、进出口贸易、计划和统计规划、电脑室、驻京办等都归我们管。那真是日日夜夜地忙，每周要开几次会，把有关处长们召集到一起，分析研究计划。销售部门提出单子，我们进行编排和调整，落实计划，督促按期完成。

第一年我们就扭亏，第二年、第三年往后就年年盈利，一直到我退休时，可以说是川汽厂历史上的鼎盛时期，产量接近5000辆，而设计标准只有1050辆。产值从1000多万元增加到八九亿元。职工生活也大为提高，职工宿舍从原来的"干打垒"变成一片区、二片区、三片区单元式楼房。

我补充一下"军转民"开发新驾驶室的事。

那是1987年、1988年，正好是我任综合计划处处长，在管这个事。驾驶室确实非常困难，进口驾驶室归我管，一年只有一定指标，罗马尼亚那边生产后，通过远程运输到中国港口，再到川汽厂，一个驾驶室只能装一辆车，多一台驾驶室都没有，很多时候按照正常计划，它都不能按时供应。

后来，徐总就让计划处派人常驻罗马尼亚，那边为我们生产多少驾驶室，我们就盯着，直到装船。就紧张到那种程度。而川汽要继续扩大产量，完全依靠进口罗马尼亚驾驶室肯定不行，只能自己想办法，自己筹钱，自己搞模具。

驾驶室一般都是若干块钢板经过冲压后再焊接成型，川汽本身冲压设备就不很强，模具车间也承担不了这些模具制造。解决的办法是，利用原来从一汽出来

1991年5月，四川汽车制造厂第三次党代会主席团成员合影

的老职工，回去请一汽提供技术支持，为我们生产大模具，我们自己则千方百计地利用设备潜力，生产其他中小模具。最终通过车身分厂职工的日夜奋战，做出了民用车驾驶室，实现了"军转民"的突破。

4. 为什么是川汽？

在综合计划处一年多后，我被提为厂长助理，综合计划处工作由刘永健接替。他后来担任川汽副厂长，调到重汽集团青岛进出口公司当经理。

后来，我被派往陕汽。当时重汽集团总经理是纪宝祥，因陕汽生产经营遇到很多困难，经济也很拮据。纪宝祥就从重汽集团旗下挑选一些领导干部，组成一个"帮促组"常驻陕汽，帮助他们把生产搞上去。"帮促组"有10来个人，纪宝祥任组长，集团计划室主任刘万英、潍坊柴油机厂党委副书记胡式谦任副组长，我以川汽厂长助理名义加入。此外，还有济汽的车桥分厂厂长齐志圣、重庆发动机厂计划科科长和集团有关处室、汽研中心的技术人员，基本都是对生产经营熟悉的人，大家各有分工。

我分在陕汽铸造厂。铸造厂有好几个车间，我经常到车间里去转转，和他们相互沟通。我们进驻没多久，陕汽厂长就被调离。大约半年后，陕汽逐渐走上正轨，我们各回各单位。

回来后，我就被提为川汽副厂长，主管人事后勤。1991年被任命为党委书记。没多久厂里开党代会，当选党委书记和纪委书记。

徐（仁根）总主事时，为什么川汽发展较好？因为内部很团结，做法和其他厂也不一样：徐总比较强势，行政上他能统一，能推动向前。而有些企业党委和行政互相掣肘，形不成合力。

我当党委书记时，没有设党委副书记，党委班子11人，厂长蓝洪华、总工程师李学立、副厂长李杰元都是成员，组、宣、办、纪各办公室负责人都是选举出来的，比较合作，党、政、工这三驾马车可以说是一口气，大家全力支持厂部工作。厂里行政上提出来的目标任务和改革措施，党委会后，分到各党总支。当时川汽有10多个党总支、20多个党支部和1000多名党员，层层下去落实，上下一致齐心协力完成，这是最主要的原因。

1992年，岳德钦在厂子弟第一小学校庆祝"六一"儿童节活动上发表讲话

1992年，川汽厂子弟一小、二小、子弟中学初中部举行庆"六一"活动

川汽厂按大分工、大协作生产的斯太尔043军用越野汽车

在奖励机制方面，川汽重视程度也比其他厂更高。比如职工福利，开始住"干打垒"，后来盖宿舍，分房时和工作业绩挂钩，有激励作用，职工都有盼头。工资每年都有一定提升，生产指标任务每年增长，川汽逐年扭亏为盈，利润上升。

同时，技术改造完成，斯太尔引进消化，几个车型出来，销路打开。整个重汽系统里，川汽职工待遇领先。这方面蓝洪华做了很大贡献，他当厂长，我当书记，我和他配合默契。大家团结一致，激励机制用得好，用人也没有大的闪失，因此各项工作我们都走在前面。

斯太尔引进、吸收这段历史时期，我刚好任党委书记。

1983年，中国重汽集团（中国重型汽车集团有限公司）成立后，中汽公司实际只管到南京汽车厂、北京汽车厂和其他一些配件厂。一汽和二汽计划单列，它管不到，但中国重汽集团需要有内聚力，需要有一个比其他各厂更先进的产品，否则济汽厂搞"黄河"，川汽厂搞"红岩"，长征厂（长征汽车制造厂）搞"长征"，陕汽厂搞"延安"。大家各搞各，怎么行？没有共同语言。

经过组团考察，奥地利斯太尔产品比较适合中国国情，1983年，作为"六五"重点项目，中国重汽联营公司（1981年成立，联营公司包括济汽、陕汽和川汽3家重卡企业、杭州汽车发动机厂、重庆发动机厂和潍坊柴油机厂3个发动机工厂、以及陕西汽车齿轮厂、綦江齿轮厂和株洲汽车齿轮厂3个齿轮厂）全套引进斯太尔91系列重型汽车整车制造技术，包括关键总成技术，如发动机、变速箱和车桥等，项目总投资11.58亿元。

但具体怎么分？各厂都想在这里挖一碗饭吃，只好济汽、川汽、陕汽这3大主机厂各生产一部分：济汽生产驾驶室；陕汽生产焊接桥；川汽二次引进ZF转向器。斯太尔焊接桥比我们从法国贝利埃引进的铸造桥技术更先进，也更轻便，当时国内还没有这套技术。

三家生产后再互供：我生产的零件供给他，他生产的零件供给我，合在一起后，三家都出斯太尔车。规划得很好，但执行上很难协调。完全是计划经济，重汽集团统一指挥、统一计划、统一调度，各方派代表去催互供件，当时就是这种局面。

斯太尔重卡，济汽发展得最好，因为它占的份额大。济汽后来在章丘建新厂，规模相当大，生产条件比我们好得多。我们这边军车生产线要适应斯太尔，必须经过改造，否则新车型上不去。要技术改造，就要投资，而投资除自己积累外，外援很少。

后来，中国重汽集团解体，川汽也归属重庆市，从直属央企变为地方企业。虽然我们在重庆市也算大企业，但重庆军工企业太多，市里不可能拿更多资金来给我们搞技术改造。要引进比斯太尔更先进的技术，根本没钱去买，自己又无自主能力开发，没钱发展新产品。

1997 年后，"湘火炬"进入川汽，拿出一些资金来做技术改造，德隆系资金链断裂后，重庆市把"湘火炬"所持川汽股份回购。

这段历史我没参与。1997 年我正好 60 岁，就退休了。

师傅引领我奔向三线建设

55 年前，我从济南汽车制造总厂来到四川，抱着为国防事业贡献青春的理想支援三线建设，终生无悔。回忆往事，至今历历在目。

1965 年 3 月，济南汽车制造总厂按照中央的部署，动员优秀骨干支援三线建设。号召全厂职工听毛主席的话，备战备荒，支援国防，保卫祖国。选拔优秀的骨干到备战大后方四川，研发制造大型载重汽车，支援部队拉大炮和重型武器，贡献国防事业。

参加动员会后，我脑海中浮现出师傅王有勤的形象。

王师傅 1959 年支援国防建设，去了新疆一个保密军工厂，就此失去联系。

我与师傅感情很深，犹如父子。记得我刚进厂，在工具车间当铣工，师傅正一个人筹建计量组，见我勤奋好学，就把我调到他那里，跟他学量具检定与修理。师傅没有孩子，视我为骨肉。不仅技术上精心培养，生活上也很关心我。他要求我每天必须写工作日记，怎样工作，工作中遇到什么困难，处理结果怎样，都要详细记录。说到必须做到，他每天都要检查我的日记，发现工作中的问题，及时纠正。严师出高徒，一年后我的技术有了很大进步，我从心里非常感激他。

当时我想，师傅能去艰苦遥远的西北边疆支援国防建设，我为啥不能像他那样去大西南支援三线建设呢？我年轻，更要为国防建设出力！为国防建设贡献青春！于是我立刻去报了名，很快得到领导批准。当时叫"好人好马进三线"，我能得到批准，感到无上光荣。

徐传孟口述

支援三线建设的人马，由我们总厂厂长杨忠恕带队，1965 年 4 月 14 日出发。

出发当天早上 6 点多钟，我叔叔和我妹妹来送行，我们提着行李往厂里走，老远就听见锣鼓声。厂里召开欢送会，会场的人越来越多，只听见有领导喊话："同志们，支援三线建设的同志往前站，各队队长清点一下，一队一队排好。"主席台上站了很多人，有厂领导，也有市领导。主持人宣布：请各位领导为支援三线的同志戴光荣花！霎时锣鼓喧天，秧歌起舞，喇叭高唱，全场掌声雷动。我们胸前佩戴着大红花，感到无比自豪。市里几位领导和厂领导都讲了话。他们讲了支援三线建设的重要性，特别讲了"三线建设搞不好，毛主席睡不好觉"，我们听了都暗下决

1965年4月2日，济南汽车制造总厂支援三线建设之川汽厂部分人员合影

心，一定努力工作，不辜负党中央、毛主席对我们的信任。最后，杨厂长代表大家表决心，他说出了我们的心声。十几辆大客车整装待发，领导一声令下：出发！顿时，全场锣鼓声、喇叭声、音乐声、口号声和掌声响成一片。我们排着整齐的队伍上了车，大客车一辆接一辆驶出厂门。欢送的人群夹道欢呼，一直延伸到火车站。车站人山人海，我们在车上看着，真是太感动了，心想，去了不好好干，真对不起领导和全市人民。在登火车前，送行的领导再次讲了话，他说："建设三线、支援部队的任务就交给你们了。今天，中央特别安排一辆专列直达四川宜宾，国家把制造重型汽车的希望寄托给你们了！"带队领导领着大家高呼："请党和祖国人民放心，保证完成任务！请党和祖国人民放心，坚决完成任务！"我们依依不舍地告别家人和同事，踏上新的征程。

4月17日，我们到达四川宜宾（由宜宾高压电器厂改建宜宾汽车厂，后改为四川汽车制造厂），不大的火车站里满是人，人们夹道欢迎，锣鼓喧天，一直送到厂里。厂房离金沙江不远，我们走到食堂门前，就能听到哗哗的江水声。

到厂后，我分配到计量修理组，业余时间在广播站做服务员。

7月初，工厂忽然接到命令，大华公司（军工企业）要在此建厂，需要我们搬迁至四川江津地区大足县邮亭区（即高家店、巴岳山下彭家院子一带）。

中旬，我们开始搬家。大华公司帮我们组织了7辆解放牌大卡车，满载化验室和计量室的物资，我和赵奇押运到邮亭，接待组安排我们到大足县龙水镇川剧院卸车。卸车后，我们在此守护这些物资，等待后续物资到来。物资和人员（包括家属）源源不断抵达，住宿成了大问题。我被调到邮亭接待站做调度，协助招待所所长刘勇负责寻找房源。荣昌县城、峰高镇和大足县城、邮亭、龙水镇给予了很大支持，但是我们来的人太多，一下子找那么多房子还是很困难的。我们挨家挨户问，哪怕是老乡的堆柴房，养猪养牛的圈，凡是能遮风挡雨的都将就租过来，铺上稻草做地铺，有时晚上蛇都爬到床上来了。没有自来水，就用稻田水洗漱。

9月，我荣幸地接受组织挑选，参与了我国第一辆重型汽车的研制，这段经历刻骨铭心。川汽当年建厂条件非常艰苦，但大家从不叫苦。工厂贯彻"边基建，边生产"方针，因试制车间还没盖好，为了争分夺秒造出载重越野军车支援国防，厂领导决定，军车试制选择具有军工背景的綦江齿轮厂。该厂位于重庆南部，地处四川盆地与云贵高原接合部，距川汽现场200余千米。说干就干！借他们的厂房和设备，从我们厂选调各工种的精兵强将100余人，由王书记带队直奔綦江。

途经解放碑，恰遇周总理和西哈努克亲王到重庆参观。看到周总理在敞篷车上向大家挥手，我们高兴得欢呼起来。那天王书记买了条裤子夹在腋下，他光顾着高兴，使劲儿鼓掌，新裤子什么时候丢了都不知道。这次巧遇，成为我们后来攻克难关的动力，直到退休，都难以忘怀。

到綦江下车，欢迎队伍敲锣打鼓把我们送到厂俱乐部，大院有南屋2间，北屋2间，大家挤着住。第二天早饭后，各单位来人，领我们到各自的工作岗位。此时，见到周总理的喜悦心情还没平静，感觉浑身有使不完的劲儿，大家的念头就是，一定要把试制任务完成好，让毛主席放心！

我干老本行，到计量室工具检定站工作。綦江齿轮厂虽说是老厂，但研制国内首辆重型汽车，对它来说实在是破天荒头一遭。从铸锻到机加工，再到刀具、量具、工

关于迎接济南首批支援我厂人员工作报告

由于山东省委、济南市委的关怀、重视和济南汽车总厂党委做了深入细致的思想工作，使济南首批支援我厂人员493人（厂级干部4人，中级干部25人，一般干部85人，工程技术人员94人，工人385人，其中党员94人，团员86人）在四月十五日下午五时卅分由济南出发，于四月十九日十三时十分顺利到达宜宾。

1965年4月关于迎接济南汽车制造总厂首批支援川汽厂建设人员工作报告截图

装夹具，直至计量检定、产品检验，每道工序都是摆在我们面前的难题。比如，由于铸造模具的缺陷，浇铸出来的工件"肥头大耳"，造成机加工工序加工量大，耗时废料。怎样才能做到既安全又快速地将这些"怪物"加工成合格的汽车零部件呢？我们这100多人中没有一个袖手旁观的，各工种主动围拢来，献计献策。一边改进浇铸模具，一边保障机加工刀具的质量与数量，师傅们凭着超强的责任心和顽强的毅力，克服一个个困难，攻克一道道难关。

在綦江试制军车的日子里，经常可以看到这样的场景，车间里哪一道工序出问题，机床停下来了，旁边的师傅们都会停下手中的活儿聚拢来，帮着动脑筋想办法，一旦问题解决了，大家脸上都会露出会心的笑容，机床又隆隆地响起来。在宿舍里，谁工作遇到困难也会跟室友唠叨几句，不一会儿，就能开成现场分析会。

当年没人计较八小时以外是个人休息时间，更没人嫌2毛钱的加班费少，人们都以能参加此次军车试制为荣。在困难面前，不仅自己要争当英雄，也要帮着别人当英雄。大家坚信，只要团结一心，就没有克服不了的困难。令我终生怀念的，就是人们这种善良纯朴的品质、敢打硬仗的战斗力和团结协作的精神。我想，这就是三线建设最宝贵

1966 年 6 月，中国制造的第一辆重型军用越野汽车"红岩"CQ260

1966 年 6 月 15 日，"红岩"CQ 260 军车试制成功下线祝捷大会

的财富吧。

在工具检定站，我也遇到不小的困难。生产齿轮的綦江厂，检定量具的二级工具远不如济南汽车制造厂齐全。比如投影仪，使用范围有限，超出它投影范围的就无法操作。难道就不检定了吗？办法是人想出来的，我们用万能量具一点点测量，仔细排除比头发丝还细小的累计误差，终于为前方机加工师傅们提供了合格的量具。

功夫不负有心人，綦江试制军车不到 1 年，我国第一辆"红岩"260 型重型汽车试装成功，如期开到川汽建厂现场参加祝捷大会。

军车试制任务基本完成时，我也被抽调回川汽厂，像我师傅当年那样，一个人筹建计量修理组。这一年，我家属带着俩孩子也来了，一个 3 岁多，一个 1 岁多，小藤车一头坐一个，从龙水镇搬进工具车间地下室，一住就是好多年。

厂里给了计量修理组一间空空的屋子，没有桌椅和

工具柜，自己画图纸，到木料厂领木料，送到大足去做。没有二级工具，自制图纸、领料、找车间粗加工，回来后自己再手工研磨，直至达标为止。回到家了还在考虑还需要什么仪器，如何做计划购买，总担心因自己疏忽，影响生产。

随后计量修理组陆续增至 4 人，其中 2 位女同志。

当时，一个大难题摆在我们面前，平板研磨是个重体力活，只有男同志来承担，但总不能 2 位男同志成天只研磨平板，其他工作都不干了吧？听说外单位有个研磨机，我们立马赶去取经，希望能照此购买一台。令人失望的是，那是一台立式研磨机，我们无法使用。但这次学习，使我们开了眼界。

回厂后，根据它的原理，我自己设计图纸，用角钢制作了一台"土"卧式研磨机，虽然简陋，但很实用。制作过程历经曲折，光是怎样实现 8 字形的研磨轨迹，我就不知想了多少办法，翻了多少书，掉了多少头发，经常是

走路吃饭都在想。

这台"土"机器直至进入 21 世纪才靠边站，但我却久久不能忘怀，它曾为量具检定立下过汗马功劳。当时万能量具检修量最大，全厂机加工车间平均 2~3 个月就要检定一次。有时第一轮还未完，第二轮任务又压过来，我们不计报酬，主动加班加点，保证前方生产急需。当年大家都抱着一个信念："一定要搞好三线建设，让毛主席睡好觉。"想到这些，就觉得没有过不去的坎儿。

最初四五年是最困难的时期，二级工具从无到有，人员、技术也从不懂到精湛。回首往事，我发现人们越是在困难的时候越团结，真的是心往一处想，劲往一处使。那时虽然每天很累，但心情无比快乐。

妻儿来厂后，没有探亲假了，老父母远在济南，过年过节格外思念，经常在梦中与二老相见，醒来眼眶都是潮湿的。尽管想念父母，思念家乡，但工作一忙起来，所有杂念都跑到九霄云外了，心里只想着怎样干好工作，才能对得起党和人民。

川汽厂幼儿园创建始末

1966 年 9 月，我到川汽厂总务处行政科报到，受命于处长董心田和行政科科长邵凤岐，第一时间筹建川汽厂幼儿园。

当时筹备组只有我一人。我首先找到女工委员李能书，调查统计各车间职工中的适龄儿童人数，同时发出招聘职工家属做保育员的通知。此后，不断有人来报名，其中绝大部分是济南厂来的，其余为长春和宜宾厂来的家属，文化程度普遍不高，从未接触过幼教。当时厂里虽然实行"先

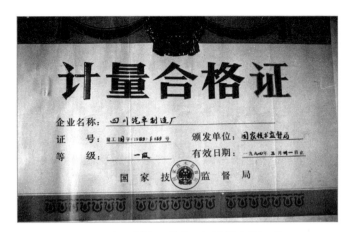

1989 年，川汽厂荣获一级计量合格证书

时间过得真快，转眼间我已经 80 岁出头了，在双桥扎根 50 余年，总算是为国防事业贡献了青春。如今，我有个最大的心愿，就是在有生之年，能见到支援新疆的王有勤师傅，亲口告诉他："师傅，我也像您一样，支援三线建设去了，我也为支援国防、保卫祖国出力了！您替我高兴吗？"

生产，后生活"，但组建幼儿园，解决职工的后顾之忧，刻不容缓。

与领导商议，决定录取 24 位阿姨，另招聘会计 1 人，

第一任厂幼儿园园长王鸣年轻时的照片

1975年3月，厂幼儿园荣获厂级"工业学大庆经验交流会"先进单位。图为厂幼儿园全体同志合影

洗衣工1人，食堂厨师5人（含采购）。考虑到职工分散住在荣昌、高家店、峰高、邮亭、龙水、大足等地，接送孩子不方便，幼儿园采取全托制，周一上班前送，周六下班后接，开园时间定在当年12月25日。

筹备期间，我带领八九人，分两批到荣昌幼儿园参观学习，并在永川幼儿园住园一周，接受培训。

从宜宾厂幼儿园带来的儿童用品，如小牙刷、小牙膏、小脸盆、小毛巾之类不够，我们就设法搭厂里货车到荣昌去买，先把生活用品备齐，玩具第二年再买。无法买到幼儿小床，向行政科领导汇报后，指定专为单身职工做木板床的木材加工场，将几十张大人用的木板床，送到幼儿园山脚下的公路边，我同全体阿姨背的背，抬的抬，慢慢挪上山，搬进寝室，按各班人数多少，拼成榻榻米。当时真累啊！可没有一个人叫苦叫累，大家都觉得以前在家吃闲饭，现在有工作了，一定要好好珍惜。就这样，整个筹备工作仅用3个月就完成了。

1966年12月25日，川汽厂幼儿园如期开张。没有盛大的开园仪式，没有上级领导参加，七八十个孩子当天全部送来。园址在厂职工医院旁的山头上，一栋"干打垒"二层楼，楼上为幼儿园，分大、中、小三个班，每班8个阿姨，三班倒。楼下和旁边一栋土墙二层小楼给幼儿园职工住家。幼儿园有校医1人，教室和寝室每天消毒，孩子生病进隔离室，由阿姨单独照顾。其间，从未发生过传染性疾病流行。

开园初期一度很混乱，小孩想父母，不好好吃饭，阿姨只好逐个喂，小孩哭，阿姨也急得哭，大家哭成一团。

1975 年 8 月，厂幼儿园毕业班合影

个别阿姨性格要强，工作上不谦让，时常发生吵架打架现象，有一次甚至动用小板凳。经过一段时间，我发现有六七位阿姨工作特别负责，最能吃苦耐劳，性格温和，有团结协作精神，我就让她们发挥骨干带头作用，她们也非常支持园里工作，说园长一人肩上的担子，应该大家来分担。从此，我身边有了一个坚强的团队。有个患唐氏综合征的孩子要上中班，我特意交到最有责任心的于兰荣手上，她圆满完成任务。这孩子在园期间，从未被别的孩子欺负过，生活上被照顾得无微不至，家长非常满意。

幼儿园从北边看是二层楼，从南边看是一层楼，有天桥直通走廊。走出天桥，便是山头上一块小操场，四周无围墙栏杆，走下坡就是公路。有一次，大班一个家住工农大桥的小男孩，趁阿姨不注意，悄悄溜走了，幸好被及时发现，我连忙去追，终于在离大桥不远处找到孩子，平安带回幼儿园。从此，各班加强管理，再未发生类似事故。

还有一次，周六下班后，有个中班的小女孩一直无人接，啼哭不止，阿姨非常着急。此时天已快黑，又下着雨，我了解到小孩家住双路，便叫辛苦了一天的阿姨赶紧下班，我独自背着孩子，让孩子在背上打着伞，一边哄，一边冒雨向双路走去，把孩子送到家，家长感动得不得了。原来家长因工作忙，忘了接小孩。待我走回自己家，已是半夜。

随着职工陆续搬进厂家属区，适龄儿童越来越多，全托幼儿园逐渐容纳不下，于是，便因地制宜，将全托幼儿园分散到 6 个较集中的家属区，改为日托制，设大桥、招待所、指挥部、粮站、花生坡、水塔 6 个点，阿姨们分散到各点上班，我也每天下到各点现场办公。

1977 年 12 月 29 日，王鸣园长在总厂幼儿园联欢会上讲话

幼儿园小朋友举行拔河比赛

幼儿园保健医生给小朋友检查身体

厂幼儿园小朋友演出《红岩汽车亚克西》

那时，行政科设在双路老街，厂里没有公交车，每次往返开会都是步行，风雨无阻，尤其冬天，黑得早，散会后走在路上，两边是荒野山坡和水田，风吹得树木唰唰作响，黑影摇摇，非常害怕，但还是要壮着胆子走回厂区。

20 世纪 70 年代初，三岔路口山头上的总厂幼儿园建成，各点撤销，合并到总厂幼儿园。因水塔幼儿园的房间多，

四周有围墙，院内环境宽松舒适，遂保留该点，隶属总厂幼儿园管辖，也为日托制。两个幼儿园同时招生，方便水塔周边孩子就近入园。

总厂幼儿园搬进新园址后，有六七个班，总人数两三百人，小班孩子较少，大班孩子最多。阿姨有 30 余人。

1973 年，听说为解决夫妻两地分居困难，从河南洛阳

调来的孙友敏具有幼师文凭，我立即到行政科去要人，并亲自到邮亭火车站接人，安置在幼儿园，后来培养为副园长。这是第一位有资质的幼教人员进入总厂幼儿园。此后，只要有同样情况，具备资质，哪怕是从小学调来的职工家属，我也千方百计去要人。从此，幼儿园有了正式的老师和保育员，教学质量和员工素质有了很大提升。

因总厂幼儿园只收年满 3 岁以上儿童，无法解决 3 岁以下婴幼儿入托困难，各车间遂建起隶属自己的婴儿室，如工具婴儿室、底盘婴儿室、铸钢婴儿室、总装婴儿室等。各婴儿室人员虽不归总厂幼儿园管理，但一切用品均由总厂幼儿园负责提供。

自 1966 年 12 月建园起，幼儿园从未发生过人身安全和卫生安全事故。1979 年，我离开幼儿园，调入医院计划生育办公室，年底病退。

巴山蜀水

三线建设

BASHANSHUSHUI SANXIANJIANSHE

第03章 往事情怀篇

　　时隔 50 年，我们这群年过花甲之人最喜爱的就是同学聚会，已坚持 20 余年，随着年龄的增大，我们越发珍惜这种聚会。每次都要回忆小时候初到现场读书的情景，回忆已去世或还健在的父母当年怎样忘我工作。皆因血管里共同流着三线建设者后代的血液，大家在一起像兄弟姐妹一样，亲切自然。

　　我们不约而同地发现，每家的父母在异乡这么多年，到老都没有半点怨天尤人的思想，他们既来之则安之，体谅国家的难处。而我们在这种无私奉献的精神中潜移默化，也养成三线人特有的坚韧不拔和不计报酬的习惯，成年后在工作中一点一滴体现出来，影响着我们一生。从待业修路、插队下乡，到进厂后熬更守夜加班加点完成生产任务，不管遇到多大的困难，都觉得大不过建厂初期的困难，都会任劳任怨，像父辈们一样倾尽全力做到最好。

——摘自《扎根三线　情系双桥》

青山作证

邱 斌

退休在家，在整理个人资料时，一张旧照片从书里滑落。

旧照片上，四个风华正茂的小伙子，海魂衫外面套着洗得发白又浸着机油斑点的工作服，稚气，又充满朝气。

望着照片里的我，突然发现自己当年是那么帅气。

岁月如梭，往事像春蚕吐丝一缕缕地在脑海里萦绕。渐渐地它变成了一种旋律在心底慢慢奏响，由远而近，越来越清晰，它似春雷叩醒大地般的深沉而激越，当年一幅幅如火如荼的场面在记忆里涌动、浮现、定格、放大……

1966年初，我11岁。随着火车一声长鸣，我们跟着父母从北方的一座大城市踏上前往大西南支援三线建设的专列。车上满满的人，有工人、教师、医生、工程技术员等各类人才及专家。他们都很年轻，行李也非常简单。个个精神饱满，脸上绽放着自豪。随着车轮有节奏的运转，他们哼起了自编的小曲，至今我还依稀地记着："背起离乡的行囊，肩负祖国的重托，我们从四面八方奔向诞生中国重汽的地方……"

经过几个昼夜的颠簸，我们终于来到了四川大足县一个靠山的小集镇——双路铺。我们一家6口被安置在一个居民家，住房阴暗潮湿。夜里姐姐经常被窜来窜去的耗子吓醒，虱子在我衣服夹缝里下了很多卵，身上奇痒难忍，手挠出满身的水疱。但更多的人是住在山脚下施工现场的席棚里和附近的老乡家里，有的猪圈都搭上了铺位。

建厂初期，厂中心地带的彭家院子

工厂建在背靠巴岳山的浅丘上

职工自己动手建"干打垒"住房

当时我读五年级，在一所由旧庙改建的学校就读。教室里的课桌凳摇摇晃晃，吱吱作响，屋顶的小青瓦被风一吹，灰尘就落满书本。老师不会说普通话，经常把"鞋子"和"孩子"的读音说反。很多同学一年四季都赤着脚，到了冬天，他们背着草编的书包，嘴里往手上吹着热气，赤脚蜷缩着走进教室。我曾问过我的同桌为什么不买双鞋？他回答说："我老汉（指父亲）给人挑水，一天才挣几毛钱，买不起，买不起。"我送了一双半新旧的解放鞋给他，但我只见他穿了一次。后来他告诉我，要留给他妹妹穿，妹妹是姑娘家。唉！那时的贫穷处处可见，但却很少听到有人抱怨。国不富强，但人人都在为国争气，人人都在为国争光！不是吗？祖国的一声号召，来自北京、上海、南京、长春、济南的建设者从四面八方来到偏远的山乡。"让

一边基建，一边打洞战备。厂党委书记陈德志在现场动员

毛主席睡好觉"，"好人好马到三线"。明知是艰苦的地方，没人退缩；明知青春短暂，却衷肠无悔！青山作证，就在这贫瘠的土地上孕育了新中国第一个军用越野重型汽车基地的诞生。要说 1956 年中国一汽"解放"牌汽车下线，实现了中国汽车工业零的突破。那么时隔 10 年后，我国第一辆军用重型越野车"红岩"CQ260 在这里试制成功，结束了中国不能制造重型汽车的历史。

50 多年过去了，我从一个花季少年到花甲之年。记得父亲临终时，我曾问他是否把他送回老家。他非常平静地说："不用了，青山处处埋忠骨，何须马革裹尸还。"父母曾经都是军人，按照他们的嘱咐，我把他们的骨灰埋在公墓最高处，也许是军人喜欢制高点，好守望这里一草一木的变化。实际上，当年和我父母一起来的前辈们，很多都没有魂归故里，只有他们刻在碑上的名字与青山永存！我终于明白《车魂》这部小说"魂"字的意义，即在"舍家为国，无私奉献"！

回顾他们所走过的足迹，是用辉煌的成就铸造了历史，回报了祖国！

第03章 往事情怀篇

1966 年 6 月 15 日，川汽厂隆重举行第一辆"红岩"260
军车下线祝捷大会

1970 年 7 月 1 日，川汽厂隆重举行第一辆国产化"红
岩"CQ261 军车下线仪式

20 世纪八九十年代，川汽厂每年举办全民健身"红五月"
登山活动

1976 年，全国青年篮球赛第二阶段（重庆赛区）在川汽厂举行

当第一声炮响惊醒了沉寂的山乡，这里就再也没停止
过奋斗与拼搏；当第一声车笛划破长空，这里就再也没放
弃过"红岩"车驰骋中外的梦想；当第一座厂房矗立在青
山怀抱里，"毛主席万岁"几个大字就写在厂房的正墙上，
历经风雨沧桑，至今仍然清晰醒目，谁也抹不去，因为它
已嵌在人们的心里，成了铭刻历史的印记！

然而，在我们前辈所走过的足迹里，谁能想象出这里
曾发生过许多可歌可泣的故事？谁能想到第一个 CQ260 军
车驾驶室是工人们用手工敲出来的，曾被外国人耻笑？又
有谁知道在 20 世纪 70 年代我们自己生产的军用重型车参
加过大西北野外核爆炸实验，虽然满目创伤，但我们的车
回来了，是从被摧毁瘫痪的国外进口车旁擦身而过回来的，

红岩 CQ261 军车参与国庆阅兵。1984 年 10 月 1 日，海军地空导弹部队战士乘坐"红岩车"通过天安门广场

1987 年 5 月 10 日，"红岩"新一代重型卡车 CQ 30290 成功穿越"死亡之海"新疆古尔班一通古特大沙漠

全厂沸腾了，消息传到北京，周恩来总理会心地微笑说："大足厂一定要快上。"

1984 年国庆节，我们生产的"红岩"CQ261，牵引地对空导弹通过天安门广场接受了党和人民的检阅。也就在这一年，随着改革开放的深入和市场的需求，"红岩"重型汽车又进入军品转民品的转型时期，走出国门，放眼世界，红岩重汽人再次激情燃烧浴火重生。

第一代人退休了，第二代甚至第三代人又上来了。从苍凉的荒丘到繁华的街区，从刀耕火种的农耕时代到大型汽车工业基地的崛起，半个世纪的风雨兼程，改革开放的浪潮一次次地洗礼，我们成功研制出"红岩"重汽 12 大系列，400 多个品牌，我们研制的品牌曾成功地穿越沙漠"死亡之海"；在与进口车性能对比试验中，击败了日本"丸宏"重卡，驰名中外已梦想成真！

虽然，我们现在已告别"先治坡，后治窝""先生产，后生活"的时代，改革开放 40 多年后的这里也再也找不到当年贫穷的痕迹，但当年老一辈建设者"献了青春献子

1979 年，部分建厂元老完成了历史使命，光荣退休

孙"，"宁愿倒在机床旁，不愿躺在病床上"的忘我奉献精神和为国争光的豪迈气节值得永存，感召后人！

现在，我才真正理解到他们能在异地他乡坚守 50 多年，无怨无悔，是因为他们闻惯了这里的车漆味、机油味，习惯了机床的轰鸣、喇叭的声震，他们身上流淌的是汽车的骨血！他们的根已深深地植入这片火热而深情的土地……

扎根三线 情系双桥

周琪

时光飞逝，一转眼我已步入花甲。当年那个在"东方红"江轮上欢蹦乱跳的10岁小丫头，如今两鬓如霜。

至今还清晰记得20世纪60年代，那是个"祖国的好儿女志在四方"的火热年代，是"只要党一声召唤，打起背包就出发"的激情岁月，我们一家，不，是一大家，跟随三线建设的滚滚洪流，奔赴各自的战场：

20世纪50年代从南汽（南京汽车制造厂）支援长春一汽的大姨一家，1965年奉命转战河南洛阳，组建洛阳拖拉机厂（军工企业，造坦克）。古都洛阳，现今埋葬着我大姨父和大表哥两代建设者的忠骨。

1966年6月，三姨一家，从南京水利电力仪表厂成建制迁往陕西户县（保密单位）。

1967年夏，幼师毕业的小姨从南京远赴四川绵阳地区旺苍县造币厂，10年后病逝于斯。那年她儿子刚满1岁。

就在三姨离宁后3个月，我们家也如一粒微尘从南京溯江而上直抵重庆，来到偏远落后的巴岳山下，造重型汽车。那年我父亲39岁，六级电工，母亲未满36岁，中共党员，"南汽"司背后幼儿园副园长。

我至今也不明白父亲为什么要主动报名，原本名单上是没有他的：母亲非但不阻拦，还将3个孩子的户口一并迁走，半点后路也不留。印象中我曾听母亲跟父亲说过，她到新厂要负责组建幼儿园，那时我才觉得母亲是有使命感的。

五十春秋鬓里藏，烟尘拂去向南窗。
邮亭铺里马灯暗，龙水桥边猪圈脏。
言语未通人默默，爹娘晚至意惶惶。
席棚间隔几家住，趣语传来笑断肠。

南京鼓楼区"南汽"宿舍→重庆解放碑建设公寓→邮

1966年6月，周琪三姨一家支援三线建设去西安，分别时全家留影。同年9月，周琪一家也告别了南京，支援三线建设来到大足双桥

川汽厂第一代创业者。部分职工合影

当年支援三线建设随父母来川汽厂的小姊妹们合影

亭火车站公寓→龙水桥头棉花作坊，我们不停地往前走，稀里糊涂落脚龙水镇。当时，像我们这样拖家带口的不在少数，老乡把棉花作坊腾出来，用席棚隔开，能住好几家，已算够好的了。尽管篾席上还残留着棉絮，一墙之隔的猪圈奇臭难闻，雨后粪坑爬出的蛆虫令人作呕，但毕竟是个家呀！有很多人挤大通铺，还有的在猪圈、牛圈上面加一层木板，与猪牛同住，连家也没有。

在龙水小学插班读书的孩子们每天放学后，都会在大路口眼巴巴望着现场方向，当满载职工的大卡车出现在夜幕初上的远方时，大家一起欢呼雀跃。坐落在庙里的学校是我们第一次学说四川话的地方，从那时起，我们这群被当地人称为"下江人"的外省人，就顺应了那句古话"此心安处是吾乡"，把想家的念头藏进梦里。

随着工厂基建的快速推进，职工们从荣昌、峰高、高家店、邮亭、龙水等地陆续搬进现场，住进"干打垒"。印象中父母的日程里永远都是上班！上班！母亲初建的全托幼儿园就在我家二楼，可她一心扑在工作上，从没想过

要忙里偷闲下来照顾一下我们。父亲是个急性子，责任心极强，工作雷厉风行，技术革新也是一把好手。为了不耽误工作，他干脆把我和妹妹的羊角辫剪成男式头。城里的孩子在父母们的忙碌中努力自己照顾自己，学会敲煤、劈柴、生火做饭、赶场买菜、洗衣带弟妹、爬大货车到双路上学……

1970年9月，川汽子弟中学尚未完工，相差6岁的孩子们自带小板凳，在篾席围成的厂大礼堂开始了初中的第一堂课。学校军事化编制，分5个排，一排最大的，1953年生；五排最小的，1959年生；我们二排的，出生于1955—1957年之间。同学们来自四面八方，最多的是济南，其次是长春。3年后统一毕业。

时隔50年，我们这群年过花甲之人最喜爱的就是同学聚会，已坚持20余年，随着年龄的增大，我们越发珍惜这种聚会。每次都要回忆小时候初到现场读书的情景，回忆已去世或还健在的父母当年怎样忘我工作。皆因血管里共同流着三线建设者后代的血液，大家在一起像兄弟姐

妹一样，亲切自然。

我们不约而同地发现，每家的父母在异乡这么多年，到老都没有半点怨天尤人的思想，他们既来之则安之，体谅国家的难处。而我们在这种无私奉献的精神中潜移默化，也养成三线人特有的坚韧不拔和不计报酬的习惯，成年后在工作中一点一滴体现出来，影响着我们一生。从待业修路、插队下乡，到进厂后熬更守夜加班加点完成生产任务，不管遇到多大的困难，都觉得大不过建厂初期的困难，都会任劳任怨，像父辈们一样倾尽全力做到最好。

人就有这么奇怪，一旦真情付出，原先的观念是会改变的，就如同先结婚后恋爱一样。小时候在心底里无数遍懊悔诅咒的地方，经过50年辛勤建设，现在竟然变成内心最不舍的地方了。

试想40年前，国家急需的重型汽车，在艰苦的条件下像刚出生的婴儿，嗷嗷待哺，在来自五湖四海的建设者精心呵护抚育下，成长为国家的栋梁之材，做母亲的该有多自豪？那种幸福的依恋之情非亲历者无法体会。我大弟

弟是底盘加工一车间机修工，于1993年病逝；89岁的父亲在小批试制车间干了一辈子电工，2015年年底作古；母亲是川汽厂第一任幼儿园园长，当年不仅兴办起总厂幼儿园，还把各分厂婴儿室办得风生水起，如今也风烛残年，垂垂老矣。真是"献了青春献终生，献了终生献子孙"！艰苦奋斗的往事已成为我们红岩第二代人（戏称"红二代"）最宝贵的精神财富，也是我们生命中最为怀念的岁月。

如今，三线建设虽然早已结束，但三线精神在新的历史时期获得了新的时代内涵，西部大开发仍然需要"艰苦创业、无私奉献、团结协作、勇于创新"的三线精神。我们欣慰地看到，老川汽浴火重生，红岩车在重庆北部新区以崭新的面貌走向更加广阔的市场，第三代建设者很好地接过了接力棒，我们现在所能做的就是默默地祝福。

有人曾问我，还想回南京吗？怎么说呢，我在故乡南京仅仅生活了10年，而在重庆双桥却度过整整50年，人生能有几个50年？若说感情，平心而论我对后者更深。这不是矫情，而是潜意识。记得时隔40年我回南京住在

20世纪七八十年代进厂工作的青年工人大多是川汽厂的子弟兵

周琪当年是川汽厂高射机枪连的基干民兵

川汽厂少数民族职工联谊会

20 世纪 80 年代，川汽厂每年举办职工家属春节拜年活动

舅舅家，当时真以为自己扑进家乡的怀抱再也不会想双桥了，我兴冲冲把南京城逛了个够，在司背后 5 栋楼下站了很久，在玄武湖畔坐到傍晚，我努力寻找童年留下的所有痕迹，想融进故乡。同学有意留我在她单位供职，我的心动了又动。可是，一天半夜醒来，我忽然想家了，这才意识到，我想念的家已经不是生我的南京城，而是千里之外曾和我一起成长的红岩汽车，是作为子弟进厂并为之奉献了 25 年心血的川汽厂，是那个长眠着我亲人的双桥。

从此，无论我走到哪里，待多长时间，我都会对自己说"该回家了"。现在不仅我这样想，我的同学们也这样认为，虽然在重庆主城区买了房，但双桥才是我们叶落归根的地方。有已故启国先生的诗为证：

渝西佳气逐流霞，百里山川竞物华。

行到双桥香满路，花林深处即吾家。

自制抛砂流水线

建厂初期，川汽厂职工不但要担负修建厂房的任务，而且要担负自制机器的任务。因为，一是不是什么机器在国内都能买到，二是那时候国家也没有那么多外汇进口机器设备。

铸工一车间承担桥壳、减速器壳等大型铸件的铸造任务，大规格的造型设备在国内买不到，大型铸件机械化生产，当时国内也没有先例，四工位抛砂流水线只从法国买回来了两台设备——抛砂机和翻转机，其实也不是法国生产的，抛砂机是瑞典生产，翻转机是英国生产。为了节约经费，没有进口四工位转盘。没有四工位转盘，抛砂机和翻转机都不能使用。

1974 年，铸造分厂把四工位转盘的设计任务交给我。

黄 绵

当时，一没有参考图纸，二没有原型机，是设计中比较难的一种类型，叫开发性设计。机械设计分3个类型：第一种是变形设计。有参考图和原型机，仅改变结构配置和尺寸。第二种是适应性设计。没有参考图纸，但有机器原型，为适应变动的工作要求对产品作局部变更，或增加某种性部件扩大产品的功能。第三种是开发性设计。既没有参考图，也没有原型机。由于设计经验不足，在设备进行安装调试的时候出问题了。因传动装置的刚度不够，出现摇晃，不能正常使用。当时，为了不耽误设备投产时间，连夜重新设计，通宵没有睡觉，第二天与非标组的师傅们一起重新做传动装置支架，做……一直坚持到晚上10点才睡觉。连续工作40个小时，除了吃饭，少有片刻休息，更没有床铺可供休息。

几经周折，四工位抛砂流水线终于获得成功运行，得到铸造界同行的高度评价，各地铸造厂家来参观考察的不少。该设备一直是铸造分厂的关键设备，用到分厂停产为止。

那个时候川汽厂的职工都为了早日形成生产规模而争分夺秒，加班加点是常有的事。

设计完成铸造分厂的两条流水生产线辅机，砂处理系统的配套设备及可控硅电弧炼钢炉等共20多台套设备，其中转盘式四工位抛砂生产线解决了当时国内大型铸造机械化成批生产中的一道难题。在长期的设备维修技术实践中总结了一套机理分析法，用于准确快速排除设备疑难故障和对设备进行技术改造，得到国内同行的好评。

1979年9月起任工程师，1988年12月晋升为高级工程师，2000年9月退休。

铸一车间工人在电弧炉前炼钢（李强 摄）

清理车间工人在切割浇冒口　　　　　　　　清铸二车间工人在浇注球墨铸铁（李强　摄）

揭秘"红岩"汽车广告女郎

马主任[1]，非常敬佩您超强的记忆力。但要讲到拍"红岩"车广告，那我就是直接的当事人了。记得当时徐厂长[2]找我去，让我做一个一揽子的宣传"红岩"车的计划。当时我任销售科长，袁宏界任副科长，孟校敏是（销售处）处长。

由于是一揽子计划，我们做了以下四项工作：1. 大幅广告画。为各车型的彩色照片，并印有"中国道路红岩车"大字。2. 广告图片（正面是彩色汽车，照片背面是技术参数）。3. 送给驾驶员、购车人员的广告礼品（三件套旅行包，

---

① 马主任：指马发骧。时任重庆市经委副主任（正厅级）兼中小企业局局长。
② 徐厂长：指徐仁根。时任川汽厂厂长。

上面全都印有醒目的"红岩")。4. 拍摄电视广告。

纸质广告（第1、2两项）是请重庆美术公司做的，第3、4项是请深圳广告公司做的。电视广告片，是请当时由祝希娟任台长的深圳电视台拍摄的。具体拍摄有很多花絮，可以慢慢摆。

先纠正一个误传：那个青春靓丽的小姑娘，并不是什么火锅店的老板，而是一名出租车司机。

当时深圳电视台的导演、摄影到重庆，这位出租车司机刚好送他们到重庆宾馆。在车上，一行人聊天说起是到川汽厂拍电视，小姑娘对此很感兴趣。专门去接人的孟校敏处长灵机一动：如果让这么个小姑娘来开"红岩"汽车，广告效果一定很好。就这样才有了后面的"舒茂春科长趴在驾驶台下面指导"的故事！

程家骅和夫人陈庆蓉

程家骅与时任川汽厂厂长徐仁根（左）在广告宣传画下合影

广告播出后，非常成功！销售科甚至接到询问，小姑娘穿的"红岩"服装白夹克哪里有卖？

李强、侯显胜、郭川、陈卫[1]，昨天你们说到的"中国道路红岩车"广告词，其实下面还有一句："优质服务高效益"。这是我们销售处几位研究了又研究，又找厂办秘书科科长张茂林推敲的文字，最后由我将它拿去找徐厂长审批。徐厂长仔细看了广告词，听了我的汇报，知道文字上已经由张茂林审核过，便批准了这个广告。

对拍电视广告，开始有几个方案，并且也拍了几个，

---

① 李强、侯显胜、郭川、陈卫：均为川汽子弟，2000年前后曾任川汽厂驻外销售区域经理。

比如曾经拍了个"红岩"汽车超越火车的视频；在大足县登云机场，还拍了"红岩"车成三角队形前进的视频，记得当时中间那辆车是由袁宏界副科长亲自驾驶的。但是最后决定上央视的，还是这个年轻女孩儿迎着朝阳、迈着轻快步伐，朝气蓬勃走向"红岩"汽车的这一段。郭川说怕再也看不到这个广告了。其实不然。

现场拍摄后，由导演他们拿回深圳进行后期制作。制作完毕，我和张茂林到深圳电视台去看样片，提出修改意见。修改完毕进行配音时，他们提供了几个选项，导演推荐了现在用的这个，我和茂林觉得不错，就同意了！于是他们进行最后的配音、配乐、制作母带（专业电视台播放用的高清带），并为我们复制了两盘当时流行的录像机用的录像带，这些资料我们带回厂后，都播放给徐厂长观看，由徐厂长定夺，到央视播放哪一个。

母带是专业带，我厂无法用，便作为资料保存。复制的录像带，销售处又复制了多份，交给销售员在外使用。我离开销售处时，资料全部移交给袁宏界科长和陈国伟同志，李强可以查一查，应该能找到。把它们转成光盘就可再现昔日的广告了！下面发的小号独奏就是这个广告的配乐曲，你们听听有印象吗？

侯显胜：我们后来去推销"红岩"汽车，许多客户还在问，广告中的那个"红岩"女郎还在不在？有的客户提出申请，想到工厂见一见这位"红岩"女郎呢！这条广告是非常成功的，影响力也是非常巨大的。

陈卫："中国道路红岩车，优质服务效益高"这个广告语，现在用也不过时。

程家骅（右）陪同四川省副省长马麟（左）参观"红岩"样车

程家骅陪同重庆市政协主席黄冶（右）参观"红岩"车展厅

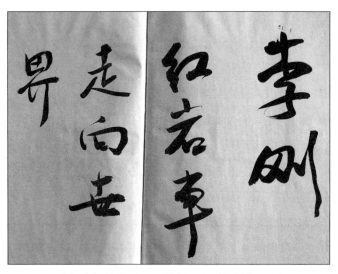

国家机电轻纺投资公司总经理李刚为川汽厂题词

程家骅向国家机电轻纺投资公司总经理李刚（左）报告"红岩"车销售情况

买肉记

袁春琳

　　20世纪六七十年代，是一个商品紧缺的年代，对于远离城镇、深处大山的三线企业职工家庭，生活尤其艰难。买东西不仅都得凭票，还特不易买到。

　　我家有六朵"金花"，第五朵便是我。母亲家教很严，平时不准单独外出。也许我属虎，生性好动，在家待不住，逮着机会就往外跑。记得八九岁时，大人们晒被子，要在树干高处捆绑晾衣绳，我就自告奋勇爬树帮忙，不仅得到称赞，还可借此玩耍。暑假里和四姐买菜，母亲特许买根黄瓜吃，运气好还能获得美味的西红柿。每月供应的猪肉可就太让人嘴馋了，起早拿着肉票排队，有时还不一定能买到。那年月，猪肉卖6角9分钱一斤，一年的肉票发下来了，但是居民还得按肉票上的月份，每人一斤地按月购买。

　　记得12岁那年，我承担了家中每月买肉的"艰巨任务"。因我动作麻利，有一定的攀爬能力，又能认准膘肥的宝肋肉，最重要的是还认识一位卖肉的屠夫，因此每次都顺利完成任务。一天，早上醒来，我拿起红毛线，美美地正在扎发辫，母亲急忙叫住我说，家里要来客人，快去买肉。

拿出四斤肉票和一些钱，叮嘱我买肥点的回来。

出门时，我望了一眼家中的"三五"牌台钟，已是早上8点半了。约半小时后，我跑到食品公司的一处卖肉门市，肉已卖完，正上门板关门。买肉的熟人打趣地说："你是来买猪骨头的吗？"我没敢多言，就朝较远的另一处卖肉点奔跑。

到了这个卖肉站点，只见买肉的人们骚动不停，直往窗口挤，喊爹叫娘，个子小的、力气小的就挤不到前面去。能靠近的人有时却不急于下手买肉，却是盯着卖肉师傅正在割的那片猪肉，看是不是膘最厚的部位，是不是到了宝肋的位置。到那个位置，肉最肥，膘最厚，吃了最解馋。炒肉的时候可以不放油，将就肥肉爆出的油来炒菜。只要是卖到人们心目中理想位置的猪肉的时候，只见人们拿着票的手臂挥舞，直往前涌。"×师傅，割给我！""我的宝肋！"那个时候的屠夫是"最得势"的，亲戚朋友都跟着沾光。

我在前面那一个站点有熟人，常常灵巧地攀爬到较高处，只要四目对视，不用言语，微微一笑，举手投进由尼龙袋包裹着的肉票及钱，站在外面等待拿肉即可。现在这个站点就行不通了，于是，我眼睛一闭，用尽力气从侧旁贴着门板向里挤。由于方法得当，我很快挤到中间，欣喜地看见案板上还有大半头可爱的猪肉。突然，人流像旋风一样转动着，迅速把我从中间抛到最外的边缘。眼睁睁看着有人开心地提着肉，趾高气扬地走出来。

我不得不又钻进人堆，从木门侧旁再次"进攻"，三次、四次、五次……不知多少个回合，只见案板上的肉越来越少，眼前只剩下一块最美的膘、最厚的宝肋肉了。此时，十几个人更是拼了命地挤，歇斯底里地朝卖肉师傅喊着："×师傅，该给我了！"这时的我已被挤压得涨红了脸，喘不过气。绝望之中，听得刀拍案板"啪"的一声巨响，紧接着传来卖肉师傅斥责的吼声："你们看看这小姑娘，都要被你们挤背气了，这肉给她！"顿时，人们鸦雀无声，努力把目光从那块猪肉上拔出，唰地一下集中到我身上，有人诧异地张大了嘴。我当时只感到像今天中了头等奖彩票的彩民一样，非常庆幸，急忙递上肉票和钱，甜甜地喊着"叔叔"，双手恭敬地接过肥美的宝肋肉。

肉，终于买到了！我这时才意识到自己像个小疯子，辫子散了，衬衫已被汗水湿透，红头绳躺在地上已被踩得稀脏。我拾起头绳，一脸的幸福，披头散发地走回家。当天，母亲成功地招待了客人。

第二天一早醒来，全身酸痛得厉害，但是一想到昨天那位心地善良的卖肉师傅，我顿时轻松了许多。一会儿小伙伴儿们来唤，便没事儿似的飞奔而去。

青春年华驻川汽

2020年9月25日，应邀回川汽新基地参加"川汽红岩55周年庆典"，回想年初应邀回老基地参加的"上汽红岩年度誓师大会"，让我感慨万千。眼前浮现誓师大会场景：一位身着军装的年轻人，跃上舞台吹响冲锋号，代表公司发出进军2020的号角，营销、技术、生产等团队上台领命，领导授旗，各单位纷纷列队宣誓，攻坚克难完成任务……

红岩蝶变

2020年，上汽红岩喜事连连：4月30日，举行月产1万辆重卡下线仪式；5月，整车销售10119辆；年产能15万辆的"智慧工厂"10月开工建设……

当上汽红岩公司党委书记夏洪彬等10人，列队主席台接受鲜花时，我才恍然大悟，他们与川汽、川汽红岩同岁。哦，夏洪彬都55岁了。当楼建平总经理称党群工作部摄影记者李代元为"老李"的时候，自己才觉得已是65岁的老人了。

人到花甲之年后总爱怀旧，尤其关注汽车行业。

记得共和国第一辆汽车诞生在1956年，我比它早一年出生在诞生红岩汽车的这片土地上。当我年满10岁时，三线建设中的川汽诞生，时间的巧合，我比川汽大10岁。

那年川汽建设热火朝天，双路公社领导叫我送信到彭家院子（建厂现场指挥部），桥还没修好，只能蹚溪沟而过，打湿了裤腿，至今记忆犹新。1976年我结束插队下乡锻炼，进了川汽，当上梦寐以求的汽车工人，那种自豪感真是无以言表。从此，一辈子注定与汽车有缘。

当川汽生产的重型卡车1984年参加35周年国庆阅兵，牵引地对空导弹，通过天安门广场接受党和人民检阅的时候，川汽人感到无上的光荣和自豪。川汽的发展，备受党和国家领导人，部、省、市领导的关怀，凝聚着三代川汽人的血汗。1965年热火朝天建工厂、1974年恢复生产设特区、1985年裁军百万军转民、以后的斯太尔项目建设、19驾驶室开发、ZF转向器引进、工厂"贯标"整顿、企业文化培育之川汽精神，至今历历在目。

提起川汽，常怀感恩之心。川汽培养、教育、锻炼、成就了我的一生。川汽有我的师傅和领导，40多年前学的技能享用至今；川汽有我的工友和同事，大多成为终身朋友。40年前川汽培养我加入中国共产党，而后送我上大学。在川汽工作的岁月历历在目——青年班长、车间团支部书记、党支部青年宣传委员、代理工段长、厂团委委员，锻炼了我的基层工作经验；1982年抽调到机关，1983年先后出任厂团委书记、车身厂党总支书记、党委宣传处处长（兼管广播电视、报纸）、销售总公司副总经理等职务；1984年起，连续当选川汽二、三、四届党委委员。

共和国的需要诞生了川汽，川汽打造了红岩汽车。三线建设之川汽，地处大后方的山沟，红岩汽车却走向军营奔跑在边防前沿。川汽造就了一支能打硬仗的职工队伍。记得当年我任车身厂党总支书记，凌晨到油漆车间，看到驾驶室本体上用粉笔写下"离天亮只有1个半小时了"的时候，我感同身受；记得当年我受党委委托去慰问新产品试车队，坐在试车驾驶员旁，在试验场搓衣板路上跑完一圈就要呕吐的时候，我感叹佩服；记得当年我作为销售副总走访市场，见到销售服务人员8人一间房、住上下铺的时候，我感慨万端。我感叹当年的川汽人，即使困难重重，

现任领导向老领导、老同志汇报取得的辉煌成就（李强 摄）

也没有后退半步。

川汽培养锻炼成就了我。为支持区域经济发展，我到了地方政府经济主管部门，继续服务汽车产业。离开川汽后，时刻挂念川汽。每当有人对川汽评头论足，我就感到心疼，总要理直气壮地与人争辩；每当得知川汽红岩产销屡创新高的时候，总是欢欣鼓舞；当得知2010年6月25日双桥基地最后一辆红岩重卡下线（川汽第221916辆）的消息时，由衷地失落。也许这就是我的红岩情结、川汽情怀。

回顾川汽，耳边总有"红岩"车在中国道路上的回响。"红岩""黄河""延安"曾是中国重型汽车的三大民族品牌。"黄河""延安"早已退市，唯有"红岩"继续搏击到今天，

走向明天。川汽是"红岩"的载体，"红岩"是川汽的魂，更是川汽人的寄托。合资合作组建新公司，"川汽"成为过去，"红岩"得到永生，"红岩"将支撑起合资公司——"上汽红岩"一片天。

老川汽人习惯性称新公司为川汽，这也许是川汽情怀的心理慰藉。川汽合资后，关闭的仅是双桥老基地总装线，"红岩"却走出大山，落户新基地现代化工厂，新建的车桥项目脱胎换骨，现代化程度更高。其实，做大做强才是川汽人的愿望，也是川汽的希望。

我怀念川汽的昨天，更寄希望于川汽的明天！祝"上汽红岩"15万辆重卡"智慧工厂"早日建成达产。

2020 年 9 月 25 日，公司领导与参加"红岩 55 周年庆典"活动的老领导、老同志合影（李强 摄）

2020 年 5 月，"红岩"月产销双双突破 1 万辆，步入行业万辆俱乐部

新红岩的小伙伴们

不忘初心，牢记使命，红岩事业，后继有人

巴山蜀水

三线建设

BASHANSHUSHUI SANXIANJIANSHE

第 04 章 理论探索篇

以川汽厂的历史发展轨迹为切入点，以最能反映川汽发展进程的三次创业为主线，运用"企业文化"理论，客观地对川汽历史与文化进行较为全面的发掘整理，提炼出最具川汽特色的管理文化要素，对其进行整合，探索企业新的发展思路，构筑企业面向21世纪的管理文化。在此基础上，发挥、强化和传播川汽的价值观，使川汽产生一种回应挑战的内在机制，应对企业下放、重组，迎接充满挑战和机会的21世纪，无疑是川汽的最佳选择。

历史与文化是人类实践的产物。川汽的历史与文化，是川汽厂在长期的生产经营实践中积累和创造的，是企业发展的客观反映。川汽这片热土培育了一代代生生不息、奋斗不止的川汽人，也孕育出独特的川汽企业文化。

川汽历史与文化初探

李 强

一、川汽的历史发展轨迹

四川汽车制造厂是 1965 年经国务院批准，引进法国贝利埃（Berliet）军车制造技术，新建的我国第一个重型汽车基地。由于受当时社会环境的制约和影响，川汽的建厂方针也打上了那个时代的历史烙印。在三线建设总方针的指导下，川汽厂厂址被选定在远离城市、背靠大山的浅丘荒地上，创业的艰难困苦可想而知。

建厂初期，川汽人胸怀祖国，以国家建设为己任，满怀为填补我国重型汽车生产空白的共同心愿和豪情壮志，从城市、乡村，从学校、军营，从五湖四海会聚到大西南腹地的巴岳山下，翻开了川汽创业的第一页。他们头顶青天，脚踏荒丘，住篾席棚，喝稻田水，手拉肩扛，以中华民族特有的韧性，保持人民军队不怕流血牺牲和艰难困苦

的英雄本色，发扬自力更生、奋发图强、团结协作、崇尚科学的创业精神，以大庆人为榜样，高标准、严要求、抢时间、争速度、比干劲，克服了衣食住行等方面的诸多困难，平山坡、填沟壑、开公路、架桥梁、打基础、盖厂房，披荆斩棘，在当地政府、民工和部队指战员的大力支援下，在不到两年的时间里，就使一座初具现代规模的汽车厂拔地而起，并创造了建厂与出车同步的中国汽车发展史上的新纪录，成为我国同期三线工厂建设最快、最好的企业之一。

十年动乱中，川汽厂经受了严峻考验。由于极"左"思潮泛滥，给建厂不久的企业意识和凝聚力还比较脆弱的川汽厂造成了极大的思想混乱，极"左"的思想充斥企业各个领域，"派性、山头、武斗"成为川汽建设与发展的三只拦路虎，对川汽造成了极大的破坏作用。十年动乱，川汽厂成了重灾区，职工思想搞乱了，队伍搞散了，生产搞瘫了，成为当时全国有名的"老大难"企业之一。

1973 年，"北京会议"（原在川中央直属 12 个重点企业北京汇报会议）的召开，搬掉了挡在川汽建设与发展道路上的拦路虎，给川汽带来了回生的希望，但还远没有肃清极"左"思潮的影响，川汽建设与发展仍举步维艰。

党的十一届三中全会的召开，犹如一股强劲的东风，给川汽注入了新的活力。随着党的工作重点的转移，思想领域的拨乱反正，才使川汽厂焕发了生机。痛定思痛，川汽厂广大干部、职工群众倍加珍视来之不易的安定团结局面和良好的发展环境，更加以百倍的信心和干劲去努力夺

回十年动乱给川汽厂造成的损失。

1984年10月1日上午，"红岩"CQ261军车参加35周年国庆阅兵式，以矫健的雄姿，通过北京天安门广场，接受党和国家领导人检阅。这标志着川汽厂完成了工厂建设与发展史上的第一次创业。

川汽创业的历史，总是与困难结伴而行的历史，每前进一步，都需要川汽人为之付出更多的艰辛和努力。

为了适应市场经济新的运行机制，参与市场竞争，川汽厂发扬建厂初期创业的光荣传统和革命英雄主义精神，以特有的韧性和亲和力，披挂上阵，勇敢地回应时代的挑战。在国家减少和停止军车订货、洋车冲击国内市场、国家紧缩银根和治理整顿等严峻形势面前，川汽厂识大体，顾大局，不等不靠，不怨天尤人，义无反顾地投入工厂新的创业上来。

历尽痛苦和艰辛，川汽厂从计划经济体制的束缚中逐步摆脱出来，完成了生产方式由产品到商品再到市场的经济转型，实现了历史的跨越，完成了产品结构调整和生产要素重组，成功地实现了"军转民"的战略转移。在引进、吸收、消化奥地利斯太尔重型汽车和德国ZF整体式动力转向器等国外先进制造技术，抢占国内重型车制高点之际，开发出居国内领先水平的民用重型汽车——"红岩"CQ30、CQ19系列整车。与此同时，川汽厂顺应时代发展，主动转变经营观念，广罗营销人才，组建销售队伍，搏击市场，诚招天下客，赢得了市场和用户，奠定了川汽厂在国内重型汽车市场上"三分天下有其一"的格局。以1995年10月建厂30周年为标志，川汽厂顺利实现了工厂第二次创业目标。

站在世纪之交新的历史起点上，川汽厂为进一步拓展企业生存与发展空间，赢得与同类企业相比较的发展优势，迎接新世纪的到来，展开了"以川汽事业第一流的新成就迈向新世纪"的第三次创业。近几年，川汽厂建设与发展的速度明显加快，成为川汽创业史上建设最好、发展最快的时期。

川汽厂以邓小平理论为指针，以"三个有利于"作为检验川汽事业的标准，进一步解放思想，深化企业内部改革，在不断更新思想观念，增强市场竞争意识，进行自我完善，提高自身素质，加强队伍建设，尊重知识和人才，关心职工生活的同时，始终把目光紧紧盯在产品开发和市场开拓上。在提高斯太尔整车和ZF转向器总成国产化，进一步完善"红岩"CQ30、CQ19系列整车的基础上，又先后推出"红岩"CQ26、CQ41等系列整车，并在重车轻量化上进行了成功探索，研制出符合环保要求的轻量级经济适用型车型，卓有成效地进行了工厂技术改造，提高了产品内在质量和工艺装备水平，初步改善了生产作业环境和工厂外观形象，企业各项管理工作跃上了一个新台阶。

35年的建设与发展，川汽厂历经三次创业的洗礼，创造出难得的辉煌：企业形成一定经济规模，具备了年产整车6000辆、转向器20000台、驱动桥20000根、驾驶室5000台、车架6000副、铸件毛坯7000吨的生产能力和发展后劲，成为拥有固定资产原值5.9亿元，年产值超10亿元，产品形成总质量12~41吨级十二大系列、300多个品种，位居全国最大交通运输设备制造企业100家之列的国家大型一档企业。工厂连续13年盈利，从1993年起，连续8年跻身"重庆市工业企业50强"。

追寻川汽的历史发展轨迹，我们可以得出以下基本结论：

35年建设的风雨征程和三次创业的豪迈壮举，川汽厂历经磨难与艰辛，凭着顽强意志和坚定信念，生命不息，奋斗不止，在回应时代的挑战中，逐步壮大起来，形成了一定经济规模，确立了企业在市场中的竞争地位，拓展了企业生存与发展空间，实现了历史性跨越，初步形成了自己独特的管理文化、价值观念和营销策略等，赢得了与同类企业相比较的发展优势，在社会公众和广大消费者中树立了良好的企业形象，增强了企业的综合实力。

追寻历史发展轨迹，我们有许多值得光荣与自豪的业绩。但是，我们还必须清醒地认识到"山外有山，天外有天"。川汽厂虽然取得了如此值得骄傲的成绩，但与中外许多著名企业相比较，还有很大差距和不尽如人意的地方，甚至与同类企业相比，还有许多明显不足之处。比如，企业地理位置和环境先天不足，历史遗留的问题和生产、生活欠账太多，产品配套过于分散，专业化程度不高，信息不够灵敏，技术创新能力还比较弱，工艺装备水平还比较低，产品内在质量还不够高，市场应变能力还比较差，在主导市场、引导消费上还有较大差距，产品品系不齐、深度和广度不够，市场占有率还比较低，大生产格局尚未形成，员工素质和企业管理水平等还有待进一步提高，特别是"两个根本性转变"的任务还远远没有完成，实现川汽每隔几年上一个台阶的目标，任务还十分繁重且艰巨。

二、川汽的企业文化实践

企业文化是企业经营哲学、价值观念、行为方式等意识要素和观念形态的总和，是企业在特定的历史条件和社会生活环境中，为谋求自身生存与发展，在长期的生产经营实践中孕育、发展起来的。企业文化产生与发展的过程，就是企业与内外环境相互关联、相互作用的过程。它具有鲜明的生产经营性和市场竞争性，是一种生产的文化、经营的文化、管理的文化，同时又是竞争的文化。

川汽的企业文化滋生于川汽这片热土，川汽这片热土孕育了川汽独特的企业文化。川汽厂在35年的生产经营实践中，在建立现代企业制度、参与市场竞争中，企业文化建设得到迅速发展。尤其是近几年，川汽厂按系统工程的方法，一年明确一个主题，一年制定一个目标，一年展开一个大讨论，一年解决一个重大问题，一年发生一个新的变化，将企业文化建设提升到企业建设与发展的战略高度，先后把1996年定为"质量年"、1997年定为"管理年"、1998年定为"营销年"、1999年定为"科教年"、2000年定为"发展年"，集中人财物投向这些需要着力解决的事关企业发展的方向，制定与之相一致的具体目标和措施，并在创业实践、改革管理、科技建设、市场营销、战略宗旨、规划发展、生活 环境、企业文化、群体素质、川汽特色等十个方面，展开了有益的探索，突出品牌、员工、管理、环境等四个重点，丰富了企业的文化内涵，使企业文化建设得以向纵深发展，初步形成了具有川汽特色的企业文化。

（一）在精神层面上，初步构筑起以下几个基本经营理念：

企业精神——严明、求实、团结、奋进；敬业、自主、遵法、革新。

质量方针——红岩车以优质为本，川汽厂视用户至上，创名牌，争一流。

质量目标——保持一等品质，提高产品质量，争创国家名牌，满足顾客需求。

（二）在物质层面上，基本形成了以下多个方面管理行为：

1. 在管理上，推行人本管理，确立"长是关键、员是基础"的管理思想，推行"厂务公开、民主监督"制度，开展"五大工程建设活动"，即在厂党委、厂部一班人中开展"政治核心工程建设活动"，在总支、支部党政班子中开展"战斗堡垒工程建设活动"，在党员队伍中开展"先锋模范工程建设活动"，在广大职工群众中开展"主人翁工程建设活动"，在广大团员、青年中开展"突击队工程建设活动"，并以此作为各项工作和活动的载体。

2. 在干部、人事、劳动用工上，实行全员合同制，建立完善合同制管理和选人用人激励机制，推行"顶岗、试岗、待岗三岗制""考核打分排序，末位淘汰"管理办法，形成"上岗要竞争，在岗有压力，下岗给出路"和公布岗位、公开条件、公平竞争、公正择优"四公开"方式选拔人才的运行机制，对全厂中层干部、专业技术人员、工人技师实行年度聘任责任制，对工人实行写实性考工制。

3. 在收入分配上，倡导"工资收入要知足，工作奉献知不足"的劳动观，坚持工资收入低于劳动生产率和低于经济效益增长的"两低于"原则，体现按劳分配、按效分配并兼顾公平；在具体分配上，将工资性收入一分为二，实行"联产、联利、联责，质量、成本双否决"的"三联双否制"经济责任制度。

4. 在质量上，坚持企业经营宗旨和质量方针，推行ISO9001质量管理与质量保证系列标准，开展质量贯标认证，突出实物质量，加强检验把关，开展AUDIT评审，把"手册是法规，一切按程序"贯穿于生产经营全过程，强化质量责任，把产品质量与"五不一奖一赔"制度、质量事故分级查处与报告制度、职工"三岗制"考核、干部任用资格联系起来，严格质量奖惩，在质量问题上坚持动真的、干实的、来狠的，实施质量否决。

5. 在市场营销上，确立市场营销是企业的一线和前方的经营思想，形成"直销、代销、经销、改装"与"整车销售、配件供应、技术服务、信息处置""两个四位一体"的营销策略，在全国大中城市建立销售服务网络和营销信息处理中心，开展"巡展""大拉练"等各种形式的促销活动和企业形象、产品形象展示活动，扩大企业及产品知名度。

6. 在生产上，坚持"以销定产，以产促销"的原则，实现产销同步，减少库存积压；确立现场管理"二十四字方针"，即"环境整洁，纪律严明，设备完好，物流有序，信息准确，生产均衡"，颁行生产现场综合管理、设备管理黄皮书，开展季度现场综合管理大检查。

7. 在项目建设上，坚持"三兼顾两结合"原则，即坚持生产、建设、生活三兼顾；坚持物质文明建设投入改造和精神文明建设条件改善相结合、企业客观需要和实际可能相结合，改善生产作业环境、办公条件，提高生活质量、居住条件。

8. 在企业发展上，确立"科教兴企"战略，建立科技创新机制，推行"四项奖励"制度，设立"科技进步奖""质量创优奖""企业管理奖""市场营销奖"，重奖企业英才和有功之臣，推动企业健康发展和全面进步。

9. 在队伍建设上，制定并颁发《员工手册》《党员手册》《领导干部手册》《党建手册》《团员手册》等，以此规范干部和职工行为，统一员工意志。

10. 在环境治理上，对厂区环境进行综合治理，美化厂容厂貌，建设文明社区，投入巨资，新建厂综合技术大楼等办公设施，改造南北大道、东西大道、双龙东路等路段和厂区公厕，改扩建厂区中心广场，兴建中心景观区，并以企业文化理念命名厂区大道、人文景观设施，把生产区建成园林式工厂，生活区建成单元式文明小区。

川汽的企业文化建设，提升了川汽的内外形象，丰富了川汽内涵，从精神层面和物质层面上，为川汽建设与发展提供了思想保证，奠定了川汽的发展基础。川汽的企业文化实践，为川汽赢得了诸多值得珍视的殊荣——红岩汽车先后被机械工业部、重庆市评为"部优产品""重庆市名牌产品"，被中国社会调查事务所确认为"中国公认名牌产品"，被中国质量管理协会用户委员会评为"用户满意汽车品牌"；红岩汽车还先后多次荣获重庆市"科学技术进步奖""优秀新产品奖"；"红岩"商标被认定为"重庆市著名商标"。工厂先后荣获"全国用户满意企业"、重庆市工交系统"党建四十佳""最佳企业形象"，被重庆市委市政府授予"文明单位"称号，被国家机械工业局授予"管理进步示范企业"称号；工厂还先后通过了ISO9001质量体系认证、一级计量单位认证、理化一级认证、设备管理一级认证、"国家安全级企业"安全性评价认证等。

发掘、整理川汽的企业文化，我们可以得出以下初步认识：

川汽的企业文化，是川汽厂经营实践的产物，它源自川汽生存与发展的客观环境。企业文化的建设，对川汽建设与发展起到了一定的推动作用，初步改善了企业内外环境，提升了企业形象及美誉度，凝聚了职工队伍，在一定程度上增强了企业市场竞争力和商品影响力，初步确立了企业的价值观念、行为方式和在市场竞争中的地位，尤其

是硬件设施建设，为川汽平添了一道亮丽的风景线。

但是，川汽的企业文化建设尚处在起步阶段，还未形成体系，一是对企业文化建设尚缺乏系统的理论指导，对企业文化的内涵还理解得不深透，企业文化的许多重要思想，在企业理念的精神层面和物质层面上还未能涉及，如经营战略、企业哲学以及企业的精、气、神还有待进一步提炼和确认等；二是已形成的文化理念还显得有些凌乱和不够规范，个性特征不够鲜明，文化底蕴不足，尚缺乏理性的思考和锤炼，诸多方面还有待进一步发掘、整理和提升等；三是企业所倡导的管理思想，尚缺乏从上至下一以贯之的贯彻机制，且统合性较差，企业的共同观念尚未形成，还未能变成广大职工的自觉行为。因此，建设具有川汽特色的企业文化还有很长的路要走。

三、川汽历史与文化整合

建设具有川汽特色的企业文化，是川汽厂以第一流的新成就迈向21世纪的宣言书。企业文化，是现代企业经营发展战略中不可缺少的重要内容，它与时代发展相呼应，在市场竞争日益激烈的今天，已经成为企业竞争与成长的助推器。对川汽的历史与文化进行整合，是川汽厂参与市场竞争，求得更大生存空间的客观需要，也是现代管理思想在川汽深化的必然反映。历史与文化整合的过程，实质上是一次从物质层面和精神层面对企业文化进行调整或再创造的过程，也是一次发挥、强化和传播自己价值观，统合企业文化，整合企业内部员工行为的过程。

川汽历史与文化的整合，集中表现在对企业理念体系的核心问题——经营战略确立的整合上。经营战略，是企业的经营思想，是指企业根据自己的历史与文化和内部条件与外部环境来确定企业经营的宗旨、目的、方针、发展

方向和中长期目标，及其实现途径。它包括企业经营的战略思想、战略目标、战略重点、战略措施等内容。

历史与文化是企业经营战略确立的基石，经营战略是企业经营理念的核心。经营战略的制定，必须以企业远景设定为前提。所谓企业远景，就是企业未来的目标、存在的意义，也是企业的根本所在。它回答的是企业为什么要存在，对社会有何贡献，它未来的发展是个什么样子等根本性的问题。因此，只有设定了同企业历史与文化相吻合的企业远景，才能产生良好的经营理念，才能制定切合企业自身发展的经营战略。

现代社会是一个充满挑战和机会的社会，川汽厂要在企业下放、重组和回应时代挑战中，赢得与同类企业相比较的发展优势，必须高屋建瓴地站在新的历史起点和时代发展的高度，历史地、客观地对川汽的企业远景进行科学设定，并根据企业的历史与文化和自身所处的竞争环境及条件，制定出反映企业客观实际的、切实可行的经营战略。

川汽的企业远景是川汽厂存在的客观反映，是由川汽的历史使命所决定的。川汽企业远景的设定包括以下两个方面的主要内容：

第一，企业目的的确认。企业目的，就是企业存在的理由，即企业为什么要存在。日本松下公司创始人松下幸之助认为，企业经营归根结底是人们为了共同的幸福而进行的活动，企业的目的就是克服贫困，使整个社会脱贫致富。因此，他把生产再生产，无穷尽地供应物资产品和建设乐土作为松下的目的。

川汽存在的目的是什么呢？追寻川汽的历史发展轨迹，我们不难看出，川汽厂是 20 世纪 60 年代中期，经国务院批准，引进法国贝利埃军车制造技术，兴建的我国第一座重型汽车基地，其目的就是填补我国重型汽车的空白，发展自己的民族汽车工业，满足国家经济建设、国防建设和社会发展的需要。它从根本上对川汽存在的目的作出了科学的界定。对其加以归纳、整理，川汽存在的目的可表述为"发展民族汽车工业，致力振兴民族经济，为国家经济建设和社会发展作贡献"。

第二，企业使命的设定。企业使命即企业依据何种社会使命进行活动，它反映企业对社会的贡献，回答的是企业经营什么，在什么领域作贡献等问题。川汽的企业使命是，依据川汽在发展民族汽车工业，致力振兴民族经济中如何肩负起历史的重任，在汽车工业领域为国家作贡献。根据川汽存在的目的，川汽企业使命可设定为"制造优质载重汽车，实现产业报国理想，服务交通运输事业"。

川汽企业远景的设定，为我们制定企业经营战略提供了科学依据。

企业经营战略，是指导企业全部经营活动的根本大计，是企业各方面的工作中心和主题。它规定企业经营方向和业务范围，从而确定企业的性质和形象，规定企业的经营目的、长远发展目标和中短期目标，提出达到经营目的和目标的战略方针、途径、路线和重点，还决定具体的行动计划、实施方案等。它包含的原则是"竞争原则、盈利原则、用户至上原则、质量原则、创新原则、服务原则等"，它包含的特征是"长远的目的性、全局的指导性、竞争的对抗性和风险性"。

川汽厂在 35 年的生产经营实践中，在历经三次艰难创业过程中，对企业在社会、市场中的位置曾有过初步定位，提出过许多很好的经营战略要点和发展思路，并反映在企业的具体经营活动之中。对其加以归纳提炼，可以成为较有特色的经营理念。这些初步具有的经营理念，能够与川汽的企业使命和未来发展相吻合，加以整理后的川汽经营战略可表述为"建设具有质量优、品种多、规模大、效益高特色的新川汽，实现整车吨位系列化、主要总成专业化、零部件配套社会化"。

"建设新川汽"，涵盖了经营战略的主要内容，突出了经营战略的基本特征，体现了经营战略的基本原则，是川汽的应有之义，是川汽发展民族汽车工业，促进重庆经济建设的郑重宣言。它规定了川汽的经营方向、战略目标和重点任务，为川汽制定企业中长期发展规划提供了依据。

"质量优、品种多、规模大、效益高"，是"建设新川汽"的具体体现，是川汽的发展战略目标和战略重点。"质量优"是价值取向，是川汽必须坚持的经营信条，也是川汽的立厂之本，要使川汽能够在激烈的市场竞争中生存和发展，提高产品质量、真诚奉献社会是川汽第一要义；"品种多"是生存基础，满足目标市场和广大消费者的需求，必须采用多品种、宽系列的市场开发战略，在基本车型的基础上，开发出满足不同使用要求的通过性较好的各种车型，占领市场制高点；"规模大"是川汽发展的客观需要，市场竞争，归根结底是企业实力的竞争，没有相应的产出规模，就不能实现经济、高效的目标，就无法抗拒风险，赢得市场竞争的挑战；"效益高"是川汽经营成果的体现，企业的基本使命就是追求最大限度的高额利润，没有较好的经济效益，就无从谈起贡献于国家和社会，就不能实现产业报国的理想，"建设新川汽"也必将化为泡影。

"实现整车吨位系列化、主要总成专业化、零部件配套社会化"是川汽为实现其经营战略目标所采取的战略措施，是"建设新川汽"的基本途径。"整车吨位系列化"，是由企业产品性质所决定，产品定位要求必须扩大产品的延伸性，增强产品的适应性，形成产品竞争优势，以此满足目标市场和广大消费者的需求，提高产品的市场竞争力；"主要总成专业化"，是产品经济、高效的客观需要，也是现代大生产的基本要求，它为川汽整车提高质量、扩大产量、降低成本、增加效益，实现高起点、专业化、大批量提供了可能和保证；"零部件配套社会化"，是现代企业社会化大生产的一个重要标志，川汽厂要上经济规模，形成大生产格局，增加市场占有份额，仅仅依靠企业自身力量是不够的，这既不符合产品经济、高效的原则，也不能有效凝聚自身力量，集中人力、物力、财力，投向企业更需要发展的方向，实现集约经营并增强企业的综合竞争实力。

"建设新川汽，实现'三化'"，对川汽的建设与发展作出了本质规定，一旦经由企业最高决策层确定下来，作为川汽的企业经营战略，全厂上下就应该不折不扣地贯彻它，一以贯之坚持它，把这一重要战略思想、经营理念和战略目标、主要任务落到实处，贯穿于企业经营活动之中。抓住中国重汽集团解体，企业整体下放地方并以川汽为主体，重组重庆重型汽车工业的发展机遇，促进重庆重汽集团资产重组和优化配置，并将集团优良资产整合上市，利用多种渠道融资，创造条件发行股票、债券，筹集资金，发展重庆重型汽车工业，形成集团整体优势，实现集约化经营，并以此为指针，统合企业文化，规范企业行为，指导企业各项工作。

21世纪是一个充满挑战和机会的世纪。抓住机遇，迎接挑战，发展壮大自己，川汽才将有一个光明美好的前途。统合企业文化，整合企业内部员工行为，发挥、强化和传播自己的价值观，使川汽产生一种回应挑战的内在机制，无疑是川汽的最佳选择。

"北京会议"对川汽厂的重要作用

1973 年 9 月 22 日至 12 月 26 日，党中央、国务院、中央军委在北京召开四川重点企业汇报会（以下简称"北京会议"），四川省 12 个重点企业的代表 371 人参加。这 12 个重点企业是峨眉机械厂、新都机械厂、清江仪表厂、长城钢厂、重庆钢铁公司、望江机器厂、嘉陵机器厂、四川汽车制造厂、宜宾陶瓷元件厂、涪陵柴油机厂、芙蓉煤矿、永荣煤矿。会议的主要目的是纠正"批""清"①错误，解决"两派"严重对立、生产瘫痪的问题。与会各企业代表通过"斗私批修"，达到弄通思想，消除"派性"，促进团结，把生产搞上去的目的。当时这 12 个企业也被称为四川省"老大难"企业。

12 月 26 日，除川汽厂外，上述 11 个企业先期解决问题返川。

由于川汽厂问题严重且复杂，经中央要求，川汽厂厂级领导干部、部分中层干部、"两派"代表前后分三批赴京，"北京会议"参会代表增加到 142 人。周总理对会议非常重视，多次提到大足汽车厂。当时的中央领导人叶剑英、李先念、纪登奎、华国锋等多次到会听取川汽厂代表学习、讨论、汇报情况，发表讲话。整个汇报会主要由李先念负责。在李先念的主持下，会议排除了当时的各种政治干扰，基本达到了团结起来，恢复生产的目的。

川汽厂代表于次年 2 月 15 日，与国务院派驻川汽厂联络员、中共中央组织部副部长杨以希②、一机部汽车局副局长张兴业③一道返厂，在厂区中心三岔路口受到万名职工家属夹道欢迎。

在贯彻"北京会议"中，川汽厂全体干部、职工积极响应总厂党委号召，以"团结起来、消除派性、恢复生产、让党中央放心、让全国人民放心"的精神，由参加"北京会议"的代表带头，开展自我批评，"走访谈心促团结，

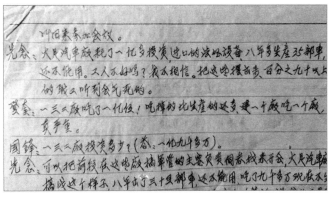

"北京会议"记录稿（截图）

---

① "批""清"：指 1972 年开展的"批林整风"运动和 1968 年开始的"清理阶级队伍"运动。

② 杨以希：时任中共中央组织部副部长，后任中共重庆市委书记兼大足汽车制造总厂临时党委书记。1976 年底调任中共成都市委第二书记、市革委会主任，卸任中央联络员。后任中共成都市委第一书记。

③ 张兴业：1977 年 1 月，完成任务，卸任中央联络员，回到北京。1983 年 3 月至 1987 年 3 月，任中国汽车工业公司副董事长、副总经理。

1974 年 2 月 15 日，参加"北京会议"的代表返厂，受到全厂职工、家属夹道欢迎

1974 年 2 月下旬，川汽厂召开贯彻"北京会议"精神的大会。图为厂领导在去会场的路上

1974 年 6 月，川汽厂召开"完成 40 辆军车向十一献礼"生产任务誓师大会

党委书记王黎山到冲压车间为职工宣讲"北京会议"精神

十一铸造分厂清理车间工人王世裕（右）

拆墙填沟解疙瘩",掀起了落实会议精神的热潮。在四川的 12 个重点企业中,川汽厂率先从思想上、行动上同党中央、国务院、中央军委保持一致,达到了"北京会议"对川汽厂提出的目标要求,成为党中央、国务院、中央军委树立的先进典型,在全国宣传和推广。

1974 年 2 月至 9 月,四川省委、省革委会在成都、重庆、自贡三市,分片召开有 28 个重点企业参加的会议,落实"北京会议"精神,推广 12 个企业在北京学习解决问题的经验。川汽厂党委书记王黎山和部分参加会议的代表,在省委、市委安排下,先后在成都锦江礼堂、重庆人民大礼堂等地作报告,斗私批修,介绍川汽厂贯彻落实"北京会议"的经验。中央和省、市新闻单位纷纷给予重点报道,推动了全川两派联合,恢复工厂生产,四川的工业形势出现较好局面,影响到全国。

1974 年 9 月 30 日,川汽厂王黎山书记、铸造分厂清理车间工人王世裕[1],受周恩来总理邀请,出席在北京人民大会堂宴会厅举行的庆祝中华人民共和国成立 25 周年国庆招待会。

---

[1] 王世裕:时任川汽厂铸造分厂清理车间工人,后任铸造厂清理车间主任、铸一车间主任。

后　记

《红岩车辙——四川汽车制造厂卷》，是《巴山蜀水三线建设·第一辑》第三卷。它用简约的文字和丰富的照片，大体呈现了共和国原独生子四川汽车制造厂"红岩汽车"从无到有、逐步壮大的筚路蓝缕之路，初步反映了"红岩汽车"向现代化国际化方向高质量发展的艰苦创业历程。

本书的布局思路是从国家的宏观政策到企业的具体建设，从企业总体状况到企业辅助部门，从企业的来龙去脉到具体的人和事，从企业的发展成就到企业的历史文化。由建设生产篇、口述实录篇、往事情怀篇和理论探索篇四个部分组成，涵盖了原四川汽车制造厂的缘起、选址、人文、建设、改革、技改、科研、迁建、经济、社会、生活等历史资料，汇集了大量档案、记录、回忆、专题专人采访和专题研究。

书中的一段段文字、一份份文献、一张张照片，镌刻着光辉的岁月印记，承载着重要的历史信息，再现着厚重的时代价值。这些文字、文献和照片，从多个方面反映了来自全国各地"好人好马"的原四川汽车制造厂的三线建设者们，带着满腔热血，云集大足，用他们的革命激情，创造出一个特定时代的非凡历史；用他们的无悔青春，谱写出大足三线建设的辉煌篇章。这些三线建设者们的人生、职业和经历虽各不相同，但有一个共同特点：不计得失，坚决听从党的召唤；克服困难，舍小家为大家；历尽艰辛，对祖国和企业满怀深情；白发苍苍，对三线建设的峥嵘岁月记忆犹新；垂垂老矣，对三线建设的精神价值刻骨铭心。即使在半个多世纪后的今天，阅读着这些文字、文献和照片，依然能够让我们再一次清晰地感受到凝聚着原四川汽车制造厂三线建设者"他们的血，他们的汗，他们的伤，他们的泪，他们的情，他们的爱，他们的盼"的鲜活人生，也依然能够让我们感受到他们当年"豪气干云、青春无悔、艰苦创业、攻坚克难、无私奉献、追求卓越"的宏大理想。而且，这些文字、文献和照片中形形色色的人物和发生的大大小小的事件，很多极其宝贵的真实内容、具体细节都来自当事人最直接的亲身经历和记述讲述，阅读之际既令人抚卷沉思、感慨万千，又给人带来"不忘初心，继续前进"的精神激励。此外，通过这些文字、文献和照片，我们还可以从中窥见中国汽车工业近50年发展进程中的一部分珍贵的历史原貌。

本书由李强负责文字和图片资料的收集、组稿和核实，由周明长对全部文字内容进行了审阅，两易其稿。凡是本书的供稿者和提供帮助者，编者在此一并致以衷心感谢！

由于编者的能力、精力有限，本书所存在的疏漏和不足之处，敬请读者批评指正！

周明长

李强

2021年6月